Teoria e práxis

FUNDAÇÃO EDITORA DA UNESP

Presidente do Conselho Curador
Mário Sérgio Vasconcelos

Diretor-Presidente
Jézio Hernani Bomfim Gutierre

Superintendente Administrativo e Financeiro
William de Souza Agostinho

Conselho Editorial Acadêmico
Danilo Rothberg
Luis Fernando Ayerbe
Marcelo Takeshi Yamashita
Maria Cristina Pereira Lima
Milton Terumitsu Sogabe
Newton La Scala Júnior
Pedro Angelo Pagni
Renata Junqueira de Souza
Sandra Aparecida Ferreira
Valéria dos Santos Guimarães

Editores-Adjuntos
Anderson Nobara
Leandro Rodrigues

JÜRGEN HABERMAS

Teoria e práxis
Estudos de filosofia social

Tradução e apresentação
Rúrion Melo

© Suhrkamp Verlag Berlin 1978
© 2011 Editora Unesp
Título original: *Theorie und Praxis* – Sozialphilosophische Studien

Direitos de publicação reservados à:
Fundação Editora da Unesp (FEU)
Praça da Sé, 108
01001-900 – São Paulo – SP
Tel.: (0xx11) 3242-7171
Fax: (0xx11) 3242-7172
www.editoraunesp.com.br
www.livrariaunesp.com.br
atendimento.editora@unesp.br

CIP – Brasil. Catalogação na publicação
Sindicato Nacional dos Editores de Livros, RJ

H119t

Habermas, Jürgen, 1929-
 Teoria e práxis: estudos de filosofia social / Jürgen Habermas; tradução e apresentação Rúrion Melo. – 1. ed.
 – São Paulo: Editora Unesp, 2013.
 il.; 21 cm. (Habermas)

 Tradução de: *Theorie und Praxis*
 ISBN 978-85-393-0488-2

 1. Ciência – Filosofia. 2. Ciências sociais – Filosofia.
 3. Epistemologia social.   I. Título.   II. Série.

13-04817   CDD: 121
                                                                   CDU: 165

Editora afiliada:

Sumário

Introdução à Coleção . *7*

Aprsentação à edição brasileira . *11*
Rúrion Melo

Prefácio à nova edição . *21*

Prefácio à primeira edição . *23*

Introdução à nova edição – Algumas dificuldades
na tentativa de mediar teoria e práxis . *25*

1. A doutrina clássica da política em sua relação
   com a filosofia social . *81*
2. Direito natural e revolução . *143*
3. A crítica de Hegel à Revolução Francesa . *201*
4. Sobre os escritos políticos de Hegel . *231*
5. A passagem do idealismo dialético ao materialismo:
   a ideia de Schelling de uma contração de Deus e
   suas consequências para a filosofia da história . *267*
6. Entre filosofia e ciência: marxismo como crítica . *351*

Jürgen Habermas

7. Tarefas críticas e conservadoras da sociologia . *443*
8. Dogmatismo, razão e decisão: sobre teoria e práxis na civilização cientificizada . *467*
9. Consequências práticas do progresso técnico--científico . *507*
10. Sobre a transformação social da formação acadêmica . *541*
11. Democratização da universidade – politização da ciência? . *565*

Adendo – Recensão bibliográfica sobre a discussão filosófica em torno de Marx e do marxismo (1957) . *579*

Referências bibliográficas . *693*

Índice onomástico . *717*

Introdução à Coleção

Se desde muito tempo são raros os pensadores capazes de criar passagens entre as áreas mais especializadas das ciências humanas e da filosofia, ainda mais raros são aqueles que, ao fazê-lo, podem reconstruir a fundo as contribuições de cada uma delas, rearticulá-las com um propósito sistemático e, ao mesmo tempo, fazer jus a suas especificidades. Jürgen Habermas consta entre esses últimos.

Não se trata de um simples fôlego enciclopédico, de resto nada desprezível em tempos de especialização extrema do conhecimento. A cada passagem que Habermas opera procurando unidade na multiplicidade das vozes das ciências particulares, corresponde, direta ou indiretamente, um passo na elaboração de uma teoria da sociedade capaz de apresentar, com qualificação conceitual, um diagnóstico crítico do tempo presente. No decorrer de sua obra, o diagnóstico se altera, às vezes de maneira incisiva e mesmo abrupta, frequentemente por deslocamentos de ênfase; porém, o seu propósito é sempre o mesmo: reconhecer na realidade das sociedades modernas os potenciais de emancipação e seus obstáculos, buscando apoio em pesquisas empíricas e nunca deixando de justificar os seus próprios critérios.

Certamente, o propósito de realizar um diagnóstico crítico do tempo presente e de sempre atualizá-lo em virtude das transformações históricas, não é, nele mesmo, uma invenção de Habermas. Basta se reportar ao ensaio de Max Horkheimer sobre "Teoria tradicional e teoria crítica", de 1937, para dar--se conta de que essa é a maneira mais fecunda pela qual se segue com a Teoria Crítica. Contudo, se em cada diagnóstico atualizado é possível entrever uma crítica ao modelo teórico anterior, não se pode deixar de reconhecer que Habermas elaborou a crítica interna mais dura e compenetrada de quase toda a Teoria Crítica que lhe antecedeu – em especial Marx, Horkheimer, Adorno e Marcuse. Entre os diversos aspectos dessa crítica, particularmente um é decisivo para compreender o projeto habermasiano: o fato de a Teoria Crítica anterior não ter dado a devida atenção à política democrática. Isso significa que, para ele, não somente os procedimentos democráticos trazem consigo, em seu sentido mais amplo, um potencial de emancipação, como nenhuma forma de emancipação pode se justificar normativamente em detrimento da democracia. É em virtude disso que ele é também um ativo participante da esfera pública política, como mostra boa parte de seus escritos de intervenção.

A presente coleção surge como resultado da maturidade dos estudos habermasianos no Brasil, em suas diferentes correntes, e das mais ricas interlocuções que sua obra é capaz de suscitar. Em seu conjunto, a obra de Habermas tem sido objeto de adesões entusiasmadas, críticas transformadoras, frustrações comedidas ou rejeições virulentas – dificilmente ela depara com a indiferença. Porém, na recepção dessa obra, o público brasileiro tem enfrentado algumas dificuldades que a presente coleção pretende sanar. As dificuldades se referem principalmente à ausência de tradução de textos importantes e à falta de uma padronização terminológica nas traduções existentes, o que, no mínimo, faz obscurecer os laços teóricos entre os diversos momentos da obra.

Incluímos na coleção praticamente a integralidade dos títulos de Habermas publicados pela editora Suhrkamp. São cerca de quarenta volumes, contendo desde as primeiras até as mais recentes publicações do autor. A ordem de publicação evitará um fio cronológico, buscando atender simultaneamente o interesse pela discussão dos textos mais recentes e o interesse pelas obras cujas traduções ou não satisfazem os padrões já alcançados pela pesquisa acadêmica ou simplesmente inexistem em português. Optamos por não incluir na presente coleção livros que foram apenas organizados por Habermas ou, para evitar possíveis repetições, textos mais antigos que foram posteriormente incorporados pelo próprio autor em volumes mais recentes. Notas de tradução e de edição serão utilizadas de maneira muito pontual e parcimoniosa, limitando-se, sobretudo, a esclarecimentos conceituais considerados fundamentais para o leitor brasileiro. Além disso, cada volume conterá uma apresentação, escrita por um especialista no pensamento habermasiano, e um índice onomástico.

Os editores da coleção supõem que já são dadas as condições para sedimentar um vocabulário comum em português, a partir do qual o pensamento habermasiano pode ser mais bem compreendido e, eventualmente, mais bem criticado. Essa suposição anima o projeto editorial dessa coleção, bem como

Jürgen Habermas

a convicção de que ela irá contribuir para uma discussão de qualidade, entre o público brasileiro, sobre um dos pensadores mais inovadores e instigantes do nosso tempo.

Comissão Editorial

Antonio Ianni Segatto
Denilson Luis Werle
Luiz Repa
Rúrion Melo

Apresentação à edição brasileira

Rúrion Melo[*]

A questão acerca da relação entre *teoria e práxis* acompanha os diferentes momentos da história do desenvolvimento da teoria crítica. É verdade que tal questão aponta para reflexões filosóficas antigas que remetem a Aristóteles ou ao pensamento político moderno, passa pelo "idealismo alemão" e se consolida na tradição do marxismo. Na teoria crítica, contudo, a relação entre teoria e práxis se constitui na qualidade de princípio determinante, pois se procura não apenas produzir um diagnóstico do tempo presente e apreender criticamente a realidade social, mas também saber de que maneira as contradições e patologias sociais diagnosticadas podem ser superadas de um ponto de vista *prático*.

---

[*] Professor do Departamento de Ciência Política da Universidade de São Paulo (USP) e pesquisador do Centro Brasileiro de Análise e Planejamento (Cebrap).

Jürgen Habermas

Embora a formulação dessa questão geral pareça ser simples, a história da teoria crítica comprova que nunca foi fácil apresentar uma articulação adequada, muito menos definitiva, entre teoria e práxis. Sobretudo porque tal articulação implica uma vinculação constante da teoria com os potenciais práticos historicamente situados: todo diagnóstico de época expressa determinados obstáculos à emancipação, assim como determinadas capacidades de transformação prática da realidade social que precisam ser elucidadas a cada momento. Portanto, sem poder contar com verdades anistóricas, toda renovação de diagnóstico envolve recolocar a questão acerca da relação imanente entre teoria e práxis. Precisamente essa necessidade de produzir uma teoria social crítica com propósito prático, isto é, uma teoria que procura conhecer a sociedade da perspectiva de uma práxis emancipatória, acabou constituindo uma abrangente e complexa tradição de pensamento rica em modelos críticos, de Marx até seus representantes mais atuais.

Jürgen Habermas assume essa questão como princípio norteador de sua própria teoria crítica. E é exatamente essa a questão que ele toma a título de problema central para organizar os diversos temas tratados em seu livro *Teoria e práxis: estudos de filosofia social*. Publicado originalmente em 1963 e reeditado em 1971, *Teoria e práxis* é composto de uma série de significativos artigos e recensões. Um aspecto digno de atenção em relação ao livro não consiste apenas em compreender o modo como Habermas unifica a questão central a respeito da transposição da teoria para a práxis a partir de referenciais temáticos diversificados (na comparação da doutrina clássica da política com a filosofia política moderna, na discussão em torno dos paradigmas revolucionários e das teorias liberais e republicanas da democracia, na análise da filosofia clássica alemã, de Marx e do marxismo, bem como a partir de questões sobre a democratização da universidade e da crítica à tecnocracia). É importante notar também de que maneira, ao longo do livro, Habermas apresenta antes soluções diferentes para a relação entre teoria e práxis, consequência do fato de ter modificado, do final da década de 1950 até 1971, data de publicação da nova edição, os fundamentos que estavam na base de sua teoria crítica.

Habermas dedica sua "Introdução à nova edição", incluída em 1971, à elucidação de tais modificações. Se olharmos os principais conjuntos temáticos presentes em *Teoria e práxis*, notaremos que os textos que compõem o livro passam por diferentes períodos da obra de Habermas até o início da década de 1970: encontramos os temas da participação política e da reforma da universidade (tais como tinham sido abordados em *Estudante e política*, de 1961); a discussão sobre teoria política e esfera pública (*Mudança estrutural da esfera pública*, de 1962); uma teoria dos interesses do conhecimento (*Conhecimento e interesse*, de 1968); e a distinção entre trabalho e interação (*Técnica e ciência como "ideologia"*, também de 1968), que conduzirá decisivamente aos conceitos de "sistema" e "mundo da vida" desenvolvidos a partir de então. Contudo, embora esse percurso que abrange pelo menos toda a década de 1960 torne difícil estabelecer uma unidade de referência teórica para *Teoria e práxis*, ao menos uma questão, com fundamentos distintos, marca esse período: uma *crítica à cientificização da política*.

Ao assinalar essa questão, proponho na verdade localizar o conjunto de textos que compõe este livro em torno de um diagnóstico de época mais amplo em que a relação entre teoria e práxis se insere no contexto de desenvolvimento de uma "civilização cientificizada". Do mesmo modo como fizeram os membros da primeira geração da teoria crítica, Habermas também se preocupa em elucidar os efeitos colaterais reificantes de uma progressiva racionalização social sobre o contexto de vida dos sujeitos. E a perspectiva da relação entre teoria e práxis permite diagnosticar tais efeitos de um ponto de vista crítico. Quando, com o advento da modernidade, o padrão da técnica e da ciência interfere nos critérios de interação social que são próprios do âmbito prático da vida, há uma tendência generalizada de reduzir a esfera da práxis a um tipo de racionalidade instrumental. Em linhas gerais, tal tendência é analisada em *Teoria e práxis* tanto do ponto de vista da própria "teoria", isto é, na maneira pela qual a filosofia social e a teoria política incorporaram o modo de proceder das ciências naturais, bem como da perspectiva da própria "ação social", ou seja, compreendendo as consequências do progresso técnico-científico sobre os comportamentos adaptativos dos sujeitos e a formação de uma consciência tecnocrática. Esses dois referenciais de análise são aqueles assumidos por Habermas na mudança teórica, à qual já fiz alusão, ocorrida ao longo da década de 1960: privilegia ora uma abordagem mais epistemológica em que a "cientificização" é vista pelo viés do desenvolvimento da própria teoria, ora a perspectiva dos "participantes" situados diretamente na estrutura social da práxis, isto é, as formas de ação baseadas em discursos racionais. Em todo caso, é o diagnóstico de época, aquele compreendido pela "cientificização da política", que servirá a Habermas como fio condutor tanto das análises apresentadas sobre os clássicos da teoria política e da filosofia social quanto para determinar sua posição diante dos desafios do presente. Vejamos então de que maneira os principais argumentos são articulados com esse diagnóstico mais geral.

No livro, a hegemonia do cientificismo começa a ser abordada por Habermas em sua interpretação sobre o declínio da doutrina clássica da política com o advento da moderna "ciência da política" inaugurada por Hobbes. A teoria hobbesiana marca uma mudança cheia de consequências em relação à política clássica, cujo modelo principal era a filosofia prática de Aristóteles. Para o filósofo grego, a política estava relacionada com a ética e com a doutrina da vida boa. A esfera da vida prática, da *praxis*, correspondia à vida virtuosa e racional, tanto no que concernia à conduta ética dos sujeitos quanto à finalidade da boa organização política da cidade. Assim, o que dizia respeito à política (do âmbito da práxis) não poderia adquirir um estatuto de ciência em sentido estrito, de *episteme*. Pois Aristóteles parte da distinção entre duas diferentes dimensões da vida humana: uma ligada ao conhecimento teórico e outra à realização da vida prática. Por fim, no que diz respeito ao conhecimento prático, não se trata, ainda no caso de Aristóteles, de entendê-lo como um tipo de saber produtivo, isto é, diretamente aplicável à produção de artefatos, ferramentas e mercadorias. Neste caso, o conhecimento prático concerne antes às *técnicas* de saber aplicáveis e capacidades artesanais em geral (*téchne*). O outro domínio, em que lidamos com os princípios morais e a condução prudente da vida, não está reservado a um conhecimento que procede tecnicamente, mas diz respeito aos costumes, hábitos e leis que formam o núcleo ético e político dos contextos de vida. *Praxis* aqui diz respeito ao *éthos* da vida civil, à realização da vida boa na cidade.

Hobbes altera radicalmente essa concepção clássica da política ao acreditar que podemos compreender as "leis da vida civil" tão corretamente quanto as ciências da natureza podem fazer ao se debruçar sobre fenômenos naturais. A ciência da política – uma ciência do homem, da sociedade e do Estado – seria capaz assim de estabelecer os princípios e as regras gerais que constituem a ordem correta da vida humana, uma vez que o comportamento dos homens é determinado pelas "leis da vida civil" adequadamente apreendidas a partir do modelo da física moderna. É por essa razão que em Hobbes se consolida o declínio da doutrina clássica da política: na medida em que a prudência prática é substituída pela aplicação de uma teoria social fundada em termos científicos, aquela esfera da práxis passa a ser absorvida pela esfera da técnica. Em outras palavras, a questão da política aristotélica concernente à vida virtuosa dos cidadãos da cidade é transformada pelo problema técnico da organização social cuja função é assegurar a ordem e o bem-estar dos cidadãos do Estado.

Nesse sentido, a transposição da teoria para a práxis inaugurada por Hobbes é diagnosticada negativamente por Habermas como marco de uma cientificização da vida moral e política. Suas consequências teóricas, que não se limitam ao contexto do pensamento político moderno, podem ser sentidas de acordo com uma tendência de redução das questões da práxis social a ações meramente técnicas. Já que, ao desenvolver uma "ciência da política", Hobbes teria substituído justamente a práxis de cidadãos que agem com consciência e vontade pela "atitude do técnico": a dimensão prática fica sujeita ao padrão da ação social entendida agora como prática de *disposição*. Embora a disposição sobre processos naturais, que caracteriza

Teoria e práxis

a atitude de um técnico ou de um cientista da natureza, seja essencialmente diferente daquela que pode ocorrer no caso de processos sociais, Hobbes decide converter a teoria em práxis de maneira técnica, abstraindo a distinção entre ação prática e disposição técnica. Os efeitos negativos dessa abstração podem ser percebidos em desdobramentos práticos e teóricos posteriores no desenvolvimento das sociedades industriais avançadas.

Habermas também analisa de que modo essa solução "técnica" para relacionar teoria e práxis adentrou de forma decisiva a tradição marxista. Pois ainda que esta tradição tivesse se voltado criticamente contra os efeitos negativos do modo de produção capitalista, sobretudo preocupada com as consequências reificantes do trabalho abstrato e alienado, o "materialismo histórico" manteve sempre uma imagem de sociedade que irradiava em sua totalidade a matriz do trabalho também no que diz respeito a seus aspectos emancipatórios. A concepção materialista da história está correta ao mostrar que os processos sociais podem ser abordados do ponto de vista do desenvolvimento das "forças produtivas" – sublinhando a força de trabalho aplicada na produção, o saber tecnicamente utilizável nas técnicas de produção e o conhecimento organizacional para tornar as forças de trabalho mais eficientes. Mas erra ao englobar a totalidade da história primordialmente no "paradigma da produção", reduzindo assim a práxis social e humana ao modelo de ação baseado no trabalho, ou seja, subordinando a práxis à técnica. A centralidade do trabalho e da produção assumiria um papel tão definitivo que resultaria em um déficit de consequências práticas para uma teoria crítica da sociedade. Como acentua Habermas em seu artigo "Direito natural e revolução", o marxismo acaba expondo por isso uma limitada compreensão funcionalista do Estado democrático de direito.

A subordinação da práxis à técnica (e à racionalidade científica) se condensa no diagnóstico mais amplo de Habermas sobre o capitalismo tardio (intervenção estatal na economia, democracia de massas e Estado social). Com a crítica desenvolvida no livro à cientificização da política, são ressaltados também os efeitos colaterais e reificantes da "tecnocracia" sobre a realização de fins propriamente práticos. Aquilo que em Hobbes havia sido identificado como determinação científica da política pelo padrão explicativo da física, torna-se agora o eixo central do diagnóstico contemporâneo de uma sociedade capitalista administrada pelo Estado. O controle administrativo restringe a práxis política a tarefas meramente técnicas, criando assim consequências práticas altamente problemáticas aos olhos de Habermas: na "civilização cientificizada", a tecnocracia leva a uma ampla "despolitização" da formação democrática da opinião e da vontade na esfera pública, eliminando os conteúdos práticos da política e gerando uma grave crise de legitimação.

Logo, a questão da relação entre teoria e práxis elucida criticamente a maneira com que a racionalidade técnico-instrumental (que Habermas chamará mais tarde também de "funcionalista"), incorporada no nível dos sistemas sociais organizados, prescinde da práxis social e política de sujeitos agentes. Isso permite atualizar o diagnóstico sobre a reificação social, na medida em que os contextos práticos de vida são gradativamente engessados por formas instrumentais de racionalidade. É central em *Teoria e práxis*, portanto, entender

Teoria e práxis

a cientificização da política como expressão da patologia determinante da época presente: formas sistêmicas de controle reificam os sujeitos à proporção que a práxis é substituída pela técnica.

De outro lado, no entanto, Habermas está ciente que é preciso assegurar que processos de formação política da vontade possam exercer um papel mais constitutivo na relação entre progresso técnico-científico e mundo da vida social. Para tanto, o quadro institucional, determinado em grande medida pelo modelo tecnocrático, precisa também garantir formas de comunicação pública que lidam diretamente com o modo como os sujeitos podem e querem viver sob condições objetivas de um poder de controle em expansão. Isso só será possível caso exista uma mediação constante entre as ciências, consideradas principalmente em termos de sua relevância política, e a *esfera pública*. O público enquanto instituição política, a "esfera pública" em que a opinião pode ser formada mediante ampla discussão de questões de interesse prático e político, porta assim uma função crítica determinante no que diz respeito à transposição da tecnologia em práxis.

Por fim, é preciso reforçar ainda um argumento decisivo na maneira pela qual Habermas relaciona teoria e práxis. Conforme fica explícito em sua "Introdução à nova edição", é crucial compreender que a teoria não pode mais se converter em práxis caso essa operação não seja levada a cabo pelos próprios sujeitos concernidos. O teórico não pode pretender ser mais esclarecido do que os sujeitos que formam de maneira cotidiana sua opinião e vontade, procurando assim orientar de forma pretensamente mais adequada os indivíduos para a práxis. A "verdade" do teórico não desfruta *a priori* de mais validade ou legitimidade do que a "opinião" de sujeitos capazes de fala e ação. O mesmo, sublinha Habermas, vale para partidos que, ao assumirem o papel de esclarecedores das massas, retiram o processo de esclarecimento da formação intersubjetiva da vontade dos próprios concernidos. Nesse sentido, não pode haver primado da teoria (representada pelo teórico, cientista, "médico", partido ou intelectual orgânico) diante da práxis.

Para Habermas, todo processo social reflexivo é conduzido por sujeitos que, enquanto reciprocamente concernidos, se esclarecem de maneira intersubjetiva a respeito de sua própria situação ao assumir também o papel de *participantes*. Os processos sociais, portanto, devem poder ser compreendidos pelos sujeitos como resultado de sua consciência e vontade. Teoria e práxis, frisa Habermas, podem ser articuladas do ponto de vista de discursos práticos conduzidos de forma autônoma. E somente essa práxis discursiva autônoma é capaz de se relacionar com o conteúdo crítico da própria teoria. Daí o esforço, já sublinhado por Habermas no contexto de *Teoria e práxis*, em direcionar sua teoria crítica à tarefa primordial de *reconstrução* da práxis comunicativa a partir de processos sociais e históricos. Nesse esforço reconstrutivo particular de unificação de teoria e práxis está em jogo um dos aspectos mais centrais de todo seu programa: a teoria social crítica mantém seu propósito prático não por possuir um potencial de tipo tecnológico, mas por permanecer orientada ao esclarecimento, à autonomia e à emancipação.

Prefácio à nova edição

Em uma nota à segunda edição, indiquei que seria um empreendimento difícil "atualizar" uma coletânea de ensaios. Pela mesma razão, também evitei desta vez modificar os textos; efetuei apenas algumas supressões e correções motivadas por questões estilísticas e materiais. Complementei as notas de rodapé com as informações bibliográficas mais importantes. Quatro novos ensaios que surgiram nesse ínterim e se adequaram ao curso da investigação foram incluídos; ao passo que os dois artigos sobre Bloch e Löwith que constavam como adendo na primeira das três edições agora se encontram em um contexto mais apropriado, a saber, nos *Philosophisch-politische Profilen* [Perfis filosófico-políticos].

Ao repassar o texto, tomei consciência de que a discussão tinha superado a situação de 1963 principalmente no que diz respeito a dois complexos temáticos, a saber, a discussão sobre a relação entre teoria e práxis ligada a Hegel (apresentada por M. Theunissen em um balanço bibliográfico) assim como a discussão sobre os fundamentos da teoria do valor e da teoria das crises de Marx (sem que se tenha no entanto chegado a uma

Jürgen Habermas

explicação satisfatória sobre o *status* que os postulados fundamentais da teoria do valor poderiam aspirar para uma análise empiricamente substancial do capitalismo tardio). Não posso me ocupar *en passant* desses problemas. Por outro lado, gostaria ao menos de indicar de modo programático como hoje se apresenta para mim a relação entre teoria e práxis. Essas reflexões são expostas na Introdução elaborada para a nova edição.

Frankfurt am Main, junho de 1971.

Jürgen Habermas

Prefácio à primeira edição

A parte principal deste volume reúne sete ensaios que foram escritos durante os últimos três anos para diferentes ocasiões. Ligações transversais também tornam a conexão dos estudos manifestamente perceptível; essa própria conexão deve ser comprovada no decorrer da leitura.

Os presentes trabalhos possuem uma pretensão propedêutica; eu os considero como estudos históricos preparatórios para uma investigação sistemática da relação entre teoria e práxis nas ciências sociais.

Agradeço ao senhor Otto Grüters pelos conselhos amigáveis e correções.

Heidelberg, verão de 1963.

Jürgen Habermas

Introdução à nova edição
Algumas dificuldades na tentativa de mediar teoria e práxis

No Prefácio à primeira edição, eu havia prometido uma investigação sistemática sobre a relação entre teoria e práxis. Tal investigação permaneceu limitada a esse anúncio. Isso não significa que, desde então, eu tenha negligenciado o tema; os trabalhos publicados nesse ínterim mostram, pelo contrário, que o tema não me abandonou. A nova edição de *Teoria e práxis* me dá uma oportunidade muito bem-vinda de me certificar retrospectivamente (de modo necessariamente apressado) para onde fui conduzido no decorrer das reflexões realizadas desde então.

Teoria e práxis

As investigações reunidas neste volume, orientadas predominantemente de um ponto de vista histórico, destinam-se a desenvolver uma teoria da sociedade projetada com um propósito prático e delimitar seu *status* diante de teorias de outra proveniência. O tipo de teoria da sociedade que encontramos configurado pela primeira vez em Marx é caracterizado pelo fato de a teoria ser reflexiva sob dois pontos de vista.

Jürgen Habermas

O materialismo histórico pretende oferecer uma explicação da evolução social tão abrangente a ponto de se referir não apenas ao contexto de surgimento como também ao contexto de aplicação da própria teoria. A teoria especifica as condições sob as quais uma autorreflexão da espécie se tornou objetivamente possível; e nomeia ao mesmo tempo o destinatário que, com a ajuda da teoria, pode ter clareza sobre si mesmo e sobre seu papel potencialmente emancipatório no processo histórico. Com a reflexão sobre seu contexto de surgimento e com a antecipação de seu contexto de aplicação, a própria teoria se compreende como um momento catalisador necessário do mesmo contexto de vida social que analisa; mais precisamente, ela o analisa na qualidade de um contexto integral de coerção sob o ponto de vista de sua supressão possível.

A teoria compreende também uma dupla relação entre teoria e práxis: de um lado, ela investiga o contexto histórico de constituição de uma configuração de interesses ao qual a teoria, por assim dizer, ainda pertence em função do ato de conhecer; e, de outro, investiga o contexto histórico de ação sobre o qual a teoria pode influir orientando-se para a ação. Em um caso, trata-se da práxis social que, na qualidade de síntese social, torna possível o conhecimento; no outro, trata-se de uma práxis política que visa revolucionar de modo consciente o sistema institucional existente. Graças à reflexão sobre seu contexto de surgimento, a crítica se distingue tanto da ciência quanto da filosofia. Pois as ciências obscurecem os contextos de constituição e se comportam objetivamente em relação a seus domínios de objetos; enquanto a filosofia, ao contrário, esteve muito certa de sua origem apenas de um ponto de vista ontológico. Mediante a antecipação de seu contexto de aplicação,

Teoria e práxis

a crítica se distingue do que Horkheimer chamou de teoria tradicional. Ela entende que sua pretensão de validade pode ser cumprida somente em processos bem-sucedidos de esclarecimento, ou seja, no discurso prático dos concernidos. A crítica renuncia à pretensão contemplativa de teorias construídas monologicamente e vê que também a filosofia existente até o momento, apesar de sua própria pretensão, arroga-se meramente um caráter contemplativo.[1]

Essas determinações, no entanto, não serão desenvolvidas sistematicamente neste volume, mas em conexão a uma história do problema para a qual a distinção aristotélica entre práxis e teoria serve como fio condutor. A filosofia social da modernidade impõe, diante da doutrina clássica do direito natural, a pretensão de possuir um *status* concorrente e ser cientificamente levada a sério somente ao preço da separação da filosofia prática em relação a seu contexto de experiência: a filosofia social tornada monológica não pode na verdade se relacionar com a práxis, mas somente com uma ação racional com respeito a fins controlada por recomendações técnico-sociais. Sobre esse pano de fundo, o materialismo histórico pode ser concebido como uma teoria da sociedade projetada com um propósito prático, que evita as fraquezas complementares da política tradicional e da filosofia social moderna vinculando também a pretensão à cientificidade com uma estrutura teórica relacionada à práxis. Procurei, em outras investigações, esclarecer três aspectos da relação entre teoria e práxis: (1) o aspecto empírico da relação entre ciência, política e opinião pública nos

---

1 Cf. meu ensaio Wozu noch Philosophie? [Para que serve ainda a filosofia?].

sistemas sociais do capitalismo tardio; (2) o aspecto epistemológico da relação entre conhecimento e interesse; e, finalmente, (3) o aspecto metodológico de uma teoria da sociedade que deve ser capaz de assumir o papel da crítica.

Esfera pública

Questões técnicas se colocam sob o ponto de vista da organização dos meios em termos de uma racionalidade com respeito a fins ou da escolha racional entre meios alternativos segundo fins previamente dados (valores e máximas). Questões práticas, pelo contrário, colocam-se da perspectiva da aceitação ou recusa de normas, especialmente de normas de ação cuja pretensão de validade podemos defender ou contestar com razões. Teorias que, segundo sua estrutura, servem para esclarecer questões práticas estão destinadas a desembocar na ação comunicativa. Interpretações que podem ser obtidas no quadro de tais teorias certamente não são imediatamente eficazes como orientações para a ação; elas encontram antes um valor posicional legítimo no contexto terapêutico da formação reflexiva da vontade. Por essa razão, no processo de esclarecimento cheio de consequências em termos políticos, as interpretações podem ser transformadas somente se as condições institucionais para os discursos práticos forem preenchidas por um amplo público de cidadãos; na medida em que este não for o caso, as coerções restritivas, ou seja, as próprias restrições à comunicação produzidas nas estruturas do sistema, constituem um problema que precisa ser teoricamente esclarecido. Considerando nosso próprio sistema social, essa questão pode ser especificada sob três pontos de vista:

Teoria e práxis

(a)   Em minha introdução a *Student und Politik*[2] [Estudante e política] e na investigação sobre a *Mudança estrutural da esfera pública*,[3] analisei a conexão histórica do desenvolvimento capitalista com a ascensão e a queda da esfera pública liberal. De um lado, a ficção de uma formação discursiva da vontade capaz de dissolver a dominação foi efetivamente institucionalizada pela primeira vez no sistema político do Estado de direito burguês; de outro, mostra-se a incompatibilidade dos imperativos do sistema da economia capitalista com as exigências de um processo democrático de formação da vontade. Tanto sobre o fundamento de um público de pessoas privadas, que são instruídas, discutem mediante razões e apreciam arte, assim como no *medium* da imprensa burguesa, o princípio da publicidade, imposto inicialmente com uma função claramente crítica contra a práxis secreta do Estado absolutista e ancorado nos procedimentos dos órgãos do Estado de direito, foi refuncionalizado para finalidades demonstrativas e manipulativas. Embora apresente tecnicamente um potencial de libertação, a rede de comunicação, tecida de forma cada vez mais densa, das mídias eletrônicas de massa é organizada hoje de tal modo que, em vez de servir para submeter os controles sociais e estatais por seu turno a uma formação descentralizada e discursiva da vontade, a qual é significativamente canalizada e liberta de seus limites, controla antes a lealdade de uma população despolitizada.

(b)   Nos ensaios que mantêm uma estreita combinação temática – "Technik und Wissenschaft als 'Ideologie'" [Téc-

---

2 Principalmente o texto, Über den Begriff der politischen Beteiligung, p.11-56.

3 Habermas, *Strukturwandel der Öffentlichkeit*.

nica e ciência como "ideologia"],[4] "Technischen Fortschritt und soziale Lebenswelt" [Progresso técnico e mundo da vida social],[5] "Praktischen Folgen des wissenschaftlich-technischen Fortschritts" [Consequências práticas do progresso técnico-científico] (incluído neste volume) e "Bedingungen für eine Revolutionierung spätkapitalistischer Gesellschaftssysteme" [Condições para uma revolução do sistema social do capitalismo tardio][6] –, investiguei duas tendências de desenvolvimento características do capitalismo desenvolvido (sem levar em consideração as formas de manifestação da centralização) tendo em vista a despolitização da esfera pública: em primeiro lugar, o aumento da atividade intervencionista do Estado que deve assegurar a estabilidade e o crescimento do sistema econômico; em segundo lugar, a interdependência crescente entre pesquisa, técnica e administração estatal, que transformou o sistema científico na primeira força produtiva. O intervencionismo estatal e o planejamento do progresso técnico-científico podem servir como mecanismos de regulação diante da desigualdade e dos conflitos que emergem em um processo de produção controlado pelos imperativos de autovalorização do capital. Contudo, esse processo parece ocorrer de tal modo que a capacidade de controle da administração estatal e o potencial produtivo da ciência e da técnica só podem ser sistematicamente empregados no interior dos limites do modo de produção capitalista pelo preço de um conflito que, antes de tudo, ainda permanece latente. O conflito consiste

---

4 Habermas, *Technik und Wissenschaft als "Ideologie"*, p.48-103.

5 Ibid., p.104-119.

6 Na coletânea *Marx und die Revolution*, p.24-44.

no fato de que, por um lado, as prioridades introduzidas sob os imperativos econômicos não devem se tornar dependentes de um processo universal de formação discursiva da vontade: por isso, a política assume hoje a aparência da tecnocracia. Por outro lado, torna-se cada vez mais difícil que questões práticas importantes sejam excluídas de uma esfera pública despolitizada como consequência de uma erosão em longo prazo de tradições culturais capazes de assegurar os comportamentos, as quais até o momento poderiam ser pressupostas como condições periféricas não tematizadas do sistema político: por essa razão, surge hoje uma necessidade crônica de legitimação.

(c) Finalmente, nos ensaios sobre política científica e reforma universitária – (ver neste volume as duas últimas contribuições) e "Verwissenschaftlichte Politik und öffentliche Meinung" [Política cientificizada e opinião pública],[7] os trabalhos mais amplos incluídos na coletânea *Protestbewegung und Hochschulreform* [Movimento de protesto e reforma da universidade][8] e a "Introdução" aos *Philosophisch-Politische Profile* [Perfis filosófico-políticos][9] – discuti quais consequências resultam para o próprio sistema científico da circunstância de que as ciências assumem cada vez mais o papel de uma primeira força produtiva. O novo significado político, que levou Luhmann, por exemplo, a refletir se caberia ao sistema científico desfrutar de um primado funcional para o desenvolvimento da sociedade em seu todo, é um desafio e um problema também para as ciências. De início, a ciência pode tematizar a si mesma.

---

7 Habermas, *Technik und Wissenschaft als "Ideologie"*, p.120-145.
8 Id., *Protestbewegung und Hochschulreform*.
9 Id., *Philosophisch-Politische Profile*.

Sob diferentes pontos de vista, ela pode investigar empiricamente a organização do progresso científico e técnico: essa é a tarefa constituída por esforços complexos que demandam o nome de uma *Science on Science* [Ciência sobre a ciência]. Além disso, a ciência pode analisar reflexivamente o contexto social em que está inserida não apenas institucional, mas também metodologicamente e decidir ao mesmo tempo sobre a utilização das informações produzidas cientificamente: essa é a tarefa de uma crítica material da ciência. Por fim, a utilização prática do conhecimento, vale dizer, a transposição para tecnologias e estratégias, por um lado, e em práxis comunicativa, por outro, pode ser cientificamente preparada: essa é a tarefa de uma praxeologia que ainda está em seus primórdios e à qual também pertence uma interação possível entre ciência e política (por exemplo, na forma de uma deliberação política).

A reestruturação do sistema universitário que está em curso pode ser concebida simultaneamente como parte de um planejamento tecnocrático *e*, em reação a isso, como tentativa de constituir o sistema da ciência na qualidade de uma unidade política. Uma universidade esclarecida quanto à crítica da ciência e capaz de agir politicamente poderia advogar para que, entre as prioridades alternativas do progresso técnico-científico, não se decida naturalmente por pontos de vista industriais e militares, porém, em consideração às consequências práticas, decida-se por pontos de vista políticos, ou seja, com base em um processo universal de formação discursiva da vontade.[10]

---

10 Sobre o mandato político das ciências, cf. Apel, Wissenschaft als Emanzipation?, *Zeitschrift für allgemeine Wissenschaftstheorie*; cf. também Preuß, *Das politische Mandat der Studentenschaft.*

Teoria e práxis

Todas essas investigações sobre as relações empíricas entre ciência, política e opinião pública nos sistemas sociais do capitalismo tardio permanecem insatisfatórias na medida em que ainda não foram oferecidas abordagens sérias sobre uma teoria do capitalismo tardio. Quero dizer com isso que a formação de uma teoria deveria partir hoje de três complexos de questões centrais: (1) Por que a produção de legitimação no capitalismo desenvolvido se tornou um importante problema sistêmico? Os conflitos que podem ser razoavelmente controlados pelo planejamento estatal se deslocaram para o sistema político? Uma teoria da crise política precisa substituir uma teoria da crise econômica? (2) Os novos potenciais de apatia e de conflito sustentados subculturalmente, caracterizados pela perda de motivação e pela inclinação ao protesto, podem levar a uma recusa de execução de certas operações de proporção tal que colocasse em risco todo o sistema? Os grupos que possivelmente colocam em questão de modo passivo o cumprimento de funções importantes do sistema são idênticos àqueles que podem agir de modo politicamente consciente em situações de crise? O processo de erosão, que pode fazer com que desmoronem as legitimações da dominação e as motivações para a execução de operações funcionalmente necessárias, é ao mesmo tempo um processo de politização que cria potenciais para ação? (3) De uma relação de trabalho que continua sendo mediada politicamente resulta ainda hoje coerções suficientes para a organização da classe trabalhadora e para a constituição de uma consciência de classe? Podemos apontar grupos parciais no interior da classe trabalhadora industrial que, por razões estruturais, estejam abertos a um esclarecimento político e assim o obtenham com o estabelecimento de fins não econômicos?

Os motivos para a formação de uma consciência política migraram das dimensões do trabalho produtivo para outras dimensões do sistema de empregos?

Não desenvolvemos até o momento quaisquer hipóteses suficientemente precisas e verificáveis para poder responder empiricamente a essas questões.[11]

Conhecimento e interesse

Nos ensaios de filosofia social sobre teoria e práxis não tratei sistematicamente das questões de teoria do conhecimento. Se estabelecermos um padrão rigoroso, então podemos dizer que o mesmo ocorreu no contexto da história dos problemas que desenvolvi em meu livro *Erkenntnis und Interesse* [Conhecimento e interesse] e na aula inaugural que leva o mesmo nome.[12] Apesar disso, conduzi as investigações históricas e as reflexões exploratórias longe o bastante para esclarecer o programa de uma teoria da ciência que deve compreender de maneira sistemática o contexto de constituição e de aplicação das teorias científicas em geral.[13] Eu me deixei guiar pela pergunta sobre os sistemas de conceitos fundamentais (ou "quadros transcendentais"), no interior dos quais organizamos nossas experiências *a priori* e de maneira pré-científica, de

---

11 Encontrei abordagens sobre o desenvolvimento de um aparelho teórico adequado, entre outros, nos trabalhos de Claus Offe. Cf. adiante neste mesmo volume as referências bibliográficas.

12 Habermas, *Technik und Wissenschaft als "Ideologie"*, p.146-168.

13 Cf. também as investigações paralelas de Apel, principalmente o artigo programático, Szientistik, Hermeneutik und Ideologiekritik, republicado em sua coletânea *Hermeneutik und Ideologiekritik*, p.7 e ss.

Teoria e práxis

tal modo, contudo, que a formação dos domínios de objetos científicos também é prejudicada. No círculo funcional da ação instrumental, deparamo-nos com objetos do tipo de corpos móveis; aqui realizamos experiências com coisas, acontecimentos e situações que são principalmente manipuláveis.

Nas interações (ou na dimensão da intersubjetividade do entendimento possível), deparamo-nos com objetos do tipo de sujeitos falantes e agentes; aqui realizamos experiências com pessoas, proferimentos e situações que são estruturadas e entendidas principalmente de modo simbólico. Os domínios de objetos das ciências empírico-analíticas e hermenêuticas estão fundados nessas objetivações da realidade que efetuamos diariamente sob o ponto de vista da disponibilidade técnica e do entendimento intersubjetivo. Isto se mostra na comparação metodológica dos conceitos teóricos fundamentais, da construção lógica de teoremas, da relação entre teoria e domínio de objetos, dos critérios de verificação, de procedimentos de prova etc. Chama a atenção, sobretudo, a diferença da função pragmática que podem ter, a cada vez, as informações produzidas nas diferentes ciências. O saber empiricamente analítico pode adotar a forma de esclarecimentos causais ou de prognósticos determinados que são relacionados a acontecimentos observáveis; o saber hermenêutico possui em regra a forma de uma interpretação de contextos de sentido transmitidos. Há uma relação sistemática entre a estrutura lógica de uma ciência e a estrutura pragmática das utilizações possíveis das informações produzíveis em seu marco.

Atribuí esse referencial de ação diferencial de ambas as categorias citadas de ciências ao fato de que, na constituição dos domínios de objetos científicos, seguimos meramente o processo cotidiano da objetivação da realidade sob os pontos de vista da disponibilidade técnica e do entendimento intersubjetivo. Esses dois pontos de vista expressam interesses condutores do conhecimento arraigados de modo antropológico, que possuem um *status* quase transcendental. Os interesses do conhecimento não têm importância nem em termos da psicologia do conhecimento, nem da sociologia do saber e nem, em sentido estrito, da crítica da ideologia, pois tais interesses são invariantes. Também não podem, por outro lado, ser atribuídos à herança biológica de um potencial concreto de estímulo, pois são abstratos. Tais interesses resultam, antes, dos imperativos da forma de vida sociocultural vinculada ao trabalho e à linguagem. Por isso, os interesses técnicos e práticos do conhecimento não são constituídos enquanto controles de operações cognitivas que teriam de ser eliminados ao pretender atribuir objetividade ao conhecimento; eles mesmos determinam o aspecto sob o qual a realidade pode ser objetivada e assim se tornar acessível pela primeira vez. Para os sujeitos capazes de fala e ação, os interesses são condições necessárias de possibilidade de uma experiência que pode erguer uma pretensão à objetividade. A expressão "interesse", no entanto, deve indicar a unidade do contexto de vida em que o conhecimento está ancorado: proferimentos capazes de verdade se referem a uma realidade que é objetivada como realidade em dois contextos de ação e de experiência diferentes, ou seja, é *ao mesmo tempo* descoberta e constituída; o "interesse" fundador institui a unidade entre esse contexto de constituição, ao qual está vinculado o conhecimento, com a estrutura das possíveis aplicações que os conhecimentos podem encontrar.

Enquanto as ciências não admitem em sua autocompreensão metodológica essa base de interesses, que vincula previamente os contextos de surgimento e de aplicação das teorias, a crítica, que Marx projetou como teoria da sociedade e Freud como metapsicologia, é caracterizada justamente pelo fato de assumir de maneira consciente o interesse condutor do conhecimento, mais precisamente, um interesse na emancipação que supera o interesse prático e técnico do conhecimento. Ao tratar a psicanálise como uma análise da linguagem que visa à autorreflexão, procurei mostrar como as relações de poder incorporadas na comunicação distorcida de maneira sistemática podem ser imediatamente apreendidas de tal modo que no fim, na autorreflexão tornada possível e provocada metodicamente, coincidem discernimento e emancipação de dependências imprevisíveis, isto é, conhecimento e cumprimento do interesse que se satisfaz pelo conhecimento.[14] Por isso, a relação entre teoria e terapia é tão constitutiva para a própria teoria de Freud quanto a relação entre teoria e práxis para a teoria de Marx. Isso pode ser demonstrado em detalhe na forma lógica de interpretações universais e na atividade pragmática da compreensão explanatória (em comparação à explicação causal e à compreensão hermenêutica).

Problemas metodológicos

Do fato de teorias do tipo da crítica ainda refletirem seu contexto (estrutural) de surgimento e seu contexto (potencial)

---

14 Cf. Habermas, *Erkenntnis und Interesse*. Além disso, cf. id., Der Universalitätsanspruch der Hermeneutik, republicado em Apel (org.). *Hermeneutik und Ideologiekritik*, p.120 et seq.; Lorenzer, *Sprachzerstörung und Rekonstruktion*.

de aplicação, também resulta, na qualidade de uma perspectiva metodológica, por assim dizer, imanente da relação entre teoria e práxis, uma relação modificada entre teoria e empiria. Nas investigações reunidas no volume *Zur Logik der Sozialwissenschaften* [Sobre a lógica das ciências sociais], além do artigo citado sobre "Der universalitätsanspruch der Hermeneutik" [A pretensão de universalidade da hermenêutica] e de minha discussão com Luhmann,[15] ocupei-me, de uma forma aporética e ainda não suficientemente explícita, dos problemas metodológicos mais importantes que surgem do programa e da estratégia conceitual de uma teoria da sociedade com propósito prático. Partindo da posição peculiar do sujeito cognitivo em relação a um domínio de objetos, que foi construído a partir das operações generativas de sujeitos capazes de fala e ação e que, apesar disso, ganhou poder objetivo também sobre esses próprios sujeitos, resultam delimitações diante de quatro abordagens concorrentes:

(a) face ao objetivismo das ciências comportamentais estritas, a sociologia crítica se resguarda ante uma redução da ação intencional ao comportamento. Se o domínio de objeto reside nas configurações estruturadas simbolicamente que foram produzidas por um sistema de regras subjacente, então o quadro categorial não deve ser indiferente diante daquilo que é específico à comunicação linguística cotidiana. Deve-se admitir um acesso aos dados que apreenda o sentido. Resulta daí a problemática da mensuração típica para as ciências sociais. No lugar da observação controlada, que garante o

---

15 Habermas; Luhmann, *Theorie der Gesellshaft oder Sozialtechnologie — Was leistet die Systemforchung?*, p.124 et seq.

anonimato (permutabilidade) do sujeito observador e, com isso, a reprodutibilidade da observação, entra em cena uma relação participativa do sujeito compreensivo diante de um outro (*Alter ego*). O paradigma não é mais a observação, mas o questionamento, ou seja, a comunicação em que aquele que compreende sempre tem de expressar partes controláveis de sua subjetividade para poder se relacionar com o outro na dimensão da intersubjetividade de um entendimento possível em geral. Isto, contudo, torna ainda mais necessário um disciplinamento (como mostra o exemplo das regras analíticas básicas para o diálogo psicanalítico). As demandas em moda por um tipo de *action research* que deve vincular investigação e esclarecimento político desconsideram a circunstância válida também para as ciências sociais de que uma alteração incontrolada do campo é incompatível com a investigação simultânea dos dados no campo. Todas as operações atribuíveis ao jogo de linguagem de mensuração física (também aos instrumentos de mensuração, que só podem ser construídos com a ajuda de teorias complexas) podem ser classificadas segundo a percepção sensível ("observação") e uma linguagem voltada a coisas e acontecimentos em que as observações podem ser expressas de modo descritível. Contrariamente, falta um sistema correspondente de operações básicas de mensuração que poderíamos classificar de modo análogo tanto segundo uma compreensão de sentido fundada na observação de signos quanto em relação a uma linguagem enunciativo-pessoal em que proferimentos compreensíveis são expressos de modo descritível. Nós recorremos a interpretações disciplinadas de forma hermenêutica, ou seja, servimo-nos da hermenêutica no lugar de um procedimento de mensuração; mas aquela não é um procedimento de mensuração. Provavelmente, uma teoria da comunicação baseada na linguagem cotidiana, que não instrui a competência comunicativa, mas antes a explica, permitiria uma transformação regulada das experiências comunicativas em dados (assim como, de forma semelhante, a lógica oferece um fundamento normativo na construção de procedimentos de mensuração para investigações determinadas da psicologia cognitivista do desenvolvimento ou a gramática transformacional para investigações da psicolinguística sobre a aquisição da linguagem);

(b) face ao idealismo da hermenêutica das ciências do espírito, a sociologia crítica se resguarda ante uma redução dos contextos de sentido objetivados em sistemas sociais aos conteúdos de tradições culturais. Ela questiona, da perspectiva da crítica da ideologia, o consenso alcançado de modo factual que sustenta as tradições válidas a cada momento tendo em vista as relações de poder incorporadas sub-repticiamente nas estruturas simbólicas dos sistemas de linguagem e de ação. A força imunizadora das ideologias, a qual subtrai as pretensões de justificação do exame discursivo, remonta a bloqueios de comunicação independentemente dos conteúdos semânticos variáveis. Esses bloqueios presentes nas próprias estruturas da comunicação — as quais, para determinados conteúdos, limita ou exclui completamente as opções entre formas de expressão não verbais e verbais, entre uso comunicativo ou cognitivo da linguagem e, finalmente, entre ação comunicativa e discurso — necessitam de explicação no quadro de uma teoria da comunicação distorcida de maneira sistemática. Se essa teoria pudesse ser satisfatoriamente desenvolvida em referência a

Teoria e práxis

uma pragmática universal[16] e ser convincentemente vinculada aos postulados fundamentais do materialismo histórico, então não estaria excluída uma compreensão sistemática da tradição cultural. Talvez surjam de uma teoria da evolução social suposições verificáveis sobre a lógica de desenvolvimento de sistemas morais, de estruturas de imagens de mundo e práticas de culto correspondentes; assim teríamos de mostrar se, tal como parece, a multiplicidade contingente de conteúdos de sentido legados pela tradição, que são organizados no quadro de imagens de mundo, variam sistematicamente de acordo com características apreendidas pela pragmática universal;[17]

(c) face ao universalismo de uma teoria dos sistemas delineada de forma abrangente, a sociologia crítica se resguarda ante a redução de todo conflito social a problemas de controle de sistemas autorregulados. Certamente, é razoável interpretar os sistemas sociais como unidades que solucionam problemas postos objetivamente por meio de processos de aprendizagem suprassubjetivos; porém, na medida em que se trata da solução de problemas de controle, então o sistema de referência das máquinas cibernéticas se mostra útil. Sistemas sociais se diferenciam de máquinas e organismos (capazes de aprendizagem), entre outras coisas, pelo fato de processos de aprendizagem suprassubjetivos ocorrerem e serem organizados no quadro da comunicação estabelecida pela linguagem coloquial. Por isso,

---

16 Cf. Habermas, Vorbereitenden Bemerkungen zu einer Theorie der kommunikativen Kompetenz, p.101 et seq.

17 Aliás, esse também é o único caminho promissor de uma estratégia de pesquisa para uma teoria semântica geral, o qual (como mostram os esforços de Katz, Fodor e Postal), até o momento, naufragou em suas versões elementares.

um conceito de sistema adequado para as ciências sociais (e não apenas formado para a produção de estratégias e organizações, isto é, para a ampliação das capacidades de controle) não pode ser absorvido pela teoria universal do sistema. Tal conceito precisa ser desenvolvido em conexão com uma teoria da comunicação estabelecida pela linguagem coloquial, a qual também leva em consideração relações intersubjetivas bem como o nexo entre identidade do eu e de grupos. A ultraestabilidade ou, na concepção de Luhmann, a redução da complexidade do mundo pelo aumento da complexidade do próprio sistema são determinações de fins que resultam irremediavelmente da estratégia conceitual funcionalista, ainda que justamente no nível sociocultural da evolução o problema da manutenção do existente se torne vago e o discurso sobre a "sobrevivência", metafórico;

(d) finalmente, face à herança dogmática da filosofia da história, a sociologia crítica se resguarda ante um abuso dos conceitos derivados da filosofia da reflexão. Da estratégia conceitual da filosofia transcendental, surge (incluindo os sucessores de Kant e, hoje também, aqueles que desenvolvem uma teoria marxista da sociedade a partir da análise de Husserl sobre o mundo da vida) a pressão peculiar para que o mundo social seja pensado do mesmo modo como um *continuum* ou como o mundo dos objetos da experiência possível. Assim, sujeitos em grande formato também estão inseridos nos contextos objetivos em que os indivíduos se encontram entre si e agem comunicativamente. A produção projetiva de sujeitos de nível superior tem uma longa tradição. Também Marx nunca deixou claro se os atributos que caracterizavam as classes sociais (tais como consciência de classe, interesse de classe, ação de classe) não significavam simplesmente transferências do nível da consciência individual para um coletivo. Trata-se, antes, de designações para algo que só pode ser produzido intersubjetivamente nas deliberações ou na cooperação de indivíduos vivendo juntos.

Objeções

Nessa minha retrospectiva, em que procedi de maneira altamente seletiva e bastante simplificada, enfatizei três linhas de argumentação nas quais persegui a relação entre teoria e práxis para além das investigações históricas apresentadas neste volume. Essas argumentações são certamente insuficientes considerando o grau de explicação e de completude; estive consciente o tempo todo do caráter fragmentário e provisório das reflexões. Mas apenas posições que se expõem abertamente tornam possíveis ataques e defesas discursivas, isto é, uma argumentação substancial. Por isso, deixei passar mais imprecisões do que gostaria. Esse é um âmbito de crítica que direciono contra mim mesmo, mas que aqui deixarei de lado. Em outro nível, encontram-se objeções que atingem a própria construção. No momento, vejo três objeções que precisam ser levadas a sério (outros críticos não me convenceram com seus argumentos; naturalmente, não posso excluir o fato de também existirem razões psicológicas para tanto, mas eu espero que esse não seja o caso). Também aqui me contentarei com um simples esboço.

(a) A primeira objeção diz respeito ao *status* insuficientemente esclarecido dos interesses condutores do conhecimento. A fórmula embaraçosa "quase-transcendental" cria mais problemas do que os soluciona. Por um lado, recuso-me a tentar esclarecer a relação sistemática entre a lógica da investigação científica e a lógica tanto do contexto de surgimento quanto do contexto de aplicação das ciências correspondentes a partir de um enfoque lógico-transcendental em sentido estrito. Eu não suponho as operações sintéticas de um eu inteligível ou uma subjetividade ativa em geral. Contudo, eu suponho, juntamente com Peirce,[18] o contexto real de pesquisadores que se comunicam (e cooperam), de modo que esses subsistemas sejam todas as vezes parte de seus sistemas sociais abrangentes e, por sua vez, resultado da evolução sociocultural da espécie humana. Por outro lado, não se pode simplesmente reduzir os contextos lógico-metodológicos aos empíricos; a não ser ao preço de um naturalismo que deveria pretender explicar tanto o interesse técnico quanto o interesse prático do conhecimento conforme a história natural e, em último caso, também de forma biológica;[19] ou, porém, ao preço de um historicismo que liga o interesse emancipatório do conhecimento a constelações históricas contingentes e, com isso, retira de forma relativista da autorreflexão a possibilidade de uma fundamentação de sua pretensão de validade.[20] Em nenhum dos dois casos seria possível entender como, em geral, teorias podem ser capazes de verdade, sem excluir a própria teoria.

(b) A segunda objeção se dirige contra a afirmação de que, no discernimento produzido pela autorreflexão, conhecimento e interesse emancipatório do conhecimento são "um só". Até mesmo se admitirmos que também é inerente à razão um

---

18 Cf. as introduções de Apel para as edições por ele organizadas dos *Schriften I* e *II* de Peirce.

19 Cf. Theunissen, *Gesellschaft und Geschichte: Zur Kritik der kritischen Theorie*.

20 Pilot, Jürgen Habermas' *empirisch falsifizierbare Geschichtsphilosophie*.

Teoria e práxis

partidarismo pela própria razão, então a pretensão de universalidade que a reflexão deve erguer como conhecimento é incompatível com a particularidade que está imbricada em todo interesse, também no interesse voltado à autolibertação. Com o interesse emancipatório já não se exige um conteúdo determinado, a saber, uma racionalidade substancial, para uma razão que, de acordo com sua própria ideia, exclui a fixação de fins determinados? O momento da decisão e do engajamento, do qual depende não somente toda a práxis, mas também a práxis transformadora de sujeitos instruídos pela crítica, não acaba meramente oprimido e assim simultaneamente imunizado em um interesse da razão afirmado dogmaticamente? No final, o fundamento normativo de uma sociologia crítica é obtido somente se considerarmos que, no interesse pela libertação diante de um poder dogmático de autoengano tornado objetivo, duas coisas são inadmissivelmente confundidas: por um lado, o interesse no esclarecimento interpretado aqui no sentido de um resgate discursivo inflexível de pretensões de validade (e de uma dissolução discursiva de opiniões e normas para as quais, como sempre sem razão, pretende-se atribuir uma validade aceita factualmente); e, por outro lado, o interesse no esclarecimento interpretado aqui no sentido de uma transformação prática de situações habituais (e de uma realização de fins que exigem uma tomada de partido arriscada e, justamente por isso, o abandono do papel neutro de um participante no discurso).[21]

---

21 Cf. Apel, Wissenschaft als Emanzipation?, p.173-195; além disso, Böhler, Das Problem des "emanzipatorischen Interesses" und seiner gesellschaftlichen Wahrnehmung; id., *Metakritik der Marxschen Ideologiekritik*; Bubner, Was ist kritische Theorie?, p.160 et seq. Sobre a acusação de dogmatismo em geral, dirigida igualmente a Apel e a mim, cf. Albert, *Plädoyer für Kritischen Rationalismus*.

Jürgen Habermas

(c) A terceira objeção se dirige contra o descaso nas discussões sobre a relação entre teoria e práxis, as quais omitem as questões referentes a uma organização do esclarecimento e da práxis esclarecida. Na dimensão política, Oskar Negt formulou essa objeção da maneira mais clara: por eu não colocar a questão da organização e por isso não tirar as consequências de um conhecimento orientado para a emancipação, então permaneço preso a um conceito *pré-político* de partidarismo objetivo. Em vez disso, seria necessário discutir uma práxis organizativa que satisfizesse a exigência de um esclarecimento das massas, que o próprio Negt viu nas atividades amplamente descentralizadas do movimento estudantil de seu tempo, ou seja, nos exemplos de auto-organização espontânea "para os quais não se colocava mais a alternativa entre esclarecimento e revolucionamento".[22]

Na dimensão teórica, uma objeção análoga se dirige contra a transferência do modelo da psicanálise para a teoria da sociedade. A partir do exemplo do discurso analítico, eu de fato investiguei o processo da autorreflexão orientado de forma crítica para assim poder esclarecer a lógica de transposição da crítica em autolibertação. Porém, a terapia está ligada a regras artificiais e condições institucionais limitadas, às quais a luta política, sobretudo a luta revolucionária, não está subordinada. É por isso que tende para o lado conservador a consideração de que a transferência do modelo médico-paciente para a práxis política de grandes grupos encoraja o exercício incontrolado do poder de elites autodeclaradas que se isolam diante de seus potenciais opositores com a pretensão dogmática de um acesso privilegiado a discernimentos verdadeiros. Enquanto,

---

22 Negt, *Politik als Protest*, p.96.

por outro lado, surge a consideração de que a transferência daquele mesmo modelo conduz justamente a uma recusa racionalista do elemento militante na contraposição com o opositor político, porque surge a aparência irenista como se o discernimento crítico *per se* destruísse o dogmatismo dominante das instituições existentes.[23]

Ação e discurso

Não encontramos mais na lógica dialética, tal como, de certa maneira, Marx o fez, o fundamento normativo para uma teoria da sociedade elaborada com um propósito prático. Com efeito, a lógica de uma autorreflexão, que remonta ao processo de formação da identidade de um eu pelos meandros das comunicações distorcidas de maneira sistemática e que de forma analítica traz à consciência esse próprio eu, chama-se "dialética" caso seja tarefa da dialética, no sentido da "fenomenologia" de Hegel (e de uma psicanálise concebida de modo não científico), reconstruir o reprimido a partir dos vestígios históricos de diálogos reprimidos.[24] Segundo a ideia central de Adorno,[25] é dialético então somente o contexto de coerção que o pensamento dialético implode na medida em que a este se iguala. Mas nesse caso, contudo, nosso problema apenas se desloca. Pois a estrutura da comunicação distorcida não é algo

---

23 Gadamer, Rhetorik, Hermeneutik und Ideologiekritik: Metakritische Erörterungen zu "Wahrheit und Methode", p.57 et seq.; id., Replik, p.283 et seq.; Giegel, Reflexion und Emanzipation, p.244 et seq.; Wellmer, *Kritische Gesellschaftstheorie und Positivismus*, p.48 et seq.

24 Contra isso, cf. Bubner, Was ist kritische Theorie?, p.187 et seq.

25 Adorno, *Negative Dialektik*.

último, estando fundada na própria lógica da comunicação linguística distorcida.

Como afirmei em minha aula inaugural em Frankfurt,[26] de certo modo, a maioridade é a única ideia da qual dispomos no sentido da tradição filosófica; pois o *telos* do entendimento já é inerente a cada ato do falante: "Com a primeira proposição, é expressa de forma inequívoca a intenção de um consenso universal e irrestrito".[27] Wittgenstein notou que o conceito de entendimento reside no conceito de linguagem. Apenas em um sentido autoexplicativo podemos dizer que a comunicação linguística "serve" ao entendimento. Todo entendimento, como dizemos, comprova-se em um consenso racional; do contrário, aquele não pode ser um entendimento "efetivo". Falantes competentes sabem que todo consenso obtido factualmente pode ser enganoso; mas eles precisam pressupor um conceito de consenso racional na base de todo conceito de consenso enganoso (ou simplesmente coagido). O entendimento é um conceito normativo; todo aquele que fala uma linguagem natural o conhece de forma intuitiva e acredita ser capaz em princípio de distinguir um consenso verdadeiro de um falso. Na linguagem da cultura filosófica, denominamos esse saber um saber *a priori* ou "inato". Isso está apoiado em interpretações tradicionais. Independentemente dessas interpretações, também podemos tentar explicar as implicações normativas do conceito de entendimento possível que é ingenuamente confiado a todo falante (e ouvinte). Empreendi essa tentativa com o esboço de uma pragmática universal; desses trabalhos, foram publicados

---

26 Habermas, *Technik und Wissenschaft als "Ideologie"*, p.163.
27 Ibid.

até o momento somente *Vorbereitende Bemerkungen zu einer Theorie der kommunikativen Kompetenz* [Observações preparatórias para uma teoria da competência comunicativa].[28]

Podemos partir do fato de que jogos de linguagem efetivos, em que se trocam atos de fala, apoiam-se em um consenso de fundo. O consenso de fundo se forma por meio do reconhecimento recíproco de pelo menos quatro pretensões de validade que os falantes apresentam reciprocamente: é reivindicada a inteligibilidade do proferimento, a verdade do seu componente proposicional, a correção ou a adequação do seu componente performativo e a veracidade do sujeito falante. A pretensão à inteligibilidade precisa ser resgatada de modo factual se e na medida em que o entendimento puder ser obtido em uma comunicação. A pretensão à veracidade pode ser resgatada somente em interações: em longo prazo, é preciso que se confirme se o outro lado participa "de verdade" nas interações ou se meramente simula a ação comunicativa ao, de fato, comportar-se estrategicamente. Ocorre algo diferente com a pretensão assertórica à verdade de enunciados e com a pretensão à correção de normas de ação, ou seja, a adequação de normas de valoração que devemos seguir. Essas são pretensões de validade cuja justificação pode ser comprovada somente em discursos. O reconhecimento factual se apoia em cada caso — também em caso de erro — na possibilidade do resgate discursivo da pretensão erguida. Discursos são eventos em que fundamentamos proferimentos cognitivos.

---

28 Id., Vorbereitende Bemerkungen zu einer Theorie der kommunikativen Kompetenz, p.101-141.

Nas ações, as pretensões de validade levantadas factualmente, que formam o consenso sustentador, são aceitas ingenuamente. O discurso, ao contrário, serve à fundamentação de pretensões de validade problematizadas de opiniões e normas. Nesse caso, o sistema de ação e de experiência remete obrigatoriamente a uma forma de comunicação em que os participantes não trocam informações, não controlam nem executam ações e não realizam ou mediam experiências, mas procuram argumentos e oferecem fundamentações. Por essa razão, os discursos exigem a virtualização das coerções da ação, a qual deve levar à exclusão de todos os motivos que não aquele único de uma disposição cooperativa do entendimento e a questões de validade que são separadas daquelas sobre sua gênese. Os discursos possibilitam, assim, a virtualização de pretensões de validade, a qual consiste em apresentarmos uma reserva existencial diante de objetos da ação comunicativa (coisas e acontecimentos, pessoas e proferimentos) e interpretarmos fatos da mesma maneira que normas sob o ponto de vista da existência *possível*. No discurso, para falar com Husserl, colocamos entre parênteses a tese geral. Assim, fatos se transformam em estados de coisas que podem ser o caso, mas também podem não o ser, e normas se transformam em recomendações e advertências que podem ser corretas e adequadas, mas também incorretas e inadequadas.

Apenas a estrutura dessa forma propriamente irreal de comunicação garante a possibilidade de um consenso que precisa ser obtido discursivamente e que deve valer como racional. Uma vez que a verdade (no sentido tradicional, amplamente concebido, de racionalidade) se distingue da mera certeza em virtude de sua pretensão absolutizante, o discurso é a condi-

Teoria e práxis

ção do incondicionado. Com a ajuda de uma teoria da verdade como consenso – que teria de fundamentar diante de teorias da verdade concorrentes por que um critério de verdade independente do discurso não pode ser postulado de modo razoável – a estrutura do discurso deveria ser esclarecida com referência à antecipação recíproca inevitável e à suposição de uma situação ideal de fala.[29] E, correspondentemente, as idealizações da ação comunicativa pura deveriam ser reconstruídas enquanto condições sob as quais a veracidade do sujeito falante e agente possa ser não apenas imputada, mas também comprovada. Não posso entrar agora nesse ponto. Mas eu indiquei o recurso ao fundamento normativo da comunicação baseada na linguagem corrente a ponto de, em seguida, poder apresentar a estratégia com a qual gostaria de reagir às objeções citadas.

Objetividade do conhecimento e interesse

Eu gostaria de tratar conjuntamente as *primeiras duas objeções*. À luz do novo sistema de referência introduzido (ação – discurso), serão apresentados, de modo diferente de como se viu até o momento, os pontos seguintes que, no entanto, posso esclarecer aqui somente por meio de algumas poucas alusões estratégicas.

(a) Nas investigações desenvolvidas até agora, ocupei-me do vínculo entre conhecimento e interesse sem deixar claro o limiar crítico entre comunicações que permanecem atreladas ao contexto de ação e discursos que transcendem

---

29 Id., Vorbereitende Bemerkungen zu einer Theorie der kommunikativen Kompetenz, p.136 et seq.

as coerções da ação. É bem verdade que a constituição de domínios de objetos científicos pode ser concebida como uma continuação de objetivações que efetuamos no mundo da vida social previamente a toda ciência. Mas a pretensão de validade erguida genuinamente pela ciência se apoia em uma virtualização da pressão da experiência e da decisão, a qual nos permite pela primeira vez realizar um exame discursivo de pretensões de validade *hipotéticas* e, com isso, gerar um saber *fundamentado*. Contra a autocompreensão objetivista da ciência, que se relaciona ingenuamente com os dados, é possível indicar para o saber teórico um referencial de ação, mas não algo como uma dedução direta de imperativos da práxis de vida [*Lebenspraxis*] (os quais eu também nunca afirmei). Contudo, as opiniões apresentadas nos discursos, ou seja, o material bruto que está submetido aos fins da fundamentação da argumentação, provêm dos contextos diferenciados da experiência e da ação. A lógica desses contextos de experiência se deixa notar no próprio discurso e assim permite reconhecer que as opiniões somente podem ser especificadas e derivadas em cada momento nas linguagens de uma determinada maneira e ser comprovadas apenas com métodos de um determinado tipo (no nível mais alto de generalização: mediante "observação" e "questionamento"). Com isso, proposições fundamentadas em termos discursivos, proposições teóricas (que sobrevivem na argumentação), também podem ser enunciadas por outra parte apenas em contextos de aplicação específicos: enunciados sobre a dimensão fenomenal de coisas e acontecimentos (ou sobre as estruturas profundas que se manifestam em coisas e acontecimentos) só podem ser retraduzidas nas orientações fornecidas pela ação racional com respeito a fins (em tecnolo-

Teoria e práxis

gias e estratégias), e enunciados sobre a dimensão fenomenal de pessoas e proferimentos (ou sobre as estruturas profundas de sistemas sociais) só podem ser retraduzidas nas orientações fornecidas pela ação comunicativa (no saber prático). Os interesses condutores do conhecimento asseguram a unidade de cada sistema de ação e de experiência diante do discurso; eles conservam uma referência de ação latente do saber teórico para além da transformação de opiniões em proposições teóricas e da retransformação destas em saber orientadores da ação – mas os interesses não superam de modo algum a diferença entre opiniões sobre objetos apoiadas na experiência relacionada à ação, por um lado, e enunciados sobre fatos fundamentados no discurso liberto das constrições da experiência e desvencilhado das exigências da ação, por outro lado; muito menos baseiam-se na distinção entre pretensões de validade factualmente reconhecidas e fundamentadas.

O *status* de ambos os interesses do conhecimento "inferiores", a saber, dos interesses técnico e prático do conhecimento, deixa-se esclarecer inicialmente de forma aporética na medida em que tais interesses não podem nem ser compreendidos como inclinações ou atitudes empíricas nem ser propostos e justificados como valores variáveis com referência às normas de ação. Pelo contrário, "tropeçamos" nesses interesses fundados em termos antropológicos quando tentamos esclarecer a "constituição" dos fatos, sobre os quais são possíveis as proposições teóricas (isto é, categorizar os sistemas de conceitos fundamentais, os objetos da experiência possível, e, por outro lado, os métodos segundo os quais as experiências primárias referidas às ações são eleitas, retiradas de seu sistema de referência e utilizadas para os fins do exame discursivo das pretensões de validade, ou seja, são "reformuladas" em "dados"). Os interesses do conhecimento podem ser interpretados na qualidade de motivos generalizados para os sistemas de ação que são controlados mediante a comunicação de proposições que podem ser verdadeiras. Porque as ações apontam para além do reconhecimento de pretensões de validade resgatadas de modo discursivo; os reguladores fundamentais, no nível de desenvolvimento sociocultural, não têm mais a forma de impulsos (ou instintos), mas antes a forma de estratégias cognitivas universais da organização da experiência referente às ações. Na medida em que esses interesses do conhecimento são identificados e analisados no curso de uma reflexão sobre a lógica de pesquisa das ciências da natureza e do espírito,[30] eles podem pretender um *status* "transcendental"; porém, logo que são concebidos como resultado da história da natureza a partir de um conhecimento fundamentado de forma antropológica, eles passam a possuir um *status* "empírico". Eu coloco "empírico" entre aspas porque uma teoria da evolução, da qual se exigiu que esclarecesse em termos de uma história natural as propriedades emergentes que caracterizavam a forma de vida sociocultural – em outras palavras, a constituição dos sistemas sociais –, não pode ser desenvolvida, por seu turno, no quadro transcendental das ciências objetivantes. Se tal teoria deve assumir aquela tarefa, então ela não pode abandonar completamente a forma de uma reflexão sobre a pré-história da cultura dependente da pré-compreensão da forma de vida sociocultural. Antes de tudo, essas são especulações que podem

---

30 Nesse contexto, cf. minha interpretação de Peirce e Dilthey em *Erkenntnis und Interesse*, capítulos 5-8.

Teoria e práxis

ser demandadas apenas por meio de um esclarecimento com base na lógica científica do *status* atual da teoria da evolução e da pesquisa sobre o comportamento animal. Até lá, elas caracterizam no máximo uma perspectiva para problematizações.[31]

(b) No que concerne ao terceiro interesse, o interesse emancipatório do conhecimento, parece-me que este tem de fornecer uma delimitação mais clara. Esse interesse pode se formar primeiramente na medida em que a coerção [*Gewalt*] repressiva é posta, em longo prazo, na forma de um exercício normativo do poder [*Macht*] nas estruturas da comunicação distorcida, ou seja, é institucionalizado como dominação. Isto tende à autorreflexão. Logo que tentarmos explicar sua estrutura a partir do sistema de referência ação-discurso, ficará clara a distinção em relação à argumentação científica: o diálogo

---

31 Nessa perspectiva, certamente vejo minha posição mal compreendida por aqueles que me atribuem simplesmente um naturalismo no que diz respeito à explicação do *status* dos interesses do conhecimento. Ao lado de M. Theunissen, cf. também Rohrmoser, *Das Elend der Kritischen Theorie*, p.101 et seq. A circularidade inevitável em que nos envolvemos assim que abordamos problemas que são equivalentes àquele problema tradicional da fundamentação última – embora essa circularidade possa muito bem ser explicada – pode ser sinal de que, entre outras coisas, o par conceitual "necessidade-contingência" não pode mais ser separado nesse nível da argumentação. Presumivelmente, não têm sentido afirmações sobre a contingência ou a necessidade dos interesses do conhecimento assim como sobre a contingência ou a necessidade da espécie humana ou do mundo em geral. Assim como no caso da acusação naturalista levantada por Theunissen e Rohrmoser em suas interpretações muito circunstanciadas, também me parece pouco pertinente a acusação de antinaturalismo feita de modo menos cauteloso por Albert Topitsch (Org.), *Plädoyer für Kritischen Rationalismus*, p.53 et seq.

analítico não é discurso, e a autorreflexão não opera qualquer fundamentação. O significado da fundamentação em relação a atos de autorreflexão é algo que está apoiado em um saber teórico obtido independentemente da autorreflexão, a saber, na reconstrução de sistemas de regras que precisamos dominar quando queremos assimilar experiências em termos cognitivos, participar de sistemas de ação ou conduzir discursos. Até o momento, não distingui de modo suficiente reconstrução de autorreflexão.[32]

A autorreflexão traz à consciência aqueles elementos determinantes de um processo de formação, os elementos que determinam ideologicamente uma práxis presente da ação e da interpretação de mundo. A recordação analítica estende-se ao particular, ao curso de formação singular de um sujeito individual (ou de um coletivo composto por identidade de grupos). A reconstrução racional, ao contrário, abrange sistemas anônimos de regras que podem ser seguidos por quaisquer sujeitos, uma vez que adquiriram as correspondentes competências sobre regras. Permanece resguardada a subjetividade em cujo horizonte somente a experiência da reflexão se torna possível. Na tradição filosófica, essas duas formas legítimas de autoconhecimento permaneceram, na maioria das vezes, indiferenciadas sob o nome de reflexão. Mas é possível fornecer um critério sólido de diferenciação. A autorreflexão conduz ao discernimento à medida que algo que era inconsciente se torna consciente de uma maneira prática cheia de consequências: *insights* [discernimentos] analíticos intervêm na vida, se eu puder

---

32 Cf. sobretudo Habermas, Der Universalitätsanspruch der Hermeneutik, p.126 et seq., Nota.

Teoria e práxis

tomar emprestada essa expressão dramática de Wittgenstein. Também uma reconstrução bem-sucedida é capaz de tornar consciente, de certo modo, um sistema de regras que funcionava "inconscientemente"; ela explicita o saber intuitivo que é dado com a competência sobre regras na forma de um *know how*. Porém, esse saber teórico não tem quaisquer consequências práticas. Eu me aproprio de um saber teórico graças ao aprendizado da lógica ou da linguística, mas no geral não modifico com isso a práxis do raciocinar ou do falar exercida até então.

Essa situação pode ser esclarecida se entendermos que a autorreflexão, tal como se mostra no padrão do diálogo analítico entre médico e paciente,[33] não é um discurso, mas opera ao mesmo tempo de modo menos e mais exigente do que um discurso. O "discurso" terapêutico opera de modo menos exigente, na medida em que desde o início o paciente assume uma posição assimétrica diante do médico: o paciente não preenche, justamente, as condições de um participante do discurso. Um "discurso" terapêutico bem-sucedido tem como primeiro resultado aquilo que precisa ser exigido como ponto de partida do discurso habitual; a igualdade efetiva de chances pela percepção dos papéis assumidos no diálogo, em geral pela escolha e exercício de atos de fala, precisa ser primeiramente produzida entre parceiros do diálogo providos desigualmente. Por outro lado, é exigido do "discurso" terapêutico mais do que do discurso habitual. Porque permanece entrelaçado de um modo notável com o sistema ação-experiência, ou seja, porque não é um discurso desvencilhado das exigências da ação e liberto das constrições da experiência, que tematiza exclusivamente

---

33 Id., *Erkenntnis und Interesse*, p.279 et seq.

questões de validade e que precisa deixar que todo o conteúdo e informação sejam trazidos de fora, a autorreflexão bem-sucedida resulta no discernimento que não apenas satisfaz a condição do resgate discursivo de uma pretensão de *verdade* (ou de correção), mas que, além disso, satisfaz a condição do resgate (que normalmente não precisa ser obtido apenas de modo discursivo) de uma pretensão de *veracidade*. À medida que o paciente aceita as interpretações propostas e "praticadas" pelo médico, confirmando-as como acertadas, descobre-se, ao mesmo tempo, um autoengano. A interpretação verdadeira possibilita simultaneamente a veracidade do sujeito nos proferimentos com os quais até agora (por causa de um outro sujeito, pelo menos) ele havia se enganado. Em regra, as pretensões de veracidade podem ser comprovadas apenas em contextos de ação. Aquela comunicação perfeita, em que as distorções da própria estrutura comunicativa podem ser superadas, é a única em que uma pretensão de veracidade pode, junto com a pretensão de verdade, ser "discursivamente" examinada (e ser refutada como injustificada).

Reconstruções são, por outro lado, objetos de discursos habituais. Elas são caracterizadas diante de outros objetos discursivos, contudo, pelo fato de serem produzidas primeiramente em atitude reflexiva. No que diz respeito a sistemas de regras passíveis de serem reconstruídos, não se trata de componentes cognitivos da práxis de vida cujas pretensões de validade foram problematizadas; tampouco se trata de teoremas científicos que se acumulam na fundamentação de tais pretensões de validade; para a reconstrução de um sistema de regras é necessário, antes, um estímulo que é originado dos próprios discursos: precisamente, da reflexão sobre os pressupostos nos quais sempre confiamos de forma ingênua ao efetuarmos discursos racionais. Nesse sentido, esse tipo de saber sempre pretendeu o *status* de um saber específico, "puro"; com a lógica e a matemática, com a teoria do conhecimento e a teoria da linguagem, ele configura até hoje o núcleo das disciplinas filosóficas. Esse tipo de saber não é constitutivo para as ciências objetivadoras; nesse caso, ele não é afetado nem pelo interesse técnico nem pelo interesse prático do conhecimento. Para ciências do tipo da crítica, no entanto, que, como a psicanálise, faz da autorreflexão um modo de procedimento, as reconstruções parecem ter um significado constitutivo tanto no plano horizontal quanto no vertical.[34] Apenas o apoio em reconstruções permite a formação teórica da autorreflexão. Nesse caminho, as reconstruções conquistam uma relação indireta com o interesse emancipatório do conhecimento, o qual é introduzido imediatamente somente por força da autorreflexão.[35]

---

34 Cf. Habermas; Luhmann, *Theorie der Gesellschaft oder Sozialtechnologie*, p.171-175, nota de rodapé 2, p.272 et seq.

35 Apel provavelmente tinha diante de seus olhos essa relação ao apresentar sua tese: "A reflexão teórica e o engajamento prático-material não são idênticos, apesar da identidade da razão com os interesses da razão, mas, em um nível mais alto de reflexão filosófica, ainda se contrapõem mutuamente como momentos polarmente opostos no interior do interesse emancipatório do conhecimento" (Apel, Wissenschaft als Emanzipation?, *Zeitschrift für allgemeine Wissenschaftstheorie*, p.193 et seq.). Se eu puder entender a "reflexão teórica" como o procedimento de reconstrução racional, então gostaria de assumir nesse caso apenas uma referência indireta, mediada pela autorreflexão, ao interesse emancipatório do conhecimento. Mas não pretendo declarar que a autorreflexão seja um engajamento determinado contextualmente dependente, mas afirmar uma motivação apoiada

Jürgen Habermas

Sobre a institucionalização de discursos

Resta, ainda, a *terceira objeção*: não seria enganoso o uso do diálogo psicanalítico como modelo para a contraposição entre grupos organizados politicamente? Como se poderia organizar adequadamente a transposição da teoria para a práxis? Antes de me ocupar com essas questões, gostaria de retomar a relação entre teoria e práxis da perspectiva do desenvolvimento histórico.

No sistema de referência ação-discurso, uma virada descritiva surpreendente pode ser efetuada a partir da questão normativa sobre a relação entre teoria e práxis. Por um lado, é plausível a suposição de que o consenso que sustenta a ação, como sempre, repouse em pretensões de validade reconhecidas de modo meramente factual, que só podem ser resgatadas discursivamente; além disso, pode-se mostrar que temos de supor reciprocamente uma situação ideal de fala sempre que queremos conduzir um discurso. Por esse motivo, os discursos são de fundamental importância para a ação comunicativa. Por outro lado, os discursos perderam apenas tardiamente seu caráter esporádico na história. Apenas quando, para determinadas dimensões, os discursos são *institucionalizados* a tal ponto que, sob determinadas condições, existe a expectativa geral da assunção de trocas discursivas eles se tornam um mecanismo de aprendizagem sistemicamente relevante para uma dada sociedade.

---

não nas condições de reprodução da cultura, e sim na institucionalização da dominação, motivação que pode ser tão generalizada quanto os outros dois interesses do conhecimento, que estão "mais profundamente" ancorados em uma perspectiva antropológica.

Teoria e práxis

Na evolução social, tais institucionalizações de discursos parciais de dimensões específicas indicam conquistas inovadoras cheias de consequências que uma teoria do desenvolvimento social teria de explicar em conexão com o desenvolvimento das forças produtivas e com a expansão das capacidades de controle. Exemplos dramáticos são: a institucionalização de discursos em que as pretensões de validade de interpretações de mundo místicas e religiosas poderiam ser sistematicamente colocadas em questão e examinadas – entendemos isso como o começo da filosofia na Atenas da época clássica. Além disso, a institucionalização de discursos em que pretensões de validade do saber profano transmitido pela ética vocacional e valorizados em termos técnicos poderiam ser sistematicamente colocadas em questão e examinadas: entendemos isso como o começo das ciências experimentais modernas, certamente com precursores na Antiguidade e na Idade Média tardia. Finalmente, a institucionalização de discursos em que pretensões de validade ligadas a questões práticas e a decisões políticas *deveriam* ser continuamente colocadas em questão e examinadas: inicialmente, na Inglaterra do século XVII, depois no continente europeu e nos EUA, com precursores nos Estados do Renascimento que pertenciam ao norte da Itália, surgiu a esfera pública burguesa e, vinculado a esta, formas representativas de governo – a democracia burguesa. Esses são exemplos muito grosseiros, e certamente apenas exemplos. Hoje em dia, os padrões tradicionais de socialização, que até o momento se fixaram naturalmente em tradições culturais, foram liberados em razão da psicologização da educação das crianças e do planejamento do currículo escolar, tornando-se acessíveis a discursos práticos universais mediante um processo de "cientificização". Isso também vale para a produção literária e cultural; a cultura burguesa "afirmativa", que se separou da práxis de vida e pretendeu alcançar a transcendência da bela aparência, está em processo de dissolução.

De que maneira são ambíguos tais fenômenos e o quão pouco a forma fenomênica dos discursos oferece garantia para o prolongamento assegurado institucionalmente dos mecanismos discursivos de aprendizagem na dimensão do conhecimento e da formação da vontade apartados da tradição, deixa-se mostrar no exemplo da democracia burguesa. Depois que a ficção alentada sobre uma ligação de todos os processos decisórios politicamente cheios de consequência a uma formação discursiva da vontade do público de cidadãos garantida juridicamente foi rompida no curso do século XIX sob as condições restritivas do modo de produção, decorreu, caso se permita essa supersimplificação, uma polarização de forças. De um lado, impôs-se a tendência de descartar como algo ilusório a pretensão de esclarecer questões prático-políticas de modo discursivo e de negar, segundo uma perspectiva positivista, a capacidade de verdade dessas questões. As ideias burguesas de liberdade e autodeterminação foram integradas nas democracias de massa dos sistemas sociais do capitalismo tardio e cederam à interpretação "realista" de acordo com a qual o discurso político na esfera pública, nos partidos, associações e parlamentos é uma mera aparência e também permanecerá como tal sob quaisquer circunstâncias pensáveis. O compromisso de interesses obedece à lógica do poder e do equilíbrio de poder mediante o contrapoder, e é inacessível a uma racionalização. Contrariamente, foi configurada a tendência que se elucida detalhadamente neste volume: a tentativa de esclarecer

Teoria e práxis

por que as ideias da revolução burguesa têm de permanecer necessariamente como falsa consciência, como ideologia, e só podem ser realizadas por aqueles que, segundo sua posição no processo de produção e a experiência de sua situação de classe, estão dispostos a pôr à mostra a ideologia burguesa. Marx criticou em igual medida tanto a exigência ingênua de criar a democracia burguesa quanto a revogação explícita dos ideais burgueses. Ele mostrou que a democracia não poderia ser realizada como democracia burguesa. Essa ideia se apoia na crítica da economia política compreendida como crítica da ideologia. O vir-a-ser prático dessa ideia é tarefa dos comunistas. Por isso, desenvolveu-se o Partido Comunista. Com esse tipo de organização, institucionalizou-se algo digno de nota: para fora, em face dos inimigos de classe, a ação estratégica e a luta política; para dentro, diante da massa dos trabalhadores, a organização do esclarecimento, a orientação discursiva dos processos de autorreflexão. A vanguarda do proletariado precisa dominar ambas as coisas: a crítica das armas e as armas da crítica.

Nesse ponto, a história da espécie, que sempre institucionalizou de maneira naturalizada a forma discursiva de solução de problemas em novos impulsos, tornou-se propriamente reflexiva. Para impor com vontade e consciência uma formação discursiva da vontade como princípio de organização do sistema social como um todo, a luta política deve então se tornar dependente de uma teoria que possibilita o esclarecimento das classes sociais sobre si mesmas. Ora, o vir-a-ser prático da autorreflexão pode se tornar a forma da luta política e, com isso, converter-se de modo legítimo na tarefa de uma organização combativa?

Jürgen Habermas

Organização do esclarecimento

Da mesma maneira que podemos entender o "pensamento" como um processo de argumentação discursivamente articulada, adotado internamente por um sujeito individual, assim também se pode conceber a autorreflexão na forma de uma interiorização de um "discurso terapêutico". Em nenhum dos casos o recuo de uma comunicação à interioridade do sujeito solitário supera a estrutura intersubjetiva do diálogo mantida virtualmente: caso a argumentação não seja meramente analítica (e não seja principalmente substituível por máquinas), o sujeito pensante, tal qual o sujeito reflexivo, precisa desempenhar ao menos dois papéis no diálogo. Não haveria problema no caso de discursos (interiorizados). A posição dos participantes do discurso é igualitária e principalmente intercambiável; por essa razão, a distribuição dos papéis do diálogo no pensamento não apresenta quaisquer dificuldades. Não ocorre do mesmo modo no caso da terapia (internalizada). A posição do interlocutor no diálogo analítico é assimétrica; ela se altera variadamente no curso da comunicação e apenas ao final de um tratamento exitoso termina naquela relação simétrica que existia desde o início entre participantes do discurso. A autorreflexão de um sujeito solitário exige, por isso, uma operação paradoxal: uma parte do eu (*Selbst*) tem de se separar da outra parte, de tal modo que o sujeito possa estar em posição de ajudar a si mesmo. O diálogo psicanalítico apenas torna visível esse trabalho interno entre as partes do sujeito; assim, restabelece como uma relação externa o que ainda se mantém virtualmente presente apenas pela interiorização de uma relação externa no sujeito solitário.

Todavia, o modelo de uma autorreflexão solitária também possui algo de correto. Nele se expressa o risco que reside na possibilidade de uma cegueira sofística que a mera ilusão da autorreflexão assume: no ato de autorreflexão solitária, um sujeito pode enganar a si mesmo. Contudo, ele mesmo precisa pagar o preço por seu erro. Se, ao contrário, na dimensão horizontal, em que os dois interlocutores estão frente a frente (um deles assumindo o papel de esclarecedor, o outro, daquele que procura esclarecer-se), a cegueira de um não deve ser explorada pelo outro, então a unidade do contexto de vida tem de ser institucionalmente assegurada a ambos os lados de modo que em caso de erro e em relação às consequências desse erro *ambos* os interlocutores sofram em igual medida. Hegel desenvolveu esse modelo no conceito de eticidade, que se encontra sob a causalidade do destino.

No caso da psicanálise, podemos apontar duas cautelas principais e duas cautelas pragmáticas contra os abusos de uma exploração dessa cegueira. De um lado, se os teoremas fundamentais erguem uma pretensão à verdade e esta deveria ser defendida segundo regras usuais dos discursos científicos, então a teoria tem de ser abandonada ou revisada. De outro, o caráter concludente das interpretações derivadas em termos teóricos e empregadas sobre o caso particular precisa da confirmação pela autorreflexão bem-sucedida; a verdade converge com a veracidade. Em outros termos, o próprio paciente é a última instância. Além disso, o psicanalista deve satisfazer os requisitos vocacionais éticos e práticos de uma associação de médicos sancionada juridicamente; no limite, transgressões contra normas profissionais e regras técnicas são controláveis. Por fim, o paciente geralmente pode manter certa distância em relação a seu médico; apesar da transferência (e contra-transferência), o papel do paciente não é total, mas um dentre outros em um sistema diferenciado de papéis. No interior de certos limites, o paciente ainda tem a possibilidade de trocar de analista ou interromper o tratamento.

Mas o que ocorre então com as cautelas na dimensão de uma interação constituída por grupos maiores, que são determinados de acordo com o padrão análogo ao de uma comunicação distorcida de maneira sistemática e, conduzidos por processos de esclarecimento, devem ser politicamente transformados?

H. G. Gadamer e H. J. Giegel se voltam com razão contra tentativas indiferenciadas de transferir um modelo emprestado da psicanálise para grandes grupos:

> Uma crítica que geralmente objeta ao outro ou aos prejuízos socialmente dominantes seu caráter coercitivo e, de outro lado, pretende dissolver comunicativamente um tal contexto de cegueira, encontra-se, como eu e Giegel pensamos, em uma situação suspeita. Essa crítica tem de desconsiderar diferenças fundamentais. No caso da psicanálise, encontramos no sofrimento e no desejo de cura do paciente uma base de sustentação para a ação terapêutica do médico, que impõe sua autoridade e, não sem coerção, instiga a esclarecer os motivos recalcados. Com isso, uma subordinação voluntária tanto de um como de outro constitui a base sustentadora. Na vida social, ao contrário, a oposição do adversário e a oposição contra o adversário é um pressuposto comum a todos.[36]

Gadamer se refere aqui à seguinte afirmação de Giegel:

> A luta revolucionária de modo algum é um tratamento psicanalítico em grande escala. A diferença entre essas duas formas de práxis

---

36 Gadamer, Replik, p.307 et seq.

Teoria e práxis

emancipatória resulta do fato de o paciente ser ajudado a se libertar da coerção que o reprime, ao passo que, para a classe dominante, a tentativa de se livrar dos contextos sociais de coerção deve se revelar apenas como uma ameaça à dominação que exerce sobre as demais classes. A contraposição se apresenta aqui de forma muito mais aguda do que no caso da psicanálise. A classe oprimida não duvida apenas da capacidade de diálogo da classe dominante, mas também tem boas razões para supor que toda a tentativa de entrar em um diálogo com a classe dominante serve meramente como oportunidade para que esta classe se certifique de sua dominação.[37]

Se nos limitarmos ao exemplo marxista da luta de classes oferecido por Giegel, então é possível notar que a contraposição estratégica entre classes e a interação entre médico e paciente não são a mesma coisa. Esse modelo só é útil para estruturar normativamente a relação entre o partido comunista e as massas, as quais poderiam se esclarecer sobre sua própria situação com a ajuda do partido. Não obstante, para Marx, a teoria é a mesma nos dois casos. Posso aplicar teorias do tipo da psicanálise (e da crítica da ideologia de Marx) para promover processos de reflexão e dissolver as barreiras da comunicação: a veracidade do destinatário resultante dessa relação consigo mesmo e com o outro é indicador da verdade da interpretação sugerida pelo analista (ou pelos intelectuais do partido). Também posso usar essa mesma teoria para derivar uma hipótese esclarecedora sem ter (ou aproveitar) a oportunidade de iniciar uma comunicação com os próprios concernidos e confirmar minha interpretação em seus processos de reflexão.

---

37 Giegel, *Reflexion und Emazipation*, p.278 et seq.

Nesse caso, posso me contentar com os procedimentos usuais dos discursos científicos: por exemplo, esperar se os padrões de comportamento e de comunicação identificados patologicamente se repetem sob as condições especificadas, ou se tais padrões se alteram sob outras condições que podem surgir em um processo de reflexão. Em tal caso, permanece, no entanto, inalcançável aquela confirmação genuína da crítica, que em comunicações do tipo do "discurso" terapêutico pode ser obtida somente em processos de formação bem-sucedidos que ocorrem mediante o consentimento sem coerção dos próprios destinatários. Na dimensão dos discursos teóricos, temos de distinguir a organização de processos de esclarecimento em que a teoria é aplicada. E esta pode (em princípio) ser limitada aos grupos destinatários caracterizados por sua situação de interesse.

Contudo, esse uso já não está estampado na testa da crítica – nem mesmo da crítica da economia política. Marx de modo algum exclui assim situações em que a confiança na capacidade de diálogo do adversário não seja em princípio injustificada e as armas da crítica levem mais longe do que a crítica das armas. Essas são situações em que as tentativas de um reformismo radical, que pretende convencer não apenas internamente, mas também externamente, são mais ricos em possibilidade do que a luta revolucionária. Em outras situações, é novamente difícil distinguir entre grupos destinatários que realizam um trabalho ativo de esclarecimento e os adversários ofuscados ideologicamente; então, resta apenas a ampliação difusa de discernimentos obtidos individualmente no estilo do Esclarecimento do século XVIII. Foi assim que Adorno, por exemplo, avaliou sua crítica. Diante de muitos empreendimentos sectários, teríamos de voltar nossa atenção hoje para o fato de, no capitalismo tardio, a modificação das estruturas do sistema educacional para a organização do esclarecimento ser muito mais importante do que a instrução ineficaz de quadros ou a construção de partidos impotentes. Quero dizer com isso apenas o seguinte: essas são questões empíricas que não estão predefinidas. É significativo que não possa existir teoria que *per se*, sem a consideração das circunstâncias, obrigue à militância. Em todo caso, podemos distinguir entre teorias que, de acordo com sua estrutura, estão ou não relacionadas à emancipação possível.

Observações históricas sobre a questão da organização

A mediação entre teoria e práxis pode ser esclarecida apenas se, de início, considerarmos conjuntamente três funções que podem ser medidas com base em diferentes critérios: a formação e o aperfeiçoamento de teoremas críticos que resistem aos discursos científicos; além disso, a organização de processos de esclarecimento em que tais teoremas podem ser aplicados e comprovados de uma maneira peculiar na dissolução de processos de reflexão em determinados grupos destinatários; e, finalmente, a escolha de estratégias mais adequadas, a solução de questões táticas e a condução da luta política. Trata-se de enunciados verdadeiros, na primeira dimensão; de discernimentos verossímeis, na segunda; e de decisões prudentes, na terceira. Porque, na tradição do movimento proletário europeu, essas três tarefas foram atribuídas à organização dos partidos, misturaram-se as diferenças específicas. A teoria serve, primariamente, para esclarecer seus destinatários sobre as posições que assumem em um sistema social antagônico e sobre os interesses que, nessa situação, poderiam se tornar objetivamente conscientes como sendo seus próprios interesses. Apenas na medida em que a deliberação e o esclarecimento organizados levam os grupos destinatários a se reconhecer nas interpretações oferecidas, surge então das interpretações propostas em termos analíticos uma consciência real, ou seja, emerge das situações de interesse descritas objetivamente o interesse efetivo de um grupo capaz de agir. Ao ter em vista o proletariado formado por trabalhadores da indústria como o único grupo destinatário, Marx nomeou a constituição de uma massa de proletários como "classe para si mesma".[38] Ele, no entanto, apontou para condições objetivas sob as quais os comunistas já teoricamente esclarecidos deveriam orientar o processo de esclarecimento para a massa dos trabalhadores. A coerção econômica para a formação de "coalizões entre trabalhadores" e a socialização do trabalho no sistema de fábricas produzem uma situação coletiva em que os trabalhadores seriam naturalmente forçados a aprender a defender seus interesses em comum; a "subsunção real do trabalho assalariado sob o capital" produz a base igualmente real na qual os participantes poderiam se tornar conscientes do sentido político das lutas econômicas.

A organização da ação deve ser diferenciada desse processo de esclarecimento. Enquanto a teoria não somente legitima o trabalho de esclarecimento como também pode ser refutada por uma comunicação malograda, de modo algum pode legitimar *a fortiori* as decisões arriscadas da ação estratégica sob condições concretas. Decisões para a luta política não podem ser

---

38 Marx, Das Elend der Philosophie, p.181.

Teoria e práxis

justificadas teoricamente de antemão e, assim, ser impostas de um ponto de vista organizacional. A única justificação possível nessa dimensão é aquela do consenso alcançado nos discursos práticos pelos participantes, os quais, ao estarem conscientes de seus interesses comuns e cientes das circunstâncias, são os únicos que podem saber quais são as consequências e os efeitos colaterais em jogo, quais riscos eles podem correr e com quais expectativas contar. Não é possível uma teoria que assegure de antemão que a potencial vítima cumprirá uma missão histórico-universal. A única vantagem que Marx teria podido assegurar a um proletariado que age solidariamente resultava do fato de uma classe, ao se constituir na qualidade de classe com a ajuda de uma verdadeira crítica, geralmente estar em condições de se esclarecer mediante discursos práticos e de agir politicamente de modo racional – enquanto os membros dos partidos burgueses, da classe dominante em geral, estão ideologicamente imbuídos e são incapazes de se esclarecer racionalmente sobre questões práticas, e, desse modo, só podem agir e reagir sob coerção.

Aquelas três funções que distingui não podem ser preenchidas segundo um e o mesmo princípio: uma teoria pode ser configurada apenas pressupondo-se que aqueles que trabalham cientificamente têm a liberdade de conduzir discursos teóricos; processos de esclarecimento (quando evitada a exploração da cegueira) podem ser organizados somente pressupondo-se que aqueles que são responsáveis por um trabalho ativo de esclarecimento agem com cautela e garantem uma margem de ação para as comunicações de acordo com o padrão dos "discursos" terapêuticos; finalmente, uma luta política pode ser conduzida legitimamente somente pressupondo-se que todas as decisões ricas em consequências serão dependentes de discursos práticos conduzidos pelos participantes – também aqui, e mais ainda aqui, não há qualquer acesso privilegiado à verdade. Uma organização que deve levar a cabo todas as três tarefas segundo o mesmo princípio não poderá cumprir nenhuma delas corretamente. E mesmo se essa organização, como ocorreu com o partido de Lênin, foi bem-sucedida segundo os critérios usuais de uma história impiedosa, ela cobra o mesmo preço pelo seu sucesso que as vitórias ambivalentes sempre exigiram em um contexto naturalizado, em um contexto de continuidade até agora incontrolável.

Em seu famoso artigo "Observações metodológicas sobre a questão da organização" (de setembro de 1922), Lukács desenvolveu a versão mais consequente de uma teoria do partido que solucionava o problema da mediação entre teoria e práxis somente do ponto de vista dos imperativos da condução da luta política. Esse é o sentido da tese: "A organização é a forma de mediação entre teoria e práxis".[39] *Inicialmente*, Lukács subordina a teoria às necessidades da ação estratégica:

> Apenas uma formulação da questão orientada pelo problema da organização possibilita criticar efetivamente a teoria do ponto de vista da práxis. Se a teoria é posta imediatamente junto a uma ação sem que fique claro como se concebe seu efeito sobre esta, ou seja, sem esclarecer o vínculo entre ambas em termos de organização, então a própria teoria pode ser criticada apenas em referência às suas contradições teóricas imanentes etc.[40]

---

39 Lukács, Metodisches zur Organisationsfrage, p.475.
40 Ibid., p.477.

Teoria e práxis

É inconcebível para Lukács que a verdade de uma teoria tenha de ser comprovada independentemente de sua utilidade para determinados discursos cuja função consiste em preparar para a ação. Enunciados teóricos devem ser selecionados tendo em vista as problemáticas relacionadas à organização. Por isso, também se proíbe uma margem de ação para discursos científicos no interior do partido.

> Enquanto, na mera teoria, as visões e orientações mais diversas podem viver pacificamente entre si, suas oposições assumem apenas a forma de discussões que podem se desenrolar calmamente no espaço de uma mesma organização sem ter de destruí-la, e essas mesmas questões, se forem dirigidas em termos de organização, apresentam-se como orientações que se excluem totalmente entre si. Toda orientação "teórica" ou divergência de opinião tem de se transformar instantaneamente na questão da organização se não quiser permanecer uma mera teoria ou opinião abstrata, se realmente tem o propósito de mostrar o caminho para sua realização.[41]

Lukács não quer tolerar a indecidibilidade da validade das hipóteses. Por essa razão, desvios teóricos devem ser imediatamente sancionados na dimensão organizativa.[42]

Da mesma maneira que a teoria, assim *em segundo lugar* também o esclarecimento do proletariado é subordinado indubitavelmente aos fins da condução do partido. Exatamente como fez Marx, Lukács entendeu que a tarefa do partido consistiria em orientar a massa dos trabalhadores com a ajuda de uma teoria correta para o "autoesclarecimento [...] enquanto conhecimento

---

41 Ibid., p.475.
42 Ibid., p.477.

de sua situação objetiva em determinado estágio do desenvolvimento histórico". Mas de modo algum ele concebe os esforços do partido comunista para desenvolver uma consciência de classe do proletariado na forma de um processo de esclarecimento "em que se trata de tornar consciente o inconsciente, realizar o que permanece latente etc., ou melhor, em que esse processo de tornar-se consciente não significa uma terrível crise ideológica do proletariado".[43] Lukács está convencido, juntamente com Lênin, que o proletariado ainda continua fortemente entrelaçado nas formas de pensamento e de sentimento do capitalismo, que o desenvolvimento subjetivo do proletariado está subordinado às crises econômicas. Mas, se "da falta de uma vontade contínua e clara do proletariado na revolução" não se pode concluir pela "falta de uma situação revolucionária objetiva",[44] se o "conflito entre consciência individual e consciência de classe em cada proletário individual não é casual",[45] então o partido também tem de agir no lugar das massas sob a forma da incorporação da consciência de classe e não deve se tornar dependente da espontaneidade das massas. O partido realiza o primeiro passo consciente; ele controla um proletariado ainda imaturo em uma luta em cujo percurso este se constitui inicialmente como classe. No partido, a classe atrasada deve vislumbrar uma consciência antecipada, ainda que inacessível para si mesma, ao menos como um fetiche: "A independência organizativa do partido é necessária para que o proletariado possa enxergar sua própria consciência de classe como uma forma histórica".[46]

---

43 Ibid., p.480.
44 Ibid., p.481 et seq.
45 Ibid., p.495.
46 Ibid., p.504.

Teoria e práxis

Mas desse modo, *por fim*, a teoria também não está obrigada a ser confirmada pelo consentimento daquele que ela deve ajudar no processo de autorreflexão. Se o partido independente em termos organizativos precisa "levar em consideração aspectos *táticos* ininterruptos no estado de consciência das massas mais amplas e mais atrasadas", então se torna "visível aqui a importância de uma teoria correta para a organização do partido comunista. Ela deve representar a possibilidade mais elevada e objetiva de ação proletária".[47] O desenvolvimento teórico posterior, sobre o qual Lukács fala em outra passagem, é controlado pela coerção seletiva de questões organizativas; perante as massas mediatizadas, a teoria é, contrariamente, uma instância objetiva inatacável.

Questões de organização não são o primordial. Lukács estabeleceu uma relação imediata entre tais questões e uma filosofia objetiva da história. A práxis stalinista produziu uma demonstração fatal de que uma organização partidária que procede de maneira instrumental e um marxismo que se degenera em uma ciência legitimadora simplesmente se complementam muito bem.[48]

Oskar Negt realizou nos últimos anos reflexões não ortodoxas sobre a questão da organização.[49] Se entendo corretamente, ele ainda permanece preso à tradição em que a formação da teoria e a organização do esclarecimento não se separaram das coerções da ação estratégica com as consequências desejadas.

---

47 Ibid.

48 Cf. Negt, Marxismus als Legitimationswissenschaft. Zur Genese der Stalinistischen Philosophie, p.7-50.

49 Id., *Politik als Protest*, p.175 et seq., 186 et seq., 214 et seq.

Mas tal autonomia se impõe em favor da independência da ação política. Nenhuma teoria e nenhum esclarecimento nos desonera dos riscos de uma tomada de partido e de suas consequências não pretendidas. As tentativas de emancipação, que são ao mesmo tempo tentativas de realizar conteúdos utópicos da tradição cultural, podem se tornar, sob certas circunstâncias, plausíveis se considerarmos conflitos sistematicamente produzidos (que precisam ser teoricamente esclarecidos) e repressões e sofrimentos evitáveis como uma necessidade *prática*. Mas tais tentativas são também apenas testes; elas testam as fronteiras da modificabilidade da natureza humana, principalmente da estrutura pulsional historicamente variável, fronteiras sobre as quais não possuímos um saber teórico, e também, como penso, não podemos possuir a partir de razões fundamentais. Se, na comprovação de "hipóteses práticas" desse tipo, nós mesmos, os sujeitos concernidos, estamos incluídos no método de prova, então não pode ser erguida uma barreira entre os experimentadores e as pessoas implicadas, mas todos os participantes têm de poder saber o que eles fazem – precisamente, formar discursivamente uma vontade comum.

Existem situações em vistas das quais tais considerações são grotescas ou simplesmente irrisórias: nessas situações, temos de agir como sempre. Mas, nesse caso, sem apelar para uma teoria cuja capacidade de justificação não vai tão longe.

Observações sobre a aplicação objetiva de teorias reflexivas

O *status* de uma teoria voltada ao esclarecimento traz consigo a peculiaridade de que a pretensão de verdade precisa ser comprovada em níveis diferentes. O primeiro nível de confirmação é o do discurso teórico; aqui, a pretensão de verdade das hipóteses derivadas teoricamente se apoia ou é refutada na forma usual da argumentação científica. Naturalmente, uma teoria que não suporta essa comprovação discursiva deve ser descartada. Nesse nível, a pretensão de validade das teorias reflexivas, contudo, pode ser fundamentada apenas de maneira hipotética. A pretensão é resgatada somente em processos de esclarecimento exitosos que levam os concernidos a reconhecer sem coerção as interpretações derivadas de maneira teórica. No entanto, os processos de esclarecimento apoiam também a pretensão de verdade das teorias, mas não pode resgatá-la sem que *todos* os potencialmente concernidos, aos quais se referem as interpretações teóricas, tivessem a oportunidade de aceitar ou recusar as interpretações oferecidas *sob circunstâncias adequadas*. Com isso, surge uma reserva na aplicação de teorias reflexivas sob as condições de luta política. Eu retomo aqui as reflexões anunciadas por Gadamer e Giegel.

Os grupos que se compreendem como teoricamente esclarecidos (e que Marx identificou em seu tempo como a vanguarda dos comunistas, ou seja, do partido) precisam escolher todas as vezes, em atenção a seu adversário, entre estratégias de esclarecimento e de luta, ou seja, entre preservação ou interrupção da comunicação. Mesmo a luta, que é ação estratégica em sentido estrito, deve permanecer, contudo, acoplada aos discursos no interior da vanguarda e de seus grupos destinatários. Nesses discursos práticos, que servem imediatamente à organização da ação e não ao esclarecimento, o adversário (assim como o companheiro da associação) que se encontra excluído pela interrupção da comunicação naturalmente só pode ser virtualmente incluído. Nesse contexto, coloca-se a interessante tarefa de esclarecer a incapacidade temporária do diálogo manifestada pelo adversário, isto é, a coerção ideológica que deve surgir necessariamente da vinculação com interesses particulares. Isso exige uma aplicação objetiva da teoria. Supomos contrafaticamente por esclarecimentos desse tipo, baseados na crítica da ideologia, uma relação natural inquebrável (e, no sentido apresentado anteriormente, dialética) entre os adversários. Abstraímos do fato de que o próprio grupo, com a ajuda dessa mesma teoria, pretende compreender o contexto meramente naturalizado e, por isso, já tê-lo transcendido. Procurei mostrar aqui que uma teoria reflexiva pode ser aplicada sem contradição somente sob condições de esclarecimento, não sob condições da ação estratégica. Essa diferença pode ser esclarecida a partir da posição retrospectiva da reflexão.

A organização do esclarecimento, se e na medida em que tiver êxito, desencadeia um processo de reflexão. As interpretações teóricas, em que os sujeitos conhecem a si mesmos e sua situação, são retrospectivas: elas tornam consciente um processo de formação. Assim, a teoria conscientizadora pode produzir as condições sob as quais a distorção sistemática das comunicações pode ser dissolvida e se realizar pela primeira vez um discurso prático; mas tal teoria não contém quaisquer informações que prejudiquem a ação futura dos concernidos. Também o analista não tem o direito de indicar prospectivamente as ações: o próprio paciente precisa extrair as consequências para sua ação. A partir da posição retrospectiva da reflexão surge o fato de que, por meio do esclarecimento, podemos nos colocar em condições de sair de um contexto (dialético) de comunicação distorcida. Mas na medida em

Teoria e práxis

que a teoria nos esclarece sobre nosso cativeiro nesse contexto, também o rompe. Por isso, não tem sentido a pretensão de agir dialeticamente com discernimento. Esta repousa em um erro categorial. Agimos em um contexto de comunicação sistemicamente distorcida que precisa ser esclarecido dialeticamente apenas quando esse contexto se torna imperceptível, ou também, quando é perpetuamente imperceptível para nós. Por essa razão, a teoria não pode ter a mesma função para a organização da ação, da luta política, que tem para a organização do esclarecimento.

As consequências práticas da autorreflexão consistem em mudanças de atitude que emergem do discernimento das causalidades *passadas*, e que emergem *eo ipso*. A ação estratégica orientada para o futuro, que é preparada nos discursos internos dos grupos que (na qualidade de vanguarda) já supõem processos de esclarecimento bem-sucedidos, não pode, ao contrário, ser justificada do mesmo modo pelo saber reflexivo.

Também a explicação crítico-ideológica da incapacidade temporária de diálogo por parte do adversário estratégico se coloca sob a reserva hipotética de que apenas um discurso, tornado impossível nas circunstâncias existentes, poderia decidir sobre a verdade de uma teoria no círculo de todos os participantes. Contudo, a aplicação objetivante de uma teoria reflexiva sob as condições da ação estratégica não é sempre ilegítima. Ela pode servir para interpretar hipoteticamente as constelações da luta como se cada vitória ambicionada não fosse apenas (como é comum) a imposição de um interesse particular sobre outro, mas um passo no caminho para um estado desejado que tornasse possível o esclarecimento universal e, mediante este, uma formação discursiva da vontade ilimitada de todos os participantes (e, assim, não os considerando apenas na qualidade de concernidos). Tais interpretações, que partem daquele estado antecipado, são retrospectivas. Com isso, elas abrem uma perspectiva para a ação estratégica e para as máximas de acordo com as quais são justificadas as decisões nos discursos que preparam para a ação. Mas as mesmas interpretações objetivantes não podem pretender uma função de justificação; elas têm de abranger contrafaticamente a própria ação planejada (e a reação do adversário) como momento de um processo coletivo de formação ainda não concluído. A certeza da autorreflexão, ao contrário, apoia-se no fato de que, no ato de recordação, o processo de formação recordado é lançado ao passado.

Que a ação estratégica daqueles que decidiram lutar, vale dizer, que decidiram assumir os riscos, possa ser interpretada hipoteticamente a partir de uma retrospectiva possibilitada pela antecipação, que nesse âmbito, porém, não possa também ser *justificada obrigatoriamente*, tem uma boa razão: a superioridade reivindicada do esclarecedor sobre aqueles que ainda precisam ser esclarecidos é teoricamente inevitável, mas ao mesmo tempo fictícia e necessita de uma autocorreção — em um processo de esclarecimento encontram-se apenas participantes.

1

A doutrina clássica da política em sua relação com a filosofia social

Na obra aristotélica, a "política" é parte da filosofia prática. Sua tradição se estende ainda sobre o limiar do século XIX;[1] somente com o historicismo ela foi rompida de maneira definitiva.[2] Sua fonte seca quanto mais a corrente filosófica vital é desviada para os canais das ciências particulares. Desde o final do século XVIII, as novas ciências sociais em formação, de um lado, e as disciplinas do direito público, de outro, dividem assim as águas da política clássica. Esse processo de ruptura do *corpus* da filosofia prática termina, por enquanto, com o estabelecimento da política segundo o padrão de uma ciência experimental moderna, que não tem muito mais em comum, a não ser o nome, com aquela antiga "política". Ela

---

1 Cf. Hennis, *Politik und praktische Philosophie*; além disso, Maier, *Die ältere deutsche Staats- und Verwaltungslehre*.

2 Cf. Riedel, Aristotelestradition am Ausgang des 18. Jahrhunderts, p.278 et seq.; id., Der Staatsbegriff der deutschen Geschichtsschreibung des 19. Jh., p.41 et seq.; id., Der Begriff der "bürgerlichen Gesellschaft" und das Problem seines geschichtlichen Ursprungs, p.135 et seq.

aparece completamente fora de moda ali onde ainda nos diz respeito. Com o início da Modernidade, seu direito lhe foi contestado já no quadro da própria filosofia: quando Hobbes, na metade do século XVII, se ocupa da *matter, forme and power of commonwealth* [substância, forma e poder da república] não opera mais a "política" no sentido de Aristóteles, mas no sentido de uma *social philosophy* [filosofia social]. Ele renunciou de forma consequente à tradição clássica dois séculos antes que esta viesse a sucumbir completamente. Pois ele revolucionou o modo de pensar que foi introduzido na filosofia política por Maquiavel, de um lado, e More, de outro. A antiga política se tornou estranha para todos nós por três razões.

1. A política era compreendida como a doutrina da vida boa e justa; é a continuação da ética. Pois Aristóteles não via qualquer contraposição entre a constituição vigente nos *nomoi* e o *ethos* da vida civil; ao contrário, também a eticidade da ação não deveria ser separada do costume e da lei. Somente a *politeia* possibilita ao cidadão a vida boa; *zoon politikon* é, em geral, o homem que, para a realização de sua natureza, precisa da cidade.[3] Em Kant, ao contrário, o comportamento ético de um indivíduo livre apenas internamente se diferencia claramente da legalidade de suas ações externas. E, da mesma maneira que a moralidade se separa da legalidade, ambas também se descolam novamente da política, que conserva um valor posicional bastante duvidoso na qualidade de perícia técnica de uma doutrina utilitarista de prudência.

---

3 Ritter, Zur Grundlegung der praktischen Philosophie bei Aristoteles, *Archiv für Rechts- und Sozialphilosophie*, p.179; id., Naturrecht bei Aristoteles, *Res Publica*; id., *Metaphysik und Politik*, p.9-179.

Teoria e práxis

2. A antiga doutrina da política se relacionava exclusivamente com a práxis em um sentido estrito, isto é, grego. Ela não tem mais nada a ver com a *techne*, com a produção habilidosa de obras e com um domínio eficiente de tarefas objetivadoras.[4] Em última instância, a política se orienta sempre pela instrução do caráter; não procede de maneira técnica nem pedagógica. Pelo contrário, para Hobbes, a máxima exposta por Bacon *scientia propter potentiam* já é uma evidência: a espécie humana deve à técnica os maiores avanços, mais precisamente, em primeiro lugar, à técnica política de instituição correta do Estado.

3. Aristóteles frisa que a política, a filosofia prática em geral, não pode ser medida em sua pretensão de conhecimento com os padrões estritos da ciência, de uma *episteme* apodítica. Pois seu objeto, o justo e o excelente, no contexto de uma práxis mutável e contingente, carece tanto de uma constância ontológica quanto de uma necessidade lógica. A capacidade da filosofia prática é a *phronesis*, uma compreensão prudente da situação em que a tradição da política clássica se apoiou passando pela *prudentia* de Cícero até a *prudence* de Burke. Contrariamente, Hobbes quer criar a política para o conhecimento da própria essência da justiça, a saber, leis e pactos. Essa afirmação já decorre do ideal contemporâneo do conhecimento da nova ciência da natureza: conhecemos um objeto apenas na medida em que podemos criá-lo por nós mesmos.[5]

---

4 Cf. Arendt, *Vita activa*. O estudo dessa importante investigação de H. Arendt e a leitura da obra de H.-G. Gadamer, Warheit und Methode, chamaram minha atenção para o significado fundamental da distinção aristotélica entre técnica e práxis.

5 Vico, *Die neue Wissenschaft*, p.125 e 139.

Jürgen Habermas

O balanço dos ganhos e das perdas realizado por Vico na comparação do tipo de estudos modernos com os clássicos

Hobbes inicia o Capítulo 29 do *Leviatã* com a confiante afirmação:

> *Though nothing can be immortal, which mortals make: yet, if men had use of reason they pretend to, their Commonwealths might be secured, at least, from perishing by internal diseases [...] Therefore when they come to be dissolved, not by external violence, but intestine disorder, the fault it not in men, as they are Matter, but as they are Makers and orderers of them.*[*]

Nessa afirmação estão implícitos os três momentos mencionados da distinção entre a abordagem moderna e a abordagem clássica. Em primeiro lugar, a pretensão de uma filosofia social fundada cientificamente consiste em especificar de uma vez por todas as condições de uma ordem correta do Estado e da sociedade em geral. Seus enunciados valerão independentemente do lugar, do tempo ou das circunstâncias e, sem levar em consideração a situação social, permitirão uma fundamentação duradoura da coletividade. Em segundo lugar, essa transposição ou aplicação do conhecimento é um problema

---

[*] Trad.: "Embora nada que os mortais façam seja imortal, ainda assim, se os homens usaram a razão tal como pretenderam, seus Estados podem ser assegurados ao menos contra o perecimento causado pelas doenças internas [...] Portanto, quando eles chegarem a ser dissolvidos, não por violência externa, mas por desordem interna, a culpa não deve ser atribuída aos homens considerados substância, mas enquanto *criadores* e organizadores dos Estados". (N. T.)

Teoria e práxis

técnico. Para o conhecimento das condições universais de uma ordem correta do Estado e da sociedade não é mais necessário o conhecimento da ação prática prudente dos homens entre si, mas o de uma elaboração de regras, relações e instituições calculada de maneira correta. Por essa razão, em terceiro lugar, o comportamento dos homens só será levado em consideração a título de material. Os engenheiros da ordem correta podem prescindir de categorias de relação ética e se limitar à construção das circunstâncias sob as quais os homens, considerados como objetos da natureza, são obrigados a assumir um comportamento calculável. Essa separação entre política e moral substitui a orientação para uma vida boa e justa pela possibilidade de bem-estar em uma ordem produzida de forma correta.

Com isso, no entanto, a ideia de "ordem" altera o seu sentido tanto quanto o "domínio" do que deve ser ordenado – altera-se o próprio objeto da ciência política. A ordem de comportamentos virtuosos se transforma em uma regulação do intercâmbio social. À mudança significativa na atitude metodológica corresponde um deslocamento do objeto científico. A política se torna uma filosofia do social de modo que hoje a política científica possa com razão ser atribuída às ciências sociais.

Desde o esclarecimento levado a cabo por Max Weber no chamado conflito de juízos de valor e das determinações precisas de uma "lógica da investigação científica"[6] positivista, as ciências sociais se separaram completamente de seus elementos

---

6 Resumidamente: Albert, Probleme der Wissenschaftslogik in der Sozialforschung, p.38 et seq.; Albert; Topitsch (orgs.), *Werturteilsstreit*.

normativos, da herança já esquecida da política clássica – é assim, em todo caso, que se apresenta sua autocompreensão epistemológica. Mas já a filosofia social precisou esconder suas implicações normativas, ou seja, não deveria mais assumir o que nela ainda haveria de uma doutrina moral; as determinações normativas submergem nos equívocos da "natureza" dos homens e de suas instituições. Visto que aqui essas duas características ainda são atuais – a origem da política clássica *e* o desvio enérgico de seus princípios –, a filosofia social se apropria de modo mais adequado da explicação histórica de uma questão que dificilmente decorreria de forma sistemática das antinomias da autocompreensão das ciências sociais modernas em termos de crítica do conhecimento: como é possível o conhecimento do contexto de vida social tendo em vista a ação política? Como e em que medida o que em uma situação política pode ser esclarecido de maneira científica é ao mesmo tempo necessário de modo prático e objetivamente possível? A questão pode ser retraduzida em nosso contexto histórico: de que maneira a promessa da política clássica – a saber, a orientação prática sobre aquilo que, em dada situação, é justo e correto de se fazer – pode ser resgatada sem, de outro lado, renunciar à pretensão de coerência científica do conhecimento que a filosofia social moderna ergueu contra a filosofia prática dos clássicos? E, contrariamente, como a promessa da filosofia social em oferecer uma análise teórica do contexto de vida social pode ser resgatada sem, de outro lado, renunciar à atitude prática da política clássica?

No caminho para uma ciência, a filosofia social perdeu o que a política outrora pretendeu conquistar enquanto prudência. Essa perda de força hermenêutica na penetração teórica de

Teoria e práxis

situações que precisam ser dominadas na prática reconhecida por Vico, que, da perspectiva da tradição retórica e humanista da nova filosofia inaugurada por Galileu, Descartes e Hobbes, realizou um balanço dos ganhos e das perdas:

> Uma vez que, para falar de prudência na vida cívica, as coisas humanas estão sob a dominação da oportunidade e da escolha, as quais são altamente incertas [...] então aqueles que possuem diante dos olhos apenas a verdade compreendem que é muito difícil o caminho que eles adotam, e mais difícil ainda seus fins [...] Assim, visto que é preciso julgar aquilo que se deve fazer na vida segundo o peso das coisas e dos estorvos que denominamos de circunstâncias, e muitas delas possivelmente são estranhas e absurdas, algumas frequentemente erradas e às vezes até mesmo opostas a seu fim, as ações humanas não podem ser medidas segundo a linha reta do entendimento, que é imutável [...] Os *instruídos* imprudentes, que se dirigem diretamente da verdade universal ao particular, rompem os entrelaçamentos da vida. Mas os *prudentes*, que alcançam a verdade eterna por cima das irregularidades e incertezas da práxis, admitem haver um desvio quando não é possível percorrer um caminho reto; e os pensamentos, que *eles* apreendem, prometem proveito por um longo tempo, na medida em que a natureza o permitir.[7]

Vico assume as determinações aristotélicas da distinção entre ciência e prudência, *episteme* e *phronesis*: enquanto aquela visa "verdades eternas" e pretende formular enunciados sobre o ente que sempre e necessariamente é tal como é, a prudência prática diz respeito apenas às "probabilidades". Vico mostra

---

7 Vico, *Vom Wesen und Weg der geistigen Bildung*, p.59 et seq.

como esse procedimento, precisamente porque possui uma pretensão teórica, traz à práxis uma certeza ainda maior. Ele remete às operações da retórica, que se serve sobretudo da capacidade da *phronesis* e do procedimento tópico:

> Dos oradores exige-se, sobretudo, que estejam em condições de, sob a pressão das negociações, a qual não permite nem demora e nem acordos [...] prestar ajudas imediatas. Mas se às nossas cabeças críticas se expõe algo duvidoso, então eles respondem: deixem-me refletir sobre isso.[8]

De fato, é delineada, com isso, uma relação dialética que apenas hoje, com o desenvolvimento das ciências sociais, tornou-se completamente transparente: na medida em que a política se racionaliza de maneira científica e a práxis é conduzida em termos teóricos por meio de recomendações técnicas, cresce então aquela problemática residual apropriada em vista da qual a análise da ciência experimental precisa declarar sua incompetência. Com base em uma divisão de trabalho entre ciências empíricas e uma normatização cuja verdade não pode mais ser aferida, cresce a margem de ação de pura decisão: em medida crescente, a dimensão genuína da práxis se retira da disciplina da investigação metodológica em geral.[9] Em sua

---

8 Ibid., p.31 et seq.

9 Popper tira consequências decisionistas do postulado metodológico da liberdade axiológica em *Die offene Gesellschaft und ihre Feinde*, principalmente no v.I, p.90 et seq., e v.II, p.281 et seq. O potencial de verdade de questões práticas, questionado não apenas por críticos como Popper, mas também por positivistas como Carnap e Ayer, empiristas como Stevenson e analistas da linguagem como Hare, há

polêmica contra a filosofia social de seu tempo, Vico antecipou uma tendência que se impôs apenas hoje. A incerteza da ação cresce quanto mais estritamente se escolhe nessa dimensão os critérios para a verificação científica. Por essa razão, Vico rejeita o empreendimento audacioso da ciência moderna de "transpor o método do juízo científico para a práxis da prudência".[10] O fundamento da filosofia prática como ciência, que Bacon exige[11] e Hobbes promete realizar pela primeira vez, parece-lhe equivocado. Por isso, ele ignora que o novo enfoque metodológico também liberta pela primeira vez um novo objeto, a saber, o contexto vital do social. Contudo, essa objetivação "científica" (muito mais tarde se deverá dizer: objetivação de uma ciência estritamente experimental) se separou de tal modo da práxis da vida que a própria aplicação dos discernimentos obtidos permanece incontrolável.

Assim, ambos os partidos a cada vez continuam tendo razão em outra perspectiva. No caso de ser possível esclarecer essas razões diferentes e, tal como parece, em conflito, mas ainda unificá-las, então "a reconciliação de estudos clássicos e modernos", à qual Vico dedicou seu escrito,[12] torna-se o fundamento metódico de uma nova ciência, de uma outra

---

pouco tempo voltou a valer por intermédio do chamado *good reasons approach*. Foi pioneira a investigação de Baier, *The Moral Point of View*. Sobre a lógica dos discursos práticos, cf. também Lorenzen, *Normative Logics and Ethics*; Schwemmer, *Philosophie der Praxis*; Kambartel, *Moralisches Argumentieren*.

10 Vico, *Vom Wesen und Weg der geistigen Bildung*, p.63.

11 Bacon, *Novum Organon*, v.I, art.127.

12 Cf. o comentário sobre *De nostri temporis studiorum ratione* (*Vom Wesen und Weg der geistigen Bildung*), de Vico, oferecido por F. Schalk, Anhang, p.165 et seq.

Scienza Nuova. Acompanharemos o desenvolvimento da política clássica em direção à filosofia social moderna sob o *duplo* ponto de vista de uma mudança de enfoque metodológico e de constituição de um novo domínio de objetos.

A recepção tomista da política aristotélica: *zoon politikon* como *animal sociale*

De que maneira, entre Aristóteles e Hobbes, realizou-se a transformação da política clássica em filosofia social moderna? Aristóteles está convencido que uma *polis*, que porta esse nome de verdade e não é meramente nomeada como tal, deve poder orientar a virtude de seus cidadãos – "pois, caso contrário, a comunidade do Estado se tornaria uma mera associação" (*koinonia symmachia*). Esta recebe no direito romano o nome de *societas* e significa também uma aliança entre Estados na forma de uma vinculação social entre os cidadãos – ainda hoje utilizado no sentido de "sociedade" [*Sozietät*]. Aristóteles projeta a ficção de um sistema contratual de direito privado que visa garantir a aquisição universalmente regulada a fim de mostrar o que a *polis* não é: se os cidadãos, perseguindo seus próprios negócios, fundam uma comunidade de direito para garantir uma troca regulada e para o caso de complicações bélicas, então *não* se deve confundir esta com um *Estado*. Pois, segundo o teor do argumento, eles evidentemente circulam em um lugar comum como se estivessem separados; e cada um deles considera sua própria casa como se fosse um Estado. Uma *polis* se determina, ao contrário, por sua *oposição* ao *oikos*. Em contraste, Hobbes lida precisamente com a construção jusnaturalista de tal comércio de cidadãos privados regulado pelo direito privado e protegido pela soberania estatal. A mediação entre ambos os autores é realizada de maneira peculiar pela filosofia social de Tomás de Aquino. De um lado, Tomás se insere completamente na tradição aristotélica. Mesmo que um Estado possa ter sido fundado em virtude da sobrevivência, só mantém sua existência em virtude da vida boa:

> Pois se os homens quisessem se reunir meramente para viver, então também animais e escravos fariam parte da *civitas*; caso eles se reunissem apenas para a obtenção de riqueza, então todos aqueles igualmente interessados no intercâmbio econômico teriam de pertencer a uma *civitas*.[13]

Uma comunidade só deve se chamar Estado caso permita a seus cidadãos realizar ações virtuosas e, com isso, capacitá-los à vida boa. De outro lado, porém, Tomás não compreende mais essa comunidade de maneira genuinamente política: a *civitas* se tornou sub-repticiamente *societas*. Em nenhum outro lugar, o distanciamento involuntário em relação à velha política se mostrou tão precisamente do que na tradução literal do *zoon politikon*: *homo naturaliter est animal sociale*.[14] Em outra passagem, lê-se: *naturale autem est homini ut sit animal sociale et politicum*.[15] É significativo que falte em Tomás a distinção apresentada de modo tão decisivo pelo filósofo grego entre o poder econômico de disposição do senhor da casa e o poder

---

13 Tomás de Aquino, *De regimine principium*, p.83.

14 Id., *Summa*, I, q. 96, 4. [Trad.: "animal político: o homem é naturalmente um animal político". – N. E.]

15 Id., *De regimine principium*, c. I. [Trad.: "É, entretanto, o homem, por natureza, animal social e político". – N. E.]

político de dominação na esfera pública: o poder do déspota no *oikos* era, como se sabe, dominação de um só (*monarchia*), e o poder na *polis* era uma dominação sobre os cidadãos livres e iguais (*politie*).[16] Mas aquele *princeps*, sobre cujo regime Tomás realiza sua investigação, domina de forma monárquica, a saber, principalmente do mesmo modo que o *pater familias* enquanto *dominus*. *Dominum* significa então dominação por excelência. A contraposição entre *polis* e *oikos* foi nivelada sob o denominador comum de *societas*; esta é interpretada em analogia com a vida doméstica e familiar regulada de maneira patriarcal, isto é, segundo critérios aristotélicos, apolítica. Se a ordem da *polis* se consuma na participação dos cidadãos na administração, legislação, jurisprudência e deliberação, então Tomás retém somente um *ordo* que revela a substância política da vontade e da consciência que se forma no diálogo público e está ligada à ação dos cidadãos: *bonum autem et salus consociatae multitudinis est ut eius unitas conservetur, quae dicitur pax.** O critério de um *ordo* bem fundamentado não é a liberdade dos cidadãos, mas a tranquilidade e a paz (*pax*), uma interpretação mais "policial" do que política do conceito neotestamentário. Suprime-se, assim, a questão central da velha política sobre a *qualidade* da dominação. O *thema probandum* das reflexões da "política" tomista corretamente atribuídas a uma *filosofia social* é, pelo contrário, o de uma ordem doméstica e familiar que se estendeu para o Estado, a hierarquia de *status* atribuída aos cidadãos trabalhadores. O *ordo civitatis* se refere então ao trabalho reabilitado em termos

---

16 Id., Pol., 1255 b.

* Trad.: "O bem-estar e a segurança da população organizada em sociedade repousam na preservação de sua unidade, a que se chama paz". (N. E.)

cristãos, o qual para os gregos correspondia a uma dimensão apolítica por excelência.[17]

Assim, Tomás transforma a política aristotélica em uma filosofia do social, mantendo, contudo, a tradição na medida em que se atém àquela conexão entre ética e política tão claramente definida por Aristóteles. O *ordo citatis*, de um lado, não pode mais ser cingido à *praxis* e à *lexis* de cidadãos livres, ou seja, à esfera pública política; porém, a fim de ser ampliado até uma *ordo societas*, de outro lado, deve poder fundamentar uma lei moral concretizada por uma ética estamental, um código diferenciado segundo cargos e *status* que garante um certo conhecimento universalmente acessível e imutável de padrões de comportamento de *status* específicos. Como é sabido, Tomás resolveu ontoteologicamente essa construção de uma ordem *social* na qualidade de *ordem virtuosa*: a *lex naturae* fundamenta a ordem da *civitas* na qualidade de *societas* tanto ontologicamente, a partir da conexão do cosmos, quanto teologicamente, segundo a coincidência dessa legislação cósmica com os mandamentos do decálogo.

Essa *lex naturae* desenvolvida a partir de um direito natural estoico cristianizado sucumbe no século seguinte diante da crítica nominalista. O selo ontológico sobre a doutrina social tomista se rompe porque também são rompidas as próprias relações sociais sob as quais aquela doutrina unicamente poderia obter credibilidade. Deixaremos isso aqui de lado. Contudo, a questão do "para que" e do "para onde" da vida comum, que não pode mais ser respondida com o *ordo societas*, desloca-se assim em direção a uma outra questão: de que maneira e com

---

17 Cf. Arendt, *Vita activa*, p.76 et seq.

a ajuda de quais meios a *civitas* pode ser regulada e apaziguada? O vínculo partido da ordem virtuosa construída segundo o direito natural também faz com que se despedacem teoricamente os dois elementos que na realidade foram separados: o *dominum* dos príncipes tornados soberanos e a administração da *societas* privatizada sob o território do Estado. No mesmo ano em que Nicolau Maquiavel escreveu seu *Príncipe*, Thomas More trabalhava em seu livro *Utopia*. Ao primeiro, enquanto diplomata, confiou-se as relações interestatais da pentarquia italiana; o segundo, que enquanto jurista foi incialmente representante da burguesia londrina no Parlamento e depois ministro e chanceler na Corte de Henrique VIII, ocupou-se das tarefas da ordem interestatal de uma administração absolutista.

Sobre a base estreita de uma cidade-Estado, Maquiavel queria ainda renunciar à organização da sociedade e orientar sua atenção exclusivamente à técnica de conservação e conquista do poder. O estado de guerra geral e, em princípio, insuperável é doravante considerado o pressuposto fundamental da política. O Estado é Estado em seu sentido mais pleno quando se encontra em estado de luta. Política é a arte, capaz de ser investigada e aprendida, da estratégia de imposição do próprio poder praticada permanentemente na dimensão interna e externa. O poder doméstico estratégico do príncipe cristão se condensa na autoafirmação abstrata do soberano (*suprema potestas*) e se desprende simultaneamente das únicas funções sociais da ordem doméstica que se ampliou para o Estado. Porém, Thomas More se ocupou exatamente dessas funções. Sobre a base estrategicamente favorável de um Estado insular, *ele* queria desconsiderar a técnica de autoafirmação contra inimigos externos e praticamente negar uma essência do político deduzida do estado de guerra. Além disso, a *ordo societas* se apresentava empiricamente a ele enquanto uma tarefa de organização da sociedade em termos de técnica jurídica.

Salus publica e *bonum commune* não podem mais ser determinados de maneira teleológica. Eles se tornaram lugares vazios que Maquiavel, em virtude de uma análise dos interesses do príncipe, preencheu com a razão de Estado, e More, de modo contrário, por causa de uma análise dos interesses de cidadãos trabalhadores, preencheu com uma *ratio* imanente à ordem econômica.

A ruptura com a tradição: os conceitos modernos do político e do social no mundo desencantado da política real e no mundo projetado de maneira utópica. Maquiavel e More

A perspectiva se alterou de forma específica: o comportamento político, pelo qual se interessou Maquiavel, e a ordem social, pela qual se interessou More, não são mais explicitados tendo em vista aquela vida virtuosa dos cidadãos. Os pensadores modernos não se perguntam mais, como fizeram os antigos, pelas relações éticas da vida boa e excelente, mas pelas condições factuais de sobrevivência. Trata-se imediatamente da afirmação da vida física, da conservação elementar da vida. Essa necessidade prática, que exige soluções técnicas, ocupa o início da filosofia social moderna. Diferentemente da necessidade ética da política clássica, ela não exige nenhuma fundamentação teórica das virtudes e leis em uma ontologia da natureza humana. Se o ponto de partida teoricamente fundamentado dos antigos era – de que maneira os homens podem satisfazer a uma ordem natural em termos práticos –, o ponto de partida dos modernos estabelecido praticamente é – de que maneira os homens podem dominar tecnicamente o ameaçador mal natural. Certamente, a filosofia social, para além da garantia de uma sobrevivência vazia, também se ocupou com a melhora e a facilitação das condições de vida. Contudo, isso se diferencia principalmente de uma perfeição ética da vida. As formas pragmáticas de melhoramento de uma vida de conforto e de poder sempre permanecem ligadas ao seu lado positivo, à mera conservação da vida. Elas permanecem como termos comparativos em relação à resistência diante de perigos elementares à vida: à ameaça física proporcionada pelo inimigo ou pela fome.

A filosofia social não se comportou de maneira criativa em relação a tal mal natural. Através dos séculos, ela apenas variou em relação às duas perspectivas das quais partiram Maquiavel e More: a morte violenta causada pelas mãos do próximo e a morte causada pela fome e miséria. Maquiavel pergunta: como a reprodução da vida pode ser assegurada de um ponto de vista político? More, por sua vez, pergunta: como a reprodução da vida pode ser assegurada de um ponto de vista socioeconômico? Pois diante do medo de proteger a vida contra os ataques dos outros, os homens podem se libertar apenas graças a uma técnica eficaz de conquista e conservação do poder; e em face de uma incerteza que não pressiona menos os indivíduos a conservar a vida em situações de fome e miséria, os homens podem se libertar apenas em virtude de uma organização correta da ordem social. Dependendo de qual perigo aparecer como o mais elementar, a autoafirmação da vida exige o primado das armas mobilizadas ou o primado dos meios de subsistência organizados.

Teoria e práxis

Contudo, surge uma diferença característica a partir do *melhoramento* daquelas duas formas de reprodução da vida mencionadas. Enquanto a eliminação da fome abre de maneira ilimitada a perspectiva de possível melhora de uma vida de conforto, a expansão daquele poder, que descarta o medo diante de uma morte violenta, produz, com o domínio sobre um tal mal, um outro tipo de mal: o perigo da servidão. As filosofias sociais, que definem o mal natural de maneira política, não podem, por isso, assumir uma forma utópica tal como o fazem aquelas que o definem de maneira econômica. Ao mesmo tempo, se não querem renunciar a uma forma contrautópica de melhoramento da vida, caem na irracionalidade: a *virtù* já ganha em Maquiavel, se não o sentido, certamente a aura da saúde bárbara que glorifica *per se* o poder político. Ao lado de ambos os males "naturais" surgidos diante da ameaça causada pela fome e pelos inimigos, o mal "artificial" motivado pela dominação dos homens sobre os homens se torna o terceiro ponto de partida da investigação da filosofia social: é preciso ajudar os humilhados e ofendidos a alcançar a dignidade e a paz, da mesma maneira que Maquiavel promete poder e segurança aos que são atacados e atemorizados, e More, bem-estar e felicidade aos sofridos e oprimidos.[18]

Diante da antiga política, Maquiavel e More conquistam cada qual um novo campo de observação porque separam do contexto ético a estrutura da dominação. Desde Aristóteles, tratou-se de possibilitar e potencializar legalmente uma vida boa aos cidadãos: a qualidade da dominação deveria ser comprovada na virtude dos cidadãos e em sua liberdade efetivada

---

18 Bloch, *Naturrecht und menschliche Würde*, p.13 et seq.

no quadro das leis do Estado. Desde Aristóteles, a política conhece as constituições boas e degeneradas, conhece a melhor constituição seja absoluta ou relativamente. Maquiavel e More escapam dessa problemática. O primeiro assim o faz ao afirmar que, tendo em vista a substância invariável da relação de dominação de uma minoria política sobre a massa dos cidadãos privados, as ordens normativas representam superestruturas historicamente cambiantes. O historiador que fizer uma comparação descobrirá

> que uma pequena parte deseja ser livre para comandar, mas todos os outros, a desproporcional maioria, desejam a liberdade para viver com segurança. Porém, em cada uma dessas comunidades, tenha-se a constituição que se queira, os postos de comando estão ocupados no máximo por quarenta ou cinquenta cidadãos.[19]

Maquiavel, na mudança das instituições, isola a estrutura que reside na base de uma relação formalmente invariável de repressão. Essa estrutura é determinada pela inevitabilidade de ataque e defesa, de ameaça e autoafirmação, de conquista e derrota, levante e submissão, poder e impotência. Dessa tensão que se estabelece como que naturalmente com a aplicação recíproca, seja potencial ou real do poder, o novo conceito do político retira, de modo geral, o seu sentido.

More refuta a problemática tradicional da constituição com uma referência análoga. Em vez de conceber a substância da relação de dominação, que permanece constante sob as ordens normativas recíprocas, a partir de uma situação fundamental

---

19 Maquiavel, *Gesammelte Schriften*, v.I, p.66.

Teoria e práxis

insuperável dos homens, ele a compreende a partir de uma coerção à exploração imposta com a propriedade privada:

> Se eu puder considerar todos os Estados [...] examinando-os em meu espírito, então [...] não encontraria senão um tipo de conspiração dos ricos, que cuidam de suas próprias vantagens em nome e sob o título jurídico do Estado. Eles imaginam e inventam todas as intrigas e truques possíveis para conservar sem temor a perda do que acumularam por meio de maquinarias ruins, e assim poder comprar e utilizar da forma mais barata possível todo esforço e trabalho dos pobres. Assim como os ricos resolvem utilizar esses métodos em nome da universalidade, ou seja, também em nome dos pobres, eles já conservam também a força de lei.[20]

Esse conceito de Estado na forma de uma instituição econômica de coerção aponta para a situação fundamental da sociedade civil em que concorrem trabalhadores privados e aquisição de bens escassos –

> pois quão poucos não existem que desconhecem que, caso deixem de cuidar de si mesmos, apesar de um florescimento do Estado cada vez maior, morrerão de fome? E por isso se impõem a necessidade de que cada um se considere como parte do povo, isto é, leve em consideração os outros.[21]

O novo conceito do social recebe seu sentido da possível superação do egoísmo de interesses e dos riscos à vida

---

20 More, *Utopia*, p.108 et seq.
21 Ibid., p.106.

vinculados a tal egoísmo. More o formula de maneira ingênua: "que maior riqueza pode existir do que quando alguém, livre de todo cuidado, puder viver com o coração alegre e tranquilo, sem temer por seu pão de cada dia?".[22]

O sentido normativo das leis é esvaziado de sua substância ética pela redução às estruturas que residem na base da dominação política ou mesmo da exploração econômica, mas enquanto tal esse mesmo sentido não é suspendido. As leis, em consideração às tarefas práticas de conservação da vida e de seu melhoramento, comprovam sua utilidade instrumental. O sentido normativo das leis sugeridas por Maquiavel se comprova na manutenção da preparação para a morte e para o assassinato; pois apenas pelo poder das armas o mal natural causado pela ameaça do inimigo é superado. O sentido normativo das leis sugeridas por More se comprova na coerção ao trabalho; pois apenas assim o mal natural causado pela fome é abatido.

Aristóteles não conheceu, em princípio, separação alguma entre uma constituição estabelecida em termos políticos e o *ethos* da vida civil no Estado. Maquiavel e More, cada um a seu modo, consolidaram o divórcio entre política e ética. A formulação da máxima suprema da nova política passa a ser a seguinte: "O único objetivo do príncipe consiste em conservar sua vida e sua dominação. Serão justificados todos os meios que possam servir para tal objetivo". A virtude privada é separada da virtude política, a prudência prática de pessoas privadas obrigadas à vida boa – e isso significa agora: à vida obediente – se separa da prudência técnica dos políticos.

---

22 Ibid.

Teoria e práxis

Um príncipe [...] não pode agir como devem agir habitualmente os homens para merecerem ser chamados como tais; as exigências do Estado geralmente o obrigam a romper com a confiança e com a fé e agir contrariamente à caridade, à humanidade e à religião.[23]

More, ao contrário, acentua a heteronomia social da virtude privada. Ele se atém à herança humanista de uma moral fundamentada no direito natural; mas sublinha os pressupostos sociais que devem ser preenchidos antes que a massa dos cidadãos possa realizar o ideal estoico do ócio. Virtude e felicidade são, enquanto tais, concebidas de modo tradicional, mas é moderna a tese segundo a qual a organização tecnicamente adequada das necessidades da vida, uma reprodução institucionalmente correta da sociedade, antecede a vida boa sem que seja propriamente o conteúdo e a meta da ação ética.

Tanto quanto para Maquiavel a técnica de conservação do poder era moralmente neutra, para More é moralmente neutra a organização da ordem social. Ambos não se ocupam de questões práticas, mas apenas técnicas. Eles projetam modelos, isto é, investigam seu novo campo aberto sob condições artificiais. Antes que seja introduzido o método experimental nas ciências da natureza, a abstração metodológica aqui é comprovada a partir da multiplicidade de relações empíricas. Maquiavel e More também coincidem nesse aspecto de forma surpreendente em um plano caso possamos afirmar que o sentido heurístico do desencantamento do realismo político se decifra da mesma maneira que o do projeto utópico.

---

23 Maquiavel, *Gesammelte Schriften*, v.II, p.72.

Maquiavel supõe como meta da técnica política a afirmação do poder do príncipe externamente bem como a unidade e a obediência dos súditos internamente.[24] Para a obtenção dessa meta, ele isola as operações de todos os pressupostos sociais. A ação política é separada dos vínculos tradicionais e morais e também não deve contar com tais vínculos em seus adversários (vale o princípio: "todos os homens são ingratos, inconstantes, hipócritas, receosos e egoístas"); além disso, a ação política não pode se apoiar em instituições existentes e legitimações adquiridas, pois parte, por assim dizer, do zero (serve a assunção de uma posição de dominação conquistada em virtude de um poder alheio ou por acaso: "Aquele que apenas a sorte faz ascender do estado privado ao trono certamente chegará a este com poucas dificuldades, mas ainda mais dificuldades terá para se manter nesse mesmo trono"). O método de demonstração de Maquiavel raramente é menos fictício do que aquele de More: a liberdade absoluta da escolha racional dos meios com a finalidade de conservar o poder no estado de exceção criado por uma guerra civil latente, pelo levante potencial e pela ameaça factual por parte do inimigo concorrente. Sob essas condições de *necessita*, a política é a arte que regula a *fortuna*, e "com isso não pode mostrar em cada ciclo tudo o que pode". César Bórgia fornece o exemplo histórico.[25] O caso do Estado de conjuntura, cujos fundamentos precisam ser primeiramente erigidos, é como que criado para uma análise das regras dessa

---

24 Cf. Freyer, *Machiavell*. Do ponto de partida do direito natural clássico, cf. a investigação crítica de Strauss, *Thoughts on Machiavell*. Cf. a análise de Faul, *Der moderne Machiavellismus*.

25 Maquiavel, *Gesammelte Schriften*, v.II, p.26 et seq.

Teoria e práxis

arte. O livro de receita de Maquiavel sobre o cálculo de poder tecnicamente correto fundou a tradição dos *arcana imperii* efetivada no absolutismo dos séculos seguintes. É sabido que ela ensina aos príncipes de que maneira a *vis dominationis* pode, em situações típicas, se impor de modo taticamente correto com a ajuda de alianças, soldados e fundos.

Em vez de tais regras empíricas para uma técnica política, More oferece um exemplo para uma organização social passível de ser representado sob condições empíricas. Ele supõe como sua finalidade o bem-estar de cidadãos livres. Seu método de demonstração isola amplamente a reprodução da vida social das intervenções políticas no sentido de Maquiavel: as guerras são discriminadas e as funções da dominação pública são limitadas a um mínimo; além disso, a propriedade privada é suprimida nos meios de produção e nos bens de consumo. Ambas as suposições formam um modelo em que as instituições sociais podem ser reduzidas tanto a seu significado instrumental quanto aos meios de dominação evidenciados por Maquiavel em um estado de exceção fictício. O exemplo de uma ordem baseada na propriedade comum expõe meramente os motivos dos conflitos sociais. More analisa de que maneira, ao nos preocuparmos em garantir o sustento da vida, são desenvolvidas simultaneamente as causas para uma série de delitos criminais, a possibilidade para uma diferenciação de prestígio social pela riqueza e a necessidade de uma legalização da exploração: "O que se deve finalmente ser dito a esse respeito, se os ricos arrancam algo do salário diário dos pobres não somente pelo logro privado, mas inclusive em razão das leis estatais?".[26]

---

26 More, *Utopia*, p.107 et seq.

Riqueza, prestígio e poder perdem sua aparência de dado natural. O nexo histórico entre estratificação social e dominação política, de um lado, e a organização do trabalho social, de outro, torna-se transparente.

A mudança de enfoque metodológico: do saber prático à arte pragmática da técnica do poder e da organização da sociedade

Também uma interpretação que pode se depreender do propósito de não retirar do pano de fundo da política tradicional os traços "modernos" contidos nos livros *Príncipe* e *Utopia* sem uma certa estilização não deveria ocultar os limites que separam Maquiavel e More de Hobbes, o fundador da filosofia social como ciência. Trata-se de uma limitação que concerne tanto à matéria quanto ao método.

Permanece abstrata a tentativa de investigar por si mesmos cada um dos elementos despedaçados da filosofia social tomista — *dominum* e *societas* — sob um aspecto técnico. Maquiavel ignora a tarefa histórica de desenvolvimento de uma esfera da sociedade civil; e More ignora as tarefas políticas que se originam da concorrência entre Estados soberanos. Hobbes se livrou dessa cegueira complementar de seus predecessores; pois a ele se coloca a tarefa sistemática de uma construção jusnaturalista da soberania, uma vez que pode ver na Inglaterra do século XVII – diferentemente de Maquiavel na Florença do começo do século XVI – a *suprema potestas* do soberano apenas em sua conexão funcional com uma *societas* civil emancipatória. É o momento de estabelecer uma constituição contratual da soberania do príncipe uma vez que, segundo seu conteúdo, a autoafirmação política se tornou dependente de carências originadas na esfera social. Hobbes já justifica a afirmação da soberania estatal externamente em virtude das tarefas da autoridade obrigatória na dimensão interna; pois tal autoridade deve garantir contratualmente o intercâmbio entre pessoas privadas na esfera civil: contrato social e contrato de dominação coincidem porque exigem um *pactum potentia*. O soberano porta a espada da guerra junto com a espada da justiça, pois tem a competência da jurisprudência e da execução das penas. Ele exerce um poder *político*, no sentido de Maquiavel, porque evita o estado político universal do *bellum omnium in omnes*, e esse estado político desenfreado deve ser pacificamente neutralizado justamente em razão de uma *organização racional da sociedade* — exatamente o pedido utópico de Thomas More.

Hobbes supera de maneira ainda mais decisiva as fraquezas metodológicas de seus predecessores. Maquiavel e More não tiveram a pretensão de tratar a política e a filosofia social como ciência – nem no sentido tradicional da filosofia prática nem no sentido moderno daquele procedimento empírico-analítico que somente um século mais tarde foi proclamado por Bacon (e nem ele pôde cumprir aquilo que havia antecipado). Maquiavel e More se encontram no meio do caminho: eles romperam em termos metodológicos com os pressupostos da tradição e substituíram a perspectiva prática por uma problemática técnica; mas sem o rigoroso método do conhecimento de Descartes e sem o bem-sucedido método de pesquisa de um Galileu, eles de certa forma se ocuparam de sua matéria ainda em termos pragmáticos. Um deles chegou a indicar técnicas; o outro fez uma proposta de organização.

Jürgen Habermas

Quando, em 1517, apareceu o relatório de More sobre a *Nova Insula Utopia* [Nova ilha Utopia], sob o título de *De optimo Reipublicae statu* [Sobre o melhor estado de uma república], seus leitores humanistas tinham esperado a nova formulação de uma peça tradicional da política. Pois justamente a comparação com o modelo platônico, ao qual o próprio More apela, mostra o quanto o título pode levar ao erro: seu escrito não analisa a essência da justiça, mas copia um dos relatórios de viagem contemporâneos. Visto que a justiça, segundo a concepção dos gregos, só pode ser realizada na ordem da vida executada pelo Estado, eles explicam a essência da justiça de acordo com a essência do Estado, vale dizer, segundo a constituição perfeita de uma dominação exercida por cidadãos livres. More, por sua vez, não se refere mais a uma ordem essencial e nem a relações necessariamente transparentes que se pode exemplificar na experiência; seu Estado não é ideal no sentido kantiano. Ele projeta, antes, uma "ficção" cuja palavra, na língua inglesa, é utilizada no gênero literário das narrativas burguesas. A imaginação dos fatos nos representa objetos e pessoas como se existissem empiricamente — tão contingentes e improváveis como se os testemunhássemos sensivelmente em sua realidade. Desse modo, More cria a ilusão da realidade no âmbito de uma viagem de descobrimento fictícia, ou seja, naquele tipo de experiência que os antigos chamavam de história [*Historie*]:

Se você estivesse comigo nas utopias e tivesse visto com os próprios olhos os costumes e instituições que lá se encontram, como eu, que vivi lá por mais de cinco anos e que nunca mais quis partir a não ser para poder informar sobre esse mundo, então você confirmaria facilmente *em lugar algum* ter visto a essência tão bem ordenada de um Estado senão ali.[27]

Esse "em lugar algum" revela o duplo sentido e a pretensão então fundamentada da utopia: forjar de modo realista as relações sociais de tal maneira que estas possam ser *representadas* sob condições empíricas existentes, mas que, no entanto, também já não podem ser compreendidas em termos conceituais.

More está pragmaticamente convencido de "que em todo lugar onde exista a propriedade privada, onde tudo seja medido pelo valor do dinheiro, dificilmente ainda será possível cultivar uma política justa e bem-sucedida".[28] Em vez de tentar verificar cientificamente essa hipótese entendida na qualidade de princípio de experiência, ele esboça o modelo de uma constituição apoiada em condições variáveis correspondentes. Se pudermos dar a essa ficção o caráter de um exemplo que seja empiricamente verossímil, isto é, que não esteja em conflito com a experiência conhecida até o momento, então isso demonstra que tal estado de sociedade pode ser representado sob condições empíricas existentes. Assim, a regra técnico-social, de acordo com a qual o estado desejado deve emergir do estado existente – o que implica, nesse caso, uma transformação das relações de propriedade – é indiretamente controlada para estar em acordo com todas as experiências existentes até o momento. São principalmente determinantes para esse processo os mesmos momentos que constituíam o procedimento completamente diferente de Maquiavel.

---

27 Ibid., p.46.
28 Ibid., p.44.

Maquiavel dissolve o saber prático da política na habilidade técnica. Também para os antigos, um político, a quem foi confiado a condução de um Estado, deveria unir à prudência um certo poder [*Können*], por exemplo, o domínio da economia e da estratégia. Porém, em Maquiavel, permanece atrelada à política somente a compreensão técnica do estrategista. Mais precisamente, ele se refere à arte da guerra em sentido literal[29] da mesma maneira que àquela habilidade que se forma quando a política é desenvolvida exclusivamente sob o ponto de vista estratégico. Ela se torna então uma "arte" que não encontra modelo no cânone das artes tradicionais, pois foi uma descoberta própria de Maquiavel. Essa arte de condução dos homens, como diríamos hoje, é à sua maneira também um poder técnico, porém – e isso seria impensável nos antigos – em vez de lidar com objetos da natureza seu material de trabalho é o comportamento humano. O próprio comportamento dos homens, principalmente seus impulsos de autoafirmação e submissão, constitui o material que o príncipe-artesão precisa formar. Maquiavel ainda obtém seu discernimento psicológico no modo casuísta do historiador; mas enuncia de maneira clara o propósito técnico de tratar a política na forma de um saber de dominação a fim de erigir um *regnum hominis* também sobre a história controlada:

> Não é sem reflexão e nem sem fundamento que os homens sábios continuam a afirmar que para prever o que será é preciso

---

29 "Um príncipe tem de utilizar todas as suas ideias, toda a sua presteza ao estudo da arte da guerra, *a única que se espera que ele domine*". Maquiavel, *Gesammelte Schriften*, v.II, p.58.

considerar o que já foi; pois todos os acontecimentos sempre são parte de algum evento do passado. Isso ocorre porque [...] os homens têm constantemente as mesmas paixões e, por conseguinte, a mesma causa tem de produzir sempre o mesmo efeito.[30]

Sobre isto incide o comentário previdente de Horkheimer: "Foi o grande Maquiavel [...] que, de acordo com os princípios da física e da psicologia modernas, tornou possível uma ciência da política e expôs suas características de forma simples e determinada".[31] Essa interpretação antecipa Maquiavel na medida em que a habilidade de conquista e manutenção do poder resulta de uma transferência da *techne* artificial à dimensão da práxis – espaço até então reservado para a *phronesis* –, mas que ainda carece da precisão científica de uma *técnica calculadora*. A pretensão de fundamentação da política segundo princípios do ideal galileano de ciência, se adotado rigidamente, pode ser estabelecida na esfera de uma imagem de mundo mecanicista.

Certamente, o interesse do conhecimento que acompanha os livros *Príncipe* e *Utopia* já está orientado "a agir no modo da produção".[32] Maquiavel e More romperam os limites impalpáveis na filosofia clássica entre práxis e *poiesis*, procurando assim a relativa segurança do saber técnico-artificial que até então estava reservado à inexatidão e à intransferibilidade da prudência prática. Entretanto, essa aproximação não pode ser radicalmente realizada antes que o próprio saber técnico não seja apenas pragmático, mas também teoricamente assegurado. Com isso,

---

30 Ibid., v.I, p.447.

31 Horkheimer, *Die Anfänge der bürgerlichen Geschichtsphilosophie*, p.10.

32 Arendt, *Vita activa*, p.293.

também um outro limite precisa ser superado: o primado grego e cristão da *vita contemplativa* diante da *vita activa*, o isolamento da teoria em relação à práxis. Para os antigos, a capacidade de um comportamento teleológico, a habilidade, *techne*, tal qual a prudência da ação racional, *phronesis*, era um saber que sempre apontava para a teoria na qualidade de fim supremo e o objetivo maior, mas tal capacidade nunca podia ser derivada ou justificada a partir da própria teoria. Permanecem capacidades cognitivas "inferiores" justamente porque a contemplação pretende ser autossuficiente. A esfera do fazer e da ação, o mundo da vida dos homens e dos cidadãos preocupados com sua conservação ou convivência, em sentido estrito, prescindia da teoria. Isso mudará apenas quando a moderna pesquisa da natureza gerir a teoria na atitude dos técnicos.

Não que o propósito cognitivo da ciência moderna, sobretudo em seu começo, estivesse orientado subjetivamente a produzir conhecimentos tecnicamente aplicáveis. Mas a intenção da própria pesquisa, desde Galileu, consiste objetivamente em obter as habilidades necessárias para reproduzir os *mesmos* processos naturais da mesma maneira que a natureza os produz. A teoria se confunde com a capacidade de reprodução artificial dos processos naturais. Contrariamente à *episteme*, a teoria é, segundo sua estrutura, delineada para a "aplicação". Com isso, a teoria obtém a título de novo critério de sua verdade (ao lado da conclusão lógica) a certeza do técnico: *conhecemos* um objeto na medida em que podemos *produzi-lo*. Porém, segundo a pesquisa delineada de acordo com a atitude dos técnicos, altera-se também o próprio comportamento técnico. Aquela certeza do técnico, que caracteriza o conhecimento da ciência moderna, é incomparável com a segurança relativa do artesão clássico que domina seu material pelo exercício.[33]

Hobbes foi o primeiro a estudar as "leis da vida civil" com o propósito expresso de colocar a ação política, de então em diante, sobre a base insuperavelmente certa daquela técnica conduzida de maneira científica, que ele conhece a partir da mecânica contemporânea. Hannah Arendt descreveu as construções do direito natural racional como uma tentativa de encontrar uma teoria "que, com uma exatidão científica, pode produzir instituições políticas que regulariam os assuntos dos homens com a mesma confiabilidade que o relógio regula os movimentos do tempo ou a criação, entendida na qualidade de relógio, regula os processos na natureza".[34] Mas por que Hobbes se serve dos fins do instrumento do contrato, por que ele fundamenta a filosofia social moderna na forma de uma construção jurídica?

A fundamentação da filosofia social de Hobbes como ciência: a origem problemática das normas da razão natural a partir da mecânica dos desejos naturais

O nexo entre *dominum* e *societas*, a unidade entre Estado e sociedade foi fundamentada no direito natural clássico sob os termos sinônimos *res publica* e *societas civilis*. Entrementes,

---

33 Sobre um conceito de interesse técnico, que não possui um sentido psicológico, mas sim técnico, cf. minha investigação em *Conhecimento e interesse*. Além disso, Apel, Szientistik, Hermeneutik und, Ideologiekritik, p.7 et seq.

34 Arendt, *Vita activa*, p.291.

porém, a reforma levou a uma positivação e a uma formalização do direito natural tomista dominante,[35] autorizando Althusius a levantar a seguinte questão: *"Quis enim excte scire poterit quid sit iustitia, nisi prius quid sit ius cognoverit eiusques species? Ex iure enim iustitia".*[36] O direito se torna a súmula das proposições positivas que os indivíduos se dão por meio do contrato: e a justiça indica somente o respeito diante da validade desses contratos (Hobbes retira, assim, a seguinte consequência: "Ainda que determinadas ações sejam justas em um Estado e injustas em outro, a justiça, isto é, a obediência às leis, em todas as partes é a mesma").[37] Um tal direito formal corresponde às relações objetivas na medida em que, nos Estados territoriais do séculos XVI e XVII, impõem-se aqueles dois grandes processos que modificam pela raiz o nexo entre *dominum* e *societas*: refiro-me à centralização e, ao mesmo tempo, à burocratização da dominação no aparelho estatal moderno do regime soberano, assim como à expansão do intercâmbio capitalista de mercadorias e uma subversão paulatina do modo de produção ligado à economia de subsistência. Pois esse novo contexto de interesses das economias nacionais e territoriais, orientado antes ao mercado do que à esfera doméstica, desenvolve-se de tal modo sob a regulamentação de uma autoridade que naquele tempo obtivera pela primeira vez o caráter soberano,

---

35 Cf. Borkenau, *Der Übergang vom feudalen zum bürgerlichen Weltbild*, p.104 et seq.

36 Althusius, *Politica Methodice Digesta*. [Trad.: "Pois quem poderia saber exatamente o que seria a justiça senão por primeiro reconhecer o que é a lei e o que lhe é semelhante? Pois a justiça tem origem na lei". – N. E.]

37 Hobbes, *Grundzüge der Philosophie*, v.II, p.40.

de modo que a esfera da "sociedade civil", autorizada, por assim dizer, em termos absolutistas, também pode de início ser compreendida de maneira adequada nas categorias do Estado moderno, precisamente nas categorias de um direito formal tecnicamente manipulável para a regulação do intercâmbio social. As categorias fundamentais do direito natural racional são *pactum* e *majestas*. O contrato é considerado na qualidade de instrumento para obrigar o Estado à dupla tarefa de implantar o poder legalmente monopolizado a serviço da paz e da ordem, de um lado, e para o aproveitamento do bem-estar, de outro — mas também para limitar-se a ele.

A dominação legitimada de maneira jusnaturalista organiza a ameaça e a utilização da violência para a proteção da sociedade civil, a saber, com a finalidade de abolir o medo diante de inimigos, da fome e da servidão.

Em Althusius, o sistema dos contratos permanece inteiramente contingente; ele nomeia as instituições existentes de intercâmbio burguês e de poder estatal sem explicá-las. O truque analítico para representá-las como se resultassem de contratos não leva à demonstração de relações necessárias, mas apenas à esquematização de relações contingentes. Althusius não pode explicar porque os indivíduos aderem, afinal, aos contratos; não pode explicar porque eles respeitam os contratos; e permanece sem explicação, sobretudo, a razão de a dominação soberana ser pensada como se resultasse de tais contratos, mas enquanto poder constituído já não poder ser impugnada pelas partes no contrato. Na medida em que Hobbes coloca esses três pontos em um nexo causal, faz uma ciência a partir do direito natural — e esta ciência realiza sua tarefa quando "investiga [...] seus efeitos a partir das causas produtoras ou, ao contrário, as causas produtoras a partir dos efeitos conhecidos".[38]

A conexão das causas conhecidas a partir dos efeitos é apresentada de tal modo que a soberania do poder do Estado resulta da necessidade de obrigar a validade do sistema do contrato; que esse próprio sistema resulta da necessidade de tornar possível a sobrevivência na paz e na ordem; e que o interesse comum na paz e na ordem resulta, por fim, da necessidade de eliminar a contradição existente no estado de natureza. Esse estado de natureza – a natureza do homem mau e do mundo corrompido pressupostos igualmente por Maquiavel e pelos reformadores – precisa ser concebida em termos legais a fim de poder ancorar a construção do direito no nexo causal de uma lei natural interpretada de forma mecânica.[39] Hobbes precisa especificar *a* coerção da natureza que, com necessidade, produz a partir de si mesma uma coerção artificial – precisamente, trata-se de uma ordem jurídica garantida pelo poder penal. E ele acredita encontrá-la no medo diante da morte violenta: "Pois cada um exige o que é bom e recusa o que é mau para ele; recusa principalmente o maior dos males naturais, a morte; e certamente *por causa de uma necessidade natural não menor* que aquela em virtude da qual uma pedra cai no chão".[40] A fim de evitar o risco permanente de uma situação política incontrolável com sua relação universal entre amigo e inimigo, os homens buscam a segurança da ordem civil: "sair do estado de miséria

---

38 Ibid., v.I, p.13.

39 Cf. sobre a construção antropológica do estado de natureza: Willms, *Die Antwort des Leviathan – Thomas Hobbes' politische Theorie.*

40 Hobbes, *Grundzüge der Philosophie*, v.II, p.81.

e sofrimento *em virtude de seus sofrimentos naturais*".[41] O que permanecia contingente em Althusius, em Hobbes adquire uma coesão interna: o contrato social e o contrato de dominação não são mais compreendidos apenas enquanto instrumentos de racionalização de uma natureza destituída de leis, mas sua racionalidade é comprovada a partir das próprias leis da natureza. A justiça se torna imanente ao nexo causal.

Em seu papel como ciência do estado de natureza, a ética clássica do direito natural se separa de uma física moderna da natureza humana. Sob os pressupostos naturalistas, as determinações mantidas da tradição se transformam em uma ironia abismal. O direito natural absoluto de Tomás supõe que, no estado de natureza, a ética do "Sermão da montanha" foi imediatamente realizado. Não existiria dominação alguma: todos são livres. Não existiriam quaisquer distinções sociais: todos são iguais. Não existiria nenhuma propriedade pessoal e exclusiva: tudo é comum a todos, todos têm um direito a tudo. Hobbes assume verbalmente essas determinações; porém, ele modifica tacitamente o sujeito do direito. No lugar do *animal sociale* da compreensão aristotélico-cristã ele coloca um *animal politicum* no sentido de Maquiavel para assim mostrar com facilidade que justamente a adoção desses direitos, que principalmente o direito de todos a tudo, tão logo seja aplicado a uma horda de lobos "livres" e "iguais", precisa levar como consequência ao estado mortal de dilaceramento recíproco. O delicado jogo com os atributos incontestáveis revela a reflexão radical do direito natural clássico na ausência factual de leis em um meio natural carente de todas as regulações positivas

---

41 Ibid., p.70.

e acordos racionais. As condições, sob as quais a comunidade dos santos deveria viver, aparecem, em uma inversão diabólica, na forma das condições de vida de bestas lutando pela vida e pela morte.

Tanto quanto em um jogo, Hobbes projeta o direito natural absoluto nas relações dos homens entre si interpretadas nos termos de Maquiavel; com isso, surge a impressão de que a legalidade do estado de natureza seria interpretada normativamente. Na realidade, Hobbes se serve desses direitos (o direito à liberdade, o direito à igualdade, o direito de todos a tudo) em uma acepção negativa: já que não existe nem dominação política, nem desigualdade social e nem propriedade privada, tais direitos são determinações meramente descritivas despidas de seu caráter normativo. Pois sua análise do estado natural da espécie humana ante toda socialização em geral não é ética, mas sim fisicista: diz respeito ao aparelho sensorial, às reações instintivas e aos movimentos animais dos seres, isto é, à organização física dos homens e seus modos de reação determinados de maneira causal.

No entanto, essa transição presente nas interpretações das leis do estado de natureza – que passa da interpretação normativa do direito natural para uma interpretação causal das ciências naturais – remete à origem do conceito moderno de lei de natureza em geral. O mundo dos fenômenos precisa ser concebido em termos socioeconômicos como um Estado ordenado por leis imutáveis antes que as invariâncias empiricamente estabelecidas do curso da natureza pudessem ser identificadas com "leis causais".[42] Essa transmissão precedente de categorias

---

42 Cf. Topitsch. *Vom Ursprung und Ende der Metaphysik*, p.222 et seq.

Teoria e práxis

jurídicas sobre a natureza em seu todo pode acabar facilitando o uso equivocado do termo "lei de natureza", uso que Hobbes não pode evitar na passagem precária do fato natural da guerra de todos contra todos para as normas do direito natural no estado civil. Hobbes interpreta essa passagem como sendo ela mesma necessariamente causal e se emaranha na profunda ambiguidade de seu conceito de natureza: exige novamente da ordem causal do estado de natureza as normas para a fundamentação do estado civil, normas que a ordem causal de uma natureza entendida em seu todo de forma mecanicista tinha, por seu turno, primeiramente herdado e depois silenciado a partir de uma transferência de categorias normativas.

Com o termo "lei de natureza", Hobbes denomina *ambas* as coisas: tanto o nexo *causal* das naturezas instintivas associais *antes* da constituição contratual da sociedade e do Estado, assim como a regulação *normativa* de sua vida social comum *depois* da referida constituição. A dificuldade salta à vista: Hobbes tem de deduzir da causalidade da natureza humana instintiva as normas de uma ordem cuja função compele justamente a renunciar à satisfação primária desses instintos.[43]

Em uma importante passagem, Hobbes estabelece a diferença entre a coerção dos desejos naturais e os mandamentos da razão natural:

> Observei que da posse comum das coisas deve surgir necessariamente a guerra e, com esta, todas as formas de miséria para os

---

43 Borkenau, *Der Übergang vom Feudalen zum Bürgerlichen Weltbild*, p.467: "No mundo da corrupção, a consciência social não deve ser propriamente um instinto, e sim o maior de todos os motivos".

homens, os quais entram em violentos conflitos para desfrutá-las, embora todos detestem naturalmente esse estado. Cheguei assim às duas exigências mais certas da natureza humana: uma diz respeito às exigências dos *desejos naturais*, em relação aos quais cada um reclama apenas para si o uso das coisas comuns; a outra consiste na exigência da *razão natural*, em relação à qual cada um busca evitar a morte violenta como o maior dos males naturais. A partir desses fundamentos, creio ter exposto a *necessidade de contratos* e do cumprimento da palavra dada e, com isso, os elementos das virtudes morais e dos deveres civis [...] com base em argumentações claras.[44]

Uma satisfação desenfreada das necessidades naturais traz consigo o perigo da luta de todos contra todos. Mas a preocupação natural com a conservação cresce a tal ponto que o temor diante da morte violenta se transforma no temor de sempre se temer mais e mais, então a razão natural aponta o caminho de uma satisfação das necessidades mediada por regras de convívio social, a qual embora seja desenfreada, não é perigosa. Se, como admite Hobbes, os mandamentos da razão natural, ou seja, as leis de natureza em sentido normativo, resultarem de uma coerção dos desejos naturais, isto é, das leis de natureza no sentido mecânico-causal, então a problemática consiste em interpretar essa própria necessidade de um ponto de vista causal – como dito, ela poderia ser concebida apenas como uma necessidade "prática". Hobbes, que, sobre os pressupostos mecanicistas da teoria da ciência de seu tempo, teria rejeitado uma "necessidade" experimentada nos contextos da práxis como algo sem

---

44 Hobbes, *Grundzüge der Philosophie*, v.II, p.62 et seq.; sobre isso, Willms, *Die Antwort des Leviathan – Thomas Hobbes' politische Theorie*, p.111 et seq.

Teoria e práxis

sentido, só evitou a dificuldade ao assumir um equívoco quase metodológico no uso do termo "lei de natureza".

Essa problemática, que foi penosamente eliminada na passagem do estado de natureza para o estado de sociedade, irrompe novamente no próprio conceito de uma ordem de dominação esboçada do ponto de vista do direito natural. Se ela resultasse de início da derivação das normas da razão natural a partir da mecânica dos desejos naturais então se colocaria a questão de saber de que maneira os mandamentos do direito natural podem ser impostos contra a coerção progressiva da natureza instintiva dos homens.

A primeira antinomia: o sacrifício do conteúdo liberal na forma absolutista de sua sanção

A *raison* do Estado absolutista construído por Hobbes segundo os parâmetros do direito natural é liberal. Pois as leis da razão natural desenvolvidas sob o título da liberdade vinculam internamente não apenas a consciência moral e a boa vontade dos homens; elas fundamentam de tal modo o contrato social e o contrato de dominação entre os cidadãos que – tal qual mostra o Capítulo 13 do *De cive* – o detentor do poder do Estado está obrigado, principalmente, a se submeter às intenções liberais do direito natural. Nesse sentido, Hobbes é o verdadeiro fundador do liberalismo. Como evidência para essa tese, recordemos apenas os princípios mais importantes:

1. A dominação é instituída em virtude da paz, e aspira-se à paz em razão do bem-estar. O bem-estar não consiste apenas na conservação da vida em geral, mas de uma vida a mais confortável possível. Esta não surge, como a "vida boa" da tradição

119

clássica, da virtude, mas do usufruto da propriedade disponível de forma livre.[45]

2. O dominador cuida do bem-estar dos cidadãos mediante leis. Estas fundam e regulam a ordem de propriedade para que assim "os outros não possam nos perturbar na utilização livre e no usufruto de nossa propriedade, e nós não os perturbarmos em seus próprios usufrutos".[46] Uma legislação penal sanciona essa ordem, mas se limita, como o direito em geral, a um sentido puramente instrumental: ou seja, em vez de punir a culpa, proteger, melhorar e prevenir.[47]

3. As leis têm o caráter de normas formais e gerais. A formalidade do direito assegura aos cidadãos liberdade no sentido da liberdade de movimento.[48] Em oposição à *Lex naturae*, que concerne à vida em seu todo, o direito formal separa a ordem jurídica da ordem da vida e cria espaços de ação juridicamente neutros (e não espaços de ação com conteúdos normatizados) para a persecução legítima do proveito privado.[49]

Desse modo, a generalidade das leis garante uma igualdade formal de direitos e deveres,[50] sobretudo uma distribuição

---

45 Hobbes, *Grundzüge der Philosophie*, v.II, p.208 et seq.

46 Ibid., p.224.

47 Ibid., p.218.

48 "A meu ver, a liberdade não é outra coisa senão a ausência de tudo o que impede o movimento. Ibid., p.171.

49 "Porque o movimento e a atividade dos cidadãos jamais podem ser delimitados rigorosamente por meio de leis [...] um número incontável de coisas não pode ser ordenado nem proibido, mas tem de ser deixado ao juízo dos indivíduos ao tomarem suas decisões. Nesse sentido se entende o gozo da liberdade. Ibid., p.217.

50 Hobbes ressalta "que cada um reconhece os direitos que ele exige para si também são reivindicados pelos outros". Ibid., p.106.

equitativa dos impostos.[51] Além disso, ela garante a previsibilidade das ações dos outros, ou seja, uma expectativa de comportamento de acordo com regras gerais que possibilitam, primeiramente, o intercâmbio burguês.

4. O dominador cuida também para que, com a menor quantidade possível de leis, possa fazer com que a maior quantidade possível de cidadãos viva de forma tão confortável quanto o determina precisamente a natureza humana.[52] Ele conserva a paz na dimensão interna e a defende contra inimigos externos, e com isso todo cidadão pode "elevar suas capacidades" e "usufruir sua liberdade".[53]

Hobbes constrói a soberania nos termos do direito natural porque é próprio da razão de Estado possibilitar uma sociedade liberal. Mas isso é apenas um lado.[54] Pois, para realizar tal sociedade, ele tem de construir a soberania na forma de uma *dominação absoluta*; isso se explica a partir dos pressupostos maquiavélicos de um estado de natureza totalmente político em que cada um teme ser morto pelo outro e assim se afirma com

---

51 Ibid., p.213.

52 Ibid., p.208.

53 Ibid., p.209.

54 Esse aspecto foi desenvolvido por Tönnies (*Hobbes*), enquanto Carl Schmitt ressalta o lado decisionista (*Der Leviathan in der Staatslehre des Thomas Hobbes*). Certamente, ambos confundem o contexto interno desse aspecto, que nesse grau de desenvolvimento da sociedade civil correspondia também às relações objetivas. Cf. Horkheimer, *Die Anfänge der bürgerlichen Geschichtsphilosophie*, p.37 et seq. Sobre a congruência entre soberania e sociedade de mercado, cf. a investigação pioneira de Macpherson, *Die politische Theorie des Besitzindividualismus*, cap. II, e também a introdução de Iring Fetscher à edição alemã do *Leviathan* (traduzida por W. Euchner), p.ix-lxiv.

todos os meios em uma luta de vida e morte. É sabido que esse estado só pode ser substituído por um estado de paz se todos, por temor de continuar a temer mais e mais, investirem uma instância única com o monopólio da aplicação física do poder, obrigando todos a viver em paz. Certamente, eles pagam esse preço na expectativa de que o poder absoluto seja exercido em favor de uma sociedade liberal. Porém, independentemente dessa expectativa, a autoridade do Estado tem de ser absoluta se algum outro decidir romper aquele poder natural do político em geral – um argumento do qual mesmo Kant não pôde se esquivar quando concebeu o direito de resistência contra o poder do Estado. Hobbes, contudo, leva o argumento adiante. Aquela dialética da domesticação do poder político natural através da segunda natureza da soberania fundada em termos contratualistas não exige somente que na cláusula geral do contrato social possam ser dadas, na forma de mandatos soberanos, leis que sejam esperadas do intercâmbio civil (*auctoritas non veritas facit legem*);* a dialética se satisfaz primeiramente pelo fato de que o juízo sobre se esses mandatos coincidem com as expectativas do contrato social também precisa permanecer ainda reservado ao soberano. Sem essa reserva, portanto, sua soberania não seria absoluta, como afinal tinha sido pressuposto.[55]

---

* Trad.: "É a autoridade, não a verdade, que faz a lei". (N. E.)

55 De um ponto de vista abstrato, o filósofo certamente pode partir do caráter político do estado de natureza para construir jusnaturalmente, tal como o próprio Hobbes o fez, as intenções liberais do contrato social, para assim também avaliar as ordens positivas do soberano. Na práxis política, essa pretensão se colocava *no mesmo* plano que as outras considerações confessionais sobre o bem e o mal: "O conhecimento do direito natural e do civil, assim como de toda

O soberano não impõe apenas todas as leis como também é o único que decide se estas coincidem com o direito natural do contrato social. Ele não somente não pode deixar de agir justamente como também não pode agir imoralmente nem uma única vez de uma maneira que venha a ser *reconhecível*.[56] Por conseguinte, também a diferenciação entre monarquia e tirania, entre dominação legítima e despótica é inadmissível em termos práticos.

> Rei é aquele que governa justamente, e tirano aquele que governa de outra maneira. Assim, a diferença concerne ao fato de que os cidadãos, ou seja, àqueles de quem se requer legalmente o supremo poder estatal, podem ser chamados de rei no caso de um exercício de sua dominação que *lhes* pareça boa, e tirano, em outro caso.[57]

---

a ciência que se resume sob o nome de filosofia, e que é necessária em parte simplesmente para viver, em outra parte, para a garantia de uma vida de conforto, a compreensão sobre tudo isso, assim afirmo [...] só pode ser mediada pela razão, isto é, pela combinação de deduções tiradas da experiência. Todas as deduções racionais dos homens são em parte corretas, em parte falsas; por isso, as proposições derivadas, e que valem como verdade, são tanto verdadeiras como falsas. Os próprios erros [e nisso consiste o ponto decisivo], mesmo nos domínios científicos, não causam menos prejuízos ao Estado e engendram importantes revoltas e grandes prejuízos. Por essa razão, em todos os casos em que surgem controvérsias em torno da questão de saber se isso não causaria conflito com o bem do Estado e a paz comum, é preciso haver alguém que *decida* se tais realizações [...] são corretas". Hobbes, *Grundzüge der Philosophie*, v.II, p.288 et seq. E sem restrição à soberania, esse papel só pode ser exercido naturalmente pelo próprio soberano.

56 Ibid., p.138 (nota) e v.II, p.156.

57 Ibid., II, p.151.

No final, Maquiavel vence More também no caso de Hobbes. No final, ele já não se livra do espírito que seu sistema evocou no início. A razão de Estado liberal foi devorada por esse absolutismo, *na medida em que é*, de fato, um Leviatã.[58]

Essa dialética, em que os conteúdos liberais do direito natural são sacrificados na forma absolutista de sua sanção, pode ser vinculada a essa dificuldade metodológica da qual partimos. As normas da razão natural sucumbem novamente ao mecanicismo dos desejos naturais do qual anteriormente tinham sido derivadas. Devemos obedecê-las mediante sanções que são calculadas com base na física da natureza humana: com isso, leis se tornam mandatos no sentido de uma motivação coercitiva calculável em termos psicológicos. No final, o poder de sanção obtido por leis naturais em sentido causal rege sobre as leis naturais em sentido normativo, e isso ocorreria também em seu nome. No prefácio do *De cive*, Hobbes recomenda a seu leitor levar em consideração essa relação também em seu comportamento prático:

> Eu espero que você, sob as condições presentes do Estado, ainda quando não sejam as melhores, prefira desfrutar sua vida do que

---

58 Cf. Schmitt, *Der Leviathan in der Staatslehre des Thomas Hobbes*, p.69: "A máquina do Estado funciona ou não funciona. Em primeiro lugar, ela me garante a certeza de minha existência física; para tanto, ela exige obediência incondicional diante das leis de seu funcionamento. Todas as outras determinações levam a um estado 'pré-estatal' de incerteza, em que em última instância não se está seguro mais em relação à sua própria vida física, porque o apelo ao direito e à verdade não cria algo como a paz, mas pode tornar a guerra absolutamente severa e funesta".

Teoria e práxis

começar a guerra, para que, depois que Você mesmo tenha morrido ou que outro o tenha destruído, outros, em um século posterior, possuam uma constituição melhorada.[59]

A outra antinomia: a impotência prática do saber técnico-social do poder

Nesse ponto, em que Hobbes reflete sobre a relação de sua teoria com a práxis política de seus concidadãos, descobre-se inicialmente a verdadeira problemática daquela redução das leis normativas às leis causais, ou seja, a fundação das relações jurídicas em leis de natureza invioláveis para a qual conduz a tentativa de uma fundamentação da filosofia social como ciência. Também Hobbes opera essa ciência assumindo a atitude de um técnico: ele se apropria da máxima de Bacon segundo a qual a ciência serve ao poder; a teoria serve à construção; e todo conhecimento acaba servindo, no fim, a uma ação ou operação.[60] Hobbes investiga a mecânica das relações sociais da mesma maneira que Galileu a dos movimentos naturais:[61]

---

59 Hobbes, *Grundzüge der Philosophie*, v.II, p.72.

60 Ibid., v.I, p.9.

61 Hobbes vacila na determinação metodológica da relação da filosofia social com a física (= filosofia da natureza). Ele distingue o conhecimento dos efeitos derivados de causas produzidas — o conhecimento demonstrativo *a priori* que só é possível a partir de coisas que podem ser produzidas pelos próprios homens — do conhecimento de causas produzidas por efeitos conhecidos, vale dizer, do conhecimento demonstrativo *a posteriori* mediante os quais somos orientados por coisas naturais cuja produção não está sob nosso poder. De um lado, temos o exemplo da geometria, e, de outro, da física. Essa distinção não faz totalmente justiça com a situação

atual das ciências da natureza, cujo critério – inaudito – certamente é o da reprodutibilidade dos eventos naturais "constatados" mediante experimentação. Hobbes, pelo contrário, afirma: "Porque somos nós mesmos que produzimos as figuras, a geometria é considerada como uma ciência demonstrativa e também é rigorosamente demonstrável. Pelo contrário, não está em nosso poder produzir as coisas na natureza" (Ibid., v.II, p.17). Hobbes erra aqui justamente o ponto do modo moderno de fazer pesquisa, o qual transfere o *verum et factum convertuntur* da geometria, para a qual valia até então, também para as ciências estritas da experiência. Mas uma caracterização que fizesse justiça à física moderna atingiria também a filosofia social. Esta deveria corresponder à geometria na medida em que tivesse de lidar com relações (contratos) que fossem produzidas pelos próprios homens; por outro lado, ela é uma ciência experimental como a física, pois "para conhecer as propriedades dos Estados é necessário antes conhecer as predisposições, afetos e costumes dos homens" (Ibid., v.I, p.13). Por essa razão, vemo-nos legitimados a afirmar que Hobbes "realiza" a filosofia social que é típica da física moderna – embora suas próprias determinações epistemológicas da física permaneçam insuficientes.

Vejo uma confirmação indireta para minha interpretação no seguinte. A famosa máxima de conhecimento de Vico já se encontra em Hobbes. Vico afirma: "em nenhum outro lugar pode haver maior certeza para a história que ali onde aquele que cria coisas também as narra. Assim, essa ciência procede exatamente como a geometria, que cria o mundo das grandezas enquanto, correspondentemente, o estrutura e o considera segundo seus princípios; e com tanto mais realidade tal como as leis desfrutam de mais realidade sobre os eventos humanos do que pontos, linhas, superfícies de figuras" (Vico, *Die Neue Wissenschaft*, p.139). De forma semelhante, Hobbes afirma: "Porque as causas das propriedades que têm as figuras particulares residem nas linhas que nós mesmos traçamos, e porque a produção de figuras depende de nossa vontade, então, para o conhecimento de qualquer propriedade de uma figura, não se exige senão que tiremos todas as consequências da construção que nós mesmos realizamos ao desenhar a figura. Com base nisso, porque nós mesmos produzimos as

Teoria e práxis

E a propósito de um relógio que se move sozinho e de toda máquina mais ou menos complicada (em analogia com a qual se interpretava a natureza em sua totalidade), a atividade das partes e engrenagens particulares não pode ser compreendida se a matéria, a forma e o movimento de cada parte não forem separadamente definidos e considerados individualmente. Do mesmo modo, a propósito dos direitos do Estado e da avaliação dos deveres dos cidadãos, é preciso investigar a natureza humana, ou seja, investigar em que medida é ou não adequada para a formação do Estado, e como os homens *têm* de se aliar caso *desejem* se converter em uma unidade.[62]

---

figuras, a geometria é considerada como ciência demonstrativa [...] Além disso, pode-se demonstrar de forma *a priori* a política e a ética, isto é, a ciência da justiça e da injustiça, da equidade e da iniquidade, porque nós mesmos criamos os princípios para o conhecimento da essência da justiça e da equidade [...] isto é, as causas da justiça, a saber, leis e convênios" (Hobbes, *Grundzüge der Philosophie*, v.II, p.17 et seq.). Apesar da coincidência verbal das afirmações, em Hobbes não se segue aquilo que seria comparável, no máximo, apenas com as consequências apontadas por Vico para a fundamentação de sua *Scienzia Nuova*. Se se acrescenta a limitação agravante de Hobbes de acordo com a qual a construção da sociedade e do Estado deveria se fundamentar em uma física da natureza humana, então se torna compreensível porque, a partir da reclamação de Hobbes sobre o critério *"verum et factum convertuntur"*, não se segue uma filosofia da história mundial, mas uma mecânica da socialização: Vico pretendeu atingir a ciência moderna com suas próprias armas para renovar o "tipo de estudo antigo" sob a pretensão da moderna certeza do conhecimento; Hobbes, contrariamente, quis revolucionar a doutrina clássica da política com o modelo da ciência moderna, ou seja, fundamentar a filosofia social *no modo* da física contemporânea.

62 Hobbes, *Grundzüge der Philosophie*, v.II, p.68. [Itálicos de Habermas.]

Jürgen Habermas

A relação entre teoria e práxis é determinada segundo o modelo da mecânica clássica. A análise científica do contexto de vida objetivado na qualidade de objeto da natureza nos instrui sobre as legalidades causais de acordo com as quais se reproduzem os Estados existentes; ela está menos interessada na história de surgimento factual de determinadas instituições do que nos pressupostos gerais sob os quais funciona o convívio humano. A construção do direito natural pode ser compreendida na qualidade de uma física geral da socialização. Ela fornece, no conhecimento da compleição da natureza humana, as medidas institucionais sob cuja coerção fisicamente eficaz os modos de reação naturais permitem se esperar um convívio ordenado entre os homens. Essa é a mecânica do estado de sociedade, enquanto o estado de natureza é a súmula de todos aqueles transtornos que podem ser previstos com certeza caso aquelas instituições sejam ineficazes ou absolutamente ausentes. Uma vez que a ciência também procede no campo da filosofia social de forma causal e analítica, a construção do direito natural serve para explicar o funcionamento dos aparelhos do Estado. O mesmo conhecimento pode ser aplicado prognosticamente e assim servir para sanar as ordens estatais ameaçadas.

Hobbes não duvida da autocompreensão tecnológica de uma filosofia social fundamentada como ciência:

> A espécie humana deve suas maiores conquistas à técnica, ou seja, à arte de medir os corpos e seus movimentos, mover pesos pesados, construir, navegar, fabricar ferramentas para todo tipo de uso, calcular os movimentos do céu, os cursos das estrelas, o

calendário etc. [...] Por conseguinte, a filosofia é a causa de todas essas vantagens.[63]

Do mesmo modo, uma filosofia social científica pode ser muito mais útil do que a filosofia da natureza,

pois a raiz de todo o prejuízo e de toda a infelicidade, que podem ser evitados por meio das invenções humanas, é a guerra, especialmente a guerra civil; dela surgem morte, assolação e penúria em todas as coisas. A razão disso não é que os homens querem a guerra [...]; eles também não desconhecem que as consequências da guerra são más [...] A guerra civil só é possível porque não se conhece as causas nem da guerra nem da paz [...] Mas por que não se estudaram essas causas senão porque até o momento não existia para tanto nenhum método claro e exato?[64]

Visto que, por conseguinte, a exigência cartesiana de um método para os fundamentos iniciais da filosofia social de modo algum foi erigida antes de Hobbes, a doutrina clássica da política nunca pôde levar a um conhecimento real. Hobbes, em posse do novo método, foi o primeiro a desenvolver uma física da socialização. Logo que se conquistou o discernimento sobre a mecânica do estado de sociedade, puderam ser encontradas as disposições tecnicamente exigidas para produzir a ordem política e social correta.

Contudo, surge a dificuldade de que os técnicos da ordem "correta" têm de ser retirados do círculo daqueles cidadãos

---

63 Ibid., v.I, p.9 et seq.
64 Ibid., p.10 et seq.

que, enquanto membros da ordem existente "deficiente", eram objeto de conhecimento. Os mesmos homens cujo comportamento foi concebido em sua necessidade de início como um objeto da natureza a partir do nexo causal das coerções institucionais e dos modos de reação antropologicamente dados, também teriam de assumir o papel de sujeitos que, ao conhecerem aquele nexo, devem alcançar um arranjo melhorado. Eles são tanto objeto das relações pesquisadas quanto sujeitos das relações a serem modificadas.

A mesma dificuldade que surge no modo de consideração genético, uma vez que o próprio contrato responsável pela coerção das normas deve ser originado da causalidade natural, se repete na interpretação tecnológica da relação da teoria com a práxis. No primeiro caso, Hobbes pode aludir ao caráter heurístico do Estado artificial com o argumento de que todos os Estados surgidos de modo factual pelo poder despótico podem ser representados, com efeito, *como se* o poder de seus soberanos tivesse sua origem em um compromisso contratual recíproco. No caso de uma aplicação atual da filosofia social, Hobbes teria de se chocar novamente com o papel fictício de uma assembleia constituinte de cidadãos. Pois se sua própria doutrina deve ter consequências práticas, então ela precisa se tornar publicamente conhecida e ser aceita pela massa dos cidadãos; estes, no curso da argumentação pública, devem discernir e reconhecer que sua doutrina, sob o nome de "leis naturais", exprime carências objetivas e, no interesse universal, recomenda o que for necessário em termos práticos:

> Se, ao contrário, a guerra com as espadas e a guerra com as plumas não têm fim; se o conhecimento do direito e das leis naturais

Teoria e práxis

hoje não são maiores do que em tempos passados; se cada partido apoia seu direito com pretensões filosóficas [...] então esses são símbolos claros que os escritos morais dos filósofos em nada contribuíram para o conhecimento da verdade.[65]

Hobbes polemiza nesse ponto contra o tratamento tópico do objeto na política antiga e contra a retórica humanista de seus contemporâneos, em que sobrevive a tradição clássica. Meio século mais tarde, recebe a resposta da metacrítica de Vico à tentativa de substituir a sabedoria prática pela ciência estritamente metodológica da filosofia social:

> Já que eles [os representantes dos novos métodos] não formaram um sentido universal e nunca seguiram o provável, satisfazendo-se apenas com o verdadeiro, então não deram atenção àquilo que *os homens em geral* pensam deles, nem se estes têm do mesmo modo a impressão da verdade [...] Por isso, em questões de prudência, os sábios romanos perguntavam legitimamente como "parecia" ser o caso, e tanto os juízes como os senadores formulavam suas opiniões com a palavra "parece".[66]

Vico encontra a mesma dificuldade com que Hobbes se ocupou em vão. A teoria da ação social estabelecida de maneira científica perde a dimensão da práxis à qual a doutrina clássica possuía um acesso imediato. A filosofia social, projetada segundo o modelo da física moderna, ou seja, a partir da atitude do técnico, pode refletir sobre as consequências

---

65 Ibid., v.II, p.61.
66 Vico, *Die Neue Wissenschaft*, p.63 et seq.

práticas da própria doutrina apenas nos limites da autocompreensão tecnológica. Hobbes pode apenas repetir de maneira estereotipada:

> Se as relações das ações humanas fossem conhecidas com a mesma certeza que conhecemos as relações de grandeza das figuras (na geometria e na filosofia da natureza cientifizada pela geometria), então a ambição e a mesquinharia não suporiam qualquer perigo, *uma vez que seu poder se apoia somente nas visões falsas sobre o justo e o injusto*; e a espécie humana desfrutaria de uma paz permanente.[67]

Mas tanto os pressupostos mecanicistas de seu método quanto também as consequências absolutistas de sua doutrina excluem o fato de que os homens já se encontram dispostos, a partir do puro discernimento, a se submeter à autoridade estatal. A possibilidade daquelas consequências práticas, que Hobbes assume com a certeza, não mediada comunicativamente, de um conhecimento produzido pela filosofia social, não se deixa fundamentar no quadro da própria filosofia social – a relação entre teoria e práxis não pode mais ser teoricamente esclarecida.

Partindo desse fim malogrado, Hobbes teria de submeter sua doutrina a uma revisão junto com sua pretensão em constituir um saber completo em relação às questões da ação social. A transposição da teoria à práxis, antes de ser uma mera aplicação técnica de resultados científicos, está sim diante da tarefa de penetrar na consciência e na opinião dos cidadãos prontos para a ação: soluções teóricas precisam ser demonstradas em

---

67 Hobbes, *Grundzüge der Philosophie*, v.II, p.61.

condições concretas enquanto soluções necessárias em termos práticos para a satisfação de carências objetivas, isto é, já ser concebidas de antemão a partir desse horizonte dos agentes. Nesse sentido, Vico recomenda a retórica, porque esta "diz respeito absolutamente aos ouvintes"; a retórica sabe que as verdades praticamente ricas em consequências necessitam do consenso obtido de maneira sensata: tal é a "aparência" da verdade no *sensus communis* de cidadãos negociando publicamente. Uma teoria que, do ponto de vista da atitude do técnico, é explicada para assegurar a disposição sobre processos naturais, choca-se contra uma barreira específica quando se transfere para a dimensão da filosofia moral empregada pedagogicamente. A disposição sobre processos naturais é essencialmente diferente da disposição sobre processos sociais; inclusive quando estes, no final, fossem *realizados* do mesmo modo que aqueles (tal como os planejamentos técnico-sociais exigem nas sociedades industriais avançadas de hoje). Essa disposição precisa de uma mediação precedente por meio da consciência de cidadãos negociantes e agentes.[68] O ato de dominação técnica da natureza é em princípio solitário e mudo – livre do entendimento de sujeitos agentes, que querem dominar suas relações sociais de um ponto de vista prático. Nesse contexto, a filosofia social científica também continua, segundo sua estrutura, desconsiderando a transposição técnica dos resultados. Em Hobbes, também esse momento de uma indisponibilidade na comunicação entre cidadãos capazes de falar mutuamente e agir em comum, através do qual se interrompe dialeticamente

---

68 Cf. minha investigação: Verwissenschaftlichte Politik und öffentliche Meinung, p.120 et seq.

a disposição sobre a sociedade (exceto no caso limite de uma manipulação completa), é superado no momento da produção do contrato; mas ele logo é retomado pela redução mecânica da coerção normativa produzida sobre a natureza humana instintiva. Esse momento por solucionar, que poderia ser reprimido no interior da teoria, não dá trégua; sua resistência se anuncia novamente na tentativa de interpretar a relação da teoria com a práxis em termos técnicos. A garantia de Hobbes, segundo a qual os conhecimentos da filosofia social precisam apenas de certeza metodológica para se converter também sem dificuldades em certeza prática de cidadãos capazes de discernir politicamente, revela a impotência de um pensamento que abstrai a diferença entre dispor e agir.

A relação entre teoria e práxis na filosofia social do século XVIII. O problema de um retorno dialético da teoria social no horizonte de experiência da consciência prática

A continuação da filosofia social no século XVIII pode ser compreendida como uma resposta às incertezas descritas no primeiro projeto de uma cientificização da política clássica. Duas tendências são características dessa continuação. *De início*, a tentativa de ancorar as leis naturais do estado de sociedade imediatamente nas leis de natureza de modo que a passagem precária do fato natural da guerra de todos contra todos para as normas do direito natural do estado civil possa ser evitada, da mesma maneira que as antinomias que daí decorrem. É sabido que Locke já estabelece a ordem de propriedade da sociedade civil enquanto tal na qualidade de base natural do poder do

Teoria e práxis

Estado fundado em termos contratualistas. Daí em diante, basta apenas mais um passo para a concepção da economia política na segunda metade do século XVIII, a qual explica as leis da sociedade civil e de seu Estado, formuladas ainda de modo jusnaturalista por Locke, como leis naturais da própria sociedade. Quando finalmente Kant repete a pergunta original da filosofia social moderna desenvolvida por Hobbes – o problema consistiria, segundo ele, em "ordenar um conjunto de seres racionais que exigem conjuntamente leis gerais para sua manutenção, mas que cada um está secretamente inclinado a se excluir delas, e dispor de sua constituição de tal modo que, apesar de se enfrentarem mutuamente em suas convicções privadas, estas últimas se mantêm, no entanto, entre si de tal modo que em seu comportamento público o resultado seja exatamente o mesmo como se tivessem tais convicções más"[69] –, ele já conhece a resposta econômica à sua questão, formulada mais uma vez em termos jusnaturalistas como se fosse para fins retóricos. Nos países mais desenvolvidos do Ocidente, entretanto, a esfera do intercâmbio de mercadorias e do trabalho social tinha se separado da regulação obrigatória de tal modo que a "ordem natural" poderia ser concebida agora nas categorias das leis de movimento dessa sociedade civil em seu sentido moderno.[70]

Porém, mais significativo para nosso problema é a *outra* tendência, indicada por Locke, que se impôs na escola econômica do século XVIII: a teoria da sociedade civil foi complementada por uma doutrina da esfera pública política. A teoria que, segundo sua estrutura científica, é determinada pela aplicação

---

69 Kant, *Werke*, v.VI, p.425 et seq.
70 Cf. a interpretação de Paine, em seguida, no Capítulo 2.

técnica se coloca de maneira desproporcional em relação à práxis de cidadãos negociantes e agentes, forçando o equilíbrio mediante uma peça adicionada de forma peculiar; no entanto, isso não foi considerado de início como parte da própria teoria, mas visto como um complemento prático. Os fisiocratas desejavam, na práxis, converter o monarca, analisado teoricamente por eles, em guardião da "ordem natural"; mas o monarca não chega a discernir imediatamente as leis da *ordre naturel* – ele precisa se deixar mediar por um público esclarecido. A dimensão vertida por Hobbes de transposição da teoria para a práxis foi novamente aberta sob o título de "opinião pública", cujo conceito foi determinado de maneira precisa apenas no círculo desses fisiocratas. *L'opinion publique* é o resultado esclarecido da reflexão comum e pública sobre as bases da ordem social levada a cabo por filósofos e representantes da ciência moderna; ela resume as leis naturais na forma da certeza prática de cidadãos agentes; ela não governa, mas todo governante esclarecido deveria seguir seu discernimento.

Uma versão liberalizada dessa doutrina da esfera pública política é apresentada nesse mesmo período pelos economistas e sociólogos que se colocam na tradição da filosofia moral escocesa.[71] Eles apontam para além dos fisiocratas e exercem a função de mediação da opinião pública com uma parte da própria teoria da sociedade civil ampliada pela perspectiva de uma filosofia da história. A *natural history of civil society* [história natural da sociedade civil] foi concebida na qualidade de

---

71 As indicações seguintes complementam as observações históricas sobre o *topos* da "opinião pública" em *Strukturwandel der Öffentlichkeit*, §12.

progresso conforme as leis na civilização da humanidade – *from rudeness to civilized manners* [da rudeza aos costumes civilizados]: tal progresso abrange o desenvolvimento de uma sociedade liberal no sentido econômico *e* político.[72] Consequentemente, assim como as leis naturais do mercado se impõem com o intercâmbio de mercadorias na dimensão da autonomia privada, desenvolve-se na mesma medida uma esfera pública política que conduziu a um nivelamento das posições sociais e à ampliação dos direitos civis de igualdade. O conceito evolucionista de sociedade assegura assim à teoria uma concordância prévia e sem coerção com a opinião pública. Porque a física da socialização em sua versão ampliada da filosofia da história também concebe o progresso da consciência prática como algo necessário, ela não precisa interpretar sua relação com a práxis de maneira técnica. A sociologia dos escoceses, atuando em conjunto com uma esfera pública política que lhe é "complacente" de qualquer maneira, poderia se limitar a uma orientação da ação individual, a uma condução prática do processo histórico em sentido estrito. Por ela saber que agia em consonância com esse processo histórico, não precisou ensinar aos cidadãos de que maneira podem organizar o progresso social.

Se pudermos nos assegurar filosoficamente do curso da história em seu todo do mesmo modo que a física o faz com um evento na natureza, então não é insolúvel o problema da relação entre teoria e práxis. A filosofia da história também pode estender suas previsões principalmente com base nas consequências da transposição de suas próprias doutrinas à

---

72 Millar, *Vom Ursprung des Unterschieds in den Rangordnungen und Ständen der Gesellschaft.*

práxis de cidadãos agentes. Por outro lado, é fácil notar que justamente esse conhecimento efusivo não é alcançado segundo princípios de uma ciência rigorosa. A peça didática da esfera pública política não se integrou à teoria da sociedade civil, a qual deveria esclarecer sua relação com a práxis, sem que essa própria teoria se alterasse estruturalmente. Isso se tornou tão pouco consciente para o evolucionismo apressado dos escoceses quanto as filosofias da história lineares para seus contemporâneos franceses.[73]

Coloca-se, então, o seguinte problema: se a filosofia social ainda quiser esclarecer de maneira teórica sua relação com a práxis, e se esse propósito levar à dimensão da antecipação da consciência prática de cidadãos politicamente agentes em termos de filosofia da história, então não é possível manter legitimamente a ignorância metodológica diante da diferença entre disposição e ação em que uma ciência estabelecida tecnicamente está apoiada. A autorreflexão, concernente à filosofia da história, de uma filosofia social fundamentada cientificamente precisa, pelo contrário, estar consciente de uma orientação metodológica que, de um lado, corresponde ao esclarecimento da consciência prática sem que, de outro, renuncie ao rigor metodológico enquanto tal – às conquistas irrenunciáveis da ciência moderna. O problema legado por Hobbes, que os fisiocratas tentaram levar em consideração e os escoceses, solucionar; o problema, que no fim remete à perda identificada por Vico no tipo de estudos dos modernos em comparação com os antigos – o rigor da teoria só pode

---

73 Condorcet, *Entwurf einer historischen Darstellung des Fortschritts des menschlichen Geistes.*

Teoria e práxis

ser acatado pelo preço de uma perda do acesso à práxis –, esse problema de uma mediação teoricamente satisfatória entre teoria e práxis exige evidentemente uma revisão da filosofia social científica a partir de um ponto de vista específico, sob o qual a doutrina clássica da política poderia ser entendida enquanto orientação prudente da práxis. Da perspectiva da ciência moderna, no entanto, a elaboração metodologicamente rigorosa desse ponto de vista é indispensável.

Vico ainda atribui à política antiga o procedimento tópico--retórico; este nunca pretendeu ser um método científico. O único método que, pelo menos no que diz respeito ao nome, foi exercido tanto na filosofia prática quanto na teórica, foi a arte do diálogo, a dialética.[74] Contudo, de acordo com a pesquisa de Kapp,[75] raramente se duvidaria que, depois de Aristóteles, a ciência não se refere essencialmente, e por razões sistemáticas, à dialética, servindo esta antes a fins pedagógicos: serve para a introdução dos aprendizes, naturalmente, também aos pesquisadores na medida em que estes permanecem sendo aprendizes. Dessa perspectiva, a dialética é um diálogo *didático* e meramente prolegômenos para uma analítica rigorosa. Nos contextos da filosofia prática, porém, a dialética parece não se esgotar nessa função propedêutica. Pois a retórica serviu para recomendações e advertências efetivas; ela tinha como fim a decisão, a ação dos cidadãos. Mas nos casos em que ela é aplicada às próprias coisas discutidas, o orador trabalha diretamente a questão filosófica da prudência prática na dimensão

---

74 As indicações seguintes se apoiam na investigação de Hennis, *Politik und praktische Philosophie.*

75 Kapp, *Greek Foundations of Traditional Logic,* cap.1, p.3 et seq.

determinada da política. É por isso que Aristóteles recomenda o seguinte procedimento tópico: parte-se daquilo que nos é mais conhecido, dos pontos de vista, lugares comuns e regras legitimados e acreditados pela tradição ou pela autoridade, e se segue dialeticamente para sua comprovação nas tarefas práticas de uma situação dada. A força lógica de tais *topoi* se comprova na subordinação de casos individuais às regras que podem, por sua vez, ser explicadas na aplicação esquemática ao caso concreto. Por isso, a dialética, assim como nos esforços propedêuticos para uma ciência apodíctica, não tem em vista a elaboração de premissas. Enquanto um exercício do juízo reflexionante controlado por um processo de aprendizagem recíproco, a dialética realiza antes a subsunção dos casos a esquemas compreendidos de antemão adequada para a hermenêutica de situações vividas e para a obtenção de um consenso entre cidadãos politicamente agentes.

Evidentemente, é também a *essa* forma de dialética que Hegel se vincula.[76] Mas Hegel se coloca no nível da ciência moderna ao pretender que a dialética esteja no cerne da autorreflexão metodologicamente segura da ciência: o primado da tópica sobre a analítica, que o retórico Vico afirmou apenas pedagogicamente (para a ordem dos estudos) ante os teóricos de seu tempo, Hegel converte, de modo muito mais audaz, no primado metodológico do procedimento dialético sobre o analítico no estudo da coisa mesma. Desse modo, ele também pode enfrentar de uma forma sem precedentes a dificuldade que fez com que a filosofia social não pudesse desfrutar de sua cientificidade. De fato, como vimos, a filosofia social, procurando obter seus

---

76 Gadamer, Hegel und die antike Dialektik, p.173 et seq.

Teoria e práxis

próprios resultados (a certeza de enunciados universalmente válidos), no fim também se enganou em relação aos seus próprios critérios, na medida em que, considerando as consequências práticas de sua própria doutrina, só poderia oferecer algumas garantias sem exigir a segurança teórica naquilo que é o mais importante: como então "a pretensão da vida humana" poderia ser efetivamente realizada na transposição da teoria à práxis. Na medida em que Hegel concebe a história em termos dialéticos, e com isso queremos dizer, a partir do horizonte de experiência da consciência prática, ele pode, com a supressão da filosofia social fundamentada cientificamente em uma teoria dialética da sociedade, escolher e desenvolver categorias de modo que essa teoria seja acompanhada e tomada a cada passo pela autoconsciência de sua própria relação com a práxis.

2
Direito natural e revolução

"Não se devia declarar o contrário quando se disse que a Revolução recebeu seu primeiro estímulo da filosofia."[1] Essa observação cautelosa do velho Hegel reforça a autocompreensão da Revolução Francesa: era lugar comum entre seus contemporâneos o fato de a Revolução ter transposto a filosofia dos livros para a realidade. A filosofia – quer dizer, os princípios do direito natural racional eram os princípios das novas constituições. E uma geração mais tarde, ressoa retrospectivamente nas palavras de Hegel o assombro dos próprios filósofos ante o inaudito: que os homens se apoiaram sobre os pensamentos filosóficos e, de acordo com estes, construíram a realidade política.[2]

A autocompreensão da revolução burguesa: a positivação do direito natural como realização da filosofia

Existiu, desde o início, uma íntima relação entre a filosofia e a revolução burguesa, por mais que, desde então, os filósofos

---

1 Hegel, *Sämtliche Werke*, v.11, p.556.
2 Ibid., p.557.

também tivessem desconfiado dela como uma relação ilegítima. A "evolução do direito natural" foi o conceito filosófico que a própria revolução formou de si mesma logo que, com a dissolução das colônias norte-americanas da metrópole britânica e, principalmente, com a queda do *Ancien Régime* em geral, foi compreendida *como* revolução. Existem razões históricas e sociológicas para aplicar objetivamente o conceito de revolução burguesa já no caso de acontecimentos anteriores; por exemplo, naqueles processos que levaram à queda dos estados gerais da coroa espanhola. Porém, subjetivamente, apelou-se então à proteção de privilégios estamentais (como na Declaração de Independência de 26 de julho de 1581).* Com base no direito natural clássico, foi possível legitimar uma oposição violenta contra a dominação estabelecida apenas como uma continuidade do direito antigo, e ao mesmo tempo perpétuo, ou seja, na qualidade de restauração, regeneração e reforma de uma tradição jurídica meramente interrompida. E um século mais tarde, não foi a decisão do Parlamento sobre a sucessão do trono inglês, mas o desembarque de Guilherme de Orange que deu à *Glorious Revolution* [Revolução Gloriosa] o seu nome. A própria *Bill of Rights* [Carta de Direitos] valeu como reforço de antigos direitos e liberdades; o aparecimento de Guilherme e a fuga de Jacob, por sua vez, apareceram aos seus contemporâneos como acontecimentos de grandeza e fatalidade de um destino fundado astronomicamente a ponto de *tais acontecimentos* terem sido comparados às revoluções dos corpos celestes. Porém, eles não foram atribuídos aos próprios agentes na qualidade de atos verdadeiramente

---

* Referência à data em que sete províncias do norte dos Países Baixos declaram-se independentes da coroa espanhola. (N. E.)

políticos; o conceito de revolução objetivamente orientado não conheceu qualquer revolucionário. Na polêmica memorável de Edmund Burke contra a Revolução Francesa,[3] encontrou eco uma distinção que já era evidente em 1689: a *Glorious Revolution* retira seu sentido, como um tipo de subversão da história natural sem arbítrio e poder humanos, exatamente de sua oposição definitiva à *Great Rebellion* [Grande Rebelião], a qual levou ao assassinato do rei e à guerra civil das décadas anteriores.[4]

O apelo ao direito natural clássico não era revolucionário — o apelo ao direito natural moderno se tornou revolucionário. Sem dúvida, um conceito de revolução que não leve apenas à rotação dos astros do céu à Terra e não reproduza meramente a subversão dos Estados como um acontecimento natural, o conceito de uma revolução, que antes adentra *enquanto tal* na consciência daqueles revolucionários em ação e assim pode ser conduzida ao seu fim, surgiu inicialmente no direito natural racional, ou seja, pôde se formar no ato de sua transposição ao direito positivo do Estado. O que há nesse positivismo que lhe empresta o caráter violento? Em primeiro lugar, como se sabe, o poder político, sem o qual uma autoridade existente não pode ser sustentada e uma mudança na base de legitimação para autoridades futuras não pode ser exigida. Mas quero deixar de lado agora o conceito sociológico de subversões revolucionárias. Vamos nos ocupar antes com a conexão imanente entre o direito natural moderno e a revolução burguesa.

---

3 Burke, *Betrachtungen über die Französische Revolution.*
4 Rosenstock, Revolution als politischer Begriff der Neuzeit; Griewank, *Der neuzeitliche Revolutionsbegriff*; Kosellek, *Kritik und Krise*, principalmente p.208, nota 97.

Enquanto, de acordo com o direito natural clássico, as normas de ação ética e jurídica são orientadas substancialmente pela vida boa, ou seja, virtuosa, dos cidadãos, o direito formal da modernidade está desconectado dos catálogos de deveres de uma ordem de vida material, seja aquela da cidade ou da posição social. O direito formal da modernidade compete antes a uma esfera neutra da preferência pessoal em que cada cidadão, considerado um homem privado, pode perseguir de modo egoísta seus objetivos de maximização da utilidade. Direitos formais são principalmente direitos de liberdade porque devem permitir todas as ações que não são explicitamente proibidas segundo critérios de comportamento exterior. Hobbes já expressou claramente que, nessas permissões indiretas, a liberdade em geral encontra-se sob leis formais.[5] E sabemos que Locke definiu como sendo o fim dos direitos formais a disposição sobre a propriedade privada, incluindo assim a vida e a liberdade da pessoa. Também a máxima dos fisiocratas,[6] que mais tarde inspirou todas as tentativas de complementar a declaração francesa dos *direitos* dos homens e dos cidadãos com uma declaração dos deveres correspondentes, não retornou aos mandamentos de virtude do direito natural clássico. O dever supremo interpretado de modo firmemente econômico, e do qual devem proceder inicialmente todos os direitos, consiste, segundo uma abordagem altamente naturalista, na obrigação da autoconservação individual, cujo sentido, por sua vez, é a

---

5 Hobbes, *Elementa philosophica de cive*, XIII, 15.

6 *"Qui dit un droit, dit una prerogative établie sur un devoir; point de droits sans devoirs et point de devoirs sans droit."* [Trad.: "Quem afirma um direito, afirma uma prerrogativa; não existem direitos sem deveres e nem deveres sem direitos". – N. T.]

justificação da autonomia privada. A doutrina dos deveres dos fisiocratas mostra justamente que o direito formal, uma vez aceito, exclui uma referência ao direito à eticidade material. Na verdade, deveres jurídicos, por sua vez, são derivados somente do sentido primário dessa justificação. Se o direito formal reconhece esferas de arbítrio individual, certamente a harmonização dessas esferas exige a limitação do arbítrio individual de uma pessoa diante de todas as outras. Mas porque o direito formal exime o comportamento dos cidadãos em uma dimensão eticamente neutra das motivações causadas pelos deveres interiorizados e os libera para a percepção dos próprios interesses, também as limitações daí resultantes são impostas apenas exteriormente. Por ser principalmente um direito de liberdade, o direito formal desligado das ordens informais da vida é *também* direito de coerção. O reverso da autonomia privada, que o justifica, é a motivação psicológica da coerção à obediência. O direito formal válido é sancionado pelo poder fisicamente eficaz, separando principalmente a legalidade da moralidade.

O ato de positivação do direito natural enquanto tal obtém sua dificuldade *e* agudeza particulares dessa relação. De um lado, a validade positiva do direito coercitivo exige um poder de sanção que garante sua obediência. De outro, de acordo com a ideia, nada precede legitimamente a positivação do direito natural senão a autonomia de indivíduos isolados e iguais no contexto racional de normas jusnaturalistas. Por essa razão, nos manuais de direito natural o estabelecimento originário do direito é apresentado como se o poder garantido juridicamente fosse produzido pela vontade de todos os indivíduos livres e iguais guiada por seu discernimento comum e racional.

As codificações do direito privado do pré-revolucionário século XVIII não ofereciam qualquer problema: aqui, o poder do Estado estabelecido assumia, todas as vezes, a tarefa de pôr e impor um sistema entretanto parcial de leis formais. Mas se o próprio poder do Estado precisar ser reorganizado desde sua base a partir de novos princípios, então aquela ideia, simulada e reprojetada no limiar do estado de sociedade, de um contrato precedente serve a título de esquema interpretativo das ações revolucionárias. Uma vez que se trata de criar um sistema de justificações coercitivas, a coerção sancionadora precisa ser pensada como resultante do discernimento e do acordo fundado na autonomia privada.

O ato com o qual se introduziu a positivação do direito natural na França e na América foi uma declaração de direitos fundamentais. De acordo com a autocompreensão revolucionária, essa declaração tinha de expressar especialmente o discernimento e a vontade – o discernimento sobre o contexto racional das normas fundamentais e a vontade de criar validade por meio de um poder de sanção limitado por tais normas. Esse ato de declaração deveria pretender para si produzir o poder político unicamente a partir do discernimento filosófico. Essa ideia da realização política da filosofia, a saber, da criação da coerção jurídica baseada na autonomia do contrato exclusivamente a partir da coerção da razão filosófica, constitui o conceito de revolução que se segue de modo imanente dos princípios do direito natural moderno; sob o outro nome de contrato social, esse conceito foi lentamente derivado antes que a revolução burguesa – a qual se tornou consciente dele – tivesse sido concebida na positivação do direito natural e também tivesse vinculado seu próprio nome a tal conceito. Nesse sentido, o lema da realização da filosofia dos jovens hegelianos já fora antecipado naquele momento.

Precisamente falando, isso não vale, no entanto, para a Filadélfia, apenas para Paris. O apelo à filosofia corresponde, na América, ao apelo ao *common sense* [senso comum]. Em geral, os colonos não realizaram sua emancipação da metrópole tendo consciência de estarem fazendo uma revolução. O discurso da *Revolução* Americana foi empregado *post festum*; mas já antes da eclosão da Revolução Francesa tal discurso penetrou o uso da própria linguagem.[7] Enquanto Thomas Paine, referindo-se à fundamentação jusnaturalista universal do Estado, realçou a semelhança específica de ambos os acontecimentos, da Revolução Americana e da Francesa, Robespierre sempre reservou essa pretensão principal da revolução burguesa apenas para a Revolução Francesa.[8] Aquela tradição do direito natural racional que remete a Locke, sobre a qual se apoiam os pais da Constituição Americana, e à qual Thomas Paine expressamente apelou ao justificar uma revolução, nunca foi levada a sério como uma doutrina propriamente revolucionária não apenas pelos concorrentes franceses de Robespierre, mas também por Burke ou Hegel. Este estava tão longe da ideia de uma revolução americana que, referindo-se à válvula da colonização interna através da qual desaguara toda a insatisfação nos EUA, pôde afirmar:

---

7 Em 1786, por exemplo, Condorcet se ocupava com a influência *De La Révolution d'Amérique sur l'Europe* (*Oevres de Condorcet*, v.8).

8 "As revoluções, que até agora modificaram a feição dos reinos, não tiveram como fim senão a mudança da dinastia ou a transição do poder das mãos de um indivíduo para as mãos de muitos. A Revolução Francesa é a primeira que se baseia na teoria dos direitos humanos e nos princípios da justiça." Robespierre, *Reden*, p.371.

"Se ainda existissem as florestas germânicas, então certamente a Revolução Francesa não teria chegado à vida".[9] Na medida em que a Revolução Francesa se tornou para ele quase que a chave para o conceito filosófico da história universal, Hegel pôde excluir a América do Norte de suas considerações filosóficas na qualidade de um mero país do futuro.

O sentido de "declaração" nas declarações americana e francesa dos direitos humanos

Existem, de fato, diferenças evidentes. É verdade que americanos e franceses apelaram igualmente aos princípios do direito natural moderno; a semelhança da base de legitimação, principalmente no que concerne à declaração dos direitos fundamentais de ambos os países, estende-se à formulação textual.[10] No entanto, essas mesmas declarações, apesar de sua coincidência material, têm um sentido específico. Os colonos americanos quiseram legitimar sua independência diante do Império Britânico recorrendo aos direitos humanos; os franceses, à derrubada do *Ancien Régime*. Certamente, em ambos os casos é estabelecida uma constituição do Estado que se institui no marco dos direitos fundamentais declarados. Mas já o estatuto externo das declarações, anteposto como preâmbulo da Constituição Francesa e meramente anexado como emenda

---

9 Hegel, *Sämtliche Werke*, v.11, p.128.

10 Jellinek, com isto, já tinha sustentado sua tese de que a Revolução Francesa continua dependendo em sua autocompreensão do modelo norte-americano. Jellinek, *Die Erklärung der Menschen- und Bürgerrechte*, p.13 et seq.

na Constituição Americana, não é casual. As *Bills of Rights* americanas inventariaram no essencial a já existente posse jurídica dos cidadãos britânicos. A forma de sua fundamentação universalista e jusnaturalista se tornou necessária apenas em relação à emancipação da metrópole. As declarações dos direitos fundamentais, que, de acordo com sua substância, são recapituladas nas primeiras proposições da Declaração de Independência, têm inicialmente o sentido de fornecer à matéria jurídica tradicional um fundamento legitimador; a Declaração Francesa, ao contrário, deve ressaltar, sobretudo de forma positiva, o novo direito. O sentido revolucionário da Declaração na França é a fundamentação de uma nova constituição, na América, a fundamentação da independência, da qual se segue, contudo, a necessidade de uma nova constituição.[11]

Quando, em 1822, John Adams levantou a objeção contra Jefferson (o qual, na qualidade de autor da Declaração da Independência, foi plenamente honrado como um *Spiritus Rector*) de acordo com a qual naquela declaração não haveria qualquer ideia realmente nova, obteve do segundo a seguinte resposta característica: sim, tratava-se de uma compilação de lugares-comuns. E três anos depois, Jefferson escreve a Richard H. Lee, que tinha nomeado essa Declaração como uma cópia redundante de Locke: naquele momento, o objetivo da declaração não era encontrar novos princípios e argumentos, *"but to*

---

11 Uma comparação historicamente significativa da Declaração Francesa dos Direitos Fundamentais com suas precursoras na América tem de considerar antes a Declaração da Independência do que a *Bill* de cada um dos Estados, embora estas estejam relacionadas àquela segundo sua forma.

place before mankind the common sense of the subject".[12] Um panfleto de Thomas Paine surgido no início de 1776, que mobilizava a tradição inspirada por Locke para a questão atual da emancipação iminente e, com isso, deve ter influenciado Jefferson, trazia, ele próprio, o título lapidar "Common Sense". Para os colonos americanos, as conclusões de Locke se tornaram lugares-comuns; em vez das sábias demonstrações, eram suficientemente palpáveis e convincentes as próprias experiências com um governo que permaneceu dependente do absolutismo parlamentar de uma metrópole apenas na política comercial. Uma declaração poderia, sob essas circunstâncias, ter o sentido de uma expressão que apenas corrobora as convicções comuns em todo caso ainda vivas: *"it was intended to be an expression of the American mind [...] All its authority rests then on the harmonizing sentiments of the day"*.[13]

Contrariamente, quando Abbé Sieyès elaborou, durante a Assembleia dos Notáveis de 1788, seu boletim sobre o Terceiro Estado como representantes da nação, ele teve de partir de uma situação totalmente diferente:

Não se pode julgar suas demandas de acordo com as reflexões isoladas de alguns escritores mais ou menos informados sobre os direitos humanos. O Terceiro Estado ainda está muito atrasado

---

12 Jefferson, *The Writings of Thomas Jefferson*, v.7, p.407; cf. Becker, *The Declaration of Independence*, p.24 et seq. [Trad.: "mas colocar diante da humanidade o senso comum da questão". – N. T.]

13 Jefferson, *The Writings of Thomas Jefferson*, v.7, p.407. [Trad.: "pretendeu-se que ela fosse uma expressão do espírito americano (...) Toda sua autoridade reside, assim, nos sentimentos harmonizadores da época". – N. T.]

Teoria e práxis

nessa relação, e digo não apenas aquém da compreensão daqueles que estudaram a ordem social, mas também aquém da massa das ideias comuns que formam a opinião pública.[14]

Diante dessa discrepância entre o discernimento de alguns indivíduos e as opiniões da maioria, cabe ao "filósofo" a tarefa prática de, mediante sua influência sobre o poder da opinião pública, fornecer validade política à própria razão. Os filósofos têm de propagar a verdade, têm de ampliar publicamente seus discernimentos irredutíveis, pois apenas se a razão "realizar-se em todas as partes, realiza-se corretamente, porque apenas assim se forma aquele poder da opinião pública a que talvez se possa atribuir a maioria das transformações verdadeiramente vantajosas".[15] Assim, é preciso atentar inicialmente à divisão de trabalho entre filósofos e políticos, sobre a qual Sieyès já se pronuncia no mote de seu panfleto. O filósofo não deve se deixar deter pelo comportamento prudente do homem de Estado que mede seus passos de acordo com as dificuldades mais imediatas, facilitando assim o caminho que o conduz à sua meta. Sua tarefa não consiste em colocar a verdade em obras, mas declará-la (*déclarer*). Esse é o caminho no qual a teoria se transforma em poder prático:

> Se todos os homens pensassem com verdade, então as maiores transformações, assim que apresentassem um objeto de interesse público, não trariam quaisquer dificuldades. O que de melhor eu poderia fazer senão contribuir com todas as minhas forças à

---

14 Sieyès, *Was ist der Dritte Stand?*, p.49.
15 Ibid., p.121.

propagação da verdade que prepara o caminho? No início, a consideramos como um mal [...] gradualmente, forma-se a opinião púbica e, finalmente, nota-se a execução de princípios que antes se tinha tratado como grande quimera.[16]

O filósofo tem, antes de tudo, esse dever de declarar a verdade quando "a opinião pública finalmente ditar as leis aos legisladores".[17] Sieyès toma emprestada essa fórmula diretamente dos fisiocratas; de acordo com sua doutrina, o monarca deve se deixar instruir por uma esfera pública filosófica e economicamente esclarecida sobre as leis de natureza, pelas quais o legislativo precisaria se orientar exclusivamente. Uma evidência da ordem natural exigida pela publicidade do poder é a única base sobre a qual a constituição justa pode ser fundamentada. Uma opinião pública esclarecida para a evidência, com uma dominação absoluta das leis de natureza imposta de maneira despótica, garantirá a conformidade jurídica do estado de sociedade.[18] A instrução pública do povo foi o coração da teoria fisiocrata. Le Mercier, Mirabeau e Dupont tinham cada qual projetado um plano para a organização da educação do povo.[19]

Os fisiocratas haviam se preparado bem: não poderia existir dúvida quanto ao sentido público de uma declaração dos

---

16 Ibid., p.119 et seq.

17 Ibid., p.122.

18 Güntzberg, *Die Gesellschafts- und Staatslehre der Physiokraten*; Richner, *Le mercier de la rivière*.

19 Como presidente da Comissão para o Esclarecimento do Povo, Condorcet recebeu na Convenção essa herança dos fisiocratas. Cf. Güntzberg, *Die Gesellschafts- und Staatslehre der Physiokraten*, p.84, nota 37.

direitos humanos quando finalmente se chegou ao ponto de a opinião pública poder ditar as leis aos legisladores. Os próprios filósofos se tornaram legisladores. Já do primeiro relato (apresentado por Mounier) do comitê instituído para a declaração de direitos já se dizia que era mais apropriado para uma sociedade de filósofos do que para uma Assembleia Nacional. E isso se transformou, de acordo com relatos da mesma época, durante a discussão sobre os direitos humanos *"na Escola de Sorbonne"*.[20] No entanto, de um ponto de vista filosófico, a verdade precisava de propagação.[21] E ainda em um outro sentido, os fisiocratas haviam preparado a autocompreensão filosófica de tal declaração: as leis naturais teriam de ser tão evidentes para um legislador inspirado pela opinião pública que o ato de positivação consistiria apenas em declará-las. *"Déclarer"*, para a escola fisiocrata, tinha o sentido técnico de traduzir de tal modo a *ordre naturel* [ordem natural] em uma *ordre positif* [ordem positiva], que o direito natural seria meramente corroborado e aplicado nas leis por ele derivadas.

Entre 9 de julho e 4 de agosto de 1789, discutiu-se na Assembleia Nacional se e de que forma uma declaração de direitos fundamentais seria necessária. Nessas seções, o sentido francês de *"déclaration"* foi explicitamente explicado a partir de sua diferença em relação às *"declarations"* americanas. De início, Lafayette interpretou a função de tal declaração no mesmo sentido de Jefferson, com o qual ele teve contato em Paris. Mas logo

---

20 Schickhardt, *Die Erklärung der Menschen- und Bürgerrechte in den Debatten der Nationalversammlung*, p.55 et seq.

21 Dumont, *Souvenirs sur Mirabeau et sur les deux premières Assemblées Législatives*, p.138.

ergueu a pretensão da fração anglófila da Assembleia: "Peço que se reflita sobre a enorme diferença existente entre um povo colonial que rompe as algemas em relação a um governo alheio e um dos povos mais antigos da Terra, um povo que já há 1.400 anos se atribuiu uma forma de governo".[22] Mais tarde, Champion de Cicé, o arcebispo de Bordeaux, expôs essa diferença: o exemplo norte-americano não seria decisivo uma vez que lá existiam somente proprietários e cidadãos iguais.[23] E, finalmente, o deputado Malouet afirmou que os americanos poderiam ter declarado os direitos naturais de maneira irrefletida, pois lá a sociedade era composta em sua maioria por proprietários acostumados com a igualdade e mal conheciam o jugo dos impostos e dos prejuízos. Tais homens estavam, sem dúvida, preparados para a liberdade, diferentemente dos homens da França de então.[24] Com isso, a interpretação de Lafayette estava liquidada, mas seus críticos não avançaram com sua advertência diante daquela declaração: eles só poderiam mostrar qual é o sentido que tal declaração *não* poderia ter na França.[25] A maioria da Assembleia considerou necessária uma declaração porque a esfera pública precisava de um esclarecimento efetivamente público. Esse sentido também foi fixado no preâmbulo de forma inequívoca; quer-se uma declaração porque "a ignorância, o esquecimento ou o desrespeito aos direitos humanos são as únicas causas da desgraça pública e

---

22 Schikhardt, *Die Erklärung der Menschen- und Bürgerrechte in den Debatten der Nationalversammlung*, p.56.

23 Ibid., p.67.

24 Ibid., p.69.

25 A interessante interpretação de Voegelin desconhece isto, em Der Sinn der Erklärung der Menschen- und Bürgerrechte, p.82 et seq.

Teoria e práxis

da perversidade dos governos". Se na própria América ela foi expressão do *common sense*, na França ela precisa formar primeiramente a *opinion publique*.

Na América, a positivação do direito natural não conferiu qualquer papel revolucionário à filosofia. Uma tensão entre teoria e práxis, entre princípios do direito natural e sua realização técnica, reflexões a respeito de como o discernimento filosófico poderia estender o poder político sobre a própria opinião pública, nunca aconteceram ali. De certo, os colonos que lutaram por sua independência e fundaram seu próprio Estado se comportaram em relação à tradição lockeana tal como aqueles que sempre agiram politicamente quando se orientavam pelo direito natural clássico: eles se ocupavam da aplicação prudente de normas previamente dadas a uma situação concreta. As cabeças filosóficas na Assembleia Nacional, ao contrário, tinham realizado de maneira mais severa o rompimento entre direito natural moderno e clássico: já não se comportavam, em todo caso em sua esmagadora maioria, de um ponto de vista prático em relação às normas legitimadas como sempre com base na natureza, mas sim de um ponto de vista técnico; eles discutiam sobre os meios organizacionais para a construção de uma ordem social total. Apenas então a positivação do direito natural se tornou uma tarefa revolucionária: a filosofia não deveria mais se orientar por uma ação politicamente prudente, mas sim instruir uma instituição tecnicamente correta com a ajuda de leis. Nas declarações dos direitos humanos de ambos os países, contudo, não apenas o sentido de declaração enquanto tal é diferente, mas pode-se antes mostrar que geralmente nelas, também lá onde coincide a formulação textual, estavam implícitas duas diferentes construções jusnaturalistas da sociedade civil.

Jürgen Habermas

A construção jusnaturalista liberal
da sociedade civil: John Locke e Thomas Paine

Até as controvérsias cheias de consequências com o Parlamento inglês em 1764, os americanos sempre se mantiveram orgulhosos em serem cidadãos do Império Britânico.[26] E também nas décadas seguintes, o conflito em torno das competências legislativas do Parlamento inglês nas colônias sempre se deparava com a seguinte questão: quais direitos nós, americanos, temos enquanto cidadãos britânicos? Apenas em 1774 surgiu um panfleto em que James Wilson tentou subordinar as liberdades inglesas do *common Law* [direito consuetudinário] e os direitos garantidos nas *charters* das colônias individuais a um ponto de vista supremo do direito natural: *"the happiness of the society is the first Law of every government".*[27] No mesmo sentido, a Declaração do Primeiro Congresso Continental, reunido no mesmo ano, começa com a constatação de que cabe aos habitantes das colônias inglesas na América do Norte – em razão de leis imutáveis da natureza, dos princípios da constituição inglesa e de alguns contratos *(charters and compacts)* – uma série de direitos; segue-se, contudo, em primeiro lugar, o direito à vida, à liberdade e à propriedade tal como formulado por Locke. A conhecida afirmação de Sherman – *"The colonies adopt the common law, not as the common law, but as the highest reason"** – se coloca ainda

---

26 Para o que se segue, cf. Becker, *The Declaration of Independence*, cap.3 (Historical Antecedents of the Declaration – Theory of the Empire), p.80-134.

27 Wilson, *Works of James Wilson*, 1804, III, p.99 et seq. [Trad.: "A felicidade da sociedade é a primeira Lei de todo governo". – N. T.]

* Trad.: "As colônias adotaram a lei comum, não enquanto lei comum, mas como a razão mais elevada". (N. T.)

Teoria e práxis

inteiramente na tradição clássica. Esta foi tanto mais sustentada na América quanto menos aqui uma práxis absolutista de governo foi necessária para uma reinterpretação radical do direito natural estoico-cristão realizada na metrópole desde Hobbes.[28] Assim, também Locke foi compreendido como aquele que deu continuidade ao direito natural clássico depois que a emancipação se tornou inevitável e que, como base de sua justificação, não restava senão o direito natural moderno; os pressupostos cristãos de sua doutrina favoreciam essa posição.[29] A atitude com a qual recorriam a ele era a mesma com a qual os norte-americanos tinham apelado às liberdades garantidas aos cidadãos ingleses e os próprios ingleses, na época da *Magna Charta*, ao seu antigo direito. Também Locke, da mesma maneira que a filosofia prática antes dele, parecia fornecer leis para a vida boa e para a ação prudente, e não regras segundo as quais a ordem social justa seria instituída de maneira planejada.[30]

---

28 Vossler, Studien zur Erklärung der Menschenrechte, p.516 et seq.

29 "Com isto, fica claro também como se deve entender o muitas vezes chamado fundamento 'jusnaturalista' das *Bills of Rights* de 1776. Uma comparação com a precursora imediata, a então chamada *Bill of Rights* do Congresso Continental, na qual se apela ainda ao direito natural, à Constituição Inglesa e aos *Charters*, mostra que esta *Law of Nature* de 1776 na realidade é uma espécie de saldo; permanece como uma questão aberta quando, com a separação da pátria mãe, se anula a apelação à constituição e ao *Charter*." Id., *Die amerikanische Revolutionsideale in ihren Verhältnis zu den europäischen*, p.26. Certamente, Vossler não considera que esse é o "saldo" verdadeiramente revolucionário: pois os princípios universais do direito natural moderno surgiram sub-repticiamente do direito natural clássico.

30 De fato, os elementos essenciais da doutrina do direito natural clássico podem ser reencontrados na teoria de Locke. As controvérsias que se instalaram na nova literatura sobre Locke em relação a este ponto

A uma concepção em princípio não revolucionária também se opunham, por assim dizer, os elementos da doutrina lockeana que eram por excelência incompatíveis com o direito natural clássico. Porque Locke, diferentemente de Hobbes, parte da ideia de que os homens, em vez de conservarem sua vida por meio do ataque e da defesa, o fazem primariamente mediante o trabalho, ele interpreta o direito fundamental à autoconservação na forma de um direito à propriedade.[31] A dedução dos direitos humanos em Locke é simples. No estado de natureza, unicamente o trabalho pessoal para o uso individual empresta o título de direito à propriedade privada. Esse direito natural, que garante com a propriedade também a vida e a liberdade, pode ser exercido e afirmado por todos os indivíduos, pois é considerado em todo caso a partir de suas forças físicas e habilidades. A insegurança e, com isso, a necessidade de autoridade estatal (a qual é um motivo para a socialização) surgem inicialmente com um modo de produção determinado pelo mercado; esse modo de

---

encontram uma exposição adequada em Euchner, *Naturrecht und Politik bei John Locke*. Cf. também a introdução de Euchner à sua edição dos *Zwei Abhandlungen über die Regierung* [Dois tratados sobre o governo], de Locke, especialmente p.39 et seq. Deixando de lado o tradicionalismo de Locke, minha interpretação se refere aos elementos do direito natural "moderno".

31 Já no estado de natureza, o homem adquire propriedade na medida em que, mediante o trabalho de suas mãos, ele arranca as coisas do estado previsto para elas pela natureza e as apropria. Ao se mesclar com a força de trabalho dos homens, a natureza encontra sua determinação no fato de que se converte em propriedade do homem. Com isto, a categoria burguesa de trabalho acaba com a clássica ordem natural em que cada coisa revelava sua essência no lugar que lhe era próprio. Locke, *Two Treatises of Civil Government*, v.2, cap.5, p.27 (edição alemã, *Zwei Abhandlungen über die Regierung*).

Teoria e práxis

produção exige que a propriedade privada seja assegurada para além dos bens pessoalmente produzidos e determinados para o consumo próprio – o estado de natureza se torna insustentável. Os homens socializam entre si sob um governo que pode proteger a propriedade, a qual está para além da aquisição através de força física imediata ou do poder de disposição de alguns. Eles precisam garantir o estado de direito que, de acordo com sua substância, ao se fundar sempre com base na propriedade privada, mas com as colisões crescentes de uma propriedade que se estendeu à posse do capital, deve ser expressamente sancionado de maneira pré-estatal. Assim, cada governo será *"entrusted with the condition and for this end, that men might have and secure their properties"*.[32]

Os direitos naturais à liberdade, à vida e à propriedade não são suspendidos no estado de sociedade; eles apenas são trocados por direitos civis sancionados em termos estatais quando o poder dos indivíduos não for mais suficiente para assegurar sua imposição.[33] O governo pretende deter o poder de regular

---

32 Sobre isto, cf. a interpretação que Leo Strauss faz de Locke em *Naturrecht und Geschichte*. [Trad.: "responsável pela condição de garantir que os homens mantenham e assegurem suas propriedades". – N. T.]

33 A sentença central afirma: *"The obligations of the law of Nature cease not in society, but only in many cases are drawn closer, and have, by human laws, known penalties annexed to them to enforce their observation. Thus the law of Nature stands as an eternal rule to all men, legislators as well as others"*. [Trad.: "As obrigações da lei da Natureza não cessam na sociedade, mas, em muitos casos, apenas se tornam mais rigorosas, e, mediante leis humanas, têm a elas acrescidas penalidades conhecidas para reforçar sua observância. Assim, a lei da Natureza permanece como uma regra eterna para todos os homens, sejam eles legisladores ou não". – N. T.] Locke, *Two Treatises of Civil Government*, v.2, cap.11, p.135. Cf.

legalmente o intercâmbio dos proprietários privados entre si, mas nunca deter tanto poder a ponto de ser possível intervir no direito de propriedade, mesmo que seja de um único indivíduo, sem consentimento, *"for this would be no property at all"*.[34]

Quando os colonos americanos recorreram à autoridade dessa doutrina contra os abusos do Parlamento inglês, eles estavam muito menos confiantes na fundamentação moderna de suas pretensões jusnaturalistas para uma autocompreensão revolucionária do que em um Locke reprojetado no direito natural clássico. Pois a construção jusnaturalista liberal da sociedade civil, que estava implícita nos direitos recebidos via Locke e declarados contra a Inglaterra, tinha como se sabe apenas o sentido restritivo de uma proteção da esfera do intercâmbio social concernente à autonomia privada diante das intervenções estatais. O quão pouco *essa* tradição do direito natural força o discernimento filosófico a uma preparação do ato revolucionário foi novamente apontado pela vontade justamente daquele escritor que incansavelmente colocou no mesmo nível a Revolução Americana e a Francesa – Thomas Paine.

Na segunda parte de seu livro sobre os direitos humanos, publicado em 1792, Paine repetiu a tese de que a emancipação da América teria menos importância caso não fosse acompanhada de uma revolução nos princípios e nas práticas de governo.[35] Essa revolução, contudo, não tinha relação alguma com o ato político de realização do direito natural no senti-

---

particularmente a exposição de Macpherson, *Die politische Theorie des Besitzindividualismus*, cap. 5.

34 Locke, *Two Treatises of Civil Government*, v. 2, cap. 11, p. 139. [Trad.: "pois isto, de modo algum, constituiria propriedade". – N. T.]

35 Paine, *The Rights of Man*, p. 151.

do da construção de uma constituição capaz de organizar a sociedade em seu todo; ao contrário, seu único fim consiste em limitar o poder político a um mínimo. O direito natural não foi positivado através de um caminho revolucionário; não adianta que seja reforçado de maneira subjetiva pela consciência de cidadãos que agem politicamente, mas sim de maneira objetiva pela eficácia inevitável das leis de natureza imanentes à própria sociedade. Paine identifica assim os direitos naturais dos homens com as leis do intercâmbio de mercadorias e do trabalho social. Ele expressa a conexão específica entre Locke e Adam Smith; ele vê que a economia clássica do século XVIII transfere aquelas mesmas leis naturais, que foram concebidas no século XVII ainda como normas do direito formal, para a base natural da sociedade: *"by the simple operation of constructing Government on the principles of Society and the rights of man, every difficulty retires"*.[36]

No lugar da diferença entre estado de natureza e estado de sociedade se introduz aquela entre Estado e sociedade. Os limites naturais daquele poder governamental, que, segundo Locke, foram transferidos do estado de natureza para o estado de sociedade, tornaram-se as leis de uma sociedade natural que um contrato não poderia mais fundamentar. O governo instituído e, sobretudo, limitado de acordo com a natureza, é assim *"out of society"*, tal como antes era *"out of social compact"*; Paine utiliza ambos os termos como sinônimos. Ele partilha com a economia clássica de um Adam Smith a convicção de que a sociedade desenvolve-se de maneira harmoniosa e natural na

---

36 Ibid., p.161. [Trad.: "Toda dificuldade retrocede mediante a simples operação de construção de um governo com base nos princípios da sociedade e nos direitos dos homens". – N. T.]

qualidade de um sistema de necessidades baseado na divisão de trabalho quando é protegida pelas intervenções despóticas do governo. O confronto de forças espontâneas de coesão social e de autorregulação com os meios formais coercitivos de um poder repressivo do governo antecipa um conceito de sociedade que, constituído como uma totalidade viva, pode justificar o Estado apenas como um momento cindido, um particular autonomizado. Já seu panfleto de 1776 começa com a referência enérgica às origens heterônomas da *society* e do *government*:[37] a sociedade é engendrada em razão de nossas necessidades, o Estado, em razão de nossas fraquezas. Todo estado de sociedade é benéfico, o Estado é, mesmo em sua melhor constituição, um mal necessário: pois o mal da subordinação é uma consequência da desigualdade política entre senhores e escravos e não da distinção social entre pobres e ricos. Com efeito, o liberalismo de Paine não se intimida uma única vez diante das consequências anarquistas: a sociedade, escreve ele, começa a agir de forma autônoma no momento em que o poder formal do governo é abolido – surge assim uma associação universal, e o interesse universal cria a segurança universal.[38]

A positivação do direito natural não é assunto das revoluções logo que os *Rights of Man* [direitos do homem], sob o nome comum de *Laws of Nature* [leis de natureza], confluem com os *Principles of Society* [princípios da sociedade]. Os direitos naturais encontram sua clara correspondência nas leis do comércio e do intercâmbio; mas as pessoas privadas os obedecem porque tais direitos estão imediatamente de acordo com seus interesses,

---

37 Paine, *Common Sense*, p.4 et seq.
38 Ibid., p.158.

Teoria e práxis

e não porque o Estado impõe leis formais sob a ameaça penal. A prática de um comércio universalmente livre passa assim a garantir estritamente os direitos humanos quando toda teoria, que se transferiu da opinião pública para o poder político, puder ditar as leis e, portanto, positivar o direito natural. A filosofia não precisa se esforçar para sua realização.

Os franceses, porém, tinham uma economia política própria, a partir da qual poderiam interpretar a doutrina do direito natural de seu próprio Locke, embora isso não pudesse ser integrado na Assembleia Nacional de modo tão tranquilo como aquela tradição anglo-saxônica nas mãos de um Thomas Paine. Sem dúvida, as *declarations* americanas, segundo sua forma e teor literal, foram o modelo para a *Déclaration des droits de l'homme et du citoyen* [Declaração dos direitos do homem e do cidadão]; e certamente Lafayette, quem primeiro esboçou um projeto, não foi o único deputado influenciado pelos americanos. Mas essa influência não foi tão forte a ponto de o espírito americano ter sido recebido pelos franceses; contudo, de maneira catalisadora, ela possibilitou um vínculo particular com a de início oposta doutrina de Rousseau e dos fisiocratas. Desse vínculo, surgiu uma outra construção jusnaturalista da sociedade civil, e tal construção, de fato, inspirou os agentes políticos para uma autocompreensão revolucionária.

A preparação de construções jusnaturalistas da sociedade civil concorrentes: Rousseau e os fisiocratas

Depois que Mirabeau, em 17 de agosto, diante do plenário da Assembleia Nacional, fez um relato para o Comitê dos

Cinco, que estava encarregado do exame dos projetos para uma declaração dos direitos humanos, o deputado Crenier, que ao lado de Biauzat e do conde Antraigues era um dos defensores mais ferrenhos de Rousseau, abriu a discussão.[39] A declaração, afirma ele tomando como referência o modelo americano, não deveria ter a forma de uma sequência de princípios, pois um direito seria a realização de um contrato e não um princípio a partir do qual poderiam ser decididos enunciados verdadeiros. Já em seções anteriores, Crenier pretendera identificar a declaração dos direitos humanos com o ato do contrato social. No estado de natureza, o homem não é nem senhor nem escravo, ele não possui nem direitos nem deveres; a independência e a autoconservação naturais de cada um só poderiam ser asseguradas mediante um contrato social que estabelecesse o direito natural à liberdade e à igualdade. A declaração dos direitos humanos possui o mesmo significado de uma constituição da vontade geral, em cuja formação todos participam e cujas leis estabelecem que todos são iguais. No decorrer do debate, Démenieurs se volta contra essa concepção com um argumento surpreendente: "Esse é o sistema de Hobbes, que foi amplamente difundido por toda a Europa".[40]

De fato, Rousseau, juntamente com Hobbes, também acredita que a coerção à socialização tem de ser derivada de um estado de desconfiança universal e da insegurança precária advinda de uma concorrência universal e violenta. No entanto,

---

39 Para o que se segue, cf. Schickhardt, *Die Erklärung der Menschen- und Bürgerrechte in den Debaten der Nationalversammlung*, p.77 e também p.63 et seq.

40 Ibid., p.81.

Teoria e práxis

essa caracterização, apresentada muitas vezes não por acaso, concerne tanto àquela fase do estado de natureza que antecede imediatamente o estado de sociedade, como também — em princípio — à sociedade civil da França contemporânea. Pois Rousseau reforça, *contra* Hobbes, que aquele estado governado pelo mal natural político, e que é necessário para a socialização, não será suprimido em um estado de sociedade despoticamente coercitivo, mas sobreviverá com a concorrência entre interesses privados no interior de um sistema hostil e fragmentado pela divisão do trabalho e pelas necessidades múltiplas. Para Rousseau, o contrato social deve resolver tarefas iguais às de Hobbes: o mal natural político de uma autoafirmação universal de todos contra todos é tão substancial que a validade positiva de normas universais pode se tornar obrigatória somente em virtude de um poder absoluto. Porém, a total transferência e a total submissão previstas nas cláusulas contratuais são as mesmas apenas de acordo com sua forma. A autoalienação, que em Hobbes significa a submissão masoquista de uma coerção autoimposta, mas que é inapelavelmente *externa*, significa em Rousseau a transformação da natureza humana corrompida na pessoa moral do cidadão do Estado. Assim, o próprio poder soberano pode ser *interiorizado*, ou seja, deixar de ser uma soberania do príncipe que coage externamente e se internalizar na soberania popular presente. Tendo em vista a semelhança de seus pressupostos, era consequente que para Rousseau ambas as soluções aparecessem como alternativas completas. Em uma conhecida carta enviada a Mirabeau, que data de 26 de julho de 1767, ele confessa: "eu não vejo qualquer mediação sustentável entre a mais rude democracia e o hobbesianismo mais acabado".

O deputado Démeunier aludiu abertamente a essa situação, lembrando que, com Hobbes, não seria possível fundamentar os direitos humanos. Hobbes não se diferencia de Locke apenas na determinação do mal natural fundamental; porque um considera as armas e o outro, a comida, as vestimentas e o alojamento como os meios primários da autoconservação; em um caso, a autoconservação organizada socialmente exige uma ordem coercitiva contra inimigos internos e externos, enquanto, no outro, requer-se uma ordem de propriedade para a proteção contra a fome e a miséria. Também a base jusnaturalista do Estado é diferente; porque os homens, de acordo com Locke, superam o mal natural econômico *antes* de sua socialização principalmente do mesmo modo como o fazem depois, ou seja, por meio do trabalho individual, os direitos de propriedade são, de acordo com sua substância, pré-estatais. Um governo deve evitar certos riscos para assim poder preservar da melhor maneira possível a forma natural de autoconservação. Hobbes, contrariamente, precisa de um poder soberano para a liquidação completa do estado de natureza. Pois a obediência, o temor que se libera do temor, é um produto da socialização e não procede, como no trabalho, do sofrimento que consome sofrimento, da natureza.[41] Nesse sentido, ante a vontade desse soberano não podem ser erigidas barreiras jurídicas originadas em uma natureza *contra* a qual ele foi construído – muito menos no caso da soberania invertida em termos democráticos e moralmente interiorizada da vontade geral em Rousseau; a não ser que os direitos naturais fossem originados antes da natureza dessa própria vontade. Foi isso o que o deputado Crenier de

---

41 Strauss, *Naturrecht und Geschichte*, p.261.

Teoria e práxis

fato reivindicou. Os cidadãos devem a liberdade e a igualdade, e consequentemente também a vida, a segurança e a felicidade, não ao automatismo assegurado pelo direito privado, seja dos direitos naturais, seja das leis de um intercâmbio social naturalizado. Pelo contrário, isso se funda apenas na estrutura da *volonté générale* [vontade geral] na medida em que ela não pode violar os princípios da liberdade e da igualdade, embora, como *pouvoir soverain* [poder soberano], lhe seja permitido criar e suprimir as leis que deseja – mas elas precisam ser *leis*.

Convenções jurídicas, enquanto ato da vontade geral, precisam possuir o caráter de leis universais; não pode haver uma lei apenas para um caso particular. Ao mesmo tempo, os súditos, enquanto cidadãos que participam na formação da vontade geral, só obedecem a si mesmos e uns aos outros:

> Segue-se daí que o poder soberano – por mais absoluto, mais sagrado e mais inviolável que seja – não transgride nem pode transgredir os limites das convenções vinculantes gerais; além disso, cada todo homem pode dispor plenamente sobre aquilo que lhe foi deixado de seus bens e de sua liberdade por essas convenções. Desse modo, o soberano nunca tem o direito de onerar mais a um súdito do que a outro porque então o assunto se torna particular e, com isso, seu poder não é mais competente.[42]

Comparado com a construção liberal dos direitos humanos, entra no lugar do automatismo material de um direito natural preenchido com a lei natural da sociedade o automatismo formal da vontade geral, que, de acordo com sua própria natureza,

---

42 Rousseau, *Du Contrat Social*, II, 4.

poderia violar menos o interesse da sociedade em seu todo do que a liberdade, mesmo a de um único indivíduo. Ao ser ele mesmo o único autor de uma constituição total que organiza o Estado e a sociedade, o direito natural está fundamentado nele e não no funcionamento independente de uma ordem pré-estatal, seja a do estado de natureza seja a de uma sociedade naturalizada. Crenier explicita essa consequência. Seu projeto para uma declaração dos direitos humanos compreende apenas novas proposições. À questão sobre quais são, portanto, os direitos naturais, cuja configuração apenas poderia formar o ato de constituição de um povo, ele responde: a sujeição exclusiva às leis universais, e a participação na vontade geral, da qual resultam exclusivamente tais leis. Diante disso, Mirabeau defende a lista dos direitos humanos redigida pelo Comitê dos Cinco, os quais foram estabelecidos individualmente com referência aos princípios jusnaturalistas de seu pai. A ordem natural dos fisiocratas parecia dar à Declaração um fundamento mais sólido que a vontade geral de Rousseau. Os partidários de Rousseau, que eram apenas alguns poucos deputados, foram, junto com sua proposta, derrotados sem qualquer esperança; sobretudo, eles não influenciaram na forma da Declaração. Porém, em relação à coisa mesma, seus argumentos foram salvos precisamente por seus adversários inspirados no direito natural dos fisiocratas.

Os fisiocratas conhecem tão pouco a diferença estrita entre estado de natureza e estado de sociedade quanto os economistas ingleses de seu tempo; a própria sociedade é uma parte da natureza e de modo algum pode ter surgido graças ao contrato. Le Mercier fala de uma *société naturelle, universelle et tacite* [sociedade natural, universal e tácita], em que certos direitos e deveres são tacitamente vigentes. Ela se dissolve, no entanto, em diferentes *sociétés particulières et conventionelles* [sociedades particulares e convencionais] na medida em que a propriedade fundamental se torna a base da reprodução social. A partir de então, o poder do Estado precisa tanto proteger a ordem, internamente, como garantir a segurança, externamente. Para que o ciclo econômico de uma sociedade de produção agrária possa ser realizado de acordo com a natureza, a proteção da propriedade fundamental precisa organizar o livre exercício dos direitos de propriedade em geral, permitindo assim que a sociedade seja transferida para uma "sociedade política". O contexto de vida material está subordinado às leis da natureza física e obedecem em seu todo à *ordre naturel* [ordem natural]. Porém, diferentemente da concepção liberal de uma harmonia natural, os fisiocratas estão convencidos que, do grau de desenvolvimento a partir do qual a agricultura e a organização política se tornaram necessárias para a reprodução de uma vida mais desenvolvida e mais rica, as leis naturais da sociedade não se impõem mais com a necessidade de uma *ordre physique* [ordem física]. Na *ordre positif* [ordem positiva], a *ordre naturel*, *em razão* do discernimento filosófico e *mediante* o poder político, tem antes de ser dominada e então preservada despoticamente em sua validade. A sociedade política é uma criação do Estado ditada pelo discernimento das leis naturais do movimento da vida material.

Assim como Locke, Quesnay concebe o direito à propriedade como o núcleo do direito natural; e, como se sabe, ele antecipou Adam Smith em relação ao discernimento do "*laissez-faire*", que Le Mercier festejou como a "glória de nosso século". O interesse geral da sociedade deve poder ser satisfeito na livre concorrência entre os interesses individuais de proprietários privados. Mas aqui, como em geral, os fisiocratas se distinguem dos liberais em um ponto decisivo: não é dessa interação egoísta de interesses *imediatos* que derivaria a harmonia pretendida, mas apenas do autointeresse *esclarecido* no espaço de uma ordem natural *organizada de forma estatal*. Enquanto os cidadãos permanecerem presos em opiniões controversas e não penetrarem na evidência da ordem natural, não poderão se libertar do estado de sociedade depravado. Pois somente um déspota esclarecido, que, segundo o padrão das máximas naturais, emprega o poder soberano para a positivação da ordem do direito natural, pode produzir e estabilizar a ordem da sociedade natural. Os fisiocratas concordam com Rousseau que os direitos humanos só podem existir *como* direitos dos cidadãos, e que só há liberdade *no* estado civil [*staatlicher Zustand*]. A ordem natural da sociedade se realiza apenas por meio do poder político, sendo que certamente esse poder, diferentemente do que defende Rousseau, procede em razão de leis que passaram do discernimento filosófico para a natureza das próprias coisas.

Entretanto, uma vinculação surpreendente dessas duas teorias foi oferecida quando uma declaração dos direitos humanos precisou ser deduzida da base indiscutível da liberdade política e da igualdade. Não estou afirmando que uma tal relação foi explicitamente produzida nos porões intelectuais da Assembleia Nacional. Contudo, os traços fundamentais dessas teorias são reconhecidos não apenas em proposições individuais da Declaração que foi finalmente redigida, pois o conceito de uma positivação desses direitos fundamentais foi articulado na interação implícita de ambas as tradições.

Teoria e práxis

A relação entre Estado e sociedade nas duas construções jusnaturalistas

A fim de fazer emergir e assegurar politicamente uma ordem natural da sociedade, o soberano, instruído por um público esclarecido em termos fisiocratas, ou seja, pela opinião pública, precisa positivar os direitos humanos naturais – isso era a substância do despotismo legal que logo caiu em descrédito. O que aqui deveria ocorrer por um caminho despótico, foi posto em ação democraticamente em 1789. O despotismo invertido da vontade geral pôde cobrir ainda mais a desacreditada brecha do sistema conforme a fundamentação propriamente econômica do direito natural fisiocrata desaparecia e, desse modo, na consciência filosófica da época só se mantinha uma ordem natural que pudesse existir no quadro de uma sociedade política – e, assim, em vez de ser realizada de cima para baixo de modo despótico, seria realizada de baixo para cima de maneira revolucionária. Abbé Sieyès já tinha convertido uma opinião pública que esclarece o soberano sobre as leis naturais a uma instância que um dia ditaria leis ao legislador; no curso da Revolução, ela mesma se tornou o soberano. Em relação àquilo que se entendia como uma soberania democrática, o *Contrat Social* [Contrato social] desfrutou naquela época de uma validade canônica. Assim, o esboço da declaração do Comitê dos Cinco que Démeunier defendeu contra Crenier, e que foi representado por Mirabeau, formulava no segundo artigo o contrato de submissão quase com as mesmas palavras empregadas por Rousseau: "Cada indivíduo põe em comum sua pessoa e suas capacidades sob a conduta suprema da vontade geral, e a sociedade ao mesmo tempo o aceita como parte sua".[43] E o artigo 6 da interpretação ratificadora pressupõe essa fórmula com a proposição: "A lei é a expressão da vontade geral". Por outro lado, a Assembleia Nacional não pretendeu fundamentar os direitos naturais enquanto tais na natureza da própria vontade geral. Mas se os direitos humanos já existem de algum modo e devem simultaneamente ser conformados à soberania da vontade geral, seu fundamento natural só pode residir na própria sociedade. Mesmo quando coincidem, inclusive literalmente, com os direitos pré-políticos das declarações americanas fundamentadas em termos liberais, os quais se efetivam de maneira meramente negativa, os direitos humanos só podem valer quando fundamentados nos direitos políticos. Foi assim que, de fato, os fisiocratas conceberam o direito natural e foi assim também que este passou a ser predominantemente compreendido na Assembleia Nacional.

Desse modo, também a "mescla" frequentemente notada na Declaração francesa entre direitos humanos, direitos dos cidadãos e princípios do direito público não ofereceu qualquer dificuldade – o direito natural é compreendido de antemão na qualidade de direito social. No artigo 2, o Estado pode ser definido como instituto de segurança para *todos* os direitos humanos porque estes são considerados implicitamente como direitos de uma sociedade constituída politicamente. Os três sempre mencionados direitos fundamentais repetem em todo caso uma fórmula que valeu como sacramento político da escola fisiocrata: *la liberté, la proprieté, la sûreté* [a liberdade, a propriedade, a segurança].

---

43 Schickhardt, *Die Erklärung der Menschen- und Bürgerrechte in den Debaten der Nationalversammlung*, p.45.

Teoria e práxis

O direito à segurança foi explicado posteriormente na Declaração de Direitos de 24 de junho de 1793 de modo a esclarecer o sentido implícito da construção jusnaturalista fundamental da sociedade civil. Lê-se no artigo 8 que a segurança consiste na proteção outorgada por cada um dos membros *da sociedade* para a conservação de sua pessoa, de seus direitos e de sua propriedade. Com isso, "a sociedade" é nomeada como o sujeito que organiza o contexto de vida dos homens em seu todo. Ela não pode ser entendida nem como um governo que sanciona uma ordem jurídica por mandato dos indivíduos reunidos e com plenos poderes limitados, nem como essa própria união de indivíduos que se coloca diante do governo como contraente. De outro modo, também não teria qualquer sentido a inversão do princípio no artigo 34, segundo o qual a opressão de cada indivíduo destrói a ordem jurídica em seu todo; nesse artigo, lê-se: "a opressão de cada indivíduo ocorre quando o corpo social é oprimido". *Corps social* [corpo social], o conceito de Rousseau, significa, tal como a *société politique* [sociedade política] dos fisiocratas, uma constituição total organizada por meio da institucionalização dos direitos naturais e que abrange politicamente o Estado e a sociedade. Nessa constituição, tal como Locke a representou, o estado de natureza não influencia mais; essa constituição não se apoia mais sobre um contexto naturalizado do intercâmbio social, tal como ocorria nas concepções de Adam Smith ou Thomas Paine. Nenhuma base precede substancialmente essa constituição, pois justamente essa ordem, que a Assembleia Nacional quis, no entanto, construir politicamente segundo princípios naturais, não existe no estado de natureza, isto é, previamente a toda política.

Por essa razão, não havia qualquer contradição quando, em 1793, no catálogo dos direitos de liberdade, que, segundo sua estrutura, fundamentavam uma sociedade liberal, adotaram-se também direitos de participação social.[44] Essa construção coloca o contexto de vida social à disposição de uma vontade política que, no entanto, foi explicada em termos jusnaturalistas. Se o direito à segurança obriga esse macrossujeito da sociedade a garantir os direitos fundamentais, então a própria sociedade (tal como o artigo 23 complementa reciprocamente o artigo 8) só pode ser garantida mediante a ativa "cooperação de todos para assegurar a cada um o desfrute e a conservação de seus direitos; essa garantia depende da soberania do povo".

Na construção jusnaturalista liberal, os direitos correspondem às leis de um intercâmbio estabelecido de modo pré-estatal, cuja substância advém de um estado de natureza ou de uma sociedade naturalizada e também permanece conservada de forma intacta no marco da ordem política; na verdade, a ordem política tem exclusivamente o objetivo de conservá-los. Sob essas circunstâncias, basta confiar em um governo com o mandato de sancionar os direitos naturais. Os membros da sociedade se reservam o direito de instituir um governo e de comprovar se este age de forma confiável. Esse é o único ato de formação política da vontade que a Declaração de Independência americana define na forma de um "consentimento dos governados" (*consent of the governed*). O recurso ininterrupto a uma ratificação continuada da formação política da vontade se torna desnecessário. Essa "cooperação ativa de todos" (*l'action*

---

44 Artigo 21: direito ao trabalho e à previsão de alimentos. Artigo 22: direito à educação em escola pública.

Teoria e práxis

de tous), fundada por Rousseau na soberania do povo, será exigida somente se a institucionalização dos direitos fundamentais não precisar meramente conservar uma substância pré-estatal, mas tiver de criar, impor e manter uma constituição total organizada, como sempre, pelos princípios naturais ante o intercâmbio social depravado. Para tanto, é necessário um poder político onipotente e, consequentemente, uma vontade política sempre presente na integração democrática desse poder.

Não é como se *uma* concepção reconhecesse o princípio democrático e a *outra* o negasse. Nenhuma das duas se distinguem no que diz respeito à organização do poder do Estado, mas pela interpretação da relação entre Estado e sociedade. Jefferson só pode conceber uma radicalização da democracia na medida em que a dominação da opinião pública (a *Law of Opinion* de Locke) tornar plenamente supérfluo um governo baseado em leis formais: "*public opinion is in the place of law and restrains morals as powerfully as laws ever did anywhere*".[45] Jefferson não apenas prefere um Estado com jornais e sem governo do que um governo sem jornais, mas também está convencido que somente um tal Estado realizaria a democracia. Junto com as leis formais, o poder repressivo do Estado pode perecer assim que a própria sociedade passar a se organizar. Diante disso, Sieyès não pode imaginar uma esfera pública entronizada democraticamente senão como o soberano de uma máquina legisladora; também os jacobinos, enquanto alunos instruídos por Rousseau,

---

45 Thomas Jefferson, em uma carta a E. Carrington, de 16 de janeiro de 1787. [Trad.: "a opinião pública está no lugar da lei, e limita os costumes de um modo muito mais poderoso do que a lei jamais foi capaz de fazer em qualquer lugar". – N. T.]

compreendem a democracia ainda em sua forma radical, de modo que a vontade geral exerça sua soberania mediante leis formais e gerais. Os franceses não contam com uma base natural da sociedade separada do Estado; a própria libertação da esfera de intercâmbio de mercadorias e de trabalho social diante do intervencionismo estatal tem de ser, como eles acreditam, politicamente realizada e afirmada no marco de uma constituição total que também sempre abrange a sociedade.

A partir dessa diferença específica entre a construção jusnaturalista da sociedade civil dominante na América e na França, segue-se necessariamente uma interpretação distinta das tarefas revolucionárias: positivar o direito natural e realizar a democracia. O próprio ato revolucionário não pode ter o mesmo sentido quando se trata de libertar as forças espontâneas da autorregulação em consonância com o direito natural; mas aqui, por conseguinte, impõe-se inicialmente uma constituição jusnaturalista total contra uma sociedade depravada e uma natureza humana corrompida. Lá, o poder revolucionário é empregado para restringir um poder despoticamente desencadeado; aqui, para a construção de uma ordem natural que não pode contar com a coincidência de uma base natural. Lá, a revolução pode deixar o egoísmo inquebrantável dos interesses naturais trabalhar para ela; aqui, ela deve mobilizar impulsos morais.

A autocompreensão revolucionária na França jacobina e na América de Jefferson: Robespierre e Paine

Rousseau já havia concebido a questão da seguinte maneira: a transformação do homem natural, o qual é apropriado para

Teoria e práxis

uma vida isolada e autárquica, era imaginável apenas com a sua conversão em um cidadão do Estado apto a cooperar pacificamente. O contrato social exige, assim, a desnaturalização da existência naturalizada em uma existência moral; trata-se simplesmente de um ato moral. Por isso, Rousseau considerou que uma constituição segundo os princípios do *Contrat Social* seria possível apenas no caso de pequenos povoados com um grau primitivo de desenvolvimento, por exemplo, em Córsega, onde o comércio e a indústria mal se desenvolveram, onde a propriedade está distribuída ampla e igualmente, onde imperam costumes puros e simples.[46] Para os grandes Estados, com um grau de civilização avançado, uma mudança republicana não estava em questão. Sua doutrina não era revolucionária, ela primeiramente teria de ser interpretada de maneira revolucionária. Os limites estabelecidos pelo próprio professor não foram respeitados pelos alunos na aplicação de seu modelo; estes pretenderam colocar em ação de maneira revolucionária uma constituição republicana também no caso de uma sociedade desenvolvida em um grande Estado, ou melhor: levar a termo, de acordo com esse plano, a revolução que havia eclodido.

Em termos teóricos, ninguém foi mais consciente da dificuldade imanente que surgiria dessa pretensão do que Robespierre. Porque ele se ateve ao princípio de que o estabelecimento do direito natural pelo poder de um soberano – que ao assegurar a liberdade e a igualdade, coage internamente – é possível apenas com base na virtude, e não no interesse, coloca-se diante dele o problema de um término exitoso da revolução da seguinte maneira: como pode ser produzida na massa da

---

46 Fetscher, *Rousseaus politische Philosophie*.

população uma disposição virtuosa? "A sociedade realizaria sua grande obra se, em relação aos aspectos morais dos homens, criasse um rápido instinto que, sem o apoio posterior do pensamento, a levaria a realizar o bem e a evitar o mal."[47] Ao final do século, cujas energias espirituais tinham sido empregadas no desmascaramento do engano sacerdotal como nunca havia sido feito com outro objeto, Robespierre se vê obrigado, para produzir uma virtude que já não nascia mais do solo de um povo íntegro, a uma questionável restauração da fé racionalista em Deus. Por causa do Estado, ele quer decretar o culto quase clerical do "Ser Supremo"; desse modo, Robespierre não duvida do caráter de originalidade falsificada: "A ideia do Ser Supremo e da imortalidade da alma é um constante apelo à justiça; ela é, assim, social e republicana".[48] O mito político de Sorel é antecipado no novo culto e em suas festas nacionais – encena-se a fraternidade e produz-se a convicção moral no direito à revolução logo à sombra da guilhotina.[49] Thomas Paine, ao contrário – através de quem, poucos anos antes, patriotas franceses puderam passar a chave da Bastilha para Georg Washington –, não adotou em seu cálculo revolucionário a virtude, nem mesmo uma virtude coagida pela manipulação e, finalmente pelo terror: cada melhoria efetiva das condições de vida, salienta ele, precisa ser mediada pelo interesse pessoal de todos os indivíduos.[50]

---

47 Robespierre, *Reden*, p.322.

48 Ibid., p.358.

49 Cf. a exposição sobre a nova religião e seu culto de Bertaux, *Hölderlin und Französische Revolution*, p.64 et seq.

50 Paine, *The Rights of Man*, p.215.

Teoria e práxis

Essa proposição se encontra nos *Rights of Man* [direitos do homem], os quais, nesse ínterim, como sabemos pelas cartas de Jefferson a Paine, foram incorporados ao *Textbook* dos republicanos; enquanto isso, os federalistas se atinham aos escritos de Burke. Nos EUA, o cenário tinha se transformado. Também aqui na Revolução Francesa os espíritos se dividiam. A ideologia da guerra civil foi pela primeira vez importada da Europa – mas poucos chegaram a conhecer a emancipação das frentes da guerra civil em sentido estrito. Ao retornar à França no ponto alto da Revolução, Jefferson interpreta os acontecimentos de 1789 e institui a Organização Republicana contra o governo. Estão nela presentes os maiores representantes da independência americana, cuja atitude ambivalente em relação à Revolução Francesa delata bem claramente o quão pouco eles mesmos tinham compreendido o seu apelo ao direito natural, o quão pouco tinham compreendido a fundamentação universal do Estado de direito na forma de uma ruptura revolucionária com o direito natural clássico e com os direitos históricos da tradição inglesa.[51]

Por outro lado, a interpretação revolucionária de seus opositores de modo algum era *apenas* uma projeção retrógrada. Do mesmo modo como o modelo americano funcionou de forma catalisadora para a autocompreensão francesa, os americanos poderiam, no espelho da Revolução Francesa, interpretar de maneira mais clara o que havia de revolucionário em sua própria fundação do Estado. De fato, a consciência de uma revolução americana se formou e se consolidou, de acordo com

---

51 Cf. Vossler, *Die Amerikanische Revolutionsideale in ihren Verhältnis zu den europäischen*, p.149 et seq.

a imagem da tradição ainda vigente, apenas com a eleição de Jefferson para a presidência (acontecimento que foi chamado de *"Revolution of 1800"* – Revolução de 1800). Nela, são afirmados os traços de uma revolução que surgiram genuinamente da tradição anglo-saxônica do direito natural e não podem ser confundidos com a autocompreensão revolucionária do continente europeu. A Revolução, pela qual Robespierre clamou em 1798 diante da Assembleia Nacional, já tinha sido realizada em sua primeira metade, a outra ainda teria de ser consumada; essa Revolução, cuja consumação ele concebeu na qualidade de realização da filosofia,[52] não é como aquela revolução cujo conceito Thomas Paine desenvolveu de maneira tão eficaz para a América republicana.

Paine contrapôs aos Estados tradicionais os novos sistemas de dominação fundados nos direitos naturais; enquanto aqueles surgiram do puro poder, normalmente por meio de conquistas, estes se apoiaram simultaneamente nas leis de uma sociedade separada do Estado e nos direitos dos homens, que, enquanto membros da sociedade, delegam ao governo a preservação de seus negócios comuns, mas sem que eles mesmos sejam incorporados ao Estado. Uma revolução em sentido estrito tem, assim, a tarefa de derrubar aqueles *governments out of Power* [governos advindos do poder] e instituir em seu lugar *governments out of society* [governos advindos da sociedade], ou melhor, permitir que estes surjam. Basta afastar o poder repressivo para que os princípios da sociedade obtenham eficácia e possam erigir um governo que sirva aos desenvolvimentos espontâneos da "sociedade, da civilização e do comércio". Esses

---

52 Robespierre, *Reden*, p.322.

Teoria e práxis

princípios se embrenham nos interesses das pessoas privadas tornadas livres com a mesma força natural que as leis naturais nos instintos dos animais. Paine faz uma reflexão que mostra que a positivação do direito natural, na medida em que nela deve se realizar uma construção jusnaturalista da sociedade civil projetada abstratamente, não pode ser esperada a partir da ação revolucionária enquanto tal:

> É possível que um indivíduo elabore um sistema de princípios segundo os quais um Estado possa ser erigido sobre qualquer território que desejar. Não passa de uma operação da mente [...] a atuação sobre a base de tais princípios e sua aplicação às numerosas e variadas circunstâncias de uma nação, à agricultura e à manufatura, ao comércio e à indústria, requer outro tipo de conhecimentos. Estes só podem surgir a partir das diferentes partes da mesma sociedade; trata-se de um conjunto de experiências práticas das quais nenhum indivíduo dispõe.[53]

A revolução pode, no melhor dos casos, se livrar de alguns obstáculos; seu apelo aos direitos naturais só pode legitimar a expectativa de que eles correspondam às leis naturais da sociedade. Com efeito, Paine chega à conclusão de que também um Estado não pode, pelo contrário, resistir à revolução segundo princípios do direito natural porque apenas as esferas do intercâmbio de mercadorias e de trabalho demandam autonomia. Uma emancipação da sociedade pode tanto preceder a revolução do Estado quanto também ela mesma pode ser colocada em marcha pela revolução: "Se deixássemos o

---

53 Paine, *The Rights of Man*, p.175.

comércio funcionar com a maior liberdade possível [...] então ele produziria uma revolução nas constituições estatais não desenvolvidas".[54] Como a eliminação revolucionária do poder político era um pressuposto na França para que a sociedade de mercado fosse entregue de maneira liberal às leis imanentes do intercâmbio de troca, então também uma constituição econômica liberal desencadeia processos políticos que logo terá por consequência uma revolução política.[55]

A crítica marxista ao direito natural liberal e um conceito dialético de revolução burguesa

A esse ponto mais extremo, que a autocompreensão liberal da revolução burguesa alcançou com Thomas Paine, pode se vincular imediatamente a interpretação marxista duas gerações depois. Pois Marx não compreende de início o Estado de direito burguês de modo diferente daquele que os próprios liberais compreenderam:

> Mediante a emancipação da propriedade privada da comunidade, o Estado passa a ter uma existência particular ao lado e fora da sociedade civil; ele não é mais do que a forma de organização que os burgueses, tanto para fora como para dentro, se dão necessariamente para a garantia recíproca de sua propriedade e de seus

---

54 Ibid., p.215.

55 Arendt oferece uma interpretação parcial das relações entre a Revolução Francesa e a Norte-Americana em *Über die Revolution*. Cf. sobre isso minha crítica em Die Gechichte von den zweien Revolutionen, *Merkur*, p.479 et seq.

Teoria e práxis

interesses [...] O exemplo mais completo do Estado moderno é a América do Norte.[56]

Por isso, o Estado pode ser concebido como garantia de um contrato entre todos os membros da sociedade apenas sob aquelas condições "no interior das quais então os indivíduos desfrutariam da contingência. Esse direito de poder desfrutar da contingência dentro das margens de certas condições sem ser molestado foi chamado até agora de liberdade pessoal".[57] Ora, essa própria construção liberal dos direitos humanos considera a economia política como a pedra de toque de sua verdade: as leis naturais da sociedade deveriam cumprir as promessas do direito natural dos homens. Se agora Marx puder provar à economia política que o livre intercâmbio de proprietários privados entre si exclui necessariamente um desfrute da autonomia pessoal com igualdade de chances para todas as pessoas, então ele demonstraria ao mesmo tempo que a pretendida justiça precisa permanecer economicamente negada nas leis formais e gerais da ordem burguesa do direito privado. Portanto, o interesse dos burgueses não pode mais ser identificado com o de todos os cidadãos; justamente as leis gerais, em que se expressa o direito formal, tornam válido somente o interesse particular de uma classe:

> Os indivíduos dominantes sob essas relações têm [...] de dar à sua vontade, condicionada por essas relações determinadas, uma expressão universal como vontade estatal, como lei [...] Sua

---

56 Marx, *Marx-Engels*, *Werke*, v.3, p.62.
57 Ibid., p.75.

dominação pessoal, ao mesmo tempo, tem de se constituir como uma dominação média. Seu poder pessoal apoia-se em condições de vida que se desenvolvem como comuns a muitos e cuja subsistência, enquanto dominantes, têm de ser afirmadas frente a outros e, ao mesmo tempo, como válidas para todos. A expressão dessa vontade condicionada por seus interesses comuns é a lei. Precisamente a imposição dos indivíduos reciprocamente independentes e de suas próprias vontades, imposição que, sobre essa base, é necessariamente egoísta em suas relações mútuas, é o que torna necessária, na lei e no direito, a autonegação. Autonegação em caso excepcional, autoafirmação de seus interesses em caso normal.[58]

Porque o Estado serve aos interesses dos proprietários privados, e não ao interesse da sociedade em seu todo, ele permanece como instrumento da dominação; o poder repressivo não pode perecer, não pode retornar a uma sociedade que se regula espontaneamente. Marx precisa somente confrontar as expectativas da construção jusnaturalista liberal da sociedade civil com as tendências de desenvolvimento dessa própria sociedade para trazer polemicamente a revolução burguesa ao seu conceito. E porque essa própria revolução formou para si mesma um conceito em termos filosóficos, seus críticos podiam tomar-lhe a palavra em termos econômicos. A vinculação surpreendente entre filosofia e economia não é uma particularidade dos *Manuscritos econômico-filosóficos* – ela já tinha sido antecipada na autocompreensão filosófica da revolução burguesa.

Em consonância com a linguagem da filosofia do direito de Hegel, Marx concebe a revolução burguesa como a emancipação

---

58 Ibid., p.311 et seq.

Teoria e práxis

dos cidadãos, mas não dos homens: reconhecidos diante da lei como pessoas de direito livres e iguais, eles estão ao mesmo tempo entregues às relações naturalizadas de uma sociedade de troca livre.

> O homem, enquanto membro da sociedade civil, o homem apolítico, aparece no entanto necessariamente na qualidade de homem natural. Os *droits de l'homme* [direitos do homem] aparecem na forma de *droits naturels* [direitos naturais], pois a atividade autoconsciente se concentra no ato político. O homem egoísta é o resultado passivo e meramente encontrado na sociedade decomposta [...]

A revolução política decompõe a vida burguesa em seus componentes sem revolucionar esses próprios componentes e submetê-los à crítica. Ela se comporta com a sociedade civil, com o mundo das necessidades, do trabalho, dos interesses privados, como se fosse a base de sua existência, como um pressuposto que não precisa mais ser fundamentado, isto é, como sua base natural.[59]

O conceito polêmico de uma emancipação meramente política, que foi reconhecida ao mesmo tempo "como um grande progresso",[60] volta-se criticamente contra o pressuposto central da tradição anglo-saxônica do direito natural. Certamente, Marx nunca diferenciou expressamente a construção concorrente que remete a Rousseau e aos fisiocratas e que não conhece a separação principal entre os direitos humanos e os dos cidadãos, e os direitos fundamentais pré-estatais e os estatais. Por isso, continua sendo um enigma para ele

---

59 Ibid., v.I, p.369.
60 Ibid., p.356.

que um povo, que acabou de começar a se libertar [...] proclame de modo solene a justificação do homem egoísta, que se separou de seus semelhantes e da comunidade (Declaração de 1791), e, além disso, repita essa proclamação no instante [...] em que o sacrifício de todos os interesses da sociedade civil estava na ordem do dia e o egoísmo teve de ser sacrificado como um criminoso (Declaração de 1793).[61]

A doutrina jusnaturalista liberal, como já apontamos, também não poderia ter fundamentado a autocompreensão da Revolução Francesa. Seu fundamento consistia antes na ideia de uma sociedade política, uma organização que abrangia um Estado e uma sociedade. Sem saber disto, o próprio Marx se coloca nessa tradição, ele mesmo está vinculado a esse conceito de revolução, embora com um conteúdo novo. Enquanto a revolução política tinha emancipado juridicamente os cidadãos, uma futura revolução proletária deve emancipar socialmente os homens. É conhecido que Marx explicou a Revolta de Paris de 25 de junho de 1848 como um indício de tal revolução proletária; ele a compara à eclosão da Revolução de Fevereiro desse mesmo ano com a fórmula: "Depois de junho, revolução significa: subversão da sociedade burguesa. Enquanto que, antes de fevereiro, teria significado: subversão da forma de Estado".[62]

---

61 Ibid., p.366.

62 Ibid., v.7, p.35. O golpe de mão de Napoleão III, em 2 de dezembro de 1851, ao qual Marx dedicou uma investigação própria sob o título de *O 18 Brumário Louis Bonaparte*, ele caracteriza com a seguinte frase: "Em vez de a própria sociedade ter conquistado para si um novo conteúdo, parece o Estado retornou à sua antiga forma, ao domínio descaradamente simples do sabre e do hábito sacerdotal". Marx, *Werke*, v.8, p.118.

Teoria e práxis

O proletariado deve usar sua dominação conquistada politicamente para, em uma revolução de cima ("mediante a intervenção despótica nas relações de produção burguesas"), organizar também a base social do Estado revolucionado politicamente pela burguesia. Com isto, não se trata mais da positivação do direito natural; essa revolução confia antes na execução de uma justiça retratada dialeticamente na história natural. No espaço de uma história universal decifrada como contexto de culpa, Hegel havia sacrificado o direito natural abstrato em nome de uma, como lhe parecia, judicatura mais viva do destino. Por isso, ele colocou limites àquela sentença assumida favoravelmente, segundo a qual a revolução teria recebido seu primeiro estímulo da filosofia: "mas a filosofia é antes de tudo apenas um pensamento abstrato, não uma apreensão concreta da verdade absoluta, o que é uma diferença incomensurável". Indo mais além, Marx, com a crítica da ideologia do Estado de direito burguês, desacredita tão veementemente da própria ideia de juricidade [*Rechtlichkeit*] e, com a dissolução sociológica da base dos direitos naturais, da intenção do direito natural enquanto tal para o marxismo, que desde então se desfez o liame entre direito natural *e* revolução. Os partidos de uma guerra civil internacionalizada dividiram o legado de um modo claramente fatal: um dos lados assumiu a herança da revolução, o outro, a ideologia do direito natural.

Os direitos fundamentais como princípios de uma ordem jurídica total do Estado social

Nas democracias de massa socioestatais de uma sociedade civil altamente industrializada e organizada pela burocracia, os direitos dos homens e dos cidadãos válidos possuem uma posição peculiarmente ambivalente. Três momentos são característicos para isso:

1. De um lado, as garantias dos direitos fundamentais são o fundamento do Estado de direito, de uma ordem em que o exercício da dominação, o emprego da violência e o equilíbrio de poder precisam ser legitimados. De outro lado, falta ao próprio direito natural aquela justificação filosófica vinculante. Certamente, os professores e os operadores do direito recorrem de fato às tradições do direito natural, seja a de observância cristã, seja a racionalista; mas os sistemas mencionados não são apenas controversos, eles não perdem apenas sua plausibilidade com o pluralismo de tentativas de fundamentação, uma vez que geralmente eles próprios permanecem abaixo do nível da filosofia contemporânea. Assim, a ética material dos valores de Scheler e Hartmann de modo algum pertence ao "acervo filosófico" – se é que, no geral, poderíamos falar nesses termos.

2. Além disso, a base social foi amplamente retirada da interpretação liberal ainda dominante. Em consequência da tendência, efetiva desde o último quarto do século XIX, de entrelaçamento entre Estado e sociedade, as esferas do intercâmbio de mercadorias e do trabalho social foram retiradas da autonomia das pessoas privadas na mesma medida em que o Estado assumiu tarefas intervencionistas. A ordem de propriedade e o ciclo econômico em seu todo não servem mais como base natural ao Estado social, pois são anulados os pressupostos econômicos para uma sociedade despolitizada. A clássica separação entre direitos humanos e direitos dos cidadãos, e a rígida distinção

entre direito privado e público, perdem assim aquela base com a qual uma vez se vincularam de modo liberal.[63]

3. Finalmente, o aumento de função do Estado social conduziu a que o legislador, o governo e a administração, assim como partidos e organizações que participam informalmente na influência e no exercício da dominação política, possam preparar suas decisões por meio da análise científica dos fatos sociais. Enquanto a atividade de um Estado liberal na dimensão interna esteve limitada essencialmente à conservação e formação de uma ordem do direito privado fixada principalmente por meio dos direitos fundamentais, a ação política permanecia sendo "prática": foi necessário, contudo, recorrer ao conhecimento jurídico objetivo. Isto tem como consequência uma cientificização específica da práxis estatal: as então pretendidas ciências sociais não podem mais ser hermenêuticas, mas sim analíticas. Elas podem oferecer recomendações técnicas para a organização de meios com respeito a fins, mas não podem orientar normativamente em relação aos próprios fins; elas se restringem estritamente a um esclarecimento vinculante sobre as necessidades práticas em situações dadas, sobre a seleção dos fins, a prioridade dos fins e a aplicação das normas.

Ambos os momentos — as normas fundamentais da ação política que não são mais capazes de uma legitimação científica; e os métodos cientificamente racionalizados de uma disposição técnica sobre processos sociais que, enquanto tais, carecem de orientações práticas — são abstratamente dissociados. O vínculo teórico entre ambos os momentos, que se manteve

---

63 Cf. Preuss, *Zum staatsrechtlichen Begriff des Öffentlichen*, principalmente o cap. 3.

preservado na tradição das doutrinas do direito natural e da sociedade natural que vai de Hobbes e Locke até Marx, foi rompido; a adaptação positivista ou o dirigismo de visões de mundo não podem substituí-lo.[64]

Quando se leva em conta esses pontos de vista, decorrem também, a partir de nossa comparação histórica entre ambas as construções jusnaturalistas concorrentes, algumas conclusões para uma análise sistemática dos direitos fundamentais sob as relações atuais. Pois aquilo que antes, ao final do século XVIII, era apenas uma diferença de interpretação, sob condições sociais modificadas se tornou uma diferença no próprio processo vital da constituição política. Pois se observarmos os direitos fundamentais durante a fase liberal apenas do ponto de vista de sua função sociológica, então resulta tanto para a América quanto principalmente para a Europa uma mesma imagem. Eles garantem que a sociedade seja uma esfera de autonomia privada; diante desta, garantem um poder público limitado a poucas tarefas centrais; e, ao mesmo tempo, entre a esfera privada e a pública, garantem uma dimensão constituída por pessoas privadas que se reúnem em um público, as quais, enquanto cidadãos, fazem a mediação do Estado com as necessidades da sociedade civil.[65] Consequentemente, os direitos humanos podem ser interpretados de modo liberal: eles protegem as pessoas contra as intervenções e os abusos estatais nas dimensões que devem permanecer reservadas principalmente

---

64 Cf. meu ensaio Verwissenschaftiliche Politik und öffentliche Meinung.

65 Tratei desse assunto em outra ocasião. Cf. Habermas, *Strukturwandel der Öffentlichkeit.*

às pessoas privadas ligadas às regras gerais do intercâmbio jurídico. Porém, eles também *podem muito bem ser interpretados* como princípios de uma constituição que organiza simultaneamente a sociedade e o Estado: os direitos fundamentais de modo algum atuavam apenas de modo "limitador", pois com base naquilo para a qual aquelas constituições foram concebidas, elas teriam de ser efetivadas enquanto garantias positivas para iguais chances de participação no processo de produção tanto da riqueza social como também da opinião pública. Em acordo com uma sociedade de intercâmbio, tal como também foi pressuposta na Assembleia Nacional juntamente com os fisiocratas, apenas indiretamente uma garantia de igualdade de chances na participação das compensações sociais (sobre o mercado) e nas instituições políticas (na esfera pública) seria alcançada por meio das garantias das liberdades e da segurança diante de um poder concentrado no Estado, e assim o impacto positivo só seria obtido no caminho de um efeito negativo dos direitos fundamentais.

As funções objetivas do direito natural positivo seriam então indiferentes às duas interpretações dominantes. Entretanto, mediante uma mudança de função, elas perderam essa indiferença com uma base social modificada. Nas sociedades industriais constituídas pelo Estado social, não vigora mais a ficção do caráter pré-político dos direitos subjetivos de liberdade, e não é mais possível manter a distinção principal entre os direitos dos homens e os dos cidadãos, a qual já não existia nas declarações francesas. Ninguém pode mais esperar que a realização positiva dos direitos fundamentais atuantes de maneira negativa ocorra "automaticamente". Porque a delimitação das dimensões livres da intervenção estatal não pode mais ser recompensada com uma chance igual de participação meramente aproximativa nas compensações sociais ou nas instituições políticas, então não se adicionou de maneira complementar apenas os direitos sociais fundamentais e as reservas sociais, mas antes os direitos humanos foram interpretados necessariamente na qualidade de direitos políticos. Como Ernst Rudolf Huber já mostrou para o caso da Constituição de Weimar, os direitos fundamentais, inicialmente reconhecidos como liberais, não podem ser concebidos na forma de concessão da liberdade natural, interpretada principalmente de modo extraestatal, de uma dimensão de autonomia privada, pois agora retira seu sentido específico somente do contexto de princípios objetivos de uma ordem jurídica total que abrange o Estado e a sociedade.[66]

---

66 "Os direitos fundamentais clássicos impregnados no espírito liberal transformaram seu sentido sob a influência de um novo vir-a-ser estatal, inclusive ali onde, no entanto, portavam sua forma antiga. Para uma grande parte dos envolvidos, esses direitos se converteram em princípios de direito universais, em garantias de institutos de direito assim como em garantias organizativas e corporativas. Também ali onde, segundo sua forma jurídica, permaneciam como verdadeiros direitos de liberdade, a liberdade que neles se reconhece está tão fortemente limitada e decomposta, que apenas com reservas poderiam ser designados como direitos de liberdade 'liberais'." (Huber, Bedeutungswandel der Grundrechte, *Archiv des öffentlichen Rechts*, p.79.) Huber deduz dessa análise correta o desenvolvimento de um Estado de direito nacionalista de característica fascista. No entanto, ele ignora que o Estado social, precisamente *enquanto continuador da tradição jurídica do Estado liberal*, viu-se forçado a transformar os direitos fundamentais em sua funcionalidade. Para a posição atual de Huber, cf. *Rechtsstaat und Sozialstaat in der modernen Industriegesellschaft*.

Teoria e práxis

O que não pode mais ser indiretamente garantido mediante essa delimitação agora precisa ser assegurado positivamente: a participação nas instituições da esfera pública política.[67] O grupo de direitos fundamentais, que, com a garantia institucional da propriedade como seu núcleo, afirmam as liberdades básicas do direito privado, também garantem a livre escolha da profissão, do posto de trabalho e da educação, agora assume em parte o caráter dos direitos de participação, e em parte é reduzido por outras garantias concernentes ao Estado social. Também aquele outro grupo de direitos fundamentais, que protegem uma esfera pública fundada politicamente, é desfuncionalizado nas garantias positivas de participação e complementado por meio de princípios jurídicos para a organização das mídias de massa, dos partidos e das associações públicas. Mesmo os direitos fundamentais, que protegem a integridade da esfera íntima da pequena família e o *status* da liberdade pessoal, ao se vincularem a um direito estabelecido materialmente ao desenvolvimento livre da personalidade, perdem aquele caráter meramente negativo, do qual representavam o protótipo da passagem dos direitos de liberdade corporativos mais antigos aos burgueses.[68]

Finalmente, também um terceiro efeito dos direitos fundamentais passa a ser legitimado à medida que, em sociedades industrialmente avançadas, a autonomia privada precisa ser mantida e assegurada apenas como algo derivado de uma constituição política total. Os direitos social ou socioestatalmente

---

67 Para a discussão jurídica, Forsthoff (org.), *Rechtsstaatlichkeit und Sozialstaatlichkeit*.

68 Cf. Habermas, *Strukturwandel der Öffentlichkeit*, p.247 et seq.

refuncionalizados da liberdade, da propriedade e da segurança não se fundam mais em um intercâmbio jurídico estabilizado naturalmente no interesse do livre intercâmbio de mercadorias; eles se apoiam antes em uma integração, que deve ser democraticamente implementada, dos interesses de todos nas organizações que atuam vinculadas ao Estado e que, por sua vez, controlam a esfera pública interna e externa.

As normas de direito fundamental, pelas quais a práxis do Estado social se vê obrigada, comportam-se dialeticamente diante das construções jusnaturalistas, sobre as quais um dia foram legitimadas. Elas foram inflexivelmente retidas em sua intenção original, mas, ao mesmo tempo, foram refuncionalizadas tendo em vista as condições sociais sob as quais teriam de se realizar. Justamente a vinculação liberal da construção do direito natural com a economia política da sociedade civil desafiou uma crítica sociológica que ensinou que não podemos separar o direito formal do contexto concreto dos interesses sociais e das ideias históricas e ao mesmo tempo o fundamentar (seja de um ponto de vista ontológico, transcendental-filosófico ou antropológico) na natureza (na natureza do mundo, da consciência ou dos homens) – um discernimento que o Hegel de Jena já tinha antecipado antes do Marx dos *Anais franco-alemães*. Certamente não é por isso que compreendemos em termos históricos os direitos humanos a partir do contexto da vida social para com isso desvalorizá-los como pura ideologia, mas precisamente para impedir que as ideias, uma vez retirada sua base viva, percam seu sentido e, por conseguinte, justifiquem aquilo do que antigamente tinham de livrar os homens: o poder indissoluvelmente substancial da dominação política e do poder social que não pode e nem quer ser legitimado a partir de fins publicamente discutidos e racionalmente demonstráveis. A mesma relação dialética também se apresenta de modo contrário: já que, de um lado, o sentido revolucionário do direito natural moderno não pode ser reduzido simplesmente ao contexto social de interesses, mas que, de outro, a ideia do direito natural, que aponta para além da ideologia burguesa, não pode ser resgatada, porém pode ser realizada seriamente com o auxílio de uma interpretação baseada nas relações sociais concretas. Suas estruturas naturalizadas, contudo, podem ser suprimidas nas normas da constituição total, fixadas de acordo com o direito natural, de uma sociedade política na medida em que também puderem obter validade.[69]

Podemos recorrer à construção jusnaturalista da Assembleia Nacional francesa, inspirada em Rousseau e nos fisiocratas, na medida em que nela os direitos fundamentais foram concebidos como princípios de uma constituição política que abrange tanto o Estado como a sociedade. Mas, apenas porque se acredita poder reivindicar naturalidade em tal ordem jurídica total e em seus princípios, eles deveriam, por intermédio de um ato revolucionário, ser impostos de uma vez por todas contra uma sociedade depravada. A essa autocompreensão revolucionária se contrapôs uma dúvida elementar sobre o conceito fisiocrata de natureza: chamavam-se naturais as leis imanentes de uma sociedade civil emancipada do Estado; porém, ao mesmo tempo, elas precisavam de uma normatização jurídica e de uma imposição revolucionária despótica porque as leis naturais da sociedade não tinham de ser operadas com inviolabilidade física,

---

69 Abendroth, *Antagonistische Gesellschaft und politische Demokratie*.

mas antes ser dominadas politicamente contra a corrupção da natureza humana. Contrariamente, a interpretação liberal avistou a essência natural de uma sociedade de troca emancipada. Esta, enquanto base natural de um Estado liberal, pretendia ser libertada pelo poder político; mas ela mesma só foi incorporada a uma constituição política total quando as pessoas privadas, consideradas cidadãs do Estado, pudessem influenciar politicamente e controlar fundamentalmente as condições de reprodução social de sua vida em âmbitos cada vez mais amplos. Essa ideia certamente foi resgatada inicialmente na transformação socioestatal do Estado de direito liberal: o momento revolucionário da positivação do direito natural ocorreu em um processo de integração democrática dos direitos fundamentais de longo prazo.[70]

Entretanto, esses direitos fundamentais abandonaram agora a abstração dos direitos naturais porque sabemos que sua intenção só pode ser justificada no esboço de uma configuração material das relações sociais. Com isto, altera-se também o seu caráter. A Declaração Francesa supôs implicitamente que uma ordem coercitiva de normas formais e gerais são transpostas de modo imediato em uma organização das relações da vida social: ela partilha totalmente dessa vantagem jurídica com a tradição jusnaturalista que remete a Hobbes. Mas logo que as expectativas investidas no direito formal burguês em torno das leis imanentes de uma esfera de autonomia privada do intercâmbio de mercadorias não foram mais preenchidas com credibilidade suficiente, separaram-se ambos os momentos: o efeito normativo imediato dos direitos fundamentais para

---

70 Smend, Integrationslehre, p.299 et seq.

as pessoas de direito subsumidas, de um lado; e, de outro, as orientações positivas dos princípios para uma ordem jurídica total, em que o caráter de uma base natural em uma sociedade assimilada tem de ser primeiramente desfeito.

No Estado social, a práxis política é mantida para proceder segundo os critérios dos direitos naturais; ela está ligada *a* estes não apenas como normas jurídicas, mas ao mesmo tempo é orientada *por meio* deles como máximas de configuração a guiar aquele processo de transformação. Com isto, tal práxis é orientada pelas normas dos direitos fundamentais na medida em que, ao mesmo tempo, pode se informar com as ciências sociais sobre as condições reais de seu funcionamento possível. Essa forma de engajamento remete também às próprias ciências sociais. *Nessa* forma, uma cientificização tornada inevitável da política exige também uma reflexão das ciências, evitada até o momento de modo temeroso, sobre suas próprias consequências políticas. Uma ciência social limitada de modo positivista não deve superar o nível de uma dissolução crítico-ideológica das fórmulas jusnaturalistas vazias.[71] No nível da autorreflexão de seu engajamento por uma práxis política sujeita aos direitos fundamentais, ela não pode se satisfazer, entretanto, com postulados do niilismo de valores ou da abstinência de valores: nesse caso, ela mesma precisa ser compreendida, ao contrário, enquanto momento do contexto de vida prática – e enquanto um agente dentro desta.

---

71 De modo exemplar, cf. Topitsch, *Sozialphilosophie zwischen Ideologie und Wissenschaft.*

3
A crítica de Hegel à Revolução Francesa

"Não há uma segunda filosofia que seja tão, inclusive em seus impulsos mais íntimos, filosofia da revolução quanto aquela de Hegel." Eu gostaria de complementar essa tese, que foi explicitamente defendida por Joachin Ritter,[1] com uma outra: para não sacrificar a filosofia enquanto tal nos desafios da revolução, Hegel elevou a revolução a princípio de sua filosofia. Apenas quando fixou a revolução no próprio coração palpitante do espírito do mundo, ele se sentiu seguro diante dela. Hegel não recusou a Revolução Francesa e seus filhos, ele os festejou no esquecimento. Seguindo uma tradição, durante sua vida ele levantava a taça em homenagem aos anos de aniversário da tomada da Bastilha. Se o ritual de fato ocorria assim, ele não poderia evitar um caráter mágico: a homenagem tinha sido uma maldição. Quase no final de sua filosofia da história,

---

1 Ritter, Hegel un die Französische Revolution, p.183-255; além disso, id., Person und Eigentum, p.256-280. Cf. ainda as contribuições de Jean Hyppolite e Alfred Stern em *La révolution de 1789 et la pensée moderne*.

um Hegel já quase resignado confessa que a intranquilidade que decorre da Revolução e é constantemente renovada seria o nó que a história tem de desatar nos tempos futuros – apenas nos tempos futuros.[2] Hegel festeja a Revolução porque a teme; Hegel eleva a revolução a princípio de sua filosofia em virtude de uma filosofia que enquanto tal supere a revolução. A filosofia da revolução de Hegel é tanto sua filosofia *quanto também* sua crítica.

Em 1817, apareceu nos *Heidelberger Jahrbücher* [Anuários de Heidelberg] um panfleto contra as províncias de Württemberg, que, em longas negociações, tinham rejeitado uma constituição erigida pelo rei.[3] Os contemporâneos entenderam o panfleto como uma tomada de posição reacionária em favor do monarca. Contudo, o monarca demonstrou, diante do desconcerto das frentes políticas ordinárias, uma visão mais aguçada ao desconfiar dos partidários indesejados – em todo caso, não ofereceu ao autor um posto no serviço do Estado tal como este havia esperado. Tal autor era Hegel. O alvo de sua crítica era tão pouco conveniente ao rei quanto a seus estamentos; no entanto, era o mesmo alvo que um quarto de século antes tinha sido introduzido pela própria Revolução.

Hegel não se volta contra a pretensão dos estamentos de obter direitos mais extensos do que aqueles que a nova constituição os outorgava; porém, ele recusa antes a fundamentação dessa pretensão como sendo um erro crucial. Na verdade, a Assembleia tinha apelado aos privilégios da antiga

---

2 Hegel, *Sämtliche Werke*, v.11, p.563.

3 Id., *Schriften zur Politik*, p.157 et seq.; agora em Hegel, *Politische Schriften*, p.140 et seq.

Teoria e práxis

Constituição de Württemberg e exigido uma restauração das liberdades estamentais. Com isso, eles retomavam a tradição do direito natural clássico e se colocavam abaixo do nível do direito natural revolucionário. Este último evidentemente se recusava a reconhecer de novo na massa positiva dos privilégios historicamente existentes a ordem racional permanente. A razão do direito natural racional abandonou o vínculo tradicional com os costumes válidos dos cidadãos e com as instituições em vigor da comunidade: antes dela, havia unicamente a liberdade abstrata da pessoa de direito na igualdade de todos os homens sob leis formais e universais. Dessa perspectiva, aquela razão prática da antiga "política", que acreditava reconhecer o natural *nas* tradições, reduziu-se a mero tradicionalismo: "Se os antigos direitos e a antiga constituição são justos ou ruins, não se pode derivar da condição de antigo. Também a abolição dos sacrifícios humanos, da escravidão, do despotismo feudal e das incontáveis infâmias foi sempre uma superação de algo que era um antigo direito".[4] Hegel concebeu a Revolução Francesa como o acontecimento da história universal que pela primeira vez tornou existente e válido o direito abstrato. Retrospectivamente, considerando os decênios transcorridos desde então, na qualidade de um partidário da ordem revolucionária, ele expressa com desdém seu juízo sobre seus opositores: "Dificilmente poderia haver um morteiro mais terrível para triturar os falsos conceitos jurídicos e preconceitos sobre as constituições do Estado do que o tribunal desses 25 anos, mas estas províncias surgiram ilesas dele". O reconhecimento,

---

4 Id., *Schriften zur Politik*, p.199.

no entanto, já denuncia nessa sentença sua dupla base: sobre a validade daquele direito abstrato, que o racionalismo de Hegel afirma tão rigorosamente contra a massa positiva do vir-a-ser meramente histórico, encontra-se por seu turno mais uma vez o curso da história na forma de um supremo tribunal ("o tribunal desses 25 anos").

Hegel legitima a realidade objetiva do direito abstrato do ponto de vista da história universal. Ele retrocede assim abaixo da base de justificação pretendida pelo próprio direito natural; ele separa a validade do direito abstrato dessa realidade; separa a ordem produzida pela revolução da própria revolução; separa a liberdade abstrata, que exigiu validade positiva na esfera da sociedade civil (Código de Napoleão), *da* liberdade abstrata que quer realizar a si mesma (Robespierre). Esta incorre na contradição da liberdade absoluta de uma consciência meramente subjetiva: no desdobramento mais extremo do poder, ela experimenta necessariamente sua própria nulidade. Hegel concebe o Terror jacobino como uma tal negação da liberdade abstrata que se excedeu em liberdade absoluta. É contra isto que se dirige sua crítica da Revolução Francesa. Assim, Hegel saúda em Napoleão duas coisas ao mesmo tempo: aquele que superou a Revolução e foi o guardião de uma ordem revolucionária, o comandante que na verdade venceu Robespierre e o patrono do novo código civil. Uma rápida olhada seria suficiente para aclamar essa figura do espírito do mundo que surge cavalgando seu cavalo; mas dificilmente toda uma vida ainda seria o bastante para pensar sobre a aclamação animada afetivamente, a saber: legitimar conceitualmente o revolucionamento da realidade tirando de cena a própria revolução.

I

Vamos atualizar, de início, o significado que a Revolução Francesa precisou adquirir na autocompreensão do direito natural moderno.[5] A Revolução parecia resolver de maneira factual uma dificuldade que sempre tinha permanecido nas doutrinas do direito natural como um resto teoricamente irresolvido. Uma subversão imprevista cuidou para que, da noite para o dia, ocorresse uma transposição da teoria para a práxis, a qual não poderia mais ser pensada de modo algum no espaço dessa própria teoria. No caminho em direção ao rigor científico, a doutrina do direito natural moderno perdeu o que algum dia a antiga política pôde assumir na qualidade de prudência: a orientação prática sobre o que, em dada situação, é correto e justo fazer.[6]

A filosofia social fundada por Hobbes no espírito de Galileu pretendeu oferecer de uma vez por todas as condições corretas da ordem estatal e social. Conhecendo essas condições gerais, já não é necessária, portanto, a ação praticamente sábia dos homens entre si, mas uma produção corretamente calculada de regras, relações e instituições. Os engenheiros da ordem correta podem prescindir das categorias de relação moral e se limitar à construção das circunstâncias que levam necessariamente os homens a adotar um determinado comportamento. Mas são os mesmos homens que, em um caso, produzem o material e, em outro, também trabalham sobre esse material enquanto técnicos de sua própria ordem. Com isto, é caracterizada

---

5 Cf. o Capítulo 2 neste mesmo volume.

6 Strauss, *Naturrecht und Geschichte*, p.124 et seq.

a seguinte dificuldade: de que maneira essa teoria deve se tornar prática?

A convicção incansavelmente repetida de Hobbes de que o conhecimento da filosofia social precisava meramente de uma certeza metodológica para, sem rodeios, converter-se em certeza prática de cidadãos politicamente perspicazes, denuncia a impotência de um pensamento que abstrai a distinção entre dispor e agir. A transposição da teoria para a práxis, diferentemente de uma mera aplicação técnica de resultados científicos, coloca-se ante a tarefa de se inserir na consciência e na convicção de cidadãos preparados para a ação: soluções teóricas têm de se mostrar em situações concretas como soluções necessárias em termos práticos para a satisfação de carências objetivas, se é que desde o início já não estão sendo concebidas a partir do horizonte dos agentes.[7] Parece-nos que, por intermédio da Revolução, a teoria se abstém exatamente *dessa* dificuldade. A efetivação do direito abstrato teria sido realizada de maneira histórica pelas costas da própria teoria. Por essa razão, os contemporâneos compreenderam a Revolução, segundo uma expressão de Kant, como a evolução do direito natural.

Contudo, não se findou de fato essa divisão de trabalho entre teoria e história. O que não se poderia mais refletir adequadamente na teoria, a realização do direito abstrato, não tinha se imposto de modo algum de maneira irrefletida na Revolução como se fosse simplesmente um acontecimento objetivo. A Revolução Francesa foi a primeira que, apesar de ter sido irrompida na forma de uma catástrofe da história natural, logo foi admitida na vontade e na consciência de partidários e opositores. Desde 1789, existem revoluções que foram defendidas,

---

7 Cf. nossa interpretação de Hobbes no Capítulo I do presente volume.

Teoria e práxis

impulsionadas, dirigidas e consumadas por seus advogados inclinados pelos atos revolucionários. Com esses advogados, ideólogos e homens de princípios, como Hegel desdenhosamente os chamava, se apresenta novamente aquele precário vir-a-ser prático da teoria no planejamento político dos indivíduos atuantes; na verdade, estes são novamente os engenheiros que agem no modo da produção e que querem imediatamente outorgar realidade às normas universais. A *Fenomenologia do espírito* concebe isto na qualidade de horror da liberdade absoluta. A realização direta do direito abstrato antes projetado na teoria coloca o problema da mediação de uma fria universalidade simplesmente inflexível com a aridez absolutamente dura e a pontualidade obstinada da autoconsciência efetiva. Na medida em que ambos os extremos são fixados a partir da continuidade do contexto de vida prático e são absolutos para si, sua relação não pode "enviar qualquer parte ao meio através do qual eles possam se enlaçar". Desse modo, a atividade revolucionária autorizada pela consciência subjetiva é a negação do singular no universal. Sua única obra é a morte, mais precisamente "a morte mais fria e mais rasteira, sem mais significação do que cortar uma cabeça de couve ou beber um gole de água".[8]

Hegel reconhece a Revolução na medida em que auxilia aquilo que Kant havia concebido como um estado jurídico [*Rechtzustand*] a se tornar uma existência externa. Mas, ao mesmo tempo, ele critica os revolucionários que adotam a realização do estado jurídico imediatamente enquanto meta de sua ação.[9]

---

8 Hegel, *Phänomenologie des Geistes*, p.418 et seq.

9 Essa interpretação foi criticada por Wildt, Hegels Kritik des Jakobinismus, p.256 et seq.

Hegel não pode ir aquém dessa própria meta; por isso, ele se diferencia em princípio do primeiro crítico da Revolução Francesa, Edmund Burke. Hegel não pode mais, tal como este último, remeter as questões do direito do Estado à providência estatal na qualidade de *questions of disposicions, and of probable consequences — wholly out of the law*.[10] A *prudence* de Burke que, a partir da tradição clássica da política, se deriva da *phronesis* aristotélica passando pela *prudentia* de Cícero, e que foi novamente evocada por Vico contra a rigidez do método da ciência moderna, não pode mais satisfazer Hegel. Ele critica, de certo, a autocompreensão ambiciosa da Revolução: de que mediante o poder da consciência subjetiva, que, para além das abstrações do entendimento, não pode levar a nada, ainda assim realizar a razão. Hegel leva a sério a pretensão da Revolução enquanto tal, "que o homem se ponha sobre a cabeça, isto é, sobre o pensamento, e de acordo com este erija a realidade".[11] Ele tem de legitimar o revolucionamento da realidade sem os revolucionários. Para tanto, ele empreende a grandiosa tentativa de conceber a realização do direito abstrato na forma de um processo objetivo.

II

O direito abstrato conquista sua força lógica e sua dignidade ontológica na medida em que prescinde do vir-a-ser meramente histórico; mas a filosofia, que o compreende, apreende

---

10 Burke, *Reflections on the Revolution in France*, p.28. [Trad.: "na qualidade de questões de disposições, e de prováveis consequências — totalmente externas ao direito". – N. T.]

11 Hegel, *Sämtliche Werke*, v.11, p.557.

o direito abstrato como momento de uma totalidade histórica exatamente a fim de justificá-lo em seu caráter abstrato a partir do universal concreto.

A construção da filosofia do direito pode, contudo, menosprezar o conceito peculiarmente histórico do direito abstrato. Na primeira parte, anunciada sob o título de direito natural, são introduzidos os elementos do direito abstrato (posse, propriedade e contrato) como princípios que são independentes da história e não têm pressupostos, que, segundo a autocompreensão moderna, querem justamente ser assim, e que também têm de ser assim em sua característica própria para servir como medida crítica para a negação de todo o direito que veio a ser por um processo meramente histórico. Uma certa dificuldade surge já na passagem do contrato para a injustiça e a punição; pois apenas um direito legalmente vigente pode ser violado. Mas o direito abstrato exige validade na sociedade civil, direito este que Hegel desenvolve aqui de início na qualidade de direito em si. Por essa razão, na terceira parte da filosofia do direito, o direito abstrato *efetivo* aparece sob o título insignificante de administração do direito. É aqui que pela primeira vez o direito alcança existência no direito privado positivamente vigente; é apenas aqui que pela primeira vez ele se reconhece como *a* forma em que a esfera privada do trabalho social, isto é, a sociedade moderna, garante seu próprio poder. Mas visto que o conceito de direito abstrato e de sistema de necessidades são independentes um do outro e sempre são desenvolvidos para si, surge a ilusão de que o conteúdo social prévio seja condensado na forma jurídica já disposta.[12]

---

12 Id., *Grundlinien der Philosophie des Rechts*, §209 et seq.

Por cima do próprio processo de surgimento do direito abstrato a partir do contexto histórico do trabalho social, por cima de sua realização na sociedade industrial, a filosofia do direito construída à sombra da lógica nos nega a informação que tinha sido dada com detalhes ao jovem Hegel; o *System der Sittlichkeit* [Sistema da eticidade] e ambas as versões da *Realphilosophie* de Jena [Filosofia real de Jena] retêm os vestígios daquele processo de trabalho em que Hegel remeteu as abstrações do direito natural ao solo de experiência histórica já disposto a partir da economia política.[13] Ele reconstruiu Locke a partir de Adam Smith e mostrou de que maneira a posse foi apropriada de início graças ao trabalho sobre um objeto, de que maneira a posse excedente é trocada e reciprocamente reconhecida na troca enquanto propriedade, de que maneira, finalmente, a universalização das relações de troca e, com isso, as relações contratuais produzem um estado legal em que a vontade de cada indivíduo se constitui na vontade de todos os indivíduos de acordo com sua autonomia privada.

Hegel entrevê o vínculo histórico e igualmente sistemático entre determinados processos de trabalho social e o livre intercâmbio dos produtores, de um lado, e, de outro, aquela regulação formal do intercâmbio baseado no direito privado, cujos princípios foram formados no direito natural racional, codificados nos códigos civis desde o século XVIII[14] e, com Hegel, trazidos ao conceito de direito abstrato. Na medida em que Hegel compara as doutrinas do direito natural da filosofia

---

13 Esse contexto é analisado por Ritter, *Metaphysik und Politik*, p.35 et seq. Cf. principalmente Lukács, *Der junge Hegel*.

14 Wieacker, *Privatrechtsgeschichte de Neuzeit*.

social moderna com as doutrinas contemporâneas de uma sociedade natural da economia política, ele descobre como seu verdadeiro vínculo que a liberdade das pessoas de direito e sua igualdade perante leis universais foram conquistadas literalmente sob muito trabalho. O direito abstrato é a certidão de uma libertação concreta: pois o trabalho social é aquele processo em que a consciência se converte em coisa para assim configurar-se a si mesma e finalmente, na qualidade de filho da sociedade civil, abandonar a forma servil. Nesse processo de socialização se realiza o direito abstrato do Estado moderno; a ficção de um contrato social e de dominação, por meio do qual todos os indivíduos constituem pela primeira vez o próprio Estado, abstrai do processo social da consciência que, mediante o sistema desenvolvido de necessidades, precisa ser emancipada do poder naturalizado e primeiramente ser instruída para a autonomia de uma parte contratante.[15]

Assim, a Revolução Francesa só podia afinal conceder validade positiva ao direito abstrato da noite para o dia, por assim dizer, porque os indivíduos tinham se adiantado no curso do século anterior em projetar uma sociedade civil em um sentido moderno e, nesta medida, estavam maduros para a liberdade formal de pessoas jurídicas. Com esse conceito de direito abstrato retomado do contexto histórico, Hegel pode legitimar a ordem revolucionária e, no entanto, ao mesmo tempo criticar a consciência revolucionária. O problema estaria resolvido – compreender Napoleão – se essa própria solução

---

15 Para a recepção que Hegel fez da economia política, cf. Chamley, *Economie politique et philosophie chez Stewart et Hegel*; e Riedel, Die Rezeption der Nationalökonomie, p.75 et seq.

não tivesse sugerido certas consequências para a relação entre teoria e práxis.

Havíamos visto que a consciência revolucionária, que apela aos princípios do direito natural racional, permanece abstrata diante das relações existentes que ela pretende subverter; ela se revela contraditoriamente impotente entre o que ela exige de maneira razoável e aquilo que ela recusa nessa exigência – ou ela desenvolve seu poder insondável ao mesmo tempo na negação da realidade e de suas esperanças. Em vez disso, o conceito histórico de direito abstrato possibilita uma relação dialética entre teoria e práxis; Hegel o desenvolve em um esboço à introdução de um panfleto contra a Constituição do antigo reino, pouco tempo antes de Napoleão de fato o destruir.[16] A reconfiguração experimentada de início como praticamente necessária precisa ser compreendida em sua necessidade histórica:

> O sentimento de contradição da natureza com a vida existente é a carência de que tal contradição seja elevada; [mas] isso acontecerá [apenas] se a vida existente tiver perdido seu poder e toda sua dignidade, tiver se convertido em algo puramente negativo.

Logo que a teoria pode conduzir o mundo que se afirma a uma tal negatividade, ela mesma conquista um poder prático. Somente então o interesse se aproxima da ideia. Na massa do povo cresce "a contradição entre o desconhecido, que os homens buscam inconscientemente, e a vida lhes é oferecida e permitida". Esse esforço prático ao mesmo tempo se aproxima da teoria crítica, a saber, do anseio pela vida daqueles que em

---

16 Hegel, *Politische Schriften*, p.16 et seq.

si mesmos fizeram a natureza alçar à ideia. "A necessidade daqueles de tomar consciência daquilo que os mantêm presos e do desconhecido que eles exigem, coincide com a necessidade deles de passar para vida a partir de sua ideia." Esse é um dos pontos centrais para os quais vale aquela observação comprovada por Karl Löwith de maneira sistemática: que as posições dos jovens hegelianos foram antecipadas pelo próprio jovem Hegel.[17] Assim, Marx critica na filosofia do direito hegeliana o que ele já tinha há muito tempo formulado sobre a Constituição da Alemanha: "As necessidades teóricas se tornaram imediatamente necessidades práticas? Não basta que o pensamento pressione em direção à realidade, a realidade precisa pressionar a si mesma em direção ao pensamento".[18] Contudo, Hegel alerta contra a aplicação revolucionária do poder; apenas uma reforma sensata pode destruir completamente, com honra e tranquilidade, o que é oscilante. Se contra o poder da vida petrificada é empregado de novo tão somente o poder, então esse ato deveria permanecer preso em um processo histórico sobre cuja necessidade justamente não se refletiu, pois "poder estranho é o particular contra o particular". A teoria só pode se tornar prática passando pelas costas dessa vida, na medida em que ela retira do existente a dignidade do universal, a saber, o direito reconhecível que ele reclama para si:

O limitado pode ser atacado por meio de sua própria verdade [...] e posto em contradição com esta; ele não funda sua dominação no poder do particular contra o particular, mas no universal; essa

---

17 Löwith, *Die Hegelsche Linke*, Introdução.
18 Marx, *Marx-Engels Werke*, v.1, p.386.

verdade, o direito que ela reivindica, tem de lhe ser retirada e entregue àquela parte da vida que é exigida.

Já em 1789, em uma crítica às deficiências da constituição das magistraturas de Württemberg, Hegel tinha atribuído inequivocamente à teoria essa tarefa prática. A mudança concebida em sua necessidade histórica e legitimada como justiça objetiva assumirá a forma de uma reforma consciente. Se, no entanto, essa necessidade é meramente sentida, mas ainda assim os homens querem temerosamente manter tudo o que possuem, então essa mudança passa sobre suas cabeças de forma revolucionária:

> Segundo a fria convicção de que uma mudança é necessária, então eles não devem se assustar em investigar até os indivíduos e o que estes consideram como injusto, cuja supressão tem de ser exigida por quem sofre injustiça, e aquele que detém uma posse injusta deve sacrificá-la.[19]

Justamente a teoria perspicaz, que critica o existente na pretensa universalidade de seu próprio conceito enquanto algo insustentável, extorque o sacrifício a partir dos interesses particulares. A filosofia não pode coagir com poder externo, mas pode atacar o limitado mediante sua própria verdade, obrigar a uma autotarefa pela reflexão da contradição do existente com seu próprio conceito.

Na medida em que a filosofia critica, desse modo, o mundo ético como um mundo dilacerado, ela afirma também seu

---

19 Hegel, *Politische Schriften*, p.152.

"ateísmo". Mas de que maneira isso se adéqua com o juízo arrogante que Hegel, no Prefácio da *Filosofia do direito*, faz sobre esse ateísmo do mundo ético? Evidentemente, ele reivindica o ponto de vista que havia defendido nos seus escritos políticos mais jovens. A filosofia, que chega à instrução sempre muito tarde, porque passa seu tempo em pensamentos depois que a realidade se concluiu — essa teoria o velho Hegel dispensou totalmente da práxis.[20] Ele abandonou sua relação dialética suspeitando que o vir-a-ser prático da teoria, liberado das abstrações do entendimento, e também limitado de forma prudente à reforma, ainda porta no coração o selo da revolução. Constantemente, a teoria deveria demonstrar sua caducidade ao mundo existente mediante a confrontação com o próprio conceito, deveria deslocar de maneira crítica o peso histórico da balança de uma vida esvaecida para a balança de uma vida futura, ou seja, conseguir indiretamente desenvolver um poder político considerável.

Hegel reduziu a realização subjetivamente revolucionária do direito abstrato ao processo objetivamente revolucionário da emancipação social de indivíduos trabalhadores a fim de poder legitimar o revolucionamento da realidade tirando de cena a própria revolução. Ora, para tanto, ele ficou exposto ao potencial ainda mais perigoso de uma teoria que ainda precisa conceber sua relação crítica com a própria práxis. Hegel pretende abrandar esse potencial. E ele pode abrandá-lo na medida em que se recorda de um outro sentido que ele *também* havia atribuído à realização do direito abstrato. Enquanto

---

20 H. Fulda apresenta argumentos notáveis contra essa tese. Cf. Fulda, *Das Recht der Philosophie in Hegels Philosophie des Rechts.*

agora Hegel compreende as abstrações do novo direito privado como o selo de uma autolibertação dos indivíduos em virtude do trabalho social, antes ele havia atacado as abstrações do direito romano como os indícios de uma tragédia na vida ética. O direito abstrato não aparece apenas enquanto a forma em que a sociedade moderna se emancipa; mas também enquanto aquela forma em que o mundo substancial da pólis grega se dilacerou. Desses contextos concorrentes, na qualidade de forma emancipatória do trabalho social, de um lado, e de produto da decadência de uma eticidade dissolvida, de outro, o direito abstrato adquire aquela ambiguidade profunda em que a ambivalência de Hegel diante da Revolução Francesa encontra seu eco.

III

O Hegel orientado pela exposição de Gibbon repete enfaticamente a decadência da eticidade absoluta da pólis grega nas relações jurídicas formais da monarquia universal romana. Com a liberdade política, o interesse no Estado foi extirpado, os cidadãos se limitaram à sua existência privada, ao mesmo tempo fixados e postos absolutamente como indivíduos. O indivíduo, enquanto pessoa, descolou-se da unidade da individualidade vivida imediatamente com a substância. O espírito morto da universalidade substancial, que se fracionou nos átomos de muitos indivíduos absolutos, decompõe-se no formalismo do direito. Aqui surge a imagem ambígua da liberdade emancipatória sob leis gerais e formais. O direito porta assim, na qualidade de produto da decadência da eticidade, aqueles traços de crise, cujo modelo havia sido tratado pelo jovem Hegel na contraposição teológica com a religião das leis mosaicas.

A universalidade das normas se opõe à subjetividade vivida na qualidade de positivo petrificado, impessoal e imperturbável. Na medida em que a lei dá a determinados deveres o caráter de mandamentos universais, ela abstrai a particularidade do indivíduo e a concreção de sua situação; a dominação da lei oprime a vida. Enquanto as leis são supremas, o individual não pode se reencontrar no universal que o sacrifica. A punição da lei condolente permanece uma coerção externa; e também a punição cumprida não pode reconciliar o criminoso com a lei. Contrariamente – e essa era a reflexão rica em consequências –, se, em vez da lei abstrata, a própria vida concreta se apresenta como a realidade penal, a punição passa a ser experimentada na forma de destino, de algo propriamente individual a que a subjetividade concernida, enquanto poder combativo, pode se opor como se fosse um inimigo. Porque na hostilidade a vida ferida e alienada é experimentada como uma *vida*, embora cindida, o criminoso pode se reconciliar com o poder que ele mesmo armou contra si mesmo.

A partir dessa contraposição entre a punição como coerção e como castigo, Hegel chega ao conceito decisivo para a mediação do direito abstrato com a eticidade substancial. A universalidade da lei petrificada em positividade só pode ser superada na tragédia consumada do ético se for destronada como suprema, vale dizer, enquanto um direito determinado for derrotado por um outro direito concorrente na arena da vida histórica, enredando-se em uma *luta pelo direito*; nesta medida, a guerra é o mais alto sinal do soterramento do direito abstrato na autoafirmação de um Estado concreto:

na luta por direitos existe uma contradição; [...] do mesmo modo, os combatentes são opostos enquanto efetivos, dois tipos de viventes, vida em luta com a vida. Por meio da autodefesa do ofendido, o agressor é agredido e, assim, posto no direito de autodefesa, de tal modo que ambos têm direito, ambos se encontram em guerra, ambos possuem o direito de se defender.

Enquanto, sob a dominação pacífica da lei, direito e realidade não são mediados de maneira verdadeira, os beligerantes deixam que uma decisão sobre seu direito dependa da violência e da força; assim "confundem ambos e tornam aquele [o direito] dependente desta [a realidade]".[21] Por meio da guerra e por meio do sacrifício dos indivíduos pelo universal ético, com os quais Hegel pensa conjuntamente o direito, este volta a ser estabelecido no solo da realidade: enquanto um vivente em luta com o vivente, esse próprio direito se desperta para a vida.

Diante do direito abstrato, cuja imposição e validade não está isento de injustiça ante o particular subsumido de modo não mediado, o direito concreto parece se realizar apenas historicamente na luta entre os poderes, sobretudo entre os Estados. Na qualidade de um universal que é mediado no particular sem causar-lhe dano em sua particularidade, o direito concreto emerge pelas costas dos indivíduos vivos a partir da luta interessada de um poder contra outros poderes, para os quais a lei não escrita da autoafirmação concreta é o direito supremo.

Com isso, de um lado, a pretensão da consciência revolucionária de realizar imediatamente as universalidades apreendidas de maneira sensata nas teorias jusnaturalistas é em definitivo

---

21 Hegel, *Theologische Jugendschriften*, p.284 et seq.

rechaçada; de outro, porém, é contestada a possibilidade daquele vir-a-ser prático dialético da teoria que o próprio Hegel antes havia considerado. Com o *dictum* de que a justiça concreta só se produz mediante a luta interessada da vida com a vida, é sentenciada também aquela crítica que se ergueu sobre essa cisão do particular, a qual pretende tirar a máscara de universalidade meramente pretendida dos interesses petrificados na particularidade.

Do ponto de vista da história universal, um direito é substituído por outro e perde finalmente sua abstração somente no existencialismo do espírito do povo. Na medida em que Hegel concebe o direito abstrato não como forma de emancipação do trabalho social, mas como produto da decadência de uma eticidade dissolvida, a abordagem do problema se modificou sub-repticiamente: coloca-se em discussão não a realização, mas sim a reconciliação do direito abstrato e, com esta, a superação da sociedade civil, sobre a qual já se tinha falado na *Jenenser Realphilosophie* [Filosofia real de Jena]:

> Quando a necessidade e o trabalho alçam a esse universal, configura-se para si em um grande povo um sistema de caráter comunitário e de dependência recíproca, uma vida do morto que se move em si, que se move cega e elementarmente de lá para cá e que, na qualidade de um animal selvagem, precisa de dominação e obediência estritas e constantes.[22]

---

22 Id., *Jenenser Realphilosophie*, v.I, p.239. Cf. Riedel, Hegels Bürgerliche Gesellschaft und das Problem ihres geschichtlichen Ursprung, *Archiv für Rechts- und Sozialphilosophie*, p.539 et seq.

IV

Com isto, Hegel se vinculou à contrarrevolução? No fim, juntamente com a própria Revolução, recusou também a ordem do direito abstrato criado por ela e a sociedade civil enquanto esfera do direito privado? Nesse conceito de uma eticidade do Estado reconstruída em virtude da revolução, em que Hegel vincula de modo tão particular o conceito clássico do político com o moderno, vale dizer, a doutrina da virtude de Aristóteles com as regras de uma autoafirmação violenta, formuladas de Maquiavel até Hobbes, a justiça abstrata é absorvida nessa justiça concreta – a revolução perdeu seu direito na ideia de eticidade?

É assim que, de fato, Hegel foi apresentado por seus intérpretes conservadores. Trato dessa tradição, cujo domínio acadêmico glorioso ainda hoje projeta suas sombras, com uma única frase de Karl Larenz: "A relação do direito com a comunidade significa [...] que o conteúdo de um determinado direito positivo tem de ser adequado ao espírito concernido do povo".[23] Embora com isto o portão não estivesse escancarado para a "ideia da comunidade do povo como princípio orientador do direito",[24] o direito teria sido banido em geral em sua abstração ao ser acompanhado pelo ateísmo da eticidade.

Diferentemente, os intérpretes liberais podem mostrar de que maneira Hegel sempre insistiu no fato de que toda constituição, passada e futura, precisa respeitar o princípio universal da liberdade da revolução, a saber, a liberdade abstrata mediante

---

23 Larenz, *Deutsche Rechtserneuerung und Rechtsphilosophie*, p.9.

24 Id., *Rechts- und Staatsphilosophie der Gegenwart*.

Teoria e práxis

a igualdade sob leis formais e universais. Joachin Ritter revela o ponto fundamental dessa interpretação. A forma juridicamente abstrata do intercâmbio social entre proprietários privados emancipa indiretamente os homens; pois a pessoa de direito, limitada à conservação de sua vida externa com base na vontade natural, reduziria desse modo os contextos de vida abrangentes:

> Enquanto mundo do trabalho objetivo, a sociedade moderna (ordenada conforme o direito natural) liberta os homens não apenas do poder da natureza, mas, ao mesmo tempo com a objetivação [...] das relações de trabalho [...], eleva a liberdade a princípio universal; ela dá à própria pessoa, enquanto personalidade, seu ser-si-mesmo, libertando sua realização.[25]

Contra uma tal concepção, os hegelianos de esquerda ergueram novamente uma objeção; eles mostraram, e eu cito aqui somente Herbert Marcuse,[26] que a crítica de Hegel ao direito abstrato tem de ser seriamente admitida com base na eticidade substancial, na qualidade de ficção de uma autonomia privada protegida externamente pelo direito coercitivo em sua não exterioridade. O poder da sociedade reificada é tão penetrante que na cisão da subjetividade não pode haver formalmente qualquer zona que não seja afetada. Visto que, de outro lado, a eticidade substancial de uma esfera do direito privado e da sociedade abstrata suprimida no Estado, como aponta a interpretação conservadora, ameaça desautorizar o

---

25 Ritter, Person und Eigentum, p.278.
26 Marcuse, *Reason and Revolution*; edição alemã: *Vernunft und Revolution*.

princípio de liberdade universal da revolução, esses intérpretes de Hegel se tornam críticos de Hegel: como é sabido, eles afirmam que a emancipação social, fixada na ordem do direito privado criada pela revolução, deveria ser continuada na própria esfera do trabalho social até o ponto em que o direito abstrato se transformasse em um direito concreto. É nova em relação a Hegel também a pretensão de conceber a eticidade (no entanto, separada de sua base substancial) do direito concreto exclusivamente enquanto forma de emancipação do trabalho social. Porém, com isto, renova-se ao mesmo tempo aquela relação dialética entre teoria e práxis diante da qual o próprio Hegel se espantou em razão de seu potencial revolucionário.

Essas três interpretações da supressão do direito e da sociedade na eticidade foram brevemente relembradas porque, nos argumentos concorrentes, levou-se a termo a tensão da relação particular e profundamente ambivalente de Hegel com a Revolução Francesa: por essa razão, essas interpretações se formam de acordo com as frentes políticas da guerra civil europeia que até hoje determinam nossa relação com aquela Revolução. Eu gostaria de, ao final, arriscar-me em perguntar de que maneira o próprio Hegel reage àquelas interpretações. Pois nessa posição se verificará primeiro que Hegel eleva a revolução a princípio de sua filosofia em virtude de uma filosofia que enquanto tal supera a revolução. A afirmação de que Hegel pode justificar as três interpretações como momentos de sua própria exposição é mais do que um floreio neo-hegeliano. O esforço, literalmente fantástico, necessário para reunir dialeticamente todos os três momentos, porém, revela que Hegel não domina o complexo de sua crítica à Revolução Francesa sem cicatrizes.

Teoria e práxis

O direito concreto não pode ser antecipado de forma abstrata na consciência subjetiva e então ser justificado em termos revolucionários; pois Hegel havia percebido que uma lei formal e geral, precisamente na medida em que abstrai a plenitude da vida, precisa oprimir a individualidade e dissociar o contexto de vida logo que alcança força positiva. Uma justiça, que também já está livre dessa injustiça imanente do direito abstrato, só pode se realizar por força do destino; ela precisa resultar da polêmica concernente à história universal entre os espíritos do povo concorrentes. Mas logo se coloca a seguinte questão: se não é a consciência revolucionária, quem se responsabiliza então pela orientação revolucionária que assume a história universal na luta da vida contra a vida para realizar a razão e produzir o direito concreto? O conceito de vida é muito indeterminado do ponto de vista histórico, precisando ser logicamente desenvolvido para a vida do conceito.[27] Por essa razão, poder-se-ia deduzir desse contexto o porquê de Hegel introduzir novamente no âmbito do espírito objetivo aquilo que já havia recusado no âmbito do espírito subjetivo: ele nomeia, portanto, o rechaçado Robespierre na qualidade de espírito do mundo. Esse espírito do mundo, como é sabido, deve se servir da história como do matadouro em que a felicidade dos povos, a sabedoria dos Estados e a virtude dos indivíduos são levados a sacrifício. A guilhotina se reabilita aqui como aquela que corta a cabeça das figuras do espírito *objetivo*. Este espírito do mundo, em que a lógica abandona seu núcleo mítico, é caracterizado por uma contradição que não é superada e nem justificada dialeticamente.

---

27 Hegel, *Wissenschaft der Logik*, parte II, p.477 et seq.

Hegel, portanto, determina o espírito, que ele reconhece a título de espírito do mundo na história, do seguinte modo:

> A primeira coisa que notamos é [...] que aquilo que denominamos princípio, fim último, determinação ou natureza e o conceito de espírito é apenas um universal, abstrato. O princípio, assim como também fundamento, lei, é algo interno que enquanto tal, por mais verdadeiro que seja também *nele* mesmo, não é completamente real. Fins, princípios etc. estão em nossos pensamentos, primeiramente em nossa intenção interna, mas não ainda na realidade. O que é em si, é uma possibilidade, uma capacidade, porém a partir de seu próprio interior ainda não chegou à existência externa. É preciso acrescentar um segundo momento para sua realidade, e este é a confirmação, realização, e em cujo princípio a vontade é a atividade do homem em geral.[28]

Assim, reivindica-se para o espírito do mundo exatamente a estrutura de consciência que Hegel criticou de maneira fulminante no espírito da Revolução Francesa. Retiram-se completamente as bases do conceito de revolução orientado em termos subjetivos pelo fato de conceber um acontecimento objetivo revolucionário mediante a interpolação de um espírito do mundo em categorias emprestadas da consciência subjetivamente revolucionária, mas que só deve valer para o sujeito da história em seu todo. Apenas assim a história pode ser compreendida como o desempenho gradual da pretensão da revolução em realizar o direito sem que, ao mesmo tempo, também precise legitimar uma atividade revolucionária da consciência subjetiva.

---

28 Id., *Sämtliche Werke*, v.11, p.50.

Teoria e práxis

Isto de um lado. De outro, Hegel, depois de retirar as vantagens disto, não pode admitir a consequência de que o espírito do mundo saiba de antemão e logo depois realize o princípio da história, que ele imagina para o mundo em termos revolucionários, como um universal abstrato sem que ele mesmo se depare com a dialética da consciência revolucionária: "A história do mundo começa com seu fim universal, que o conceito de espírito seja satisfeito, apenas em si, *isto significa como natureza*, ele é o impulso interno, o mais interno e inconsciente, e todo o negócio da história do mundo [...] consiste no trabalho de torná-lo consciente". Tampouco o espírito do mundo deve saber de antemão a meta da história na qualidade de universal abstrato, assim como o revolucionário de 1789 deveria ter mantido na cabeça seu direito abstrato se tivesse querido conservá-lo enquanto seu próprio.

A contradição na construção do espírito do mundo, que de modo algum é uma contradição dialética, consiste, assim, no seguinte: de um lado, para garantir a realização da pretensão revolucionária na história, essa história precisa ser substituída por um sujeito que projete o fim último da história na qualidade de universal abstrato, para então realizá-lo. De outro lado, esse universal não deve ter o caráter de um plano projetado teoricamente, pois assim seria degradado a um em si naturalizado que só chega a si depois que se objetivou no curso da história. O espírito do mundo não pode ser reconhecido como consciência revolucionária. O espírito do mundo finge para poder dar um nome à astúcia da razão; mas apenas depois que a astúcia se efetivou, pode o espírito do mundo dar-lhe um nome, o qual poderia chegar a pensamentos astutos em geral. No espírito do mundo considerado revolucionário, embora seja algo que ele não deva ser, resume-se mais uma vez a relação ambivalente de Hegel com a Revolução Francesa: Hegel quer o revolucionamento da realidade sem revolucionários. O espírito do mundo consumou a revolução, a razão já se tornou prática antes que o espírito absoluto, sobretudo a filosofia, reconhecesse a realidade em sua racionalidade. A hipótese do espírito do mundo supõe o paradoxo de um espírito objetivo que derivou do absoluto o seu saber.[29] Apenas sobre ele é projetado o que o velho Hegel tão estritamente negou aos políticos e aos filósofos: simultaneamente agir *e* saber. Apenas depois que o espírito revolucionou praticamente a realidade e a razão se tornou efetiva, a filosofia pôde chegar à consciência do mundo revolucionário que se tornou racional. Uma comunicação entre o filósofo, que reconhece a razão na história e o grau de sua realização, de um lado, e os sujeitos politicamente ativos, de outro, indubitavelmente não existe. Hegel faz da revolução uma peça central de sua filosofia para, por isso, justamente preservar a filosofia de se tornar a guardiã da revolução. Com isto, ele resgata mais uma vez a dialética tratando-a como ontologia, protege novamente a origem da filosofia a partir da teoria, e desvencilha a teoria da mediação entre consciência histórica e práxis social — apesar de, ou justamente porque ele foi o primeiro filósofo que se introduziu nessas dimensões, e se introduziu ainda mais profundamente do que o historicismo e o pragmatismo, do que os destruidores profissionais da metafísica pretenderam antes dele. Embora hoje a filosofia

---

29 Sobre isso, cf. a interpretação bem divergente de Liebrucks, Zur Theorie des Weltgeistes, *Kantstudien*, p.230 et seq.; atualmente, cf. também Liebrucks, *Sprache und Bewußtsein*, v.3, p.553 et seq., 664 et seq.

pareça estar tão submersa nessas dimensões, ela ainda terá de adentrar muito mais profundamente, uma vez que não há nem um único vestígio de uma tal poderosa virada da filosofia em direção à teoria no sentido grego mais elevado.[30]

O jovem Hegel tinha criticado com a positividade da religião cristã tanto sua escatologia quanto uma compensação da impotência da eticidade que se dissolveu. Antes, no helenismo, a realização da ideia ética só poderia ser desejada, mas não propriamente pretendida:

> Os primeiros propagadores da religião cristã também abrigaram esperanças sobre uma tal revolução, mediante a qual a essência divina seria realizada e na qual os homens se comportariam de forma completamente passiva, e quando finalmente desapareceu essa esperança, então se contentou em esperar que aquela revolução do todo ocorresse no fim do mundo.[31]

O velho Hegel opôs a essa espera de uma revolução adiada a lembrança daquela revolução realizada. Mas de acordo com seus próprios critérios, uma não permanece tão abstrata quanto a outra? Tanto à má utopia de uma redenção diante de

---

30 M. Theunissen se volta contra essa interpretação; ele apresentou uma resenha bibliográfica excelente e também sistematicamente desenvolvida da discussão levada a cabo nos últimos anos sobre a relação entre teoria e práxis vinculada a Hegel: Theunissen, *Die Verwirklichung der Vernunft*, p.89 et seq. Sobre a metacrítica à Teoria Crítica e sobre o desenvolvimento da própria tese da unidade entre teoria e práxis, cf. id., *Gesellschaft und Geschichte*; id., *Hegels Lehre vom absoluten Geist als theologisch-politischer Traktat*.

31 Hegel, *Theologische Jugendschriften*, p.224.

todo mal que só pode ser conduzida objetivamente no futuro, quanto à identificação forçada de um presente insatisfatório com a realidade racionalmente considerada e reconhecida em sua própria racionalidade, é comum o fato que "a realização de uma ideia é posta fora dos limites do poder *humano*".[32] Se a futura realização da ideia ética for apenas desejada, e se a realização sempre consumada tiver de ser simplesmente reconhecida, então do mesmo modo um revolucionamento da realidade "não pode mais ser pretendido".

Certamente, tanto o velho quanto o jovem Hegel se voltam contra a fraqueza do opinar subjetivo. Mas se Hegel critica o momento do opinar na espera escatológica porque dispensa o próprio atuar, a autoconsumação, ele o faz porque se arroga novamente a atuação e a consumação do bem realizado:

> Essa repetição do pressuposto do fim não realizado segundo a realização efetiva do fim se determina também de tal modo que a atitude subjetiva do conceito objetivo é reproduzida e perpetuamente adotada [...] O que o conceito objetivo ainda limita é sua própria intenção em relação a si, que desaparece pela reflexão sobre o que é sua realização em si; mediante essa intenção, ele apenas coloca a si mesmo em movimento e não se direciona desse modo contra uma realidade externa, mas sim contra si mesmo.[33]

O jovem Hegel teria um dia, de modo suficientemente jovem-hegeliano, obtido essa restauração da teoria (na poste-

---

32 Ibid., p.224.

33 Id., *Wissenschaft der Logik*, parte II, p.482; cf. id., *Rechtsphilosophie*, p.16 et seq.

Teoria e práxis

rioridade de princípio de um saber absoluto) da mesma resignação que ele, em outro momento, tinha censurado na espera da salvação dos cristãos, a qual retrocedia à contemplação e se exteriorizava em uma instância transcendente. Também à teoria na qualidade de conceito, de maneira complementar à escatologia, ele opôs um conceito de teoria que nem por prepotência nem por fraqueza tinha de deixar "atrás" de si a práxis. Naquele momento, Hegel, Feuerbach e Marx estavam igualmente convencidos que "está reservado aos nossos dias reivindicar os tesouros que foram desperdiçados no céu, mas qual contemporâneo terá força para fazer valer esse direito e colocá-lo sobre sua posse?".[34]

---

34 Id., *Theologische Jugendschriften*, p.225.

4
Sobre os escritos políticos de Hegel

Hegel, o autor da *Enciclopédia*, entrou na qualidade de último sistemático na consciência de uma época que não podia mais deixar de estabelecer rupturas em relação à tradição da grande filosofia. Porém, ele foi ao mesmo tempo um escritor e um publicista engajado, chegando mesmo a ser politicamente versátil. Desde a época da docência privada em Bern até o seu estabelecimento definitivo como professor na universidade, ambos os papéis, apesar de que com pesos diferentes, estavam tão estritamente ligados que aos biógrafos posteriores surgiu a impressão de Hegel ter levado a cabo, ao mesmo tempo, uma carreira jornalística e outra científica. Em Hegel, que durante toda sua vida respeitou o costume realista da leitura matinal de jornais e que foi ele próprio redator de um periódico,[1] o vínculo entre a filosofia e a atividade jornalística, entretanto, não está motivado apenas por sua história de vida; esse vínculo também está fundamentado em termos sistemáticos. Pois o

---

1 Beyer, *Zwischen Phänomenologie und Logik: Hegel als Redakteur der Bamberger Zeitung*.

sistema pode ser apreendido em seu todo como demonstração que falsifica a suposição ontológica fundamental tanto da filosofia clássica quanto da moderna, a saber, a contraposição abstrata entre essência e aparência, do ser eterno e do não ser, do permanente e do inconstante. Uma filosofia, que se sabe enquanto resultado do mesmo processo de formação que ela concebe como conexão entre natureza e história, não pode se colocar fora do elemento do tempo. O espírito consome o tempo, mas este, por sua vez, pode também conduzir um espírito impotente.

A história universal é o *medium* da experiência em que a filosofia precisa se colocar à prova e pode malograr. Segundo os próprios critérios de Hegel, uma filosofia que se despedaça diante do esforço de apreender seu tempo em pensamentos, ridiculariza-se ante o poder indomável do espírito objetivo: quando se evidencia que ela não trouxe sua época ao conceito, ela se desmascara como abstração puída que se arrasta entre a razão na qualidade de espírito autoconsciente e a razão enquanto realidade existente. Certamente, Hegel não podia aceitar a experiência da história universal a título de critério independente de validade de sua teoria; isto seria incompatível com a autofundamentação da filosofia, com o conceito prévio que a lógica tinha de si mesma.[2] Mas o sistema de Hegel está e concorda com a filosofia do espírito, principalmente do espírito objetivo. Ela é, ao mesmo tempo, teoria da sociedade e filosofia da história. E ela precisa ser comprovada na pretensão de uma teoria do tempo presente, exatamente porque concebe a situação

---

2 Fulda, *Das Problem einer Einleitung in Hegels Wissenschaft der Logik.*

contemporânea do ponto de vista de uma história universal. Tal conceito tem de resistir às mudanças da história universal de um presente em progresso.

O publicista determina a forma de consciência em que finalmente os movimentos históricos se refletem nas margens do acontecer cotidiano. A atividade de escritor político é o *medium* no qual Hegel se apropria da medida de experiência do publicista.

Sobre o surgimento dos escritos políticos

Hegel não teve muita sorte com seus escritos políticos.[3] Uma parte nem chegou a ser publicada, outros permaneceram sem efeito, e os que tiveram um efeito político, este raramente foi aquele pretendido pelo autor.

1. *Die Vertraulichen Briefe über das vormalige Staatsrechtliche Verhältnis des Wadtlandes zur Stadt Bern* [As cartas confidenciais sobre a relação entre a província de Wadt e a cidade de Bern no que concerne ao direito público] surgiu em 1789 assinado por Cart, advogado de Wadtland, que emigrou para os Estados Unidos passando por Paris, e que, aliás, naquele momento, ainda não tinha morrido, como afirmava o subtítulo da tradução alemã. Apenas em 1909, Falkenheim[4] identificou Hegel como o tradutor anônimo e editor. A polêmica de Cart é dirigida contra a dominação da aristocracia municipal de Bern sobre

---

3 Os escritos citados em seguida se encontram em Hegel, *Politische Schriften*.

4 Falkenheim, Eine unbekannte politische Druckschrift Hegels, *Preußische Jahrbücher*.

essa província, que tinha sido independente desde 1564. Cart não argumenta com base no direito natural; antes, ele critica a violação dos direitos e liberdades historicamente estabelecidos. As cartas foram originalmente publicadas após a supressão da revolta de Wadt contra os senhores de Bern. Poucas semanas antes do aparecimento da edição alemã na primavera de 1798, tropas francesas marchavam para a Suíça – o regimento de Bern foi destruído e a cidade de Wadt reconquistou sua independência política.[5]

Durante o período em que foi tutor em Bern, Hegel conheceu a dominação das famílias que tinham assento no conselho. Como mostra o conhecido comentário sobre o escrito de Cart,[6] Hegel obteve nesse período um conhecimento empírico preciso do pano de fundo histórico e da prática administrativa local. O editor se identificou abertamente com o autor. A aristocracia de Bern pareceu a Hegel como o modelo de uma oligarquia que mereceu o destino de uma derrocada revolucionária. Quando a tradução alemã apareceu, ela já tinha, de certo modo, se tornado obsoleta por causa da invasão das tropas francesas. Dificilmente ela teve algum efeito. Apenas alguns poucos exemplares foram preservados.

2. Hegel não publicou seu primeiro escrito político. Este surgiu na primeira metade do ano de 1798. Por intermédio de Haym, a quem foi permitido o acesso ao manuscrito original, foram preservados apenas fragmentos dele, a Introdução manuscrita e algumas frases. O título neutro, *Über die neuesten*

---

5 Rosenzweig, *Hegel und der Staat*, p.47 et seq.

6 Hoffmeister, *Dokumente zu Hegels Entwicklung*, p.248 et seq., 549 et seq.

innern Verhältnisse Württembergs, besonders über die Gebrechen der Magistratsverfassung [Sobre as mais novas relações internas em Württemberg, principalmente sobre os defeitos da constituição de seus conselhos], foi aventado por uma mão estranha no lugar do título original rabiscado, o qual foi formulado programaticamente: *Daß die Magistrate vom Volk gewählt werden müssen* [Que os conselhos precisam ser escolhidos pelo povo]. O próprio Hegel já tinha atenuado a sua interpretação quando substituiu "povo" por "cidadão". A página com o título trazia a seguinte dedicatória: "Para o povo de Württemberg". O próprio escrito não parece conter uma proposta clara de como as eleições da Assembleia deveriam ser realizadas. Ainda assim, a tendência do panfleto é clara: no conflito entre o duque e os estamentos, ele toma partido pelos últimos.

No outono de 1796, quando Hegel, antes de assumir seu novo posto como tutor em Frankfurt, passou alguns meses em sua terra natal, Württemberg, a Assembleia foi convocada — pela primeira vez desde 1770. Novos impostos tiveram de ser cobrados para custear as indenizações de guerra que seriam pagas à França. Além disso, a Assembleia poderia romper o poder da burocracia do comitê que, junto com o Conselho Secreto do Governo, estava colocando em perigo a política do duque favorável à Suíça, o qual buscava um cargo eleitoral. Sob o duque Friedrich, que assumiu o governo no final de 1797, o entendimento entre o príncipe e os estamentos, contudo, não perdurou. A convocação da Assembleia dos Estamentos tinha reforçado as correntes republicanas no país. Os panfletários favoráveis à França já exigiam que os estamentos fossem transformados em uma representação parlamentar do povo. Na própria Assembleia manifestavam-se forças a favor de uma república suábia; o exemplo da Suíça napoleônica surtia efeitos. Nessa situação, a crítica de Hegel à "arrogância dos oficiais superiores", apesar das considerações contra eleições democráticas, era na verdade uma demanda para reforçar a posição de um povo inadequadamente representado contra o governo e ampliar energicamente os direitos da Assembleia.

Os motivos inibidores que fizeram com que Hegel não publicasse seu escrito não foram esclarecidos de maneira plausível até hoje. Haym procura o motivo na falta de clareza política e na argumentação inconclusa do próprio escrito.[7] Rosenkranz nos conta sobre três amigos de Hegel em Stuttgart que o aconselharam a não publicá-lo.[8] E Rosenzweig especula que a diplomacia francesa no Congresso de Rastatt tinha desiludido e desencorajado partidários idealistas em favor da França em nome da pura política de poder.[9]

3. Durante o Congresso de Rastatt, Hegel estava trabalhando no primeiro esboço sobre a *Verfassung des Deutschen Reiches* [Constituição do Império Alemão]. Ele o escreveu no início de 1799. O fragmento de uma Introdução surgiu apenas mais tarde, mas com alguma certeza ainda no período de Frankfurt.[10] Em Jena, durante o inverno de 1800-1801, Hegel retomou os trabalhos deixados de lado em seu escrito sobre a Constituição. Ele revisou o "escrito original" novamente no final de 1802. Esse "escrito revisado" engloba mais da metade

---

7 Haym, *Hegel und seine Zeit.*

8 Rosenkranz, *Apologie Hegels gegen Dr. R. Haym.*

9 Rosenzweig, *Hegel und der Staat*, p.61 et seq.

10 Ibid., p.88 et seq.; Hoffmeister, *Dokumente zu Hegels Entwicklung*, p.468 et seq.

do tratado. Ele acaba no ponto em que a difícil relação entre Estado e indivíduo deveria ser esclarecida.

A guerra contra a República francesa, a falta de coordenação dos Estados alemães, as infelizes operações do Império e a paz de Luneville tornaram conscientes o estado de coisas que Hegel identificou impiedosamente: a Alemanha havia deixado de existir como um Estado. Hegel concebeu a fraqueza militar enquanto sintoma de uma desorganização mais profunda, que atingiu o Império em sua substância. Ao mesmo tempo, Hegel não levou em consideração a possibilidade, empiricamente tão evidente e logo realizada por Napoleão, de uma dissolução do Império em favor de Estados territoriais soberanos. Esse escrito também tem um objetivo programático: uma reforma do Império em seus setores mais altos e de seus membros em geral sob a condução da Áustria. Nem estava em questão a possibilidade de a Prússia se tornar candidata: ela se comprometeu com o unilateral acordo de paz da Basileia. Além disso, as províncias prussianas tinham perdido completamente seu significado político enquanto Hegel colocava suas esperanças nos corpos representativos da Áustria. A reforma do Império, segundo as ideias de Hegel, deveria ser empreendida pela via de uma reforma do Exército e de seu financiamento. O núcleo de sua proposta, apesar da visão aguçada na análise dos detalhes, aponta para uma avaliação totalmente irrealista das relações de poder. Hegel vê precisamente que uma reforma contra a oposição dos territórios só pode ser exigida pelo poder de um conquistador. Mas certamente não é por acaso que ele define a pessoa desse conquistador, um outro Teseu, com um nome mítico – esse papel fictício dificilmente poderia ter sido exigido de um Napoleão e mais ainda de nenhuma pessoa, a não ser de maneira pragmática. O decreto dos deputados do Império logo tornou irrelevante o texto que estava sendo reelaborado por Hegel; assim, também esse escrito não foi publicado. Ele só chegou a ser integralmente publicado por Mollat em 1893.

4. Uma única vez o publicista Hegel surtiu um efeito na esfera pública política, a saber, com a "Beurteilung der im Druck erschienenen Verhandlungen in der Versammlung der Landstände des Königreiches Württemberg in den Jahren 1815 und 1816" [Avaliação dos tratados impressos na Assembleia dos Estamentos do Reino de Württemberg nos anos de 1815 e 1816]. Esse panfleto tinha a forma de uma resenha e surgiu anonimamente no número de novembro/dezembro, ano 10, dos *Heidelberger Jahrbücher* [Anuários de Heidelberg]. A discussão nos estamentos provinciais foi desencadeada por um decreto do rei Friedrich, morto nesse meio-tempo, que tinha prometido uma constituição a seu país no início de 1815 "por sua própria iniciativa e sem influência alheia". Era interesse do rei antecipar as resoluções do Congresso de Viena e garantir constitucionalmente sua dominação territorial, a qual foi consideravelmente ampliada com os franceses. Sob Napoleão, o rei governou no estilo de um absolutismo dos pequenos principados, razão suficiente para que os estamentos desconfiassem do déspota convertido ao constitucionalismo. Assim, era politicamente compreensível que os estamentos não aceitassem simplesmente a proposta de uma constituição, mas exigissem concessões democráticas e garantias constitucionais de seus direitos, embora apelassem às tradições da velha Württemberg como justificação para essas mudanças. De acordo com a tradição dos estamentos do Estado, a nova constituição não deveria ser imposta por um decreto do rei, mas pelo contrato entre o príncipe e os estamentos.

Teoria e práxis

Hegel, que nesse ponto inicial do conflito se concentrou no essencial e desconsiderou as negociações com os sucessores de Friedrich dispostos a transgredir, aproveitou a ocasião que defendia a justificação tradicionalista da oposição para censurar, com formulações enérgicas, as hesitações dos estamentos. Tanto quanto em nenhum outro lugar antes, Hegel trouxe à tona a validade racional do direito burguês abstrato em face da contingência histórica dos direitos de liberdade tradicionais dos estamentos. Assim, ele utilizou de maneira filosófica os resultados da Revolução Francesa concernentes à história universal contra aqueles cuja autocompreensão estava, de maneira retrógrada e incompreensível, aquém do conceito de Estado moderno. A ambivalência de sua posição política, porém, revela-se no modo como uma posição teoricamente superior e certamente progressista foi usada antes em favor do poder restaurador do rei e de seu ministro Wagenheim. O governo pôde difundir o panfleto de Hegel contra os estamentos em uma barata tiragem especial. Não creio ser provável uma colaboração direta de Hegel na *Württembergischen Volksfreund* [Amigo do povo de Württemberg], um caderno de oposição.[11] Em todo caso, seu amigo Niethammer, que viu Hegel defender brilhantemente uma coisa ruim, considerou boa a reação da esfera pública esclarecida e com sentimentos liberais. O efeito publicista que Hegel obteve nessa oportunidade pela primeira e única vez do ponto de vista da política cotidiana, com isto permanece ambivalente.[12]

---

11 Beyer, Hegels Mitarbeit am "Württembergischen Volksfreund", *Zeitschrift für Philosophie*, p.709 et seq.

12 Rosenzweig, *Hegel und der Staat*, p.48 et seq.

5. Rosenzweig relata sobre as reações temerosas de Hegel ao receber as notícias dos acontecimentos de Paris em julho de 1830. Hegel esteve preocupado durante alguns dias por causa do comportamento de um estudante que apareceu vestindo um cocar azul, branco e vermelho; o jovem revolucionário, no entanto, atenuou a tempo a sua manifestação com a alusão de que não tinha se referido à bandeira tricolor com o "azul, branco e vermelho", mas sim às cores da Marca de Brandemburgo. No inverno seguinte, Hegel concluiu sua aula de história da filosofia com um comentário duvidoso sobre a recente queda dos Bourbon. Embora seu velho coração, "depois de quarenta anos de guerras e confusões incomensuráveis", clame por uma pacificação da situação revolucionária mundial, Hegel não pôde ficar tranquilo porque pressente a continuação do conflito. Esse conflito aparece, sobretudo, na ampliação dos princípios democráticos:

> A vontade da maioria derruba o ministério, e a oposição que existia até o fim se verifica agora; mas esta, na medida em que agora se torna governo, tem novamente a maioria contra si. Desse modo, continua o movimento e a intranquilidade. Essa colisão, essa trama, esse problema é aquele diante do qual se encontra a história e o que ela tem de solucionar nos tempos vindouros.[13]

Também na Inglaterra, sob a impressão da Revolução de Julho, as eleições foram suspensas em favor da oposição. Depois de o novo gabinete, em março de 1831, ter apresentado uma proposta de lei para a reforma eleitoral, o filósofo, pouco antes

---

13 Hegel, *Sämtliche Werke*, v.11, p.563.

de sua morte, assumiu uma última vez o papel de publicista e publicou um panfleto contra o projeto de lei inglês.

A publicação do tratado *Über die englische Reformbill* [Sobre a carta de reforma inglesa] teve início em 26 de abril de 1831 na *Allgemeinen Preußischen Staatszeitung*. Nos dias seguintes, apareceram duas continuações e, então, a publicação foi interrompida. Pouco antes, em 22 de abril, o rei da Inglaterra, depois que, de improviso, foi coroada com êxito uma emenda sobre os projetos governamentais, utilizou o direito de dissolução do Parlamento, o qual há muito tempo não era empregado. Nessa situação, o rei da Prússia achava que tinha de adotar certas posições em relação à política externa. Ele ordenou que a série de artigos fosse suspensa. O panfleto, que privadamente contava com o consentimento de Friedrich Wilhelms, foi dividido em tiragens particulares entre amigos e interessados. Mas ele não foi publicado integralmente durante a vida de Hegel. Assim como também não lhe foi dado muita atenção no período subsequente. Como nota Rosenzweig de maneira lacônica, a grande glorificação da Prússia por parte de Hegel não encontrou lugar no órgão do governo prussiano.

A relação entre teoria e práxis

Em sua própria dimensão da atualidade histórica, os escritos políticos de Hegel não tiveram qualquer resultado efetivo. Nos empreendimentos jornalísticos de Hegel projetava-se a ironia de que estes tinham menos importância para aqueles a quem se destinavam do que mantêm para o sistema filosófico até hoje. O mero fato de Hegel ter se debruçado sobre panfletos lança uma luz particular sobre a relação entre teoria e práxis. Pois de que maneira é conciliada a intenção de transformar a realidade, vale dizer, a realidade das ideias éticas, com uma teoria que precisa rejeitar exatamente essa pretensão por considerá-la vã?

No último parágrafo de sua *Lógica*, a relação da atividade teleológica subjetiva com a ideia de bem foi determinada de modo inequívoco.[14] Onde a ideia de bem foi concebida como uma orientação para a ação com respeito a fins, ela foi irremediavelmente acometida pela subjetividade. Assim, a teoria, a título de "reino do pensamento transparente", é transposta de maneira abstrata à realidade enquanto "reino intransponível das trevas". Esse ponto de vista da consciência subjetiva é abstrato porque prescinde do saber que, nesse nível da ação, já nos vincula à realidade. Pois a práxis – que aqui significa não uma ação instrumental ou uma disposição técnica sobre uma natureza objetiva, mas antes a eticidade no sentido de Hegel, isto é, uma ação política e uma interação ancorada nas relações de vida – se movimenta sempre no interior de uma realidade em que a razão se imagina. As teorias que, tanto quanto o direito natural, estabelecem primeiramente os fins sob os quais uma realidade dada deve ser revolucionada, perdem o mundo do espírito objetivo. Nesse mundo, aquele do contexto de vida das instituições, o bem já se realizou em si:

> Na medida em que, pela atividade do conceito objetivo, modifica-se a realidade externa [...] então, exatamente por isso, lhe é retirada a realidade que meramente aparece [...] Com isto, o pressuposto em geral é superado, a saber, a determinação do bem como um mero fim subjetivo, limitado segundo seu conteúdo,

---

14 Hegel, *Wissenschaft der Logik*, parte II, p.477 et seq.

a necessidade de realizá-lo primeiramente por meio da atividade subjetiva, e esta própria atividade.[15]

Entretanto, se nós nos comportarmos diante dessa realidade como se pudéssemos instruí-la mediante nossos melhores discernimentos e transformá-la com vontade e consciência, cairíamos em uma ilusão fatal: pois repetiríamos os pressupostos do fim não realizado de acordo com a execução real do fim. Hegel chamou isso de atitude subjetiva do conceito subjetivo:

> O que ainda limita o conceito objetivo é a própria visão que tem de si mesmo, que desaparece por meio da reflexão sobre aquilo que é em si sua realização; com essa visão, ele se coloca apenas a si mesmo nesse caminho e se volta não contra uma realidade exterior, mas contra si mesmo.[16]

No prefácio da *Filosofia do direito*, Hegel tirou consequências a partir das determinações da *Lógica*. A filosofia não pode instruir o mundo sobre aquilo que ele deve ser; em seu conceito, simplesmente se reflete a realidade como ela é. Ela não pode se voltar criticamente contra essa realidade, mas apenas contra as abstrações que se movem entre a razão que se tornou objetiva e nossa consciência subjetiva. A filosofia pode exercer a crítica sobre o folclore e as corporações de estudantes, não sobre as instituições do Estado. Ela não oferece qualquer fio condutor para uma práxis subversiva, mas uma lição para aqueles que se servem dela falsamente na qualidade de orientação para a ação

---

15 Ibid., p.483 et seq.
16 Ibid., p.482.

política. O dito sobre a posterioridade da teoria determina sua relação com a práxis. A teoria política não pode pretender "instruir o Estado em como ele deve ser, mas antes em como ele, o universo ético, deve ser conhecido".[17]

Os escritos políticos mostram que Hegel nem sempre assumiu essa posição. Não é menos importante que esses desvios formem o estímulo sistemático do trabalho ocasional absolutamente despreocupado com a sistemática.

A "instrução" daqueles que agem politicamente constitui o propósito comum dos escritos sobre política tanto dos publicados como dos não publicados. Mas em cada escrito, Hegel entende essa intenção de um modo diferente. O propósito didático com que ele traduz as cartas de Cart é expresso epigramaticamente na nota introdutória. O *Discite justiciam monite,** mas o surdo dificilmente alcançará seu destino" delata uma orientação antes convencional. Na doutrina clássica da política, também na descrição política da história de Tucídides a Maquiavel, é comum uma consideração exemplar que nos desenvolvimentos típicos faz com que passe ao primeiro plano as consequências perniciosas do comportamento imprudente em termos políticos e do comportamento reprovável em termos práticos. Hegel tem esse padrão diante dos olhos; por isso, incomoda-se apenas em dar "uma quantidade de aplicações úteis" porque inclusive os acontecimentos mais recentes escreveram no livro da história a moral desse ensinamento do ocaso merecido de uma aristocracia degenerada. O governo

---

17 Cf. a interpretação divergente de Fulda, *Das Recht der Philosophie in Hegels Philosophie des Rechts*.

* Trad.: Advertidos, aprendei a justiça. (N. E.)

Teoria e práxis

vitorioso de Bern de 1792, que triunfou depois da repressão do levante, entretanto, foi derrubado e comprovou diante de todos os olhos seu verdadeiro caráter.

Durante o período de Frankfurt, no escrito sobre a constituição dos conselhos e no fragmento introdutório sobre a Constituição alemã, a instrução sai da esfera tradicional da política clássica. Hegel espera que a filosofia assuma o papel da crítica quase no sentido em que posteriormente o jovem hegeliano Marx, de uma maneira mais radical do que todos os outros, pretendeu que a crítica fosse a preparação da práxis revolucionária. Hegel parte da positividade da efetividade já dada. Ele denomina de "positiva" uma sociedade de cujas formas historicamente petrificadas o espírito escapou; aqui, as instituições, constituições e leis já não estão de acordo com os interesses, opiniões e sensações. Hegel investigou essa situação de desunião nos trabalhos teológicos de juventude a propósito da decadência da eticidade substancial de uma antiguidade glorificada. Nos mesmos conceitos ele concebe agora a situação constitucional de sua pátria e logo também do Império Alemão. À pusilanimidade impotente daqueles que sentem a necessidade de uma mudança e que, ao mesmo tempo, se aferram obstinadamente ao existente, Hegel contrapõe a coragem dos ilustrados que investigam com olhar sereno o que pertence ao inapreensível. Hegel vê uma alternativa inevitável e fatal entre a subversão violenta, "em que a necessidade de melhora se associa à vingança", e uma práxis reformista prudente, "que pode, com honra e tranquilidade, eliminar completamente os que levam à ruína e produzir uma situação segura". Uma transformação da realidade, que nega a positividade da vida inerte, é inevitável; mas, na subversão revolucionária, um destino cego conduz ao medo, enquanto que o esforço precavido de uma reforma que exerce a justiça realiza conscientemente o mesmo destino e arrebata a seu poder o caráter violento.

No grande tratado sobre o *Geist des Christentums und sein Schicksal* [Espírito do cristianismo e seu destino], que Hegel escreveu em Frankfurt, a confrontação da punição da lei com a punição na qualidade de destino serviu a um primeiro desdobramento da dialética histórica.[18] O movimento da vida ética concreta está sob a legalidade de um contexto de culpabilidade que dá origem a uma dissociação da totalidade ética. Hegel denomina de ética uma situação social em que todos os membros alcançam seu direito e satisfazem suas necessidades. Um criminoso que viola as relações éticas, à medida que oprime uma vida alheia, experimenta o poder dessa vida alienada como destino hostil. Assim, a necessidade histórica do destino é apenas o poder reativo da vida reprimida e apartada, poder que faz o culpável sofrer até que este, na negação da vida alheia, experimenta a deficiência de sua própria vida, e no abandono da vida alheia experimenta a alienação de si mesmo. Na causalidade do destino atua o poder da vida deficiente que só pode ser reconciliada quando, a partir da experiência, da negatividade da vida decomposta, emerge a nostalgia pela vida perdida e obriga a identificar na existência alheia a própria existência que foi negada. Então, ambos os partidos reconhecem sua posição enrijecida diante do outro como o resultado da separação, da abstração de seu contexto de vida comum – e neste eles reconhecem a razão de sua existência. Também a positividade da situação sob a constituição dos conselhos e a antiga constituição

---

18 Hegel, *Theologische Jugendschriften*, p.267-293.

imperial de Württemberg porta os sintomas de uma dissensão semelhante, de modo que Hegel acredita ver, na negatividade perceptível, o poder punitivo da vida reprimida. A subversão que precisa acontecer é o destino justo. Na revolução isto se realiza entre os partidos em luta, e para além destes, como agentes e vítimas de uma só vez. No período de Frankfurt, Hegel viu, no entanto, como também mostra o fragmento introdutório ao escrito sobre a constituição, a outra possibilidade de uma reflexão preventiva sobre o destino iminente. Hegel atribui essa tarefa a uma crítica que mede o existente segundo a justiça concreta do destino, arranca-lhe a máscara da universalidade meramente pretendida e oferece legitimação "à parte da vida que foi exigida". O filósofo, que reflete o destino, pode conduzir a uma reforma que exerça a justiça para assim não sofrer a terrível justiça da violência cegamente revolucionária. Na situação pré-revolucionária, o interesse das massas que percebem primeiramente a contradição entre a vida permitida e a vida buscada sem consciência, já vai ao encontro dos intelectuais que alçaram em si aquela natureza até à ideia. Mas esses intelectuais não devem permanecer na oposição entre a subjetividade e o mundo reificado[19] e desfrutá-lo melancolicamente, eles têm de compreendê-lo de maneira histórica. Esse é o ponto de vista da crítica, que confronta a vida limitada com seu próprio conceito. Dirigida aos dominantes, uma filosofia, que concebe a história na qualidade de destino, pode articular a contradição a partir da qual as massas irrefletidas são conduzidas e desmascarar a nulidade do particular no

---

19 Rohrmoser, *Subjektivität und Verdinglichung*; id., *Emanzipation und Freiheit*, principalmente cap. 4, Theologie und Gesellschaft.

reflexo do interesse universal que ainda considera adequado. Tal como Marx esperou, a crítica não pode ampliar o poder prático enquanto não atinge as massas; ela deve alcançar efeito prático à medida que transforma a consciência dos dominantes. Ela pode instruir os políticos sobre a justiça de um destino que deverá ser objetivamente consumado neles caso não reúnam coragem para pretendê-lo.

Quando, um ano depois, Hegel corrigiu mais uma vez a introdução retrabalhada do escrito sobre a Constituição e a passou a limpo, ele abandonou essa posição. Aqueles que concebem os acontecimentos históricos como destino e podem aprender com a história, não têm o poder para impor sua autoridade no processo histórico; enquanto aqueles que agem politicamente não retiram qualquer utilidade dos erros que cometeram. Já se desenha aqui aquela divisão de trabalho fundada na *Lógica* entre os filósofos e os que conduzem os negócios do espírito do mundo, com a qual Hegel, em seus cursos de filosofia da história, excluirá uma recondução da teoria à práxis. A reflexão sobre o destino está condenada à posteridade, não podendo mais romper com seu poder objetivo. Na versão definitiva de 1802, já se encontram formulações que se repetem no prefácio de 1821: a filosofia, que compreende a situação contemporânea nos termos de uma história universal a partir do contexto concreto da justiça, orienta-se de forma crítica somente àqueles que introduzem um conjunto de conceitos e fins subjetivos entre os acontecimentos e sua necessidade imanente. O escrito sobre a Constituição pretende nos fazer conhecer apenas aquilo que é. A instrução que tal escrito pode compartilhar serve apenas àqueles que mais sofrem; ela facilita suportar o destino: pois "o que é, não nos faz impetuosos e sensíveis, mas sim aquilo que não é da maneira que deveria ser; mas se reconhecemos que aquilo é como tem de ser [...] então reconhecemos também que isso deveria ser assim".

Ora, a forma polêmica de um tratado, que é inequivocamente um panfleto e termina com propostas programáticas, adquire um valor muito particular diante dessa intenção absolutamente apolítica de uma educação estoica de quérulos e reformadores do mundo para o quietismo esclarecido da perspectiva da história universal. O escrito original de Jena, inicialmente, também não foi elaborado com esse espírito. Ele termina com a convicção de que a reforma do Império Alemão, por mais que correspondesse a uma necessidade profunda e objetiva sentida de uma determinada maneira, nunca poderia ser implementada pela crítica, mas apenas pelo poder: "o discernimento da necessidade é muito fraco para operar sobre a ação". Hegel abdica de sua esperança de que o discernimento crítico possa preparar para a práxis uma sábia reforma e que o poder do destino possa vaguear no *medium* da coragem esclarecida. Mas sempre a força bruta do conquistador, do magnânimo Teseu, que demole de uma vez o particularismo dos príncipes, aponta antes para a renovação, que um dia foi imediatamente exigida, da disposição reformista dos dominantes. A questão já aparece da seguinte maneira: "o conceito e o discernimento levam algo tão desconfiado contra si mesmos que aquele tem de ser justificado por meio da violência, então o homem se submete a ele"; ora, também aqui Hegel exige do conceito filosófico a antecipação crítica, no entanto, ele precisa agora do poder despótico para sua realização.

A nova e afirmativa avaliação do poder está ligada ao fato de Hegel ter recepcionado o conceito moderno de Estado entre

Jürgen Habermas

Maquiavel e Hobbes. Durante seus estudos histórico-políticos do período de Frankfurt, principalmente com o descobrimento do mundo oriental, Hegel alcançou uma perspectiva do desenvolvimento da história em que o mundo grego representa apenas um estágio e não um padrão em cuja reconstrução a modernidade pudesse estar espelhada. A superação de formas historicamente ultrapassadas de uma situação engessada na positividade não é concebida, tal como ocorria nos escritos teológicos de juventude, na qualidade de renovação da eticidade antiga, mas de transformação do Império em um Estado burocrático moderno, que se apoia em uma administração fiscal central e em um exército profissional organizado de modo disciplinado, que, enquanto tal, permanece exterior à esfera do intercâmbio burguês privado que foi liberado. Contudo, aqueles atributos da eticidade, que Hegel tinha tomado inicialmente do conceito clássico de pólis, passam para esse Estado.[20] Por essa razão, a determinação da soberania se liga ao estabelecimento de um poder que assegura a afirmação militar eficaz no exterior, obrigando os cidadãos a sacrificar a liberdade da existência pessoal e sua vida para a defesa do todo.

Doravante, a categoria da guerra passa a desfrutar de uma posição dominante. A guerra é o *medium* por meio do qual o destino da história universal se estende por todos os povos. Na guerra se comprova a saúde dos Estados soberanos e a eticidade política de seus cidadãos. A causalidade do destino não é mais apreendida como a punição irônica com a qual nossa própria ação nos contragolpeia. Agora, ela surge de uma tragédia no ético que

---

20 Riedel, Tradition und Revolution in Hegels "Philosophie des Rechts", p.100 et seq.

começa com o sacrifício voluntário da autoalienação do absoluto em seu outro.[21] Na base do sacrifício fetichizado, Hegel pode vincular a efetividade da ideia ética na autoafirmação do Estado moderno e em seu brusco aparato de dominação. Mas se os sacrifícios dos cidadãos, que abandonam sua existência privada para a defesa da totalidade de sua propriedade, não são apenas as cinzas das quais o Estado emerge para o senhorio de seu desenvolvimento externo de forças, se antes o poder fundado no interior do Estado é o altar sobre o qual os cidadãos podem oferecer seu sacrifício, então a renovação de um Império que deixou de existir enquanto Estado é possível apenas mediante o poder externo, mediante o triunfo de um conquistador — e não de antemão graças a uma reforma pacífica das relações internas.

O triunfo de um esperado vencedor, entretanto, não pode ser festejado, mas, pelo contrário, precisa ser antecipado pelo escritor político. Assim, o conceito do novo Estado já se apresenta na crítica antes que as armas o possam atribuir validade objetiva. Sabemos que o conceito de Império Alemão, de Hegel, não foi resgatado nos campos de batalha napoleônicos. Logo ao final do período de Jena, após Austerlitz, Hegel alcançou a posição cujo ponto de vista permitia à filosofia abdicar definitivamente do papel da crítica sobre o mundo e se limitar à contemplação: ora, o conceito justifica uma realidade que se fez integralmente, passando a não precisar mais de uma justificação mediante um poder externo. Hegel termina seu curso em 18 de setembro de 1806 com as seguintes palavras:

---

21 Hegel, Wissenschaftliche Behandlungsarten des Naturrechts, p.500 et seq.; sobre isso, cf. Riedel, Hegels Kritik des Naturrechts, p.42 et seq.

Estamos em uma época importante, de uma agitação em que o espírito deu uma guinada, indo além da forma que adotou até então e ganhado uma nova forma. Toda a série de representações, conceitos, os vínculos do mundo que existiram até agora foram dissolvidos e caíram conjuntamente como uma encenação em si. Prepara-se um novo proceder do espírito. A filosofia, principalmente, tem de saudar e reconhecer sua manifestação, enquanto outros, resistindo impotentemente a ele, prendem-se ao passado, e a maioria constitui inconscientemente a medida de seu aparecer. Mas a filosofia, reconhecendo-o como o eterno, precisa lhe dar provas de sua honra.[22]

Hegel pôde liberar a filosofia de seus esforços críticos para confrontar a existência corrompida da vida social e política com seu conceito, após reconhecer aliviado que o espírito deu uma guinada, que o princípio da razão se apresentou na realidade e se tornou objetivo. É apenas uma questão de tempo e das circunstâncias contingentes saber quando a nova época passará por cima da oposição daqueles que lhe resistiram impotentemente, sendo reconhecida em seu princípio de maneira universal. Apenas agora Hegel pode se dar por satisfeito ao reconhecer o espírito que se tornou objetivo, denominá-lo por seu nome e voltar-se criticamente contra aqueles que ainda não entenderam a lição da história universal. Esse é o teor do panfleto contra os Estados provinciais de Württemberg. Em 1818, Hegel escreve: "Eles, os mais ricos, que receberam bem a história universal, e aqueles que nos instruíram mais, porque

---

22 Hoffmeister, *Dokumente zu Hegels Entwicklung*, p.352.

a eles pertencem nosso mundo e nossas representações, parecem ter dormido nos últimos 25 anos".

O direito abstrato e a festejada Revolução

O momento em que Hegel se abriu àquela perspectiva, em 1806, permite logo supor que o espírito deu sua "guinada" inicialmente com a vitória de Napoleão sobre a Europa. Mas as coisas não são assim. Apenas naquela época, ao final do período de Jena, Hegel desenvolveu plenamente o ponto de vista teórico sob o qual pôde compreender uma consequência da Revolução Francesa, a saber, a imposição do direito abstrato como o verdadeiramente novo e mais subversivo.

Hegel já havia feito estudos de economia nos tempos de Frankfurt e escreveu um comentário, que não foi preservado, sobre a tradução alemã do livro *Staatswirtschaft* [Economia nacional] de Steuart. Em Jena, como testemunham o *System der Sittlichkeit* [Sistema da eticidade] de 1802 e, principalmente, as lições sobre a *Philosophie des Geistes* [Filosofia do espírito], dos anos 1803-1806, Hegel elaborou pela primeira vez, em polêmica com a economia contemporânea, um conceito adequado de sociedade civil moderna. Em conexão com esse "sistema de necessidades", o direito abstrato também adquiriu um novo valor posicional.

Até então, Hegel apreendera o direito abstrato no mesmo nível da positividade das leis universais e da limitação da ética kantiana como um produto da ruína da eticidade absoluta. Já na época de Bern, a distinção entre a religião fantástica grega e o cristianismo positivo oferece a oportunidade de derivar o surgimento do direito privado formal burguês do ocaso da pólis e do surgimento do Império Romano universal.[23] No ensaio de Jena sobre os modos de tratamento científico do direito natural, a "perda da eticidade absoluta", pintada com as cores de Gibbon, é novamente a origem do direito formal:

> Com a vida privada universal, e para a situação em que o povo existe a partir de um segundo lugar (a saber, a atividade profissional), existe imediatamente a relação jurídica formal que fixa o ser-próprio; e também se formou e se desenvolveu a mais completa configuração de uma legislação relacionada à mesma a partir de uma decomposição semelhante e de uma degradação universal. Esse sistema de propriedade e direito, que ao pretender a fixidez da particularidade de modo algum concerne ao absoluto e eterno, mas está antes absolutamente no infinito e formal, tem [...] de se constituir em sua própria posição, e aqui então poder ampliar em toda sua extensão e largura.[24]

Hegel já vê a necessidade de que a esse sistema de intercâmbio dos cidadãos privatizados tenha de corresponder um direito relativo e um reino "em que possa se estabelecer e, em sua confusão e na superação da confusão, possa se desenvolver por intermédio do outro sua atividade plena"[25] — tal é o reverso da tragédia no ético. Mas no escrito da mesma época sobre a Constituição do Império, a esfera da sociedade civil, no entanto, está definida apenas negativamente e excluída do conceito filosófico. Apenas o caminho trilhado no decorrer dos

---

23 Hegel, *Theologische Jugendschriften*, p.219-229.
24 Hegel, *Sämtliche Werke*, v.1, p.497 et seq.
25 Ibid.

estudos econômicos permitiu que o trabalho social adquirisse um peso sistemático: deste modo, a sociedade civil já não permanece somente a título de esfera da eticidade dilacerada, mas se converte no cenário da esfera efetiva de emancipação da espécie em relação a seu estado de natureza.

O espírito subjetivo já configura sua existência solitária em processos de trabalho. A consciência se torna coisa no *trabalho* para assim submeter as coisas com a *ferramenta*. A dominação da natureza se converte na duração da *posse*, entendida como o produto do trabalho que se tornou universal. Mas na esfera do espírito real, o espírito subjetivo aparece pela primeira vez depois que a luta por reconhecimento conduziu a um sistema de trabalho social e à emancipação em relação ao estado de natureza. Apenas quando a *divisão do trabalho* produz trabalho abstrato e o *intercâmbio* promove a satisfação abstrata, quando ambos possibilitam o trabalho de todos para a satisfação das necessidades de todos, o *contrato* se converte em princípio do intercâmbio burguês. Assim, a posse acidental se transforma em uma *propriedade* garantida pelo reconhecimento universal e nela o espírito se configura em pessoa.[26] Desde então, Hegel nunca mais perdeu de vista "o momento de libertação que reside no trabalho".[27] Posteriormente, na *Filosofia do direito*, ele desfigurou o caminho materialista pelo qual experimentou a dignidade do direito abstrato em geral. Sob o título de administração da justiça, o direito privado burguês passa a formar

---

26 Id., Jenenser Realphilosophien. In: *Sämtliche Werke*, v.19, p.218-241; v.20, p.194-225.

27 Id., *Rechtsphilosophie*, §194. Cf. Lukács, *Der junge Hegel*; cf. também minha investigação, Arbeit und Interaktion.

parte, por assim dizer, desde fora, da moderna sociedade civil, ainda que, com efeito, deva seu surgimento e existência exclusivamente a ela. Mas tanto agora quanto antes, Hegel liga a existência da liberdade aos fundamentos do direito abstrato. A Revolução Francesa constitui uma cesura da história universal apenas porque teve como resultado a realização desses fundamentos. Em Jena, Hegel brinda a Napoleão, também e principalmente, na qualidade de senhor do novo código civil. Com a Revolução, e com o grande Bonaparte como o executor de seu testamento, o princípio da razão se tornou realidade na forma da liberdade juridicamente garantida de todos os homens enquanto pessoas. Esse é o fundamento da crítica ao Parlamento de Württemberg:

> O início da Revolução Francesa tem de ser considerado como a luta que o direito público racional empreendeu contra a massa do direito positivo e dos privilégios pelos quais estava oprimido; nas negociações dos Estados provinciais de Württemberg, vemos a mesma luta desses princípios, mas apenas os lugares estão confundidos e trocados [...] Desse modo, em Württemberg, o rei trabalha sua constituição no âmbito do direito público racional; os Estados provinciais, contrariamente, tornam-se defensores do positivo e dos privilégios; além disso, oferecem o espetáculo invertido de que assim o fazem em nome do povo, contra cujo interesse estão orientados aqueles privilégios, principalmente contra o do príncipe.

O Estado substancial e a Revolução temida

Quando, em 1817, Hegel escreveu o texto sobre os Estados provinciais, o escritor político, em consideração à relação de sua teoria com a práxis, coincidiu pela primeira e única vez com o lógico e filósofo do direito, ou seja, com a autocompreensão do sistema. Depois que a teoria concebeu o processo de formação do espírito, ela pode se voltar contra aqueles que estão abaixo do nível da história universal. A crítica já não se orienta contra uma realidade, mas contra as algemas de uma abstração que precisa ser libertada para o conceito de realidade.

Contudo, também no escrito sobre as províncias emerge o ponto de vista crítico que mais tarde motivará Hegel a se voltar criticamente contra a reforma do projeto de lei inglês. O projeto de constituição do rei liga o direito ativo de voto exclusivamente a qualificações de idade e renda. Hegel, contrariamente, advoga por um escalonamento dos direitos políticos dos cidadãos segundo o *status* civil que a sociedade possui. Ele vê o poder do Estado em perigo em sua substância se, no nível das decisões políticas, os interesses sociais são renovados de forma imediata. O filtro de um direito ao voto privilegiado em termos de profissão deve prejudicar a tal ponto a eleição dos deputados que na Assembleia domina uma disposição política que não destrói a independência da autoridade estatal em relação aos conflitos sociais, os quais deve dirigir em vez de ser meramente sua expressão. Uma "confusão do Estado com a sociedade civil", que só põe a determinação do Estado "na segurança e proteção da propriedade e da liberdade pessoal",[*] contudo, é o perigo que se intensifica novamente na Revolução de Julho. Na França se democratiza o direito ao voto, na Inglaterra uma reforma do direito eleitoral está a ponto de

---

[*] Hegel, *Rechtsphilosophie*, §275.

ser votada. Desse modo, Hegel conclui seu panfleto contra o projeto de lei inglês com uma advertência veemente sobre o poder do povo e sobre uma oposição que poderia ser induzida "a buscar sua força no povo e, assim, dar lugar a uma revolução em vez de uma reforma".

Parece-me pouco convincente tomar de uma forma meramente psicológica a indolência do Hegel maduro e seu apelo a Cassandra, que concordam tão pouco com a autossegurança de um sistema da realidade configurada na razão e do espírito consciente de si. E se, como disse Rosenzweig, foi o puro temor diante da Revolução que preocupou Hegel naquele momento, então não há nenhuma razão para separar repentinamente essa postura política cotidiana daquelas interpretações sistemáticas. O pessimismo de Hegel, que ao final de sua vida, como atestam as cartas, aumentou até chegar à insegurança, seria talvez um sintoma de uma intranquilidade mais profunda que não está limitada ao âmbito privado de sua vida, mas que, embora ele não fosse claramente consciente disso, procederia das dúvidas que começavam a surgir na própria teoria?

Para fazer uma comparação, podemos utilizar uma passagem das lições um pouco mais remotas sobre a filosofia da religião. Ao final do curso, Hegel se colocou diante daquela delicada pergunta sobre a "supressão" da religião na filosofia, que após sua morte, em virtude das controvérsias entre seus discípulos, conquistou uma importância extremamente cheia de consequências em termos políticos. Hegel impõe à filosofia a tarefa de justificar os conteúdos da religião, principalmente os conteúdos cristãos, removendo suas formas de crença mediante a instância superior da razão. Em todo caso, a reflexão está forçada a penetrar a religião no processo de esclarecimento: "O pensar que começou assim já não encontra mais qualquer morada, prossegue sua marcha, esvazia a mente, o céu e o espírito que conhece, e o conteúdo religioso se refugia então no conceito. Aqui ele tem de conservar sua justificação".[28] Assim, esse conhecimento religioso que ocupa o lugar da fé não pode ser propagado universalmente por causa de sua natureza filosófica. Hegel, colocando-se aquém da intenção do esclarecimento, nunca mais abandonou o solo do prejuízo parmenidiano fundamental da filosofia ocidental, segundo o qual os muitos estão excluídos da participação no ente. Por isso, a verdade da religião, logo que esta se refugia no conceito, tem de se transferir da comunidade dos crentes para a dos filósofos e perder seu reconhecimento universal. O ateísmo público dos então chamados intelectuais também capturará os pobres, que até então tinham vivido no estágio de uma religião sem preconceitos. E o poder do Estado não pode fazer nada contra essa decadência da fé. As consequências da desmitologização são impossíveis de deter. Justamente a consumação do tempo, cujo signo é a necessidade de justificação por meio do conceito, ocorre junto com uma desmoralização do povo:

> Se o Evangelho já não é pregado aos pobres, se o sal se tornou insignificante e todos os fundamentos desapareceram sub-repticiamente, então a razão permanece pouco desenvolvida e a verdade, que só pode residir na representação, já não sabe mais remediar a pressão de seu interior.[29]

---

28 Hegel, *Sämtliche Werke*, v.16, p.351 et seq.
29 Ibid., p.355.

Em nosso contexto, são dignas de atenção a tranquilidade e a serenidade estoica com que Hegel antecipa esse desenvolvimento. Ele fala intrepidamente de uma "dissonância" preexistente na realidade. Para a filosofia, e por meio desta, tal dissonância é dissolvida, pois a filosofia reconhece a ideia na revelação. Mas essa reconciliação é apenas parcial, é válida somente para o "estado sacerdotal isolado dos filósofos". A retroatividade que possui a passagem de um nível do espírito absoluto para o outro no mundo do espírito objetivo, essa comoção da totalidade ética, não pode ser suavizada por intermédio da filosofia: "Como o presente temporal, empírico, encontra uma saída desse dilema, como ele se forma, tem de ser deixado a ele mesmo e não é tarefa prática imediata e assunto da filosofia".[30]

Essa abstinência da teoria, que ao mesmo tempo reflete sua superioridade e impotência diante de um perigo cheio de consequências práticas, é consequente também no sentido dos pressupostos constritivos do sistema. Mas o mesmo Hegel, pouco tempo depois, tendo em vista aquele outro perigo que pela segunda vez partia de Paris, perde a serenidade ordenada de maneira filosófica e tenta, mais uma vez no papel de escritor político, influenciar a práxis. Com isso, ele contradiz seu próprio sistema.

Para Hegel, como testemunham as diferentes construções dos estamentos desde Jena, do sistema da eticidade e do ensaio sobre direito natural, a relação entre Estado e sociedade sempre foi um problema. Na filosofia do direito ele encontrou

---

30 Ibid., p.356.

Teoria e práxis

finalmente uma solução definitiva. Ele concebeu a sociedade civil moderna como um contexto de coerção antagônico e, ao mesmo tempo, deixou-a na condição de um poder substancial diante do Estado moderno, tal como já no escrito sobre a Constituição. O Estado não é determinado pelas funções daquela estrutura social na qualidade de Estado de necessidade ou Estado de entendimento, mas sim produz no poder político, mediado apenas pelo sistema de necessidades, a eticidade absoluta de uma ordem aristotélica da vida boa. A mediação daquele conceito moderno de sociedade civil, configurado no direito natural racional e na economia política, com o conceito clássico de dominação política só pode ter êxito, no entanto, com a ajuda de instâncias que se movem entre Estado e sociedade. Hegel, voltando-se para trás, encontra tais instâncias na estrutura corporativa da sociedade e em uma assembleia parlamentar composta organicamente. Medidos por essa corporação estamental, os elementos contemporâneos do Estado de direito liberal, desenvolvidos na França e na Inglaterra, cada qual ao seu modo, tinham de ser considerados atrasados. De fato, Hegel os denunciou na qualidade de elementos de uma realidade que permanecem aquém do princípio já válido da história universal, isto é, aquém da Prússia.

Mas, se é assim, por que Hegel não pôde se tranquilizar com a ideia para a qual ele geralmente teve de oferecer exemplos a partir da história universal: que o espírito necessita de muito tempo para universalizar um princípio que se expressou em um determinado lugar e se tornou objetivo? Em vez disso, Hegel, o professor universitário prussiano em Berlim, redigiu um panfleto político contra uma proposta de lei do governo de Londres.

O pessimismo resignado de Hegel que, da mesma maneira que ocorreu nas lições sobre filosofia da religião, reconhece na ruína de uma época os signos de sua realização, retrocede diante do pessimismo receoso de seus últimos escritos políticos, porque surge a dúvida de se a França e a Inglaterra, antes do que a Prússia, não representariam a realidade que se configurou da forma mais profunda no princípio dominante da história. Talvez Hegel tenha suspeitado de algo que Marx lhe objetará a respeito do direito público dez anos mais tarde: que aqueles estamentos políticos da sociedade burguesa, em cujos resíduos Hegel ancorou a autoridade de seu Estado, dissolveram-se em estamentos "sociais", em classes. Atribuir-lhes a função de uma mediação entre Estado e sociedade seria então uma tentativa restaurativa impotente de "reconduzir os homens na própria esfera política à limitação de sua esfera privada".[31] Pois muitas das críticas de Hegel à Revolução de Julho e ao projeto de reformas se voltam contra ele mesmo. Ele seria aquele que negava a separação factualmente consolidada entre Estado e sociedade em virtude da abstração de uma constituição de novos estamentos, uma hipóstase das anteriores relações prussianas, isto é, uma "reminiscência", como afirmou Marx.

Hegel parece ter sentido que sua crítica já não se orienta, como ainda acontecia em 1817, contra um subjetivismo ultrapassado pelo curso da história universal, mas contra as consequências da mesma Revolução que ele próprio tinha festejado, na medida em que os fundamentos do direito abstrato eram mantidos nas fronteiras do direito privado burguês e não se estendiam aos direitos políticos de igualdade. A crítica

---

31 Marx, *Marx-Engels Werke*, v.I, p.285.

em que, nas mãos do publicista Hegel, a filosofia sempre se converteu muda uma última vez sua posição: assim como nos dias de juventude, ela se volta novamente contra a objetividade de relações efetivas, mas, desta vez, diferentemente do que ocorria em tempos passados, ela não se volta contra um estado mundial petrificado em positividade, mas coloca em marcha o espírito vivo da própria Revolução. Hegel não sente mais o vento batendo em suas costas.

Hegel se tornou um escritor político mais uma vez no final de sua vida, porque, no decorrer dos acontecimentos, viu não somente a si mesmo, mas também sua própria teoria ser atacada. Contudo, a atualidade do dia, que o publicista apresenta, é geralmente um desafio para a filosofia, pois esta, que é dialética, pretende conceber o perene na ruína do perpetuamente passado.

A filosofia política de Hegel hoje

Não se pode projetar a filosofia política de Hegel ao âmbito do século XX sem levar em consideração as circunstâncias. Os nazistas tentaram reivindicar Hegel para o Estado total.[32] Não é da forma mais precavida que procedem os inofensivos apologetas da sociedade aberta, que, fazendo uma inversão abstrata, ratificam novamente a antiga legenda.[33] Ambas as

---

32 Topitsch, *Die Sozialphilosophie Hegels als Heilslehre und Herrschaftsideologie*, principalmente p.63 et seq.; uma avaliação mais adequada aparece em Rotleuthner, Die Substantialisierung des Formalrechts, p.215 et seq.

33 Popper, *Die offene Gesellschaft und ihre Feinde*, v.II.

interpretações, como modos de tocar a mesma melodia, foram energicamente refutadas por Marcuse e Ritter. O Hegel que se opõe à execução terrorista da revolução burguesa, mas nunca a seus ideais, aquele que defende os princípios historicamente progressistas do direito natural racional de forma tão veemente tanto contra os novos *Ultras* como contra os velhos tradicionalistas franconianos, esse Hegel dificilmente pode ser estilizado como o testador de Carl Schmitt ou Binder, Larenz e outros. De outro lado, de modo não tão fatal, mas ainda menos convincente, é a inclinação de acomodar o pensador político Hegel no *juste milieu* das democracias ocidentais, nomeando-o um liberal *honoris causa*.[34] Duas coisas distinguem Hegel de forma palpável diante de seus liberais contemporâneos e da convicção cômoda de seus discípulos liberais: de um lado, a radicalidade impiedosa no conhecimento da dinâmica de desenvolvimentos históricos[*] e, de outro, a estreiteza peculiar da perspectiva despolitizada pela tradição protestante dos cargos oficiais e também limitada à Prússia.

Hegel nos coloca diante da tarefa que para ele não pode ser desonrada: conceber a desproporção entre a força abrangente da *Enciclopédia*, que novamente esgota a substância de todo um mundo na filosofia, e as fronteiras secretas do horizonte que traem o que há de familiar em tradições pouco discernidas. Também o próprio Hegel não pode saltar por cima de seu próprio tempo e de suas relações.[35] E estas eram, como notou

---

34 Fleischmann, *La philosophie politique de Hegel*.

* Hegel, *Rechtsphilosophie*, §243-248.

35 Contra essa tese que, segundo minha interpretação, não pode ser uma acusação, protestam aqueles que, vinculados a tradições teológicas, comprometem-se a salvar a teoria de Hegel do espírito absoluto. Ao

Teoria e práxis

Marx, relações de um país que compartilhou as restaurações dos povos modernos sem compartilhar de suas revoluções. Contra sua própria intenção, também em Hegel prossegue uma particularidade que a filosofia alemã deve à sua alienação do espírito ocidental. Superá-la deveria ser mais fácil para um judeu renano no exílio londrino do que para o seminarista de Tübingen e funcionário prussiano na Berlim da restauração.[36]

---

lado de teólogos como Küng e Pannenberg, encontra-se aqui, apesar de suas posições na verdade contrárias, de um lado, Liebrucks, *Sprache und Bewußtsein*, e, de outro, Theunissen, *Hegels Lehre vom absolutem Geist als theologisch politischer Traktat.*

36 Sobre a recepção crítica de Hegel, cf. Negt, *Aktualität und Folgen der Philosophie Hegels.*

5
A passagem do idealismo dialético ao materialismo: a ideia de Schelling de uma contração de Deus e suas consequências para a filosofia da história

Schelling não é um pensador político. Na história de sua vida filosófica, ele projetou três vezes uma teoria da ordem política, o que na linguagem do sistema significa: uma dedução do Estado. Esse projeto não passou de esboços ocasionais. Porém, o surpreendente nisto não é o notório desinteresse do autor por esse objeto, ou seja, o caráter esporádico dessas três tentativas de dedução, mas a incompatibilidade entre elas. As deduções escolhem a cada vez uma abordagem diferente e levam a resultados que se excluem mutuamente.

Três deduções do Estado

O jovem Schelling, no quadro da filosofia da natureza, exercitou-se no uso especulativamente ampliado da faculdade de julgar, operada por Kant de maneira restrita. Na primeira tentativa de complementar sistematicamente essa filosofia da natureza com uma filosofia do espírito,[1] era natural vindicar

---

1 Schelling, *System des transzendentalen Idealismus*, p.327 et seq.

validade constitutiva para as ideias da filosofia da história kantiana: da intenção prática de uma "ordem perfeitamente justa" são retirados os escrúpulos teóricos da crítica da razão pura, a qual parecia que só Fichte teria pensado até o fim. Nesse quadro, Schelling reclama a doutrina do direito de Kant para a filosofia da identidade. Os homens, enquanto seres racionais, agem livremente; por isso fica à critério do arbítrio de cada indivíduo limitar sua ação pela possibilidade da ação livre de todos os outros. Aquilo que é mais sagrado, no entanto, não deve ser confiado ao acaso; antes, "a coerção de uma lei inquebrantável precisa tornar impossível que a liberdade do indivíduo seja suprimida na interação de todos".[2] Precisa-se de uma "lei natural a serviço da liberdade": justamente uma ordem jurídica instituída segundo os princípios da razão prática, mas assegurada pelas sanções do poder estatal, que são desencadeadas de maneira automática. Essa ordem tem de poder atuar no modo de um mecanismo natural.[3] O direito natural racional, exatamente no sentido empregado por Kant, estaria fundado duradouramente na ordem republicana de cada Estado e na federação cosmopolita de todos os Estados entre si. Uma tal constituição jurídica universal, porém, é "realizável apenas pela espécie inteira, isto é, precisamente apenas por meio da história".[4] Essa ideia de uma *consideração* da história converte rapidamente a filosofia da identidade em um *spiritus rector* da própria história.

De que maneira iria resultar por fim algo racional da contradição inextrincável de todas as ações individuais, do jogo

---

2 Ibid., p.582.

3 Ibid., p.583.

4 Ibid., p.591.

da liberdade inteiramente desprovido de leis, se a história em seu todo não se originasse de uma síntese absoluta de todas as ações, "em que, dado que é absoluta, tudo está de antemão equilibrado e calculado, de tal modo que tudo o que pudesse acontecer, por mais contraditório e desarmônico que pareça, tenha e encontre nela seu fundamento de unificação"?.[5] Diante do padrão de medida superior da identidade absoluta, a experiência da liberdade moral do agente é rebaixada a fenômeno, tanto quanto a causalidade natural o indivíduo cognoscente. A alegoria barroco-cristã do drama do mundo encontra um desfecho harmonizador:

> Se imaginarmos a história como uma peça de teatro em que cada um daqueles que tomam parte nela desempenha seu papel de uma maneira completamente livre e no modo que lhe parece melhor, então um desenrolar racional dessa peça intrincada só será pensável na medida em que há um espírito que compõe tudo, e na medida em que o poeta, de quem os atores são meros fragmentos, colocou em harmonia já de antemão o resultado objetivo do todo com o jogo livre de todos os indivíduos particulares, de sorte que por fim realmente resulta algo racional. Mas, se o poeta fosse independente de seu drama, então seríamos nada mais que os atores que executam o que ele compôs. Se ele não é independente de nós, então ele apenas se manifesta e se oculta sucessivamente ao longo do jogo de nossa própria liberdade, de modo que sem essa liberdade ele mesmo tampouco seria, e assim nós mesmos seríamos coautores do todo e autocriadores do papel específico que desempenhamos.

---

5 Ibid., p.598.

Manifestando-se na história, esse deus tomou de empréstimo os traços de sua divindade, mais esteticamente transfigurados do que historicamente refletidos, de uma filosofia da arte que traduz o renascimento de Bruno na linguagem de Novalis.

A segunda tentativa de Schelling de desenvolver uma teoria da ordem política se refere à primeira, tacitamente, de maneira apenas negativa. Nas *Stuttgarter Privatvorlesungen*[6] [Preleções privadas de Stuttgart], dez anos após o *System des transzendentalen Idealismus* [Sistema do idealismo transcendental], afirma-se laconicamente:

> Sabemos quanto esforço foi despendido, especialmente desde a Revolução Francesa e as ideias kantianas, para mostrar uma possibilidade de como a unidade seria compatível com a existência de seres livres, isto é, de que maneira poderia se dar um Estado que de fato seja simplesmente a condição da máxima liberdade possível dos indivíduos. Só que este Estado é impossível. Ou se retira do poder estatal a devida força, ou ela lhe é concedida, e então surge o despotismo.[7]

Referindo-se a Fichte, Schelling nota que não é casual que as cabeças que refletiram de maneira mais consequente sobre a ideia de uma ordem perfeitamente justa tenham aconselhado o despotismo mais severo. A dedução do Estado encontra-se, neste ponto, no contexto da filosofia de *As idades do mundo*, mais exatamente ela serve para demonstrar aquele evento, subtraído à experiência, mas impositivo em suas consequências, que

---

6 Id., *Stuttgarter Privatvorlesungen*, p.354.
7 Ibid., p.353 et seq.

Teoria e práxis

Schelling, desde 1804, passa a circunscrever inicialmente de maneira mitológica a título de apostasia do primeiro homem em relação a Deus. Ele vê precisamente na existência factual do Estado a "prova maior" da decaída do homem em natureza. Da mesma maneira que a natureza perdeu sua "unidade" por causa do homem, também a própria humanidade perdeu a sua por conta daquele ato; enquanto seres racionais separados de Deus, em vez de buscar sua verdadeira unidade *nele*, os homens precisam buscar sua própria unidade, sem poder encontrá-la: "A unidade natural, essa segunda natureza acima da primeira, à qual o homem vai tomar por força da necessidade sua unidade, é o Estado; e o Estado é, por isso, para dizê-lo francamente, uma consequência da maldição que paira sobre a humanidade".[8] O que antes aparecia como mérito da coerção jurídica institucionalizada estatalmente, pois ela garantia a legalidade das ações mediante um mecanismo da natureza, por assim dizer, é computado agora como deficiência dela. Com isso, no entanto, é assinalada a dificuldade de um sistema que não deixa vigorar as distinções da filosofia da reflexão e que, da mesma maneira que o hegeliano, só reconhece o poder da segunda natureza como solidamente fundado se adota a forma de uma eticidade que veio a ser:

> O Estado, mesmo que regido com alguma razão, sabe certa
> mente que com meios meramente físicos não obterá nada, sabe
> que ele precisa se valer de motivos espirituais e superiores. Mas ele
> não pode dispor deles; eles estão além de seu controle, e, contudo,

---

8 Ibid., p.353.

gaba-se de poder produzir um estado ético, isto é, ser um poder tal qual a natureza [...] Por isso, toda unidade que venha a surgir em um Estado não passará de precária e temporária.[9]

Enquanto a unificação política da sociedade se basear em meios coercitivos físicos do Estado, não será encontrada a verdadeira unidade da espécie humana; para tanto, a humanidade precisa previamente da capacidade de "fazer que o próprio Estado, quando não se pode torná-lo dispensável e superá-lo, se liberte gradativamente do poder cego [...] e se transfigure em inteligência".[10] A consequência anarquista mal ocultada ainda poupa Schelling de entrar na discussão tradicionalmente obrigatória sobre a melhor forma de governo. Em 1800, ele havia se decidido claramente por uma república democrática; em 1810, essa questão se tornou indiferente. O Estado como Estado, vale dizer, o instituto da coerção em que está integralmente em vigor a dominação na qualidade de substância do político, permanece um signo infalível de uma corrupção contínua da ordem originariamente intacta da humanidade e da natureza.

Quatro décadas depois, a terceira tentativa de uma teoria da ordem política[11] leva novamente a uma recusa das duas anteriores. Seria completamente contrária à verdade a tentativa de

---

9 Ibid.

10 Ibid., p.356 et seq. Uma tese análoga se encontra já no *System Programm* de 1795, descoberto por Rosenkranz; foi reimpresso há pouco em Zeltner, *Schelling*, p.65 et seq.

11 Schelling, *Philosophische Einleitung in die Philosophie der Mythologie oder Darstellung der rein rationalen Philosophie*, principalmente a lição 23, p.716 et seq.

Teoria e práxis

superar o próprio Estado, isto é, o Estado em seus fundamentos, praticamente por meio de reviravoltas políticas, que, se é de propósito, constitui um ato criminoso [...]; e teoricamente por meio de doutrinas que desejam tornar o Estado tão justo e agradável ao Eu quanto possível.[12]

Com isso, não se alude de modo algum às teorias do socialismo nascente que afluíam da França, nem mesmo ao *Manifesto comunista*, que poucos anos antes havia conquistado uma certa publicidade; alude-se aqui à doutrina que outrora o próprio Schelling em sua juventude partilhara enfaticamente e enaltecera especulativamente, ao rousseaunismo moderado do filósofo de Königsberg:

> Estando a serviço do eu, tal qual foi dito, é esta razão que aqui, onde prevalece não um interesse puramente teórico, mas sim prático, só pode ser ao mesmo tempo sofística e que, consequentemente, só pode prestar à autocracia do povo, isto é, das massas indiferenciadas, quando em seguida, porque não se pode evitar uma aparência de constituição, o povo tem de ser ambos, chefe e súdito, como declara Kant, chefe na qualidade de próprio povo unido, súdito na de uma multidão esparsa".[13]

Em sua filosofia tardia, Schelling certamente vincula o Estado com aquela decaída do primeiro homem, mas este já não aparece na qualidade de expressão, capaz de ser comprovada, de um mundo invertido e sim como poder salutar contra a

---

12 Ibid., p.729.
13 Ibid., p.730.

Jürgen Habermas

própria inversão. O homem deve a ordem inteligível, da qual ele se separou, ao Estado na figura de lugar-tenente dela na Terra:

> Essa ordem exterior da razão armada de força coercitiva é o Estado, que materialmente é um mero fato e que tem também apenas uma existência factual, mas santificada pela lei que vive nele, a qual não é deste mundo, tampouco dos homens, mas deriva imediatamente do mundo inteligível. A lei que se tornou poder factual é a resposta àquele ato em virtude da qual o homem se colocou fora da razão; esta é a razão na história.[14]

O positivismo da filosofia tardia de Schelling conduz aqui a uma identificação inesperada, que prescinde da mediação hegeliana entre moralidade e eticidade, entre a autoridade exercida nos Estados existentes e a imposição obrigatória de uma ordem ética contraposta abstratamente à humanidade, autenticamente hipostasiada em um ente autêntico. Nesse estágio do processo da história universal, o Estado é *eo ipso* a instância de restituição:

> O Estado é a ordem inteligível que se tornou factual diante do próprio mundo factual. Ele possui, assim, uma raiz na eternidade, e é o fundamento que permanece, que nunca será superado, para além do qual nada pode ser investigado, fundamento de toda a vida humana e de todo desenvolvimento futuro, precondição para cuja preservação tudo tem de ser empregado na política, da mesma maneira que na guerra, em que o Estado é o fim.[15]

---

14 Ibid., p.715.
15 Ibid., p.732.

Teoria e práxis

Em contraste com isso, ele havia afirmado em 1810: "O desconcerto supremo surge da coalizão dos Estados entre si, e o fenômeno da unidade não encontrada e que não pode ser encontrada é a guerra".[16]

Não valeria a pena relembrar essas três tentativas contraditórias se fosse apenas para documentar, em termos de história das ideias, um desenvolvimento retilíneo de Schelling, indo do seminarista de Tübingen com disposições revolucionárias até o filósofo do Estado conservador e cristão, ligado à chamada reação romântica sob o governo de Frederico Guilherme IV — para sua geração, o caminho que vai do republicano ao monarquista não era precisamente original, embora isso tampouco possa testemunhar uma visão de longo alcance. Entretanto, é surpreendente o desvio pela segunda versão de filosofia do Estado, que conduz à negação do Estado enquanto tal. Gostaria de me certificar do contexto de sistema do qual surge esse motivo, a fim de interpretá-lo como sintoma de uma crise em que Schelling foi o único entre os grandes idealistas a ser empurrado para as margens do próprio idealismo.

A corrupção do mundo e o problema de um começo absoluto

O afamado acerto de contas de Hegel com o conceito de identidade absoluta elaborado por Schelling e com seu correspondente ato de intuição intelectual atinge também o Schelling de *Bruno*. Com efeito, essa filosofia da identidade não lidava seriamente "com o ser-outro e com a alienação, tampouco com

---

16 Id., *Stuttgarter Privatvorlesungen*, p.354.

a superação dessa alienação"; com efeito, faltava ao seu absoluto "a seriedade, a dor, a paciência e o trabalho do negativo".[17] Só que em um tratado publicado para ser mera continuação de *Bruno*, Schelling antecipou tacitamente em dois anos essa crítica do prefácio da *Fenomenologia do espírito*. Aqui, no escrito sobre *Philosophie und Religion* [Filosofia e religião], encontra-se pela última vez uma definição da intuição intelectual em sentido afirmativo;[18] porém, é também a primeira vez que se coloca tão intensamente como problema "a descendência das coisas finitas a partir do absoluto", a tal ponto que Schelling acredita precisar negar uma passagem constante do absoluto para a realidade. Antes essa passagem só seria pensável na forma de uma "ruptura completa da absolutez, por meio de um salto".[19]

Contra aqueles que, da mesma maneira que por um disparo de pistola,[20] quiseram começar pela sua intuição intelectual, Hegel define o "começo" da filosofia naquela época, no ano de 1807, como o "começo da elaboração que parte da imediatez da vida substancial", ou seja, que parte da figura da consciência que se encontra a princípio na forma de um saber preso na exterioridade: o espírito fenomênico liberta-se da imediatez da certeza sensível rumo ao saber puro e, com isso, chega ao conceito de ciência como resultado da experiência da consciência. A fenomenologia do espírito, que desenvolve antes de tudo a

---

17 Hegel, *Phänomenologie des Geistes*, p.20.

18 É um conhecimento que "integra o em si da própria alma, e que apenas por isso se chama intuição, porque a essência da alma, que é uma e a mesma com o absoluto, só pode ter com este uma relação imediata". Schelling, *Philosophie und Religion*, p.13.

19 Ibid., p.28.

20 Hegel, *Wissenschaft der Logik*, parte I, p.51.

verdade do ponto de vista do saber puro, é assim o pressuposto da ciência pura, vale dizer, da lógica. Como se sabe, foi nessa sequência que se concebeu o sistema originalmente. Contudo, no início do primeiro volume da Grande Lógica, Hegel coloca mais uma vez em discussão a mesma questão: por onde se deve dar o começo da ciência?[21]

Ele se volta contra o procedimento hipotético ou problemático, o qual inicia com um fenômeno arbitrário, "exteriormente aceito e pressuposto ao modo de um favor", para depois, no curso lógico da própria investigação, comprovar a suposição, ou seja, provar *a posteriori* que o que foi meramente pressuposto de início é o elemento verdadeiramente primeiro, exatamente do mesmo modo como, todavia, a fenomenologia remete a consciência de seu fenômeno externo ao saber puro. Mas a filosofia enquanto sistema não permite que o começo possa ser algo provisório, unicamente porque só o resultado desponta a título de fundamento absoluto: "tem de ser determinante a natureza da coisa e do próprio conteúdo". Por isso, a ciência do espírito fenomênico, como Hegel já constata taxativamente em 1817, na *Enciclopédia* de Heidelberg (§ 36), não serve de começo absoluto da filosofia, e tampouco uma das filosofias reais em geral, pois todas elas têm, por seu turno, a lógica por pressuposto. Portanto, o velho Hegel considera a *Fenomenologia do espírito* um trabalho peculiar que já não deveria ser mais reformulado; como é sabido, ele a exclui da organização do sistema e, por assim dizer, consome seu título, dedicando-o a uma subseção na filosofia do espírito subjetivo.

---

21 Sobre tais problemas, cf. o excelente trabalho de Fulda, *Das Problem der Einleitung in Hegels Wissenschaft der Logik.*

Já no capítulo inicial da *Grande lógica*, essa liquidação está quase completa: "não se deve fazer qualquer pressuposição, o próprio começo tem de ser admitido imediatamente" – em vez de constituí-lo mediante o saber puro, o ponto de vista da fenomenologia do espírito – "assim, ele se determina apenas porque deve ser o começo da lógica, do pensar para si [...] o começo é, portanto, o ser puro".[22] No entanto, Hegel não para por aí. Pois, a fim de isolar enquanto tal o ser puro, o saber puro tem de "abdicar" dele, da mesma maneira que seu conteúdo. Hegel busca se socorrer dizendo que residiria na própria natureza do começo que ele seja o ser e nada mais: "assim, não teríamos qualquer objeto particular, porque o começo, sendo *o começo do pensar*, deve ser totalmente abstrato, totalmente universal, totalmente forma sem qualquer conteúdo; nós não teríamos, com isso, nada mais que a representação de um mero começo enquanto tal".[23] Portanto, com o conceito de começo enquanto tal tampouco se deve chegar ao ser abstrato na qualidade de algo imediatamente objetivo, o começo se mostra, imediata e novamente, na forma de um começo do pensar.

O ser, por mais que a lógica se esforce por isso em virtude de seu começo, não se livra da determinação do pensamento. Consequentemente, permanece a dificuldade de se interpretar as formas lógicas, justamente em seu sentido ontológico, de antemão como figuras do espírito autoconsciente. No terceiro livro da *Ciência da lógica*, é dito o seguinte a respeito dessa dificuldade:

---

22 Hegel, *Wissenschaft der Logik*, p.54.
23 Ibid., p.58.

Teoria e práxis

Certamente, as determinações puras de ser, essência e conceito constituem também o fundamento e a armação interna simples das formas do espírito; o espírito enquanto intui, tanto quanto a consciência sensível, encontra-se na determinidade do ser imediato, ao passo que o espírito enquanto representa, da mesma maneira que a consciência que percebe, elevou-se do ser até o nível da essência ou da reflexão. Só que essas figuras concretas competem à ciência lógica tão pouco quanto as formas concretas que as determinações lógicas assumem na natureza, e que seriam espaço e tempo, em seguida o espaço e o tempo preenchendo-se enquanto natureza inorgânica, e a natureza orgânica. Do mesmo modo, aqui tampouco se deve considerar o conceito um ato do entendimento autoconsciente, do entendimento subjetivo, mas o conceito em si e para si, o qual constitui um estágio tanto da natureza quanto do espírito. A vida ou a natureza orgânica é esse estágio da natureza no qual emerge o conceito; mas como conceito cego, que não apreende a si mesmo, isto é, como conceito não pensante; enquanto tal, só é próprio do espírito. Sua forma lógica é independente tanto daquela figura não espiritual do conceito quanto dessa figura espiritual. Sobre isso já foram feitas na Introdução advertências preliminares necessárias; seu significado *não* deve ser justificado *primeiramente na esfera da lógica*, mas esclarecido *antes dela*.[24]

A lógica precisa explicitamente de um conceito preliminar de lógica que, enquanto conceito, só poderia ser obtido na marcha através da filosofia real da natureza e do espírito – mas tal filosofia pressupõe, por sua vez, a lógica. Portanto, no fim a ciência filosófica em geral tem de renunciar a um começo

---

24 Ibid., p.224.

absoluto: todo começo, que ela assumiria como seu ponto de partida, se revelará um começo já derivado, visto que o determinar ulterior que progride e o fundamentar que retrocede coincidem.[25] "Desse modo, a filosofia se mostra como um círculo que retrocede dentro de si mesmo, que não tem qualquer começo no sentido das outras ciências, de modo que o começo só tem relação com o sujeito que quer se decidir pelo filosofar, mas não com a ciência enquanto tal."[26]

Hegel admite o embaraço: uma introdução filosófica à filosofia é simplesmente impossível. No entanto, ela precisa de fato se esforçar por uma introdução didática, com a ressalva de que esta, antes da filosofia, não pode se realizar em sua forma histórica e raciocinante, o que só é verdadeiramente possível no próprio modo filosófico.[27] Essa propedêutica, da qual teria de se livrar o adepto que atingiu a maioridade, se encontra fora do sistema. O pensar idealista, com a entrada em si mesmo, enreda-se no círculo hermenêutico, o qual, porém, ele não pode aceitar. Do ponto de vista do sistema, um começo do sistema é impensável. Porém, é isso que Schelling procura. Eu gostaria primeiramente de esclarecer o motivo dessa tentativa.

O anel sem começo nem fim do progresso e regresso, igualmente girando dentro de si mesmo, no qual, de acordo com Hegel, a filosofia é inserida tanto quanto se insere ela mesma, não é externo ao mundo, o qual alcança a certeza de si mesmo no saber absoluto: pelo contrário, essa certeza consiste

---

25 Id., *Berliner Schriften*, p.9.

26 Id., *Enzyklopädie* (1830), p.50.

27 "Histórico" também tem aqui o significado grego de averiguações empíricas.

em saber que o estágio mais elevado a que algo pode chegar é aquele em que começa sua ruína.[28] A conclusão da lógica de Hegel, isto é, a unidade revelada do método com o sistema, é na verdade a conclusão da história percorrida: ela arqueia sua linha de volta, formando o círculo. Nesse sentido, portanto, aquela livre dispensa da ideia absoluta, liberada na imediatez da natureza, não requer nenhuma fundamentação específica. Schelling, que julga perceber uma "interrupção do movimento"[29] entre a *Lógica* e a filosofia da natureza – doravante um *topos* do idealismo tardio, tanto quanto da crítica a Hegel em seu todo –, vê a consequência grandiosa e impiedosa de um sistema que, justamente na conclusão da *Lógica*, é concebido na forma de um sistema se fechando em um círculo. A ideia absoluta não teria alcançado seu estágio se no mesmo momento não começasse sua ruína. Se existe uma redenção, então ela se dá apenas na própria consumação pelo sacrifício. A vida eterna se efetiva unicamente como redenção da eternidade mediante a morte (imortal). Esse pensamento toma Schelling de espanto: não haveria redenção possível do *nosso* mundo se o mundo fosse divino – foi isso o que Hegel mostrou.

Deste ponto de vista, Hegel defendeu com razão a pretensão à racionalidade integral do efetivo contra a reprovação segundo a qual ele teria escamoteado o peso do singular, a finitude em seus fenômenos de dor, falsidade e maldade. A vida do conceito gera, ainda na *Lógica*, um conceito de vida como cisão e o sentimento dessa cisão:

---

28 Hegel, *Wissenschaft der Logik*, p.252.
29 Schelling, *Philosophie der Offenbarung*, p.88.

Jürgen Habermas

A dor é a prerrogativa de naturezas vivas; porque estas são o conceito existente, são então uma realidade da força infinita de ser em si a negatividade de si mesmas, de ser para elas mesmas essa negatividade, de conservar-se em seu ser-outro. Quando se diz que a contradição não é pensável, então, pelo contrário, a contradição é até mesmo uma existência efetiva na dor do vivente.[30]

Contudo, visto que aquela reprovação atinge muito pouco a Hegel, é preciso que ela se exponha à verdadeira dúvida que moveu Schelling. Visto que Hegel absorve no sistema coeso e fechado, sem começo nem fim, a tensão do absoluto e do finito em sua máxima insustentabilidade e agudeza — entre os quais não seria possível senão um salto, de acordo com Schelling — ele pereniza, como a unidade infinita da negatividade consigo mesma, aquela crueldade que não pode permanecer e, no entanto, sempre se repete.

Essa ideia tem em si mesma também a oposição mais áspera em virtude da liberdade que o conceito alcança nela; sua quietude consiste na segurança e na certeza com que ela eternamente gera e eternamente suplanta essa oposição, convergindo consigo mesma nela.[31]

Essa quietude se resignou estoicamente com o caráter irrevogável: a reconciliação é conseguida apenas na passagem para a alienação renovada; no sucesso, ela volta a escapar como fracasso.

Em contrapartida, Schelling *presumira* ter vivenciado outrora, na intuição intelectual do absoluto, a reconciliação entre o

---

30 Hegel, *Wissenschaft der Logik*, p.424.
31 Ibid., p.412.

absoluto e o finito. Ainda agora, em 1806, nos aforismos sobre filosofia da natureza, a identidade absoluta lhe parece na forma do "bem-aventurado em tudo, exterior a todo conflito" – no todo não há morte. No entanto, porque ele, tal como Hegel o repreendera naquela mesma época, havia afirmado a vida divina como um jogo de amor consigo mesmo, de início sem nenhuma referência pelo "trabalho do negativo", a experiência realizada nesse meio-tempo sobre a "aspereza e a segmentação das coisas" desperta, por um profundo abalo, um motivo que permaneceu alheio a Hegel. A filosofia que, como filosofia idealista procura conhecer, tanto agora quanto antes, a contextura do ser em sua totalidade se encontra doravante diante da tarefa de conceber, em sua origem no absoluto e em virtude da possibilidade de sua redenção, um mundo invertido até a raiz – portanto, indo para além da teodiceia, para além da justificação do mundo que Hegel operou novamente com o máximo rigor, a fim de pensar o mundo historicamente como uma teogonia. Essa necessidade surge, como o velho Schelling confessa nos últimos escritos pouco antes de sua morte, de maneira "absolutamente prática",[32] depois que um último desespero se apoderou da filosofia – uma figura incomparavelmente diferente daquela do "ceticismo consumado" que Hegel já havia reivindicado para a fenomenologia. Esta é incomparável na medida em que, como *esse* desespero, já não pode mais se satisfazer em uma dialética da vida sem começo nem fim. Um começo *real* desse movimento é condição de possibilidade de seu fim *real*. Schelling se volta com Hegel contra aqueles que ignoram o dilaceramento da vida, apesar de sua vida consistir nisso:

---

32 Schelling, *Werke*, v.5, p.751.

eles querem apaziguar o conflito, que apenas o agir decide, com conceitos universais pacíficos e resolver o resultado de uma vida que quer ser batalhada, de uma história na qual se alternam, como na realidade, cenas de guerra e paz, de dor e prazer, de perigo e salvação, recorrendo a uma mera associação de pensamentos na qual o começo é arbitrário tanto quanto a forma de progressão.[33]

Apenas a frase seguinte revela a diferença em relação a Hegel:

> Mas quem não progride do que é *realmente* o começo, daquilo pelo qual alguma coisa pode ser pensada na verdade, ou seja, do que é *em si* imemorial e primeiro [...] até chegar o que é *realmente* o fim, não crê que esteja percorrendo o caminho da verdadeira ciência. Tudo o que não *começa* desse modo [...] é ciência meramente aparente, artificial, fabricada.

A visão acerca da vanidade de uma vida sempre igual, em que somente o que é destinado à ruína desfruta da sua perfeição, é solapada por Schelling graças à sua concepção sobre as idades do mundo, que requer um começo real e um fim real:

> Mas se o velho ditado de que nada de novo acontece no mundo fosse confirmado e provado; se à questão "o que foi que aconteceu?", fosse correta apenas a resposta "precisamente o que acontecerá depois"; e à questão "o que é que acontecerá?", "precisamente o que aconteceu antes"; então, seguir-se-ia disso que o mundo em si não possui nenhum passado e nenhum futuro, que tudo o que aconteceu nele desde o início e tudo o que acontecerá até o fim suposto de todas as coisas pertenceria tão somente a Um Único Grande

---

33 Schelling, *Weltalter*, p.211.

Teoria e práxis

Tempo; seguir-se-ia que é preciso buscar o passado verdadeiro e autêntico, o universal, o passado por excelência, antes e fora do mundo, e o futuro autêntico, o universal, o futuro absoluto, depois e fora do mundo – e, assim, se desdobraria diante de nós um grande sistema de tempos.[34]

No entanto, o começo, que Schelling pretendia estabelecer na qualidade de um histórico, justamente para poder começar o sistema com ele de maneira absoluta, é devedor de uma *petitio principii*. De maneira declarada, a filosofia é impelida tanto pelo "sentimento vivo desse Outro inegável", o qual se impinge em toda parte como algo relutante, e perante o qual o bem a grande custo e com muito esforço alcança a realidade, como pela consciência da necessidade de sua superação, posta com aquele sentimento como uma carência prática que antecede a teoria. Mas, se pressupomos de forma idealista a contextura sistemática do mundo e se, ao mesmo tempo, levamos a sério a experiência da corrupção, então a origem da dispersão e da corrupção de um mundo como que desprovido de finalidade, convertendo-se em dor e censura à humanidade,[35] tem de ser colocada já no começo de um começo elevado acima de toda dilaceração, para que possa ser representada como historicamente *possível* uma suplantação da corrupção, um fim real do mal: *nemo contra Deum nisi Deus ipse*.

Com a doutrina do mal radical, Kant havia indicado um fio condutor para investigar como esse documento irrevogável de

---

34 Ibid., p.202 (complementos de Habermas).

35 Schelling não abandonou mais essa visão de mundo; em *Philosophie de Offenbarung* (p.363), essa expressão continua sendo a mesma.

uma força de negação ativa poderia ser atribuído a um fundamento natural, em que "o fundamento subjetivo supremo de todas as máximas é entretecido com a humanidade e como que enraizado nela, seja de que maneira for".[36] Porém, para apreender o próprio fundamento natural, como fundamento não apenas do coração invertido, mas do mundo invertido em seu todo, era necessário ir além das determinações da liberdade finita, mais ainda, além da própria finitude. Com isso, parece ser exigido não um relacionamento proporcional das faculdades do conhecimento entre si, não uma dialética de entendimento e razão concebida como movimento do espírito; mas algo que precede a própria razão, um fundamento a partir do qual ela sustenta sua fundamentação, sem jamais poder se apoderar dele como tal. Um tal fundamento é a matéria. Não por acaso ela é a "cruz de toda filosofia":

> Os sistemas que pretendem explicar a origem das coisas de cima para baixo chegam quase necessariamente ao pensamento de que as emanações da força originária deveriam se perder, em última instância, em uma certa extremidade, onde só restaria ainda uma sombra de essência, um mínimo de realidade, por assim dizer, um algo que de algum modo ainda é, mas na verdade não é [...] Nós, seguindo uma direção oposta, também afirmamos uma extremidade sob o qual nada é; mas para nós ele não é algo último, uma emanação, mas algo primeiro, do qual tudo se inicia, não uma mera falta ou privação quase completa de realidade, mas negação ativa.[37]

---

36 Kant, *Die Religion innerhalb der Grenzen der bloßen Vernunft*, p.680.

37 Schelling, *Weltalter*, p.230.

Teoria e práxis

Esse não ente, que não é realidade e que, no entanto, se manifesta inegavelmente como uma realidade temível,[38] é recomendado para ser o começo histórico do sistema. Da mesma matéria, com o qual a "exposição de Deus, tal como ele é em sua essência eterna antes da criação da natureza e de um espírito finito", ou seja, a lógica, Hegel afirmou por sua vez: ela é puro pensamento.[39]

A fundamentação da idade do mundo materialista na dialética de egoidade e amor

No entanto, com o começo materialista-histórico, por assim dizer, da construção da contextura do mundo como um processo teogônico, nada se ganharia se essa matéria não pudesse ter sido concebida ao mesmo tempo como matéria do próprio absoluto *e* como condição de possibilidade de uma ruptura no absoluto. Schelling encontrou pontos de apoio em tradições apócrifas, nas quais essa relação requerida já havia sido pensada primeiramente, embora em linguagem mítica – nas tradições da mística judaica e da protestante.[40] Três *topoi* são relevantes em nosso contexto: a representação de uma natureza em Deus depois da retração de Deus em si mesmo,

---

38 Cf. Id., *Werke*, v.5, p.238.

39 Hegel, *Wissenschaft der Logik*, parte I, p.31.

40 Benz, *Schelling theologische Geistesahnen*; id., *Die christliche Kabbala*; Schulz, Jakob Böhme und die Kabbala, *Zeitschrift für Philosophische Forschung*, p.447 et seq.; id., Schelling und die Kabbala, *Judaica*, p.65 et seq., 143 et seq., 210 et seq.; Scholem, *Die jüdische Mystik in ihren Hauptströmungen*.

de uma autorreclusão de Deus;[41] e, finalmente, a da queda do primeiro homem, que arrastou consigo a criação, inaugurando a história para a finalidade de restaurar um estado originário. Todos os três estão ligados de um modo particular com a intuição de uma força contrativa, de uma contração.

1. No *Sohar*, o grande texto cabalístico da Castela do século XIII, encontra-se um ensinamento sobre as duas mãos de Deus: com a esquerda, ele sentencia, e com a direita, dispensa a graça. A qualidade de um juízo rigoroso, de um tribunal, chama-se também a "ira de Deus". O fogo inextinguível de sua ira, que arde no fundo de Deus, é contido pelo amor divino e mitigado pela graça. Mas a labareda retida pode golpear a qualquer momento e consumir os pecadores — como uma fome profunda que só a muito custo pode ser refreada pela doçura divina. Certamente, trata-se de uma fórmula de Jakob Böhme, que em sua doutrina dos "espíritos fontanos" revelou novamente o mundo de Sefirot, o mundo das qualidades divinas. Aquela fonte de ira aparece também sob a imagem complementar das puras trevas e de uma ríspida retração, uma espécie de contração; assim como no inverno, acrescenta Böhme, quando está terrivelmente frio e a água se congela, essa força de contração é o que confere verdadeira consistência ("pois a rigidez faz o corpo contrair e se reter, e a aspereza o resseca, porque ele existe como criatura").[42]

2. Essa primeira contração, que Deus gera dentro de si mesmo como uma natureza eterna e que também comunica à

---

41 Scholem, Schöpfung aus Nichts und Selbstverschränkung Gottes, p.53-89.

42 Böhme, *Schriften*, p.96.

Teoria e práxis

criação, não deve ser confundida com aquele outro processo de retraimento por meio do qual Deus, visto que no começo não pode ter nada fora de si, literalmente concede dentro de si mesmo um lugar ao mundo; esta é a contração como ato de criação. Isaak Luria, o cabalista de Safed, poucas décadas antes de Böhme, concebeu na imagem do Tzimtzum uma retrocessão de Deus para dentro de si mesmo, um autoexílio de seu próprio meio. Em virtude da revelação, Deus se enclavinha em sua profundeza; negando-se a si mesmo, ele liberta a criação. A fórmula dos cabalistas tardios afirma que "Deus se retira de si mesmo para si mesmo".

3. É comum a ambos, Luria e Böhme, a doutrina da queda de Adam Kadmon, do homem originário, que, igualmente por uma contração, desliga-se da união com a natureza originária a fim de ser algo para si, à maneira daquela primeira vontade contrativa da natureza divina, embora não proceda desta, mas somente do arbítrio humano. Contudo, reagindo por assim dizer a essa vontade individual da criatura, a natureza assume agora em Deus o significado de egoísmo divino: "toda vontade que entra em sua ecceidade [*Selbheit*] e busca confessar o fundamento de sua vida [...] adentra em algo próprio". Essa formulação de Böhme vale para o primeiro nascimento em Deus, tanto quanto para a abjuração do primeiro homem, com a qual ele arrasta a criação para o abismo e quase arranca o próprio Deus de seu trono.

Schelling se deixa conduzir pela experiência de corrupção de nosso mundo; os *topoi* mencionados são apropriados, em tradução filosófica, para elaborar essa experiência. A profundidade dessa experiência se mostra, após a morte de sua amada

Caroline,[43] naquele diálogo notável sobre o vínculo da natureza com o mundo do espírito:

> Toda etapa que conduz para cima é desejável, mas alcançar a mesma, na queda, é assustador. Tudo não anuncia uma vida afundada? Essas montanhas cresceram tal como estão aí? O solo que nos sustenta surgiu por elevação ou por afundamento? E, ainda a respeito disso, aqui não impera uma ordem fixa, permanente, mas, após a legalidade do desenvolvimento, de repente inibida, apareceu também o acaso. Ou quem crerá que as marés, que tão claramente provocaram efeitos em todos os lugares, que percorreram esses vales e deixaram para trás tantos seres marinhos em nossas montanhas, quem crerá que tudo procede segundo uma lei intrínseca, quem suporá que uma mão divina depositou essas massas pesadas de rochas sobre o barro movediço, para que derivem na sequência, sepultando os vales pacíficos, ocupados de moradias humanas, em ruínas assustadoras e soterrando os alegres andarilhos no meio do caminho? Oh, aqueles escombros das mais antigas magnificências humanas, por cuja causa os curiosos exploram os desertos da Pérsia e os ermos das Índias, não são as verdadeiras ruínas; toda a Terra é uma grande ruína, onde os animais moram como fantasmas, os homens como espíritos, e onde se encontram presas muitas forças e tesouros ocultos, como se fosse por meio de poderes invisíveis e pelo encantamento de um mágico.[44]

Um aspecto barroco do mundo levado ao absurdo e expresso em linguagem romântica. Como prova do "poder que nesta

---

43 K. Jaspers oferece uma interpretação biográfica da filosofia schellingniana, em *Schelling*.

44 Schelling, *Werke*, v.4, p.135.

vida o externo exerce sobre o interno",[45] Schelling denomina em detalhe os seguintes fenômenos: o poder do acaso e do arbítrio, ou seja, o resquício obscuro de algo fundamentalmente irregular, que escapa a toda racionalização científica; em seguida, a fragilidade e a fugacidade de toda vida – a doença e a necessidade universal da morte; além disso, os fenômenos dos assim chamados males naturais, vale dizer, tudo que é daninho e venenoso, incluindo o que é simplesmente pavoroso na natureza;[46] por fim, a presença do que é mau no mundo moral, em sentido amplo a infelicidade em geral, a carência e o sofrimento, que se multiplica principalmente na sociedade: "Se contarmos ainda quanto vício o Estado desenvolve em primeiro lugar – a pobreza, o mal em grandes massas – então se completa o quadro da humanidade, absolutamente submersa no físico, enredada até mesmo na luta pela sua existência".[47] Pela dor da vida, contudo, sentimos *também* um pouco da nostalgia "de um bem desconhecido, sem nome" – a qual nós mesmos partilhamos.

De início, Schelling aclara a estrutura do negativo com alguns exemplos. Porque o erro pode ser altamente espirituoso e ao mesmo tempo falso, ele não consiste em uma falta de espírito, ele é antes espírito invertido; não é uma privação da verdade, ele próprio é algo positivo. De modo geral, o espírito é um entendimento que procede do que é desprovido de entendimento – ele tem por sua base a loucura. Pois os homens

---

45 Ibid., p.351 et seq.

46 Fenômenos que, sem considerar sua periculosidade para os homens, também provocam uma repulsa natural universal. Ibid., p.260.

47 Ibid., p.354.

que não têm em si nenhuma loucura são entendimento vazio e estéril. O que denominamos entendimento, entendimento espontâneo, ativo, não é senão loucura regulada. A mesma coisa acontece com a virtude. Sem nenhuma obstinação, ela permanece impotente e desprovida de mérito.

> Por essa razão, também é perfeitamente correto aquele ditado (essa alusão se refere a Hamann), "segundo o qual quem não tem em si mesmo estofo nem forças para o mal, tampouco seria apto para o bem [...]. A alma de todo ódio é o amor, e na ira mais veemente se mostra somente a tranquilidade atacada e incitada no seu mais profundo íntimo".[48]

Assim, pois, o erro, a loucura, o mal em geral parecem irromper da ereção de um não ente relativo acima do ente, da inversão e da elevação da matéria acima do que deve romper-se no choque com ela e se manifestar como a essência, em uma palavra: irrompem da dominação obstinada de um "princípio bárbaro que, ultrapassado mas não aniquilado, é o verdadeiro fundamento de toda grandeza".[49]

Uma única citação basta para atestar que essa categoria se origina da tradição mística:

> O mero amor de si não poderia ser nem subsistir, pois, visto que ele, de acordo com sua própria natureza, é *expansivo*, infinitamente afável, ele se dissolveria se não houvesse nele uma força originária *contrativa*. Assim como o homem não pode consistir em mero amor,

---

48 Ibid., p.292 et seq.
49 Id., *Weltalter*, p.51.

Teoria e práxis

muito menos o poderia Deus. Se em Deus há amor, também há ira, e essa ira ou a força própria em Deus é o que dá sustentação, fundamento e consistência ao amor.[50]

Schelling denomina a força de contração, que impera em todo ente, a base que subjaz a toda existência.[51] Sua essência é anfibólica, uma vez que subtrai e funda ao mesmo tempo, dado que o não real é, no entanto, o que unicamente confere realidade, visto que ela se devora e escapa em si mesma e nessa ocultação, não obstante, é o que dá chão e fundamento ao que apenas se mostra. Na medida em que semelhante matéria se ajusta ao amor, este encontra sua essência [*Wesen*]; mas se ela se eleva acima do amor, o abuso [*Unwesen*] passa a dominar, e com ele aquela violência do externo sobre o interno da qual o mundo corrompido dá testemunho completo.

Mas, uma vez que não pode haver nenhuma vida verdadeira como a que pôde existir tão somente na condição originária, surge então uma vida certamente própria, mas falsa, uma vida de mentira, um fruto de inquietação e corrupção. A alegoria mais acertada seria

---

50 Id., *Werke*, v.4, p.331.

51 Scholem (*Grundbegriffe*, p.81 et seq.) explica o discurso sobre o "abismo em Deus" da seguinte maneira: "Entre os cabalistas, Astiel von Gerona é certamente o primeiro que explica o lugar em que estão todos os seres em uma indistinção sem forma, tomando-o como 'o abismo infinito, sem limite, imperscrutável'". Esse simbolismo se ligará mais tarde com a ideia da *Zimzum* ou da contração, de modo que, na tradição mística da doutrina aristotélica da *steresis*, podemos reinterpretá-la rapidamente no sentido de que em todo algo está dado também um abismo.

aqui a da doença que, como a desordem que chegou à natureza pelo mau uso da liberdade, é o verdadeiro reflexo do mal e do pecado.[52]

A inversão de princípios que, embora sejam o que são somente na relação recíproca, existem a cada vez de modo verdadeiro ou falso, é atribuída por Schelling a um mau uso da "liberdade". Medida segundo as consequências desse mau uso, essa liberdade tem de ser, por um lado, liberdade absoluta, mas, por outro, não pode ter sido diretamente a liberdade do próprio absoluto, já que não se pode admitir uma autoria da desgraça em Deus. Consequentemente, a inversão dos princípios e a corrupção do mundo devem ter acontecido no exercício de uma liberdade que é *como* Deus, mas não é o próprio Deus – um *alter Deus*, a saber, Adam Kadmon, o primeiro homem. Schelling introduziu essa ideia de um outro absoluto em 1804: "A imagem reflexa, como um absoluto que tem em comum com o primeiro todos os atributos, não seria verdadeira em si mesma e absoluta, caso ela não pudesse se apreender em sua ecceidade para ser verdadeira como *o outro absoluto*".[53]

Ora, defendo que a construção desse *alter Deus* é o verdadeiro tema da filosofia de *As idades do mundo*, ainda que os diversos fragmentos não tenham se desenvolvido até chegar ao lugar sistemático onde ele entra em cena por assim dizer, ou seja, até o ponto de conversão da criação *praeter deum* em uma criação *extra deum*. Pois, caso se consiga pensar o mito de Adam Kadmon de modo que a categoria do outro absoluto derive de um começo real do absoluto, então é teoricamente satisfeita a necessidade

---

52 Schelling, *Werke*, v.4, p.258.
53 Ibid., p.29.

prática de expor a *possibilidade* de um final real da corrupção deste mundo – em todo caso, segundo critérios idealistas. Estaria demonstrado que a desgraça não provém da eternidade e, portanto, não precisa durar na eternidade; aliás, uma figura de pensamento da qual se servem os marxistas até hoje quando argumentam que, com a origem histórica da dominação, também está demonstrada em princípio a possibilidade de sua superação. Logo, Schelling procura construir um Deus que no começo não é nada mais que Deus – e que, portanto, não pode ter em si ou fora de si outra coisa senão aquilo que ele mesmo já é; de sua onipotência inicial, porém, pode ser pensado como proveniente um outro Deus, precisamente aquele primeiro homem dotado de uma absolutez própria de Deus. A onipotência de Deus só se consuma ao fazer surgir um semelhante a ele, para o qual ele pode até mesmo perder seu próprio poder, em virtude da igualdade estrita: nele, no primeiro homem, Deus põe em jogo seu próprio destino. Ele contrai o risco de que o outro Deus abuse de sua liberdade, ou seja, que dilacere o laço dos princípios, indecomponível no próprio Deus, e inverta a relação entre eles. Com isso, esse outro Deus se encarrega da tarefa prometeica de, por assim dizer, produzir uma vez mais a criação corrompida, agora, no entanto, por força de uma natureza que corrompeu a si mesma, ou seja, historicamente. Na queda do outro Deus, o Deus originário é arrastado junto e entregue à história; seu próprio destino é largado ao sujeito dessa história, a humanidade social. Já para a Cabala, o Messias era considerado meramente o selo posto sobre um documento que os *próprios* homens têm de escrever.

Schelling constrói esse Deus no primeiro fragmento de *As idades do mundo*; nesse ponto, a categoria mística de contração lhe serve como meio construtivo. Certamente, ele também parte de início de Deus como o sem-fundamento, como o *En Sof*, da vontade que nada quer; essa divindade, que está como que acima do próprio Deus, os místicos a denominam puro contentamento, um deleite sereno, benevolência, amor e singeleza; filosoficamente, essa liberdade é literalmente tudo e nada, o que é o inacessível por excelência. Quando muito, podemos ilustrá-la para nós *per analogiam*:

> Se quiséssemos supor um Deus pessoal como algo que se compreende por si mesmo, então ele não poderia consistir em mero amor, como qualquer ser pessoal, o homem, por exemplo. Pois o amor, que segundo sua natureza se expande infinitamente, se dissolveria e se perderia a si mesmo sem uma força de retenção que lhe dê consistência. Mas, assim como o amor não poderia existir sem uma força que lhe resista, tampouco esta existiria sem o amor.[54]

No entanto, isso não é ainda suficiente para pôr o começo. A primeira vontade atuante é aquela em que Deus se contrai; o começo é uma contração de Deus: "Na tração reside o começo. Todo ser é contração".[55] Raramente se encontra uma proposição nos escritos do período de *As idades do mundo* para cuja demonstração Schelling tenha se esforçado com mais frequência. Reiteradamente ele busca tornar plausível esse materialismo metódico:

> No desenvolvimento, o mais baixo é necessariamente anterior ao mais elevado; a força originária negadora e inclusiva tem de ser

---

54 Id., *Weltalter*, p.19.
55 Ibid., p.23.

para que exista algo que segure e erga ao alto a benevolência do ser divino, que do contrário não poderia ser revelada. Portanto, mesmo a ira tem de ser necessariamente anterior ao amor, o rigor anterior à suavidade, a força anterior à doçura. A prioridade se encontra em proporção inversa com a superioridade.[56]

Deus se contrai, e isso significa: no começo, o absoluto é Deus encerrado em seu próprio ser – uma espécie de primeira criação de Deus por meio de si mesmo. A segunda criação, a verdadeira, da qual provirá o mundo em sua figura ideal, ocorre então porque o conflito dos princípios provocado pela contração de Deus urge por uma decisão:

> Por cada contração, à vontade atuante o amor volta a se tornar sensível como a primeira vontade, de sorte que ela volta a se decidir por sua expansão; pela separação, contudo, a outra vontade se lhe torna excitada como desejo de existência, e, dado que não pode renunciar a esta, visto que a existência descansa precisamente sobre o fato de que ela é ambas as vontades, volta a surgir imediatamente da expansão a contração, e aqui não há escapatória.[57]

Depois de se contrair ao máximo, Deus anseia de novo pela amplitude, pelo nada sereno em que se encontrava antes, mas não o pode porque assim iria renunciar mais uma vez à sua vida autocriada. Essa contradição parece insolúvel, e realmente o seria caso Deus não pudesse se abrir a uma nova dimensão em que o que é irreconciliável se torna conciliável. Deus pode

---

56 Ibid., p.25 et seq.
57 Ibid., p.35.

romper o encanto do tempo eterno e dissolver a coerção que exige a simultaneidade dos princípios. Ele retorna ao passado e põe o que ele era de uma só vez, como princípios dele, em uma sucessão de períodos: a saber, como idades do mundo.

Na fase de recomposição já se coloca algo como um tempo interno:

> mas, em primeiro lugar, este tempo não é um tempo permanente, ordenado; pelo contrário, a cada instante, por nova contração, forçado pela simultaneidade, ele tem de devorar novamente as mesmas criaturas que acabou de engendrar [...]; apenas por uma personalidade distinta daquela primeira (do Deus encerrado), que supera decididamente nela a simultaneidade dos princípios e põe o ser como primeiro período ou como passado, o ente como presente, e a unidade essencial e livre de ambos, inclusa também na primeira personalidade, como futuro; apenas por meio de uma tal personalidade o tempo oculto no eterno pode também ser expresso e revelado, o que acontece se os princípios, que eram coexistentes ou simultâneos como potências do ser, aparecem como períodos.[58]

Com isso, põe-se pela primeira vez um começo do tempo; ele é impensável "se uma massa inteira não é logo posta como passado, e uma outra como futuro; pois apenas nessa contraposição polar surge a cada instante o tempo".[59] Mesmo aquela primeira resolução do Deus encerrado consiste em regressar como um todo ao passado: mais exatamente, em um novo ato de contração, só que agora no sentido de Isaak Luria,

---

58 Ibid., p.77 et seq.
59 Ibid., p.75.

quem referia a retração de Deus em si mesmo não tanto a um fechamento, mas antes à liberação do próprio lugar a favor de um outro. Trata-se de uma contração na dimensão superior do tempo, que ultrapassa a primeira contração, por assim dizer espacial, e, como tal, a recupera em si mesma, para, rebaixada e convertida em potência, pôr em liberdade na atualidade o que antes se encontrava encerrado. Mas, se Deus é subordinado ao amor primeiramente por esse rebaixamento e autorreclusão, então o amor o sobrepuja – e esse sobrepujamento do egoísmo divino pelo amor divino é a criação, em que o princípio retornado ao passado da primeira contração permanece presente como matéria. Schelling também expressa aquela contração, que recupera em si mesma mais uma vez a primeira tração, com a imagem da geração do pai por meio do filho, mais precisamente, como sua autoduplicação, de modo que "aquilo pelo qual algo foi gerado passa a ser novamente gerado por este":[60]

> O filho é o reconciliador [...], pois o próprio pai só é pai no filho e pelo filho. Portanto, o filho passa a ser novamente causa do ser do pai, e aqui vale de maneira excelente aquela sentença, conhecida entre os alquimistas: do filho o filho é quem foi do filho pai.[61]

De acordo com isso, a eternidade passa a ser caracterizada como um "filho do tempo".[62] Apenas no horizonte das idades do mundo abertas, do tempo aberto, a eternidade é como aquilo que ultrapassa seu horizonte – por assim dizer, um comparativo

---

60 Id., *Werke*, v.4, p.250.

61 Id., *Weltalter*, primeiras versões, p.59.

62 Ibid., p.230.

de passado e futuro, mais passado do que o próprio passado, mais futuro do que o futuro, mas atravessando a ambos. No presente, o Deus encerrado, que se decidiu pelo mundo, como que renova sua eternidade por meio do tempo: a criação do mundo ideal da natureza e do espírito se efetua como uma dualidade progressiva composta de passado e presente. Somente em seu fim a essência mais plenamente presente é criada; somente o homem, na qualidade de consciência suscetível de historicidade, separa inteiramente passado e futuro. O homem se encontra no limiar do futuro e pode atravessá-lo. Se tivesse efetuado esse passo rumo à idade do futuro, com um só golpe tempo e eternidade teriam se comunicado da forma mais plena, e então todas as idades do mundo separadas no presente seriam unificadas.[63]

Esse é o limiar crítico no processo teogônico. Pois até aqui o Deus que retrocedeu ao passado – como o pai que é concebido pelo filho em constante separação – pôde como que abarcar com a vista os acontecimentos. Mesmo entregando-se ao poder daquele autorizado por ele, Deus mantém em suas mãos o curso dos acontecimentos, até o instante em que no homem se lhe oponha o outro Deus, o qual pode tirá-lo delas. É nesse momento que tem de se confirmar a proposição: "Voluntariamente, ele renuncia à própria vida como o que lhe é próprio. Ele mesmo é o primeiro exemplo daquela grande doutrina, nunca suficientemente reconhecida: quem encontra sua vida a perderá, e quem perde sua vida a encontrará".[64] Deus poderia tê-la encontrado em seu *alter ego* se esse primeiro homem tivesse

---

63 Sobre a estrutura temporal do Deus da *As idades do mundo* cf. Wieland, *Schellings Lehre von der Zeit*; Habermas, *Das Absolute und die Geschichte. Von der Zwiespältigkeit in Schellings Denken*, p.323 et seq.

64 Schelling, *Weltalter*, p.99.

Teoria e práxis

se decidido pelo amor: pois no amor estão ligados aqueles "dos quais cada um poderia ser por si mesmo, e, no entanto, não é nem pode ser sem o outro".[65] No texto anterior, ao qual Schelling faz alusão nesta passagem, é dito com mais clareza: "Se cada um não fosse um todo, mas apenas uma parte do todo, não haveria então amor: mas há amor porque cada um é um todo e, contudo, não é e nem pode ser sem o outro".[66]

A partir daqui se desvenda o sentido do processo teogônico em seu todo; desse ponto resulta a resposta à questão sobre o motivo daquele ato insondável da primeira contração de Deus, que é suplantada e recuperada em uma segunda contração, isto é, à questão de por que existe *algo* e não antes o nada. Deus dispõe [*verfügt*] sobre tudo; mas esse dispor de tudo é limitado unicamente pelo fato de que ele mesmo é necessário. O dispor enquanto um ter-de-dispor é a condição que Deus não pode suprimir, "pois do contrário ele iria suprimir a si mesmo".[67] Ele só pode se libertar dessa única barreira, erigida por seu dispor não circunscrito, se a ele se mostrasse algo indisponível, a saber, algo que lhe é semelhante, que ele certamente *poderia* dominar [*beherrschen*], mas que não *dominaria* – porque só poderia tê-lo no não ter, no amor. Nesse sentido, isso significa: só pelo amor Deus pode prevalecer sobre a condição de sua existência, a qual não poderia suprimir sem suprimir a si mesmo, e subordinar--se à glorificação. Ele só seria senhor na relação de dominação sobre um outro semelhante a ele, o qual, no entanto, se subtrai à dominação por meio de um semelhante. A disposição absoluta sobre tudo, inclusive sobre essa própria absolutez, se consuma,

---

65 Schelling, *Werke*, v.4, p.300.
66 Ibid., p.108.
67 Ibid., p.291.

portanto, na *renúncia à uma dominação* possibilitada com a criação do outro absoluto, ou seja, na unificação com algo indisponível por excelência. Este é o sentido esotérico do sobrepujamento do egoísmo divino por meio do amor divino. No entanto, este amor também tem de ser *querido* pelo outro absoluto, pois caso contrário não seria um absoluto. Deus, em virtude do amor, tem de se expor ao perigo de que sua imagem reflexa lhe falte – e dissolva efetivamente o laço de princípios que era indissolúvel no próprio Deus. Assim, explica-se aquele *factum* brutal de uma inversão a respeito da qual nos instrui imediatamente um mundo corrompido, um mundo que escorregou das mãos de Deus, um mundo cuja história está sob responsabilidade do "Deus invertido" da humanidade social.

Nas condições do "materialismo", em que o externo tem poder sobre o interno, os homens, uma vez perdida sua verdadeira unidade com Deus, precisam por força da necessidade buscar uma unidade natural, o Estado: agora este obriga à unidade de sujeitos livres com a violência física. Portanto, o Deus inicial também se inverteu na espécie humana, na medida em que ele podia dispor sobre tudo, mas não podia dominar ninguém, ao passo que os homens dominam e não dispõem, ou seja, querem apenas dispor sobre o indisponível, sobre outros homens, sem poder dispor sobre o disponível – sobre a natureza, que foi alienada do homem. Contudo, essa espécie humana, ainda que de forma invertida, permanece sendo um Deus, visto que ela faz a sua própria história; ou seja, é o sujeito de sua história sem poder sê-lo *como* sujeito – caso contrário, a história seria novamente criação. Na ideia do *alter Deus* caído se coloca a mediação do absoluto com a história, como uma tarefa a ser resolvida historicamente por ela mesma.

Teoria e práxis

Consequências da ideia de uma contração de Deus para a filosofia da história

A categoria de "idades do mundo" surgindo da contração de Deus serve de meio para a construção de uma história cuja historicidade, por um lado, é levada tão a sério que nela a entrega do absoluto à história é coisa decidida; porém, por outro lado, a origem dessa categoria a partir de Deus permanece tão irreconhecível que uma contração definitiva do Deus invertido iria provocar a restauração do mundo corrompido. Esse propósito de uma filosofia idealista da história é declarado já na primeira frase de *As idades do mundo*: o passado é sabido, o presente é conhecido, o futuro é pressentido; o sabido é narrado, o conhecido é exposto, o pressentido é vaticinado. Aqui se pode medir com exatidão a tensão do distanciamento de Schelling em relação a Hegel. Mesmo o objeto da ciência superior é um objeto histórico; segundo sua essência, a filosofia é história; segundo sua exposição, uma fábula. Contudo, se a filosofia não está em condições de reproduzir o que é sabido *por ela*, com a franqueza e a simplicidade com que se narra qualquer coisa sabida, então isso só revela que presentemente ainda não avançamos em direção à verdadeira ciência:

A opinião de que a filosofia poderia se transformar finalmente em ciência real por meio da dialética [...] denuncia não pouca estreiteza, uma vez que, evidentemente, a existência e a necessidade da dialética demonstra que ela de modo algum é ainda ciência real.[68]

---

68 Id., *Weltalter*, versões preliminares, p.5.

O filósofo é o *historiador* do absoluto; por isso, Schelling lamenta não poder arrancar do núcleo da história tudo que seja dialético, "embora eu procure tratar disso tanto quanto possível nas introduções, digressões e notas".[69] Assim como para Hegel a raciocinação histórica é uma forma de espírito subjetivo, para Schelling o mesmo se passa com a dialética. Para um, a história parece inapropriada, ainda que indispensável, para introduzir a dialética, da mesma maneira que, para o outro, a dialética é inapropriada e indispensável à exposição da história. A dialética permanece indispensável também para Schelling porque, se é preciso lidar com a história do absoluto, então se careceria do ponto de vista de uma mediação já efetuada entre ambos para poder "narrar" tal como o pode o historiador e, da forma mais perfeita, o épico.[70]

Hegel pode pressupor esse "ponto de vista"; a partir dele o procedimento de Schelling é fácil de criticar:

> Se é preciso lidar não com a verdade, mas apenas com a história, como sucede na representação e no pensamento fenomênico, então pode-se, certamente, permanecer na narração [...]. Mas a filosofia não deve ser narração do que acontece, mas um conhecimento do que nele é verdadeiro, e a partir do verdadeiro deve, além disso, conceber o que na narração aparece como um mero acontecer.[71]

A dialética, manejada como mera forma de exposição do histórico (na medida em que se trata da história do absoluto),

---

69 Ibid., p.193.
70 Ibid., p.9.
71 Hegel, *Wissenschaft der Logik*, II, p.226.

vale então como uma "reflexão espirituosa": "Se ela não expressa o conceito das coisas e de suas relações, e só tem por seu material e conteúdo as determinações da representação, então ela as coloca em uma relação que contém sua contradição e por meio dela faz que o conceito apareça".[72] De fato, a filosofia de *As idades do mundo* raramente se liberta de suas imagens dialéticas a favor do conceito. Mas esse embaraço tem sua justificação no fato de que Schelling não reconhece o conceito objetivo como forma de automediação do absoluto. Embora subjetivamente o conceito se exceda à história, objetivamente ele é sempre ultrapassado por ela; isso o reduz a meio de construção certamente indispensável, mas inadequado para o objeto histórico. Para Hegel, em contrapartida, o "tempo" é o conceito meramente intuído – o espírito, que apreende seu conceito, aniquila o tempo.[73] Na lógica de Schelling, caso ele tivesse escrito uma, o terceiro livro permaneceria subordinado ao segundo, ou seja, o conceito se subordinaria à essência. A filosofia não pode realizar em si mesma a mediação ainda ausente, pois o mundo corrompido não é uma negação que provoque a negação determinada do saber absoluto a fim de se ajustar a ela.

A contração é de um material mais duro que a negação, como que dotado de um excedente de energia moral que vai além das categorias lógicas. Não é por acaso que Schelling, de certo modo pré-dialeticamente, se atém a princípios ou potências que, contudo, se encontram reciprocamente por inteiro em uma relação de correspondência dialética; mesmo o movimento mediador não é de modo algum algo separado

---

72 Ibid., p.61.

73 Id., *Phänomenologie des Geistes*, p.558.

deles, um terceiro; todavia, não se trata daquela dialética que faz os princípios, na qualidade de momentos dela, perecer separadamente, uns perante os outros e uns nos outros. Pelo contrário, o movimento, ou seja, a contração, se liga a um princípio, mais precisamente ao mais baixo, que determina sua relação com o mais elevado e também a forma de reação deste. O atuar do amor é um deixar atuar por parte do egoísmo, dependendo de ele encapsular o amor em si mesmo a quatro chaves, ou, ao contrário, de colocá-lo na base de si mesmo, abrindo-se a ele e irradiando livremente. A contração pode reprimir ou introduzir uma crise, mas não pode mais controlá-la, assim como a força contrativa, a qual se sobrepuja a si mesma, precisa se divorciar do amor mediante o próprio amor. Um acontecimento de início permitido precisa fazer que ele aconteça depois em si mesmo. Por conta disso, o negativo obtém o caráter substancial, por assim dizer, de uma contração, que é ao mesmo tempo mais indelével e reconciliável do que a dirupção da vida no universal abstrato e no singular isolado; de sua contradição o universal concreto adquire uma unidade mais evidente, mas mais fugaz. Hegel é capaz de construir somente a unidade e a disrupção da unidade, bem como a unidade de ambas, mas não algo como uma *unidade falsa* posta positivamente. Certamente, para ele a vida da própria ideia é a contradição existente: "Se algo existente não pode, em sua determinação positiva, sobrepor-se ao mesmo tempo à sua determinação negativa, e manter uma na outra, se não pode ter nele mesmo a contradição, então não é a própria unidade vivente, não é o *fundamento*, mas antes afunda na contradição".[74] A

---

74 Id., *Wissenschaft der Logik*, II, p.59.

unidade se decompõe então em seus momentos abstratos e já não é mais do que essa dirupção. Schelling, ao contrário, com aquela inversão na relação entre existência e base, ainda concebe essa própria relação invertida como unidade: "pois a separação das forças não é em si desarmonia, mas a unidade falsa delas, que apenas em relação à verdadeira pode significar uma separação".[75]

Enquanto Hegel, como no exemplo do Estado, tem de tirar a consequência de que um todo, tão logo se dissolva a unidade de seu conceito e de sua realidade, cessa de existir em geral, Schelling pode conceber o Estado, mesmo em sua configuração mais funesta, como a "realidade terrível" de uma *falsa unidade*. Segundo Hegel, aquela realidade que não corresponde ao conceito, mas apenas aparece como o contingente, o arbitrário e o exterior, não possui poder algum, nem sequer o poder do negativo.

> Na vida comum, chama-se casualmente de efetividade toda incidência, o erro, o mal e tudo o que pertence a esse aspecto, assim como toda existência, por mais atrofiada e passageira. Mas já mesmo para uma sensibilidade corriqueira uma existência contingente não merecerá o nome enfático de uma realidade efetiva.[76]

Em contraposição a isso, a falsa unidade, a dominação da base sobre o amor, ainda confere ao acaso, à arbitrariedade e ao mero fenômeno, dado o poder do externo sobre o interno, a paridade demoníaca da aparência que cega, ou seja, do

---

75 Schelling, *Werke*, v.4, p.263.
76 Hegel, *Enzyklopädie*, p.38.

ofuscamento. O espírito que concebe a si mesmo não tem domínio sobre ele *eo ipso*:

> Quem tem em alguma medida conhecimento dos mistérios do mal, sabe que a corrupção mais elevada é precisamente também a mais espiritual, que nela desaparece em última instância tudo o que é natural e depois até a sensibilidade, e mesmo a própria volúpia, sabe que esta se transforma em crueldade e que o mal demoníaco, diabólico, está bem mais alienado do prazer que do bem. Se então ambos, o erro e a maldade, são espirituais e procedem do espírito, então é impossível que *ele* seja o mais elevado.[77]

Mas, nesse caso, como é possível a tarefa que se espera da humanidade socializada no seu papel de *alter Deus* caído? Como é possível a mediação entre o absoluto e a história se não se trata do conceber do conceito?

Pela abstração quase kantiana de um ato originariamente mau e indedutível no começo, daquela apostasia do primeiro homem em relação a Deus, o contexto de ofuscamento desse mundo torna-se peculiarmente objetivo perante a espécie humana, que age historicamente. Como a corrupção é, por assim dizer, antecipada como uma tese geral, a história da humanidade não pode mais ser concebida à maneira de uma fenomenologia do espírito, como contexto de autolibertação reflexiva. Pela diferença de nível do movimento histórico em relação àquele ato, que funda primeiramente a história, a humanidade pode por certo se deparar com consequências dele, mas não com ele mesmo na qualidade de um ato próprio. Enquanto, de acordo

---

77 Schelling, *Werke*, v.4, p.360.

com Hegel, o sujeito, em toda etapa de seu desenvolvimento, experimenta no elemento objetivo, que de início o repele com a aspereza inconcepta de algo inteiramente externo, e por fim no próprio corpo aquilo que ele mesmo produziu outrora e é forçado a reconhecer essa experiência como tal, na concepção de Schelling, a natureza rebaixada ao inorgânico permanece completamente exterior ao homem. A identidade da humanidade com a natureza é perturbada de uma forma tão elementar que mesmo pelo caminho de sua apropriação ativa sempre sobra um resto indelével do acaso indomado. Em cada etapa da mediação elaborada entre a espécie humana e a natureza, o sujeito encontra no objeto, fora os vestígios de sua própria história, aqueles de uma força mais antiga e mais obscura, que nunca poderá ser inteiramente dominada; ele experimenta nos golpes do destino não *apenas* o contragolpe de sua própria atividade histórica. Mas tanto mais parece se oferecer aqui o único caminho possível: separar o mundo corrompido de seu materialismo mediante a produção material, quebrar o encanto do externo sobre o interno mediante a própria alienação ativa [*tätige Entäußerung*]. Isso evidentemente se encontra inscrito na dialética da contração. Apenas a força contrativa da matéria é capaz de dar poder às forças encerradas do amor para abrir a vontade, novamente contraída a ponto de formar um núcleo escuro, e prevalecer sobre ela: o amor é um mero "intermediário", sem iniciativa própria.

Embora o idealismo histórico de *As idades do mundo* contenha elementos criptomaterialistas desse tipo, Schelling naturalmente nunca levou a sério suas consequências materialistas. No entanto, um corte evidente na história de sua obra, que atravessa a filosofia de *As idades do mundo*, logo totalmente aban-

Jürgen Habermas

donada, obriga-o nesse ponto a discutir suas consequências sistemáticas: visto que Schelling, por menos consciente que tenha sido a respeito disso, recuou intimidado diante delas, ele se viu forçado a submeter as premissas do argumento a uma revisão.

As consequências filosófico-históricas que nos interessam da ideia schellingiana de uma contração de Deus podem ser exemplificadas preliminarmente em termos de história da religião, recorrendo-se ao sabatianismo. O movimento herético, que abalou o judaísmo ortodoxo ao longo do século XVIII, remonta aos anos 1665 e 1666, quando Sabbatai Zevi deu-se a conhecer primeiramente como Messias e depois, convocado pelo sultão, converteu-se ao islã. A doutrina altamente dialética, que não só justifica ações antinômicas, mas também as exige sutilmente, é uma variação extrema da mística uriana. Porque a positividade consumptiva do mal só pode ser vencida pela própria maldade, a magia da interioridade, determinante até então para o judaísmo estimulado misticamente, reverte em uma magia da apostasia. No fim a observância estrita da Torá não concederá poder aos mais fracos sobre as forças do mundo corrompido; pelo contrário, o mundo se encontra tão profundamente imerso em sua corrupção que só pode ser restituído por meio de uma abjeção excedente, por assim dizer. O próprio Messias tem de descer ao reino do mal para explodir como que por dentro o cárcere do amor divino aprisionado. À apostasia do Messias se seguiriam as conversões coletivamente organizadas das comunidades heréticas ao catolicismo e ao islã. A canonização dos pecados desencadearia o anarquismo no próprio santuário da lei. Ele se converteu em crítica da religião, quando se continuou a negar uma confirmação histórica e política à práxis radical; o racionalismo jusnaturalista herda a guinada não compensada do sabatianismo em direção à emancipação, ainda que fosse apenas uma emancipação do gueto. Da heresia mística ao esclarecimento basta um passo: Jonas Wehle, o cabeça entre os místicos de Praga por volta de 1800, cita como autoridades Sabbatai Zevi *e* Mendelssohn, Kant *e* Isaak Luria.[78]

De modo semelhante, o idealismo misticamente inspirado de Schelling se encontra, por volta de 1811, ao mesmo tempo perto e distante das consequências de um materialismo ateu. Em referência à "maior prova daquela decaída do homem na natureza", ou seja, ao Estado como unidade natural da espécie humana, forçada por meios físicos, Schelling observa: "Depois que um dia a existência da natureza foi colocada em perigo pelo homem, e a natureza foi obrigada a se constituir como natureza *própria*, agora tudo parece se dirigir apenas à conservação dos fundamentos externos da vida".[79] Se, por um lado, a humanidade, na qualidade de *alter Deus*, faz sua própria história, como Deus invertido, no entanto, ela dilacera o vínculo com a natureza e perde a possibilidade de dispor sobre ela: como a humanidade poderá romper então o poder do externo sobre o interno de outro modo senão concorrendo externamente com o externo e fazendo a mediação de si mesma com a natureza pelo esforço que, nas palavras de Schelling, se dirige a conservação do fundamento exterior da vida, isto é, pelo trabalho social?

---

78 Scholem, *Die jüdische Mystik in ihren Hauptströmungen*, p.333; id., *Judaica 1 e 2*; cf. também minhas investigações sobre o Idealismo Alemão dos filósofos judeus em *Philosophisch-politische Profile*, p.37 et seq.

79 Schelling, *Werke*, v.4, p.352.

A ideia não é tão despropositada, pois o próprio Schelling vê que o poder do externo só pode ser subjugado, isto é, só pode ser rompido, na medida em que os homens concordam em voltá-lo contra si – mediante a dominação da natureza: "Tudo, mesmo o que há de mais nobre, que entre em colisão com ela", é dito ainda nessa mesma passagem, "perece, e o melhor tem como que se aliar com esse poder externo para ser tolerado. No entanto, o que abre passagem por meio dessa luta, o que se afirma como divino contra essa supremacia do externo é algo que passou pela prova do fogo e no qual deve haver realmente um elemento inteiramente divino". Essa frase parece justificar a versão segundo a qual é possível que a humanidade volte a obter o poder de dispor sobre a natureza mais mediante uma técnica dirigida ao exterior do que por uma magia da interioridade, sempre contemplativamente suavizada. Se uma única vez as consequências fossem levadas mais longe, não cairia, como que por si mesmo, o invólucro teogônico que recobre o processo histórico? Na qualidade de sujeito de uma história não mais sincronizada com a natureza nos termos da filosofia da identidade, a humanidade é absolvida, por assim dizer; essa versão poderia deixar de lado, como hipótese superficial, a interpretação do "perfeito vir-a-ser homem de Deus, do qual tão somente o começo aconteceu ainda".[80] Certamente, esse vir-a-ser homem de Deus, "em que o infinito se tornou inteiramente finito sem prejuízo de sua infinitude"[81] poderia ser interpretado, por sua vez, como a escrita especular de um vir-a-ser homem do próprio homem, que leva até aquele ponto onde,

---

80 Ibid., p.373.

81 Ibid., p.376.

na figura de uma humanidade socializada, o finito se tornou infinito sem prejuízo de sua finitude. Isso seria uma crítica da religião feuerbachiana ao idealismo histórico, mas no próprio patamar dialético deste.

O Deus de *As idades do mundo*, que inicialmente dispõe sobre tudo, mas não pode dominar ninguém que lhe seja semelhante; ele, que de início é tão pouco senhor que sequer poderia renunciar à dominação em virtude do amor; o Deus, que por isso começa a criação do mundo para produzir um *alter ego* que, contudo, obstinadamente o rejeita e que, em seu próprio lugar, tem de reparar a criação do mundo e conduzi-la até à "perfeita personalização de Deus",[82] isto é, até aquele momento em que uma humanidade divinizada se deixa finalmente vincular ao Deus que veio a ser homem; esse Deus é como que configurado para ser decifrado, por seu turno, como *alter ego* da humanidade. Esta carece certamente do poder de dispor, do qual Deus não se regozija, ao passo que Deus, inversamente, carece da disposição sobre o indisponível, a qual constitui, no entanto, a substância da história: a dominação de um ser autônomo sobre outro, assim como os momentos precários da renúncia à dominação na felicidade individual. Interpretado desse modo, o invertido vir-a-ser homem de Deus, isto é, o vir-a-ser homem do Deus invertido, poderia assinalar a intenção de eliminar a desproporção que existe até agora na história da humanidade entre a impotência na disposição sobre o disponível, de um lado, e a potência na disposição sobre o indisponível, de outro. Seria a intenção de abandonar a dominação em meio a uma

---

82 Ibid., p.325.

humanidade definhada, que se tornou certa de si mesma e, assim, encontrou sua serenidade.

A doutrina das potências da filosofia tardia: o seguro de vida metafísico contra o risco de Deus se abandonar à história

Essas considerações se afastam muito de Schelling. Como que após uma curta detença, quase imperceptível, ele as apartou com o ditado de que o abismo entre o interno e o externo não poderia permanecer tal como é, "pois ele violaria a existência de Deus. Mas por qual meio esse abismo pode ser superado? Não por meio dos homens em seu estado atual".[83] Schelling pensa na necessidade de que a humanidade tenha de se "recordar" [*erinnern*] do externo, de torná-lo interior [*innerlich*].[84] No entanto, com a ajuda da "força de recordação" intensificada, a apropriação da natureza alienada só pode ter êxito de uma maneira mágica, nunca tecnicamente, ou seja, no sentido em que certa vez Schelling profere como hipótese:

Eu não sei se podemos atribuir aos agora conhecidos fenômenos vitais dos corpos, à ação recíproca elétrica das forças ou às metamorfoses químicas, uma designação muito elevada, e não considero impossível que se nos abra uma série inteiramente nova de fenômenos caso possamos deixar de alterar meramente seu aspecto externo e passemos a atuar imediatamente sobre o gérmen vital interno. Pois eu não sei se é um engano ou se é a característica

---

83 Ibid., p.355.
84 Ibid., p.370.

peculiar de meu modo de ver, mas todas as coisas, mesmo as mais corporais, parecem-me como se estivessem preparadas para oferecer signos vitais de si mesmas completamente diferentes das conhecidas agora.[85]

Mas, se o homem não pode reconstituir esse relato mágico a partir si mesmo, a natureza teria de ir ao seu encontro. A reconstituição da espécie humana dependeria então de uma reconstituição da natureza: "(o homem) tem de aguardar com sua existência perfeita o que é seu. Enfim, porém, é preciso que sobrevenha a crise da natureza, pela qual se decide a longa doença. Essa crise é a última da natureza, daí o 'juízo final'".[86]

Uma última decisão da natureza se encontra em analogia manifesta com aquela decisão inicial de Deus, da qual proveio o mundo ideal. Mas, se não é pelo homem caído, como a própria natureza, lançada ao abismo por ele, iria dispor ainda de tais forças da crise moral? Schelling levou a cabo essa versão somente ao modo de um ensaio, abandonando-a em seguida. Como única solução para a especulação de *As idades do mundo*, levada até os limites do idealismo, apresenta-se o retorno à outra versão, já sugerida também no texto de 1810, de uma redenção do mundo por meio do Deus revelado:

Apenas Deus pode produzir o vínculo do mundo espiritual e do natural, mais exatamente apenas mediante uma segunda revelação: [...] o mais elevado é onde o divino se faz completamente finito a si mesmo, com uma palavra, onde ele mesmo se torna homem e,

---

85 Ibid., volume de complementos, p.156 et seq.
86 Ibid., p.374 et seq.

por assim dizer, apenas como segundo homem e homem divino, torna-se novamente mediador entre Deus e o homem, tal como o primeiro homem devia sê-lo entre Deus e a natureza.[87]

No entanto, o recurso salvador à ideia de revelação obriga a uma construção radicalmente distinta da filosofia de *As idades do mundo*. A uma humanidade que carece incondicionalmente da revelação cristã (e da institucionalização eclesiástica da verdade revelada) corresponde um Deus que nunca pode ser devorado completamente pela história. Na última versão, a única autorizada, de *As idades do mundo*, a contração vale apenas para a natureza em Deus, não para o próprio Deus, que, como o incontestável por excelência, permanece sempre alheio à "recomposição" das forças.[88] A divindade sem natureza, como vontade que nada quer, assume o ser irrequieto da natureza divina como que por cima. "A assunção do ser" significa certamente que a divindade, na medida em que assume o outro em si mesma, assume ela própria uma outra figura; ao mesmo tempo, é uma assunção também no sentido hipotético: assumir algo para, sem se concernir ou sofrer alguma ameaça, assistir ao que resulta daí. A assunção do ser tem algo da liberdade arbitrária do poder ser assim e também de outro modo. Um Deus reservado dessa espécie se encontra suficientemente acima de todos os riscos e catástrofes, a fim de também poder socorrer de novo uma criação decaída. O sinal da criação já não é mais a *contração*, mas a *condescendência* de Deus.

---

87 Ibid., p.355.

88 Demonstrei isso em detalhes em minha investigação *Das Absolute und die Geschichte*, p.344 et seq.

Após a conclusão do período de *As idades do mundo*, Schelling não voltou a recorrer de uma forma sistemática à ideia de contração de Deus. A dialética contrativa entre a existência e o fundamento da existência cede a uma quadratura de princípios que se serve dos pares categoriais matéria e forma, potência e ato.[89] Aquele Primeiro, no qual a filosofia encontrava seu começo absoluto, mantém seu nome: matéria; mas esta já não designa a força contrativa da negação ao modo de um autoencerramento, de uma reclusão em si mesmo; pelo contrário, ela se refere agora justamente a uma força de deslimitação [*Entgrenzung*], e mesmo ao posto fora de si, ao ilimitado e ao indeterminado, ao ser resistente à toda forma e regra, ao *apeíron* pitagórico-platônico. A este não se contrapõem mais, na qualidade de outro princípio, como o amor em relação à egoidade, o excessivo e o efluente, mas o limitador, o que põe limites – *peras*. Certamente, a matéria conserva algo de seu significado originário de uma "base" na medida em que também ela, em oposição ao ato, aparece como potência. No entanto, nessa consideração não se restaura a relação entre a existência e o fundamento da existência, pois Schelling, como já se deduz da terminologia tomista, não deixa nenhuma dúvida de que a atualização da potência se efetua como o *primum passivum*, ou seja, de que ela não pode ser nem desencadeada pela própria potência nem colocada em perigo de modo algum. Evidentemente, a necessidade de ancorar já nos princípios a segurança de Deus e o mundo do processo abrangente é satisfeita por um terceiro princípio, solicitado para vigiar o conflito entre os outros dois:

---

89 Sobre a teoria dos princípios do Schelling tardio, cf. Schelling, *Darstellung der rein rationalen Philosophie*, p.437 et seq.; id., Einleitung in die Philosophie der Offenbarung, p.3 et seq.

pois, em cada um dos outros dois, há um querer infinito para si, o primeiro quer se afirmar apenas no ser, o segundo quer reconduzi--lo somente ao não ser; apenas o terceiro, na qualidade de algo sem afeto, como eu o digo, pode determinar em que medida a cada tempo, isto é, para cada momento do processo, o ser deve ser ultrapassado; mas ele mesmo, por meio do qual tudo o que vem a ser estanca, ou seja, se realiza, é o que, desde o interior, produz tudo o que tem finalidade e é ao mesmo tempo o próprio fim.[90]

Como *causa finalis*, a terceira causa é colocada acima da *causa materialis* e da *causa efficiens*; ela é o que deve ser em contraposição ao que pode ser e ao que tem de ser: [91]

A primeira causa meramente material não é realmente causa, já que ela, como indeterminada, portanto natureza carente de determinação, limita-se a padecer na verdade [...]. A segunda causa, doadora de determinação, que se comporta [...] em relação à substância como causa determinante, esta é uma causa pura, já que não quer nada para si mesma. Ora, o que pode ainda ser pensado sobre ambas, ou melhor, o que tem de ser pensado sobre ambas para se chegar a uma conclusão conceitual? Evidentemente, o que é ao mesmo tempo substância e causa, determinável e determinante, ou seja, a substância que se determina a si mesma, envolvendo como algo indeterminado um poder em si, *mas alçado pelo ser para além do perigo deste.*[92]

---

90 Id., *Werke*, v.5, p.578 et seq.
91 Ibid., p.577.
92 Ibid., p.576 et seq.

Teoria e práxis

O risco de Deus se abandonar àquele outro absoluto, à humanidade que age historicamente, foi afastado agora por princípio, literalmente por meio de um princípio expressamente solicitado para isso: "[...] é precisamente o que nunca e jamais pode perder a si mesmo, o eternamente meditado e permanente em si mesmo".[93] Schelling selou um seguro de vida metafísico contra o perigo de um começo absoluto a partir da matéria: "Portanto, o começo reside naquilo que unicamente pode vir a ser um outro a partir de si mesmo e por isso originariamente submetido ao vir-a-ser". Essa frase é ainda um eco distante daquela perspectiva anterior de que a contração é o começo de toda vida – "mas esta não está entregue a si mesma, antes *um guardião a acompanha*, o qual a protege de sua própria falta de limites, impedindo-a de afundar nesta".[94]

Em proporção com a segurança crescente de Deus, o mundo vai perdendo o traço de catastrófico. Pois mesmo a queda do homem passa a ser interpretada segundo o esquema de ato e potência: o mundo ideal nascido dos três princípios encontra sua unidade em um quarto princípio no homem, uma causa final de ordem superior. Ela se relaciona com as três primeiras causas como o ato para com a potência. Mas, tão logo o homem se apreende como o Deus que veio a ser, a fim de ser *como* Deus, ele atualiza o mundo inteligível, convertendo-o em um mundo exteriormente existente: "O homem é o que põe o mundo, ele é o que pôs o mundo fora de Deus, não meramente *praeter Deum*, mas *extra Deum*; ele pode chamar este mundo de seu mundo".[95]

---

93 Ibid., p.572.

94 Ibid., p.580.

95 Id., *Werke*, v.4, volume de complementos, p.352.

A "queda", que outrora havia sido considerada como a inversão dos princípios e como a corrupção do mundo, como uma tomada de poder da violência externa sobre o interno, é agora reinterpretada, segundo a relação de ato e potência, na forma de uma repetição por assim dizer normal do primeiro estágio teogônico.

A criação foi consumada, porém foi posta sobre uma base móvel – sobre um ser potente por si mesmo. O último testemunho foi algo absolutamente móvel, que logo pôde voltar a mudar, e que mesmo *teve inevitavelmente de mudar de certa maneira* [...]. O próprio Deus como que irresistivelmente reclama esse mundo, unicamente por meio do qual ele tem todo ser fora de si, no qual ele tem um mundo livre de si, uma criação que é fora dele. Portanto, todos os momentos transcorridos até agora são momentos reais, efetivos, mas são meros momentos do pensamento, na medida em que neles não há nenhuma permanência, nenhuma morada, até que este mundo nasça, o mundo em que realmente nos encontramos.[96]

A doutrina tardia das potências completa a sequência da potenciação mediante uma despotenciação progressiva. Em cada etapa, o que era inicialmente ato é reduzido à potência – até que, finalmente, Deus pode ressair como *actus purus*, purificado de toda potencialidade. Se de início a terceira causa, a substância que determina a si mesma, se efetivava no quadro do mundo ideal a título de único princípio atuante, agora ela é repelida por uma quarta causa e rebaixada, juntamente com as outras duas, a causa meramente material. O mundo antes ideal é agora em seu

---

96 Ibid., p.359.

Teoria e práxis

todo o que o espírito humano é, potência desse ato superior – e, com isso, torna-se mundo real. De acordo com isso, o processo da história se efetua como uma suplantação gradativa também dessa atualidade por meio de um ato que é por sua vez superior. Por fim, o espírito humano será despotenciado em alma, para fazer que Deus atue, em uma subordinação voluntária, como o único *actus* verdadeiro de um mundo completamente desdobrado. A garantia dada com aquela terceira causa volta a revelar sua força a cada etapa. Deus se comprova como o senhor do ser, como a atualidade efusiva de começo e eternidade. No fim de seu processo, o mundo é isso: O que Deus é, a essência de todo ente, o qual Deus faz ser, o qual, portanto, lhe deve *que* seja o que *é*.

Aos pares categoriais correlatos matéria e forma, potência e ato, acrescenta-se um terceiro, essência e existência. Este aparato categorial revela um primado do questionamento ontológico, ao qual se subordina o interesse prático pela superação do mundo corrompido; a própria corrupção perdeu seu caráter chocante. Aquele ato que aliena o mundo ideal no mundo real foi privado de sua unicidade – no processo de atualização progressiva do mundo, ele é tão somente um ato entre outros. A catástrofe é normalizada ontologicamente; a filosofia não busca mais o começo absoluto em virtude do fim da corrupção, ela busca o ser como o que é constante e certo perante e acima de tudo – "o verdadeiramente permanente [...] deve ser primeiramente descoberto".[97] O Schelling tardio volta a obrigar a filosofia a cumprir sua tarefa tradicional, que desde Aristóteles se coloca explicitamente; contudo, aquele interesse

---

97 Ibid., p.67.

que outrora determinara a filosofia de *As idades do mundo* não se deixa reprimir facilmente. No fim, ele acaba se afirmando até mesmo contra o interesse teórico de uma forma tão eficaz que o sistema se rompe nesse conflito em duas partes: em uma filosofia negativa e em uma positiva.

A discrepância entre questionamento ontológico e necessidade prática: a cisão do sistema

A doutrina dos princípios tem um sentido tanto teogônico-cosmológico como transcendental. Ela concerne tanto ao contexto da história da evolução do ente como à cognoscibilidade completa de suas leis.

De início, os princípios são idealisticamente derivados da autorreflexão da razão; a razão parte de seu próprio conteúdo imediato. Na qualidade desse conteúdo, a razão encontra "a potência infinita do ser", a indiferença de sujeito e objeto, que não é nem o ente nem o não ente, em suma, aquele poder ser ilimitado e o que impele ao ser, o qual tem de ser pressuposto – em certa medida, um "ser" da lógica hegeliana enriquecido a ponto de se tornar matéria.

> Ela – a potência imediata – é, portanto, apenas material, apenas elementar, isto é, apenas contingente, o ente, isto é, de tal modo que não pode ser aquilo que é; ela é o ente apenas provisoriamente, por assim dizer, enquanto não se move, mas, assim que ela sai de seu poder, ela sai com isso também da esfera do que é, ela entra na esfera do vir-a-ser, é portanto o ente, e não é o ente [...]. A razão, posta nessa situação, quer agora, certamente, o próprio ente; pois somente este ela considera seu verdadeiro conteúdo,

porque permanente. Mas o ente mesmo – o que o ente mesmo é, não o que tem meramente a aparência dele e pode vir a ser um outro, converter-se em algo alheio à razão, a natureza, experiência etc. – mas o ente mesmo a razão não pode alcançar pela exclusão do outro que não é o ente mesmo; esse outro não pode ser separado, no primeiro pensamento imediato, do que o ente mesmo é, assumido inegavelmente ao mesmo tempo com ele no primeiro pensamento; mas como ela pode excluir aquele outro, que é na verdade o não querido pela razão, o não verdadeiramente posto, mas apenas o que não pode não ser posto, o que ela não pode excluir somente no primeiro pensamento? Como ela pode excluí-lo a não ser na medida em que o deixa ressaltar, deixa-o passar para seu outro, a fim de libertar dessa maneira o verdadeiro ente, o *ontos on*, e apresentá-lo em sua integridade?[98]

Na perquirição dialética do poder ser, o que o ente é, o ato, é reduzido a cada nova etapa à potência, e ao final do percurso a razão conserva a atualização como tal, a autoria como a pura atividade. A autorreflexão transcendental obtém os princípios de todo o ente (as quatro causas) mediante a eliminação do poder ser do ser, do não ente do que faz ser todo ente.

Além disso, a "crítica" transcendental levanta a pretensão de ser ela mesma a construção da "crise" teogônica. Pois, naquele processo de atualização despotenciante, a razão apreende o processo do mundo em seu todo. No entanto, Schelling só pode equiparar o sentido transcendental da doutrina dos princípios com seu sentido teogônico, caso a razão finita esteja em unidade com a razão divina. Mas, com esse pressuposto, a

---

98 Ibid., p.69 et seq.

lógica de Hegel realizara há muito tempo de um modo superior aquilo pelo que, com um recurso questionável às categorias aristotélicas de tradição tomista, se empenhou uma outra vez a "filosofia puramente racional" – o Schelling envelhecido nunca cogitara isso. Entretanto, ele de modo algum esquecera completamente o discernimento triplo de sua filosofia, conduzido pelo interesse prático: o discernimento sobre a facticidade de um mundo que escapa à compenetração racional com um resquício obscuro e inconcepto; além disso, o discernimento sobre a indecidibilidade de um processo histórico que faz surgir a cada instante, de maneira inconclusa, passado e futuro de uma só vez; por fim, o discernimento sobre a corrupção das condições na origem contingentes e permanentemente irreconciliadas – e sobre a fugacidade fundamental dessa corrupção.

Outrora, a realidade do mal e a necessidade de uma solução, de uma redenção do mal, havia revelado a Schelling a finitude do espírito humano. Ele não pode negá-la praticamente, mas tampouco lhe é lícito reconhecê-la teoricamente, depois de ter abandonado o ponto de vista da filosofia de *As idades do mundo* em favor da "filosofia puramente racional". Desse dilema é tributária a filosofia positiva, que, perante a filosofia puramente racional, é relativizada como negativa. A cisão no sistema soluciona a dificuldade como por um truque: o homem é espírito absoluto apenas considerando-se o conhecimento da contextura essencial de todo existente, é espírito finito tendo em vista a experiência da própria existência. Esta remete, em última instância, à autoria efetiva, a um ato livre irredutível. Nesse ponto, Deus se decide pelo ser sem razão especificável; é a assunção do ser. Se outrora a razão da existência representava o princípio da individualidade, facticidade e irracionalidade, essas qualidades,

Teoria e práxis

agora pertencentes à própria existência, são atribuídas ao ato puro de uma vontade acima de todo ser. Em contrapartida, esse ser, a matéria, é simplesmente identificado com a essência, com O que Deus é. O que outrora resistia ao conhecimento vale agora como cognoscível por excelência, como essência. Em um tratado tardio de Schelling, intitulado "Über die Quelle der ewigen Wahrheiten" [Sobre a fonte das verdades eternas], diz--se da matéria que ela

> só pode ser a *potencia universalis*, que como tal é distinta *toto coelo* de Deus, na medida que também segundo sua essência, portanto considerada de uma maneira meramente lógica, tem de ser independente daquilo que todas as doutrinas concordam em afirmar como a realidade pura, realidade em que nada é por potência[99]

e continua:

> Deus não contém em si outra coisa senão o puro Que [*Daß*] do próprio ser; mas este, que é, não seria verdade alguma se não fosse Algo [...], se tivesse não uma relação com o pensar, não uma relação com um conceito, mas com o conceito de todos os conceitos, com a ideia. Eis o verdadeiro lugar para aquela unidade do ser e do pensar.[100]

Schelling recorre a uma possibilidade de todas as coisas, independentemente da realidade divina mas fundada na essência dela, recorre àquele *principium realitatis essentiarum* que, de acordo

---

99 Scheling, *Werke*, v.5, p.767.
100 Ibid., p.769.

com Wolff, deve ser pensado como *distinctum* de Deus mesmo, mas *coaeternum et connecessarium* com ele. Ele retorna ao âmbito da metafísica pré-crítica para, com base nessa diferenciação das duas faculdades divinas, tornar plausível o seguinte: que o espírito humano é, como razão, semelhante a Deus (ele tem a faculdade de sumariar todas as essências), mas, como pessoa, permanece ao mesmo tempo submetido à vontade divina (pode experimentar a existência, pode representá-la no máximo, mas não pensá-la). De um lado, a necessidade teórica de cognoscibilidade de uma contextura universal do ente em seu todo pode ser satisfeita somente sobre o fundamento do idealismo absoluto, de outro, a necessidade prática do conceito histórico de um mundo irreconciliado só pode ser satisfeita com a suspensão desse fundamento. Schelling gostaria, contudo, de ter uma coisa sem poder abandonar a outra; ele tem de obter a compatibilidade de ambas as filosofias como que por sub-repção. Apoiando-se sobre a base conservada do idealismo, Schelling quer ir além dele; é justamente por isso que acaba recaindo aquém dele, em uma filosofia pré-dialética. Uma curiosa referência à doutrina do ideal transcendental de Kant evidencia essa recaída.[101] Kant avança da ideia ao ideal porque

---

101 Kant, *Kritik der reinen Vernunft*, A, p.573 et seq. A tese central da dedução kantiana afirma o seguinte: "Embora essa ideia da súmula de toda possibilidade, na medida em que ela subjaz como condição de determinação completa de cada coisa, seja ela mesma ainda indeterminada, em consideração aos predicados que podem constituí-la, e nós não pensemos por meio dela nada além de uma súmula de todos os predicados em geral, descobrimos, em uma investigação mais detalhada, que essa ideia, como protoconceito, exclui uma grande quantidade de predicados que já estão dados como derivados de outros, ou que não podem coexistir, e que ela se depura até

aquela, na qualidade de súmula de todos os predicados possíveis, não é suficiente para fundar transcendentalmente a determinação completa de um ser singular. Por isso, o pensamento de objetos em geral tem de ser reconduzido a um ideal como o conceito daquele ser singular que, de todos os predicados opostos possíveis, tem por determinação uma coisa, a saber, sempre aquilo que pertence ao ser por excelência – *ens entium*. Schelling inverte essa relação entre ideia e ideal em uma relação de essência e existência:

> Kant mostra, portanto, que à determinação das coisas conforme o entendimento pertence a ideia da possibilidade total ou de uma súmula de todos os predicados. Isso a filosofia pós-kantiana compreende quando fala da ideia por excelência, sem determinação ulterior; mas essa ideia mesma não existe, ela é precisamente, como se costuma dizer, mera ideia; em geral, não existe nada universal, mas apenas singular, e a essência universal só existe quando o ser singular absoluto é. Não é a ideia que é causa do ser no ideal, mas o ideal é causa do ser na ideia [...]. Deus é a ideia não significa: ele mesmo é somente ideia, mas [...] ele é causa do ser na ideia, causa de que ela é.[102]

Kant havia admitido apenas um uso regulativo do ideal da razão pura,[103] mas em Schelling o conceito de ser singular

---

resultar em um conceito determinado completamente *a priori*, e pelo qual se torna o conceito de um objeto particular, que é determinado completamente pela mera ideia, e, portanto, tem de ser denominado um ideal da razão pura".

102 Schelling, *Werke*, v.5, p.767 et seq.

103 Kant, *Kritik der reinen Vernunft*, A, p.639.

absoluto não é produzido pela via de uma investigação transcendental, mas como resultado de uma construção do ente em seu todo. Essa construção rompeu desde o começo as barreiras do idealismo subjetivo e refletiu não tanto as condições de possibilidade de todos os objetos, mas as condições necessárias de sua realidade enquanto possíveis. Ela é ao mesmo tempo lógica e ontologia, filosofia transcendental e filosofia real. Schelling identifica o ideal da razão pura com a existência divina em sentido enfático: o ideal, o imemoravelmente existente, é causa do ser na ideia (como súmula de todos os predicados possíveis).

Porém, depois que Schelling empregou de maneira constitutiva esse conceito limite regulativo do idealismo subjetivo, e motivado por aquela divergência entre necessidade teórica e prática de uma filosofia em que o período de *As idades do mundo* ainda deixa os seus vestígios, ele se comprometeu com a seguinte inconsequência: submeter novamente aquela categoria suprema a critérios que há muito tempo tinham sido suprimidos pelo ponto de vista do idealismo objetivo. Ele volta a subsumir um ideal já reinterpretado ontologicamente sob a distinção de existência e essência, como se estivessem em vigor também para ele os critérios da crítica kantiana à prova ontológica da existência de Deus. A distinção kantiana entre os 100 táleres reais e os 100 táleres possíveis é aplicada novamente por Schelling ao ideal da razão pura, embora este já tivesse assumido o significado da existência divina como *actus purus*. O conceito absoluto de ideal como existir puro é diferenciado de novo do próprio existir.

Deus está agora fora da ideia absoluta, na qual ele se encontra como que perdido, e é (como ideal) em *sua* ideia, mas por isso apenas ideia, meramente no conceito, não no ser atual [...]. Mas, se o que é *essentiâ Actus* é *também* posto a partir do seu conceito, de modo que não é meramente o ente *essentiâ* ou *naturâ*, mas o ente *actu Actus*, então o princípio já não é mais posto como princípio no sentido que exigimos para a meta da ciência racional [...]; antes, ele é posto então realmente como princípio, a saber, como começo, começo da ciência que tem por princípio o que o ente é, e isso significa aquilo de que deriva tudo o mais: Nós a designávamos até o momento como aquela em razão da qual o princípio foi buscado, e agora a denominamos, em oposição à primeira, à negativa, filosofia positiva [...], pois ela parte da existência, ou seja, do ser *actu Actus* do que é na ciência primeira encontrado no conceito como necessariamente existente (como sendo *naturâ Actus*).[104]

Essa passagem da filosofia negativa à positiva não resiste à recensão implícita de Hegel sobre a filosofia tardia schellingiana, a qual se poderia extrair da *Ciência da lógica*. Hegel se refere aí repetidas vezes à crítica de Kant à prova ontológica da existência de Deus.[105]

O ser, como a relação imediata completamente abstrata consigo mesmo, não é outra coisa senão o momento abstrato do conceito, o qual é a universalidade abstrata que também realiza o que se requer do ser: ser fora do conceito; pois é um momento do conceito, tanto quanto é a diferença ou o juízo abstrato dele, no qual ele se contrapõe a si mesmo. O conceito, mesmo enquanto formal, contém

---

104 Schelling, *Werke*, v.5, p.744 et seq.

105 Hegel, *Wissenschaft der Logik*, parte I, p.71 et seq., 99 et seq.; parte II, p.61 et seq., 103 et seq., 353 et seq.

já imediatamente o ser em sua forma mais verdadeira e mais rica, na medida em que ele é, como tal, negatividade que se refere a si mesma, singularidade.[106]

Em cada uma das três esferas lógicas, as categorias de existência retornam como figuras da imediatez: ser e ser-aí [*Dasein*], depois existência [*Existenz*] e efetividade [*Wirklichkeit*], e, enfim, a objetividade. Mas a razão que se pensa também realiza um movimento correspondente na "lógica" da filosofia negativa, que Schelling desenvolve como uma doutrina dos princípios. Mesmo nas categorias mais pesadas da doutrina das potências tardia, as categorias de existência nascem e voltam a perecer todas as vezes em função do processo de atualização das potências e de uma despotenciação simultânea do atual. Expresso na linguagem de Hegel, mas igualmente vinculante segundo autocompreensão de Schelling, isso significa:

> Assim, a existência não deve ser tomada aqui como um predicado ou como uma determinação da essência, segundo a qual uma proposição a respeito dela afirmaria: a essência existe ou tem existência; pelo contrário, a essência passou à existência; [...] portanto, a proposição afirmaria: a essência é a existência, ela não é distinta de sua existência.[107]

O que realiza uma mediação de si mesmo com a imediatez, conferindo em cada etapa uma objetividade mais determinada ao ser e ao ser-aí, à existência e à efetividade, é a própria mediação,

---

106 Ibid., parte II, p.355.
107 Ibid., p.105.

que no final da *Lógica* acaba sendo separada do "sistema" sob o título de "método" e, em correspondência com isso, acaba aparecendo no final da filosofia negativa como *actus purus*. Por isso, só mediante uma decisão não mais demonstrada teoricamente todas as determinações lógicas, tomadas em conjunto, poderiam ser reduzidas *mais uma vez* a uma essência de todas as essencialidades, que tem fora de si a existência como o impensável por excelência. Pois ou a relação de essência e existência é repensada na filosofia negativa em cada etapa da atualização e da despotenciação, e nesse caso a existência não pode ser proclamada seriamente como o impensável — ou a relação entre essência e existência de fato escapa ao pensar, e nesse caso a filosofia negativa é invalidada em seu todo, a não ser que restrinja sua pretensão de conhecimento àquela do idealismo subjetivo. Mas em momento algum Schelling estava disposto a isso.

Separação entre teoria e práxis

Se Schelling levou a sério a "crise da ciência da razão", a qual se acendeu por conta do "caráter imemorável da existência"; se ele levou a sério a seguinte perspectiva: a razão não pode se fundamentar por si mesma e se realizar por meio de si mesma, e ela até mesmo tem ainda de fazer que sua automediação realize uma outra mediação por meio de algo que lhe é prévio —[108] se foi assim, então ele teria de revidar contra a ciência da razão enquanto tal. Na filosofia tardia de Schelling, essa consequência

---

108 Walter Schulz elaborou com mais precisão os traços da filosofia tardia em: *Die Vollendung des deutschen Idealismus in der Spätphilosophie Schellings*.

se delineia claramente: a abordagem da filosofia positiva teria realmente de ser ratificada por um abandono da negativa. A suplantação "existencialista" do idealismo foi preparada por Schelling; passando por Kierkegaard e Rosenkranz, ela foi consumada por Heidegger. Só este consegue o que Schelling acreditou ter alcançado por meio da cisão do sistema: a combinação entre o questionamento ontológico e a necessidade prática de efetuar uma virada na idade do mundo corrompido. À custa de um mundo esvaziado e em um âmbito reduzido à interioridade, ambas as intenções são ajuntadas em virtude de a razão se deixar mediar por algo escutado, e o pensar, por algo tencionado, de maneira seja querigmática, seja mito-poética ou ao menos topológica. Teoria e práxis concordam em um exercício contemplativo. Pois, desse modo, a busca pelo ser, conduzida com tenacidade e abnegação, promete ao mesmo tempo alterar a necessidade do tempo. Com essa convicção de que o conhecimento devoto do ser e a evocação da salvação coincidem, se é que não são idênticos, o próprio idealismo ainda sobrevive na suplantação do idealismo. Schelling legou essa ambiguidade à filosofia contemporânea.[109]

Schelling *levou* a sério a crise da ciência da razão, e nos oferece um relato inequívoco sobre seu motivo:

A ciência da razão conduz para além de si mesma e impele à inversão; mas esta mesma não pode partir do pensar. Pelo contrário, para isso é preciso um impulso prático; no pensar, porém, não há nada prático, o conceito é apenas contemplativo e tem a ver apenas

---

109 Cf. p.548.

com o necessário, ao passo que aqui se trata de algo que reside fora da necessidade, de algo querido.[110]

O impulso prático impõe-se tão logo se torna patente que a filosofia puramente racional só resgata a intocabilidade para o Deus de *As idades do mundo*, que corre os riscos da história, ao preço idealista da identidade entre pensar e ser, portanto, retornando a Hegel, quem nivelara as idades do mundo, identificara o mundo presente com o mundo efetivo e se despira de categorias com as quais se pode pensar um fim da corrupção. Schelling crê poder unificar ambas as coisas no sistema duplicado da filosofia negativa e positiva: *a convergência lógico-ontológica entre razão e essência, de um lado, e a divergência ontológica entre razão e existência, de outro*. A seu modo, ele separa a filosofia teórica da prática, invertendo mais uma vez os atributos do "Deus invertido". Provido de uma espécie de conhecimento que ainda não é suscetível de história épica e, por isso, tem de se servir da construção dialética, mas colocado diante da tarefa de restituir historicamente o mundo corrompido, o *alter Deus* caído se caracterizava outrora, na filosofia de *As idades do mundo*, por uma finitude da faculdade teórica e por uma infinitude da faculdade prática. Agora ele procede de maneira inversa. O homem é absoluto em consideração de seu conhecimento, finito em sua dependência prática do ato redentor de Deus. Essa separação de teoria e práxis no interior da teoria encontra seu correspondente, teoricamente desenvolvido, em uma separação de práxis e teoria no interior da própria práxis.

---

110 Schelling, *Werke*, v.5, p.747.

Nessa esfera, o Estado aparece como uma instituição que reage contra a queda da espécie humana. Schelling o concebe como o "ato da razão eterna, atuante diante desse mundo factual, ou seja, razão que se tornou prática [...]. Nesse aspecto, o próprio Estado tem uma existência factual".[111] Embora a essência do Estado deva ser deduzida filosoficamente, a própria relação de poder em que o Estado passa a existir e se afirma como existência, é impenetrável por excelência:

> Portanto, tornando-se poder de fato, a razão não pode mais excluir o contingente [...]. E pouco entendimento do assunto parece residir nas pretensões como aquelas que nos são conhecidas: o direito factual deveria ceder cada vez mais ao direito racional e, com este, prosseguir até que se apresente um direito racional puro, que, como se diz, tornaria de fato supérfluas todas as personalidades, apaziguando os olhos da inveja.[112]

Aqui o isolamento operado por Schelling entre a existência e a essência excede de longe os elementos positivistas da filosofia do direito de Hegel. Os homens permanecem submetidos a uma lei que "por assim dizer é estigmada e fincada em sua vontade", como um poder alienado. O poder reconhecido externamente pode ser superado apenas internamente:

> pois, para o Eu há a possibilidade, não certamente de se superar em seu estado exterior a Deus e funesto, mas [...] de se recolher em si mesmo [...]. Ao fazê-lo, ele não tem outro propósito que escapar

---

111 Ibid., p.720.
112 Ibid., p.720 et seq.

Teoria e práxis

à infelicidade da ação, que fugir da opressão da lei entrando na vida contemplativa [...]. Sem saber sobre Deus, ele busca uma vida divina nesse mundo sem Deus.[113]

À separação teórica de razão e existência corresponde a recomendação de separar praticamente a vida contemplativa e a práxis política:

> Deixai de censurar um povo apolítico, pois a maioria de vós anseia mais ser governada [...] do que governar; já que liberais o ócio, o espírito e o ânimo para outras coisas, estimais uma maior felicidade que as desavenças políticas que se repetem a cada ano e conduzem apenas a partidarizações [...]. Recusai o espírito político.[114]

A contemplação levada por motivos práticos, na qual de início a razão se apoia unicamente sobre si mesma, conduz somente até o ponto de inflexão em que ela reconhece: à necessidade prática na teoria pura nada pode ser o suficiente. O pensamento filosófico se vê sempre ultrapassado pela existência imemorial; o primado da práxis sobre a teoria obriga a passar da filosofia negativa para a positiva:

> Pois a ciência contemplativa conduz apenas ao Deus que é fim, por isso, não é o real, conduz apenas ao que Deus é segundo sua essência, não ao atual. O Eu se aquietaria com um Deus meramente ideal se pudesse permanecer na vida contemplativa. Mas precisa-

---

113 Ibid., p.738.
114 Ibid., p.731.

mente isso é impossível. A renúncia à ação não pode ser imposta; ela deve ser acionada.[115]

De outro lado, o retorno intermitente da contemplação para a vida cotidiana tampouco pode superar a infelicidade comprovada da ação, a não ser que a espécie humana debele praticamente o poder externo do Estado, "desse fato último":

> Já é suficientemente nociva a intenção de combater no Estado tudo o que é factual, principalmente porque não se pode ver onde esse esforço parará e se acalmará, ao passo que, no instante em que se consiga excluir tudo que é empírico e irracional, o Estado iria se dissolver, pois só tem seu apoio e sua força precisamente nesse empírico.[116]

Essa era justamente a intenção daquela doutrina do Estado desenvolvida no contexto da filosofia de *As idades do mundo*. Com a superação do Estado, iria se romper o lacre do poder que o externo exerce sobre o interno. Mas um Deus que se livrou do risco da história universal permite uma "liberdade que se encontra acima do Estado e, por assim dizer, além do Estado, que não retorna ao Estado ou que esteja no interior do Estado".[117] Não é pela práxis política que se deve preparar a inversão de um mundo invertido, é pela contemplação que se sobrepuja praticamente a si mesma na contemplação, ou seja, é pela filosofia positiva que se deve preparar a redenção.

---

115 Ibid., p.741.
116 Ibid., p.732, nota 2.
117 Ibid., p.733.

Teoria e práxis

O materialismo oculto da filosofia
de *As idades do mundo*: Schelling e Marx

A ideia de uma superação radical da dominação política, que o Schelling tardio renega, foi assumida na tradição marxista. Marx se apropria da dialética de Hegel no interior de uma pré-compreensão explicitada inicialmente por Schelling. Sem examinar a questão de uma continuidade própria da história das ideias, buscar-se-ia aqui somente a seguinte demonstração: naquele ponto de virada materialista de seu idealismo histórico, Schelling antecipa certas intenções do materialismo histórico. A estrutura da idade do mundo atual, concebida sob a ideia do "Deus invertido", contém três momentos que retornam na concepção especulativa do processo histórico elaborada pelo jovem Marx.

1. Após a "queda", a produtividade da *natura naturans* como que se retirou da natureza, encontrando uma margem de ação imediata apenas no horizonte da humanidade histórica. No Schelling tardio, esse processo, na qualidade de um processo mitológico, se encadeia à consciência coletiva da espécie humana. Em Marx, ao contrário, a vida produtiva se efetua na elaboração da natureza inorgânica e na produção prática de um mundo objetivo, pela qual o "homem reproduz a natureza":[118]

Essa produção é a vida ativa de sua espécie. Por meio dela, a natureza aparece como sua obra e sua realidade. O objeto do trabalho é, por isso, a objetificação da vida genérica do homem: na medida em que não apenas se duplica intelectualmente como

---

118 Marx, *Marx-Engels Kleine ökonomische Schriften*, p.105.

na consciência, mas de modo ativamente real, contemplando a si mesmo, portanto, em um mundo criado por ele.[119]

Tanto em Schelling quanto em Marx coloca-se em perspectiva uma ressurreição da natureza pela produção da espécie humana.

2. Na situação presente, a identidade entre natureza e espécie humana se encontra dilacerada. Em uma inversão estranha das condições "verdadeiras", o externo obteve seu poder sobre o interno, o inferior sobre o superior. Tanto para Schelling quanto para Marx, essa inversão materialista é sintetizada na "falsa unidade" do Estado, que institucionaliza a dominação política dos homens sobre os homens. Para ambos, ela é expressão da "dominação da matéria morta sobre os homens".[120] Mas um deles projeta uma teogonia, enquanto o outro a analisa economicamente. Tanto Schelling quanto Marx concebem a corrupção deste mundo de um ponto de vista "materialista", na medida em que aquilo que deveria apenas subjazer à existência, ou seja, a matéria, passou a submeter a própria existência a si mesma. No entanto, nesse contexto Marx restringe o processo da vida material, que o filósofo da natureza Schelling concebera ainda em termos universais, à reprodução da vida social.

3. Por fim, Schelling e Marx concordam também em que a corrupção do mundo não deve ser atribuída à natureza e sim ao homem: "Não os deuses, não a natureza, mas o próprio homem pode ser esse poder estranho sobre os homens".[121] E não importa

---

119 Ibid.
120 Ibid., p.93.
121 Ibid., p.107.

se, como faz Schelling, pressupomos uma identidade originária do homem com a natureza ou, como faz Marx, deixamos de lado essa questão – a forma particular do "materialismo" à que está submetida a vida humana tem sua origem, nos dois casos, em um princípio "egoísta". Em Schelling, esse princípio tem um sentido tanto físico como moral na ordem da criação, desorganizada pela obstinação particular do primeiro homem; em Marx, ele adquire um sentido econômico na ordem da propriedade, fixada pela apropriação privada do trabalho social. O "egoísmo" cosmológico de Schelling é decifrado como capitalismo; o modo de falar antropologizante dos *Manuscritos de Paris* retém sua afinidade com as considerações físico-morais do *Freiheitsscrift* [Escrito sobre a liberdade]; ela traduz as categorias metafísicas pelas econômicas. A forma da apropriação privada da produção social obriga a produzir e distribuir os valores de uso sob a lei econômica de uma multiplicação de valores de troca que se tornou um fim em si mesmo. Nesse sentido, a propriedade privada aparece, da mesma maneira que a vontade particular em Schelling, como a cápsula em que estão trancadas as forças essenciais subtraídas ao homem – o "amor". E embora a reprodução da vida social na base da propriedade privada se autonomize inclusive contra a vontade do proprietário privado, ela é determinada pelos motivos do possuidor de mercadorias. Nesse sentido, Marx repete o que a doutrina de Schelling sobre a queda antecipou de maneira mitológica: "A essência alheia, à qual pertencem o trabalho e o produto do trabalho, e a cujo serviço se encontra o trabalho [...] e para cujo desfrute se encontra o produto do trabalho, só pode ser o próprio homem"[122] – e por

---

122 Ibid.

isso só pode ser superada, por seu turno, pelo homem. Tanto para Schelling quanto para Marx, a própria espécie humana é o sujeito autorizado da história, ainda que não tenha poder sobre a história – um "Deus invertido", precisamente.

As consequências para a filosofia da história da ideia de uma contração de Deus geram, consideradas desse modo, alguns momentos em que a construção schellingiana da história e a marxiana coincidem. É comum a ambas a necessidade prática de remeter a corrupção deste mundo a uma origem histórica, por mor da possibilidade teórica de superações praticamente necessárias. Por isso, ambas também concordam no que se poderia chamar de dialética geral da inversão materialista. Schelling a desenvolveu ontologicamente na forma da inversão de uma relação originária entre a existência e a base da existência. Ele faz da inversão reiterada da "base", a restauração da relação originária, o fio condutor de uma interpretação filosófica da história universal. Marx se deixou orientar também pela mesma ideia de uma suplantação do materialismo, que consiste em rebaixar de novo uma matéria falsamente elevada ao próprio ente à base do ente. Ele compartilha inclusive o conceito de matéria formulado por Schelling em termos universais, que concerne em igual medida à natureza e ao historicamente naturalizado. Ambos também denominam "sociedade" em sentido enfático[123] aquele estado da espécie humana em que um dia estará dissolvido o encanto do materialismo, e ambos fazem que ele dependa de a humanidade conseguir libertar a natureza, tanto a natureza do cosmos quanto a natureza dos homens, de sua forma "inorgânica". "A essência humana da natureza

---

123 Schelling, *Werke*, v.5, p.723.

só existe para o homem social; pois só aqui ela existe para ele como vínculo com os homens, como existência para o outro e do outro para ele; só aqui ela existe como fundamento de sua própria existência humana."[124] Marx conclui nessa passagem com aquela frase efusiva, que se lê como se ele escrevesse em termos materialistas a idade do mundo do futuro, antecipada no final das *Stuttgarter Privatvorlesungen*: "assim, a sociedade é a unidade essencial perfeita do homem com a natureza, a verdadeira ressurreição da natureza, o naturalismo implementado do homem e o humanismo implementado da natureza".[125]

Contudo, a dialética geral da inversão materialista obtém seu sentido específico no contexto de uma *Crítica da Economia Política*, em que a matéria não significa tanto a natureza em geral, mas antes a naturalização histórica de um processo de vida material que se autonomizou em relação à própria vida. A matéria, na qualidade de reino da natureza, só pode se tornar o fundamento da existência humana se o reino econômico da necessidade natural é convertido em base de um reino social da liberdade, ou seja, quando

> o homem socializado, os produtores associados, regula racionalmente seu metabolismo com a natureza, colocam-no sob seu controle comunitário, em vez de ser dominado por ele como por um poder cego [...]. Mas permanece sempre um reino da necessidade. Para além deste começa o desenvolvimento das forças humanas, que vale como um fim em si mesmo, o verdadeiro reino da liberdade, *que pode florescer apenas sobre aquele reino da necessidade enquanto sua base.*[126]

---

124 Marx, *Marx-Engels Kleine ökonomische Schriften*, p.129.

125 Ibid., p.116.

126 Marx, *Das Kapital*, v.3, p.873 et seq.

Passando por uma distância enorme, intransponível, se se quiser, Schelling expressou a mesma relação na linguagem misticamente inspirada de Jakob Böhme: "Apenas a ecceidade suplantada, ou seja, que reconduzida da atividade à potencialidade, é o bem, e, segundo a potência, como dominada por ele, permanece também continuamente no bem".[127]

A dificuldade de juntar as duas passagens permanece, embora resulte do contexto das construções de filosofia da história sua correspondência. A dificuldade provém do fato de que Marx extraiu aquela consequência, da qual Schelling se desviou, conferindo à sua filosofia uma outra direção. Se a espécie humana só pode romper o poder do externo sobre o interno ao concorrer externamente com o externo, se só pode prevalecer sobre ele com um esforço que, segundo as próprias palavras de Schelling, se dirige à conservação dos fundamentos externos da vida, então a possibilidade objetiva de uma reversão da inversão materialista pode ser concebida somente a partir do processo de vida material da própria sociedade. Os momentos do existente e da base da existência podem então ser concebidos de uma maneira suficiente em sua relação recíproca, a qual é certamente essencial de um ponto de vista antropológico mas não ontologicamente imutável, ou seja, "fundamentalmente" apenas na dimensão do trabalho social. O fundamento não é então mitologia, mas economia. Os deslocamentos de posição histórico-universais naquela relação, central para transbordar o materialismo, se delineiam pelo grau de maturidade não da consciência "moral" mas das forças "produtivas". Mas para sua análise é mais adequada a dialética de Hegel de uma alienação

---

127 Marx, *Marx-Engels Werke*, v.4, p.292.

Teoria e práxis

[*Entäußerrung*] mediante objetificação do que a dialética de Schelling de uma alienação mediante contração. No quadro retido *desta* dialética, Marx se apropria *daquela*, para relativizá-la historicamente em seu todo ainda *como* dialética. Seja simplesmente um artifício, seja um discernimento profundo, essa é a estrutura desnuda de sua dialética materialista.

A autossuperação materialista da dialética do trabalho – uma recepção de Hegel preparada por Schelling

Hegel desenvolve o conceito de trabalho em sua lógica sob o título de teleologia. Como se sabe, esta é concebida como o resultado da realização de fins subjetivos.[128] Hegel mostra como a atividade teleológica subjetiva tem de se realizar através dos meios empregados por ela e, ao mesmo tempo, se esgotar no próprio processo de mediação. Na passagem célebre, afirma-se:

> Que o fim se refira imediatamente a um objeto, e que este se torne meio, da mesma maneira também que o fim determina um outro objeto por meio deste, isso pode ser considerado uma violência, na medida em que o fim aparece como natureza totalmente diferente do objeto, e na medida em que ambos os objetos são também totalidades autônomas entre si. Mas, que o fim se ponha em relação mediada com o objeto, e que entre ele e o mesmo objeto se introduza um outro objeto, isso pode ser visto como a astúcia da razão. A finitude da racionalidade tem esse aspecto de que o fim se relaciona com o pressuposto, isto é, com a exterioridade do objeto.

---

128 Hegel, *Wissenschaft der Logik*, parte II, p.311 et seq.

Assim, ele põe em relevo um objeto como meio, ele faz que este se esfalfe em seu lugar, abandona-o ao esgotamento e se conserva por trás dele contra o poder mecânico [...]. Nesse sentido, o meio é algo mais elevado do que os fins finitos da atividade externa conforme a fins; – o arado é mais digno de honra do que são imediatamente os usufrutos que são propiciados por ele e que são os fins. A ferramenta se conserva, ao passo que os usufrutos imediatos passam e são esquecidos. O homem possui em suas ferramentas o poder sobre a natureza externa, embora se submeta muito mais a ela de acordo com os seus fins.[129]

O ponto central da dialética do trabalho reside em que os fins subjetivos eram no fim apenas meios para a razão que se tornou objetiva nos meios de produção. Com essa relação, a dialética da objetificação, desenvolvida de início na *Fenomenologia do espírito*, encontra seu valor posicional na lógica; nesse contexto, Hegel, assim Marx o louva, apreendeu a essência do trabalho, concebendo o homem "objetivo" como resultado de seu próprio trabalho. Porém – Marx logo faz a ressalva –, Hegel vê apenas o lado positivo do trabalho, não seu lado negativo.[130] A alienação [*Entäußerung*] do trabalhador em seu produto tem para Marx o *duplo* sentido de que a força de trabalho se torna tanto um objeto e uma existência externa, quanto também passa a existir como alheio e independente, adquirindo um poder autônomo contra ele – "a vida que ele emprestou ao objeto o defronta como hostil e alheia".[131] Marx

---

129 Ibid., p.397 et seq.
130 Marx, *Frühschriften*, p.269.
131 Marx, *Marx-Engels Kleine ökonomische Schriften*, p.99.

reconhece com Hegel uma racionalidade inerente ao trabalho na medida em que o homem faz a mediação de si mesmo com a natureza por meio de suas ferramentas; mas, contra Hegel, ele vê que essa elaboração da natureza se encontra sob o encanto da naturalização, na medida em que a mediação rege aquilo a ser mediado – o arado continua sendo mais digno de honra do que os usufrutos.

Hegel converte, sem hesitar, as categorias obtidas da teleologia do trabalho em determinações do processo da vida orgânica. No processo de vida, a reprodução do natural e da vida social é reduzida ao mesmo denominador – um "puro e infatigável círculo em si mesmo".[132] Em tom polêmico, Marx gira essa ideia contra si mesma. Enquanto a humanidade mantiver sua vida sob a condição de uma dominação do trabalho "morto" sobre o "vivo", isto é, de tal modo que seja subsumida sob seu "metabolismo" com a natureza tal qual um poder alheio, em vez de regulá-lo com consciência; enquanto, no domínio da reprodução da vida social, a atividade subjetiva não se tornar consciente e se apoderar da conformidade a fins objetiva do "fim cumprido" – a sociedade permanecerá pelo mesmo tempo presa na naturalização, e o processo vital será de fato um processo natural. Marx denomina essa história como pré-história da humanidade, visto que ainda não foi rompido o poder materialista dos meios de vida sobre a própria vida, em geral o poder da "base", dos meios sobre os fins, do mais baixo sobre o mais elevado, do externo sobre o interno. Na lógica de Hegel, a passagem da "vida orgânica" à "ideia absoluta" ainda se efetua

---

132 Marx, *Frühschriften*, p.282; sobre isso, cf. Hegel, *Wissenschaft der Logik*, parte II, p.342 et seq.

no horizonte predelineado daquela mesma vida. A passagem, tanto central quanto precária, da moralidade à eticidade apenas repete a dialética do trabalho, na qual a atividade teleológica subjetiva é deixada para trás pela conformidade a fins de seus meios. O sujeito agente tem de conhecer e reconhecer que, nas e por meio das condições institucionalizadas para a realização de seus fins, o bem objetivo já se tornou efetividade; em face desta, os fins pretendidos se reduzem ao meramente subjetivo.[133] No saber absoluto, "a efetividade dada é determinada como o fim absoluto cumprido".[134] Só essa dupla identificação do processo técnico de trabalho com o processo orgânico de vida e do processo de vida, por seu turno, com a vida absoluta da ideia garante o puro e infatigável círculo em si mesmo, a saber, a história da humanidade como história natural, que não conhece redenção alguma, a não ser que seja a redenção da eternidade pela morte imortal.

Schelling quisera fazer justiça à exaltação da história reduzindo a dialética a uma forma de espírito subjetivo, certamente inevitável, mas inadequada para seu objeto histórico. Marx concebe a mesma inevitabilidade *e* a mesma inadequabilidade da dialética recorrendo à constituição materialista do próprio espírito objetivo. Enquanto os homens conservarem sua vida nas formas do trabalho alienado, eles permanecerão encerrados em um círculo que é tão naturalizado quanto a própria natureza, e em que a mediação exerce um poder absoluto sobre aquilo a ser mediado. Nesse ciclo, a alienação ainda conserva o poder sobre o processo de alienação e apropriação, a objetificação

---

133 Hegel, *Wissenschaft der Logik*, parte II, p.481 et seq.
134 Ibid., p.483.

Teoria e práxis

ainda conserva o poder sobre o processo de objetificação e desobjetificação. A lógica dialética é considerada, por isso, o "dinheiro do espírito"; ela mesma vive do contexto de coerção de uma reprodução da vida social materialistamente invertida. No interior dessa dialética, a vida do trabalho alienado aparece como vida única, natural e eterna, e a dialética, como sua verdade:

> Esse movimento em sua forma abstrata como dialética é considerado, por isso, a vida verdadeiramente humana, e, dado que é uma abstração, uma alienação da vida humana, é considerado processo divino, ou o processo divino do homem – um processo que sua própria essência abstrata, distinta dele, pura e absoluta suporta.[135]

No quadro da dialética do ente e de sua base desenvolvida por Schelling, Marx concebe a possibilidade de uma autossuperação dialética da dialética hegeliana, que ele ao mesmo tempo leva a sério e rejeita em termos materialistas. Se o trabalho socialmente necessário pode ser convertido um dia em base de um reino da liberdade, sob o controle dos produtores associados, então também aquelas condições (da atividade teleológica subjetiva constantemente ultrapassada pela conformidade a fins objetiva de seus meios) tem de ser pensada como condições historicamente superáveis. A própria dialética, na qualidade de poder objetivo da mediação sobre os sujeitos finitos a ser mediados, sem começo nem fim e girando dentro de si mesma, perde então sua autocompreensão idealista. Ela se descobre na cadeia de um estado de mundo materialista, o

---

135 Marx, *Frühschriften*, p.282.

qual, por essa razão, não pode superar unicamente por meio do pensar dialético. A própria abordagem crítica brota, já em Schelling e mais ainda em Marx, da necessidade, anterior a toda teoria, de reverter uma inversão experimentada praticamente. Nesse caso, é igualmente prática também a necessidade de uma emancipação da humanidade em relação ao poder da matéria, a necessidade de rebaixá-la à base de um sujeito da história do qual se declara a maioridade, ou seja, de uma sociedade que, como espécie, controla o disponível e respeita o indisponível. No entanto, Marx seria compreendido demasiadamente da perspectiva de Schelling, quando se quer, como tentou Ernst Bloch, ampliar a categoria de *natura naturans*, central para o filósofo da natureza, nos termos do materialismo histórico, a fim de assegurar a suplantação do mundo corrompido, praticamente necessária, com a garantia de uma necessidade teórica.[136] Bloch afirma a matéria como princípio:

> Os idealistas, certamente, de modo algum criaram um campo de investigação concernente à matéria, mas, pelo menos, foram tantas e tão dignas de reflexão as tentativas de determinação que na história do pensamento idealista deram meia-volta diante do seu embaraço, diante da matéria. A tentativa aristotélica de determinação do ser-em-possibilidade é simplesmente a mais importante entre todas; além disso, entre seus sucessores há a tentativa tomista (matéria como princípio de individuação); há a tentativa da criação quase imanente de Averróis (matéria como *natura naturans*); há a tentativa fantástica de Franz von Baader (a matéria como capa

---

136 Cf. meu artigo: Ernst Bloch. Ein marxistischer Schelling, p.147 et seq.

protetora contra o caos que subverte subterraneamente) [...]. Apenas o conhecimento de uma matéria em que a vida e as finalidades humanas não são nada de exterior, mas funções próprias, modos de existência mais qualificados, faz justiça à dialética real [...]. Com isso, torna-se possível que também o homem seja concebido como ser objetivo e material. Ou seja, no interior de um mundo em que há não só lugar, mas antes um lugar supremo para uma consciência verdadeira e crucial, assim como essa consciência, para ser uma consciência verdadeira, é o olho e o órgão da teoria e da práxis da própria matéria.[137]

De fato, Marx também admite "que a vida física e espiritual do homem está ligada à natureza, e isso não tem outro sentido senão que a natureza está ligada a si mesma, pois o homem é uma parte da natureza".[138] Só que, por mais que a natureza possa impelir seu próprio processo de criação através do trabalho humano, do ponto de vista finito de homens que agem teleologicamente, é impossível ter certeza sobre uma identidade de natureza e sociedade, de vida orgânica e processo histórico, fundada na matéria como princípio.[139] O materialismo não é um princípio ontológico, mas a indicação histórica de uma constituição social, sob a qual a humanidade não conseguiu até agora superar o poder do externo sobre o interno, o qual é objeto de experiência prática. Pelo contrário, o materialismo não assegura a atividade teleológica subjetiva de um acordo

---

137 Bloch, *Subjekt-Objekt*, p.415 et seq.

138 Marx, *Marx-Engels Kleine ökonomische Schriften*, p.103.

139 Para uma crítica dos pressupostos do materialismo de Bloch fundados em uma filosofia da identidade, cf. Schmidt, *Der Begriff der Natur in der Lehre von Marx*.

futuro, equilibrando-se *com necessidade*, com a conformidade a fins objetiva de uma natureza conciliadora. Se os *Manuscritos econômico-filosóficos* revelam ainda a intenção de ancorar materialistamente um sentido histórico-universal, ou seja, a intenção de derivar teoricamente a emancipação da sociedade, a ressurreição da natureza e a realização completa de ambas na naturalização do homem e na humanização da natureza a partir de uma dialética inerente ao processo da vida material, por assim dizer nos termos da filosofia da identidade, então o Marx economista determina mais tarde um tal "sentido" apenas negativamente – como uma eliminação praticamente exercida e a ser exercida do "sem sentido" da crise econômica e política, o qual é produzido sempre de novo e em novas formas com o estado de mundo materialista. No entanto, permanece em aberto se o que os homens tem em mente na atividade teleológica com a natureza não permaneceria alheio e externo à natureza mesmo no caso em que uma práxis criticamente orientada deve converter o processo de vida, regulado racionalmente, em base de uma sociedade emancipada – precisamente em "matéria" no sentido da filosofia schellingiana de *As idades do mundo*.

6
Entre filosofia e ciência:
marxismo como crítica

I. A "separação" entre Estado e sociedade, típica na fase liberal do desenvolvimento capitalista, foi suprimida no estágio do capitalismo organizado em razão de um entrelaçamento recíproco. O âmbito do intercâmbio de mercadorias e do trabalho social necessita tanto de uma configuração e de uma administração centralizadas que a sociedade civil, outrora constituída por pessoas privadas segundo regras do livre mercado, tem de já poder ser mediada politicamente em muitos domínios de seus intercâmbios. Mas se ela não se constitui mais de forma autônoma enquanto uma esfera que precede e subjaz ao Estado, então Estado e sociedade não se encontram mais na clássica relação entre superestrutura e base. Um modo de consideração que de início isola metodologicamente as leis econômicas de movimento da sociedade só pode pretender apreender o contexto de vida da sociedade como tal em suas categorias essenciais na medida em que a política for dependente da base econômica, sem que esta, inversamente, fosse concebida em função de conflitos resolvidos com autoconsciência política.[1]

---

1 Schonfield, *Geplanter Kapitalismus.*

2. Além disso, em países de capitalismo avançado, o padrão de vida se elevou tanto, incluindo também amplas camadas da população, que o interesse na emancipação da sociedade não pode mais ser imediatamente articulado em expressões econômicas. A "alienação" perdeu a forma economicamente evidente da miséria. O pauperismo do trabalho alienado encontra seu reflexo mais distante, contudo, no pauperismo de um tempo livre alienado – escorbuto e raquitismo conservam-se nos distúrbios psicossomáticos, fome e sacrifício no vazio do encorajamento alheiamente controlado, na satisfação das necessidades que não são as "suas próprias", conservam sua forma sublimada e não específica de classes. As "frustrações" se tornaram mais furtivas, mas talvez nunca tão corrosivas quanto agora.[2] Do mesmo modo, a dominação, na qualidade de reverso da alienação, atualmente não se exprime mais nas relações de poder concretizadas pelo trabalho assalariado. Na medida em que o *status* tanto econômico quanto político dos "servidores" é assegurado, as relações de dominação pessoal passam a se submeter à coerção anônima do controle indireto – em âmbitos crescentes da vida social, as orientações perdem sua forma de comando e, por via da manipulação técnico-social, são traduzidas de tal modo que aqueles que se mantêm obedientes e são bem integrados podem fazer com consciência de sua liberdade exatamente aquilo que deveriam fazer.

3. Sob essas relações, o portador designado de uma futura revolução socialista, o proletariado, dissolveu-se *enquanto* proletariado. É verdade que a massa da população, avaliada de

---

2 Marcuse, *Eros und Zivilisation*, publicado posteriormente com o título de *Triebstruktur und Gesellschaft*.

acordo com sua posição objetiva no processo de produção, é "proletária"; ela não tem poder algum de disposição real sobre os meios de produção. A esse respeito, também o chamado capitalismo popular não modificou nada; segundo a situação presente da concentração e centralização do capital, um controle, por assim dizer, democrático que adota uma forma apolítica, ou seja, sobre a base persistente da propriedade privada, deve ser avaliado como pouco promissor.[3] Por outro lado, a exclusão da disposição sobre os meios de produção não está mais ligada à privação de compensações sociais (renda, segurança, educação etc.) de modo que essa situação objetiva também tivesse de ser experimentada subjetivamente, de certa maneira, como proletária. Uma consciência de classe, que um dia foi revolucionária, hoje também não é verificada nem nas camadas nucleares da classe trabalhadora.[4] Sob tais condições, toda teoria revolucionária carece de seu destinatário; por isso, os argumentos não podem mais ser transpostos em propagandas. À cabeça da crítica, mesmo que ainda existisse, falta o coração; assim, Marx teria hoje de abandonar a esperança de que também a teoria se transformaria em poder material logo que atingisse as massas. Contudo, a luta de classes contida no âmbito interno nacional se reproduz no âmbito internacional entre os "blocos" capitalista e socialista.

4. A Revolução Russa e o estabelecimento do sistema soviético, finalmente, constituem o fato que mais paralisou a discussão

---

3 Cf. Arendt, *Konzentration in der westdeutschen Wirtschaft*; Huffschmid, *Die Politik des Kapitals, Konzentration und Wirtschaftspolitik in der BRD*; Kolko, *Besitz und Macht, Sozialstruktur und Einkommensverteilung*.

4 Popitz; Bahrdt; Kesting; Jüres, *Das Gesellschaftsbild des Arbeiters*; Kern; Schuman, *Industriearbeit und Arbeiterbewußtsein*.

sistemática do marxismo e com o marxismo. O movimento antifeudalista – desencadeado por um proletariado fraco e levado a cabo por uma massa de campesinos pequeno-burgueses e pré-burgueses –, que, sob o regime de revolucionários profissionais protegidos por Lênin, em outubro de 1917, liquidou a dupla dominação do Parlamento e dos sovietes, não tinha imediatamente quaisquer fins socialistas. Mas ele fundamentou uma dominação de funcionários e de quadros, sob a qual Stálin, uma década depois, com a coletivização da economia agrária, pôde conduzir de maneira burocrática uma revolução socialista a partir de cima. Saindo da guerra contra o fascismo na qualidade de uma potência mundial, o marxismo soviético constrange as potências organizadas sobre uma base capitalista, as quais dominam o mundo ocidental sob sua vigília, a assegurar a estabilidade de seu sistema. O controle obrigatório sobre outros âmbitos sociais produziram, por seu turno, formas de organização da proteção das posições sociais e do equilíbrio das compensações sociais, um tipo de reforma institucional duradoura que parecia tornar possível uma autorregulação do capitalismo em virtude das forças da "autodisciplina"; a palavra-chave para esse desenvolvimento foi cunhada nos EUA: *new capitalism*.[5] Diante disso, a via soviética do socialismo parece se recomendar apenas como um método de industrialização acelerada para países em desenvolvimento, que, longe de ser a realização de uma sociedade verdadeiramente emancipada, em certos momentos reconduziu, na contramão das conquistas

---

5 Cf. a crítica marxista dessas teorias em *Monthly Review*, n.11, assim como em *Periodikum*, v.12. Por outro lado, cf.: Baran; Sweezy, *Monopol capital* (ed. alemã: *Monopolkapital*).

constitucionais do capitalismo, a um terror legal de uma ditadura do proletariado. Certamente, a União Soviética conseguiu aumentar suas forças produtivas a tempo de lhe permitir uma concorrência pacífica pelo melhoramento do padrão de vida sob o *slogan* "alcançar e superar". Por isso, também a estrutura social e o aparelho de dominação são afetados em longo prazo de tal modo que não está excluída uma aproximação entre os dois sistemas pelo viés mediador uma democracia de massas delineada pelo Estado de bem-estar social. Os perigos de uma sociedade que "se sente bem na alienação", ou melhor, no bem-estar estimulado por uma alienação higienicamente perfeccionista cujo aguilhão é recalcado completa e permanentemente da consciência, perigos que se refletem na imagem caricatural das utopias negativas de tipo *"brave new world"*, certamente não seriam eliminados. Contudo, se as antigas utopias da melhor ordem e da paz perpétua, da liberdade suprema e da felicidade plena, subjazem enquanto motivo racional inalienável de uma teoria sempre deturpada em um mito secundário; e se a práxis política sempre tem de se legitimar nesta teoria, porque foi investida uma vez como ideologia do Estado – então podemos refletir cautelosamente com Herbert Marcuse se, ao final, um tal sistema também dispõe de corretivos contra os perigos assinalados.[6] Antes de tudo, é claro que os outros perigos, que diariamente decorrem da situação de tensão de uma guerra civil mundial, selada apenas fragilmente graças ao equilíbrio atômico, são tão esmagadores que dificilmente se arriscariam considerações que apontassem para além da questão preliminar:

---

6 Marcuse, *Soviet Marxism* (ed. alemã: *Die Gesellschaftslehre des sowjetischen Marxismus*).

se e de que maneira afinal a coexistência pacífica dos dois blocos pode ser assegurada.[7]

A discussão com o marxismo – formas típicas de reação

Os quatro fatos descritos tomados em conjunto formam (até a metade da década de 1960) uma barreira intransponível diante de uma recepção teórica do marxismo, especialmente em sua forma cristalizada como visão de mundo do Diamat[*] codificado por Stálin. Também as formas de reação ao marxismo foram marcadas pela força surpreendente desses fatos; também hoje eles ainda são caracterizados pelo poder estabelecido na relação amigo-inimigo entre os partidos de uma luta de classes transposta ao âmbito internacional.[8] Diferenciamos assim uma série de formas típicas de reação.

1. Procura-se transformar a forma política e ideológica do marxismo soviético, sem considerar aquilo que ele mesmo gostaria de ser, em objeto de análises científicas. A essa categoria pertencem, de um lado, investigações louváveis da ciência política sobre o sistema russo-soviético como exemplo de um tipo de dominação totalitária. O fascismo já tinha sido

---

7 Naturalmente, essa perspectiva mudou radicalmente desde 1960, sobretudo em razão do papel exercido pela China e dos movimentos nacionais de libertação do Terceiro Mundo.

* Termo que designa a doutrina do "materialismo dialético". (N. T.)

8 Certamente, a Guerra do Vietnã despertou novamente um sério interesse teórico sobre os problemas do imperialismo e as consequências de uma divisão internacional do trabalho.

Teoria e práxis

tão amplamente estudado por autores marxistas (Franz Neumann) que o nexo formado entre a constelação de interesses econômicos e as instituições políticas permaneceu no campo de visão; contudo, uma análise marxista correspondente do próprio marxismo soviético raramente foi desenvolvida.[9] Esse estreitamento de visão a respeito da estrutura metodologicamente isolada do político se tornou particularmente problemático para um objeto cuja pretensão imanente consiste em, no curso de uma organização racional dos processos sociais de reprodução, transformar substancialmente as relações políticas, isto é, dissolvê-las *enquanto* políticas.

À mesma categoria de análise pertencem, de outro lado, investigações espirituosas das ciências da cultura sobre a ideologia russo-soviética. Paralelamente às tentativas de classificá-las segundo a história da religião como derivação da *gnose* (Vögelin) ou da escatologia judaico-cristã (Löwith), tornou-se bastante usual a dedução histórico-filosófica a partir das especulações do idealismo alemão: de uma apropriação abreviada pelos jovens hegelianos da dialética de Hegel resulta um saber total não demonstrável racionalmente que serve de fundamento para um planejamento total com consequências desumanas. O marxismo é apresentado como secularização seja de uma fé religiosa indissolúvel racionalmente ou de uma fé filosófica. A análise se satisfaz com uma indicação proveitosa de afinidades concernentes à história das ideias, desconsiderando a pretensão imanente dessa teoria de reconhecer as leis de movimento da sociedade.

---

9 Para o caso da Polônia, cf. a recente e excelente investigação marxista de Kuron; Modzelewski, *Monopolkapitalismus*.

Jürgen Habermas

Ademais, no marxismo é exemplificada uma dialética da efusividade que reage às suas próprias intenções. Assim, Carl Schmitt pretendeu demonstrar que, na tentativa de dissolver a política na administração racional, a substância política se vinga de toda tentativa de dissolver a política na administração racional ao aprisionar o início revolucionário exatamente na dominação totalitária que deveria ser eliminada. De maneira análoga, Karl Jaspers pensou que, em toda tentativa de transportar a transcendência – seja ela interpretada de forma mítica, religiosa ou filosófica – para uma ciência total, tal transcendência se vinga ao aprisionar o conceito crítico na ideologia cujos grilhões justamente deveriam ter sido rompidos.

2. Em um outro âmbito, é levada a cabo a discussão teológica e filosófica com o marxismo que se incorpora em suas intenções e às vezes conduz ao limiar de uma recepção parcial. Isso vale principalmente para uma parte da Igreja evangélica e também para a filosofia inspirada no protestantismo. Nesse círculo,[10] duas posições de apropriação são formadas de modo característico: uma sob o aspecto de uma teologia filosófica (Landgrebe) e a outra sob o aspecto da antropologia filosófica (Metzke, Thier, entre outros).

O naturalismo de Marx foi concebido a partir do horizonte de seu humanismo revolucionário e limitado historicamente de modo preciso contra o materialismo metafísico dos epígonos Engels e Kautsky, Lênin e Stálin. A posição de Marx se mede em relação a Hegel. A partir da película da metafísica ocidental, que foi encenada na história do ser com seus cortes epocais caracterizados por Platão, Descartes e Hegel, este último acaba

---

10 Cf. *Marxismusstudien der evangelischen Studiengemeinschaft* (v. 1-4).

Teoria e práxis

figurando a realização feliz-infeliz da consciência moderna, sobretudo também porque, com a elaboração de seu sistema da razão absoluta, teria meramente recaído na esfera de influência que, nos seus escritos teológicos de juventude, ele parecia já ter abandonado com a dialética sabiamente antecipada da razão concebida conforme o amor. Marx retorna, certamente de modo inconsciente, a esse ponto de partida soterrado, a saber, ao problema da vivificação de todas as relações extintas entre homem e natureza e dos homens entre si. Sua dialética da autoalienação é desenvolvida em um campo de ação que surgiu inicialmente porque a dialética enciclopédica da razão não solucionou o problema que o próprio Hegel já tinha desdobrado de forma tão promissora com a crítica à "positividade". Contudo, se a "vivificação" do mundo, e da natureza nele presente, deve ser pensada a partir do conceito de vida, que, tal como nos escritos do jovem Hegel, prospera apenas no solo da revelação cristã, a tentativa ateísta dos escritos do jovem Marx logo perde sua base. A interessante versão de Landgrebe retoma Marx na perspectiva da história do ser formulada pelo Heidegger maduro. Certamente, com essa perspectiva, torna-se um prejuízo que a verdade só possa ser presentificada no modo de uma contemplação do sagrado e não produzida em uma práxis orientada pela crítica; mas nesse prejuízo, que se pode chamar de idealista caso se queira, finalmente se coloca em discussão a pretensão radical do marxismo e a veracidade de sua abordagem, tal como também foram particularmente reintegrados na dimensão da fé e da recordação.[11]

---

11 Uma discussão com a posição de Landgrebe pode ser encontrada em Wellmer, *Kritische Gesellschaftstheorie und Positivismus*, cap. II.

O outro caminho de uma apropriação filosófica é conduzido pela "imagem do homem" no jovem Marx. Este analisa, sobretudo nos *Manuscritos econômico-filosóficos*, as estruturas do trabalho alienado, servindo-se assim de algumas categorias centrais da fenomenologia do espírito de Hegel traduzidas na linguagem da antropologia de Feuerbach. Assim, surge a ilusão de que se tratava da "essência objetiva" do homem, que enquanto ser natural produz primeiramente a si mesmo por intermédio do trabalho. A alienação das forças essenciais e o intercâmbio com a natureza, apropriação das forças essenciais objetivadas, realização do homem, mas também da natureza em sua essência produzida *e*, ao mesmo tempo, liberta mediante a reprodução racional da vida social: essa interconexão pode ser interpretada antropologicamente ou mesmo de um ponto de vista fundamentalmente ontológico como uma estrutura constante. De fato, porém, ela foi desenvolvida como a análise específica de uma situação concreta, vale dizer, da "situação da classe trabalhadora" criada pela dialética entre trabalho assalariado e capital.[12]

Ambas as formas de recepção de Marx encontram seus limites em não querer se livrar dos "pressupostos da filosofia" que a crítica materialista suspende; sua atividade crítica, como se sabe, consiste, inicialmente, em fazer a filosofia reconhecer a pobreza de sua autoconsciência e compreender mais precisamente que não pode mais fundamentar apenas em si sua própria origem nem consumar sua realização por si mesma.

3. Ora, há uma série de estudiosos que rompem esses limites com uma crítica à filosofia na qualidade de filosofia da

---

12 Cf. Hillmann, *Marx und Hegel*.

origem.[13] Eles se apropriam da abordagem de uma filosofia da história com propósito prático e enxergam o mal-entendido de uma interpretação ontológica do marxismo, não importando por qual corrente tenha sido conduzida. Eles sabem que Marx nunca se perguntou pela essência do homem e da sociedade enquanto tal e em momento algum quis saber de que maneira se constitui o sentido do ser, ou melhor, do ser social; algo do tipo: por que existe o ser e o ente e não antes o nada? Em vez disso, pelo aguilhão de uma alienação experimentada de modo evidente, Marx se deixa guiar sempre e tão somente por uma única pergunta inicial: por que existe uma situação social e historicamente determinada sob cuja coerção objetiva eu mesmo tenho de conservar, dispor e conduzir a minha vida? Por que existe exatamente esse modo de ser e não, ao contrário, algum outro?

Contudo, os filósofos e sociólogos, para quem um semelhante interesse condutor do conhecimento ainda está em vigor, não concentram mais o esforço do conceito, da mesma maneira que o próprio Marx, imediatamente na esfera da reprodução da vida social – desde Hilferding, raramente surgiram economistas marxistas de estatura comparável.[14] Em vez disso, eles se ocupam com aqueles fenômenos derivados que Marx tinha atribuído à superestrutura. Desse modo, reflete-se certamente não apenas o fato de que, com o agravamento da situação da guerra civil mundial, também aumentaram as sanções. A esse motivo negativo corresponde positivamente o fato de a crítica da ideologia ganhar em urgência na medida em que as formas

---

13 Adorno, *Zur Metakritik der Erkenntnistheorie*, principalmente a Introdução, p.12 et seq.

14 Cf. adiante minha "Nota bibliográfica".

de alienação estão se refinando. Onde o sistema do capitalismo organizado, sem imobilizar os conflitos econômicos por meio da coerção institucional de um regime de obrigatoriedade, ou sem ter de acabar em uma expansão militar, afirma uma relativa estabilidade em um nível elevado de produção e de emprego, ali também a crítica terá de procurar satisfazer as necessidades que foram recusadas ou deslocadas mais na esfera da "cultura" do que em relação às chamadas *basic needs*. A crítica segue, com isso, apenas as próprias forças repressivas que passaram tendencialmente dos mecanismos econômicos do mercado de trabalho para os mecanismos do mercado do tempo livre nos termos da psicologia social – o consumo manipulado da cultura talvez apenas confirme uma antiga relação de poder em uma nova forma, certamente mais agradável.[15]

Entre os estudiosos mais antigos ainda ligados à tradição marxista, encontramos semelhantes esforços na forma de uma *ortodoxia sigilosa*: as categorias da teoria marxista do valor-trabalho são aplicadas à crítica da cultura sem que sejam demonstradas enquanto tais. Também em um tecido esotérico de reflexões estéticas, localizamos algo do eco há muito suprimido de uma crítica da economia política. Quanto menos esta é trazida à baila, mais seu cânone pode ser tacitamente insinuado de modo inapreensível. Justamente esse caráter inapreensível da insinuação permite colocar cada vez mais em dúvida, no entanto, se afinal ela ainda existe. Um fenômeno complementar ocorre com os mais jovens que, ao se distanciar do fascismo arruinado, puderam confiar na tradição marxista, recorrendo

---

15 Adorno; Horkheimer, *Dialektik der Aufklärung*; Enzensberger, Bewußtseinsindustrie.

historicamente ao Marx original em acentuado contraste com a "história da decadência" do marxismo já elaborada por Engels. Em oposição aos marxistas, eles preferem se chamar de marxólogos e desenvolvem, com roupagem da filosofia da história, investigações altamente diferenciadas especialmente sobre o conceito de ideologia, de dialética materialista e de estratégia revolucionária, um tipo de *ortodoxia flutuante* que não pode se esclarecer sobre o grau de vinculação sistemática, como também aqui permanecem embaraçosamente deixados de lado os problemas da economia política.

4. A essa alternância peculiar entre uma ortodoxia marxista sigilosa e um historicismo marxista amplamente declarado corresponde um tipo de atividade político-científica em que, depois de décadas, a discussão econômica e sociológica especializada com o marxismo simplesmente estagnou: do ponto de vista oficial das ciências positivas, essa discussão é considerada "superada". A economia e a sociologia marxistas quase não se desenvolveram desde a Primeira Guerra Mundial. Apenas um punhado de autores anglo-saxões, dentre os quais Paul. M. Sweezy e Paul Baran nos EUA, Maurice Dobb e seu aluno Ronald L. Meek na Inglaterra, esforçou-se em acompanhar as pesquisas modernas; eles também produziram trabalhos que normalmente ultrapassam o nível de autodidatismo sectário característico para o *métier*.[16]

Na sociologia, esse desenvolvimento poderia ter ocorrido de outra forma porque, em todo caso, ela não foi confrontada com a abordagem sistemática da teoria do valor-trabalho, mas

---

16 Sobre o ressurgimento da discussão na esfera da economia política, cf. adiante minha "Nota bibliográfica".

apenas com determinadas deduções teóricas. Sob os pontos de vista da competência, foi possível à sociologia deixar de lado certas decisões de princípio e tornar fecundos para seu próprio aparato teórico determinados componentes isolados do sistema. Já nos anos de 1920, a teoria das ideologias foi assimilada na forma de uma sociologia do saber (Mannheim). Posteriormente, sobretudo as análises do famoso capítulo 13 do primeiro volume de *O capital* foram incorporadas à sociologia do trabalho (G. Friedmann); e também o componente sociológico nuclear do marxismo, a teoria das classes, ao finalmente se formalizar como doutrina das classes sociais, foi inserida na hoje influente teoria funcional-estruturalista.[17] Todas essas recepções se realizam, no entanto, sob os pressupostos de uma divisão de trabalho nos termos das ciências sociais, os quais foram declarados por Schumpeter (por ocasião de sua própria e obstinada recepção da teoria do desenvolvimento social total do capitalismo para o socialismo):

> Temos então de fazer algo que é bem ofensivo para os crentes [...] O que na maioria das vezes assume como sendo o pior dos males quando se decompõe a obra de Marx em pedaços e a discute ordenadamente. Eles diriam que essa ação enquanto tal demonstra a incapacidade do burguês de conceber a riqueza do todo, cujas partes essenciais se complementam e explicam reciprocamente, de modo que não se pode mais reconhecer o significado correto assim que se considera alguma parte ou algum dos aspectos por si mesmos. A nós, entretanto, não nos resta outra escolha.[18]

---

17 Bendix; Lipset (Orgs.), *Class, Status, Power.*

18 Schumpeter, *Kapitalismus, Sozialismus und Demokratie*, p.17 et seq.

Teoria e práxis

No entanto, Schumpeter não poderia – pois isso também só seria possível com a alusão à atividade científica então institucionalizada – fundamentar a razão porque não teria outra alternativa senão departamentalizar a teoria marxista em duas disciplinas científicas e duas extracientíficas. Ele investiga cada um dos elementos econômicos e sociológicos, separando-os cuidadosamente do referencial "filosófico" e do propósito de uma influência político-pedagógica sobre o leitor. Com isso, três coisas são extraídas de saída da consideração racional: a saber, a integração passada dos aspectos econômicos e sociológicos, analiticamente separados, na unidade do objeto, vale dizer, da sociedade como totalidade; além disso, a concepção dialética da sociedade como um processo histórico que, em conflito com as tendências identificáveis, faz com que uma situação surja da outra; e, finalmente, uma relação entre teoria e práxis que o marxismo incorpora explicitamente na reflexão, porque sua estrutura em termos da teoria da ciência corresponde a uma filosofia da história com propósitos políticos. Com a eliminação desses três momentos constitutivos para a problemática marxista, o marxismo é reduzido à "pura" ciência tal qual antes tinha sido à "pura" filosofia. Se, de acordo com o uso da linguagem explicado no positivismo lógico, enunciados científicos só podem ser obtidos a partir de sistemas hipoteticamente dedutivos, sistemas cujas deduções podem ser empiricamente comprovadas ou falsificadas mediante proposições básicas, então a doutrina marxista, segundo sua própria pretensão, não pode se subsumir totalmente à ciência. Ela certamente pretende submeter seus discernimentos ao controle de enunciados científicos daquele tipo; mas para conceber a sociedade como totalidade que se forma historicamente para os fins de uma maiêutica crítica da práxis política, é necessário ainda, e de antemão, a racionalização de tais passos, que, caso contrário, seriam entregues à pragmática do entendimento humano saudável e à irracionalidade de seus prejuízos. A racionalização desses passos não deve ser realizada com o cálculo e com os experimentos da ciência objetivadora. A ciência deve ser empregada ao mesmo tempo enquanto uma instância falsificadora. Se levarmos a sério de início essa pretensão, então de fato se torna plausível aquilo que Schumpeter ironicamente descuidou: que um isolamento de "partes elementares" do marxismo segundo pontos de vista da divisão de trabalho das ciências sociais retém apenas os *disjecta membra* que são arrancados da compreensão dialética de sentido de uma teoria da sociedade entendida como totalidade e relacionada à práxis.[19]

A dissolução positivista da pretendida unidade entre teoria e práxis

No conceito de sociedade como uma totalidade social, Marx pôde ainda reunir o que mais tarde foi decomposto nos objetos de ramos específicos das disciplinas particulares das ciências sociais. A promessa consoladora de uma "síntese" *post festum* não pode restaurar o que tem se perdido hoje nos ramos da economia, sociologia, ciência política e direito: o contexto de vida social enquanto tal. Na época de Lorenz von Stein, a

---

19 Cf., sobre isso e o que se segue, minha concepção modificada em *Zur Logik der Sozialwissenschaften*; e *Erkenntnis und Interesse*, assim como a Introdução a este volume.

Teoria e práxis

totalidade das ciências sociais ainda mantinha esse contexto em vista – portanto, não se trata de privilégio do marxismo.

Certamente, apenas com base em sua divisão do trabalho, entretanto, as ciências sociais podem obter o presumido progresso no conhecimento que deve conduzi-las, em algumas de suas disciplinas, ao patamar das ciências naturais. Contudo, esse progresso cobra um preço muito menor das ciências da natureza do que das ciências da sociedade; especialmente então quando já não são mais conscientes dele. Gostaríamos de fazer presente em alguns exemplos, como uma ciência, no nosso caso a sociologia moderna, precisa limitar ainda mais seu campo de conhecimento possível quanto mais submete em detalhe seu conhecimento a critérios estritos.

1. A sociologia considera hoje os homens como portadores de papéis sociais. Com a introdução operacional dessa categoria, ela torna domínios do comportamento social acessíveis para uma análise exata. Na medida em que o "papel", definido como expectativa de comportamento de um grupo de referência, apresenta uma grandeza histórica, sua variação no curso da história de desenvolvimento da humanidade tem permanecido fechada à investigação sociológica. Diante desses obstáculos se encontram também teorias dinâmicas que procuram fazer justiça tanto ao caráter processual do acontecer social quanto a seus conflitos. Nessa medida, de modo algum elas procedem historicamente. Apenas em um estágio avançado da sociedade industrial, com aquilo que Max Weber chamou de racionalização de suas relações, a interdependência funcional das instituições cresceu a ponto de os sujeitos, exigidos por seu turno por uma multiplicidade crescente e variada de funções sociais, poderem ser interpretados enquanto os pontos de intersecção existentes

de obrigações sociais. A multiplicação, a autonomização e a conversão acelerada de padrões de comportamento separados oferecem inicialmente aos "papéis" uma existência quase coisal com relação às pessoas que se "exteriorizam" nesses papéis e nessa exteriorização tornada consciente desenvolvem a pretensão à interioridade – tal qual mostra a história da consciência burguesa, especialmente durante o século XX. Marx estava convencido de que a reificação dos modos de comportamento poderia remeter à expansão das relações de troca, em último caso, ao modo de produção capitalista. Podemos deixar essa questão em suspenso; o certo é que os ganhos analíticos da categoria "papel" não são independentes do estágio de desenvolvimento da sociedade, nos termos em que as relações permitem afirmar de início. Contudo, se tal categoria, ao ser aplicada exclusivamente às relações sociais, se generaliza em uma categoria da história universal, então a análise dos papéis, com sua dependência histórica, precisa ignorar o desenvolvimento social na qualidade de processo histórico em seu conjunto – como se fosse totalmente externo aos indivíduos se estão subordinados a alguns poucos papéis naturais, tais como os servos medievais, ou, tal como os empregados em uma civilização industrialmente avançada, se estão subsumidos aos papéis múltiplos, que mudam rapidamente e são, de certo modo, dissociados. Nessa dimensão de desenvolvimento, cresce, com a oportunidade de poder se relacionar aos papéis enquanto tais, tanto a liberdade no âmbito da margem de ação concernente à disposição de assumir e mudar os papéis, quanto também uma nova espécie de servidão, na medida em que alguém se vê submetido aos papéis ditados exteriormente; talvez, quanto mais profundamente os papéis precisam ser internalizados, mais exteriores se tornam.

Teoria e práxis

Uma sociologia comprometida com a análise dos papéis saltará essa dimensão e, com isso, é obrigada a reduzir o desenvolvimento histórico à metamorfose social de relações fundamentais sempre iguais. Os papéis enquanto tais são constantemente postos em sua constelação com os portadores de papéis como se o contexto de vida social fosse externo à vida dos próprios homens do mesmo modo que Kant o apresentou na relação do caráter empírico com o inteligível.[20]

2. Entretanto, a sociologia paga pelo progresso do conhecimento o preço de uma cegueira metodológica diante do caráter histórico da sociedade; ao mesmo tempo, com sua restrição metodológica diante das consequências práticas de seu próprio fazer, ela precisa antes aceitar a limitação que distorce a visão que tem não sobre o objeto, mas sobre si mesma. Também isso pode ser demonstrado no mesmo exemplo. Uma separação estrita da construção científica do portador de papéis em relação à dimensão da decisão moral perante o homem real, tal como foi formulada em analogia com a distinção de Kant entre o âmbito fenomenal e o noumenal, também deve ajudar a esclarecer a situação de conflito em que o sociólogo se coloca na medida em que é cientista e político em uma única pessoa. Segundo a conhecida dissolução do conflito de juízos de valor, ele tem de separar rigorosamente os dois: de um lado, as respostas às questões técnicas que ele averiguou nos termos de teorias empíricas ao observar problemas explicativos; e, de outro, aquelas respostas às questões éticas e políticas obtidas por meios tradicionais e filosóficos ao observar

---

20 Sobre uma revisão da teoria convencional dos papéis que reforça essas ideias, cf. entretanto Krappmann, *Soziologische Dimensionen der Identität*; cf. também Popitz, *Der Begriff der sozialen Rolle*; Dreitzel, *Die gesellschaftlischen Leiden und das Leiden an der Gesellschaft.*

problemas normativos. Hoje, contudo, a sociologia está se tornando, em grande medida, uma ciência aplicada a serviço da administração. A transposição técnica dos resultados das pesquisas não se aplica novamente aos esquemas analíticos, mas antes à própria realidade social que já foi esquematizada. Por essa razão, aquele isolamento permanece sendo uma ficção. Considerando as consequências político-sociais, o sociólogo, por todo estranhamento que o objeto exige do ponto de vista metodológico, precisa lidar sempre com os homens reais, com o contexto vital da sociedade.

A referência da teoria dos papéis à atividade do sociólogo traz à tona em primeiro lugar sua problemática fundamental: como a mediação entre a construção do fenômeno, de um lado, e a existência social, de outro, ainda pode ser acolhida na própria reflexão; como a relação entre teoria e práxis pode ser teoricamente alcançada, de que modo seria possível enxergá-la de antemão? Com base na liberdade axiológica, tentou-se fazer justiça a esse problema postulando que os sociólogos deveriam escolher suas questões sob o ponto de vista da relevância para a liberdade dos indivíduos:

> Não há perigo algum para a pureza do agir científico quando o sociólogo prefere aquelas teorias passíveis de serem comprovadas que levam em conta o direito e a plenitude dos indivíduos. De um ponto de vista metodológico, é completamente insuspeito que, na análise científica da sociedade, não percamos de vista a ideia de que uma possível aplicação dos resultados esteja voltada para o proveito e o bem-estar de indivíduos livres.[21]

---

21 Dahrendorf, Homo Sociologicus, *Kölner Zeitschrift für Soziologie und Sozialpsychologie*; id., Sozialwissenschaft und Werturteil, p.27 et seq.

Contudo, de que maneira esses fins determinados podem ser racionalmente comprovados em situações concretas? Além disso, os interesses condutores do conhecimento são decisivos apenas para a seleção dos problemas ou desempenham um papel também na escolha das categorias sistemáticas fundamentais? Na construção sociológica dos caracteres empíricos, não se insere necessariamente também sempre uma pré-compreensão do caráter inteligível, no mesmo sentido em que essa distinção kantiana foi dialeticamente atingida pela crítica de Hegel? Este último mostrou a Kant corretamente que também ele, a partir de seu conceito funcional de verdade (caracterizado pelas condições transcendentais de possibilidade do conhecimento), não pode saltar completamente o momento substancial da verdade, que também ele precisa pressupor uma correspondência prévia entre razão e natureza, sujeito e objeto.[22] Marx, contudo, retira dessa relação dialética a base ideológica. O automovimento do espírito, em que sujeito e objeto são entrelaçados e se entrelaçam reciprocamente, é interpretado por Marx como a autoprodução dos homens mediante o trabalho social. O homem não traz consigo originalmente a "unidade de sujeito e objeto", seja como espírito ou como essência natural; apenas no intercâmbio com a natureza mediado pelo trabalho, durante um processo recíproco de formação, tal unidade é produzida do ponto de vista prático. Toda experiência possível está retida no horizonte dessa práxis e, desde seu fundamento, é sempre também uma experiência interessada.

Certamente, a unidade dada na experiência interessada entre sujeito e objeto é formalizada pela separação, produzida

---

22 Kant, *Kritik der reinen Vernunft*, A, p.651.

metodologicamente pelas ciências, entre sujeito e objeto, mas nunca absolutamente suspendida. Os tipos de experiência e os graus de sua cientificidade distinguem-se apenas na medida em que o vínculo entre os interesses pode ser formalizado. Pois o interesse em tornar disponíveis processos reais, contudo, é em grande medida algo formalizável: ele é fundamental e, em quase todas as condições históricas e sociais, virulento. Além disso, na medida em que de fato conduz de início à dominação da natureza, o interesse é confirmado de forma retrospectiva pela obtenção do sucesso e, assim, é estabilizado mediante um processo circular. Com isso, tal interesse se torna tão evidente que, ao investir antes de mais nada no princípio do conhecimento, "desaparece". Do mesmo modo, ele se torna problemático no domínio das ciências sociais. O que acontece com a "própria" natureza, na medida em que esta se torna disponível por meio do acesso do aparato categorial das ciências (física) assim como do aparato das ciências aplicadas (técnica), é algo que não experimentamos, e também não precisamos experimentá-lo uma vez que não estamos "praticamente" interessados no "destino" da natureza enquanto tal. Mas certamente nos interessamos pelo destino da sociedade. Pois se no ato de conhecer também nos colocamos (ficticiamente) fora do contexto de vida social e diante dele, mesmo assim, no ato de conhecimento que reúne ao mesmo tempo sujeito e objeto, pertencemos a ele como uma parte. O interesse na disposição sobre a sociedade, investido de início somente na abordagem cognitiva de teorias científicas, interfere em um interesse simultâneo pela sociedade "em si". Por isso, uma pré-compreensão da totalidade social proveniente da experiência interessada sempre se imiscui nos conceitos fundamentais do sistema teórico.

Teoria e práxis

Mas se as experiências socialmente situadas interferem sempre necessariamente no princípio do conhecimento rigorosamente científico, então os interesses que orientam o conhecimento têm de ser colocados sob controle e se legitimar como interesse objetivo caso não queiram interromper arbitrariamente o processo de racionalização. Não importa, por exemplo, se a teoria da integração (a partir da experiência da insegurança das crises sociais) entendesse o sistema social como uma estrutura de ordem equilibrada e duradoura, ou se a teoria do conflito (a partir de uma segurança enganosa produzida por uma integração política coercitiva) entendesse o mesmo sistema como uma liga de dominação sempre aberta às oposições internas e mantida em fluxo – a escolha das categorias fundamentais sempre é penetrada por uma interpretação que antecipa a imagem da sociedade em seu todo. Trata-se de uma pré-compreensão característica de como a sociedade na qualidade de totalidade ao mesmo tempo é e deve ser – a experiência interessada em situações vividas recusa tanto a separação entre "ser" e "dever ser" assim como se opõe àqueles que decompõem a sociedade em fatos, de um lado, e normas, de outro.

A interpretação dialética concebe o sujeito cognitivo a partir dos contextos de práxis social, isto é, a partir de sua posição tanto no processo de trabalho social como também no processo de esclarecimento das forças políticas sobre seus próprios fins. Essa dupla reflexão é caracterizada, segundo Horkheimer, pela distinção entre "teoria crítica" e "teoria tradicional":

A representação tradicional da teoria é abstraída da empresa científica tal como esta é produzida no interior da divisão do trabalho em um estágio dado. Ela corresponde à atividade

373

do cientista tal como é executada ao lado de todas as demais atividades na sociedade, sem que a conexão entre as atividades individuais se torne imediatamente visível. Nessa representação, portanto, não aparece a função social real da ciência, não aparece o que a teoria significa na existência humana, mas apenas o que significa na esfera isolada onde é produzida sob condições históricas [...] Enquanto o especialista como cientista vê a realidade social junto com seus produtos como algo exterior e enquanto cidadão mostra seu interesse por tal realidade mediante artigos políticos, filiação a partidos ou organizações beneficentes e participação nas eleições, sem saber como uni-los e sem unir também alguns outros modos de comportamento de sua pessoa sem que isso seja fortemente influenciado por uma interpretação psicológica; o pensamento crítico é motivado pela tentativa de ultrapassar realmente essa tensão, de superar a oposição entre a consciência dos objetivos, a espontaneidade e a racionalidade inerente aos indivíduos e as relações do processo de trabalho que são fundamentais para a sociedade.[23]

Para Marx, o problema de uma tal autoconsciência "materialista" da crítica não derivou das dificuldades imanentes das ciências positivas, mas por consideração das consequências políticas da filosofia contemporânea – e por sua falta de consequências. Naquele tempo, as ciências sociais jamais alcançaram um estágio que tivesse lhes permitido oferecer à teoria dialética o espelho de seu gene, antes resguardado da falência da filosofia.[24] Os questionamentos da economia do século XVIII e do início do

---

23 Horkheimer, Traditionelle und kritische Theorie, *Zeitschrift für Sozialforschung*, p.253, 264.

24 Cf. Topitsch, *Sozialphilosophie zwischen Ideologie und Wissenschaft*.

século XIX foram tão influenciados pela substância filosófica que a Crítica da Economia Política pôde permanecer sobre seu próprio solo científico para a partir dali proceder contra a falsa pretensão científica da filosofia. A experiência fenomenológica do espírito deveria conduzir sua autocompreensão ideológica por meio da experiência crítica do contexto de vida social, e a filosofia deveria ser ultrapassada *enquanto* filosofia. Hoje, ao contrário, as ciências positivas e a filosofia de então convergem naqueles momentos "idealistas" em que no geral a teoria tradicional se diferencia da crítica.[25] Esta última mantém uma posição peculiar entre a filosofia e o positivismo na medida em que conduz um autoesclarecimento crítico do positivismo à mesma dimensão em que Marx chegou, por assim dizer, pelo lado oposto.

Crítica e crise: origem mitológica e estrutura científica de uma filosofia da história empírica com propósito prático

Com sua posição "entre" a filosofia e a ciência positiva, a teoria marxista acaba se mostrando de um modo meramente formal. Mas com isso, nada ainda foi estipulado em relação ao próprio tipo peculiar de teoria científica que ela representa. Nós queremos nos certificar com precisão de sua estrutura como uma filosofia da história projetada explicitamente com propósitos práticos, ainda que seja cientificamente falseável, sem hesitar em utilizar a chance ofertada por aqueles que nasceram antes de nós: compreender Marx melhor do que ele próprio se compreendeu.

---

25 Cf. minha aula inaugural: Erkenntnis und Interesse.

Marx deu à sua teoria o nome de crítica – um nome discreto se entendermos Crítica da Economia Política como a realização daquele empreendimento que se iniciou com a crítica filológica dos humanistas, desenvolveu-se na crítica estética dos literatos e finalmente pôde ser concebido na crítica teórica e prática dos filósofos *enquanto* crítica. Nessa época, crítica se tornou sinônimo de razão, descrevendo o bom gosto e o juízo sutil, é o *medium* para a averiguação de como pode haver uma correta confluência entre leis da natureza e justiça, tanto quanto é a energia que estimula e incita o raciocínio, e que por fim se volta contra si mesma. *"Les Philosophes"* [Os filósofos] – é assim que são nomeados aqueles que participam do grande empreendimento, e com orgulho também Kant foi nomeado um filósofo no sentido prático-pedagógico de um "professor de direito livre". Diante disso, causou estranheza quando Marx concebeu sua crítica não mais na forma da filosofia, mas antes enquanto sua superação. Depois de certas alusões feitas já por Rousseau, apenas no século XIX a crítica volta a assumir explicitamente a referência à crise, pois ambas procedem, não apenas do ponto de vista etimológico, da mesma raiz.[26]

1. No uso da língua grega, o juízo crítico estava subordinado à crise em virtude do conflito jurídico que instava por uma decisão, a própria crítica era um momento no contexto objetivo da crise. No latim, a palavra foi limitada à linguagem da medicina. O Evangelho de João transfere finalmente a crise para o processo de separação entre os bons e os maus nos termos de uma história do sagrado. A decisão crítica entre

---

26 No que se segue, apoio-me nas indicações histórico-conceituais de Koselleck, *Kritik und Krise*, p.189 et seq., nota 155.

Teoria e práxis

condenação e absolvição chega com isso à dimensão da perdição e da salvação, antecipação teológica de categorias em que então o século XVIII aprendeu a projetar a filosofia da história. Quando, nessa época, a crítica assumiu finalmente uma forma científica, ela se emancipou não apenas da esfera de aplicação de disciplinas pragmáticas tais quais o direito e a medicina, mas também do contexto objetivo da crise ainda preso à história do sagrado – a crítica se tornou uma faculdade subjetiva. Também na disciplina que se dispõe a submeter o desenvolvimento histórico-universal da humanidade à crítica, isto é, também na filosofia da história, a crítica não se compreende mais em correspondência com a crise. O processo civilizador não serve a título de processo autocrítico, no melhor dos casos, somente como um processo do progresso em direção à crítica.

O material da história universal, considerado primeiramente da perspectiva da sociedade burguesa que estava se configurando, parece colocar tão poucos obstáculos no caminho da meta da emancipação diante das relações feudais naturalizadas que à crítica parecia suficiente para dissolver teoricamente o que na prática há muito tempo tinha sido concebido como algo em processo de dissolução: a separação entre o novo e o velho, entre as liberdades civis e os vínculos estamentais, entre o modo de produção capitalista e as relações feudais de produção foi levada a cabo então por impulsos tão poderosos que esse processo não deveria ser concebido como uma crise. Uma decisão crítica sobre as consequências incertas, evidentemente ambíguas, não parecia ser necessária. Condorcet e seus contemporâneos não compreenderam a história na forma de uma separação de forças ambivalentes, mas sim como progresso linear, e de fato poderiam compreendê-la desse modo. Essa consciência sofreu um primeiro choque registrado por Voltaire, Lessing e Goethe em razão de um terremoto, um acontecimento da natureza. Mas apenas quando tais acontecimentos naturais brotaram da própria sociedade industrial, quando as dores do parto do capitalismo industrial fizeram esquecer o abalo sísmico de Lisboa, ou seja, com a crise econômica do século XIX, apenas então a crise na qualidade de um contexto objetivo foi confrontada outra vez com a crítica subjetiva, embora agora a partir da história. A consciência escatológica da crise se tornou a consciência histórica de si mesma.

A crítica é posta em curso por conta do interesse prático em uma decisão do processo de crises voltada para o melhor. Por conseguinte, ela não pode ser teoricamente fundamentada a partir de si mesma. Justamente porque o contexto das crises universalizado mundialmente na forma da crise não deixa fora de si nenhuma localização transmundana de conhecimento puro; porque o juiz, ao contrário, está tão enredado nesse conflito jurídico quanto o médico é atingido por essa própria doença, a crítica se torna consciente de seu envolvimento peculiar com o objeto criticado por ela. Em vista da aspereza do contexto objetivo que a crítica, ainda que inserida nele, reflete enquanto totalidade e que precisamente por isso quer empurrar até a consumação da crise, todos os esforços, contudo, que, para além da crítica, não intervenham na crise com os próprios meios da crise, a saber, de um ponto de vista prático, estão condenados à ausência de consequências — *nemo contra Deum nisi Deus ipse.** Visto que a crise que se alastrou para a história universal excede toda crítica meramente subjetiva, a

---

* Trad.: "Contra Deus só o próprio Deus". (N. E.)

decisão se desloca para a práxis de tal modo que apenas com o sucesso dessa práxis a própria crítica pode vir a ser verdadeira.

2. Em determinadas tradições, sobretudo na tradição da mística judaica e protestante (com Isaak Luria e Jakob Böhme enquanto seus representantes), o peso do problema radicalizado da teodiceia pressiona em direção a uma versão gnosticamente inspirada da história sagrada, a saber, àquela concepção notável da teogonia e da cosmogonia, de acordo com a qual o Deus da origem, muito puro e brincalhão, vem a ser fora de si mesmo, mas não na medida em que ele se coloca fora, se expressa, se aliena e se exterioriza, mas antes porque se exila em si mesmo, encapsulando-se de forma egoísta e, por assim dizer, emigra para a obscuridade de seu próprio abismo sem fundamento e na autoelevação suprema se torna o seu outro — natureza, entenda--se: natureza em Deus. Em razão desse entrelaçamento em si mesmo, uma autodestronização originária, Deus se renuncia e se perde a tal ponto que, ao final de seu processo de restituição tão plenamente martirizante do ponto de vista da criatura, Adão pode destituí-lo de seu trono uma segunda vez. Sob a mística pressão à repetição, o homem, abandonado na história com a obra de sua redenção, deve empregar suas próprias forças para realizar, ao mesmo tempo, a redenção da natureza, inclusive a redenção do Deus decaído: um Cristo no prometeico papel de Lúcifer. Nele, Deus, pois não deixou de sê-lo, perde, contudo, sua divindade em sentido estrito. Ele se entregou completamente ao risco de uma catástrofe irreparável; apenas pagando esse preço ele inaugura o processo universal enquanto história.[27]

---

27 Sobre a conexão da dialética e da mística de um ponto de vista da história do espírito, cf. Topitsch, Marxismus und Gnosis, p.235 et seq.

Deixaremos de lado a origem desse refinado mito, mencionando-o apenas porque Hegel obtém, a partir da metáfora dialética da autodegradação divina, um procedimento de cálculo metafísico com a ajuda do qual pode calcular do início ao fim a história universal como um contexto de crise. Em cada estágio de desenvolvimento, o mal, o adverso, o aniquilador, desenvolve uma dureza peculiar, uma tenacidade e poder, e o negativo, ou seja, a própria negação, adquire uma positividade tal que apenas Deus é capaz de realizar enquanto algo contrário ao divino. A saída da crise certamente pode ser recolocada seriamente em questão em cada fase se as forças que se dividiram têm uma origem primária igual, se possuem a mesma hierarquia quando entram em conflito e se são, em uma expressão de Schelling, "equipolentes". A autoentrega sem reserva de Deus na história torna perfeito o contexto de crise como totalidade. Não obstante, uma transcendência no interior da imanência permanece possível porque o Deus perdido foi, ao menos uma vez, Deus, antecipando assim isso que resta dele à medida que é sepultado na história presente: na crise, ele antecede a crise; é aquele que de início é estranho, mas retorna a si, que vai ao seu próprio encontro e torna a se reconhecer. Assim Hegel racionaliza na forma da crise o esquema místico para a lógica dialética da história universal, cujo curso flexível é, na verdade, o curso da própria dialética flexível. Mas o Deus que libertou a si mesmo no espírito absoluto por intermédio dos homens sabe no final que ele desde o início já sabia de tudo e ainda permanecera *na* história como o senhor que exerce seu domínio *sobre* ela. Com a ciência da lógica, a filosofia desnaturaliza o tema, emprestado do mito, do Deus ateísta que morreu para se tornar história e se expõe de modo verdadeiro ao risco de nascer historicamente

Teoria e práxis

pelas mãos dos homens, nascimento que, por esse motivo, também não deve ser um mero *re*nascimento.

Essa filosofia do mundo na forma da crise manteve em sua dialética tanto da substância contemplativa do mítico que não foi concebida como submetida e entregue à crise; a filosofia se compreende, ao contrário, como sua solução. O Deus filosófico que, apesar de toda aparência, não se abandona completamente na história, é recuperado na reflexão filosófica do espírito absoluto, reflexão que, sem ser impedida pela crise e procurando sobrepô-la, também não precisa por essa razão concebê-la na forma da crítica, enquanto a sentença em um combate de vida e morte – enquanto prólogo da vida que tem de poder ser afirmada mediante a própria vida. Em vez disso, a filosofia se configura em totalidade própria, não é crítica, mas síntese.

É exatamente isso que Marx, já em sua *Dissertação*, aponta no sistema hegeliano ao afirmar que "a filosofia se isolou em um mundo acabado, total". Diante dela, como contraprova existente da solução por ela pretendida, está a falta de solução do mundo cindido enquanto outra totalidade, uma relação em que

> o sistema se rebaixou à totalidade abstrata [...] Entusiasmado com o impulso para se realizar, ele entra em tensão com o outro [...] Deste modo, resulta a consequência de que o vir-a-ser filosófico do mundo é ao mesmo tempo um vir-a-ser da filosofia, do qual sua realização é ao mesmo tempo sua perda.[28]

No entanto, uma tal crítica ainda pressupõe a lógica dessa filosofia, precisamente a dialética de Hegel. Como se sabe,

---

28 Marx, *Frühschriften*, p.17.

Lênin recomendava para o estudo de *O capital* a leitura da *Lógica*. Além disso, a pressuposição da lógica hegeliana no marxismo é um tópico amplo da nova crítica marxista. De fato, Marx faz referência sistematicamente às categorias do espírito objetivo; ele supõe a ideia da eticidade como o conceito de sociedade enquanto totalidade, de tal forma que sua própria realidade pode ser medida nele e ser reconhecida enquanto a relação aética de um mundo cindido. A sociologia marxista demonstra que o espírito objetivo, na qualidade de imagem enganosa da reconciliação antecipada, só pode ser alcançado pelo caminho da negação determinada e a partir das contradições existentes da sociedade estabelecida; mas precisamente: na negação determinada. Apenas quando a dialética já foi insinuada como uma dialética das próprias relações sociais, estas passam a ser conhecidas. Por que Marx "pode" fazer isso? De que maneira pode justificar sua suposição sem uma adoção oculta dos pressupostos idealistas explicitamente recusados? O interesse inicial na resolução da crise, pelo qual se deixa guiar o conhecimento crítico, é de início apenas uma forma de "espírito subjetivo". A experiência urgente de um mal e o apaixonado impulso por evitá-lo, Hegel denomina um "sentimento prático" da "inadequação do ser em relação ao dever ser".[29] Por isso, Marx precisa demonstrar que seu interesse prático é um interesse objetivo — o enraizamento de seu impulso crítico nas tendências objetivas da própria crise. E porque esta se manifesta na crise econômica, Marx procura fazer essa demonstração pelo caminho de uma análise do trabalho social, precisamente aquele trabalho alienado sob as condições da propriedade privada dos meios de

---

29 Hegel, *Heidelberger Enzyklopädie*, §391, p.275.

produção no decorrer da primeira fase da industrialização. Em nosso contexto, é importante principalmente o fato de que Marx começa a análise sem o pressuposto da lógica hegeliana. Apenas no decorrer de sua realização descobre na relação entre trabalho assalariado e capital o domínio peculiar do trabalho morto sobre o trabalho vivo, que pode ser decifrado do ponto de vista materialista na qualidade de "núcleo racional" da dialética idealista. Marx sintetiza essa ideia em uma frase dos *Manuscritos econômico-filosóficos* que se tornou conhecida: a grandeza da fenomenologia do espírito é que

> Hegel apreende a autoprodução dos homens na forma de um processo, a objetivação enquanto desobjetivação, enquanto alienação e superação dessa alienação; assim, portanto, apreende a essência do trabalho e concebe o homem objetivado, homem verdadeiro porque real, como resultado de seu próprio trabalho.

Marx leva até o limite o motivo daquele Deus que, embora já despido de sua forma mitológica na dialética de Hegel, mas ainda disfarçado pela autocompreensão idealista da filosofia, degrada-se e se reclui em si mesmo: a humanidade se faz no esforço múltiplo de preservar a vida por intermédio de seu próprio trabalho, convertendo-se em autora de seu desenvolvimento histórico, sem se saber, no entanto, como seu sujeito. A experiência do trabalho alienado é a verificação materialista da empiria dialética: que os homens, naquilo que os compete, são fixados nos produtos de sua própria história; que eles, nas forças que se condensam sobre suas cabeças, encontram seus próprios feitos e na apropriação dos objetos simplesmente recuperam a objetivação de suas próprias forças essenciais.

Mas se o campo do trabalho social pode ser identificado como a base de experiência da dialética da história, então não tem lugar a garantia, ainda conservada na versão idealista, de que a humanidade, em qualquer estágio que seja, experimente racionalmente ao final também a si mesma – e de fato suprima a alienação. Resta incerto se justamente do contexto objetivo de crise procede não apenas um discernimento crítico sobre a dialética do trabalho alienado, mas também a condução até a efetividade prática. O tema central do mito do Deus ateu, que a dialética idealista de Hegel havia corrompido, viu sua razão de ser restituída pela dialética materialista na medida em que esta torna verdadeiro o ateísmo e reconhece que a humanidade apenas cifrou na imagem de Deus a suspeita de seu próprio poder sobre a história, embora esta sempre lhe escape. O Deus que na verdade se tornou histórico não apenas não pode mais ser um Deus, mas também jamais o seria. A humanidade está abandonada com a obra de sua redenção; e, apenas porque não se libertou do estágio da minoridade, é preciso lhe apresentar a título de redenção o que, no entanto, apenas ela pode produzir racionalmente pelo caminho de sua autoprodução. Somente a partir desse pano de fundo se torna compreensível o efeito, hoje em dia tão dificilmente passível de ser reconstruído, que a crítica não exatamente profunda de Feuerbach à religião também exerceu sobre Marx e Engels.[30]

3. Marx concebe o contexto das crises de forma materialista a partir da dialética do trabalho social. Suas categorias foram desenvolvidas na economia política contemporânea, mas não

---

30 Schmidt, "Eïnleitung ZU". Feuerbach, *Anthropologischer Materialismus*, v.I, p.5-56.

Teoria e práxis

foram reconhecidas em seu caráter plenamente histórico. Por essa razão, Marx investiga o sistema capitalista na forma de uma Crítica da Economia Política. Com esse título modesto, a "crítica" reivindica de início o sentido de uma sondagem crítica da literatura previamente disponível; além disso, porém, possui também o sentido mais profundo de uma teoria projetada com o propósito prático de superar a crise: a Crítica da Economia Política é uma teoria das crises também na compreensão genuína. A análise do trabalho alienado tem o caráter propedêutico de uma introdução à dialética materialista; a verdadeira crítica pode ser conduzida imediatamente desde seu ponto de vista: demonstra aos homens que, sem saber expressamente, fazem sua história, e os mostra a aparente preponderância das relações naturalizadas como a obra do trabalho de suas próprias mãos. Marx começa com a demonstração do caráter de fetiche da mercadoria:

> O caráter misterioso da forma mercadoria consiste simplesmente no fato de que ela reflete aos homens as características sociais de seu próprio trabalho enquanto características objetivas dos próprios produtos do trabalho, na qualidade de propriedades sociais naturais destas coisas, e, nesta medida, também reflete a relação social dos produtores em relação ao trabalho total na forma de uma relação social de objetos existentes fora deles. Por meio deste *quid pro quo* os produtos do trabalho se convertem em mercadorias, em coisas sensivelmente suprassensíveis ou sociais [...] Uma vez que os produtores entram em contato social por meio do intercâmbio dos produtos de seu trabalho, o caráter especificamente social de seus trabalhos privados aparece também apenas no interior desse intercâmbio. Por isso, para estes últimos, as relações

sociais entre seus trabalhos privados aparecem como aquilo que são, vale dizer, não imediatamente enquanto relações sociais, mas antes na forma de relações objetivas entre pessoas e relações sociais entre coisas.[31]

Mas não apenas àqueles que participam imediatamente nos processos de produção e distribuição das relações sociais, em objetiva ironia, aparecem como aquilo que são, isto é, enquanto o que na verdade não são; também a ciência que faz destas relações o seu objeto sucumbe diante da aparência produzida pela própria realidade:

> A reflexão sobre as formas de vida humana, assim como também sua análise científica, segue um caminho oposto ao desenvolvimento efetivo. Ela se inicia *post festum* e, por isso, com os resultados prontos do processo de desenvolvimento. As formas que estampam nos produtos do trabalho o selo da mercadoria e, portanto, são pressupostas pela circulação de mercadorias, possuem a fixidez das formas naturais da vida social antes que os homens busquem dar conta não do caráter histórico dessas formas, que, pelo contrário, são consideradas por eles como imutáveis, mas sim de seu conteúdo.[32]

Por essa razão, Marx pode levar a cabo sua crítica do contexto objetivo das crises na forma de uma Crítica da Economia Política.

---

31 Marx, *Das Kapital*, v.1, p.77 et seq.; sobre este ponto, cf. Reichelt, *Zur logischen Struktur des Kapitalbegriffs bei Marx*.

32 Marx, *Das Kapital*, v.1, p.81.

Teoria e práxis

Contudo, a forma mercadoria pode ser generalizada a todos os possíveis produtos do trabalho apenas quando o próprio trabalho assume a forma mercadoria, quando o modo de produção se torna capitalista. Apenas com a figura do trabalhador assalariado livre, que vende sua força de trabalho como única mercadoria, está dada historicamente a condição sob a qual o processo de trabalho, enquanto processo de valorização, se autonomiza diante do homem de tal modo que a produção de valores de uso parece desaparecer inteiramente em uma espécie de automovimento do capital. A crítica dessa aparência objetiva – enquanto pressuposto teórico de uma apropriação prática das forças essenciais alienadas pelo capitalismo – identifica o trabalho assalariado na qualidade de fonte da mais-valia.

A teoria da mais-valia parte de uma reflexão simples. Se a transformação do dinheiro em capital deve ser possível sob as condições da troca de equivalentes, então o possuidor de dinheiro tem de comprar mercadorias a seu valor, vendê-las a seu valor e, apesar disso, ao final do processo, precisa poder extrair mais valor do que tinha introduzido. Portanto, é preciso haver uma mercadoria específica que, como todas as restantes, seja trocada por seu valor, mas cujo valor de uso esteja constituído de tal modo que a partir do consumo da mercadoria se origine valor:

> Para extrair valor a partir do consumo de uma mercadoria, nosso possuidor de dinheiro precisaria ter a sorte de, no âmbito dessa esfera de circulação, descobrir no mercado uma mercadoria cujo próprio valor de uso possuiria a peculiaridade de ser fonte de valor, ou seja, cujo consumo real fosse objetivação do trabalho e, nesta medida, criação de valor. E o possuidor de dinheiro encontra no

mercado uma mercadoria específica semelhante: a capacidade de trabalho ou força de trabalho.[33]

O valor da força de trabalho se mede em relação ao tempo de trabalho socialmente necessário que a produção dos meios exige para sua subsistência; mas, por seu turno, a força de trabalho comprada é empregada por mais tempo pelos capitalistas tal qual se o tempo de trabalho fosse necessário para o fim de sua reprodução. Esse mais-trabalho vale como fonte da mais-valia.

A análise dessa relação não tem, como a expressão da exploração, por exemplo, dá a entender, o caráter de um veredito moral (o comportamento do capitalista de modo algum tem de ser atribuído às pessoas individualmente, mas determinado objetivamente por sua posição no processo de produção). Marx está antes interessado de modo crítico na contraposição entre trabalho assalariado e capital, considerando justamente uma dissolução prática do contexto de crise, porque acredita ter encontrado nela a origem daquela dialética da autodesfiguração que impede que os homens se reconheçam a si mesmos enquanto sujeitos de sua história que, no entanto, o são.

Marx afirma então que a crise do sistema capitalista tem sua origem necessariamente no processo de valorização do capital, precisamente naquela relação fundamental que está posta com a apropriação da mais-valia. Essa tese é precedida por uma outra, a saber, que o mundo, enquanto contexto de crise, está fundamentado exclusivamente desde o ponto de vista econômico, que está indissoluvelmente ligado a essa crise e que é suscetível de dissolução junto a elas. A primeira tese

---

33 Ibid., p.174 et seq.

Teoria e práxis

foi configurada na economia política na forma da teoria das crises, a outra, no materialismo histórico, na forma da teoria das ideologias.

A fundamentação econômica do mundo enquanto contexto de crises

1. As crises no âmbito do sistema capitalista desvalorizam o capital existente para, em virtude disso, colocar em marcha novamente de forma acelerada o processo de valorização do capital em sua totalidade, que, seja imediatamente por uma queda da taxa de lucro, seja mediatamente por uma atrofia das oportunidades rentáveis de colocação de capitais, reconquista periodicamente os seus fundos. Contudo, o capital sempre recai nas mesmas contradições das quais cada nova crise promete curá-lo; pois

> a verdadeira barreira da produção capitalista é o próprio capital, precisamente esta: que o capital e sua autovalorização aparecem como ponto de partida e ponto de chegada, como motivo e fim da produção; que a produção só é produção para o capital de modo que, ao contrário, os meios de produção não são meros meios para uma configuração que se amplia constantemente do processo vital para a sociedade dos produtores. As barreiras entre as quais podem se mover a conservação e a valorização do capital, assentadas na desapropriação e pauperização da grande massa dos produtores, entram continuamente em contradição com os métodos de produção que o capital tem de empregar para seu fim, e que visam a um aumento ilimitado da produção, à produção como um fim em si mesmo, ao desenvolvimento incondicionado das forças produtivas

sociais do trabalho. O meio – desenvolvimento incondicionado das forças produtivas da sociedade – entra em conflito contínuo com o fim limitado da valorização do capital existente. Se, nesta medida, o modo de produção capitalista é um meio histórico para desenvolver a força produtiva material e para criar o mercado mundial adequado a ela, ele é também, ao mesmo tempo, a permanente contradição entre sua tarefa histórica e as relações sociais de produção que lhe corresponde.[34]

A contradição pressiona em direção às crises de duas formas típicas. A primeira está imediatamente em conexão com a queda da taxa de lucro e parte de uma situação em que uma alta taxa de acumulação intensifica o volume de emprego e eleva o nível dos salários. Uma limitação das oportunidades de maximização de lucro na extensão usual interrompe o processo de acumulação durante tanto tempo até que o mecanismo do então chamado exército de reserva reconduz à normalidade e baixa os salários ao valor da força de trabalho, ou até mesmo abaixo de seu valor.

Ora, uma saída, contudo, se revela aos capitalistas, permitindo-os, apesar da crescente taxa de acumulação, esgotar a reserva de força de trabalho apenas na medida em que a taxa "natural" da mais-valia não é colocada em perigo. Eles introduzem máquinas que reduzem o trabalho para, mediante a liberação tecnologicamente condicionada de força de trabalho, manter sobre o exército ativo de trabalhadores a pressão da unidade industrial de reserva. Por esse motivo, a acumulação do capital é acompanhada por uma progressiva mecanização do

---

34 Ibid., v.III, p.278 et seq.

Teoria e práxis

processo de produção. Contudo, isso conduz, como Marx acredita demonstrar com sua "lei" mais famosa e mais discutida, à lei da queda tendencial da taxa de lucro, uma nova causa para exatamente o tipo de crise que deveria ser evitado.[35] Conforme a massa de mecanização do processo de produção, diminui a taxa de capital variável em relação ao constante; com isso, eleva-se a composição orgânica do capital total de modo a cair a taxa de lucro:

> Posto que a massa de trabalho vivo empregado diminui constantemente em proporção à massa de trabalho objetivado, de meios de produção consumidos produtivamente que ele põe em movimento, também a parte do trabalho vivo que não é retribuído e que se objetiva em mais-valia deve guardar uma proporção constantemente decrescente com o volume do valor do capital total investido. Mas essa proporção da massa de mais-valia com o valor do capital total investido configura a taxa de lucro que, nesta medida, tem de diminuir constantemente.[36]

Em relação à demonstração dessa lei, Marx analisa uma série de fatores que levam em uma direção contrária à taxa de lucro e que, caso não possa detê-la, assim ao menos refreia sua queda.

A controvérsia em torno dessa lei, também no interior do marxismo (L. v. Bortkiewicz, Natalie Moszkowska, Paul M. Sweezy), perdura há gerações. Uma objeção difícil de se esquivar se dirige contra o fato de que Marx concebeu essa lei sob a pressuposição de uma taxa constante de mais-valia e apenas

---

35 Sobre isso, cf. Gillman, *Das Gesetz des tendenziellen Falls der Profitrate*.
36 Marx, *Das Kapital*, v.3, p.20.

391

posteriormente introduziu a conexão isolada entre produtividade crescente do trabalho e taxa crescente de mais-valia como uma das causas que atuam na direção contrária. Roman Rosdolsky pôde invalidar a objeção aludindo inicialmente a uma série de textos.[37] Marx leva constantemente em consideração a conexão funcional da produtividade crescente do trabalho com *ambos* os fatores, tanto com a taxa de lucro decrescente (como consequência da composição modificada do capital) quanto também com uma taxa de mais-valia crescente (como consequência de um barateamento dos bens salariais; em geral, como consequência da desvalorização retroativa do capital variável). Tendo isso em vista, os críticos podem acentuar com ainda mais razão que a partir de uma conexão semelhante não é possível derivar qualquer prognose histórica a respeito de uma queda da taxa de lucro:

> A lei da queda tendencial da taxa de lucro não é uma lei histórica, mas sim uma lei dinâmica. Ela não constata um fato histórico, a saber, que a taxa de lucro cai, mas formula antes unicamente a dependência de duas grandezas entre si, a saber: se a taxa de mais-valia permanece igual, então diminui a taxa de lucro; se a taxa de lucro permanece igual, então cresce a taxa de mais-valia.[38]

Certamente, Marx se esforçou em provar que o fator que reduz a taxa de lucro se impõe em uma medida mais elevada que os fatores que atuam em direção contrária; no entanto,

---

37 Rosdolsky, Zur neueren Kritik des Marxschen Gesetzes der fallenden Profitrate, *Kylkos*, p.208 et seq.

38 Moskowska, *Das Marxsche System*, p.118.

seus argumentos empíricos (com exceção de um, sobre o qual voltaremos adiante) não bastam para que uma prevalência da queda tendencial da taxa de lucro sobre o crescimento tendencial da taxa de mais-valia já pudesse fazer parte da formulação da própria lei.[39]

A controvérsia em torno da lei da queda tendencial da taxa de lucro é instrutiva porque se insere diretamente na problemática da produtividade do trabalho nos termos da teoria do valor. Marx leva em consideração a introdução de máquinas que reduzem o trabalho como uma economia de capital variável em relação à taxa adicional de capital constante. Com a mecanização da produção, não apenas a composição orgânica do capital em geral é modificada, mas também a forma específica que permite ao capitalista reter de uma massa dada de força de trabalho (transferida a máquinas ou a máquinas melhores) uma taxa maior de mais-trabalho. Com efeito, a formulação da lei permite uma modificação das grandezas cuja proporção caracteriza a taxa de mais-valia; mas não inclui como uma relação conforme a leis justamente a relação necessária que existe entre essa forma de capital constante e a taxa de mais-valia. Habitualmente, um aumento da produtividade do trabalho está ligado a um acréscimo na composição orgânica do capital; pelo contrário, cada uma das correspondentes modificações da expressão do valor não corresponde, contudo, a um aumento da produtividade; o capital constante não evidencia explicitamente se cobre o valor das máquinas à medida que reduz o trabalho ou outros custos. Não basta simplesmente designar

---

39 Rosdolsky, Zur neueren Kritik des Marxschen Gesetzes der fallenden Profitrate, *Kylkos*, p.219, notas 23 e 24.

de modo impreciso as máquinas que permitem reduzir o trabalho como pertencente às categorias do capital constante. Joan Robinson constata, portanto, que *"that periods of falling profits may occur, when capital per man increases very rapidly relatively to the rate of advance in technical knowledge"*.[40] Nessa medida, a lei da queda tendencial da taxa de lucro levaria em consideração de uma forma específica a introdução de máquinas que reduzem o trabalho apenas quando o *"advance in technical knowledge"* também passar a formar parte de maneira explícita da expressão de valor adicional do capital constante. Nesse caso, contudo, já não poderia ser ignorado pela teoria do valor aquele tipo de trabalho que, ainda que não propriamente produtivo, é empregado para elevar o grau de produtividade do trabalho.

Nos *Grundrisse: esboços da crítica da economia política*, encontramos uma reflexão bem interessante da qual se depreende que o próprio Marx considerou em uma ocasião o desenvolvimento científico das forças técnicas de produção como possível fonte de valor. Ele restringe ali o pressuposto da teoria do valor-trabalho, segundo o qual o *"quantum* de trabalho empregado é o fator decisivo de produção de riqueza"*, do seguinte modo:

> Na medida em que se desenvolve a grande indústria, a criação da riqueza real se torna menos dependente do tempo de trabalho e do *quantum* de trabalho empregado (!) do que do poder dos agentes

---

40 Robinson, *An Essay on Marxian Economics*, p.38; cf. o estudo recente, id., *Kleine Schriften zur Ökonomie*. [Trad.: "Aquele período de queda do lucro pode ocorrer quando o capital medido por cada homem aumenta muito rápido relativamente à taxa de desenvolvimento do conhecimento técnico". – N. T.]

que são colocados em movimento durante o tempo de trabalho, e o próprio movimento não está por sua vez em nenhuma relação com o tempo de trabalho imediato que custa sua produção, mas depende antes do estágio geral da ciência e do progresso da tecnologia, ou da utilização dessa ciência sobre a produção.[41]

Marx, no entanto, abandonou esse pensamento "revisionista"; este não foi incorporado na versão definitiva da teoria do valor-trabalho.[42]

Tal qual a própria expressão "grau de exploração do trabalho" indica, ao falar de modificações históricas da taxa de mais-valia, Marx pensa inicialmente naquela exploração física que, a partir das forças de trabalho existentes, e permanecendo idêntico o tipo de trabalho, extrai uma taxa crescente de mais-trabalho: ele pensa na aceleração do trabalho e no prolongamento do tempo de trabalho. Naturalmente, ele também leva em consideração outros métodos: a elevação da produtividade do trabalho mediante a racionalização da organização do trabalho e uma mecanização do processo de produção. No entanto, ele também concebe essa apropriação da mais-valia segundo o modelo grosseiro daquela exploração: tanto aqui quanto lá a taxa de mais-valia é considerada como uma grandeza que deve ser posta na raiz do cálculo do valor como um dado histórico-natural. Assim como, por exemplo, a coerção física, sob a qual se pôde algum dia ter acelerado o *tempo* de trabalho, não expressa na lei do valor outra coisa que uma elevação, ela mesma não mais dedutível economicamente, da taxa de mais-valia, também aquele

---

41 Marx, *Grundrisse der Kritik der Politischen Ökonomie*, p.529.

42 Cf. estudo recente, Rosdolsky, *Zur Entstehungsgeschichte des Marxschen Kapitals*.

trabalho que desenvolve os métodos para a racionalização do trabalho não encontra uma expressão de valor adequada. A expressão de valor do capital total é modificada apenas quando os métodos empregados requerem capital – como é o caso, contudo, na mecanização progressiva da produção.

2. A influência específica dos trabalhos de preparação e de desenvolvimento sobre o processo de configuração do valor é recusada pelas categorias da teoria marxiana do valor-trabalho. Essa indiferença do instrumento da teoria do valor ante o crescimento da produtividade é improcedente. Razões plausíveis sugerem antes registrar também um índice desse mesmo crescimento na expressão do valor do produto, especialmente do produto econômico total. Uma evidência empírica importante vem à tona precisamente em conexão com a lei da queda tendencial da taxa de lucro. Contudo, Marx ofereceu ao menos *um* argumento sólido para o fato de que, no curso da mecanização da produção e da correspondente elevação da produtividade do trabalho, a tendência da taxa de lucro decrescente precisa se impor, ainda que em longo prazo, diante da tendência de uma taxa de mais-valia crescente. Ele afirma:

> O valor nunca pode ser igual ao dia total de trabalho; isso significa que uma determinada parte do dia de trabalho precisa sempre ser trocada pelo trabalho objetivado nos trabalhadores. A mais-valia é somente a relação do trabalho vivo com o trabalho objetivado nos trabalhadores; por essa razão, sempre tem de permanecer como um membro da relação. Já pelo fato de que a relação é constante enquanto relação, apesar de seus fatores se trocarem, está dada uma relação determinada entre incremento da força produtiva e incremento do valor [...] Quanto maior a mais-valia do capital diante

do incremento da força produtiva [...], ou quanto menor é a fração do dia de trabalho que configura o equivalente do trabalhador, tanto mais reduzido é o crescimento do valor da mais-valia que o capital obtém do incremento da força produtiva. Assim, quanto mais desenvolvido já está o capital [...] mais abundantemente a força produtiva tem de se desenvolver para se valorizar apenas em uma relação mínima, isto é, para acrescentar mais-valia, posto que seu limite sempre é a relação entre a fração do dia que expressa o trabalho necessário e a totalidade da jornada de trabalho.[43]

Se aceitarmos este argumento como sólido, então a lei que deve servir de apoio não é suficiente para explicar o fato de que nos países capitalistas avançados a taxa média de lucro não tenha mostrado ao longo dos últimos oitenta anos qualquer tendência unívoca de modificação em longo prazo, apesar do nível crescente dos salários. Obviamente, sob os pressupostos clássicos da teoria do valor-trabalho não cabe explicar satisfatoriamente o crescimento factual do valor. Por isso se recomenda também a partir de razões empíricas considerar se os trabalhos de racionalização não deveriam ser compreendidos e valorados como trabalho produtivo de segunda ordem – na forma de uma fonte de configuração de valor que, embora não seja independente, porque se refere ao trabalho produtivo de primeira ordem, é, porém, uma fonte adicional. De um lado, esses trabalhos não são produtivos no sentido da produção imediata de bens; contudo, modificam seus pressupostos de tal forma que deles já não procede apenas mais-valia, mas sim valores de troca em geral. Em tal caso, as condições de equilíbrio

---

43 Marx, *Grundrisse der Kritik der Politischen Ökonomie*, p.243, 246.

da lei do valor só valeriam para um estágio dado das forças técnicas de produção.

Marx, como decorre daquela reflexão apócrifa nos *Grundrisse*, chegou mesmo a interpretar de tal modo o estado de uma produção amplamente automatizada que a criação de valor foi transferida do trabalho imediatamente produtivo para a ciência e a tecnologia:

> O trabalho já não aparece encerrado tanto no processo de produção quando o homem passa a se comportar, antes, como o vigilante e regulador do próprio processo de produção [...] Ele (o trabalhador) se coloca junto ao processo de produção em vez de ser seu agente principal. Nessa transformação não está em jogo nem o trabalho imediato que o homem desempenhava nem o tempo que ele trabalhava, mas antes a apropriação de sua força produtiva geral, sua compreensão da natureza (!) e a dominação da mesma [...] que aparece como a grande coluna da produção e da riqueza [...] Logo que o trabalho na forma imediata deixa de ser a grande fonte de riqueza, o tempo de trabalho deixa e tem de deixar de ser sua medida.[44]

O que Marx exemplifica aqui em um estágio avançado do desenvolvimento técnico, deveria, contudo, ser levado em consideração para todo estágio: "A compreensão da natureza e a dominação da mesma" ganham em importância na medida em que são "fatores de produção de riqueza" ulteriores, na medida em que aumentam tecnicamente a produtividade do trabalho

---

44 Ibid., p.592 et seq.

Teoria e práxis

imediato. Em tal caso, a lei do valor em sua forma clássica seria válida apenas para um estágio dado das forças técnicas de produção. A fim de apreender também seu desenvolvimento e incremento próprios, seria necessária a complementação por meio da conexão funcional da taxa de mais-valia e taxa de lucro com a ajuda de uma expressão de valor que varie com o grau da produtividade do trabalho.[45]

Com a inclusão de um fator corretivo correspondente, não apenas a taxa de mais-valia deixou de estar dada de antemão como uma grandeza natural; também o valor da força de trabalho poderia ser conhecido e levado em consideração em seu caráter histórico. Certamente, Marx notou que os custos de reprodução da força de trabalho dependem a cada vez de um padrão cultural que é dado apenas "para um país determinado, para um período determinado":

---

45 Por esse caminho, pode-se levar em consideração a objeção legítima de alguns keynesianos de que "a utilização de Ricardo e Marx do homem/hora no tempo de trabalho socialmente necessário como unidade de medida conduz a se ocupar quase exclusivamente da divisão do produto social entre as diversas classes sociais" (Strachey, *Kapitalismus heute und morgen*, p.121). Apenas com a ajuda do procedimento estatístico moderno cabe também uma determinação do produto social segundo sua extensão: *"The problem of finding a measure of real output [...] is not solved by reckoning in terms of value, for the rate of Exchange between value and outputs is constantly altering"* [Trad.: "O problema de encontrar uma medida de rendimento real [...] não é resolvido por seu cálculo em termos de valor, pois a proporção de intercâmbio entre valor e rendimento se altera constantemente" – N.T.] (Robinson, *An Essay on Marxian Economics*, p.19 et seq.). O *output* real só poderia aparecer de fato no cálculo do valor se se levasse em consideração um índice de produtividade na lei do valor.

A soma dos meios de subsistência tem de ser suficiente para manter o indivíduo que trabalha enquanto indivíduo que trabalha em seu estado de vida normal. As próprias necessidades naturais, como a alimentação, vestimenta, calefação, moradia etc., são distintas segundo as peculiaridades climáticas e outras peculiaridades de cada país. De outro lado, a dimensão das então chamadas necessidades básicas, assim como a forma de sua satisfação, é o próprio produto histórico e, nesta medida, depende em grande parte da produção cultural de um país, depende, entre outras coisas, também essencialmente de saber sob quais condições, e com isso com quais costumes e demandas vitais, configurou-se a classe dos trabalhadores livres. Contrariamente a outras mercadorias, a determinação do valor da força de trabalho contém um elemento histórico e moral. A medida média dos meios de subsistência necessários está dada para um determinado país, em um período determinado.[46]

Contudo, Marx não levou sistematicamente em consideração o fato de que o próprio capitalismo poderia revolucionar o "elemento histórico e moral" na determinação do valor da força de trabalho; que no curso de acumulação do capital "a dimensão das então chamadas necessidades básicas" e os "costumes e demandas vitais" também seriam ampliados com a produção geral da cultura e fundamentalmente transformados. Entretanto, o capital se reproduz em graus vertiginosamente altos e libera uma massa variada de bens de uso também para a classe trabalhadora. Por isso, seria absurdo continuar a fixar o valor da força de trabalho segundo critérios correspondentes,

---

46 Marx, *Das Kapital*, v.1, p.179.

Teoria e práxis

por exemplo, ao padrão de vida dos trabalhadores ingleses na metade do século passado; certamente não seria ainda menos absurdo medi-lo segundo o padrão cultural médio dos países avançados em termos capitalistas sem introduzir explicitamente a dimensão do "elemento histórico e moral" na determinação do valor da força de trabalho. Isso outra vez só seria possível se o aumento da produtividade enquanto tal interferisse no cálculo do valor.[47]

3. Uma revisão dos fundamentos da teoria do valor-trabalho seria de grande importância não apenas para o tipo de crise acompanhada diretamente pela queda da taxa de juro, mas também para a teoria da crise de realização. O próprio Marx a caracterizou do seguinte modo:

> Tão logo o *quantum* exprimível de mais-trabalho é objetivado nas mercadorias, a mais-valia é produzida. Mas com essa produção de mais-valia chega ao fim apenas o primeiro ato do processo de produção capitalista, o processo de produção imediata. O capital absorveu uma quantidade de trabalho não remunerado. Com o desenvolvimento do processo que se expressa na queda da taxa de juro, a massa de mais-valia então produzida aumenta exorbitantemente. Com isso, chega-se ao segundo ato do processo. A massa total das mercadorias, o produto total, tanto a parte que substitui o capital constante e o variável como também a parte que representa a mais-valia, tem de ser vendida. Se isso não ocorre, ou se ocorre

---

47 Para uma crítica de minhas próprias reflexões, cf. Müller, Habermas und die Anwendbarkeit der Arbeitswerttheorie, *Zeitschrift Sozialistische Politik*, p.39-53; cf. também Hartmann, *Die Marxsche Theorie*, p.382 et seq., 471 et seq.

apenas em parte, ou se ocorre por um preço que está abaixo dos preços de produção, então o trabalhador está na verdade sendo explorado, mas sua exploração não se realiza enquanto tal para os capitalistas [...] As condições de exploração e as condições de sua realização não são idênticas. Elas se separam não apenas segundo o tempo e o lugar, mas também conceitualmente. Umas são limitadas somente pela força produtiva da sociedade, as outras pela proporcionalidade dos diferentes ramos de produção e pelo poder de consumo da sociedade. Mas esta última não é determinada nem pela força produtiva absoluta e nem pelo poder de consumo absoluto; mas sim pelo poder de consumo sobre a base de relações antagônicas de distribuição, as quais reduzem o consumo da grande massa da sociedade a um *minimum* modificável apenas no interior de fronteiras mais ou menos estreitas. Além disso, ela está limitada pelo impulso à acumulação, pelo impulso ao aumento do capital e à produção de mais-valia em escala ampliada. Essa é a lei para a produção capitalista dada pelas revoluções incessantes nos próprios métodos de produção, a desvalorização constante do capital existente ligada a tais revoluções, a guerra competitiva geral e a necessidade de melhorar a produção e estender sua escala, meramente como meio de conservação e sob a pena de ser soterrada.[48]

Se, contrariamente, partirmos da suposição de que do aumento da produtividade *per se* nasce valor, é possível mostrar que no interior de um sistema capitalista em expansão a mais-valia alimentada da dupla fonte pode, sob certas circunstâncias, ser suficiente para assegurar simultaneamente uma taxa de lucro adequada e um nível crescente dos salários reais.

---

48 Marx, *Das Kapital*, v.3, p.272 et seq.

Teoria e práxis

Certamente, o sistema sempre reproduz a partir de si a tendência de, sobre a base de relações antagônicas de produção, limitar o poder de consumo da grande massa da população; porém, sob os pressupostos de uma teoria revisada do valor-trabalho, uma regulação política das relações de distribuição não seria incompatível com as condições de uma produção orientada à maximização do lucro. A possibilidade e o resultado de uma política consciente de crise dependem então de saber se as forças que impelem à democratização da sociedade conseguem penetrar o contexto de produção em seu todo, na medida em que tal contexto "se impõe como uma lei cega sobre os agentes de produção" e conseguem submetê-lo "como uma lei concebida por seu próprio entendimento associado e, dessa forma, dominada [...], ao seu controle comum".[49] O "fator democrático" seria incluído na própria Crítica da Economia Política.

J. Strachey, sobretudo, analisa as consequências econômicas da democracia que sempre foram desconsideradas pelos marxistas:

> Tal como caracterizado no capítulo passado em relação ao exemplo britânico, o que engatilhou e causou o aumento do padrão de vida dos trabalhadores assalariados não é de modo algum um segredo. Se muitos outros fatores, como por exemplo o do crescimento da produtividade, criaram as precondições necessárias, então foi crucial única e exclusivamente o poder crescente do povo, isto é, daqueles noventa por cento da população britânica que normalmente partilhavam aproximadamente a metade da renda nacional. Apenas ela impediu que as tendências intrínsecas ao sistema

---

49 Ibid., p.386.

capitalista pudessem influir no empobrecimento continuamente crescente dos trabalhadores [...] Chegamos assim à consequência paradoxal de que foi justamente a luta das forças democráticas contra o capitalismo que possibilitou que o sistema perdurasse. Pois tal luta não apenas tornou suportáveis as condições de vida dos trabalhadores. Ao mesmo tempo, ela manteve aberto aquele mercado de consumo para os produtos acabados, mercado que o avanço suicida do capitalismo tinha destruído mais e mais ao dar lugar a uma distribuição de renda nacional cada vez mais desigual. Portanto, a democracia teve vastos efeitos econômicos. Dentro de certos limites (que se mostraram amplos o bastante para ser de importância ainda maior), ela estabeleceu uma verdadeira distribuição de bens e serviços para os homens individuais e para classes de pessoas. Com isso, ela também estabeleceu ao mesmo tempo de forma ampla também quem deve ser rico ou pobre e em que medida dever ser rico ou pobre.[50]

Strachey é da opinião de que, com o instrumentário político-conjuntural desenvolvido por Keynes, as tendências corretamente diagnosticadas por Marx podem ser repensadas e, assim, os antagonismos do sistema podem ser equilibrados. Nessa perspectiva, o conflito de classes perde sua forma revolucionária; também não está excluída de antemão uma democratização progressiva da sociedade no interior da ordem econômica capitalista – uma versão do socialismo democrático que, no entanto, aprendeu e conservou o suficiente de Marx

---

50 Strachey, *Kapitalismus heute und morgen*, p.152, 154. Cf. também Robinson, *Kleine Schriften zur Ökonomie*, p.71 et seq.; Robinson, *Die fatale politische Ökonomie*.

para não perder de vista, ao observar por cima do desenvolvimento e da segurança do Estado social de direito, as contratendências que, no processo de valorização do capital, ressurgem e se renovam sem cessar com perigos crescentes para as formas de governo jovens e vulneráveis das democracias de massa do Estado social.[51]

4. Contudo, se o desenvolvimento das forças produtivas alcançar um patamar em que a massa dos valores de uso produzidos não apenas for capaz de satisfazer as necessidades "básicas", mas também "supérfluas", isto é, dentro de uma margem de ação ampliada do poder de compra, satisfazê-las efetivamente, a continuidade do processo de acumulação seria necessária somente em referência ao crescimento populacional e ao progresso técnico-científico; a acumulação poderia ser total e absolutamente interrompida e, saindo da espiral da reprodução ampliada, assumir a forma circular da reprodução simples.

Nessa situação, estaria dada a possibilidade objetiva de uma emancipação que garante aos indivíduos a abundância de uma vida liberta do trabalho necessário bem como do consumo dirigido. Contudo, enquanto a autovalorização do capital determinar o início e o fim da produção, enquanto não for produzida por causa dos valores de uso, mas primariamente dos valores de troca, ou seja, não para a riqueza que satisfaz a sociedade, mas sim para uma riqueza que a própria sociedade, por

---

51 Sobre a teoria das intervenções estatais no capitalismo tardio, cf. Galbraith, *Gesellschaft im Überfluß*; id., *Die moderne Industriegesellschaft*; Kidron, *Rüstung und wirtschaftliches Wachstum*; Schonfield, *Geplanter Kapitalismus*.

sua vez, deve satisfazer, o processo de trabalho permanece submetido ao processo de valorização. Sob tais condições, não seria possível chegar a uma decisão autoconsciente dos produtores associados de restringir a acumulação. Marx viu os limites do modo de produção capitalista no fato de que

> a apropriação do trabalho não remunerado e a relação desse trabalho não remunerado com o trabalho objetivado em geral ou, expresso de um ponto de vista capitalista, que o lucro e a relação desse lucro com o capital empregado, ou seja, uma certa quantia de taxa de juro, decide sobre a ampliação ou delimitação da produção, em vez da relação de produção servir para as necessidades sociais, para as necessidades dos homens desenvolvidos socialmente.[52]

Uma democratização da sociedade que quisesse lidar com essa contradição em vez de se deixar envolver por ela na falsa consciência de uma má infinitude do progresso material não evitaria ao final produzir relações sob as quais as decisões de investir e não investir podem ser descoladas do motivo de maximização do lucro.

Contudo, existem indícios para que, por razões totalmente diferentes, os motivos econômicos da acumulação sejam absorvidos cada vez mais pelos motivos políticos. Certamente, as forças motrizes subjetivas se alimentam primariamente sempre do interesse na maximização do lucro; nesse ponto, os motivos econômicos não são simplesmente substituídos pelos políticos. Porém, eles são "ultrapassados" no sentido de que tais forças

---

52 Marx, *Das Kapital*, v.3, p.287.

Teoria e práxis

motrizes sociais influenciam de maneira determinante as forças motrizes subjetivas, forças que nascem primariamente dos interesses em reforçar a posição nacional na concorrência entre as potências mundiais. Mais precisamente, o processo de acumulação pode ser refuncionalizado passando-se do móbil econômico para o político uma vez que as intervenções estatais em todo caso precisam regular e estabilizar o ciclo econômico em seu conjunto.

Sob tais relações, torna-se problemática a dependência das ações políticas diante dos interesses econômicos, tal como supõe o marxismo. Também a fraqueza da teoria do imperialismo, principalmente em sua aplicação atual na exportação de capital nos países em desenvolvimento, está ligada à cegueira diante do fato de que, em razão da crescente automediação do capitalismo organizado por meio de intervenções e convenções políticas, o contexto de coerção econômico não pode mais ser construído como um sistema fechado. Ao contrário, parece que justamente para a conservação do sistema a partir de sua (sempre modificada) base da propriedade privada nos meios de produção, é preciso produzir instâncias políticas que permitam uma certa independência em face dos interesses econômicos dos donos do capital.[53]

---

53 Contrariamente: Tomberg, *Basis und Überbau*; Müller; Neusüss Die Sozialstaatsillusion und der Widerspruch von Lohnarbeit und Kapital, *Zeitschrift Sozialistische Politik*, p.4 et seq; uma abordagem promissora para a análise da relação modificada entre sistema econômico e político é desenvolvida em Offe, Politische Herrschaft und Klassenstrukturen, p.155 et seq.; além disso, Hirsch, *Wissenschaftlich-technischer Fortschritt und politisches System*.

Jürgen Habermas

Crítica da ideologia e apropriação crítica de ideias legadas

O mundo desfigurado e uma humanidade que dissimula a si mesma revelam, tal qual Schelling denominou uma vez referindo-se a tradições místicas, sua maldição e sua mácula na peculiar dominação do externo sobre o interno, do inferior sobre o superior, da ira sobre o amor, do poder do fundamento obscuro sobre a pureza. É nessa mesma experiência que se apoia também o pré-conceito do materialismo histórico, concedendo prioridade à base em face da superestrutura. Esse materialismo assume de uma vez por todas, mesmo que não de modo triunfal, a força bárbara com a qual as relações econômicas sublimam e, em certa medida, determinam tudo na qualidade de signo de uma estrutura ontológica do mundo – por exemplo, no sentido da ontologia de Nicolai Hartmann, de acordo com o qual as categorias das camadas cada vez mais baixas do ser mantêm uma dependência em relação às camadas mais elevadas, também ali onde aquelas são "reformadas" por estas. Aquela força vale, ao contrário, enquanto signo de uma dominação histórica – e por isso também destituída no próprio curso da história – da natureza sobre a sociedade, dominação estabelecida ainda no interior da própria sociedade que se emancipa do poder da natureza. Essa relação da natureza produzida por si mesma estende o contexto de vida social sob o jugo do processo de reprodução em sua forma puramente econômica. Da mesma maneira que aquele deus alienou sua essência, recuando para sua interioridade no ato mítico de um egoísmo insondável, também Marx interpreta a relação "egoísta" estabelecida com a propriedade privada como a "cápsula" em que as forças humanas são concentradas e se alienam dos homens. A propriedade privada vale como o ponto obscuro em que se concentra o eclipse do mundo, como o nó em que estão atados e amarrados todos os elos do contexto de coerção social. Certamente, as imagens portam valor científico apenas na medida em que é possível desenvolver conceitos científicos a partir delas; mas seu colorido preserva para as distinções a profusão de significado. Não é diferente com o conceito de ideologia: certamente, tanto interesses como ideias são momentos meramente dialéticos da mesma totalidade; mas esta, enquanto totalidade, é composta em seu conjunto de categorias de um processo de reprodução que se constitui na forma de um sistema fechado (e assim também pode ser reconstruído), na medida em que os sujeitos não reconhecem em tal processo uma práxis separada deles como sua própria práxis.

1. Essa antecipação da relação entre política e economia deveria ser comprovada antes de toda crítica ideológica à arte, religião e filosofia; ações e instituições políticas deveriam poder ser derivadas de conflitos de interesses que, por seu turno, decorrem necessariamente do processo de produção capitalista. Marx tentou mostrar isso empiricamente, sobretudo a partir do exemplo da "Guerra Civil na França". Contudo, ele já pressupõe quanto a isso que os movimentos podem ser concebidos na própria esfera de reprodução em virtude de um nexo sistemático. A economia política realizada enquanto crítica tem de fornecer a prova na medida em que deduz todos os fenômenos econômicos, sem recorrer de algum modo a fenômenos para além de sua esfera, do processo de valorização do capital: ela não precisa eclipsar o problema da realidade sob os dados; ela própria ainda precisa conceber economicamente

o que a moderna economia pode pressupor como conjunto de dados.

As condições sociais sob as quais Marx empreendeu essa tentativa eram favoráveis ao seu plano. As ficções do modelo de concorrência plena encontraram durante a fase liberal do capitalismo tanto um certo *fundamentum in re* quanto o modelo da "sociedade civil" na qualidade de uma esfera privada, baseada na disposição sobre a propriedade, que precede e subjaz ao Estado. O processo de concentração e centralização do capital (de modo correspondente, a reformulação oligopolista da relação de troca) prognosticado por Marx obrigou logo e em grande medida que os parceiros mais fracos do mercado afirmassem suas pretensões em forma política, e, contrariamente, levou as instâncias estatais a intervir na esfera do intercâmbio de mercadoria e do trabalho social. Mas, em igual medida, essa esfera deixou de se desenvolver segundo leis econômicas imanentes. Em virtude da introdução de elementos da superestrutura na própria base, a relação clássica de dependência da política diante da economia foi implodida. Marx não contou sistematicamente que um tal deslocamento ocorresse sob as condições do próprio capitalismo: "Ele não pôde reconhecer que nas sociedades capitalistas avançadas surgiriam outras forças, essencialmente políticas, que iriam retomar o controle das tendências inerentes ao sistema".[54]

Contudo, o fundamento da teoria das ideologias não se torna problemático somente por essa razão; já sua formulação

---

54 Strachey, *Kapitalismus heute und morgen*, p.151 et seq.; cf. entre outros as investigações mencionadas de Galbraith, Kidron, Offe e Schonfield.

ortodoxa se encontrava sob a influência de uma falsa autointerpretação da crítica como ciência.[55] Diante da instância da consciência científica, a relação dialética da ideia alienada de seu interesse e, assim, submetida a este, transforma-se muito facilmente na relação causal de uma dependência do espírito em relação à natureza, da consciência em relação a seu ser social: é disso que se trata já no célebre "Prefácio" da *Crítica da economia política* de 1859. E Marx, posteriormente, nunca mais contradisse expressamente a versão naturalista que Engels deu à doutrina da ideologia. Com esta, vêm à tona claramente um contexto apenas subliminarmente tratado por Marx. Tão logo o materialismo histórico já não se insere propriamente no contexto objetivo de crise; tão logo ele passou a compreender a crítica exclusivamente como ciência positiva e a dialética objetivamente enquanto lei do mundo, o caráter ideológico da consciência teve de assumir qualidade metafísica. O espírito foi considerado por ele exclusivamente e para sempre, incluído o socialismo, como ideologia. Nessa compreensão superficial, a ideologia correta se distingue da falsa apenas segundo critérios de uma teoria realista do conhecimento. A "visão de mundo" socialista é a única correta porque "reproduz" de forma dialeticamente correta a lei do mundo na natureza e na história.[56]

---

55 Cf. minha interpretação de Marx em *Erkenntnis und Interesse*, p.59 et seq.

56 Cf. o atual manual organizado por Kosing, *Marxistische Philosophie*. Sobre a relação do marxismo originário com a forma desfigurada de Diamat, cf. Lichtheim, *Marxism. A Historical and Critical Study*; id., *A Short History of Socialism*; Fetscher, *Karl Marx und der Marxismus. Von der Philosophie des Proletariats zur politischen Weltanschauung*.

Certamente, Marx entendeu o suficiente do método dialético para não mal compreendê-lo grosseiramente desta forma. Mas parece incontestável que essa má compreensão surgiu debaixo de seus olhos e, sacramentado por Engels, pôde se tornar fundamento da tradição "ortodoxa", remetendo assim à negligência de tal tradição por não ter refletido sobre a crítica enquanto tal: isso significa não apenas justificar os elementos científicos contra a filosofia, mas também os elementos que a crítica deve à sua origem filosófica contra as barreiras positivistas das ciências. Da mesma maneira que Maimon e Fichte fizeram inicialmente, e depois os representantes do idealismo objetivo puderam opor agudamente contra o idealismo de Kant o argumento de que este, para além dos assuntos ligados à sua teoria do conhecimento, esqueceu de dar conta da própria faculdade do conhecimento transcendental; assim também os sucessores puderam empregar contra Marx o argumento análogo de que a Crítica da Economia Política não foi consciente de sua faculdade específica enquanto crítica, diferentemente das ciências positivas com as quais pretende se identificar.

2. Visto que Ernest Bloch, referindo-se às *Teses sobre Feuerbach*, certifica-se explicitamente do sentido prático da crítica, ele pode ir mais além da crítica da ideologia resumida nessas mesmas teses. Na quarta tese, lê-se:

> Feuerbach parte do fato da autoalienação religiosa, da duplicação do mundo em um mundo religioso e um mundo real. Seu trabalho consiste em dissolver o mundo religioso em seu fundamento mundano. Mas que o fundamento mundano supere a si mesmo e se fixe nas nuvens um reino independente pode ser esclarecido somente a partir do autodilaceramento e da autocontradição desse

Teoria e práxis

fundamento mundano. Este mesmo, pois, também tem de ser tanto entendido em sua contradição como revolucionado na prática.[57]

Mas se o mundo religioso pertence tão intimamente à sua base terrestre que, a partir de seu autodilaceramento, a ideia é reduzida, deformada e subordinada à ideologia, sem desvanecer-se completamente nela (certamente extraída a partir da contradição terrena, mas superando-a ao mesmo tempo) — então a falsa consciência de um mundo falso não é nada senão a negação, na verdade inconsciente para ela mesma, do elemento negativo das experiências plenamente cifradas. Bloch descobre na casca ideológica o núcleo utópico, o momento da verdadeira consciência mesmo na falsa.[58] A transparência de um mundo melhor se descortina, certamente, também nos momentos que ultrapassam o mero existente para além de seus interesses ocultos; mas nas esperanças que ela desperta, nas aspirações que satisfaz, estão contidas ao mesmo tempo as energias que, instruídas sobre si mesmas, convertem-se em impulso crítico. A experiência inicial do mal, classificada e desqualificada por Hegel como um sentimento "prático", junto com o interesse ofensivo em sua superação, Bloch a concebe como o ponto de partida de uma fenomenologia materialista do espírito que, contudo, desenvolve-se até se tornar crítica. Já que ele reflete sobre o que a crítica precisa ter de vantajoso em relação à ciência para que possa levá-la a expressar um propósito prático que supere a mera aplicação técnica de seus resultados; porque ele não confunde mais crítica com ciência, então pode conceber

---

57 Marx, *Marx-Engels Werke*, v.3, p.6.

58 Bloch, *Das Prinzip Hoffnung*; id., *Tübinger Einleitung in die Philosophie*.

naquele impulso crítico inicial a fascinante força produtiva da esperança que, entendida segundo sua própria história, pode ser colocada em liberdade. A esperança, ao libertar-se da estreiteza da consciência, desperta o sentido do que é objetivamente possível na realidade existente; o sentido do excedente das forças produtivas sobre as relações de produção institucionalizadas que, ali onde não são cegamente importadas pelas forças produtivas materiais, necessitam justamente da "força produtiva" do impulso crítico para poderem ser superadas com vontade e consciência dos homens.

Em sua tentativa de conservar da crítica da ideologia a tradição do criticado, Bloch se limita de modo surpreendente à decifração de mito e religião, literatura e música; seu interesse está voltado não para o Estado, mas para os romances políticos, não para as normas jurídicas vigentes, mas para as teorias sobre justiça. Obviamente, as ideias oferecem seu excedente utópico sobre a ideologia por um preço tão mais alto quanto mais amplamente suas relações forem mediadas pelos conflitos sociais. As formas do espírito, exigidas *imediatamente* pelo interesse dominante com fins de legitimação, ou mesmo *incluídas no próprio* ciclo econômico enquanto elementos organizativos no exercício da dominação, parecem perder a força da transcendência com o grau de sua instrumentalização. Do entusiasmo utópico permanece aqui apenas a falsa consciência do caráter absoluto, de um desligamento da práxis, que pelas costas entrega as ideias tanto mais cegamente aos interesses e as encarcera como mera ideologia. No degrau mais baixo da escala ideológica, naquele do fetichismo da mercadoria, a alienação do elemento teórico em relação ao prático caracteriza ao mesmo tempo apenas a "alienação" da práxis em relação a si mesma, "a autodilaceração do fundamento mundano" – a própria

Teoria e práxis

ideologia se torna aqui prática, enquanto sua pretensão ideal se esvai quase completamente na ideia da troca de equivalentes.

A procura de Bloch pela utopia não se limita por fim apenas à esfera que Hegel reserva ao espírito absoluto; também no interior dessa esfera ele se detém diante das formas da consciência moderna. Especialmente os mais novos desenvolvimentos na arte, literatura e música têm de lhe parecer particularmente improdutivos, porque a arte experimental assimila na obra a reflexão sobre si mesma e com a exposição de seu próprio caminho e meio formaliza a aparente referência "realista" de mundo em favor das variações de estilo que se subtraem do mundo. Bloch, da mesma maneira que Hegel, ainda adere à estética classicista e a seu conceito central de simbólico; o fenômeno da ideia é meramente substituído pelo aparecer da matéria. Walter Benjamin opôs a isso um conceito do alegórico que, no manejo virtuoso de Adorno, embora tenha sido conquistado no barroco, é atribuído de modo surpreendente em especial à arte moderna. Pois esta não conserva mais as experiências conciliadoras do instante antecipado na bela aparência de um mundo que venceu as contradições, seja esse mundo simbolicamente translúcido ou naturalisticamente aparente. Ele, ao contrário, assume impiedosamente as fissuras do mundo dilacerado de modo crítico em sua exposição, porém de tal modo que não imita em uma duplicação verista sua contingência, mas, em um distanciamento artificial, põe à vista com evidência o mundo construído na forma da crise.

Adorno[59] compreende a arte moderna como uma fonte legítima de conhecimento crítico, ainda que seu modo de

---

59 Cf. a recente publicação póstuma em Adorno, *Ästhetische Theorie*.

conhecimento seja diferente do científico. Com isso, ao menos *uma* forma do espírito absoluto é resguardada no presente não apenas diante das reduções das ciências sociais, como se, sob a crosta ideologicamente endurecida, se expusesse um germe utopicamente originário; pelo contrário, tal forma se retira da esfera da ideologia em geral e se põe igualmente ao lado de uma teoria crítica. Mais claramente do que qualquer outra, essa tentativa corresponde à perplexidade em que cai a crítica quando perde a inocência de sua consciência científica. Pois à qual fonte de experiência a crítica pode apelar se renuncia em conceber em termos materialistas a filosofia na qualidade de filosofia da origem e, por outra parte, também não é possível alçar às ciências positivas? A crítica não precisa ser inserida nos contextos de experiência historicamente variáveis do mundo da vida concreto em termos sociais para, antes de toda objetivação metodológica, legitimar a abordagem crítica enquanto tal? E, de outro lado, as massas de experiência dessa proveniência não afluem precisamente nas formas da consciência absoluta desvalorizadas pela crítica da ideologia, a arte, a religião e a filosofia?[60] Arte, religião e filosofia (e Marx já tinha reconhecido isso para o caso da própria filosofia hegeliana) se assenhoram cada qual ao seu modo do conceito de eticidade enquanto um tipo de revelação. Apenas quando abusam desse poder de magia, que reflete as relações éticas como relações existentes, recaem nos interesses particulares do mundo dilacerado e se tornam ideológicas; mas enquanto, tal qual na arte moderna, tornam o existente visível no espelho

---

60 Cf. minha investigação sobre Adorno: Vorgeschichte der Subjektivität und verwilderte Selbsbehauptung, p.184-199.

das relações éticas na forma do mundo dilacerado, conservam a intenção de apreender o universal concreto, tornando-se críticas. Uma revalorização do espírito desvalorizado pela crítica da ideologia parece assim ser possível, e ainda mais, ser real, de modo que o vestígio do espírito absoluto (em seus conteúdos utópicos) pode ser apropriado e continuado a título de crítica (para a demonstração do irreconciliado em sua irreconciliabilidade).

Marx nunca admitiu que a crítica dessa, literalmente falando, fonte paralela do conhecimento fosse propedeuticamente necessária. Ele já não confiava mais em uma lógica da história que, no cair da noite, deixava que seu prefácio se dividisse em dois volumes da *Lógica*; mas ele confiava em uma lógica da história que se realizasse de tal modo de um ponto de vista prático e,com isso, pudesse ser superada da mesma maneira que a teoria da revolução antecipara uma anatomia dialética da sociedade civil. Marx nunca mais levantou explicitamente a questão, concernente à crítica do conhecimento, sobre as condições de possibilidade de uma filosofia da história com propósito político.[61]

Pressupostos de uma filosofia da história materialista

A filosofia da história começa, de certo modo, no início do século XVIII com a conhecida exposição do *topos verum et factum convertuntur* por Vico:

---

61 Cf. Wellmer, *Kritische Gesellschaftstheorie und Positivismus*, p.69 et seq.

Segundo nosso primeiro indubitável princípio, o mundo histórico foi certamente criado pelos homens [...] E, por isso, sua essência tem de ser encontrada nas modificações de nosso próprio espírito [...] pois não há certeza maior em lugar algum do que ali onde aquele que cria as coisas também as conta. Assim procede essa ciência [a filosofia da história] exatamente como a geometria, que cria ela mesma o mundo das grandezas, enquanto correspondentemente constrói e observa seus fundamentos; mas quão mais real são as leis dos assuntos humanos do que os pontos, linhas, superfícies e figuras. E isso também tem de comprovar você, ó leitor, pois em Deus o conhecer e o fazer são a mesma coisa.[62]

A alusão da última frase, que compara tão lisonjeiramente a razão histórica com o intelecto divino, toca já na problemática que acompanha desde o começo a pretensão de conhecimento da filosofia da história: o *intellectus originarius* produz o mundo na medida em que o pensa; mas, contudo, Vico pode dar ao homem a esperança de que este conheça sua história depois de fazê-la — ele deve poder pensá-la como seu produto. Ele deve poder apreender seu espírito enquanto produto da história e nele a história como seu próprio produto. A razão histórica, que também chega a isso, permanece separada por um hiato do intelecto divino. Enquanto para este a representação do mundo natural é suficiente para criá-lo, o homem cria seu mundo histórico para talvez depois poder representá-lo como o que é. A filosofia da história não pode apelar com o mesmo direito que a geometria para o parentesco com o *intellectus originarius*.

---

62 Vico, *Die Neue Wissenschaft*, p.139.

Teoria e práxis

1. A questão concernente à teoria do conhecimento não é casualmente levantada aqui em forma teológica. Pois, na teologia da história dos pais da Igreja, pensou-se com antecedência o que a filosofia da história eleva a tema de uma consideração deliberadamente científica. Ela já tinha concebido a unidade do mundo e sua história como história universal; ela construiu o início e o fim na qualidade de origem e meta, e a extensão entre ambos enquanto acontecimento de desgraça e salvação. Com a unidade da história universal e do destino com a qual se manifesta, a história estava projetada de uma só vez na forma de totalidade e processo de crise. Sob o ponto de vista da escatologia, da redenção do pecado original, contudo, a história mantém a dupla base da história universal e da história do sagrado; pois o teísmo preserva penosamente a distinção entre o sujeito da história e os sujeitos historicamente agentes, entre o senhor da história e aqueles meramente submetidos à história. Nessa construção, há apenas um único filósofo da história; é a ele, contudo, que as definições de Vico se voltam: ao próprio Deus. A *Scientia Nuova*, porém, quis que todos se tornassem participantes legítimos da providência. A filosofia da história procura tão somente a fonte natural da razão histórica.

Vico se fecha ainda para as concepções de progresso que dominarão o século. Como fundamenta a pretensão de conhecimento da nova ciência com o fato de que aquilo que os homens fizeram eles também podem, sobretudo, conhecer, então a filosofia da história precisa estar desprovida daqui em diante da hipótese de Deus como o sujeito da história; mas em seu lugar, Vico retém na verdade a espécie humana. Esta é reconhecida como o autor da história, e ainda assim lhe falta as qualidades que a transformaria inicialmente em seu sujeito: onipotência e providência; os homens fazem sua história, e a fazem sem de fato ter consciência disso. A história permanece ambígua: ato livre e eventualidade, ação e acontecimento. Desse modo, Vico não elimina a providência divina completamente da teoria da história; na verdade, a lei da providência lhe parece tão "naturalmente" efetiva, e de um "modo tão simples", que ela coincide com as leis empíricas do desenvolvimento histórico. A providência desaparece na natureza da coisa de modo a expor o plano divino a partir de seu próprio desenvolvimento – e tornando-se reconhecível aos meros olhos da razão natural. Vico estende a providência como uma rede sob o trapézio da história à qual recorrem os povos sempre que estes, sujeitos da história em si, ainda não conduzem a história com vontade e consciência. A humanidade, depois de toda investida frustrada, que, se tivesse sido exitosa, satisfaria a história no *mondo civile* cristão, está sob a coerção da repetição: da barbárie corrompida da reflexão ela foi reconduzida à barbárie salutar da primitividade. A periodicidade de *corso* e *ricorso* torna claro o valor posicional da providência oculta. Apenas ela pode garantir que a desagregação da civilização em seu grau mais elevado não se esgote em mera regressão; apenas ela abre o horizonte em que, sobre a base da catástrofe, a catarse ainda é visível, o elemento salutar na devastação.

A oportunidade cognitiva de uma tal interpretação dialética é perdida na medida em que a razão histórica renuncia à função substitutiva de uma providência naturalizada. Então, o processo que leva do início ao fim é concebido somente como progresso que leva da origem à meta. Além disso, ele exige que se demonstre que na sequência dos fenômenos seja possível imaginar de modo continuado uma evolução para algo

Teoria e práxis

essencialmente melhor. Toda recaída registrada empiricamente no desenvolvimento da civilização — porque agora só pode se manter por si mesmo e não seria senão uma recaída efetiva — permitiria duvidar no mais alto grau da razão no progresso da humanidade. Com isso surge um outro problema.

A filosofia da história de Vico permanece retrospectiva. O espírito reconhece a história na medida em que foi ele mesmo que a produziu; mais precisamente, apesar de seu caráter inacabado, ele pretende concebê-la em seu todo e segundo suas leis como se seu processo se repetisse ciclicamente. A ruptura final do círculo do *corso* e *ricorso*, a consumação do tempo, não se encontra mais, estritamente falando, sob as leis da Nova Ciência.[63] Também é deixada de lado essa certeza, concebida em termos de uma crítica do conhecimento, da retrospectiva histórico-filosófica quando o esquema cíclico é suplantado por um esquema linear. Assim, a filosofia da história fica com a tarefa precária de construir estados futuros, em que os estados passados não se reproduzem meramente, segundo leis do progresso; ela se torna prospectiva e exige uma fundamentação de suas operações prognósticas de acordo com uma crítica do conhecimento. Na verdade, ambos os problemas não foram resolvidos no século XVIII. Turgot e Condorcet, seguindo Vico, retomam a tradição cartesiana afirmando que seria necessário simplesmente um Newton da história para apreender a lei de seu progresso na qualidade de uma lei da natureza. Porém,

---

63 Entretanto, Löwith tem razão ao notar que Vico deixou de estar de acordo consigo mesmo quando, quase no final de sua obra, leva em consideração a possibilidade de uma realização da história. Cf. Löwith, *Weltgeschichte und Heilgeschehen*, p.124.

diante das distinções críticas da filosofia kantiana, logo toda tentativa de subsumir as leis da história às leis universais da natureza revelou a ambiguidade de seus pressupostos. Pois a razão que aqueles adotavam fundamentalmente como natureza do desenvolvimento da espécie humana foi agora diferenciada de modo rigoroso *da* razão que a própria humanidade esclarecida deve realizar historicamente.

Kant, mantendo a concepção de progresso linear, retorna à problemática de Vico e dispensa sua máxima do conhecimento do *verum et factum convertuntur* com as necessidades de uma filosofia da história prospectiva. A previsibilidade dos desenvolvimentos históricos só é possível "se o adivinho realiza os mesmos acontecimentos que ele anuncia de antemão". Enquanto os sujeitos históricos, na qualidade de indivíduos esclarecidos, já são sujeito da história de acordo com sua ideia, o estado duradouro de paz ordenado de modo cosmopolita é prescrito para seu agir ético na forma de meta e somente em relação à realização efetiva do dever também é previsível; mas enquanto o juízo reflexionante constrói o progresso da história em direção a seu fim como conexão necessária de fenômenos, ela precisa pressupor um propósito da natureza, ou providência, como se existisse um sujeito da história que realiza teleologicamente aquela meta. A teleologia divina, mesmo que pressuposta de modo hipotético, reduz novamente a humanidade a uma espécie natural submetida às leis da causalidade. Os sujeitos históricos são igualmente cindidos em aspectos noumenais e fenomenais; eles são os autores de sua história e ainda não se constituíram como seu sujeito – de uma só vez, espécie natural determinada de modo causal e indivíduos moralmente livres. Porém, se a humanidade decide a unidade dessa contradição no

Teoria e práxis

curso de sua própria história, então a contradição incrustada na abordagem cognitiva da filosofia da história tem de ser concebida como pertencente à história, vale dizer, como seu verdadeiro impulso. Desse modo, Kant (na persecução de sua questão sobre a concordância entre política e moral) coloca o problema no interior da própria filosofia da história sem que, no entanto, pudesse solucioná-lo em seu marco.[64]

Isso fica reservado a Hegel. Porque os homens sempre são também o que lhes é imposto de fora pela história como algo estranho, em toda etapa se repete a apropriação daquilo que antes foi alienado. O conceito transpassa o objeto e desperta para uma nova vida aquilo que pereceu na objetivação precedente. Visto que a humanidade é sujeito da história e, no entanto, não é enquanto tal, a filosofia da história, de Vico a Kant, por um lado, pensava poder fundamentar sua pretensão cognitiva na capacidade da história de ser feita, e, por outro lado, não renunciar completamente à providência mesmo que seja por uma finalidade heurística. A história só é capaz disso desde que Hegel, exatamente naquela contradição, descobriu a força motriz de uma humanidade que sempre arranca de si suas representações e que assim se produz a si mesma; desde que ele viu naquela contradição a dialética da história que move a si mesma.

Com isso, entretanto, vem à tona somente um *dos* dois problemas que se colocavam de novo com a renúncia ao esquema circular de Vico. O outro problema, a saber, a fundamentação do prognóstico com base na crítica do conhecimento, escapa

---

64 Cf. minha investigação sobre a relação entre política e moral em *Das Problem der Ordnung*, p.94 et seq.

a Hegel. Embora ele inclua a filosofia da história de modo dialético na própria história, o faz de tal modo que esta, por seu turno, seja resumida na qualidade de uma história do espírito na autoconsciência absoluta da filosofia. Com certeza a perspectiva da filosofia da história implica um esforço próprio que finalmente libera a humanidade do encanto de suas dissimulações relacionadas à história universal; apesar disso, ela permanece retrospectivamente nesse estágio superior da mesma maneira que a filosofia da história de Vico. A filosofia da história sacrifica inicialmente esse ponto de vista absoluto, a partir do qual a história é refletida de modo filosófico enquanto totalidade, com a transposição de sua dialética para uma dialética materialista. Marx, como vimos, descobre na dominação do trabalho morto sobre o trabalho vivo o verdadeiro fundamento para a impotência dos sujeitos históricos diante *do* sujeito da história, embora ambos sejam os mesmos sem que de fato já se constituam como tais. Por isso, o trabalho concebido na forma de trabalho alienado, e não o trabalho do conceito, põe em movimento a história. Não a consciência que reencontra a si mesma, mas a própria apropriação ativa "transpassa" as relações objetivadas. Essa práxis é mediada por atos teóricos, mas a teoria enquanto tal, também a última, que descobre dialeticamente a lei de movimento da história em termos da filosofia da história, permanece o penúltimo passo antes de uma práxis que até então só foi introduzida e conduzida de maneira teórica. Também a filosofia da história marxista, e mais ainda ela, implica seu próprio esforço; referida retrospectiva e prospectivamente ao mesmo tempo à práxis social abaixo de si (produção) e à práxis revolucionária diante de si, a filosofia da história, contudo, transforma a contemplação em crítica.

Teoria e práxis

Em sua crítica, Marx reconcilia o Vico superado por Hegel com Kant. Da mesma maneira que este último, Marx faz da máxima do conhecimento estabelecida por Vico o fundamento de uma filosofia da história prospectiva. O sentido da história ainda inconclusa, assim pensam ambos, poderá ser prognosticado teoricamente somente se a humanidade a título de espécie fizer sua própria história com vontade e consciência; enquanto isso não ocorre, esse sentido precisa ser fundado na razão prática. Enquanto em Kant a razão prática fornece apenas ideias reguladoras para a ação moral, de modo que o sentido da história possa ser projetado unicamente como ideia sem ser de algum modo obrigatório para a teoria da história, Marx produz precisamente essa obrigatoriedade com a tese de que o sentido da história pode ser teoricamente conhecido na medida em que a humanidade se dispõe a torná-lo verdade na prática.[65] Marx esclarece o querer-fazer como pressuposto do querer-conhecer, porque aprendeu com Hegel a conceber aquele "sentido" enquanto a emancipação diante da contradição da humanidade consigo mesma, a qual atinge fortemente a abordagem cognitiva da própria filosofia da história. O "sentido" da história em seu todo se torna teoricamente acessível na medida em que a humanidade está disposta a fazer sua história em termos práticos também com vontade e consciência – história que ela já faz sem cessar. Com isso, a própria crítica precisa ser concebida como momento da situação cuja superação ela mesma já preparou. Pois, no fim, com essa autoimplicação materialista na história, a filosofia da história encontra posteriormente a

---

65 Nesse sentido, Horkheimer trata o problema da predição nas ciências sociais em *Zeitschrift für Sozialforschung*, n.2, p.407 et seq.

legitimação de seu pressuposto, segundo o qual ela substitui a contradição de sua abordagem cognitiva enquanto contradição motriz da própria história.

2. Sabe-se que Marx não somente destinou sua crítica ao proletariado; ele antes derivou a justificação epistemológica de seu ponto de vista em termos de teoria do conhecimento a partir da história de desenvolvimento do proletariado. Visto que, na existência pauperizada dessa classe, o trabalho alienado, a dominação do trabalho morto sobre o trabalho vivo, conduz à necessidade imperiosa de sua própria supressão – "à expressão prática da necessidade" – então, assim argumenta Marx, com a posição objetiva do proletariado no processo de produção, é alcançado ao mesmo tempo um ponto de vista para além desse processo, a partir do qual o sistema pode ser criticamente apreendido em seu todo e sua fragilidade superada. Podemos deixar aqui de lado saber o quanto esse argumento era apropriado para fundamentar em termos materialistas a versão materialista de uma filosofia da história com propósito prático e sua conversão da teoria em crítica no próprio processo conceitual da história. Mas isso não basta para extrapolar a situação da luta de classes contemporânea em direção à estrutura da história em seu todo. A recepção do quadro teológico em que a história universal em geral se apresenta pela primeira vez como uma história com início e fim, de modo que Marx possa concebê-la rapidamente como uma história de luta de classes, em uma palavra, a antecipação, que é introduzida enquanto tal no questionamento da filosofia da história e universaliza os fenômenos das crises atuais como totalidade de um contexto de crise histórico-universal, não encontra *aí* qualquer fundamentação.

Teoria e práxis

O quadro teológico do acontecimento da salvação só pode ser funcionalizado para uma consideração filosófica da história universal na medida em que se tivesse formado uma consciência da unidade do mundo, da humanidade e de seu desenvolvimento – apenas assim fora possível representar um sujeito empírico da história. A filosofia da história pressupõe, por isso, aquela consciência global da unidade que surgiu no século XVIII. As grandes descobertas do tempo da colonização, as missões na China e, por fim, a emancipação que se iniciava nos territórios norte-americanos obrigaram a uma autorrelativização da civilização europeia: esta aprendeu a considerar a si mesma tanto a partir de fora (a filosofia da história de Voltaire começa com a China) quanto também a partir da origem da pré-história (em contraste com os "selvagens" que ocupavam diversamente os ânimos). Ao mesmo tempo, ela se experimentou no contexto de uma continuidade histórica e no espaço de uma unidade global crescente, que parecia estar mais garantida pelo intercâmbio social dos homens entre si do que pelos fatos sagrados historicamente contingentes da revelação cristã.

A unidade do mundo é, de um lado, o pressuposto da filosofia da história, e, de outro, a exequibilidade do mundo. Os homens podem se assegurar de sua história de modo tão racional como se ela fosse sua própria obra. Com a imposição do modo de produção capitalista, outros âmbitos de intercâmbio social foram cada vez mais sendo dissolvidos nas relações de troca; com o desenvolvimento das forças produtivas materiais, ordenações da vida social foram perdendo cada vez mais seu poder naturalizado. O revolucionamento das relações feudais de produção e o estabelecimento da sociedade civil como uma esfera de autonomia privada coincide, além disso, com uma racionalização, também sempre particular, de outros âmbitos. Na mesma medida em que a história de fato se torna exequível cresce também a autoconsciência do esclarecimento para aprender a dominar racionalmente a história.

Esses dois motivos subjetivos da problemática concernente à filosofia da história são ligadas a tal ponto com as tendências objetivas do desenvolvimento histórico que sua origem pode ser localizada no campo de uma sociedade civil que se desenvolveu ao longo dos séculos e que finalmente tomou consciência de si mesma entre a Revolução Inglesa do século XVII e a Francesa do século XVIII.

Duas conclusões finais se oferecem. De um lado, as tendências indicadas foram reforçadas. Na base da sociedade industrial e de seu intercâmbio mediado tecnicamente, a interdependência dos acontecimentos políticos e a integração das relações sociais progrediram tanto nos últimos dois séculos, muito mais do que pudemos imaginar, que dentro desse contexto de comunicação pela primeira vez as histórias particulares se fundiram na história de *um* mundo. Do mesmo modo, a humanidade nunca esteve antes tão fatalmente confrontada com o fato irônico da exequibilidade de uma história que ainda escapa de seu controle como é o caso desde que meios de poderosa autoafirmação foram desenvolvidos cujo grau de eficácia torna problemático seu uso para a obtenção de determinados fins políticos. Os pressupostos imanentes da filosofia da história, portanto, não estão sendo omitidos, mas sendo verdadeiros pela primeira vez.[66] Por essa razão, todas

---

66 Contrariamente, cf. Kesting, *Geschichtsphilosophie und Weltbürgerkrieg*.

Teoria e práxis

as contraideologias, que fingem ter superado a problemática concernente à filosofia da história enquanto tal, caem sob a suspeita de escapismo. De outro lado, e essa é a segunda conclusão final, a representação básica da história enquanto totalidade, filosoficamente recepcionada pela teologia, torna-se questionável.

Se os fios soltos do desenvolvimento histórico serão reunidos apenas em uma etapa relativamente mais tardia para formar uma rede de contextura da história universal, isso não pode acontecer posteriormente pelas costas da história em seu todo; o fato de a própria unidade global ter se tornado histórica contradiz um modo de consideração que, desde o início da história, supõe a totalidade. No entanto, se as relações sociais só se tornam acessíveis ao planejamento racional dos homens em uma etapa relativamente mais tardia de seu desenvolvimento histórico, então a exequibilidade não pode ser afirmada a partir da história em seu todo; o fato de a própria capacidade de racionalização se tornar pela primeira vez histórica contradiz um modo de consideração que, desde o início da história, supõe um sujeito.

Especialmente a filosofia materialista da história deveria compreender seus pressupostos de forma estrita a partir do contexto de época do qual procede historicamente. Ela deveria aceitar de maneira crítica em sua autoconsciência que as categorias de unidade do mundo e de exequibilidade da história são verificadas pela própria história somente em uma determinada fase.

Da mesma maneira que o prolongamento dos conflitos atuais até o começo da história conserva um caráter meramente heurístico, também permanece hipotética a antecipação de seu fim. A filosofia da história simula de tal modo o sujeito histórico na qualidade de sujeito possível da história como se as tendências de desenvolvimento objetivamente ambíguas fossem apreendidas com vontade e consciência por atores políticos e decididas em função de seu bem-estar. Do ponto de vista dessa ficção, a situação se revela em suas ambivalências sensíveis para a intervenção prática, de modo que uma humanidade instruída também possa se alçar àquilo que ela de início somente fingiu ser.[67]

Nota bibliográfica complementar (1971)[*]

Quando republiquei meu balanço bibliográfico, escrito inicialmente em 1957, na primeira edição de *Teoria e práxis* de 1963 (ver o adendo que acompanha este volume), a discussão sobre o marxismo não tinha se modificado em seus traços essenciais. Pude continuar descrevendo as tendências então observadas sem que a estrutura da argumentação fosse afetada. Hoje, pelo contrário, o cenário se modificou completamente. O sucesso do movimento de libertação nacionalista dos países do Terceiro Mundo, o novo papel estratégico da China na luta

---

67 Eu mesmo, nos trabalhos aqui reunidos, mas também em trabalhos posteriores, geralmente fiz um uso acrítico da ideia de uma espécie humana que se constitui como sujeito da história mundial. Somente em relação aos trabalhos preparatórios para uma teoria comunicativa da sociedade se tornou claro o alcance de uma produção hipostasiada de subjetividades de nível superior. Cf. Habermas; Luhmann, *Theorie der Gesellschaft Oder Sozialtechnologie*, p.172-181, e também a Introdução ao presente volume.

* A referência completa dos textos indicados nessa "Nota bibliográfica" se encontra ao final deste volume nas "Referências bibliográficas" (N. T.)

de classes internacional, o movimento estudantil nos países de capitalismo desenvolvido, de um lado, os conflitos sociais e econômicos que se acirraram nos EUA e a função estabilizadora no espaço internacional, o caráter em geral conservador da URSS que se tornou cada vez mais explícito, de outro lado, formaram o contexto político para uma mudança de atitude também em relação à teoria marxista. Enquanto, ao escrever o balanço bibliográfico naquele momento, pude concentrar-me na discussão com aqueles que tentavam reforçar o aspecto antiquado de Marx de um ponto de vista filosófico ou da história das ideias, hoje há um predomínio na respectiva literatura de um interesse sistemático em Marx e na teoria marxista da sociedade. Nessa medida, a resenha republicada no Adendo ficou ultrapassada. Indiquei alguns títulos que são importantes para a discussão alemã dos últimos anos.

Sobre a discussão "filosófica"

A discussão filosófica da década de 1950, que na República Federal Alemã foi desencadeada pelos escritos de juventude de Marx, foi levada adiante pela Comissão Marxista da Comunidade de Estudos Evangélica. Cf. os volumes organizados por Iring Fetscher, *Marxismusstudien* (volumes IV a VI). G. Rohrmoser, *Emazipation und Freiheit*, principalmente o capítulo 8, p.284 et seq. Cf. também a documentação reunida por Fetscher, *Der Marxismus, Seine Geschichte in Dokumenten* (volumes I a III). Esses esforços, entretanto, tiveram também seu equivalente do lado católico: E. Kellner (org.), *Gespräche der Paulusgesellschaft, Christentum und Marxismus – heute*; além disso, cf. Fetscher (org.), *Marxistisches und christliches Weltverständnis*.

A discussão teológica em sentido estrito recebeu impulsos do lado marxista ao ser assumida e elaborada de modo produtivo principalmente por E. Bloch (*Atheismus im Christentum*) e pela Teoria Crítica: J. Moltman, *Theologie der Hoffnung*; W. Pannenberg, *Grundfragen systematischer Theologie*; H. G. Geyer; H. N. Janowski; A. Schmidt, *Theologie und Soziologie*; H. Peuckert (org.) *Diskussion zur "Politischen Theologie"*; D. Sölle, *Atheisthisch an Gott glauben*. Sobre a crítica marxista da religião, cf. Ch. Wackenheim, *La Faillite de la Religion d'après Karl Marx*; W. Post, *Kritik der Religion bei Karl Marx*.

Sobre os escritos de juventude, cf. a investigação basilar de G. Hillmann, *Karl Marx und Hegel, Interpretation der ersten Schriften von Karl Marx im Hinblick auf sein Verhältnis zu Hegel (1835-1841)*; além disso, H. Röhr, *Pseudoreligiöse Motive in den Frühschriften von Karl Marx*; E. Fromm, *Das Menschenbild bei Marx*. Para a discussão posterior dos escritos de juventude na Polônia, cf. B. Baczko, *Weltanschauung, Metaphysik, Entfremdung*, principalmente p.106 et seq.; A. Schaff, *Marxismus und das menschliche Individuum*. Para o caso da Hungria, cf. G. Márkus, "Über die erkenntnistheoretischen Ansichten des jungen Marx", p.7-17; em recusa do debate humanista da coletânea oficial do partido: W. Eichhorn (org.), *Das Menschenbild der marxistisch-leninistischen Philosophie*.

Sobre a *filosofia da história* marxista, cf. H. Fleischer, *Marxismus und Geschichte*; além disso, A. Schaff, *Geschichte und Wahrheit*; P. Bollhagen, *Soziologie und Geschichte*; id., *Interesse und Gesellschaft*; A. Schmidt, "Über Geschichte und Geschichtsschreibung in der materialistischen Dialektik", p.103-129. Sobre a relação entre *teoria e prática*, cf. a excelente resenha de M. Theunissen, "Die Verwirklichung der Vernunft"; além disso, D. Benner, *Theorie und Praxis, Systemtheoretische Betrachtungen zu Hegel und Marx*;

Teoria e práxis

e, por fim, a tese de doutorado orientada por K. O. Apel de D. Böhler, *Metakritik der Marxschen Ideologiekritik. Prolegomenon zu einer reflektierten Theorie-Praxis-Vermittlung*; também os ensaios de G. Lichtheim, *From Marx to Hegel*.

A contribuição mais ambiciosa, mais abrangente em seus propósitos e, de certo modo, mais conclusiva dos últimos anos para a discussão filosófica sobre Marx conduzida em termos acadêmicos foi apresentada por K. Hartmann, *Die Marxsche Theorie, Eine philosophische Untersuchung zu den Hauptschriften*.

Sobre a fenomenologia marxista e o estruturalismo

Fiz alusão em meu balanço bibliográfico de 1957 ao *marxismo fenomenológico* do jovem Herbert Marcuse (o primeiro dos "marxistas-heideggerianos"). Naquela ocasião, não suspeitei do renascimento incontestável dessa abordagem que, entretanto, tinha sido abandonada e desconsiderada por muito tempo pelo próprio Marcuse (cf. A. Schmidt, "Existential-Ontologie und historischer Materialismus bei Herbert Marcuse", p.17 et seq.); uma discussão minuciosa do desenvolvimento de Herbert Marcuse da fenomenologia à Teoria Crítica encontra-se em J. P. Arnason, *Anthropologische Aspekte der Kritischen Theorie*. Se entendo corretamente, esse movimento remete aos impulsos iniciados pelo próprio Sartre. Na segunda metade da década de 1950, Sartre deu prosseguimento à sua antropologia existencialista na filosofia da práxis desenvolvida em 1960 no seu livro *Critique de la raison dialectique* (sobre isso, cf. D. Rave, *Phänomenologische Ontologie und Dialektische Anthropologie, Zur Philosophie von J. P. Sartre*, principalmente p.158 et seq.). Na França, essa virada exerceu influência até mesmo no ideólogo então dominante do PCF,

R. Garaudy (*Gott ist tot*; e *Die Aktualität des Marxschen Denkens*). A esse contexto pertence também o famoso e acalorado debate entre Sartre, Hyppolite, Garaudy e Vigier (*Marxisme et existencialisme*). Cf. também os trabalhos de H. Lefebvre, *Probleme des Marxismus heute*. Entrementes, a ligação do marxismo com a fenomenologia do velho Husserl e, principalmente, de Heidegger se tornou importante para o desenvolvimento filosófico em alguns países do socialismo burocrático. Ela serviu para a fundamentação da *antropologia e ética marxistas*. A investigação mais significativa no círculo dessa filosofia da práxis é a de Karel Kosik, *Die Dialektik des Konkreten*. Kosik exerceu um papel importante para a inteligência tchecoslovaca no que concerne à reação política ocasionada pela Primavera de Praga, o qual pode ser comparável àquele de Kolakowski. A filosofia da práxis teve um efeito ainda maior na Iugoslávia; ela se desenvolveu em torno da revista *Praxis* que apareceu depois de 1965 em Zagreb (que contava também com uma edição internacional) e por ocasião do curso de verão oferecido todo ano em Korčula. Sobre isso, cf. P. Vranitzki, "Der augenblickliche Stand der ideologischen Diskussion in Jugoslaven"; e também id., *Mensch und Geschichte*; além disso, ver a coletânea: G. Petrovič (org.), *Revolucionäre Praxis*, assim como, id., *Wider den autoritären Marxismus*; e S. Stojanovič, *Kritik und Zukunft des Sozialismus*. Para os húngaros, cf. A. Heller, *Alltag und Geschichte*. Certamente, no círculo de Lukács, também foram importantes as influências fenomenológicas e estruturalistas; sobre isso, cf. a coletânea que está no prelo: G. Lukács, A. Heller, M. Vajda, *Individuum und Praxis, Positionen der Budapester Schule des Marxismus*.

Nos anos 1960, desenvolveu-se na França um *estruturalismo orientado pelo marxismo*, representado principalmente por

L. Althusser, *Lire le Capital*; id. *Pour Marx*. Também são importantes os trabalhos de M. Foucault, *Les mots et lês choses*; e id., *L'archéologie du savoir*. Uma posição particular entre o marxismo e o estruturalismo foi adotada pelo sucessor de Lacan, L. Sebag, *Marxismus und Strukturalismus*. Sobre a crítica marxista ao estruturalismo, cf. R. Garaudy, "Strukturalismus und der Tod des Menschen", p.64-78 (contendo um debate com Foucault); além disso, A. Schmidt, "Der strukturalistische Angriff auf die Geschichte", p.194-266; W. Lepenies, "Lévi-Strauss und die strukturalistische Marxlektüre", p.160-224; e U. Jaeggi, *Ordnung und Chaos, Strukturalismus als Methode und Mode*, principalmente p.149 et seq.

Sobre a Teoria Crítica

Na República Federal Alemã, desenvolve-se pela primeira vez uma pesquisa orientada em termos marxistas. Uma pesquisa marxista capaz de concorrência surgiu até o momento apenas ocasionalmente ou de maneira resguardada, subtraída de uma comunicação usual e, por isso, altamente dogmatizada. Existem indicadores de que isso se modificará no futuro em campos como o da metodologia das ciências sociais, da economia política e da psicologia social; na história econômica e social, um antigo domínio da pesquisa marxista, devem-se perseguir mais claramente os novos impulsos mais na esfera anglo-saxônica do que na República Federal Alemã. Uma função estimulante, mas ao menos também catalisadora, para essa virada na Alemanha se deve à chamada Teoria Crítica.

T. W. Adorno, ao publicar *Negative Dialektik*, consolidou sua obra principal. Antes disso, Herbert Marcuse publicou sua tentativa de uma análise sistemática do capitalismo tardio: *One Dimensional Man* (tradução alemã: *Der eindimensionale Mensch*); cf. também sua coletânea de artigos: H. Marcuse, *Kultur und Gesellschaft*; M. Horkheimer republicou alguns de seus trabalhos da *Zeitschrift für Sozialforschung* em *Kritische Theorie*. Meus seguintes trabalhos também fazem alusão a esse contexto: *Erkenntnis und Interesse* e *Technik und Wissenschaft als "Ideologie"*. Ao lado dos trabalhos de Haag e Schweppenhäuser, surgiram também, a partir da *Frankfurt Beiträge zur Soziologie*, as investigações epistemológicas de A. Schmidt, *Der Begriff der Natur in der Lehre von Marx*, e a homenagem a Adorno: *Zeugnisse*. Também é importante a crítica de O. Negt ao Diamat: "Marxismus als Legitimationswissenschaft. Zur Genese der stalinistischen Philosophie", p.7-50; além disso, H. J. Krahl, "Bemerkungen zum Verhältnis von Kapital und Hegelscher Wesenslogik", p.137-150. Sobre a influência da Teoria Crítica na discussão metodológica e sociológica na Alemanha, cf. T. W. Adorno et. al., *Der Positivismusstreit in der deutschen Soziologie*; e id., *Verhandlungen des 16. Deutschen Soziologentages, Spätkapitalismus oder Industriegesellschaft*. Sobre o papel filosófico da Escola de Frankfurt, cf. F. W. Schmidt, "Hegel in der Kritischen Theorie der 'Frankfurter Schule'", p.17-57.

Sobre a crítica filosoficamente motivada a essas concepções, cf. M. Theunissen, *Gesellschaft und Geschichte. Zur Kritik der Kritischen Theorie*; R. Bubner, "Was ist Kritische Theorie?"; G. Rohmoser, *Das Elend der kritischen Theorie. T. W. Adorno, H. Marcuse, J. Habermas*; D. Böhler, "Das Problem des 'emanzipatorischen Interesses' und seiner gesellschaftlichen Wahrnehmung". Sobre a crítica politicamente motivada, cf. J. Habermas (org.), *Antworten auf Herbert Marcuse*; P. Breines, *Critical Interruptions. New*

Left Perspectives on Herbert Marcuse; T. Schroyer, "Marx and Habermas", p.65-76. H. D. Bahr, *Kritik der "Politischen Technologie"*; e sobre a crítica do partido oficial, cf. J. H. Heiseler; R. Steigerwald; J. Schleifstein (orgs.), *Die "Frankfurter Schule" im Lichte des Marxismus.*

Sobre a teoria do conhecimento marxista

Também a teoria do conhecimento marxista convencional se vê hoje necessariamente confrontada com a teoria analítica da ciência. Sobre isso, cf. R. Garaudy, *Die materialistische Erkenntnistheorie*; A. Schaff, *Zu einigen Fragen der marxistischen Theorie der Wahrheit*, assim como também, id., *Sprache und Erkenntnis* e *Einführung in der Semantik*; G. Klaus, *Semiotik und Erkenntnistheorie*; e id., *Spezielle Erkenntnistheorie*. Para uma abordagem menos ortodoxa: M. Markovic, "Praxis als Grundkategorie der Erkenntnis", p.17-41; A. Schmidt (org.), *Beiträge zur marxistischen Erkenntnistheorie*; C. Luporini, "Problèmes philosophiques et épistémologiques", p.168-178. Para a reconstrução da teoria do conhecimento implícita na própria teoria social de Marx, além dos trabalhos citados de A. Schmidt, cf. sobretudo, A. Sohn-Rethel, *Geistige und körperliche Arbeit. Zur Theorie der gesellschaftlichen Synthesis*, e minha própria interpretação de Marx em *Erkenntnis und Interesse*, p.36-87.

No contexto da chamada *querela do positivismo*, encontram-se os trabalhos: T. W. Adorno, *Aufsätze zur Gesellschaftstheorie und Methodologie*; J. Habermas, *Zur Logik der Sozialwissenschaften. Materialien*; A. Wellmer, *Kritische Gesellschaftstheorie und Positivismus*; H. Schnädelbach, *Erfahrung, Begründung und Reflexion. Versuch über den Positivismus*; P. Lorenzen, "Szientismus versus Dialektik".

Sobre a crítica marxista ao *funcionalismo* das ciências sociais, cf. C. W. Mills, *Kritik der soziologischen Denkweise*; D. Lockwood, "Soziale Integration und Systemintegration", p.124-140; J. E. Bergmann, *Die Theorie des sozialen Systems von T. Parsosns*; J. Habermas; N. Luhmann, *Theorie der Gesellschaft oder Sozialtechnologie – Was leistet die Systemforschung*; ver também as considerações críticas sobre a convergência entre funcionalismo e marxismo em A. Gouldner, *The Coming Crises of Western Sociology*, principalmente p.362 et seq.

Digna de ser mencionada é ainda a controvérsia entre a crítica da ideologia ligada a Marx e Freud e a *hermenêutica* das ciências do espírito. Sobre isso, cf. principalmente: K. O. Apel, "Die Entfaltung der 'sprachanalytischen' Philosophie und das Problem der 'Geiteswissenschaften'", p.239 et seq.; também dele, "Reflexion und materielle Praxis", p.151 et seq.; G. Radnitzky, *Contemporary Schools of Metascience*; J. Hellesnes, "Education and the Concept of Critique", p.40-51; as contribuições mais importantes (de K. O. Apel; C. v. Bormann; R. Bubner; G. H. Gadamer; J. Giegel e J. Habermas) foram reunidas no volume Apel et. al., *Hermeneutik und Ideologiekritik*. Além disso, H. J. Sandkühler, *Praxis und Geschichtsbewußtsein. Fragen einer dialektischen und historisch-materialistischen Hermeneutik*.

Sobre a economia política

É bem evidente que o teorema de Marx foi incorporado às ciências sociais modernas, principalmente nas abordagens de uma teoria do desenvolvimento social (como atesta de maneira contundente o volume organizado pela Unesco: *Marx and Contemporary Scientific Thought*). Contrariamente, não é trivial o

Teoria e práxis

renascimento da preocupação com questões sistemáticas da economia política, que raramente, desde Hilferding, foram tratadas com um interesse científico sério. Um indício disso são os comentários sobre os escritos econômicos de Marx: R. Rosdolski, *Zur Entstehungsgeschichte des Marxschen "Kapitals"*; E. Mandel, *Entstehung und Entwicklung der ökonomischen Lehre von Karl Marx 1843-1863*; além disso, existem também as investigações metodológicas sobre *O capital*: J. Zeleny, *Die Wissenschaftslogik und das "Kapital"*, e H. Reichelt, *Zur logischen Struktur des Kapitalbegriffs bei Karl Marx*. Cf. também as publicações referentes à festa de centenário da publicação do primeiro volume de *O capital*: W. Euchner; A. Schmidt (orgs.), *Kritik der Politischen Ökonomie. 100 Jahre "Kapital"* (principalmente as contribuições de W. Hofmann, Th. Mohl, E. Mandel e J. Robinson); G. Mende; E. Lange (orgs.), *Die aktuelle philosophische Bedeutung des "Kapital"*.

Para uma renovação da teoria econômica marxista, as primeira contribuições são: P. M. Sweezy, *Theorie der kapitalistischen Entwicklung*; e também, id., *Die Zukunft des Kapitalismus und andere Aufsätze zur Politischen Ökonomie*; P. A. Baran, *Die Politische Ökonomie der wirtschaftlichen Entwicklung*, bem como, id., *Unterdrückung und Fortschritt*; P. A Baran; P. M. Sweezy, *Monopolkapital*; sobre isso, cf. o volume sobre o debate: F. Hermanin (org.), *Monopolkapital*; M. Dobb, *Studies in the Development of Capitalism*, como também, id., *Organisierter Kapitalismus e Ökonomisches, Wachstum und Planung*; e a homenagem para Dobb: C. H. Feinstein (org.), *Socialism, Capitalism, and Economic Growth*; finalmente, E. Mandel, *Marxistische Wirtschaftstheorie*, e também, id., *Theorie des Spätkapitalismus*. Além disso, é preciso mencionar: J. M. Gillman, *Das Gesetz vom tendenziellen Fall der Profitrate*, e também, id., *Prosperität in der Krise*; P. Matick, *Marx und Keynes*; E. Altvater, *Gesellschaftliche*

Produktion und ökonomische Rationalität; H. Hemberger; L. Maier; H. Petrak; O. Reinhold; K. H. Schwank, *Imperialismus heute. Der staatsmonopolistische Kapitalismus in Westdeutschland*.

Sobre a relação entre a economia marxista e a burguesa, cf. D. Horowitz (org.), *Marx and Modern Economics*; O. Lange, *Politische Ökonomie*; J. Robinson, *Kleine Schriften zur Ökonomie*; e id., *Die fatale Politische Ökonomie*; A. Löwe, *Politische Ökonomie*. Para análises mais recentes sobre o capitalismo tardio, cf. J. K. Galbraith, *Industriegesellschaft*; R. L. Heilbronner, *The Limits of American Capitalism*; A. Schonfield, *Geplanter Kapitalismus*; E. Varga, *Die Krise des Kapitalismus und ihre politischen Folgen*; M. Kidron, *Rüstung und wirtschaftliches Wachstum. Ein Essay über den westlichen Kapitalismus nach 1945*. Outras análises são particularmente interessantes: C. Offe, "Politische Herrschaft und Klassenstrukturen", p.155 et seq., e também, id., "Das politische Dilemma der Technokratie", p.156 et seq.; J. Huffschmid, *Die Politik des Kapitals. Konzentration und Wirtschaftspolitik in der Bundesrepublick*; J. Hirsch, "Zur politischen Ökonomie des politischen Systems", p.190 et seq., assim como, id., *Wissenschaftlich-technischer Forstschritt und politisches System*; além disso, U. Rödel, *Forschungsprioritäten und technologische Entwicklung*; E. Altvater; F. Huisken (orgs.), *Materialien zur Politischen Ökonomie des Ausbildungsgewesen*; D. Hirsch; St. Leibfried, *Materialien zur Wissenschafts- und Bildungspolitik*; G. Fischer (org.), *The Revival of American Socialism*.

Sobre a psicologia social

Nos últimos anos, o vínculo entre marxismo e psicanálise, negado pela ortodoxia, foi redescoberto. Isso não ocorreu apenas por causa da reimpressão das principais obras de

Wilhelm Reich (pela Kiepenheurer & Witsch); nesse ínterim, também a controvérsia, que teve lugar na segunda metade dos anos 1920 entre Bernfeld e Reich, Jurinetz, Stoljarov e Sapir, foi documentada e explicada de um excelente modo por J. Sandkühler (org.), *Psychoanalyse und Marxismus*. Cf. também R. Osborn, *Marxismus und Psychoanalyse*. Sobre os motivos freudianos e marxistas em E. Fromm, cf. Fromm, *Analytische Sozialpsychologie und Gesellschaftstheorie*; e na Teoria Crítica, cf. M. Horkheimer (org.), *Studien über Autorität und Familie*; T. W. Adorno, "Zum Verhältnis von Soziologie und Psychologie", p.11-45; H. Marcuse, *Eros und Zivilisation* (sob o título *Triebstruktur und Gesellschaft*); sobre Marcuse: H. Berndt; R. Reiche, "Die geschichtliche Dimension des Realitätsprinzips", p.104 et seq.; cf. também R. Reiche, *Sexualität und Klassenkampf. Zur Abwehr repressiver Entsublimierung*; sobre isso, cf. W. F. Haug, "Sexuelle Verschwörung des Spätkapitalismus", p.87-108. Para esse conjunto de questões: H. Dahmer, "Psychoanalyse und historischer Materialismus", p.60-92.

Uma discussão sistematicamente frutífera surge (a) do âmbito da metodologia: sobre isso, cf. P. Ricoeur, *Die Interpretation. Ein Versuch über Freud*; J. Habermas, *Erkenntnis und Interesse*, p.262 et seq.; A. Lorenzer, *Sprachzerstörung und Rekonstruktion*, assim como, id., "Symbol, Interaktion und Praxis", p.9-59; K. Horn, *Kulturistische Tendenzen der modernen psychoanalystischen Orthodoxie*, p.93-151; e (b) do âmbito de uma teoria dos processos de formação, que introduz os princípios básicos da metapsicologia, da psicologia da linguagem e da psicologia do desenvolvimento cognitivista em uma teoria da socialização centrada em um conceito de identidade do eu fundado na teoria dos papéis (L. Krappmann, *Soziologische Dimensionen der Identität*). Cf. as abordagens de U. Oevermann, *Sprache und soziale Herkunft*. Nesses contextos, são levadas a cabo discussões sobre a estrutura dos sistemas familiares patogênicos, sobre problemas de comportamento desviante e processos de aprendizagem compensatórios, sobre modelos alternativos de educação etc.

7
Tarefas críticas e conservadoras da sociologia

Os cientistas sociais podem responder questões levantadas de um ponto de vista prático com recomendações técnicas que eles obtêm a partir de uma análise metodologicamente rigorosa das relações causais "se então". Na utilidade organizatória de tais recomendações ainda não se mede, contudo, o caráter crítico ou conservador de uma sociologia. Tal caráter depende, pelo contrário, de saber se há a exigência de que os instrumentos de pesquisa *per se* estejam a serviço das instituições e autoridades então vigentes – ou se também são utilizados para sua modificação ou dissolução. Carl Brickmann pretendeu nesse mesmo sentido reivindicar a sociologia como ciência de oposição; veremos que ela foi, na mesma medida, uma ciência de estabilização. Antes de tudo, é preciso averiguar se esse linguajar faz sentido ainda *hoje*. Em todo caso, aquele que geralmente exige da sociologia tarefas críticas ou conservadoras, acaba se chocando com uma contradição enérgica.

Enquanto uma ciência da experiência que em sua construção lógica e nos procedimentos metodológicos se detém nas regras dos sistemas empírico-teóricos (ou que pelo menos pretende se deter), a sociologia permanece neutra diante das possíveis consequências políticas de seus resultados transpostos para a práxis. De acordo com um argumento oposto, ela certamente pode posteriormente transformar a relevância política de suas conquistas no campo da práxis em um objeto de investigação; mas ela não pode pretender esses resultados de antemão como sua própria tarefa. Pois assim a sociologia imploditia o modelo positivista de ciência ao qual hoje está subordinada (com algumas poucas, ainda que insignificantes, exceções). *No interior* dessa autocompreensão da teoria da ciência, porém, o sociólogo permanece atuando dentro da margem de manobra de seu duplo papel na qualidade de cientista *e* cidadão: ele pode selecionar as tarefas que gostaria de elaborar sociologicamente segundo pontos de vista de relevância política, mas tal decisão prévia tomada por ele enquanto cidadão não pode exercer qualquer influência sobre o próprio trabalho científico.[1]

Na base dessa autocompreensão da sociologia residem as conhecidas distinções de Max Weber. Contudo, não remeterei a *essa* discussão que deveria limpar as ciências sociais dos motivos da política social.[2] Em primeiro lugar, a questão sobre as tarefas críticas e conservadoras da sociologia está legitimada somente a partir do curso de sua própria história.[3] Primeiramente, temos de nos assegurar, lançando mão da história da ciência, de que maneira a sociologia concebeu sua relação política com a ordem estabelecida.

---

1 É nesse sentido que se expressa Dahrendorf, Sozialwissenschaft und Werturteil, p.27 et seq.

2 Cf. Hofmann, *Gesellschaftslehre als Ordnungsmacht*.

3 Cf. Jonas, *Geschichte der Soziologie*.

Teoria e práxis

I

A sociologia, juntamente com a economia, separou-se na segunda metade do século XVIII do *corpus* da filosofia prática. A tradição da doutrina clássica da política, no entanto, já tinha antes, com os escoceses, assumido a forma utilitária moderna da filosofia moral. Esta foi desenvolvida em disputa com a filosofia social de Hobbes – a escola dos pensadores escoceses procurou logo compreender a ordem natural da sociedade civil em termos "históricos", a qual no direito natural racional ainda fora construída com ajuda do instrumento do contrato. Hume havia levantado a questão do ponto de vista da filosofia moral: como seria possível uma política científica se as leis e as instituições dominantes não exercessem uma influência uniformizadora sobre a sociedade? Como seria possível uma fundamentação científica da moral se determinados caracteres não determinassem sentimentos correspondentes, e se estes não determinassem por sua vez as ações em uma relação constante?[4] Os três grandes escoceses da segunda metade do século, Adam Smith, Adam Ferguson e John Millar já haviam oferecido uma resposta *sociológica* a tal questão: as leis civis e as instituições dominantes seriam, assim como o comportamento dos homens, seus sentimentos e necessidades, dependentes do *state of society* [estado de sociedade]; e essa constituição social total é, de acordo com o grau de desenvolvimento, determinada pela história natural da sociedade civil. John Millar formulou o princípio que permitiu a esses primeiros "sociólogos" conceber a *natural history of civil society* [história natural da sociedade civil]

---

4 Hume, *Works*, v.4, p.102.

como uma conectividade em conformidade a leis: a espécie humana estaria disposta por natureza a melhorar suas condições de vida; e a homogeneidade de suas necessidades bem como a igualdade de capacidades teriam de satisfazer tais necessidades, levando, em todo caso, a uma notável uniformidade nos estágios de desenvolvimento social.[5] Esse conceito evolucionista de sociedade colocou os sociólogos diante da tarefa de descrever a história natural da espécie humana como uma *histoire raisonnée* [história racional]. Originalmente, a sociologia teve a pretensão de elaborar uma *theoretical* ou *philosophical history* [história teórica ou filosófica], que concebe em sua legalidade interna os fenômenos apreendidos pelo historiador, para que os pedagogos e os políticos aproveitem aquelas tradições que se transformam e se enriquecem ao mesmo tempo, podendo conduzi-las em uma direção desejada.

A mudança de tradições se realizou na maioria das vezes de uma maneira natural em uma espécie de adaptação inconsciente dos homens a situações mutáveis. Mas porque Millar acredita *conhecê-la* de acordo com suas leis na forma de um progresso na civilização da humanidade, a partir da conexão com os métodos de trabalho social e as ordens de propriedade privada, com o sistema de estratificação social e de dominação política, o desenvolvimento também parece se abrir para uma intervenção modificadora, para o refreamento ou a aceleração consciente. Sob esse ponto de vista, Millar também avalia a política inglesa de seu século: a política Tory se apoiou sobre a autoridade das instituições vigentes e sobre o interesse das classes privilegiadas; ela se fixa no *status quo*, enquanto a política

---

5 Millar, *The Origin of the Distinction of Ranks*, p.176.

Teoria e práxis

Whig se orientou pelos pontos de vista da utilidade social. A sociologia tomou partido nesse conflito entre *authority* [autoridade] e *utility* [utilidade], mas tomou partido segundo o que foi prescrito pela história natural da sociedade que ela mesma descobriu e compreendeu:

> Se investigarmos historicamente a extensão dos princípios Tory e Whig, é evidente que, com os progressos da indústria e do comércio, *o primeiro* desaparece paulatinamente e *o segundo* conquista terreno na mesma proporção [...] Desde aquele tempo [da Grande Revolução] houve um progresso constante da opinião pública. A filosofia [...] impulsionou suas pesquisas sobre a esfera política [...] os mistérios da dominação foram cada vez mais descortinados; e as circunstâncias que contribuem para a perfeição da ordem social foram descobertas. O governo [...] aparece como o verdadeiro servidor do povo, chamado para assumir a grande máquina política e mantê-la em movimento [...] O costume de avaliar as medidas públicas a partir de sua utilidade social se tornou universal; ele domina o círculo literário e a maior parte da classe média e também ganha terreno nas classes mais baixas.[6]

Millar conclui afirmando o seguinte: "[...] e quando o povo está ocupado em discutir as vantagens das diferentes ordens políticas, ele sente-se finalmente atraído até o sistema que tende à equiparação dos estratos sociais e à ampliação dos direitos civis de igualdade" – este é então o caminho que a história natural da humanidade decifrada sociologicamente toma de maneira tácita e com a força de um crescimento natural.

---

6 Ibid., p.354 (trad. por Habermas).

A sociologia dos filósofos morais escoceses se orienta contra o respeito cego às instituições e autoridades vigentes; ela exige uma investigação crítica de sua utilidade e de seus fracassos. Mas, simultaneamente, ela entende a tradição como a base sólida de um desenvolvimento continuado; pois ela não questiona em princípio a naturalidade do progresso, permanecendo, portanto, conservadora. Sua crítica se firma em consonância com o próprio conservadorismo da história natural.[7] O propósito crítico dos primeiros sociólogos nunca transgrediu as fronteiras do princípio conservador de seu professor comum, David Hume: *"Liberty is the perfection of civil society: but* [...] *authority must be acknowledge essential to its very existence"*.[8]

Recordamos esse início da sociologia a fim de apontar o entrelaçamento peculiar de suas intenções *ao mesmo tempo* críticas *e* conservadoras. Com isso, ela certamente já pode ser considerada, em sentido eminente, uma ciência do presente. Ela concebe a história do desenvolvimento da espécie humana sob a perspectiva do século XVIII inglês. Seu tema é a *civil society* [sociedade civil] que, sob o absolutismo parlamentar de

---

7 Sobre isso, é típica a avaliação de Millar sobre a Revolução Francesa: "Parece claro em seu conjunto que a difusão do saber é favorável à intervenção do princípio de utilidade em todas as discussões políticas; mas não devemos concluir com isso que os efeitos da autoridade pura, aquela que se exerce sem reflexão, sejam completamente inúteis" (Ibid., p.357). A disposição à obediência por parte das vastas massas é um corretivo utilizável contra os levantes e inovações prematuras.

8 Hume, *Works*, v.3, p.222. [Trad.: "A liberdade é a perfeição da sociedade civil; mas [...] a autoridade tem de ser reconhecida como essencial para sua plena existência". – N. T.]

uma aristocracia cada vez mais aburguesada pelos interesses capitalistas, se autonomizou enquanto uma esfera autêntica do social e que logo se tornou reconhecida por sua legalidade própria. A emancipação da sociedade civil é consumada com base na ordem revolucionária de 1688. *Esse* desenvolvimento não fez apenas com que a nova sociologia se tornasse um objeto de investigação, pois ela mesma se concebeu como parte dele. Nesse sentido, ela esteve igualmente consciente de sua origem Whig, isto é, sua própria origem revolucionária. Ela persegue inquestionavelmente um interesse crítico – a saber, o esclarecimento, que se formou no século XVIII, de uma esfera pública política de cidadãos privados, mais precisamente conduzindo tal esclarecimento no sentido de um progresso natural do intercâmbio burguês segundo critérios de utilidade social. Ao mesmo tempo, esse interesse que orienta o conhecimento, precisamente com base na desejada revolução, *também* é conservador. A *tradição do progresso* deve ser conservada exatamente contra a supressão prematura de autoridades socialmente úteis bem como garantida contra a afirmação cega de autoridades historicamente obsoletas.

II

A história permanece história natural no exato sentido de que a conexão entre *authority* e *utility* parece ser descoberta tanto de maneira objetiva no progresso natural da sociedade em direção à liberdade civil quanto na teoria que a assumiu como tema. Essa conexão se rompeu pela primeira vez com a Revolução Francesa. Apenas então a sociologia passa a ser declaradamente uma ciência das crises: "A verdade nua e crua, que precisa ser enunciada nas condições atuais, diz o seguinte: chegou o momento da crise".[9]

Essas palavras do conde Saint-Simon foram proferidas com propósito crítico; e com propósito exatamente contrário, o seu opositor conservador, visconde de Bonald, poderia concordar com elas. Tal como Saint-Simon, ele também descende de uma antiga família nobre; também como ele, a sensibilidade pelo contexto social dos acontecimentos políticos foi, por assim dizer, mérito de sua história de vida: os dois contemporâneos desde sempre foram impelidos a um tipo de consideração que fundou pela primeira vez no continente a sociologia. Aqui, na França pós-revolucionária em que retornaram os Bourbons, a sociologia foi projetada ao mesmo tempo com base em duas versões inconciliáveis, na qualidade de ciência de oposição com Saint-Simon, e na de ciência de estabilização com visconde de Bonald. Ambos pretenderam contribuir em igual medida para resolver a crise que foi introduzida juntamente com a Revolução e que desde então se tornou permanente; ambos interpretaram essa crise como uma subversão *social* – a saber, na forma de divórcio entre uma esfera social em sentido estrito, unificada pelos interesses do intercâmbio mercantil e do trabalho social, e uma ordem política cuja legitimação até aquele momento esteve enraizada de forma imediata e essencialmente incontestada na hierarquia social. Conforme esse divórcio, essa separação entre sociedade e Estado é interpretada como emancipação ou anarquia, a sociologia passa a estar a serviço do "industrialismo" ou do "tradicionalismo" – ambos os termos foram empregados nessa época.

---

9 Saint-Simon apud Ramm, *Der Frühsozialismus*, p.58.

Teoria e práxis

Saint-Simon quis consumar a Revolução de maneira epocal mediante a organização da sociedade; o visconde de Bonald quis rebaixá-la a mero episódio mediante uma "reconstituição" da sociedade. Enquanto Saint-Simon liberta a esfera do trabalho social dos poderes meramente políticos, submetendo-a à autogestão dos dirigentes das indústrias – com isso, a reprodução da vida social pode ser racionalmente regulada e a vantagem social maximizada para todos os trabalhadores –, visconde de Bonald, contrariamente, vê a salvação unicamente na submissão da "sociedade natural", de uma mera sociedade de subsistência, à dominação da chamada "sociedade política", a saber, à monarquia, clero e aristocracia. Pois, segundo ele, os homens só encontram sua existência substancial na concreção de uma instituição social provida de indiscutível autoridade. Nesse sentido, a sociedade civil se "constitui" na figura concreta do Estado e da Igreja, na monarquia hereditária e no catolicismo de Estado. Apenas sob a dominação desses poderes genuinamente políticos a "sociedade constituída" tendeu "a fazer com que todos os homens, todas as famílias, todas as profissões se tornassem corporações. Ela vê (portanto) os homens na família, a família apenas nas profissões, as profissões apenas nas corporações".[10] Esse conceito de sociedade constituída se relaciona polemicamente com o conceito de sociedade industrialmente organizada. Nesta última, segundo Saint-Simon, o poder governamental, que impõe a obediência, é substituído em favor da ação administrativa, que regula o intercâmbio social – "a administração suprema da sociedade abrange a invenção, o exame e a aplicação das vantagens úteis

---

10 Bonald, *Oeuvres completes*, v.1, p.757.

para a massa".[11] O exercício da autoridade está subordinado aos pontos de vista da utilidade. A sociedade, que é organizada racionalmente no interesse de todos os trabalhadores produtivos, reintegrou nela o Estado – em vez de apenas trocar de senhor, ela alterou a própria natureza da dominação.

A sociologia como ciência das crises esteve desde o início dividida: ela surgiu igualmente do espírito da Revolução e da restauração; todos os partidários da guerra civil apelaram a ela. E a dupla intenção de uma dissolução crítica da autoridade ou de sua conservação a qualquer preço também determinou as lutas por sua orientação na segunda metade do século XIX, chegando quase até nossos dias.

De início, no entanto, a autocompreensão sociológica da relação entre teoria e práxis era precária. Já o visconde de Bonald teve de enfrentar tal dificuldade com a qual lidou todo teórico do contraesclarecimento. Tal como a entendo, trata-se da dificuldade de, mediante a reflexão, servir à autoridade cuja estabilidade pode ser unicamente assegurada caso permaneça apartada de toda discussão. Nem todo um povo de filósofos, como se diz, seria capaz de expor a eticidade substancial que já se encontra efetivada nas instituições sociais.[12] A consequência, contudo, seria a seguinte: que uma sociedade assombrada pela desordem e que só pode ser reconstruída por uma imediata autoridade deve esperar de uma teoria da sociologia apenas a insegurança que meramente se perpetua. A sociologia só poderia esperar eficácia se assumisse a forma de uma teologia – uma

---

11 Ramm, *Der Frühsozialismus*, p.45.

12 Spaemann, *Studien über L. G. A. de Bonald*, principalmente p.19 et seq.

conclusão que o visconde de Bonald não se furtou em tirar, assim como também os próprios discípulos de Saint-Simon.[13]

Pois também para este último surgiu uma dificuldade que não era menor; ele procura em vão para seu plano de construção de uma sociedade organizada os engenheiros para executá-lo. Quem, como o visconde de Bonald, quer reconstruir a sociedade como um contexto institucional autoritário e irracional, se vê remetido à educação de uma ética social; quem, contrariamente, como Saint-Simon, quer construir uma sociedade na qualidade de organização racional constituída por um intercâmbio amplamente despolitizado, acaba cedendo aos encantamentos de uma utopia social: é exatamente assim que se pode ler os incontáveis apelos aos chefes das empresas industriais para que finalmente retirem o poder dos que são puros ociosos.

A filosofia moral inglesa e a sociologia de uma história natural da sociedade civil que decorre daquela se mantiveram na tradição da doutrina clássica da política na medida em que puderam se compreender em conexão com uma esfera pública política. Essa forma de teoria permaneceu atrelada à instrução de uma práxis política [*staatsbürgerlich*] e ao comportamento individual – antes uma orientação da ação dos homens diante de homens do que uma prescrição científica para a condução de processos de produção, para uma racionalização da relação civil. A sociologia dos escoceses poderia se limitar a essa condução prática em sentido estrito do processo histórico, porque ela era consciente de estar em consonância com ele: sem chegar à ideia de que o progresso social deveria ser organizado pelos próprios

---

13 Cf. o recente e interessante capítulo sobre o positivismo sociológico em Gouldner, *The Coming Crises of Western Sociology*, p.88 et seq.

homens. Mas quando Saint-Simon projetou sua sociologia a partir dessa ideia, fechou-se para ele aquela dimensão da práxis que desde Aristóteles havia sido separada da *poiesis*, da produção de uma obra conforme a um plano. Para Saint-Simon, a práxis política é dissolvida na técnica política de organização social de tal modo que ao final a transposição da teoria em práxis não pode mais ser tratada de maneira teórica; fica atrelada à vaga esperança de que os industriais se deixem mover algum dia pela leitura de Saint-Simon em direção à revolução. Marx foi o primeiro a erguer a pretensão de assumir o limiar da utopia social em que Saint-Simon permaneceu.

Com a ação revolucionária do proletariado, Marx introduz novamente a práxis política na própria teoria. Apenas a ruptura prática do aparelho estatal existente possibilita que se efetive a técnica daquela organização social projetada em termos abstratos por Saint-Simon. Marx só pode escapar do utopismo dos primeiros socialistas se comprovar que as *técnicas* sociais dos planejadores da sociedade podem ser mediadas pela *práxis* politicamente vitoriosa dos opositores de classe. Ele precisa tornar sociologicamente plausível o fato de que essa práxis é tanto um produto da história natural da sociedade civil quanto dos elementos da própria formação da nova sociedade. Para tanto, contudo, já não basta o evolucionismo ingênuo dos escoceses, sendo necessária, pelo contrário, uma legalidade de espécie particular. A dialética histórica deve garantir um desenvolvimento em que a história, por força de sua naturalidade, no final é suprimida *enquanto* história natural. Com a exequibilidade do acontecer histórico, a maioria da espécie humana deve ao mesmo tempo progredir tanto que os homens também alcançam a possibilidade objetiva de traçar sua história

Teoria e práxis

com consciência e vontade. É desse modo que Marx concebe a mediação da técnica política com a práxis política.

Marx reservou à sociologia a tarefa de se tornar um poder prático; sabemos hoje que, em tal percurso, ela se enredou em uma dialética que não tinha previsto: na dialética do humanismo revolucionário e do terror stalinista.[14] Não deveríamos nos privar de tentar examinar se o caminho alternativo que a sociologia acadêmica adotou em meados do século passado realmente conduz a posições *para além* da precária discrepância que lhe é peculiar enquanto ciência crítica. Aquelas tarefas, sejam críticas ou conservadoras, e das quais a sociologia se desvencilha conscientemente *enquanto tarefas*, deveriam renascer pelas suas costas?

III

É considerável a distância da sociologia moderna em relação aos primórdios na Inglaterra do século XVIII e na França do começo do século XIX, que abordamos brevemente. Outrora, com a autonomização da esfera da sociedade civil, a sociologia moderna passou a levar em consideração a sociedade *como um todo*; a ciência experimental rigorosa, contrariamente, precisa renunciar a um conceito explícito do contexto de vida social em sua totalidade. Outrora, a dissolução de novos elementos de uma formação social antiga levava obrigatoriamente a uma interpretação da *história do desenvolvimento*; a ciência experimental rigorosa, diferentemente, precisa se contentar com o conceito de mudança social que seja neutro no que concerne à orientação.

---

14 Cf. Merleau-Ponty, *Humanismus und Terror*.

Outrora, a conexão entre teoria da sociedade e influência *prática* era evidente para seu desenvolvimento; a ciência experimental rigorosa precisa se limitar às recomendações técnicas.

Sobretudo dois fatos históricos, tal como me parece, se opõem a essa domesticação acadêmica de uma ciência de crises cada vez mais politizada. *Em primeiro lugar*, o deslocamento da guerra civil europeia para o âmbito de uma rivalidade intra-estatal entre diferentes sistemas sociais (ou seja, o processo que Lênin já havia interpretado como internacionalização da luta de classes). Ao mesmo tempo em que as sociedades industriais avançadas se consolidam e se satisfazem de acordo com suas necessidades internas, o conflito que tinha cindido a sociologia em ciência de oposição e ciência de estabilização perde sua acuidade manifesta. Na medida em que esse conflito pôde ser institucionalizado e igualmente transposto para fora, a sociologia se livrava da pressão das convicções atuais.[15]

O *segundo* fato que parece ser importante nesse contexto é a burocratização de âmbitos sociais, analisada inicialmente por Max Weber, e uma cientificização paralela da práxis. Ao aumento

---

15 Mayntz, Soziologie in der Eremitage, *Kölner Zeitschrift für Soziologie und Sozialpsychologie*, p.113 et seq: "O sociólogo de um país ocidental vive em uma sociedade que, no caminho que leva para o Estado de direito e de bem-estar, pôs fim a um bom número de relações de exploração e de injustiças sociais flagrantes, mas tenta interpretar as relações de poder ainda existentes em termos de contrato, de cooperação, de administração, de delegação, para, no nível nacional, mascarar ideologicamente os conflitos e transferi-los para o nível internacional". No entanto, a sociologia convencional, especialmente em conexão com os impulsos liberados pelo movimento estudantil de protesto, é colocada fundamentalmente em questão. Cf. sobre isso Gouldner, *The Coming Crisis of Western Sociology*.

de função do Estado administrativo, que intervém cada vez mais com meios técnico-sociais na organização da propriedade e no ciclo econômico, corresponde no interior do mundo do trabalho industrial e no mundo da vida urbana uma coerção à auto-organização e ao planejamento racional. Quanto menos a sociologia insiste hoje sobre a tematização do desenvolvimento da totalidade social mais se exige dela que se atenha a detalhes, seja por parte das burocracias estatais e sociais seja por parte de uma práxis científica profissionalizante. Tal exigência emerge igualmente do cotidiano de nossa sociedade: sempre que as rotinas habituais se deparam com resistências obstinadas, são necessárias recomendações técnicas e sugestões de organização social.

A sociologia não desenvolveu apenas métodos excelentes para se aproximar empiricamente de tais perturbações institucionais de uma sociedade burocratizada. Alguns de seus mais importantes representantes desenvolveram um ideal pragmático de ciência que corresponde exatamente à elaboração de problemas práticos particulares. Um conjunto dedutivo de proposições hipotéticas, isto é, uma teoria, deve ser desenvolvido de maneira *ad hoc* por ocasião de um problema particular existente em termos práticos e suscetível de ser solucionado de forma técnica. Se aquela crítica, que deveria se converter em poder prático para transformar a sociedade em seu todo, puder ser compreendida como um tipo de pragmatismo concernente à história universal, então a sociologia, mediante esse pragmatismo rigoroso, seria instrumentalizada para se tornar uma ciência auxiliar a serviço das administrações.

A autocompreensão dominante da sociologia moderna, contudo, não está satisfeita com isso. A pretensão de conhecimento, tanto hoje quanto antes, procura investigar sistematicamente as dependências funcionais em um âmbito social cuidadosamente delimitado. Essa apreensão, a mais completa possível, da realidade social dividida em setores deve então ser reservada a uma *general theory* [teoria geral] que reúne as teorias particulares correspondentes aos domínios dos objetos classificados. Como se determina aqui a relação da teoria com as pretensões crescentes da assim chamada práxis?

O próprio Talcott Parsons vincula com sua teoria o programa de um *control of social change* [controle de mudança social],[16] isto é, de influência e condução planificadas de mudança social. Com Karl Mannheim, essa concepção apresentada em grande estilo de uma sociologia como ciência de planejamento ainda tinha algo de uma *self-fulfilling prophecy* [profecia de autorrealização]; é evidente que diante de uma concepção mais modesta de sociologia enquanto ciência auxiliar, que elimina as perturbações rotineiras pontuais nos processos administrativos, tal concepção tinha o mérito de ser cada vez mais verdadeira. Desde que as decisões controladas das esferas sociais em seu todo entraram no raio de decisão de uma administração estatal que atua na organização social, também a capacitação e a deliberação das ciências sociais se inserem nos trabalhos de planejamento em grande escala. Os planejamentos para os países individuais em desenvolvimento oferecem exemplos drásticos.

A sociologia, ao assumir o papel de uma tal ciência de planejamento, contudo, também precisa se limitar às operações analíticas; mas estas não podem ser confundidas com projetos tecnocráticos. Também a cooperação com as grandes burocra-

---

16 Parsons, The Problem of Controlled Institucional Change.

Teoria e práxis

cias a serviço de uma condução científica da práxis política não cumpre plenamente a utopia de Saint-Simon. Os sociólogos também não foram convocados hoje para serem autores dos programas de desenvolvimento voltados à organização social. Na medida em que não pode de modo intencional ou negligente causar danos à autolimitação positivista, uma ciência empírica é sem dúvida incapaz de produzir metas e pontos de vista que organizem a ordem social, estabelecer prioridades e projetar programas. Certamente, ela pode induzir a ação política a se adaptar a uma racionalidade com respeito a fins; mas os próprios fins e a direção dos projetos e planejamentos, para os quais foi requerida, continuam lhe sendo estranhos. Exatamente na cooperação com as burocracias de planejamento, em que a sociologia pode ser mais exitosa quanto mais eficaz for, ela tem de se submeter à divisão de trabalho entre análise e decisão, diagnóstico e programa: quanto mais ela puder ser transformada (se não em poder prático, ao menos) em poder técnico, mais seguramente se fecha diante dela a dimensão em que poderia aceitar tarefas críticas ou conservadoras segundo sua própria responsabilidade.

Helmut Schelsky formulou isso do seguinte modo:

A ação social definitivamente não é mais pensada segundo as estruturas antropológicas e espirituais que se relacionam à unidade da pessoa; nem o cientista nem o prático podem hoje pretender agir e se autocompreender enquanto pessoa como se fosse, por assim dizer, o sujeito universal da ação social. A ação social tem de ser entendida antes, fundamentalmente, como um sistema de cooperação e especialização em que não apenas o âmbito objectual, mas também as formas de ação e de pensamento são decompostas

segundo o princípio da divisão do trabalho e referidas reciprocamente. Esse sistema de ação social não permite mais reunir em uma
mesma ideia formas de pensamento diagnósticas e programáticas,
pontos de vista do ser e do dever-ser. [E continua] O acento na
função puramente analítica da sociologia ou de sua tarefa de justificar a realidade enquanto tal pressupõe justamente que ela de
modo algum conceba a ação social como total.[17]

Schelsky não menciona esse fato meramente para registrá-
-lo de maneira afirmativa. Mas interpretá-lo significa assumir
a autorreflexão da sociologia no nível em que esta possa se
distanciar de seu pragmatismo. O próprio Schelsky oferece
uma interpretação digna de consideração. Ele é da opinião de
que a sociologia, com base naquela rígida divisão de trabalho
entre análise e decisão e para além das tarefas pragmáticas,
pode reencontrar o espaço de liberdade de reflexão que antes
fora reservado para a filosofia. Se a ciência social integrada pela
divisão de trabalho, diz ele, pode esclarecer o espaço de decisão
das administrações que atuam da perspectiva da organização
social, mas não pode propriamente restringi-lo; se ela está antes sujeita de modo axiologicamente neutro a um sistema de
ação que consome suas recomendações técnicas sem que possa
ser controlado a partir de "receitas gerais de transformação
do mundo" de caráter sociológico; então, no nível da autorreflexão, a sociologia pode ser separada com razão de todas as
pretensões imediatamente práticas e se entregar de maneira
contemplativa ao trabalho de interpretação de época.

---

17 Schelsky, *Ortbestimmung der deutschen Soziologie*, p.124. Cf., sobre isso,
Luhmann, *Zweckbegriff und Systemrationalität*.

Esse trabalho consiste em "tornar visível o que ocorreu até agora e o que absolutamente não é para ser modificado".[18] Nessa função de uma ciência interpretativa, a sociologia alcançaria explicitamente a tarefa *conservadora* de uma metacrítica de si mesma enquanto ciência de planejamento: ela teria de mostrar as *fronteiras* do planejamento, a saber, a solidificação do existente que se subtrai da exequibilidade. Na base do estabelecimento dessa tarefa conservadora reside a tese que Schelsky formulou em outro lugar: "A sociologia se coloca diante de um fenômeno que, contra as expectativas de todas as utopias intelectuais, será intelectualmente reconhecida com a máxima dificuldade: a estabilização das sociedades industriais no emudecimento dos novos meios sociais e 'naturais'".[19] "O que aqui é restaurado? No máximo, a coerção das circunstâncias e, com isso, a impotência do homem, a qual, aliás, solidifica precisamente o novo."[20]

O ponto de partida dessa reflexão é problemática. Schelsky chega a seu teorema da estabilidade aparentemente apenas mediante uma antecipada atenuação e minimização das atividades institucionais de planejamento e inovação: pois ele interpreta tacitamente aquela cooperação baseada na divisão de trabalho entre ciências sociais e burocracias de planejamento segundo o modelo de tais instituições naturalizadas, das quais já o visconde de Bonald tinha prometido a garantia da existência substancial: "Desse modo, as instituições não são

---

18 Schelsky, *Ortbestimmung der deutschen Soziologie*, p.125 et seq.

19 Id., Zur Standortbestimmung der Gegenwart, p.193. Publicado recentemente, Schelsky, *Auf der Suche nach Wirklichkeit*, p.424 et seq.

20 Ibid. Cf. também Gehlen, Über kulturelle Kristallisationen, p.311-328.

apenas sínteses teleológicas, mas também sínteses mentais em que as ciências particulares precisam ser introduzidas com suas verdades parciais para possibilitar o sistema de uma ação social".[21] Mas um sistema de ação desse tipo não pode ser obtido simplesmente pelo fato de que nele estejam desocupados certos lugares decisionistas e isolados contra intromissões racionalizantes, aquela imediatez digna de confiança das instituições estáveis em que antigamente a vida em comum dos homens pôde ser regulada segundo regras tradicionais de forma autoritária. O interessante, por outro lado, é precisamente o fato de que, em uma sociedade altamente industrializada, os lugares centrais de planejamento e administração têm de estar dotados com amplas competências e com os instrumentos efetivos correspondentes, *sem* que uma racionalização científica possa penetrar os pátios internos das avaliações e decisões espontâneas.[22]

A exequibilidade das coisas *e* das relações sociais aumenta de fato independentemente de terem sido feitas ou não com consciência. Visto que uma ciência social instrumentalizada pela divisão de trabalho não deve ser trazida à consciência de um macrossujeito social, surge assim o perigo de que a influência técnica e organizatória crescente da mudança social nas rotinas habituais reconquiste de fato uma segunda naturalidade. Pois assim, o limiar daquela consciência de risco pressionaria para

---

21 Schelsky, *Ortbestimmung der deutschen Soziologie*, p.126.

22 Em contraposição à versão explícita que, nesse ínterim, esses teoremas receberam na teoria do sistema (cf. Buckley, *Sociology and Modern Systemtheory*; Luhmann, *Soziologische Aufklärung*), eu desenvolvi minha tese mais pontualmente em: Habermas; Luhmann, *Theorie der Gesellschaft oder Sozialthechnologie?*

Teoria e práxis

que ela se responsabilizasse pelos processos que acompanha. Se, com isso, ainda pode ser exigido da sociologia, para além do pragmatismo de uma ciência empírica de planejamento, uma tarefa, então esta seria a seguinte: em vez de tornar visível o que *acontece* de qualquer modo, permanecer consciente daquilo que em todo caso *fazemos*, a saber, ter de planejar e configurar não importando se o fazemos com consciência ou cegamente e sem reflexão. Uma sociologia desse tipo deveria pensar precisamente da perspectiva pré-projetada de maneira fictícia de um sujeito universalizado da ação social. Apenas nesse *duplo papel* a sociologia pode tomar consciência de si mesma; ela e a sociedade podem se proteger de uma elaboração acrítica do existente, de sua consolidação ingenuamente consumada com meios científicos.[23]

Essa sociologia seria crítica no sentido altamente dialético de uma conservação de sua própria tradição crítica. Pois é dessa mesma tradição que provém a pretensão investida programaticamente em nossas instituições — aquele sentido tornado "objetivo" do esclarecimento humano que fornecesse o critério histórico para o controle sociológico bem-sucedido

---

23 Uma "pesquisa empírica que [...] em virtude de seu modo de consideração dinâmico tende mais à inovação do que à conservação" (Mayntz, Soziologie in der Eremitage, *Kölner Zeitschrift für Soziologie und Sozialpsychologie*, p.116) já não é *per se* "crítica" no nosso sentido. Em uma sociedade dinâmica como a nossa, o conservadorismo ainda sobrevive precisamente como adaptação elástica ao "progresso" institucionalizado que acompanha as inovações técnicas. Um tal escasso distanciamento daquilo que "acontece de qualquer modo" é a pressuposição psicossocial para uma preservação — em nosso sentido, "conservadora" — das estruturas fundamentais, cuja transformação teria de ser mediada por uma consciência distanciada.

de uma ação técnico-política conduzida pelas ciências sociais. A sociologia crítica é capaz de lembrar daquilo que um dia se pretendeu com a ajuda do que hoje precisa ser diariamente realizado [*zu Verwirklichenden*] e do que de fato já se alcançou [*Erreichten*].[24] Ela assume literalmente o sentido pretendido das instituições existentes, pois mesmo lá onde se trata de expressões utópicas, entendidas realisticamente, tais expressões revelam no existente aquilo que este *não* é. As falsas identificações entre o que é pretendido e o que é obtido são do mesmo

---

24 Adotando uma atitude empírico-analítica, temos de separar o normativo do fático e objetivar as tradições hoje vigentes em *um único* nível junto com todos os outros "sistemas de valores". Diante disso, a sociologia, que toma consciência de que *ela própria* nasce historicamente do contexto objetivo de interesses, ideologias e ideias, alcança a dimensão da crítica por uma via hermenêutica: a dogmática da situação vivida não pode ser excluída pela formalização, ela não pode ser alienada, mas apenas rompê-la e ultrapassá-la do interior, no decorrer de uma identificação com as tradições vigentes. A sociologia crítica, no sentido em que a entendemos, só é possível enquanto sociologia histórica. Seus conceitos são mediados pela compreensão de sentido que se tornou "objetiva" nas tradições e instituições e graças às quais os diferentes grupos sociais tornam compreensíveis, "expõem", sua situação determinada. Somente assim tais conceitos podem ser medidos no mesmo contexto determinado de interesses que interpretam. Essa dupla linguagem dialética é o preço a ser pago para que uma tal teoria assegure seu pertencimento a uma práxis vital que certamente reflete nela. Em uma diferença fundamental com relação à sociologia do saber, ela conserva suas categorias de uma crítica que pode rebaixar à ideologia apenas aquilo que foi levado a sério em sua própria intenção como ideia. Cf. o recente Apel (org.), *Hermeneutik und Ideologiekritik*; e também, Sandkühler, *Praxis und Geschichtsbewußtsein. Fragen einer dialektischen und historisch-materialistischen Hermeneutik*.

modo, embora não na mesma medida, funestas, sobretudo se forem forçadas com terror e produzidas com manipulação. Se a sociologia crítica mostra sem acusação e sem justificação que a seguridade pelo preço de um risco crescente não significa segurança; que a emancipação pelo preço de uma regulamentação elevada não significa liberdade; que a prosperidade pelo preço da reificação do desfrute não significa abundância; então esse controle, como sempre amargo, dos resultados é *sua* contribuição para libertar a sociedade do pesadelo huxleyniano, das perspectivas orwellianas sombrias. Esse controle dos resultados teria um objetivo decisivamente político de evitar com que nossa sociedade se transformasse, sob um regime autoritário, em uma instituição fechada – inclusive quando não houvesse qualquer resultado para além daqueles que foram alcançados.

Abandonamos o conceito de uma história natural da humanidade em progresso sempre para o melhor, o qual tinha anteriormente sido apadrinhado pela sociologia. As experiências de nosso século não oferecem qualquer indício para a convicção de que a civilização da humanidade seria a mais contundente de suas tradições. No entanto, a sociologia, em um tipo de repetição irônica, ainda que sem a garantia metafísica de uma ordem natural, parece ter de assumir tanto suas tarefas *críticas* como as propriamente *conservadoras*, pois ela retira os *motivos* da crítica unicamente da conservação de sua própria tradição crítica.[25]

---

25 Atualmente, não pretendo manter em pé essa afirmação. Cf. minha reflexão contra Adorno nos *Philosophisch-politische Profile*, p.194 et seq. Eu presumo que uma pragmática universal desenvolvida nos permitirá indicar de modo considerável as razões legais da crítica que não podem ser firmadas contingentemente em tradições históricas.

Não pretendo ocultar a reflexão especulativa que está na base dessas considerações. Não posso apresentá-la com a competência dos sociólogos, apenas, no entanto, sob a proteção daquele chapéu de arlequim que uma época científica colocou sobre a filosofia. Eu simplesmente parto do seguinte fato: com a crescente exequibilidade das coisas naturais e das relações sociais, aumentam abertamente também os riscos inerentes aos nossos conflitos; mas, simultaneamente, a pura reprodução da vida se torna dependente de pressupostos cada vez mais pretensiosos. A verdadeira dialética, que desde o início pretendeu estar fundada no fato de a natureza humana sempre ser mais do que natureza, desenvolve-se assim hoje em uma dimensão concernente à história universal. Pois tendo em vista as catástrofes que podem ser abarcadas com as mãos, que começam a se destacar mais claramente como as únicas alternativas para a supressão da guerra, para a segurança do bem-estar e, ainda que não de forma tão clara, para a ampliação da liberdade e independência pessoais – tendo em vista essas alternativas catastróficas, parece que certos projetos utópicos se tornaram um *minimum* exigido para uma existência penosa; que a vida mais dispendiosa, mais pródiga e mais fragmentada permanece quase a única forma de sobrevivência.

8
Dogmatismo, razão e decisão: sobre teoria e práxis na civilização cientificizada

A relação entre teoria e práxis sempre se referiu na tradição da grande filosofia ao bom e ao justo, à vida e ao convívio "verdadeiro" dos indivíduos e dos cidadãos. No século XVIII, essa dimensão de uma práxis de vida orientada em termos teóricos foi ampliada. Desde então, a teoria direcionada para a práxis e que também nesta se comprovava não abrange mais as ações e instituições naturais, verazes e autênticas de uma espécie humana que é constante segundo sua essência, pois agora teoria tem a ver antes com um contexto objetivo de desenvolvimento de uma espécie, o homem, que produz a si mesma para a realização de sua essência, a humanidade. Permanece ainda a pretensão de uma orientação por uma ação correta, mas a realização da vida boa, feliz e racional é tencionada no movimento vertical da história universal, afastando assim a práxis das etapas da emancipação. Pois a práxis racional é interpretada na qualidade de libertação de uma coerção que se impõe externamente do mesmo modo que o esclarecimento foi concebido enquanto aquela teoria que pode se orientar pelo interesse nessa libertação. O interesse cognitivo de uma teoria do esclarecimento é explicitamente crítico; ele pressupõe uma experiência específica que é apreendida tanto na fenomenologia do espírito de Hegel quanto na psicanálise de Freud – a experiência da emancipação mediante um discernimento crítico das relações de poder cuja objetividade depende unicamente do fato de não ser percebida. A razão crítica exerce poder sobre a parcialidade dogmática de maneira analítica.[1]

Na controvérsia entre crítica e dogmatismo, a razão toma partido, obtendo uma vitória em cada nova etapa da emancipação. Em uma razão prática concebida desse modo, convergem o discernimento e o interesse manifesto em uma libertação pela reflexão. O estágio mais alto de reflexão é congruente com um progresso na autonomia dos indivíduos, com a eliminação do sofrimento e com a busca pela felicidade concreta. A razão em conflito com o dogmatismo assumiu decisivamente em si mesma esse interesse – ela não aliena de si o momento da decisão. Antes, as decisões dos sujeitos são avaliadas racionalmente com base naquela decisão objetiva que foi exigida pelo interesse da razão. A razão ainda não renunciou à vontade pelo racional.

Ora, essa constelação de dogmatismo, razão e decisão se alterou profundamente desde o século XVIII, e isso na mesma medida em que as ciências positivas se transformaram nas forças produtivas do desenvolvimento social. À medida que ocorre a cientificização de nossa civilização, fecha-se a dimensão em que antes a teoria se direcionava para a práxis. As leis de autorreprodução exigem que uma sociedade industrialmente avançada sobreviva na escalada ascendente de uma disposição

---

1 Nesse ínterim, desenvolvi essas ideias em Habermas, *Erkenntnis und Interesse*.

Teoria e práxis

técnica cada vez mais ampla sobre a natureza e de uma administração dos homens e de suas relações recíprocas continuamente mais refinada do ponto de vista da organização social. Nesse sistema, ciência, técnica, indústria e administração se unem em um processo circular. A respeito de tal processo, a relação entre teoria e práxis não precisa se limitar à utilização racional e teleológica de técnicas garantidas pela ciência experimental. A potência social da ciência é reduzida ao poder de disposição técnica – ela já não é mais considerada como uma potência da ação esclarecida. As ciências empírico-analíticas produzem recomendações técnicas, porém, não oferecem qualquer resposta às questões práticas. A pretensão com a qual um dia a teoria se relacionou com a práxis se tornou apócrifa. Em vez de uma emancipação alcançada por um processo de esclarecimento, entra em cena a instrução da disposição sobre processos objetivos ou objetivantes. A teoria socialmente eficaz não concerne mais à consciência de homens que convivem e discutem entre si, mas ao comportamento de homens utilitários. A título de força produtiva de desenvolvimento industrial, ela altera a base da vida humana, mas não supera criticamente essa base para assim elevar a própria vida, e em benefício desta, a um outro patamar.

A verdadeira dificuldade que surge da relação entre teoria e práxis não decorre, contudo, dessa nova função da ciência que se tornou um poder técnico, mas do fato de que não podemos mais distinguir entre poder técnico e prático.[2] Mesmo uma civilização cientificizada não está dispensada de responder às questões práticas; por isso, surge um perigo peculiar quando o processo de cientificização rompe as fronteiras das questões

---

2 Cf. minha investigação *Technik und Wissenschaft als "Ideologie"*.

técnicas sem se desvencilhar do estágio de reflexão de uma racionalidade limitada ao horizonte tecnológico. Pois nenhuma tentativa é feita para a obtenção de um consenso racional por parte dos cidadãos no que diz respeito ao domínio prático de seu destino. Em seu lugar, surge a tentativa de ampliar tecnicamente, isto é, de uma forma que não é prática e nem histórica, a disposição sobre a história como uma espécie de administração perfeccionista da sociedade. A teoria, que ainda se relacionava com a práxis em um sentido genuíno, concebe a sociedade como um contexto de ação constituído por homens capazes de linguagem, que efetivam o intercâmbio social no contexto de uma comunicação consciente e que têm de se formar como um sujeito total capaz de ação – caso contrário, os destinos de uma sociedade cada vez mais rigidamente racionalizada em seus aspectos particulares escapam em seu todo do cultivo racional, do qual tal sociedade carece ainda mais. Contrariamente, uma teoria que troca a ação pela disposição não é mais capaz de alcançar tal perspectiva. Ela concebe a sociedade enquanto uma correlação de modos de comportamento em que a racionalidade é compreendida unicamente na forma de controle técnico-social, mas deixando de ser mediada por uma consciência coerente da totalidade social, vale dizer, por aquela razão interessada que só pode obter poder prático se passar pela cabeça de cidadãos esclarecidos politicamente.

Na sociedade industrialmente avançada, pesquisa, técnica, produção e administração se fundem em um sistema intransparente, mas funcionalmente interdependente. Isso se tornou literalmente a base de nossa vida. Nós nos relacionamos com tal sistema de modo notável, ao mesmo tempo íntimo e certamente também alienado. De um lado, vinculamo-nos externamente a essa base por meio de uma rede de organizações e uma corrente de bens de consumo, de outro, tal base permanece desvinculada do conhecimento e mesmo da reflexão. Ante esse estado de coisas, no entanto, apenas uma teoria que está direcionada para a práxis reconhecerá o paradoxo que se evidencia: quanto mais o crescimento e a mudança da sociedade forem determinados pela mais extrema racionalidade dos processos de pesquisa estabelecidos conforme a divisão de trabalho, menos a civilização cientificizada estará ancorada no saber e na consciência de seus cidadãos. Nessa desproporção, as técnicas orientadas pelas ciências sociais e eleitas segundo decisões teóricas, que ao final são controladas de modo cibernético, encontram seus limites intransponíveis; isso só pode ser modificado mediante a transformação da própria situação da consciência, isto é, mediante a consequência prática de uma teoria que não pretende manipular melhor coisas e elementos reificados, mas que, antes, por meio de representações penetrantes de uma crítica persistente, reforça o interesse da razão na maioridade, na autonomia da ação e na libertação do dogmatismo.

Razão decidida e o interesse do esclarecimento: Holbach, Fichte e Marx

Essas categorias, como, em geral, a constelação de dogmatismo, razão e decisão, que fundara a unidade de teoria e práxis, remontam ao século XVIII. No Prefácio a seu *System der Natur* [Sistema da natureza], Paul Thiry d'Holbach fala do afugentamento do espírito pelos preconceitos: o espírito estava tão coberto pelo véu das intuições que desde a infância se estendia sobre ele que somente com o maior esforço poderia se desvencilhar.[3] Dogmatismo porta aqui também o nome de preconceito; com ele se confronta uma razão conduzida a partir da experiência. Ela incita o homem a estudar a natureza, enquanto a infelicidade do dogmatismo surge da tentativa de ultrapassar essa esfera do mundo visível. A razão crítica limitará o homem ao papel de físico; ele se enredou na elucubração de seu preconceito porque quis ser metafísico antes de ter sido físico. No entanto, aqui já se tornou totalmente clara aquela distinção para a qual os princípios do positivismo configuraram meramente como refrão. E, de qualquer forma, o esclarecimento não pretendeu formular de maneira positivista a oposição entre dogmatismo e razão.

O título de preconceito, na verdade, abrange mais do que a síntese de opiniões subjetivas. A parcialidade dogmática não é um simples erro que seria facilmente dissipado com procedimentos analíticos. O erro, que tinha a ver com o esclarecimento, é antes a falsa consciência de uma época, que está ancorada nas instituições de uma falsa sociedade e, por seu turno, consolida-se nos interesses dominantes. A objetividade massiva do preconceito, do qual se poderia falar de forma mais adequada como sendo uma prisão do que meramente uma elucubração, manifesta-se nas repressões e recusas da maioridade sonegada:

Atribuímos o erro às pesadas correntes que os déspotas e os padres forjam em todas as nações. Atribuímos o erro à escravidão sofrida pelos povos em quase todos os países [...]. Atribuímos o

---

3 Holbach, *System der Natur*, p.5; sobre isso, cf. Mensching, *Totalität und Autonomie. Untersuchungen zur philosophischen Gesellschaftstheorie des französischen Materialismus.*

Teoria e práxis

erro aos terrores religiosos que por toda parte causam pavor aos homens e pelas quimeras difundidas. Atribuímos o erro à hostilidade inveterada, às persecuções bárbaras, ao derramamento de sangue contínuo e às tragédias revoltantes.[4]

Ignorância coincide com sofrimento e felicidade inalcançável, incerteza com escravidão e incapacidade de agir com correção. Mas porque o preconceito retira sua objetividade peculiar dessa ligação da maioridade sonegada com a liberdade recusada e com a libertação obstruída, é preciso contrariamente — para a supressão crítica da inverdade existente, do erro como substância, e também para além de um discernimento racional que conte com uma virtude cardinal da coragem — então que a própria razão viva dessa coragem em tomar partido pela razão, por aquele *sapere aude* que Kant transformou no mote de sua resposta à pergunta sobre o que seria o esclarecimento. A razão crítica exerce poder sobre o dogmatismo solidamente estabelecido porque tomou partido pela razão em interesse próprio. Por isso, e Holbach está convencido disso, ela não pode falar para homens corrompidos:

sua voz é ouvida apenas por homens honestos, acostumados a pensar por si mesmos e que possuam sentimento suficiente para lamentar os inumeráveis sofrimentos que as tiranias religiosa e política causaram ao mundo, e que sejam suficientemente esclarecidos para perceber a imensurável cadeia de males sob os quais, em todas as épocas, a espécie humana oprimida teve de sofrer por seus erros.[5]

---

4 Holbach, *System der Natur*, p.6.
5 Ibid.

A razão é inquestionavelmente equiparada com o talento para a maioridade e com a sensibilidade ante o mal deste mundo. Ela sempre se decide pelo interesse na justiça, no bem-estar e na paz; uma razão decidida luta contra o dogmatismo.

Ora, essa decidibilidade pretende valer como a base indiscutível de todos os esforços racionais, porque antes ainda se representava na categoria da natureza o que um esclarecimento tardio distinguiu de maneira precisa. O prefácio de Holbach já começa com a clássica declaração: "O homem é assim infeliz porque desconhece a natureza". O discernimento das leis da natureza deveria poder proporcionar, ao mesmo tempo, orientações para uma vida justa. Não é casual que o subtítulo do sistema tenha reunido em um único nome as *loix du monde physique* [leis do mundo físico] e *du monde moral* [do mundo moral]. Assim como já acontece em Hobbes, as duas seguintes coisas parecem decorrer do estudo da natureza: o conhecimento sobre de que maneira se relacionar com a natureza e a instrução sobre como os homens devem se comportar em conformidade com a natureza. No entanto, tão logo a natureza é objetivada pelas ciências experimentais, abdica-se da esperança de obter do conhecimento das leis causais, ao mesmo tempo, a compreensão das leis normativas. O esclarecimento positivista, que por isso se denomina radical, entreviu certos equívocos no conceito de natureza, colocando fim à convergência entre verdade e felicidade, erro e sofrimento, e reduzindo a razão a uma potência do conhecimento que junto com o aguilhão crítico perde também sua decidibilidade e se separa da decisão como um momento que lhe é estranho.

Ainda era possível evitar essa consequência, resgatar a razão na qualidade de categoria do esclarecimento e mesmo

Teoria e práxis

aguçar a luta contra o dogmatismo quando, no final do século XVIII, Fichte substituiu o sistema da natureza pela doutrina transcendental da ciência. Kant já tinha tirado da natureza e atribuído às operações sintéticas do sujeito a legislação tanto para um reino dos fenômenos determinado de forma causal quanto para um reino da liberdade erigido em normas autoimpostas. Fichte torna a razão prática autônoma e rebaixa a natureza a um material da ação produzido pela liberdade. Sob tais pressupostos modificados do idealismo, o dogmatismo já não pode mais ser superado por uma razão que estuda a natureza e que é controlada pela experiência sensível. Evidentemente, o próprio dogmatismo ganhou em poder e impenetrabilidade, mas ele se tornou penetrante e universal porque a parcialidade dogmática não foi estabelecida na forma de um preconceito institucionalizado por tiranos e padres – dogmática é antes uma consciência que se concebe na qualidade de produto das coisas que nos cercam, de produto da natureza: "O princípio do dogmático é crer nas coisas em razão delas mesmas: ou seja, crença mediata em seu próprio si distraído e sustentado pelo objeto".[6] O preconceito dos enciclopedistas franceses apareceu no Idealismo Alemão sob o nome de "dispersão" [*Zerstreuung*], de uma fixação da consciência imatura, constituída por um eu falível, na busca exterior por coisas existentes; isso significa a reificação do sujeito.

Mas se a razão se constitui mediante uma crítica da consciência reificada, então seu ponto de vista, a saber, o idealismo, não pode ser determinado obrigatoriamente apenas por argumentos segundo regras da lógica. Para poder combater

---

6 Fichte, *Werke*, v.3, p.17.

racionalmente os limites do dogmatismo, é preciso antes se apropriar do interesse da razão: "A razão última da diferença entre idealista e dogmático é assim a diferença de interesse".[7] A necessidade de emancipação e um ato originário de liberdade são pressupostos para que o homem possa se elevar ao ponto de vista da maioridade a partir do qual é possível então discernir criticamente o mecanismo de surgimento do mundo e da consciência. O jovem Schelling expõe de tal modo as ideias de Fichte que não podemos atribuir outro começo à razão senão "mediante uma antecipação da decisão prática".[8] Muito menos a razão é concebida como uma faculdade de conhecimento separada da vontade, pois ela mesma realiza de início o estágio em que pode refletir como sendo falsa uma consciência presa aos objetos. O sistema desenvolvido da razão é "necessariamente ou uma criação artificial, um jogo de pensamentos [...] ou tem de *conservar* realidade não por intermédio de uma faculdade teórica, mas sim prática, não por uma faculdade cognitiva, mas sim *produtiva*, *realizadora*, não pelo saber, mas sim pela ação".[9] É precisamente também nesse sentido que o conhecido ditado de Fichte tem de ser compreendido: o tipo de filosofia que se escolhe depende do tipo de homem que se é.[10] Assim como para Holbach a racionalidade do sujeito, um determinado grau de autonomia e um determinado tipo de sensibilidade eram pressupostos para a capacidade de discernimento crítico, para

---

7 Ibid.

8 Schelling, *Werke*, v.1, p.236.

9 Ibid., p.229.

10 Sobre Fichte, cf. Schulz, *J. G. Fichte. Vernunft und Freiheit*; Weischedel, *Der Zwiespalt im Denken Fichtes*.

Teoria e práxis

Fichte, a razão evolui junto com a complexidade do espírito humano no estágio avançado de seu desenvolvimento histórico. A liberdade obtida por um processo de formação da espécie em termos de história universal, permitindo que o interesse da razão seja o interesse dessa própria espécie, caracteriza os homens que superaram o dogmatismo: não lhes cabe, em primeira linha, qualquer mérito teórico, mas sim prático.

> Alguns, que não se alçaram ao pleno sentimento de sua liberdade e de sua absoluta autonomia [*Selbständigkeit*], encontram-se a si mesmos apenas na representação das coisas; eles possuem somente aquela autoconsciência dispersa, atrelada aos objetos, e que só se deixa decifrar em sua multiplicidade. Sua imagem lhes é projetada apenas por meio das coisas como se fosse através de um espelho; para que possam querer a si mesmos, não podem abdicar da crença na autonomia: pois esta só existe com aquela [...] Mas aquele que é consciente de sua autonomia e independência em relação a tudo o que está fora dele – e isso só é possível quando ele se produz independentemente de tudo o mais – não necessita das coisas como apoio de seu próprio si, e não pode mesmo precisar delas porque tais coisas suprimem aquela autonomia, transformando-se em aparência vazia.[11]

O preço que Fichte paga ao pretender unificar razão e decisão em torno de um conceito crítico de razão é, no entanto, tal como mostra essa última frase, muito alto. Logo Schelling e Hegel descobriram que a espontaneidade de um eu absoluto, que põe a si mesmo e o mundo, permanece abstrata,

---

11 Fichte, *Werke*, v.3, p.17.

eles mostraram que a natureza não deve ser rebaixada a uma matéria indeterminada de sujeitos agentes – pois então o próprio mundo humano desqualificado seria reduzido ao ponto cego de querer uma ação meramente pelo próprio agir.[12] No nível da discussão que foi preparado por Hegel, Marx, representante de uma terceira geração de esclarecidos decididos posterior a Holbach e Fichte, expõe como a interioridade da razão e a tomada de partido do pensamento poderia se voltar contra o dogmatismo pela primeira vez a partir de um processo histórico de formação. Os sujeitos trabalhadores, em contraposição a uma natureza bem estruturada, esforçam-se por criar sobre sua própria base uma forma de intercâmbio social que ao final se emancipe das constrições naturais e da dominação – conquistando, com isso, a maioridade política. Contra Fichte, Marx mostra que a consciência reificada precisa ser criticada de maneira prática por intermédio das coisas – em vez de fazê-lo mediante um retorno à espontaneidade ativa do sujeito, renunciando ao realismo do entendimento humano saudável. Assim como fez Fichte contra Holbach, Marx reforça novamente o dogmatismo diante de Fichte; mais uma vez, o dogmatismo ganha em função da impenetrabilidade da substância, do caráter natural da ofuscação objetiva que lhe é próprio. As duas "espécies superiores de homens", que Fichte distingue como dogmáticos e idealistas, perdem, junto com a contraposição de seus interesses, a forma meramente subjetiva de uma determinação moral. Antes, aqueles interesses,

---

12 Uma ideia que Adorno e Horkheimer desenvolveram na *Dialektik der Aufklärung*. Cf. minha investigação sobre a filosofia de Adorno nos *Philosophisch-politische Profile*, p.176-199.

que sujeitam a consciência à dominação das coisas e dos nexos reificados, estão ancorados em termos materiais de modo historicamente determinado na base social do trabalho alienado, das satisfações recusadas e da liberdade oprimida tal como o interesse que, pelas contradições reais de um mundo dilacerado, torna válida a unidade dos processos vitais como uma razão imanente às relações sociais. A partir de um preconceito institucionalizado, e mediante a forma de uma dispersão transcendental, o dogmatismo assume agora a figura das ideologias. A razão decidida contra o dogmatismo atua de agora em diante sob o nome de crítica da ideologia. Seu partidarismo, porém, pretende ter a mesma objetividade que foi atribuída à ilusão criticada. O interesse que orienta o conhecimento é legitimado a partir do contexto objetivo.

Os momentos constituídos pelo conhecimento e pela decisão comportam-se dialeticamente no conceito de uma razão que atua pela via da crítica da ideologia; de um lado, a dogmática da sociedade engessada só pode ser penetrada na medida em que o conhecimento se deixa guiar de modo decisivo pela antecipação de uma sociedade emancipada e da maioridade realizada de todos os homens; mas, ao mesmo tempo, esse interesse exige, pelo contrário, também um discernimento bem-sucedido nos processos de desenvolvimento social, porque apenas nestes é constituído enquanto um interesse objetivo. No estágio da autorreflexão histórica de uma ciência com propósito crítico, Marx identifica uma última vez a razão com a decisão para a racionalidade que se choca contra o dogmatismo.

Na segunda metade do século XIX, no curso da redução da ciência à força produtiva de uma sociedade industrializada, o positivismo, o historicismo e o pragmatismo arrancam, cada um deles, um pedaço desse conceito total de racionalidade.[13] A tentativa, até então inquestionada, das grandes teorias de refletir sobre o contexto de vida em seu todo passa a ser desacreditada como sendo dogmática. A razão particularizada é remetida ao nível da consciência subjetiva, seja enquanto capacidade de comprovação empírica de hipóteses, de compreensão histórica ou de um controle pragmático do comportamento. Simultaneamente, o interesse e a inclinação são expulsos na qualidade de momentos subjetivos da dimensão do conhecimento. A espontaneidade da esperança, o ato de tomada de posição e a experiência da relevância ou da indiferença ante tudo, a sensibilidade diante do sofrimento e da opressão, o afeto pela maioridade, a vontade de emancipação e a felicidade de encontrar a identidade – tudo isso se desligou de um interesse vinculante da razão. Uma razão desinfetada é purificada dos momentos de uma vontade esclarecida; precisamente fora de si, ela se aliena de sua própria vida. E a vida destituída de espírito leva espiritualmente uma existência de arbitrariedade – sob o nome de "decisão".

O isolamento positivista de razão e decisão

Até agora, o conhecimento crítico esteve relacionado a uma orientação científica na ação. Também o conhecimento da natureza (física em sentido clássico) tinha sua importância para a práxis (para a ética e para a política). Porém, depois que as ciências experimentais de tipo novo, triunfante desde Galileu, tomaram consciência de si mesmas no positivismo

---

13 Cf. Habermas, *Erkenntnis und Interesse*.

Teoria e práxis

e no pragmatismo, e após essa autocompreensão teórico-
-científica, inspirada tanto pelo Círculo de Viena como por
Peirce e Dewey, ter sido explicitada do modo mais preciso,
principalmente por Carnap, Popper e Morris,[14] duas funções
do conhecimento foram claramente diferenciadas – ambas em
igual medida desprovidas de uma orientação para a ação.

A *atuação afirmativa* das ciências modernas repousa em
enunciados sobre semelhanças empíricas. As hipóteses legais,
que são obtidas a partir de um nexo dedutivo de proposições e
comprovadas a partir de experiências controladas, relacionam-
-se às covariações reguladas de grandezas empíricas em todos
os âmbitos de experiência acessíveis intersubjetivamente. Leis
universais desse tipo servem de esclarecimento em caso de
condições individuais inicialmente dadas. As mesmas proposições teóricas, que procuram esclarecer os efeitos de um
ponto de vista causal, também possibilitam um prognóstico
dos efeitos a partir das causas dadas. Esse uso prognóstico de
teorias científicas experimentais trai o interesse condutor
do conhecimento das ciências generalizadoras. Assim como
os artesãos, na elaboração de sua matéria, deixam-se guiar
pelas regras da experiência legadas pela tradição, também
os engenheiros de todo tipo hoje se apoiam sobre previsões
cientificamente comprovadas na escolha de seus meios, de
seus instrumentos e operações. A confiabilidade nas regras,
no entanto, distingue o emprego da técnica em sentido antigo
do que hoje denominamos técnica. A função do conhecimento

---

14 Sobre a semiótica de Ch. Morris, cf. Apel, Sprache und Wahrheit,
Philosophische Rundschau, p.161 et seq.; id., Szientismus oder transzendentale Hermeneutik?, p.105-144.

das ciências modernas precisa ser concebida em conexão com o sistema do trabalho social: ela amplia e racionaliza nosso poder de disposição técnica sobre processos objetivos ou, do mesmo modo, objetivantes da natureza e da sociedade.

Dessa atuação afirmativa do conhecimento reduzido às ciências experimentais deriva também a outra função, sua *atuação crítica*. Pois se aquele tipo de ciência monopoliza a orientação para um comportamento racional, então todas as pretensões concorrentes a uma orientação científica na ação têm de ser rejeitadas. Essa abordagem é reservada a uma crítica da ideologia moldada de maneira positivista. Ela se volta contra um dogmatismo em nova forma. Precisa aparecer como dogmática agora toda teoria que só se relaciona com a práxis enquanto um modo de potencializar e aperfeiçoar as possibilidades da ação racional com respeito a fins. Visto que na metodologia das ciências experimentais se encontra fundado de modo tanto simplificado quanto rigoroso um interesse técnico do conhecimento que exclui todo outro tipo de interesse, qualquer referência diferente à práxis de vida pode ser obscurecida em nome da ausência de valores. A economia da escolha dos meios segundo uma racionalidade finalista, que é assegurada mediante determinados prognósticos na forma de recomendações técnicas, é o único "valor" permitido,[15] e também este não é representado explicitamente a título de valor porque parece simplesmente convergir com a própria racionalidade. Na verdade, trata-se da formalização de um único referencial de vida, a saber, da experiência do controle de

---

15 Com exceção dos valores científicos imanentes estabelecidos segundo regras lógicas e metodológicas.

Teoria e práxis

êxito construído nos sistemas de trabalho social e já realizado em cada consumação elementar do trabalho.

De acordo com os princípios de uma teoria analítica da ciência, questões empíricas, que não podem ser postas nem solucionadas na forma de tarefas práticas, não devem esperar respostas teoricamente vinculantes. Todas as questões práticas que não podem ser suficientemente respondidas por meio de recomendações técnicas, e que, além disso, precisam também de uma autocompreensão em situações concretas, ultrapassam de antemão o interesse do conhecimento investido pelas ciências experimentais. O único tipo de ciência permitido pela abordagem positivista não é capaz de fornecer uma explicação racional a tais questões. Teorias que ainda assim oferecem soluções podem ser conduzidas por esses critérios dogmáticos. O objetivo de uma crítica da ideologia reduzida de modo correspondente consiste em encontrar em cada verso dogmático a rima decisionista: que as questões práticas (no nosso sentido) são incapazes de ser colocadas em discussão e, em última instância, têm de ser *decididas*. A fórmula mágica para nos livrarmos do feitiço dogmático consiste em uma difícil decisão isolada tomada contra a razão: questões práticas não são mais "capazes de verdade".

Nesse ponto da controvérsia positivista com as novas formas de dogmatismo[16] se mostra o reverso de tal crítica da ideologia. Ela retira, com razão, das éticas de valores segundo

---

16 Incluídas, nesse caso, tanto doutrinas ontológicas como dialéticas, tanto o direito natural clássico como as modernas filosofias da história. Não é casual que Popper nomeie na sequência dos grandes dogmáticos mesmo Hegel e Marx ao lado de Platão como os chamados historicistas.

o padrão de Scheler e Hartmann o véu de uma falsa racionalização da irracionalização e remete os objetos ideais à subjetividade das necessidades e inclinações, dos juízos de valor e das decisões. Mas o resultado de seu trabalho já é suficientemente monstruoso: as impurezas e os detritos da emocionalidade são filtrados do fluxo da racionalidade das ciências experimentais e vedados higienicamente em uma represa. Assim, nesse estágio a crítica da ideologia conduz à prova de que o progresso de uma racionalização limitada à disposição técnica típica das ciências experimentais é pago ao preço do aumento proporcional de uma massa de irracionalidade no âmbito da própria práxis. Pois a orientação, tanto hoje quanto antes, exige ação. Porém, ela é cindida em uma mediação racional de técnicas e estratégias e em uma escolha irracional dos conhecidos sistemas de valores. O preço cobrado pela economia da escolha dos meios é um decisionismo liberado na escolha dos fins mais elevados.

Os limites estabelecidos de modo positivista entre conhecimento e juízo de valor descrevem, no entanto, menos um resultado do que um problema. Pois agora, são novamente as interpretações filosóficas que se apoderam do âmbito separado dos valores, das normas e das decisões precisamente com base em um trabalho partilhado com as ciências reduzidas.

A *filosofia subjetiva de valores* não está mais tão certa das relações de sentido hipostasiadas e dissociadas do contexto real de vida do que a ética objetiva de valores, que tinha edificado a partir disso um reino do sentido ideal que transcendia a experiência sensível. Também ela reclamava a existência de uma ordem de valores (Max Weber) e do poder da fé (Jaspers) em uma esfera subsumida da história. Mas o conhecimento cientificamente controlado não pode ser complementado

Teoria e práxis

simplesmente por um conhecimento intuitivo. A fé filosófica, que permanece entre a pura decisão e a apreensão racional, precisa se filiar a uma dessas ordens concorrentes sem poder suprimir seu pluralismo e liquidar completamente o núcleo dogmático do qual ela mesma vive. A polêmica responsável, embora fundamentalmente irresoluta, entre filósofos, os representantes intelectualmente sérios e existencialmente comprometidos dos poderes espirituais, aparece nesse âmbito de questões práticas como a única forma aceitável de discussão. Uma visão de mundo *decisionista* não teme mais reduzir as normas às decisões. Na linguagem analítica de uma ética não cognitivista, o complemento decisionista ainda é concebido de forma positivista para uma ciência limitada positivistamente (R. M. Hare). Tão logo determinados juízos de valor são postos como axiomas, torna-se obrigatório analisar cada um dos nexos dedutivos dos enunciados; com isso, tais princípios não são acessíveis a qualquer apreensão racional: sua adoção apoia-se unicamente na decisão. Tais decisões podem ser interpretadas então em um sentido pessoal e existencialista (Sartre), em um sentido claramente político (Carl Schmitt) ou institucionalmente a partir de pressupostos antropológicos (Gehlen), mas sua tese permanece a mesma: que as decisões relevantes para a vida prática, seja na assunção de valores, na escolha de um projeto de vida individual ou na escolha de um inimigo, não são mais acessíveis à deliberação racional nem capazes de um consenso motivado racionalmente. Mas se as questões práticas, eliminadas do conhecimento reduzido das ciências experimentais, escapam assim daquele poder de disposição da explicação racional, se as decisões nas questões da práxis de vida precisam ser desligadas de qualquer instância comprometida com a racionalidade, então podemos estranhar muito menos uma última tentativa, certamente desesperada: pelo retorno ao mundo fechado das imagens e poderes míticos precisam ser asseguradas decisões prévias socialmente vinculantes sobre questões práticas (Walter Bröcker). Essa complementação do positivismo por meio da *mitologia*, como mostraram Horkheimer e Adorno, não carece de uma coerção lógica, cuja profunda ironia apenas a dialética poderia tornar motivo de riso.

Os honrados positivistas, a quem tais perspectivas motivaram o riso, ou seja, os positivistas que se espantam diante de uma metafísica latente da ética objetiva de valores e da filosofia subjetiva de valores assim como diante da declarada irracionalidade do decisionismo e também da remitificação, buscam apoio em uma crítica da ideologia independente que na forma plena (desenvolvida de Feuerbach a Pareto) de um enraquecimento das próprias projeções se engessou em um programa apoiado em visões de mundo. Pois, apesar de toda radicalidade, algo fica sem explicação, a raiz: o motivo da própria crítica da ideologia. Se seu objetivo consiste apenas em separar a configuração cientificamente racionalizada da realidade, principalmente das "formas de interpretação do mundo e de autointerpretação do homem que são axiológicas e ancoradas em visões de mundo"[17] – uma vez que essas tentativas de "iluminação da consciência" não podem ter a mesma pretensão de uma racionalidade vinculante –, então a crítica da ideologia se priva da possibilidade de justificar teoricamente seu próprio empreendimento. A título de crítica, ela mesma faz uma tentativa de iluminação da consciência e não algo tendo em vista

---

17 Topitsch, *Sozialphilosophie zwischen Ideologie und Wissenschaft*, p.279.

a configuração da realidade: ela não traz à tona novas técnicas, evitando contudo que técnicas já existentes sejam utilizadas de maneira equivocada em nome de uma teoria meramente pretendida. De onde essa crítica retira sua força se a razão precisa abdicar do interesse em uma emancipação da consciência diante da parcialidade dogmática?

Certamente, a ciência deve ser estabelecida em sua função afirmativa de conhecimento, pois ela é, por assim dizer, reconhecida como um valor. Nesse caso, serve a separação crítico--ideológica entre conhecimento e decisão, e uma tal separação conduzida dessa forma teria suprimido o dogmatismo. Mas também assim, a ciência em sua função crítica de conhecimento é contestação do dogmatismo em um nível positivista, possível apenas na forma de uma ciência que reflete e quer a si mesma como um fim, isto é, novamente na forma de uma razão decidida cuja possibilidade *fundamentada* é combatida precisamente pela crítica da ideologia. Se ela, pelo contrário, renuncia à fundamentação, o próprio conflito da razão com o dogmatismo permanece uma coisa dogmática; desde o início haveria a indissolução do dogmatismo. Por trás desse dilema, tal como me parece, esconde-se o fato de que a crítica da ideologia tem de pressupor tacitamente aquilo que ela combate como sendo dogmático, a saber, a convergência de razão e decisão — na verdade, um conceito abrangente de racionalidade. Contudo, esse conceito oculto de uma racionalidade substancial é apreendido de modo diverso, não importando se a reflexão motivadora é convencida unicamente com base no valor das técnicas científicas ou também no sentido de uma emancipação científica voltada para a maioridade; não importando se a crítica da ideologia é razoavelmente motivada pelo interesse na incrementação do saber técnico próprio das ciências experimentais ou racionalmente motivada pelo interesse no esclarecimento enquanto tal. O positivismo é incapaz tanto de entender a distinção entre esses dois conceitos de racionalidade quanto em geral de tomar consciência de que ele mesmo aceita implicitamente o que combate abertamente – a razão decidida. Mas do fato de que ambas as formas são diferenciadas depende a relação entre teoria e práxis na civilização cientificizada.

A tomada de partido da crítica da ideologia em favor da racionalidade tecnocrática

A crítica da ideologia do positivismo, por mais que insista contra o dogmatismo na separação entre teoria e decisão, é ela mesma uma forma de razão decidida; *nolens volens*, ela toma partido por uma racionalização progressiva. No caso que analisaremos primeiramente, trata-se para ela da ampliação e da difusão sem reservas do saber técnico. Na luta contra o dogmatismo, tal como o entende, ela remove os obstáculos tradicionalistas, ideológicos em geral, que poderiam interromper o progresso das ciências empiricamente analíticas e o processo irrefreável de sua valorização. Essa crítica não é uma análise isenta de valores, ela não assume hipoteticamente o valor das teorias das ciências experimentais, mas pressupõe de maneira normativa já em seu primeiro passo analítico que um comportamento racional segundo recomendações técnicas seria tanto digno de valor quanto também "racional". Esse conceito implícito de razão, contudo, não pode ser esclarecido por intermédio do próprio positivismo, embora este possa exprimir suas intenções. De acordo com critérios positivistas, a racionalidade do comportamento é um valor que aceitamos ou recusamos por decisão. Mas, ao mesmo tempo, conforme esses mesmos critérios, é preciso admitir que a racionalidade é um meio para a realização de valores e, desse modo, não pode ela mesma estar no *mesmo* nível que todos os valores restantes. Com efeito, a preparação crítico-ideológica do comportamento racional recomenda a racionalidade enquanto um meio superior, senão exclusivo, de realização de valores porque garante a "eficiência" ou a "economia" do processo. Ambas as expressões revelam o interesse do conhecimento das ciências experimentais na qualidade de um interesse técnico. Elas denunciam que a racionalização está atrelada de antemão às fronteiras do sistema de trabalho social, e que diz respeito à disponibilidade tornada possível pelos processos objetivos e objetivantes. Com isso, o poder de disposição técnica se comporta de modo indiferente diante de possíveis sistemas de valores em cujo serviço pode ser exercido. Eficiência e economia de procedimento, as determinações dessa racionalidade, não podem ser concebidas novamente como valor, e justamente só podem ser justificadas enquanto valores no marco da autocompreensão positivista. Uma crítica da ideologia, cujo objetivo próprio consiste na imposição da racionalidade tecnológica, não escapa desse dilema: ela afirma a racionalidade como valor porque tem a vantagem sobre todos os demais valores de ser implícita nos próprios procedimentos racionais. Visto que esse valor pode ser legitimado com o recurso ao processo de pesquisa e de sua transposição técnica, não precisando ser fundamentado apenas pela pura decisão, ele detém um *status* privilegiado ante todos os demais valores. A experiência de êxito controlado do comportamento racional exerce uma coerção racionalmente conduzida sobre a assunção de tais normas de comportamento: mesmo essa racionalidade limitada implica uma decisão pela racionalidade. Na crítica da ideologia, que realiza isso ao menos tacitamente, permanece viva uma partícula de razão decidida – em contradição com os critérios a partir dos quais critica o dogmatismo. Visto que ela, por mais pervertida que seja, é uma fração da razão decidida, também trará consequências que atentam contra uma pretensa neutralidade diante dos sistemas de valores desejados. O conceito de racionalidade que ela impõe decididamente implica ao final, sobretudo, uma organização total da sociedade em que uma tecnologia independente no domínio usurpado da práxis também dita o sistema de valor em nome da neutralidade axiológica, sistema que é o seu próprio.

Eu gostaria de distinguir quatro níveis de racionalização nos quais ampliamos nosso poder técnico de disposição de maneira qualitativa. Nos primeiros dois níveis, as tecnologias exigem uma eliminação dos elementos normativos do processo de argumentação científica, mas nos dois níveis seguintes essa eliminação desemboca em uma subordinação dos valores, inicialmente apenas irracionalizados, aos procedimentos científicos que se estabelecem na qualidade de sistema de valores.

O *primeiro* nível de racionalização depende do estágio metodológico das ciências empíricas. A massa das hipóteses legais confirmadas determina o escopo dos comportamentos racionais possíveis. Desse modo, trata-se de uma racionalidade tecnológica em sentido estrito: nós nos servimos das técnicas cientificamente disponíveis para a realização de objetivos. Mas se temos de escolher entre atos igualmente apropriados de um ponto de vista técnico, então se exige uma racionalidade de *segundo* nível. Também a conversão de recomendações técnicas em práxis, ou seja, a valorização técnica das teorias das ciências experimentais, deve permanecer subordinada às condições da racionalidade tecnológica. Mas isso já não pode mais ser tarefa de ciências empíricas. As informações disponibilizadas pelas ciências experimentais não são o bastante para uma escolha racional entre meios funcionalmente equivalentes a partir de fins concretos, que devem ser realizados no marco de um dado sistema de valores. Essas relações entre técnicas alternativas e fins dados, de um lado, sistema de valores e máximas de decisão, de outro, é esclarecido, antes, pela teoria da decisão.[18] Ela analisa normativamente as possíveis decisões segundo os critérios de uma racionalidade da escolha determinada sempre como uma racionalidade "econômica" ou "eficiente". Com isso, a racionalidade se relaciona somente com a forma de decisão, mas não com o contexto factual ou com o resultado efetivo.[19]

Nos primeiros dois níveis, a racionalidade do comportamento obriga a um isolamento dos valores que foram excluídos de toda discussão vinculante, os quais só podem ser colocados em relação na forma de imperativos hipoteticamente admitidos com as técnicas existentes e com os fins concretos: essas relações são acessíveis a um cálculo racional porque permanecem exteriores aos valores irracionalizados enquanto tais. "O que

---

18 Cf. Gäfgen, *Theorie der wirtschaftlichen Entscheidung*.

19 "O resultado da decisão não precisa parecer absolutamente como algo 'racional' em sentido corrente, pois o agente pode ter um sistema de valores que é em si mesmo coerente, mas que parece absurdo se o comparamos com o de outros agentes. Tal caráter absurdo pode ser determinado apenas em comparação com o padrão de normalidade de valores objetivos [...] Esse tipo de racionalidade se refere ao conteúdo, não à forma das decisões." Ibid., p.26 et seq.

aqui é caracterizado como sistema de valores, na verdade é um sistema de regras que estabelecem como as consequências indicadas pelo sistema de informação são valorizadas *em razão dos sentimentos axiológicos* do agente."[20] A redução subjetivista dos interesses que servem de orientação para a ação aos "sentimentos" não mais passíveis de serem racionalizados é uma expressão exata do fato de que a neutralidade axiológica do conceito técnico de racionalidade se fundiu no sistema de trabalho social e mediou todos os demais interesses da vida prática em virtude do próprio interesse na efetividade das operações e da economia na valorização dos meios. Para hipostasiar os valores, as situações de concorrência entre os interesses são excluídas da discussão. É característico que, segundo os padrões de racionalidade tecnológica, o acordo em torno de um sistema coletivo de valores nunca pode ser obtido em virtude de uma discussão esclarecida na esfera pública política, isto é, de um consenso construído de maneira racional, mas apenas mediante agregação e compromisso — valores são basicamente indiscutíveis.[21] Na práxis, não é possível assumir naturalmente a posição da teoria da decisão segundo a qual os sistemas de valores são "independentes". A imposição da racionalidade formal de escolha, vale dizer, a ampliação do pensamento tecnológico também para a escolha de técnicas científicas, modifica o próprio sistema de valores anteriormente existente. Eu me refiro com isso não apenas à sistematização da representação de valores, para a qual se volta necessariamente toda análise em termos de uma teoria da decisão; refiro-me, sobretudo, à reformulação ou

---

20 Ibid., p.99.
21 Ibid., p.176 et seq.

mesmo desvalorização das normas tradicionais que fracassam na tentativa de uma realização técnica de fins concretos enquanto princípios de orientação. Evidencia-se assim a relação dialética entre valores derivados de situações específicas de interesses e técnicas para a satisfação de necessidades orientadas por valores: tanto quanto os valores se desgastam de maneira ideológica e sucumbem se com o tempo forem perdendo seus vínculos com uma satisfação tecnicamente adequada de necessidades reais, também podem se formar com novas técnicas, por seu turno, sistemas de valores a partir de situações modificadas de interesses. É sabido que Dewey já pôde vincular os valores com o saber técnico na esperança de que o emprego de técnicas cada vez mais incrementadas e melhoradas não permaneça atrelado apenas à orientação de valores, mas que o próprio valor também estivesse subordinado indiretamente a uma comprovação pragmática. Apenas por causa dessa conexão, desconsiderada pela teoria da decisão, entre valores transmitidos e técnicas científicas, Dewey pôde colocar a seguinte questão provocativa: *"How shall we employ what we know to direct our practical behavior so as to test these beliefs and make possible better ones? The question is seen as is has always been empirically: What shall we do to make objects having value more secure in existence?"*.[22] Essa questão pode ser respondida no sentido de uma razão interessada no esclarecimento, e foi, em todo caso, precisamente nesse sentido que Dewey a

---

22 Dewey, *Quest for Certainty*, p.43. [Trad.: "Como devemos empregar o que sabemos para dirigir nosso comportamento prático de modo a testar essas crenças e tornar possíveis outras melhores? A questão é vista, tal como sempre foi, empiricamente: O que devemos fazer para assegurar ainda mais a existência de objetos que possuem valor?" – N. T.]

formulou. Entretanto, temos de nos ocupar primeiramente de uma resposta alternativa que submete inclusive a formação de sistemas de valores aos padrões da racionalidade tecnológica. Com isso, alcançamos o *terceiro* nível de racionalização. Ele se estende a situações estratégicas em que um comportamento racional é calculado diante de adversários que agem racionalmente. Ambas as partes perseguem interesses concorrentes; no caso de uma situação rigorosamente competitiva, eles avaliam as mesmas consequências em relação a uma série oposta de preferências, não importando se estão ou não de acordo com o sistema de valores. Uma tal situação exige uma racionalização progressiva. O agente não pretende apenas dispor tecnicamente de um campo de acontecimentos determinado por prognósticos científicos, mas também exercer o mesmo controle sobre situações de indeterminação racional; ele não pode se informar sobre o comportamento de seu adversário tal como faria no caso de processos naturais, ou seja, empiricamente e mediante hipóteses legais, pois ele permanece gradual, mas sobretudo parcialmente informado porque também seu adversário é capaz de escolher entre estratégias alternativas, isto é, adotar determinadas reações que não são unívocas. Contudo, o que nos interessa não é a solução do problema apresentado a partir da teoria dos jogos, mas a coerção técnica peculiar que tais situações estratégicas ainda exercem sobre o sistema de valores. Junto com a própria tarefa técnica se insere um valor básico, a saber, a autoafirmação exitosa contra um adversário, a garantia de sobrevivência. Nesse valor estratégico, ao qual se orientam o jogo ou a luta enquanto tais, relativizam-se então os valores inicialmente investidos, isto é, aqueles sistemas de valores com os quais a teoria da decisão teve de lidar de início.

Teoria e práxis

Tão logo a adoção de situações estratégicas pela teoria dos jogos é universalizada para todas as situações de decisão, os processos de decisão passam a ser analisados em todos os casos sob condições políticas – tal como entendo o "político", no sentido formulado de Hobbes a Carl Schmitt, de uma autoafirmação existencial. Basta ao final reduzir o sistema de valores a um valor biológico fundamental e colocar da seguinte forma o processo de decisão como um todo: do mesmo modo que precisam ser organizados os sistemas aos quais competem as decisões – indivíduos ou grupos, determinadas instituições ou toda a sociedade – a fim de assegurar em uma situação dada o valor básico da sobrevivência e evitar riscos. As funções objetivas, que exprimiam o programa em conexão com os valores investidos inicialmente, desenvolvem-se aqui tendo em vista grandezas objetivas formalizadas: o mesmo que a estabilidade e a capacidade de adaptação que estão vinculadas apenas a uma necessidade quase biológica fundamental do sistema de reproduzir a vida. No entanto, essa autoprogramação de um sistema reacoplado só se torna possível no *quarto* nível de racionalização tão logo consiga transmutar o ônus da decisão para uma máquina. Se hoje já há uma grande classe de problemas que surge quando se pretende utilizar exitosamente as máquinas para simular casos de necessidade, assim também esse último nível permanece naturalmente uma ficção. Em todo caso, apenas esse quarto nível revela completamente a intenção de uma racionalidade tecnológica que se estendeu a todas as esferas da práxis, ocultando com isso, ao mesmo tempo, o conceito substancial de racionalidade pressuposto por uma crítica positivista. Máquinas capazes de aprendizagem como mecanismos de controle de organizações sociais podem em princípio assumir aqueles processos de decisão sob condições políticas. Tão logo esse limiar seja ultrapassado, também os próprios sistemas de valores excluídos do processo de racionalização seriam tornados fungíveis segundo os padrões do comportamento racional; pois tais valores poderiam ser introduzidos na forma de massa líquida nos processos de adaptação de uma máquina capaz de estabilizar seu próprio equilíbrio e de se autoprogramar, porque foram previamente considerados irracionais *qua* valores.[23]

Em um manuscrito sobre o significado científico e político da teoria da decisão, Horst Rittel tirou consequências inequívocas para o quarto nível de racionalização:

> Os sistemas de valores não podem mais ser considerados estáveis por muito tempo. Aquilo que se pode querer depende do que pode ser possível, e o que deve ser possível depende daquilo que se quer. Objetivos e funções utilizáveis não são grandezas independentes. Eles se encontram em interação com o espaço de decisão. Representações de valores são controláveis em amplos limites. Tendo em vista a incerteza dos desenvolvimentos futuros alternativos, não adianta querer expor rígidos modelos de decisão que ofereçam estratégias para longos espaços de tempo [...] Não tem sentido ver o problema da decisão em termos gerais e considerar a capacidade de sistemas que tomam decisões. Como tem de ser formada uma organização para com isso poder fazer frente às incertezas mediante inovação e vicissitudes? [...] Em vez de

---

23 Rittel, Überlegungen zur wissenschaftlichen und politischen Bedeutung der Entscheidungstheorien, p.29; id., Instrumentelles Wissen in der Politik, p.183-209.

Teoria e práxis

assumir como certos um determinado sistema que toma decisões e um sistema de valores, passa-se a investigar a capacidade desses sistemas para a realização de suas tarefas. Quais reacoplamentos são necessários para o sistema objetivo? Quais dados sobre o sistema objetivo são utilizados e com qual grau de precisão? Quais dispositivos são necessários para a provisão de tais dados? Quais sistemas de valores são em geral consistentes e garantem oportunidades para a adaptação e, com isso, para a "sobrevivência"?[24]

A má utopia de uma disposição técnica sobre a história seria consumada se tivesse sido estipulado um autômato capaz de aprendizagem como sistema de controle social central, o qual poderia responder ciberneticamente a tais questões, isto é, "por si mesmo".

A crítica da ideologia, que quer separar brutalmente razão e decisão para dissolver o dogmatismo e impor o comportamento tecnologicamente racional, automatiza no fim as decisões segundo as leis dessa racionalidade aplicadas à dominação. Porque a crítica não pode se ater à separação que ela exige, mas encontrar sua própria razão na tomada de partido por uma racionalidade sempre limitada, assim também a racionalização desenvolvida nos quatro níveis não mostra qualquer tolerância ou mesmo indiferença face aos valores. Esse conceito de racionalidade não tira o ônus das decisões últimas sobre a aceitação ou a recusa de normas. Por fim, essas decisões não concernem a um processo autorregulador de adaptação de autômatos capazes de aprendizagem segundo leis do comportamento racional – nem podem ser retiradas de um processo cognitivo

---

24 Cf. Luhmann, *Zweckbegriff und Systemrationalität*.

orientado pela disposição técnica. A racionalidade substancial desviada pela ingênua tomada de partido por uma racionalidade formal revela no conceito antecipado de uma auto-organização ciberneticamente regulada da sociedade uma discreta filosofia da história. Mas uma tal administração racional do mundo não é simplesmente idêntica à solução de questões práticas postas historicamente. Não há qualquer razão para supormos uma continuidade da racionalidade entre a capacidade de disposição técnica sobre processos objetivados e um domínio prático de processos históricos. A irracionalidade da história está fundada no fato de que nós a "fazemos" sem que, até este momento, possamos fazê-la com consciência. Uma racionalização da história não pode, por isso, ser promovida apenas por um poder de controle ampliado de homens que trabalham, mas apenas graças a um alto nível de reflexão, em virtude da consciência de homens ativos que avançam em direção à emancipação.

Para uma autorreflexão da "fé" racionalista

Ora, a crítica da ideologia também pode, em sua forma positivista, perseguir um interesse na maioridade; ela não precisa, como mostra o exemplo de Popper, permanecer atrelada ao interesse técnico do conhecimento. Certamente, Popper também se manteve, como um dos primeiros, nos limites estritamente vinculados à lógica científica entre o conhecer e o valorar. Também ele identifica o conhecimento das ciências experimentais segundo regras de uma metodologia vinculante e universal como sendo simplesmente ciência; assim como também aceita a determinação residual do pensamento que se purificou dos momentos de uma vontade racional e não pergunta se talvez a monopolização de todo conhecimento possível exercida por um interesse técnico do conhecimento cria justamente a norma em que tudo aquilo que não se ajusta à sua medida adota a forma fetichista do valor, da decisão ou da mera fé. Mas a crítica de Popper à forma positivista do dogmatismo não compartilha da metafísica dos partidários da racionalidade tecnológica. Seu motivo é o do esclarecimento, embora, com uma reserva resignada, só possa justificar o racionalismo na qualidade de profissão de fé. Se o conhecimento científico, purgado do interesse da razão, carece daquela referência de sentido imanente à práxis, e se, pelo contrário, todo conteúdo normativo se separou de maneira nominal da compreensão do contexto de vida real – tal como Popper pressupõe de modo não dialético –, então de fato surge o seguinte dilema: eu não posso obrigar racionalmente ninguém a apoiar suas suposições com argumentos e experiências. Pois com a ajuda de argumentos e experiências, tampouco posso fundamentar obrigatoriamente a razão de eu mesmo ter adotado determinado comportamento. Eu preciso justamente me decidir por assumir uma atitude racionalista. Exatamente aqui reside o problema, "não na escolha entre fé e saber, mas na escolha entre dois tipos de fé".[25] Por isso, a questão consiste, para Popper, não em recomendar a adoção da racionalidade tecnológica como um valor. A fé no racionalismo pretende, antes, obrigar a sociedade a um comportamento correto do ponto de vista técnico-social mediante a consciência esclarecida de seus cidadãos. Estes agem racionalmente, no sentido que aponta para além da racionalidade tecnológica, se estabelecem ou modificam as normas e institui-

---

25 Popper, *Die offene Gesellschaft*, v.2, p.304.

ções sociais em posse das informações científicas disponíveis. O próprio dualismo de fatos e decisões, com o pressuposto tácito de que a história também não tem sentido tal como a natureza, apresenta-se enquanto pressuposto para a eficácia prática de um racionalismo adotado de forma decidida, para assim, na dimensão dos fatos históricos em virtude de decisão e por causa de nosso conhecimento teórico das leis factuais da natureza, realizar, de uma perspectiva técnico-social, um "sentido" desde sempre alheio à história.

O conceito de racionalidade de Popper conserva inicialmente a aparência de um conceito meramente formal, por mais que, com a categoria de sentido, transcenda os critérios de economia e eficiência exigidos nos contextos de trabalho social: o próprio sentido, para cuja realização são previstos determinados procedimentos, permanece indeterminado e aberto a uma concretização de acordo com sistemas de valores aceitos. Uma configuração material de situações dadas não pode ser prejudicada enquanto tal – caso contrário, estaríamos admitindo um conceito substancial de racionalidade que tiraria da fé racionalista o caráter de mera decisão.

O racionalismo, no sentido delimitado de modo positivista por Popper, acredita que possivelmente muitos indivíduos adotam uma atitude racionalista. Essa atitude racionalista, não importando se determina o comportamento no processo de pesquisa ou na práxis social, orienta-se segundo regras da metodologia científica. Ela aceita as normas usuais da discussão científica, é instruída principalmente sobre o dualismo entre fatos e decisões e sabe dos limites do conhecimento válido intersubjetivamente. Ela se volta contra o dogmatismo, tal como o entendem os positivistas, e obriga ao ajuizamento de sistemas de valores, em geral de normas sociais, com base em princípios críticos que estabelecem a relação entre teoria e práxis. Primeiramente, a validade absoluta de todas as normas sociais é combatida, pois estas são capazes a todo momento de ser submetidas a uma investigação crítica e a uma possível revisão. Em segundo lugar, as normas são aceitas somente se suas consequências são examinadas no contexto de vida social e avaliadas em razão das informações cientificamente disponíveis. Finalmente, toda ação politicamente relevante terá de esgotar as reservas de saber técnico e colocar em jogo todos os meios prognósticos para evitar efeitos colaterais incontrolados. Contudo, todos os níveis dessa racionalização, e isso os distingue dos quatro níveis da tecnologia antes mencionados, permanecem referidos à comunicação dos cidadãos que discutem assumindo uma atitude racional. Pois Popper estendeu, de forma fictícia, a metodologia aos princípios da discussão política em geral, ampliando assim também o fórum de pesquisadores que deliberam sobre os métodos e discutem as questões teóricas e empíricas.

Com a extrapolação sociopolítica de uma metodologia, entretanto, explicita-se mais do que meramente a forma da efetivação racional de sentido, pois com ela já se revela um sentido determinado, ou melhor, a intenção de uma ordem social específica, a saber, a intenção da ordem liberal da "sociedade aberta". Ao assumir uma atitude racionalista, Popper estabelece máximas para a decisão de questões práticas, que, caso fossem perseguidas em uma ordem de grandezas politicamente relevantes, teriam de penetrar profundamente na estrutura naturalizada da sociedade existente. Aquele processo de comunicação esclarecida cientificamente, e que já foi institucionalizado na esfera pública política, possibilitaria uma dissolução técnico-social de todas as formas substanciais de dominação – e essa própria dissolução estaria incrustada na reflexão constante de cidadãos que querem sua emancipação. Não é sem razão, portanto, que Popper espera desse liberalismo da formação política da vontade, reconstruída no âmbito das ciências modernas, uma diminuição das repressões e, como consequência da crescente emancipação dos homens, a redução dos sofrimentos individuais e coletivos no interior das fronteiras de um consenso obtido sem coerção sobre os princípios do bem-estar e da paz. Tal como no Esclarecimento do século XVIII, novamente coincidem a falta de racionalidade com a privação de liberdade e com obstrução à felicidade.

Mas se de fato existir uma conexão fundamentada entre o cânone extrapolado em termos sociopolíticos da comunicação cientificamente vinculante e tais consequências práticas, então um positivismo que reflete sobre si mesmo não poderia mais separar do conceito de racionalidade o interesse da razão na emancipação. Porém, aquela conexão existe porque está inscrita inexoravelmente na discussão racional uma tendência, ou melhor, uma decidibilidade que se manifesta na própria racionalidade e não precisa da decisão, da pura fé. O racionalismo teria de destruir a si mesmo como fé cega positivista se se negasse mais uma vez a submeter a racionalidade abrangente do diálogo sem coerção de homens que se comunicam entre si, à qual Popper sempre aspira secretamente, à racionalidade limitada do trabalho social.[26]

---

26 Pole, *Conditions of Rational Inquiry*, p.30 et seq.

Teoria e práxis

Já na discussão sobre questões metodológicas, que Pole assinalou com razão contra Popper,[27] pressupõe-se a compreensão prévia de uma racionalidade que ainda não foi despojada de seus momentos normativos: podemos discutir decisões metodológicas com base em razões apenas se formarmos previamente um conceito de uma "boa" teoria, de uma argumentação "satisfatória", de um consenso "verdadeiro" e de uma perspectiva hermeneuticamente "frutífera", no qual ainda são inseparáveis os conteúdos descritivos e normativos. Popper, no entanto, se opõe à racionalidade de tais decisões porque elas mesmas determinam as regras pelas quais se pode produzir análises empíricas de modo axiologicamente neutro. Justamente por isso, está impedida uma discussão que teria de desenvolver as implicações objetivas das decisões metodológicas a partir do próprio contexto social do processo de pesquisa, mas uma tal discussão, por causa de uma separação não dialética entre gênese e validade, não deve ser desenvolvida.

Essa restrição precária da racionalidade mostra-se mais claramente ainda na discussão de questões práticas previstas por Popper. Também os sistemas de valores devem se submeter a um teste racional de comprovação tal como, de modo diferente, no caso de teorias científicas. Os critérios para essa comprovação também são, como nas ciências, decididos metodologicamente. De acordo com tais critérios, as consequências efetivas dos sistemas de valores para a vida social podem ser comprovadas em situações dadas exatamente como, de forma análoga, os conteúdos informativos de teorias das ciências experimentais. Hans Albert faz, nesse contexto, uma sugestão utilitarista

---

27 Cf. o capítulo final em Radnitzky, *Contemporary Schools of Metascience*, v.2.

de, no estabelecimento de um critério para a confirmação de sistemas éticos, [colocar] em primeiro plano a satisfação das necessidades humanas, a realização dos desejos humanos, evitando assim sofrimentos humanos desnecessários [...] Um tal critério tem de ser encontrado e estabelecido tal como ocorre também com os critérios do pensamento científico. Também as regras e instituições sociais, e de certo modo a incorporação de ideias éticas, que podem ser comprovadas com sua ajuda, repousam sobre o descobrimento humano. Não temos de esperar que um critério desse tipo seja aceito sem mais, mas [...] uma discussão racional em torno de um critério utilizável é, sem mais, possível.[28]

Contudo, o estabelecimento de tais critérios foi retirado do controle das ciências experimentais se considerarmos o dualismo entre fatos e decisões pressuposto metodicamente. Precisamente a exigência de uma racionalização crescente torna involuntariamente visíveis os limites positivistas: questões objetivas são prejudicadas na forma de decisões metodológicas e as consequências práticas da aplicação de tais critérios são excluídas da reflexão. Em vez disso, é preciso um esclarecimento hermenêutico do conceito de necessidades e de satisfação de necessidades, o qual é medido historicamente a partir do estágio de desenvolvimento da sociedade, assim como de um conceito de sofrimento e de sofrimento "desnecessário" tão pertinente à nossa época. Mas, sobretudo, é preciso que o critério escolhido enquanto tal seja derivado e justificado a partir do nexo objetivo dos interesses que lhes são subjacentes.

---

28 Albert, Ethik und Metaethik, *Archiv für Philosophie*, p.58 et seq.; id., *Traktat über Kritische Vernunft*, principalmente o cap. 3, p.55 et seq.

Teoria e práxis

Isso já pressupõe novamente um conceito abrangente de racionalidade, mais precisamente um que não se preocupasse diante da autorreflexão de sujeitos cognoscentes. Tão logo no âmbito metodológico, no chamado âmbito metateórico e metaético, passamos a argumentar em geral *com base em razões*, então já ultrapassamos o limiar que leva à dimensão de uma racionalidade abrangente. Os positivistas esclarecidos, que confiam no seu racionalismo apenas como profissão de fé, não podem refletir sobre aquilo que eles pressupõem *enquanto* razão, enquanto algo idêntico ao interesse da razão, porque não percebem o dogmatismo dos tecnólogos, ainda que estejam infectados por ele.

Apenas uma razão que sabe que a toda discussão racional é inerente um interesse irrefreável que trabalha pelo progresso da reflexão em direção à maioridade, obterá, a partir da consciência de sua própria implicação materialista, a força transcendente. Apenas ela refletirá sobre a dominação positivista do interesse técnico do conhecimento a partir do contexto de uma sociedade industrial que integra a ciência na qualidade de força produtiva e se protege completamente contra o conhecimento crítico. Apenas ela pode recusar que uma racionalidade da linguagem já obtida dialeticamente seja sacrificada nos padrões profundamente irracionais de uma racionalidade do trabalho limitada em termos tecnológicos. Apenas ela poderá incidir seriamente no nexo coercitivo da história, que por muito tempo permanece um nexo dialético enquanto não estiver livre para o diálogo de homens esclarecidos [*mündig*]. Hoje, a convergência entre razão e decisão, sobre a qual a grande filosofia pensava como sendo imediata, tem de ser recuperada e afirmada refletidamente a partir do estágio das ciências positivas, e isso significa: mediante a separação realizada de maneira necessária e justificada no âmbito da racionalidade tecnológica, mediante a disrupção de razão e decisão. A ciência na qualidade de força produtiva, na medida em que aflui na ciência como força de emancipação, atua de modo tão saudável quanto, contrariamente, semeia a desgraça na medida em que quer submeter a seu controle *exclusivo* o âmbito da práxis indisponível tecnicamente. O desencantamento que não desfaz o encanto, mas o dissimula, gera novos xamãs. O esclarecimento, que não quebra dialeticamente o feitiço, mas o ajusta com ainda mais força, converte o próprio mundo sem deuses em mito.

As palavras românticas de Schelling a respeito da razão como uma loucura regulada, quando aplicadas à dominação da técnica sobre uma práxis separada por isso da teoria, adquirem um sentido sufocantemente agudo. Se na loucura o motivo central da razão, já determinante no mito, religião e filosofia, sobrevive de um modo pervertido, a saber, para fundar a unidade e a conexão de um mundo na multiplicidade dos fenômenos disformes, então as ciências que, em um fluxo de fenômenos em princípio sem referência ao mundo, arrancam empiricamente a uniformidade da contingência, purificam-se de modo positivista da loucura. Elas regulam, mas não mais a loucura; e a loucura precisa, por essa razão, prescindir da regulação. A razão estaria em ambas ao mesmo tempo, mas assim se precipitaria no vão que as separa. De maneira correspondente, também é fácil perceber o perigo de uma civilização exclusivamente técnica que abriu mão da conexão da teoria com a práxis: ela é ameaçada pela cisão da consciência e pela divisão dos homens em duas classes – engenheiros sociais e prisioneiros de instituições fechadas.

9
Consequências práticas do progresso técnico-científico

Ciência e técnica se tornaram há alguns séculos um processo direcionado: nosso saber e nosso poder se ampliam cumulativamente nessas dimensões. Aqui, cada geração se apoia sobre os ombros da geração precedente. Pois nos marcos de referência do progresso técnico-científico fixados metodologicamente, as teorias que foram superadas e os procedimentos adotados para substituí-las representam etapas de êxito: nós confiamos na acumulação de nosso estoque de informações científicas e meios técnicos. Foi nessa confiança que a filosofia da história depositou um dia suas esperanças. O progresso técnico--científico parecia ao mesmo tempo conduzir a um progresso moral e político da civilização.

No século XVIII, o progresso das ciências na trilha do esclarecimento de um público de cidadãos privados deveria ser convertido em um progresso moral; no século XIX, uma técnica em desenvolvimento deveria arrebentar as correntes de um quadro institucional cada vez mais estreito e, na trilha de uma ação revolucionária do proletariado, converter-se em uma emancipação dos homens. O progresso da ciência foi identificado com a reflexão, com a destruição dos preconceitos, e o progresso da técnica com a libertação da repressão, dos poderes repressivos da natureza e da sociedade. As filosofias da história interpretaram o progresso técnico-científico tendo em vista suas consequências práticas. Elas tinham destinatários claros: burgueses e proletariados; e se compreendem como parteiras no nascimento de uma práxis política – das revoluções burguesas e do movimento operário. Nas sociedades industrialmente desenvolvidas de hoje, a ciência na qualidade de motor do próprio progresso técnico se tornou a primeira força produtiva. Mas quem hoje ainda espera que disso resulte uma ampliação da reflexão ou mesmo uma emancipação crescente? Nós abandonamos as filosofias da história no ferro-velho. Existem em seu lugar outras teorias que expliquem as consequências práticas do progresso técnico-científico? Quem é seu destinatário, e a qual forma de práxis política elas estão relacionadas?

Na Alemanha, tem sido levada a cabo já há alguns anos uma discussão sobre as consequências do progresso técnico-científico. Ela está associada às teses de Jacques Ellul, Arnold Gehlen e Herbert Marcuse; estão envolvidos nela em primeira linha os sociólogos.[1] Tal discussão trata de desenvolvimentos

---

1 Gehlen, *Die Seele im technischen Zeitalter*; id., Die Technik in der Sichtweise der Anthropologie, p.92 et seq.; id., Über kulturelle Kristallisation, p.311 et seq.; id., Über kulturelle Evolution. Bahrdt, Helmut Schelskys technischer Staat, *Atomzeitalter*, p.195 et seq. Krauch, Wider den technischen Staat, *Atomzeitalter*, p.101 et seq.; id., Technische Information und öffentliches Bewußtsein, *Atomzeitalter*, p.235 et seq. Schelsky, *Der Mensch in der wissenschaftlichen Zivilization*; id., Zur Zeitdiagnose, p.391-480. Ellul, *The Technological Society*. Habermas, Verwissenschaftliche Politik und öffentliche

Teoria e práxis

da sociedade tecnicizada e da constituição do Estado técnico. É por isso que se fala na maioria das vezes da técnica em um sentido global.

Eu proponho fazer uma distinção entre meios técnicos e regras técnicas. Relacionamos a palavra técnica, primeiramente, a um conjunto de meios que permitem uma realização efetiva e elaborada de fins — isto é, a instrumentos, máquinas e autômatos. Mas por técnica entendemos também um sistema de regras que define a ação racional com respeito a fins — ou seja, estratégias e tecnologias. Chamo as regras da escolha racional de estratégias, e as regras da ação instrumental de tecnologias.[2] Tecnologias funcionam também na qualidade de princípios que definem procedimentos, deixando de ser propriamente um meio técnico. Enquanto meio técnico, as coisas desejadas podem ser inseridas em um contexto de ação instrumental. Apenas se elas estão disponíveis em uma função determinada para a utilização repetitiva e não são mobilizadas meramente para um caso particular podemos dizer que são componentes da técnica — precisamente, instrumentos, máquinas ou autômatos.

I

Meinung, p.54 et seq. Freyer; Papalekas; Weippert (orgs.). *Technik im technischen Zeitalter*. Marcuse, *Triebstruktur und Gesellschaft*. Para as discussões mais atuais sobre a técnica, cf. Koch; Senghaas, *Texte zur Technokratiediskussion*.

2 Informações sobre a escolha do melhor meio são analíticas, pois considerando um dado sistema de preferências, resulta a avaliação de alternativas de ação por meio de cálculo. Informações sobre o meio mais apropriado, ao contrário, possuem conteúdo empírico; pois a ação instrumental é conduzida de acordo com o comportamento prognosticado da natureza.

O desenvolvimento desse meio técnico parece seguir um padrão inerente. É como se a história da técnica fosse uma projeção gradual da ação racional com respeito a fins controlada pelo êxito. Cada vez mais imitamos de maneira maquinal todas as operações a partir das quais se erige o processo circular da ação instrumental: primeiramente, as operações dos órgãos condutores (mãos e pés); em seguida, as operações dos órgãos dos sentidos (visão e audição); por fim, as operações do órgão regulador (cérebro).

As ferramentas, da pedra lascada até a bicicleta, *intensificam* as operações normais dos órgãos naturais. Máquinas podem *substituir* operações orgânicas. Elas não trabalham mais contando com a reserva de energia dos homens (moinhos e catapultas; relógios). Mas somente com a transmissão mecânica de energia (máquina a vapor), a máquina se tornou independente do abastecimento de energia natural. A técnica de tipo antigo foi estabelecida sobre essa base: o mundo das máquinas em que confiamos para transmitir energia e transformar a matéria. A técnica de tipo novo foi erigida sobre uma outra base. Podemos interpretar o trabalho das máquinas que elaboram dados, reproduzindo o fluxo lógico de informações, como uma *intensificação* dos órgãos. É verdade que os centros de cálculo eletrônico não melhoram atividades motoras ou sensoriais, mas sim a inteligência. Nesse sentido, essas atividades orgânicas são *substituídas* nos sistemas autorregulados, que se conservam em um estado desejado definido de maneira técnica. Esses dispositivos cibernéticos desenvolvidos não trabalham (tal como um simples termostato) com programas fixos; eles desenvolvem independentemente novas estratégias de adaptação às condições variáveis do entorno.

Teoria e práxis

Com essas máquinas capazes de aprendizagem, alcançamos em princípio o último estágio do desenvolvimento dos meios técnicos: imitamos com elas todo o processo da ação instrumental controlada pelo êxito. A técnica de tipo novo pode não somente tomar para si as operações que eram dos homens, mas também suas operações de controle. O circuito funcional da ação, para o qual esteve voltado até agora a intervenção de meios técnicos, pode ser imitado enquanto tal de forma maquinal. Essa é uma situação nova: o homem pode, na medida em que é *hommo faber*, objetivar-se completamente pela primeira vez e se contrapor e reconhecer também as operações da ação instrumental que se autonomizaram em seus produtos. Já se baseia nisso o controle automático dos processos de produção fechados que hoje começaram a revolucionar nosso sistema de trabalho social.

A lógica interna do desenvolvimento técnico foi notada pela primeira vez por Arnold Gehlen:

> Essa lei exprime um acontecimento interno à técnica, uma evolução que não foi projetada em seu conjunto pelo homem; porém, essa lei domina, por assim dizer, de maneira involuntária ou instintiva, toda a história da cultura humana. Além disso, não pode haver, no sentido atribuído a essa lei, qualquer desenvolvimento da técnica para além do estágio mais completo possível da automatização, pois não existem outros domínios de atividade humana que pudessem ser objetivados.[3]

---

3 Gehlen, Anthropologische Ansicht der Technik, p.107.

Contudo, parece haver ainda um outro aspecto a ser considerado no desenvolvimento imanente dos meios técnicos. Pois a técnica autonomizada não aparece simplesmente diante dos homens. Os próprios homens podem ser integrados aos dispositivos técnicos. Isso vale para os chamados sistemas homem-máquina. As partes que compõem tais sistemas não consistem apenas de máquinas, como no caso dos processos de produção regulados automaticamente dos quais a força humana de trabalho foi eliminada. Mais do que isso, aqueles sistemas controlam a atuação conjunta de operações mecânicas e reações humanas. Fornecem um bom exemplo disso os sistemas modernos de alarme aéreo. Em princípio, é possível conceber e analisar desse modo tanto empresas e organizações particulares quanto sistemas econômicos em seu todo, instituindo-os com controles automáticos em função dos resultados da análise dos sistemas. Nesse estágio, a relação entre homem e máquina parece se inverter. A direção dos sistemas homem-máquina é transferida para a máquina. O homem renunciou à função de controle no emprego dos meios técnicos. Em seu lugar, certos segmentos do comportamento humano são rebaixados ao domínio de partes mecanicamente controladas. Em longo prazo, nem mesmo o papel de construtor de sistemas autorregulados, compostos de homens e máquinas, tem de permanecer privilégio indiscutível dos homens. A tarefa de construir máquinas, que constroem por sua vez outras máquinas de alta eficiência e de composição complexa, está, tal como parece, resolvida por princípio.

Porém, partindo desse último estágio do desenvolvimento técnico, não deveríamos extrapolar o sonho cibernético de um mundo cada vez mais regulado por máquinas sem que seja de maneira descuidada. Tão logo os próprios homens possam determinar a direção e a medida do progresso técnico, a autonomização dos meios e unidades técnicos não seria senão expressão do alto grau de sua eficácia. A produção automatizada de bens na atualidade ou a empresa do futuro dirigida de forma cibernética libertam o homem do trabalho físico e dos riscos evitáveis, e, portanto, de sofrimentos e perigos registrados como tais, e não como outra coisa, nos mais antigos documentos da humanidade. À primeira vista, por essa razão, vem à tona uma interpretação não tão absolutamente pessimista do progresso técnico. Podemos chamá-la de *interpretação liberal da técnica*.

II

Quanto mais cresce nosso poder de disposição sobre processos naturais e sociais, maior a margem de ação no interior do qual podemos, sob circunstâncias dadas, realizar com segurança determinados fins sem deixarmos de prever seus efeitos colaterais. Em vez da técnica se transformar em um fetiche, tal como ocorre na crítica da cultura (Heidegger, F. G. Jünger, Freyer entre outros), podemos partir de ideias plausíveis segundo as quais os meios técnicos adentram os sistemas de ação racional com respeito a fins. Com a massa de novas tecnologias se ampliam também as margens de ação para uma escolha racional entre meios alternativos. Essa ação estratégica está, em situações de insegurança, ligada a riscos que podem ser calculados com o auxílio de decisões, mas não podem ser eliminados.

As grandes organizações administrativas com as quais se inflama de modo tão desejoso a fantasia tecnocrática não são órgãos da razão universal que avança necessariamente por uma via determinada, nem as decisões tomadas nelas precisam de riscos. As técnicas modernas de decisão e meios de informação que desenvolvemos não são sistemas parciais de uma gigantesca *machine à gouverner* [máquina a ser governada], de um mundo crescentemente reificado, mas, contrariamente, são testemunhas de que o risco e os problemas de decisão se tornaram inapreensíveis pelos métodos normais. Se as direções das grandes empresas e Estados se servem desses meios modernos, assim o fazem não para com isso se esquivarem das decisões, mas sim porque sem esses meios estariam em situação de tomá-las avaliando racionalmente as alternativas. A distinção entre aquelas coisas que estão plenas de risco e a razão que as orienta também não se desfaz em uma civilização científica.[4]

Tais reflexões podem sustentar a tese de que o progresso técnico-científico sempre amplia o domínio do comportamento racional. O comportamento racional funda o poder da liberdade subjetiva. O progresso técnico nos permite pela primeira vez ter a competência para realizar nossos objetivos no material renitente da natureza e nossas ideias em um material naturalizado da sociedade. Podemos considerar o progresso técnico-científico sem rodeios como o veículo para realizar, em uma história sem sentido, um sentido que nós mesmos projetamos.[5]

Essa teoria liberal do progresso se apoia, no entanto, em uma série de pressupostos problemáticos. Em primeiro lugar, ela conta com uma margem de ação assegurada institucionalmente de liberdade subjetiva e confia no fato de que sociedades

---

4 Jonas, Technik als Ideologie, p.133.
5 Cf. Popper, Selbstbefreiung durch Wissen, p.100 et seq.

industrialmente desenvolvidas produzem ou ao menos toleram instituições voltadas para uma formação coletiva e não coagida da vontade. Pois, caso as expectativas liberais devam ser preenchidas, teríamos de poder estabelecer autonomamente nossos fins e escolher nossas ideias sem coação, assim como manifestar livremente nossas concepções. Nem os interesses de realização do capital deveriam controlar sub-repticiamente o progresso técnico nem o próprio progresso técnico determinar seu contexto de utilização possível. Aquela interpretação admite de saída que temos sob nosso controle o progresso técnico enquanto tal. O alcance crescente do poder de disposição técnica deixa de ser problemático apenas se o progresso técnico-científico está sujeito à vontade e à consciência dos sujeitos associados e não adquiriu um automatismo próprio. Mas não devemos sem mais tomar isso como certo.

Uma teoria do progresso técnico não deve se limitar à análise do desenvolvimento de meios técnicos; não basta também levar em consideração os sistemas tecnicamente mais avançados que são compostos por regras de ação racional teleológica e agregação de meios. Pelo contrário, ciência, técnica, indústria, exército e administração são hoje elementos que se estabilizam reciprocamente e cuja interdependência vem aumentando. A produção de saber tecnicamente utilizável, o desenvolvimento da técnica, a utilização industrial e militar das técnicas e uma administração que abrange todas as esferas sociais, sejam privadas ou públicas, confluem, tal como parece, em um sistema expansivo, estável e duradouro diante do qual a liberdade subjetiva e o estabelecimento autônomo de fins são diminuídos a ponto de perderem significado. A *interpretação conservadora do progresso técnico* se prende a esse fato.

III

A interdependência entre pesquisa e técnica não é mais antiga do que as ciências modernas, que se distinguem das ciências de tipo antigo pelo fato das teorias coincidirem e serem comprovadas a partir da *atitude* dos técnicos. Desde os tempos de Galileu, a pesquisa se orienta pelo princípio de que reconhecemos certos processos na medida em que podemos reproduzi-los artificialmente. As ciências modernas, por essa razão, produzem um saber monológico que, *de acordo com sua forma*, apresenta um saber tecnicamente utilizável, embora geralmente as oportunidades de aplicação só surjam posteriormente. No princípio, não existia uma dependência imediata da ciência moderna em relação à técnica;[6] nesse ínterim, isso se modificou. Na medida em que as ciências naturais não reproduzem apenas processos preexistentes na natureza, mas procuram colocar em marcha novos processos naturais enquanto tais, também a pesquisa passa a depender dos progressos da técnica. O domínio preciso do material sob condições extremas, ou seja, desenvolvimentos nas técnicas de alta frequência, de temperaturas mínimas e de aplicações de alto vácuo criam a base para experimentos no campo da microciência. Desde os grandes descobrimentos no final do século XIX (raios x, radioatividade, raios catódicos), há uma interação entre progressos científicos e técnicos.[7]

---

6 Apenas os procedimentos de comprovação empírica se apoiavam em algumas técnicas de medição e observação (barômetro e microscópio), as quais rompiam o marco da antiga técnica artesanal.

7 Cf. Gerlach, Naturwissenschaft im technischen Zeitalter, p.60 et seq.

Teoria e práxis

Por outro lado, também por volta do final do século XIX, já se tinha introduzido um processo de utilização social de técnicas disponíveis. Na base do modo de produção capitalista surgiu na dimensão da produção industrial de bens uma constrição institucional para que sempre fossem desenvolvidas novas técnicas. O mesmo valia para o transporte e o comércio. Assim, com o desenvolvimento das forças produtivas deu-se um passo em direção ao desenvolvimento de forças destrutivas; hoje, também a técnica utilizada para a produção de armamentos está subordinada à pressão econômica e estratégico-militar de aperfeiçoamento permanente. Progressos na medicina revolucionaram as condições higiênicas de vida, desencadeando uma explosão demográfica. Contudo, a utilização social de novas técnicas durante o século XIX ainda dependia de inovações esporádicas. O desenvolvimento técnico foi propriamente colocado sob a dominação de forças sociais apenas depois que o progresso científico e o progresso técnico foram conectados de maneira sistemática. Os dois processos, o acoplamento de ciência e técnica, de um lado, e de técnica e utilização social, de outro, caminham juntos. Com a pesquisa industrial de grande estilo, ciência, técnica e utilização se tornam um sistema de tubulações comunicantes. Atualmente, a pesquisa encomendada pelo Estado ocupou esse espaço ao exigir em primeira linha que houvesse progresso técnico no campo militar.

Mas esse sistema, que representa a base material das sociedades modernas, não opera segundo os planos coordenados de sujeitos agentes. A conexão dinâmica, em que se entrelaçam hoje ciência, técnica, indústria, exército e administração, estrutura-se por cima da cabeça dos homens. O progresso técnico segue seu rumo sem relação com diretrizes traçadas de fora ou de baixo, tornando-se igualmente um processo natural. A ironia, notada com frequência, consiste no fato de que precisamente os sistemas da ação racional com respeito a fins orientados de maneira científica retornam à dimensão da naturalidade em que até hoje foram produzidas as transformações históricas das instituições surgidas precipitadamente. A consideração do progresso técnico, por isso, traz à tona comparações com processos biológicos.

Gehlen considera o surgimento da técnica moderna justamente como um limiar na evolução da espécie humana: os novos aparatos pertencem ao organismo humano tal como a concha pertence aos moluscos.

> As sociedades mais puramente sociais, que foram confeccionadas no sentido mais puro com o material dos homens, deveriam ser buscadas nas culturas pré-industriais, ao passo que, posteriormente, as leis estruturais das relações entre populações e seus ambientes industriais esquivaram-se de todos os padrões adotados até então. Essa própria estrutura não é mais passível de ser dirigida. Daí em diante, a política, na sua forma moderna, seja de tendência individualista ou coletivista, aparecia como uma tentativa, conservadora em sua mais profunda raiz, de se convencer da possibilidade de controlar um processo meta-humano não mais submetido a esse controle.[8]

Gehlen recomenda um quadro categorial que define "a interação entre população e técnica como um processo meta-biológico de novo tipo.[9]

---

8 Gehlen, Über kulturelle Evolutionen, p.209.

9 Nesse ínterim, essa perspectiva foi desenvolvida do ponto de vista da teoria dos sistemas por Luhmann, Soziologische Aufklärung.

Teoria e práxis

Denominamos as instituições, sob as quais os indivíduos socializados conduzem sua vida, de segunda natureza e falamos, por isso, da naturalidade dessas instituições. Podemos caracterizar a solidificação dos sistemas das civilizações cientificizadas de forma análoga enquanto uma naturalidade secundária. Justamente os sistemas tecnicamente desenvolvidos, apesar de sua racionalidade teleológica inerente, parecem se subtrair totalmente ao controle e, como se estivessem sendo dirigidos por uma espécie de processo evolutivo, ainda que não conscientemente controlado, progredir continuamente. Gehlen interpreta essa naturalidade secundária da sociedade tecnicizada como signo bem-vindo de uma estabilização antropologicamente necessária. A fase de insegurança, a saber, a fase da passagem das altas culturas pré-industriais para a cultura cosmopolita industrial, parece chegar ao seu fim.

IV

A interpretação conservadora do progresso técnico tem a vantagem de romper com a perspectiva limitada de um desenvolvimento dos meios técnicos e de uma expansão dos sistemas de ação racional com respeito a fins, dirigindo seu olhar para as complexas relações entre ciência, técnica, indústria, exército e administração: o progresso técnico se consuma sempre em um quadro institucional. Mas esses dois elementos, a saber, progresso técnico e quadro institucional, estão misturados de modo peculiar na representação que Gehlen oferece de um processo metabiológico. Falta, portanto, apenas um passo para a redução de todo esse processo a uma única dessas duas dimensões. Foi assim que Helmut Schelsky, referindo-se a

Jürgen Habermas

Jacques Ellul, defendeu a concepção de acordo com a qual aquele processo metabiológico obedece à lógica das chamadas necessidades objetivas, isto é, às leis imanentes do progresso técnico-científico. À sociedade tecnicizada corresponde um Estado técnico que suprime as formas tradicionais de dominação política em favor de uma administração total: a dominação sobre os homens, segundo esse conceito, não se resolve em uma administração de coisas, mas em uma administração de relações objetivadas orientada de maneira científica.[10]

A soberania desse Estado já não se revela mais no fato de que este monopoliza o emprego da violência (Max Weber) ou decide pelo estado de exceção (Carl Schmitt), mas sobretudo porque o Estado decide sobre o grau de efetividade de todos os meios técnicos que estão à sua disposição, se reserva à sua efetividade máxima e pode atuar na prática para além dos limites do emprego dos meios técnicos que ele impõe aos demais. Com isso, porém, ele mesmo, ao perseguir seus fins, submete-se à lei que já mencionei como sendo a verdadeira lei da civilização científica: que, por assim dizer, os meios determinam os fins, ou melhor, que as possibilidades técnicas impõem sua própria aplicação. Na medida em que o Estado toma para si a pretensão de utilizar os meios técnicos, aumentam sempre mais (a partir de fora, a partir da legalidade objetiva) as tarefas que lhe são impostas para agir dessa forma.[11]

Essa *interpretação tecnocrática* pressupõe que o progresso técnico-científico se realiza automaticamente no sentido de uma

---

10 Schelsky, *Der Mensch in der wissenschaftlichen Zivilization.*
11 Ibid., p.24 et seq.

"constrição objetiva". Um dado estágio de desenvolvimento em direção ao momento t_n teria assim de ser determinado completamente pela situação de problemas no estado precedente que leva ao momento t_{n-1}. Essa suposição, entretanto, não pode ser confirmada sequer aproximadamente. Não é verdade, ainda que tenha se tornado possível em termos teóricos, que nós podemos ou teremos de realizar ou utilizar tudo de uma maneira técnica. Em um dado estágio da pesquisa e da técnica, a margem de manobra dos progressos teoricamente possíveis de modo algum é esgotada ou ampliada sem se deparar com obstáculos produzidos por interesses externos. É verdade que a ciência e a técnica avançam em consonância com a lógica da pesquisa e em acordo com os critérios vigentes para a avaliação dos resultados técnicos, e evidentemente também estão vinculadas ao questionamento definido de modo objetivamente imanente. Mas quanto mais o progresso técnico é estreitamente integrado à utilização na esfera social, mais se intensifica a constrição seletiva de problemas surgidos de fora. Interesses sociais determinam o tempo, a direção e as funções do progresso técnico.[12] Fica evidente o seguinte: o gasto financeiro para a investigação em grande escala alcançou tamanha magnitude que as relações entre meios escassos e preferências dadas, ou seja, as decisões de investimento e os interesses que lhes são subjacentes, estabelecem a marcha do progresso técnico. As análises de investimentos em pesquisa e desenvolvimento evidenciam na influência dominante dos contratos estatais a clara prioridade das tarefas militares diante das

---

12 Offe, Das politische Dilemma der Technokratie, p.156-172.

civis.[13] No sistema composto de pesquisa, técnica, indústria, exército e administração não existe variável independente. Se, contudo, quisermos simplificar isso, então uma coisa é certa: que hoje o progresso técnico segue mais os interesses na produção de armamentos do que as necessidades objetivas imanentes.[14]

A agregação dos meios técnicos e os sistemas de ação racional com respeito a fins não se desenvolvem de modo autônomo, mas sempre no quadro institucional de determinadas sociedades. O modelo concreto do progresso técnico é caracterizado pelas instituições e interesses sociais. A interpretação marxista do progresso técnico sempre se deixou guiar por essa relação.[15] É ainda mais notável que Herbert Marcuse faça um uso dessa interpretação que justamente conduz a um certo acordo com a teoria de Gehlen e Schelsky.

V

O conceito de sociedade tecnicizada de Marcuse é ambíguo. Por um lado, Marcuse sabe que as forças técnicas de produção e de destruição se inserem no contexto institucional de dominação política e poder social, isto é, em um quadro que Marx

---

13 Cf. Krauch, Forschungspolitik und öffentliches Interesse, *Atomzeitalter*, p.218 et seq.; id., *Die Organisierte Forschung*.

14 Cf. Boulding, *Disarmament and the Economy*; em relação à Alemanha, cf. Vilmar, *Rüstung und Abrüstung im Spätkapitalismus*.

15 Para a conexão entre progresso técnico e interesses de valorização do capital, cf. o recente Hirsch, *Wissenschaftlich-technischer Forstschritt und politisches System*; e Rödel, *Forschungsprioritäten und technologische Entwicklung*.

Teoria e práxis

chamou de "relações de produção". Por outro lado, os sistemas tecnicamente avançados exigem sim um poder abrangente – a própria técnica se torna uma relação de produção.

Parece que, independentemente da constituição da propriedade, nas sociedades altamente industrializadas o progresso técnico se converte em motor para um padrão de vida crescente também para a maior parte da população, mas, ao mesmo tempo, trata-se do padrão de uma vida cada vez mais regulado de maneira administrativa ou manipulativa. A técnica perdeu a inocência de uma pura força produtiva, pois ela não serve mais em primeira linha a uma pacificação da luta pela existência – com o bem-estar ela também aumenta a repressão. Com a satisfação das necessidades materiais aumenta a concorrência por *status* sob condições de escassez artificial, cresce a regulamentação do trabalho e do tempo livre, cresce o perigo da autodestruição nuclear. Os sistemas tecnicamente desenvolvidos na ciência, produção, administração, comunicação, comércio, exército e liberdade de massa se autonomizaram em um aparato que se aperfeiçoa segundo os padrões da eficácia técnica, tornando-se, nesse sentido, sempre mais racional, mas que, por outro lado, escapa sempre mais ao controle dos sujeitos sociais e, por essa razão, não está mais a serviço da satisfação de necessidades espontaneamente desenvolvidas e interpretadas livremente, não funciona em favor de decisões autônomas – ou seja, se torna cada vez mais irracional.

Utilizando terminologias diferentes, Marcuse e Gehlen nos dão descrições quase idênticas. Pois também Gehlen nota que o disciplinamento, principalmente as coerções indiretas e as manipulações dos estímulos, obriga a uma certa medida de não liberdade objetiva, que, avaliada de acordo com a consciência da liberdade subjetiva que produz essa mesma cultura, não é um exemplo. Schelsky explica a naturalidade secundária das sociedades tecnicizadas e a autonomização do progresso técnico fazendo referência ao domínio das chamadas constrições objetivas: o Estado técnico obedece à lógica das legalidades objetivas e dissolve a dominação política na administração orientada de maneira científica. Marcuse, contrariamente, não reduz a dominação à técnica, mas, de modo inverso, reduz a técnica à dominação. Sua explicação se relaciona de modo complementar com aquela de Schelsky: ele acredita poder mostrar que as relações substancialmente intactas de dominação política e poder social penetraram nas constrições objetivas do aparato técnico e, com isso, assumiram a forma de um poder de disposição técnica. A dominação perene dos homens sobre os homens foi meramente transformada em um controle racional com respeito a fins dos processos naturais. *Technological rationality merges with political rationality** — essa é a tese central da interpretação que Marcuse faz do progresso técnico:

> A dinâmica incessante do progresso técnico foi impregnada de conteúdo político e o *logos* da técnica foi transferido ao *logos* da dominação crescente. A força libertadora da tecnologia — a instrumentalização das coisas — converte-se em uma corrente que aprisiona a libertação, ela se torna instrumentalização do homem.[16]

---

* [Trad.: "A racionalidade tecnológica se funde com a racionalidade política" — N. T.]

16 Marcuse, *Der eindimensionale Mensch*, p.173 et seq.; cf. minha investigação em *Technik und Wissenschaft als "Ideologie"*.

Teoria e práxis

Uma vez que hoje a dominação se sublima no poder de disposição técnica, seu caráter particular se torna desconhecido e ao mesmo tempo incontestável. Pela primeira vez na história, um sistema de dominação pode se legitimar pelo fato de apelar aos padrões de racionalidade técnica. Quem, sob essas condições, ainda quiser fazer a revolução, não deverá se contentar com a transformação nas relações de dominação, ou, falando de modo marxista, com a superação das relações de produção.

> Nem a estatização e nem a socialização transformam *por si mesmas* essa incorporação material da racionalidade tecnológica; pelo contrário, *esta última* permanece uma pré-condição para o desenvolvimento socialista de todas as forças produtivas [...]
> No entanto, na medida em que o aparato técnico vigente engloba a existência pública e privada em todas as dimensões da sociedade – isto é, converte-se em *medium* de controle e compressão em um universo político que envolve as classes trabalhadoras –, nessa medida, a transformação qualitativa levaria consigo uma transformação na *própria estrutura tecnológica*.[17]

VI

Marcuse não fala aqui metaforicamente. Ele defende a seguinte tese que não se pode negar ser consequente: se atualmente a dominação política assumiu a forma de disposição técnica, então ela não pode ser desconsiderada sem que a própria técnica venha a ser suprimida. Um revolucionamento cheio de consequências dos sistemas sociais mais avançados no

---

17 Marcuse, *Der eindimensionale Mensch*, p.43.

Ocidente e no Oriente é impossível sem o desenvolvimento de uma "nova técnica".[18] E a ideia de uma técnica substancialmente transformada inclui a ideia de uma nova ciência empírica. Semelhantemente a Walter Benjamin e Ernst Bloch e em acordo com as especulações místicas sobre a natureza e com as intenções de uma filosofia romântica da natureza, Marcuse pretende purificar a relação da espécie humana com a natureza dos traços repressivos da dominação técnica da natureza. A racionalidade da ciência e da técnica modernas foi, por assim dizer, adulterada e corrompida pelo capitalismo, em cujo espaço aquela inicialmente se desenvolveu. Por essa razão, precisamos de uma nova técnica e de uma ciência revolucionária.

No velho motivo, que foi renovado pela última vez de maneira sistemática por Marx, segundo o qual a emancipação da espécie humana não pode ser alcançada sem uma ressurreição da natureza, encontra-se uma verdade, mas, tal como acredito, não essa verdade. A purificação da técnica defendida por Marcuse e a ideia de uma nova ciência permanecem, segundo seus próprios padrões, abstratas. Em parte alguma vemos uma alternativa funcionalmente equivalente ao progresso institucionalizado da ciência e da técnica, avaliadas segundo sua própria estrutura. A inocência da técnica, que temos de defender contra seus detratores atuais, reside no fato de que a reprodução da espécie humana está ligada à condição da ação instrumental, da ação com respeito a fins em geral, e por isso o que pode ser historicamente modificado não é a estrutura, mas apenas o alcance do poder de disposição técnica enquanto tal espécie permanecer organicamente sendo o que é.

---

18 Ibid., p.246.

Teoria e práxis

Marcuse e Schelsky partem da suposição problemática segundo a qual os próprios sistemas tecnicamente desenvolvidos, que são compostos por regras da ação racional com respeito a fins e pela agregação de meios, tornam-se o quadro institucional das sociedades industrialmente desenvolvidas. Desse modo, Schelsky acredita na existência de uma dissolução de normas repressivas nas constrições objetivas, e Marcuse em uma mera transposição da dominação política para as formas de disposição técnica. Em minha opinião, ambos veem um tipo de entrelaçamento de sistemas tecnicamente orientados e regulados com o sistema da sociedade industrial em seu todo. Essa sociedade se torna algo como um aparato técnico em larga escala. Na medida em que Marcuse e Schelsky adotam esse conceito de sociedade técnica, eles se colocam no terreno da ideologia que pretendem propriamente criticar.[19] Essa é a ideologia dos tecnocratas. Ela conquista cada vez mais poder prático e tem, assim, consequências objetivas, mas desse modo permanece como ideologia. Ela vive da ideia, na qual o próprio Marcuse chega a confiar demais, de que o quadro institucional de sociedades industrialmente desenvolvidas não determina algo como o tempo, direção e função do progresso técnico-científico, mas, por seu turno, se tornou substituível no processo tornado autônomo desse progresso.

Ante a consciência tecnocrática, todos os problemas que nos desafiam a aprender a dominar nossa sociedade em termos práticos se reduzem a questões de uma técnica mais adequada. Nela se esconde uma parte da filosofia tecnicista da história: como se o progresso da técnica no contexto de vida social

---

19 Cf., entretanto, Offe, *Antworten auf Herbert Marcuse*, p.73 et seq.

colocasse apenas problemas que somente o progresso técnico poderia solucionar. Talvez essa consciência tecnocrática seja a ideologia sistemicamente independente de elites que dominam de forma burocrática as sociedades industrialmente desenvolvidas. E talvez essa ideologia se torne inevitável devido precisamente às condições requeridas por uma escalada recíproca do potencial armamentista, as quais, por sua vez, não podem ser abolidas enquanto os problemas do desarmamento forem compreendidos na qualidade de problemas técnicos. Talvez a consciência tecnocrata possa se estabilizar sob tais circunstâncias e se converter na consciência coletiva das massas integradas. Talvez, em apoio a essa ideologia, possa se impor sem impedimentos um processo de auto-objetivação que equivaleria a uma reificação completamente racional e que ao final tornaria verdadeiro o conceito tecnocrático de sociedade. Mas não podemos conceber um tal processo assumindo justamente os pressupostos da consciência tecnocrática.

VII

Recomenda-se, na dimensão analítica, fazer a distinção entre dois elementos: o quadro institucional de um sistema social ou o mundo da vida social, e, igualmente incrustados neste, os sistemas tecnicamente avançados. Na medida em que nossas ações são determinadas pelo quadro institucional, elas são assim reguladas e demandadas normativamente por expectativas de comportamento sancionadas. Na medida em que nossas ações são reguladas pelos sistemas do progresso técnico, elas se adequaram ao padrão da ação estratégica ou instrumental, podendo ser concebidas, da perspectiva de um

Teoria e práxis

observador independente, como reações de adaptação a um ambiente em mudança. A reprodução social da vida se diferencia da reprodução animal por essa forma de adaptação ativa em relação ao ambiente. Os indivíduos socializados podem colocar sob controle as condições externas de sua existência. Em primeiro lugar, eles adquirem um poder de disposição técnica sobre processos naturais: isso caracteriza a atividade da técnica de produção. A organização do trabalho social exige, além disso, técnicas de intercâmbio e de comunicação. Técnicas higiênicas e medicinais servem para a proteção das doenças; técnicas militares para a proteção contra inimigos externos. Esses meios primários pertencem a sistemas que organizam formas de cooperação segundo regras da ação racional com respeito a fins. Desse modo, as formas de cooperação correspondem ao estado dos meios técnicos – novos dispositivos de produção exigem uma nova organização do trabalho, novas armas exigem novas estratégias. Nossa questão consiste então no seguinte: de que maneira os sistemas tecnicamente desenvolvidos reagem sobre o quadro institucional no qual estão ancorados? De que maneira se alteram, por exemplo, os sistemas da família e das ordens jurídicas como consequência das alterações do modo de produção? De que maneira se alteram as práticas de culto e os vínculos de dominação como consequência das alterações das técnicas de autoafirmação violenta? Nós não sabemos o bastante sobre esses nexos específicos. Mas certamente já parece ser suficiente que as transformações estruturais de longo prazo do quadro institucional (na medida em que são desencadeadas pelo progresso técnico) se realizem na forma de uma adaptação passiva. Elas não são resultado de uma ação planejada, racionalmente teleológica e controlada pelo êxito, mas produto de um desenvolvimento naturalizado.

À adaptação *ativa* às condições externas de existência corresponde também uma adaptação *passiva* do quadro institucional aos sistemas tecnicamente desenvolvidos. Contudo, essa relação vem primeiramente à consciência quando, com o capitalismo, um modo de produção é desenvolvido, tornando o progresso técnico algo permanente. O testemunho mais impressionante dessa experiência continua sendo o *Manifesto comunista*. Marx celebra com palavras exaltadas o papel revolucionário da burguesia: "A burguesia não pode existir sem revolucionar constantemente os instrumentos de produção, ou seja, as relações de produção, isto é, as relações sociais em seu conjunto". E em outra passagem:

A burguesia, com sua dominação de classes que perdurou por quase um século, criou forças produtivas mais abundantes e colossais do que todas as gerações passadas juntas. Sujeição das forças naturais, maquinaria, aplicação da química à indústria e à agricultura, navegação a vapor, estrada de ferro, telégrafos elétricos, desbravamento em partes de todo o mundo, navegação através de rios, populações inteiras surgindo do solo [...]!

Marx vê também a reação disso sobre o arcabouço institucional:

Todas as relações estáveis e enrijecidas com seu cortejo de noções e visões de mundo veneráveis são dissolvidas, todas as novas relações envelhecem antes que possam ossificar. Tudo o que é sólido e estável desmancha no ar, tudo o que é sagrado é profanado, e os homens são finalmente obrigados a ver, com olhos realistas, suas relações mútuas.

Marx já tinha diante dos olhos os grandes desenvolvimentos que Max Weber, duas gerações mais tarde, analisou sob o nome de uma racionalização do intercâmbio social: a industrialização do trabalho, a urbanização dos modos de vida, a formalização das relações jurídicas, a burocratização da dominação. A sociologia clássica se esforçou durante décadas para compreender o efeito do progresso técnico institucionalizado na esfera da produção sobre o sistema das normas sociais. Os pares conceituais, que nos são familiares por causa das antigas teorias, giram em torno desse único fenômeno, a saber, da transformação do peso específico das instituições sob a influência da expansão dos sistemas de ação racional com respeito a fins. Pensemos em categorias como *status* e contrato, comunidade e sociedade, solidariedade mecânica e orgânica, grupos informais e formais, relações primárias e secundárias, cultura e civilização, dominação tradicional e burocrática, associações sagradas e seculares, sociedade militar e industrial, estamento e classe etc.

Marx tinha então a impressão de haver um desequilíbrio entre a sujeição ativa da natureza, isto é, uma ampliação do poder de disposição técnica, de um lado, e uma adaptação passiva já abandonada do quadro institucional aos sistemas tecnicamente desenvolvidos, de outro. Desse desequilíbrio foi cunhado o conhecido princípio segundo o qual os homens fazem sua história, mas não com consciência e vontade. O objetivo de sua crítica consistia em também converter essa adaptação secundária da consciência institucional em uma adaptação ativa e colocar sob controle o próprio quadro estrutural da sociedade. Com isso, uma relação fundamental de toda história existente até então seria superada e na evolução da espécie humana alcançaria um novo limiar que só é comparável àquele em que a espécie humana uma vez se constituiu mediante a disposição técnica sobre as condições externas de sua existência, mediante a adaptação à natureza, deixando para trás seu passado animal. Aqueles que, no bloco oriental, reclamam a herança legítima de Marx, incorporaram esse objetivo em uma determinada interpretação – e nessa interpretação vão inesperadamente ao encontro de seus principais adversários do bloco ocidental. Eles confluem no solo comum da ideologia tecnocrata.

VIII

A suposição básica dessa ideologia consiste em afirmar que nós podemos nos apoderar daquela adaptação passiva do quadro institucional em relação aos sistemas tecnicamente desenvolvidos, isto é, das consequências culturais não planejadas do progresso técnico que irrompe no mundo da vida social, *do mesmo modo* como há tempos controlamos os processos naturais.

Sob esse ponto de vista tecnocrático, o quadro institucional só interessa na medida em que assegura ou dificulta o trabalho dos sistemas tecnicamente avançados. Gostaria de esclarecer o quanto essa perspectiva é limitada lançando mão de algumas indicações gerais.

Sob o aspecto do desenvolvimento histórico, podemos interpretar os ambientes socioculturais em que a espécie humana reproduz sua vida como compensação de uma provisão orgânica insuficiente. Os sistemas de normas sociais têm a tarefa de substituir a preservação instintiva da espécie, já que não oferece garantias, por uma autopreservação organizada coletivamente. Eles institucionalizam os processos de aprendizagem e adaptação, ou, em outras palavras: eles são quadros institucionais para sistemas tecnicamente avançados. Mas esse quadro só possui a forma de instituições porque as exigências pulsionais libidinosas ou agressivas, que se comportam de maneira disfuncional com as exigências de autopreservação organizada, têm de ser reprimidas e canalizadas.

O quadro institucional é elaborado a partir de normas sociais. Tais normas podem ser violadas; elas são sancionadas pela violência. Os motivos para a violação das normas se devem à satisfação pulsional antecipada. Sempre interpretamos o mundo com os olhos de nossas próprias necessidades; e essas interpretações são subsumidas no conteúdo semântico da linguagem cotidiana. Assim, é fácil ver que o quadro institucional de uma sociedade preenche duas tarefas. Ele é constituído primeiramente por uma organização da violência, capaz de exigir a repressão da satisfação da pulsão, e, em segundo lugar, é constituído de um sistema de tradição cultural que articula a massa de nossas necessidades e antecipa as exigências de satisfação da pulsão. Esses valores culturais também incluem interpretações de necessidades não integradas no sistema de autoconservação, elementos míticos, religiosos, utópicos, ou seja, os consolos coletivos bem como as fontes da filosofia e da crítica. Uma parte desse conteúdo é refuncionalizado e serve para a legitimação do sistema de dominação. O quadro institucional também não tem apenas a função de garantir os processos de aprendizagem e de adaptação e assim assegurar a autoconservação coletiva. Ao mesmo tempo, ele decide sobre a estrutura de dominação e, com isso, sobre o grau de repressão; ele estabelece as oportunidades de satisfação pulsional de forma coletiva ou específica para cada estrato social. Uma ação realizada segundo regras técnicas se mede unicamente pelo critério do êxito; uma ação sob normas sociais, contrariamente, reflete sempre também um grau historicamente modificado de dominação, ou seja, um determinado grau de emancipação e individuação.

Esse aspecto da ação se perde se interpretarmos a mudança do quadro institucional apenas como uma variável dependente no processo de autoconservação. Pois para essa "racionalidade" não se encontra outro critério senão o da conservação de sistemas autorregulados. Entretanto, logo que passamos a conceber o quadro institucional também a partir de dentro como um sistema de normas sociais, em que indivíduos socializados querem realizar antecipadamente sua vida e realizar a massa de suas necessidades interpretadas, aquele critério já não é mais suficiente. Pois temos antes de interpretar o progresso dos sistemas técnicos, por sua vez, como variável dependente em um processo de emancipação progressiva. Ora, a "racionalização" do quadro institucional é medida pela relação do sistema social com a tradição cultural, a saber, pelo grau em que os valores culturais ou são utilizados como ideologias e recalcados na qualidade de utopias – ou então retornam à sua forma projetiva na vida prática, da qual eles, fetichizados enquanto "valores", são alienados.[20]

---

20 Cf. minha crítica à concepção de Luhmann em torno do problema da vinculação dos sistemas sociais em Habermas; Luhmann, *Theorie der Gesellschaft oder Sozialtechnologie?*

Teoria e práxis

IX

A intenção caracterizada primeiramente por Marx de submeter ao controle as consequências socioculturais do progresso técnico parece se impor hoje tanto no Oriente quanto no Ocidente com uma força cada vez maior — mas o modelo tecnocrático, de acordo com o qual essa intenção deve ser realizada, bate de frente contra seu propósito declarado. Por todos os lados existem esforços de planejar o próprio quadro institucional apartado dos conflitos na qualidade de elemento do sistema tecnicamente desenvolvido e assim sincronizá-lo com o progresso técnico. A dimensão em que ele desenvolve o problema de uma transformação do quadro institucional era unicamente a da emancipação progressiva. Hoje, esse mesmo problema parece ser dissolvido em uma tarefa técnica: trata-se de uma adaptação controlada do mundo da vida social em relação ao progresso técnico. A dimensão de um grau historicamente transformado de dominação é desse modo ignorada.

A ideia que está por trás do experimento conduzido de maneira tecnocrática é a da autoestabilização dos sistemas sociais em analogia com a dinâmica instintiva. A perspectiva nos é familiar: talvez valha a pena organizar primeiramente as instituições particulares, depois algumas esferas institucionais, passando pelos sistemas parciais e por fim o sistema social em seu todo de tal modo que eles possam trabalhar de forma autorregulada e se conservar sob condições externa e internamente mutáveis em um estado ótimo. Os sistemas homem-máquina, que nas esferas de trabalho social e de autoafirmação violenta garantem máxima confiabilidade, tornam-se protótipos para a organização das relações sociais em geral. Eu gostaria de desenvolver por um momento essa ficção.

Se fosse possível integrar o sistema de normas sociais desse modo aos sistemas tecnicamente desenvolvidos, então a ação social teria de se cindir de forma peculiar: a saber, na ação racional com respeito a fins daqueles poucos que organizam os sistemas regulados e que reparam falhas técnicas, de um lado; e no comportamento adaptativo daqueles muitos que estão incluídos nas rotinas dos sistemas regulados, de outro. A dominação manifesta do Estado autoritário seria assim abrandada pelas constrições manipulativas de um Estado que opera de forma técnica. Pois na medida em que a ação social é levada em consideração como um fator de desagregação, o funcionamento dos sistemas regulados seria medido pela regularidade empiricamente garantida das reações comportamentais necessárias em termos funcionais. A imposição moral de uma ordem obrigatória seria substituída por reflexos ajustados a ela, e a ação comunicativa, que é orientada pelo sentido linguisticamente articulado e pressupõe a interiorização de normas, seria substituída por modos de comportamento condicionados. Sempre observamos nas sociedades industrialmente avançadas alguns desenvolvimentos que se ajustam ao modelo de uma sociedade controlada tanto por estímulos externos quanto pela comunicação. A manipulação indireta mediante estímulos apropriados aumentou, sobretudo nas esferas de liberdade subjetiva (comportamento eleitoral, consumo e tempo livre), enquanto o controle por normas interiorizadas parece ter diminuído. A rubrica sociopsicológica da época foi caracterizada menos pela personalidade autoritária do que pela desestruturação do Super-eu [*Über-Ich*].[21]

---

21 Cf. Marcuse, Das Veralten der Psychoanalyse, p.85-106.

Teoria e práxis

No futuro, aumentará consideravelmente o repertório das técnicas de controle. Manipulações psicotécnicas do comportamento podem hoje já prescindir do antiquado desvio sobre as normas interiorizadas, mas capazes de reflexão. A intervenção biotécnica no sistema de controle endócrino e principalmente as intervenções na transmissão genética de informações hereditárias poderão amanhã implantar os controles do comportamento de modo ainda mais profundo. Então as velhas zonas da consciência desenvolvidas pela comunicação linguística cotidiana teriam de ser completamente esgotadas. Nessa etapa das técnicas humanas, em que se poderia falar do fim das manipulações psicológicas do mesmo modo que hoje se fala do fim das ideologias políticas, a alienação naturalizada e o atraso incontrolado do quadro institucional seriam superados. Mas a auto-objetivação dos homens se consuma em uma alienação planejada – os homens fazem sua história com vontade, mas não com consciência.

Uma racionalização, que reabsorve as instituições naturalizadas do mundo da vida social nos sistemas tecnicamente desenvolvidos, suprime a relação histórica entre sistema de dominação e tradição cultural. No lugar de normas que canalizam a satisfação da pulsão, mas que ao mesmo tempo possibilitam também a liberdade mediante a reflexão sobre a compulsão interiorizada, surge o controle externo por estímulos. Estes são funcionais; neles não há nada para se compreender. Diante deles, a reflexão é impotente, pois ricocheteia nas paredes de vidro do sistema organizado racionalmente. Nesse ponto, a utopia negativa nos dá a conhecer o que podemos aprender de suas consequências absurdas.

Jürgen Habermas

Não basta que um sistema social cumpra as condições da racionalidade técnica. Mas se o sonho cibernético de uma autoestabilização quase instintiva pudesse se realizar, o sistema de valores, entretanto, se reduziria a regras de maximização de poder e de bem-estar e ao equivalente para o valor biológico fundamental da sobrevivência a qualquer preço, à ultraestabilidade. A espécie humana, com as consequências socioculturais não planejadas do progresso técnico, impôs a si mesma o desafio de não apenas conjurar seu destino social, mas aprender a dominá-lo. Esse desafio da técnica não pode ser enfrentado apenas por intermédio da técnica. É preciso antes colocar em marcha uma discussão politicamente eficaz que relacione de modo racionalmente vinculante o potencial social do saber e do poder técnicos com nosso saber e querer práticos.

Uma tal discussão poderia, por um lado, esclarecer os politicamente ativos em relação ao tecnicamente possível e exequível sobre a autocompreensão de seus próprios interesses determinada de maneira tradicional. À luz das necessidades assim articuladas e reinterpretadas, os politicamente ativos, por outro lado, poderiam avaliar de forma prática em qual direção e em que medida querem desenvolver futuramente nosso saber técnico.

Essa dialética entre poder e querer realiza-se hoje de maneira irrefletida, segundo critérios de interesses para os quais uma justificação pública não é exigida e nem permitida. Apenas se quisermos assumir essa dialética com consciência política poderíamos colocar sob nosso governo uma mediação, que até agora se impôs apenas do ponto de vista da história natural, do progresso técnico com a práxis de vida social. Visto que isso é tarefa da reflexão, mais uma vez tal mediação está sob a competência de especialistas. A substância da dominação não se dilui unicamente diante do poder de disposição técnica; ela pode, em todo caso, se entrincheirar por trás dele. A irracionalidade da dominação, que hoje se tornou um perigo coletivo para a vida de todos, pode ser dominada somente em virtude de uma formação política da vontade vinculada ao princípio da discussão universal e livre de coerção. Só podemos esperar uma racionalização da dominação a partir de relações que promovam o poder político de um pensamento comprometido com o diálogo. A força libertadora da reflexão não pode ser substituída pela propagação do saber tecnicamente utilizável.

10
Sobre a transformação social da formação acadêmica

Na discussão sobre a reforma universitária, quase todos os partidos se apegam com uma unanimidade surpreendente ao princípio de que a forma universitária dos estudos superiores não deve ser abandonada: "agem irrefletidamente aqueles que nos propõem uma remodelação e desagregação das universidades em escolas especializadas".[1] Quem examinou os escritos sobre a reforma dos últimos quinze anos não acreditará que essa frase de Schleiermacher tem mais de 150 anos.

A advertência, apresentada naquele momento de modo muito insistente, não deve ser entendida de forma equivocada como uma tentativa de isolamento da ciência em relação à prática profissional. Aquela formação em sentido enfático, que, para além do treinamento para a capacitação profissional, deve ser assegurada mediante a forma universitária do estudo, foi compreendida por Fichte exatamente como a forma da "conversão

---

1 Schleiermacher, Gelegentliche Gedanken über Universitäten in deutschen Sinn, p.249.

do saber em obras".[2] Humboldt justificou sua máxima de que a missão da ciência é a formação com o mesmo argumento, a saber, que nem o interesse do Estado e nem a humanidade se vinculavam ao saber e ao discurso, mas ao caráter e à ação.[3] E o próprio Schleiermacher identifica explicitamente formação com a formação do sentido comum [*gemeine Sinn*], aquele *sensus communis* que na filosofia amplamente difundida nas nações ocidentais manteve sempre o significado de um órgão para o que é necessário em termos práticos, seja enquanto *common sense* ou *bon sen*: "uma vida honesta e nobre não pode se justificar nem para o Estado e nem para o indivíduo sem que, com uma capacidade sempre limitada no campo do saber, se vincule ao sentido universal";[4] apenas no horizonte da formação uma rígida massa de conhecimentos pode se tornar algo eficaz e correto de maneira prática. Essa intenção, defendida de formas diversas, de modo algum contradiz a separação sublinhada dos estudos científicos em relação às necessidades da prática profissional. Pois no desprezo pelos fins meramente empíricos, na tentativa de resguardar a universidade contra os talentos vocacionais, para os quais Schelling encontrou palavras tão ríspidas, reflete-se já um estado objetivo do desenvolvimento social: entre a prática profissional dos artífices, de um lado, e a dos médicos, funcionários e juristas, de outro, não tinha se revelado qualquer diferença fundamental em relação à racionalização científica.

---

2 Fichte, Deduzierter Plan einer zu Berlin zu errichtenden Höhern Lehranstalt, p.130.

3 Humboldt, Über die innere und äussere Organisation der höheren wissenschaftlichen Anstalten in Berlin, p.379.

4 Schleiermacher, Gelegentliche Gedanken über Universitäten in deutschen Sinn, p.226.

Teoria e práxis

Considerados segundo a pretensão rigorosa de uma fundamentação teórica das capacidades profissionais, em todo lugar eles se encontram no estágio de uma arte aprendida e exercida pragmaticamente, de uma "técnica" em sentido grego. Schelling de fato tenta resgatar a cientificidade das faculdades superiores ao vincular o direito à filosofia da história e a medicina à filosofia da natureza,[5] porém, poucos anos mais tarde, Fichte levantou enérgicas dúvidas se poderíamos atribuir às ciências médicas em geral uma base científica. Tanto aqui quanto na ciência jurídica, a balança pesa em favor do aspecto relativo à arte prática de aplicação na vida.[6] Schleiermacher conclui então que a verdadeira universidade foi completamente absorvida pela faculdade de filosofia, enquanto as faculdades superiores se tornaram escolas especializadas: "elas adquirem sua unidade não imediatamente do conhecimento, mas de um assunto externo, e tudo o que se exige é a síntese a partir de diferentes disciplinas".[7] Estas são as disciplinas filosóficas às quais os membros das faculdades superiores deveriam estar vinculados ao menos na qualidade de professores extraordinários; as escolas especiais profissionais de teólogos, juristas e médicos só podem ser colocadas sob o mesmo teto da universidade se todos os professores universitários estiverem "enraizados na faculdade de filosofia".[8] Na passagem do século XVIII ao XIX,

---

5 Schelling, Vorlesungen über die Methode des akademischen Studiums, p.282 et seq.

6 Fichte, Deduzierter Plan einer zu Berlin zu errichtenden Höhern Lehranstalt, p.155.

7 Schleiermacher, Gelegentliche gedanken über Universitäten in deutschen Sinn, p.259.

8 Ibid., p.261.

não se podia, ao menos se nos limitarmos ao horizonte alemão,[9] conceber a ideia de uma possível configuração científica dos "assuntos externos". Por isso, os reformadores universitários não precisavam romper seriamente com a tradição da filosofia prática. As estruturas do mundo do trabalho pré-industrial, mantidas apesar de todas as profundas revoluções de ordem política, permitiam pela última vez a concepção clássica da relação entre teoria e práxis: as habilidades técnicas utilizadas na esfera do trabalho social não eram suscetíveis de direção teórica de forma imediata; elas eram exercitadas pragmaticamente segundo os padrões tradicionais da arte correspondente. A teoria, referida à essência imutável das coisas que está para além da esfera mutável dos afazeres humanos, alcança validade na práxis unicamente ao conformar a atitude vital dos homens dedicados à teoria, ao lhes revelar normas para a própria ação a partir da compreensão do cosmos em seu todo e ao adotar assim uma forma positiva mediante as ações dos homens filosoficamente cultos. A ideia tradicional de formação universitária não tinha admitido qualquer relação diferente da teoria com a práxis; ainda quando Schelling tenta atribuir uma base científica à prática do médico graças à filosofia da natureza, o ofício médico subitamente se transforma para ele em uma doutrina da ação médica: o médico deve se orientar pelas ideias derivadas da filosofia da natureza do mesmo modo que o sujeito ativo se orienta pelas ideias da razão prática.[10]

---

9 Isso não pode ser aplicado ao Hegel da *Jenenser Realphilosophie*. Cf. Riedel, *Studien zu Hegels Rechtsphilosophie*, p.75 et seq.

10 Schelling, Vorlesungen über die Methode des akademischen Studiums, p.251 et seq.

Teoria e práxis

Entretanto, é bem conhecido que a cientificização da medicina tem êxito apenas na medida em que a doutrina pragmática da arte do ofício médico pode ser transformada em uma disposição controlada pelas ciências experimentais sobre processos naturais objetivos. Isso vale na mesma medida para outras esferas do trabalho social; se se trata de racionalizar a produção de bens, a direção empresarial e a administração, ou a construção de máquinas-ferramentas, rodovias e aviões, ou a influência sobre o comportamento eleitoral, o consumo e o tempo livre, em todos esses casos sempre a prática profissional correspondente deve assumir a forma de uma disposição técnica sobre processos objetivados. Essa disposição sempre corresponde de certo modo à técnica artesanal, ou digamos, a uma elaboração do material. Uma técnica científica pode ser diferenciada a partir de dois pontos de vista. Primeiramente, nosso conhecimento sobre o comportamento de uma tal matéria sob condições definidas não procede mais de experiências cotidianas que nos foram transmitidas, mas de hipóteses legais empiricamente confirmadas que podem assegurar predictibilidade independentemente das grandezas covariantes. Em segundo lugar, nossa intervenção não precisa se limitar às coisas materiais; os processos exequíveis, sejam opiniões, modos de comportamento ou regras, têm de poder ser estabelecidos geralmente a partir de dados observáveis. As técnicas orientadas pelas ciências experimentais colocam os fenômenos sob controle, sobre os quais nós podemos dispor *como se* fossem coisas materiais. Está ligado a isso justamente o fato de que um estudo científico, que foi teoricamente preparado para a prática profissional em um sentido pretensioso, desperta também ainda hoje os mesmos receios que

Schelling já tinha manifestado contra as "ciências culinárias" [*Brotwissenschaften*].

A máxima segundo a qual a ciência também deveria proporcionar formação exigiu em seguida uma separação estrita entre universidade e escolas superiores, porque bloqueava as formas pré-industriais de prática profissional contra todo tipo de orientação teórica. Atualmente, os processos de investigação científica são acoplados com a aplicação técnica e a valorização econômica, e a ciência é acoplada com a produção e a administração no sistema de trabalho de sociedades industrializadas: a aplicação da ciência à técnica e a reutilização dos progressos técnicos na investigação científica se tornaram a própria substância do mundo do trabalho. Uma oposição invariavelmente inflexível contra a desagregação da universidade em escolas especializadas não pode mais, nessas circunstâncias, apelar para velhos argumentos. A forma universitária do estudo não deve se proteger hoje contra as esferas profissionais porque estas seriam alheias à ciência, mas porque, pelo contrário, a ciência, na medida em que ela impregnou a prática profissional, tornou-se alheia por sua vez à formação. A convicção filosófica do Idealismo Alemão de que a ciência proporcionaria formação não pode mais dizer respeito aos modos de procedimento empírico-analíticos. Outrora, a teoria pôde se tornar poder prático em virtude da formação; hoje, lidamos com teorias que não são práticas, isto é, não têm relação explícita com a ação de homens que interagem entre si, podendo se tornar poder técnico. Certamente, as ciências agora fazem a mediação com um tipo de poder [*Können*] específico: mas o poder de disposição, que ela instrui, não é o mesmo poder da vida e da ação que se esperava antes obter a partir da configuração científica.

Teoria e práxis

Os economistas e os médicos formados estritamente pelas ciências experimentais "podem" ainda mais do que os especialistas correspondentes de gerações anteriores; nossa sociedade não sobreviveria sem esse poder. Ao mesmo tempo, contudo, esses economistas e médicos instruídos de forma excelente mostram, no campo industrial e na prática médica, necessidades peculiares, e isso é algo que também sabemos por informações empíricas.[11] Esses defeitos são raramente apreendidos; por isso, recorre-se a clichês ideologicamente insuspeitos e se afirma: a esses formandos superiores falta a capacidade para "dirigir os homens" e "tratar dos homens", falta-lhes o sentido para as "relações inter-humanas", eles perderam de vista "a totalidade dos homens" etc. Talvez tais questões continuem sendo tratadas como sempre foram; em todo caso, é certo que nossos estudantes, ao serem instruídos nos procedimentos de uma ciência positiva, recebem logo informações tecnicamente indispensáveis sobre processos que devem ser dominados, mas nenhuma orientação que auxilie nas situações práticas da vida. Enquanto o Idealismo Alemão, em harmonia com a tradição da grande filosofia no que concerne aos fatos concebidos, procura apreender o contexto ideal que também deveria apontar para os sujeitos agentes uma direção normativamente vinculante, as ciências experimentais de hoje fornecem normas de um outro tipo. Esses preceitos nos ensinam acerca do comportamento das coisas com que temos de contar em dadas circunstâncias, permitindo assim uma dimensão de disposição. As expectativas recíprocas de comportamento que surgem de uma compreensão

---

11 Gembardt, Akademische Ausbildung und Beruf, *Kölner Zeitschrift für Soziologie und Sozialpsychologie*, p.223 et seq.

do mundo, por seu turno, valem para o convívio dos homens em situações em que é preciso fazer o que for necessário, embora se possa malograr. Mas se não aprendêssemos normas *desse* tipo nem pela tradição naturalizada e nem pelas sanções impostas externamente, mas unicamente as aceitássemos pela constrição de um discernimento elaborado teoricamente e de um consenso produzido racionalmente, então a máxima de uma formação obtida por intermédio da ciência seria satisfeita. As ciências experimentais em sentido estrito podem favorecer as capacidades técnicas, mas não formar as capacidades práticas.[12]

Na nova discussão sobre a reforma, esse dilema logo foi compreendido. Quando, em 1956, Hermann Heimpel renovou o lema do ministro prussiano da cultura, Becker, de acordo com o qual as escolas superiores alemãs seriam saudáveis em seu âmago, lema que seria renovado sob a égide de um conservadorismo cultural reforçado com a República Federal, ele ao mesmo tempo complementou a característica tradicional do ensino e da pesquisa acrescentando a educação como um terceiro momento de formação; ele pretendeu separar do processo de aperfeiçoamento científico o momento de formação humana e institucionalizar uma missão educativa autônoma ao lado da doutrina acadêmica.[13] Essa posição não se confirmou como muito revolucionária; seguiu-se dela não apenas a concepção, ligada ao movimento de juventude, do plano da Universidade de Bremen,[14] mas também o parecer reservado do conselho científico para a constitui-

---

12 Cf. Horkheimer, *Eclipse of Reason*, principalmente cap. 1, p.3 et seq ("Means and Ends").

13 Heimpel, *Probleme und Problematik der Hochschulreform*, p.8.

14 Rothe, *Über die Gründung einer Universität zu Bremen*.

ção de novas universidades.[15] *Uma* consequência da discussão levada a cabo uma década e meia depois foi a proposta de obrigar os estudantes dos primeiros semestres, alojados nas repúblicas estudantis, a conviver na comunidade acadêmica.

Em nome de uma preservação da ideia da Universidade de Humboldt, aqui a máxima mais importante será abandonada: formação por intermédio da ciência. Quem pretende estabelecer novamente a *universitas literarum* como uma agremiação restaurada de professores e alunos, subverte a grandiosa emancipação da formação de normas vislumbrada pelo neo-humanismo, que só poderiam ser justificadas pela tradição e eram insustentáveis diante da reflexão científica. Se a universidade quisesse colocar sob sua direção, a título de missão educativa própria, a "escolarização" [*Verschulung*] que ela despreza nos consumidores de seminários abarrotados, então ela deveria pactuar com os poderes autárquicos da menoridade [*Unmündigkeit*]. Apenas antecipando uma maioridade [*Mündigkeit*] forjada esta mesma pode se desenvolver.

Um parecer notável feito pela Associação de Estudantes Alemães[16] defende, por essa razão, a recusa rigorosa de uma educação acadêmica fora dos processos do trabalho científico. Porque os estudantes se atêm à máxima de uma formação que só pode ser obtida por intermédio da ciência, mas interpretam de modo positivista a função dessa ciência, a saber, limitando-a ao domínio da disposição técnica, eles precisam expulsar a "formação intelectual universal" e a "formação harmônica da personalidade" do templo da escola superior. Com isso, separa-se

---

15 *Anregungen des Wissenschaftsrats zur Gestalt neuer Hochschulen.*
16 *Studenten und die neue Universität*, p.19.

mais uma vez do processo formativo do conhecimento um elemento eticamente solidificado da formação do caráter, que os outros precisam admitir ante os portões da universidade somente para conduzi-lo pelos alojamentos da administração da universidade. Ambos os partidos unem seus propósitos concorrentes na mesma tese de uma divisão de trabalho entre ciência e educação. Enquanto antes a formação deveria transferir uma compreensão revelada cientificamente do mundo em seu todo para a ação dos homens, hoje ela é reduzida a algo como um comportamento decoroso, a um traço concernente de personalidade. Pela formação, o momento objetivo do conhecimento científico é eliminado em favor do momento subjetivo de uma atitude bem educada.

O homem culto dispunha da capacidade de orientar sua ação. Essa formação deveria ser universal no sentido da universalidade de um horizonte do mundo configurado perspectivamente, em que as experiências científicas podem ser interpretadas e convertidas em capacidade prática, vale dizer, em uma consciência reflexiva em relação às necessidades práticas. Ora, o tipo de experiência que hoje é cientificamente permitido apenas segundo critérios positivistas não é capaz dessa conversão em práxis. O poder de disposição no qual resulta não deve ser confundido com o potencial da ação esclarecida. Mas é por isso que em geral a ciência está dispensada dessa tarefa; ou hoje se levanta novamente a questão sobre a formação acadêmica no quadro de uma civilização modificada com os meios científicos enquanto um problema da própria ciência?

Primeiramente, os procedimentos produtivos foram revolucionados pelos métodos científicos; assim, as expectativas de funcionamento tecnicamente correto também foram transpostas aos domínios sociais que se tornaram independentes como consequência da industrialização do trabalho e, por isso, adequaram-se à organização planificada. O poder de disposição técnica sobre a natureza possibilitado de maneira científica hoje é estendido diretamente à sociedade: em cada sistema social isolável, em cada dimensão cultural tornada independente, cujas relações imanentes podem ser analisadas a partir da finalidade pressuposta do sistema, desenvolve-se por assim dizer uma nova disciplina das ciências sociais.[17] Na mesma medida, os problemas de disposição técnica solucionados de forma científica se convertem em diversos outros problemas vitais, já que o controle científico de processos naturais e sociais não isenta os homens da ação. Tanto hoje quanto antes conflitos precisam ser decididos, interesses efetivados e interpretações descobertas – pelas ações e negociações ligadas à linguagem cotidiana, na mesma medida. Contudo, hoje, essas questões práticas são amplamente determinadas pelo sistema de nossas próprias operações técnicas.

Mas se a técnica emerge da ciência, e com isso me refiro à técnica que exerce influência sobre o comportamento humano não menos do que o domínio sobre a natureza, então a recuperação dessa técnica no mundo da vida prático, o retorno da disposição técnica de dimensões particulares à comunicação de homens agentes requerem ainda mais uma reflexão científica. Certamente, a orientação científica na ação, que o novo humanismo quis institucionalizar nas escolas superiores, tinha antes uma pretensão legítima. Hoje, porém, essa pretensão de que as questões práticas sejam motivadas pela mediação da própria ciência

---

17 Tenbruck, Bildung, Gesellschaft, Wissenschaft, p.376 et seq.

se tornou muito mais imperiosa. Sob pena de cair na barbárie da reflexão prevista por Vico, não devemos reter a racionalização nos limites do domínio da disposição técnica. Temos antes de assumir suas próprias consequências práticas ainda na reflexão científica. O horizonte pré-científico da experiência se tornou infantil se a relação com os produtos de uma racionalidade tensionada até o limite tiver de ser adaptada a ela de forma ingênua. Mas uma orientação científica na ação era chamada antigamente de formação acadêmica. Esta não precisa de cuidados, como uma peça de museu de uma tradição estimada, mas constitui um desiderato imposto pelas consequências objetivas do processo de investigação e somente realizável neste. De certo modo, a formação já não pode mais estar limitada à dimensão ética do comportamento pessoal; na dimensão política, da qual se trata agora, a orientação teórica para a ação precisa decorrer antes de uma compreensão de mundo explicitada em termos científicos.[18]

Eugen Fink caracterizou um tipo de formação que poderia acolher novamente os produtos do poder de disposição técnica crescente nas esferas de comunicação vinculadas às nossas capacidades práticas.[19] Essa formação seria ao mesmo tempo técnica e política. Fink parte do fato de que a ciência moderna se tornou um pressuposto vital para quase todos os homens e só foi efetivamente executada em seu modo originário na qualidade de investigação científica por uma minoria cada vez mais reduzida: "Umas poucas dúzias de cérebros conduzem de maneira criativa a física, e mais de dois bilhões de homens

---

18 Cf. minha conferência, Universität in der Demokratie – Demokratisierung der Universität, p.108-133.
19 Fink, Technische Bildung als Selbsterkenntnis, p.16 et seq.

Teoria e práxis

vivem graças à técnica mecânica possibilitada pela ciência natural".[20] Essa mediatização da ampla massa por uma elite de pesquisadores, assim como, contrariamente, a autonomização de um processo técnico de desenvolvimento diante do estabelecimento discutível de fins por parte dos próprios homens que se comunicam entre si, poderia ser diminuída e, ao final, chegar a ser suprimida por um sistema de formação que assegurasse a continuidade de uma civilização cientificizada da universidade até a escola básica. Essa continuidade seria fixada manifestamente não mais apenas na cadeia de bens de consumo e em uma rede de organizações, mas na consciência crítica dos próprios cidadãos. Estes aprendem com o caráter pragmático da ciência a compreender a práxis científica; eles podem discutir suas consequências objetivas e incorporá-las conscientemente ao processo da vida social. A formação técnica é, assim, desempenhada politicamente:

> A liberdade humana se manifesta produtivamente nos processos ativos de transformação da natureza, levados a cabo por homens que trabalham, e se manifesta também na autoconfiguração política de um povo que recusa toda tutela ao se autogovernar [...] Apenas se a técnica for dominada espiritualmente na formação de todos pode o povo exercer o controle dos meios técnicos de poder e fortalecer a dominação popular.[21]

A figura de pensamento é hegeliana, ou melhor: tem origem jovem-hegeliana. À medida que seu poder de disposição se

---

20 Ibid., p.15.
21 Ibid.

ampliava, os homens passavam a criar produtos diante dos quais se tornavam alheios; é preciso que a espécie se reconheça na qualidade de sujeito nas obras de sua própria liberdade produtiva. A formação técnica desempenhada na autodeterminação política de uma sociedade emancipada é pensada de um ponto de vista crítico-ideológico sob o esquema da produção e alienação, e da apropriação do alienado. A função desse sistema de formação exigido também é crítico-ideológica: é preciso desmascarar a aparência de autonomia da teoria pura e sua dependência em relação à práxis social. Mas uma tal crítica, que mostra a mediação da teoria pura com processos de trabalho social, pode também ser aplicada igualmente ao sistema da investigação científica, técnica, economia e administração? Se quisermos entender a "técnica" como a disposição cientificamente racionalizada sobre processos objetivados e a "democracia" como formas institucionalmente asseguradas de uma comunicação universal sobre questões práticas a respeito de como os homens podem e querem conviver sob as condições objetivas ampliando continuamente seu poder de disposição, então me parece questionável que, usando as palavras de Fink, técnica e democracia realmente surjam de uma raiz *comum* da liberdade produtiva. A reintegração do poder de disposição técnica no consenso formado por cidadãos que agem e discutem, ou seja, a reflexão política, não tem de cumprir condições de racionalidade diferentes daquelas que decorrem da técnica? A indicação pragmática da conexão entre saber e trabalho[22] conservou sua força crítica diante da

---

22 Dewey, *The Quest for Certainty*. Cf. também a introdução de Apel à edição das obras de Peirce coordenada por ele, dos anos de 1968 e 1970.; cf. também Habermas, *Erkenntnis und Interesse*, p.116-177.

Teoria e práxis

teoria no sentido clássico; face à técnica, que surgiu precisamente da compreensão desse contexto que se expressa de novo em cada uma de suas produções, é manifestamente insatisfatória.

Os limites da abordagem ideológica podem ser evidenciados com Marx. Ele também critica o contexto da produção capitalista enquanto uma forma de poder que se autonomizou em relação à liberdade produtiva, isto é, em relação aos próprios produtores. Mediante a forma privada de apropriação dos bens socialmente produzidos, o processo técnico de produção de valores de uso passa a se submeter à estranha lei do processo econômico constituído pela produção de valores de troca. Tão logo essas leis peculiares de acumulação do capital sejam remetidas à sua origem na propriedade privada dos meios de produção, a espécie humana pode tanto conceber quanto também abolir a coerção econômica como uma obra alienada de sua liberdade produtiva. A reprodução da vida social na forma de processo de produção de valores úteis poderá facilmente ser planificada de modo racional: a sociedade submeterá tecnicamente tal processo a seu controle. Este controle é exercido democraticamente segundo a vontade e o discernimento dos indivíduos associados. É por isso que Marx equipara o discernimento prático de uma esfera pública política com uma disposição técnica exitosa. Entretanto, sabemos que uma burocracia que funciona com planejamento não é condição suficiente para a realização das forças produtivas materiais e ideais reunidas para o desfrute e liberdade de uma sociedade emancipada. Marx não contou que pudesse surgir um descompasso em todos os níveis entre o controle das condições de vida materiais e uma formação democrática da vontade – a razão filosófica para que os socialistas não esperassem o surgimento de um Estado de bem-estar autoritário, ou seja, uma segurança relativa da riqueza social sob a exclusão da liberdade política.

Mesmo se a disposição técnica sobre as condições físicas e sociais de conservação e melhoramento da vida tivesse alcançado aquele grau que Marx supôs para um estágio comunista de desenvolvimento, não teríamos por que já vincular a ela automaticamente também uma emancipação da sociedade no sentido dos iluministas do século XVIII e dos jovens hegelianos do século XIX. Pois as técnicas, com as quais o desenvolvimento de uma sociedade altamente industrializada seria colocado sob controle, não podem mais ser interpretadas segundo o modelo da ferramenta, ou seja, como se já estivessem organizados os meios apropriados para certos fins pressupostos sem discussão ou mesmo sem que fossem esclarecidos mediante a comunicação.

Vimos que é difícil dar conta dessa dificuldade pela via de uma formação de técnicas compreendidas de maneira pragmática. Entretanto, de outro lado, o princípio de um tal programa já foi colocado em questão. Freyer e Schelsky elaboraram um contramodelo em que se reconhece essa autonomização da técnica que Fink, por seu turno, critica. Diante do estado primitivo de desenvolvimento técnico, atualmente, a relação da organização dos meios em relação a fins dados ou projetados parece se inverter. Os novos métodos, para os quais apenas depois encontramos finalidade para sua utilização, se descolam de modo não planejado do processo de investigação científica e desenvolvimento técnico que obedece a leis imanentes. De acordo com a tese de Freyer,[23] um poder abstrato cresce sobre

---

23 Freyer, *Über das Dominantwerden technischer Kategorien in der Lebenswelt der industriellen Gesellschaft*.

Teoria e práxis

nós, em impulsos sempre novos, em virtude de um progresso tornado automático; interesses vitais e fantasias criativas precisam posteriormente se apoderar dele para acomodá-lo a fins concretos. Schelsky reforça e simplifica essa tese no sentido de que o progresso técnico, junto com os métodos surgidos inesperadamente, produzem inclusive fins não planejados para os quais aqueles serão aplicados: as possibilidades técnicas impõem ao mesmo tempo seu aproveitamento prático. Schelsky defende essa tese fazendo referência especial às legalidades objetivas altamente complexas que prescrevem, mediante as tarefas políticas, soluções supostamente sem alternativas:

> em vez de normas e leis políticas, [apresentam-se] legalidades objetivas da civilização técnico-científica que não podem ser compreendidas como normas vinculadas a convicções ou a visões de mundo. Com isso, a ideia de democracia, por assim dizer, também perde sua substância clássica: no lugar de uma vontade política do povo se apresenta a legalidade objetiva que o próprio homem produz como ciência e trabalho.[24]

Enquanto Fink conta com uma convergência fundada historicamente de técnica e democracia, essa problemática deve ser resolvida no "Estado técnico". Diante do sistema tornado autônomo de investigação científica, técnica, economia e administração, parece irreversivelmente antiquada a questão, inspirada na pretensão formativa do neo-humanismo, da possível soberania da sociedade sobre as condições técnicas

---

24 Schelsky, *Der Mensch in der wissenschaftlichen Zivilisation*, p.439-480.

de vida, a questão da integração na práxis do mundo da vida. Ideias semelhantes surgem no Estado técnico no melhor dos casos "para a manipulação de motivos que ocorrem de qualquer modo sob pontos de vista objetivamente necessários".[25] Porque ciência e técnica ditam a vida prática segundo suas leis imanentes, a formação é relegada à dimensão da interioridade religiosa que transcende a ciência: a questão da formação precisa ser respondida recorrendo certamente às ciências, mas não mais *a partir* da própria dimensão da ciência.[26]

Entretanto, é correta a tese da legalidade própria do progresso técnico? A afirmação, segundo a qual as decisões políticas se reduzem ao cumprimento da constrição objetiva imanente às técnicas disponíveis e não podem constituir um tema de reflexão prática, não acaba servindo para excluir de uma possível racionalização os interesses naturalizados ou as decisões pré-científicas? Nem o tempo e a direção do processo de investigação científica e nem sua transposição prática são ditados pelas constrições objetivas. No grande setor de investigação

---

25 Ibid., p.31.

26 Schelsky, *Der Mensch in der wissenschaftlichen Zivilisation*, p.37. Após a conclusão do manuscrito, tomei conhecimento da investigação ainda inédita de Schelsky sobre a reforma universitária, *Einheit und Freiheit*. Modifica-se nela a tese anteriormente defendida. Schelsky define agora a formação, apropriando-se da tradição humanista, como soberania espiritual e moral diante das coerções sobre a ação impostas pela técnica cientificamente orientada. Mas essa formação é concebida também como um processo privado que transcende a ciência; ela deve libertar internamente a pessoa da sociedade como um todo, permitindo uma "libertação do homem interior", uma "direção interna da vida". Cf. Habermas, *Zur Logik der Sozialwissenschaften*, p.91 et seq.

Teoria e práxis

científica orientada pelo mercado, que as empresas privadas colocam sob seu domínio, as decisões relativas a investimentos estão sujeitas em todo caso aos critérios (embora calculados a logo prazo) da rentabilidade econômico-empresarial; por outro lado, no setor da investigação científica financiado pelo Estado, geralmente as necessidades militares se impõem; as prioridades da investigação científica são amplamente decididas segundo pontos de vista do planejamento militar. Nos EUA, os dois maiores patrocinadores públicos de pesquisa científica são o Ministério da Defesa e o Departamento de Viagem Espacial. Se repararmos que mais de 70% dos contratos do Pentágono são realizados pela economia privada, que não se interessa por eles apenas em função do benefício econômico imediato, mas também pelo saber técnico que deles derivam, compreenderemos então a influência privada ainda neste setor. Helmut Krauch, que analisou essas conexões no caso estadunidense,[27] chegou à conclusão, em oposição a Schelsky, de que a direção do progresso técnico poderia ser amplamente influenciada pela política estatal de investigação científica; mas até hoje, ela depende em alto grau dos interesses econômicos privados, deixando de ser enquanto tal objeto de discussão de uma ciência orientada por um interesse universal nem, além disso, de uma esfera pública esclarecida sobre suas consequências práticas, precisamente uma esfera pública formada politicamente.

---

27 Krauch, Forschungspolitik und öffentliches Interesse, *Atomzeitalter*, p.218 et seq.; id., Wider den technischen Staat, *Atomzeitalter*, p.201 et seq.; cf. também as investigações citadas de Hirsch e Rödel e a bibliografia recente sobra a *mixed economy* [economia mista] utilizada nelas.

Não é apenas dessa perspectiva que a margem de exequibilidade do progresso técnico ainda não se esgotou. Também ali onde as decisões políticas em curso são deliberadas pelas agremiações de pareceristas científicos não se pode falar de constrição objetiva. Mesmo em questões estritamente isoladas, uma racionalização da escolha dos meios para fins dados pode levar a recomendações alternativas e funcionalmente equivalentes. Nestes casos, a atividade de decisão dos políticos não seria de modo algum fictícia, mas, pelo contrário, agudamente decisionista. Mas, normalmente, os próprios especialistas científicos divergem muito entre si. Por essa razão, James Conant propôs que as agremiações de pareceristas sejam ocupadas por pesquisadores com distintas convicções políticas para que assim os próprios políticos possam aprender algo da discussão entre interpretações concorrentes. A aparência do caráter apolítico das chamadas decisões objetivas pode surgir com frequência apenas se as interpretações das informações factuais e das recomendações técnicas em uma perspectiva prática for já antecipada pelos próprios especialistas. Esses atos de interpretação indicam precisamente aquilo para o qual uma formação acadêmica à altura das transformações sociais teria de estar preparada. O progresso técnico perde sua sugestiva aparência de uma espécie de automatismo quando refletimos sobre o contexto social de interesses, a partir do qual sua direção concreta é determinada de modo naturalista, e se se esclarece ainda que as recomendações técnicas obtidas a partir da análise das uniformidades empíricas têm de ser interpretadas novamente em relação às suas consequências práticas. Essas consequências apontam para o horizonte histórico do mundo da vida social. *Neste*, devem ser realizadas as oportunidades crescentes de uma disposição planificada. A tarefa de retraduzir as relações cientificamente objetivadas, isto é, tornadas disponíveis como se fossem coisas, na rede das interações vividas compete, no entanto, à primeira instância da ciência.

Apenas se essa tarefa for resolvida, a "aprendizagem da ciência desde a escola básica"[28] será algo pensável, ou seja, aquele sistema de formação que poderia preparar a convergência afirmada por Eugen Fink de técnica e democracia. Hoje, a investigação científica compete a uma dupla função do ensino: primeiro, a mediação do saber formal e do empírico para o aperfeiçoamento nas técnicas profissionais e no próprio processo de investigação científica; mas, também, àquela retradução de resultados científicos no horizonte do mundo da vida, que permitiria introduzir o conteúdo informativo das recomendações técnicas nas discussões sobre o que é considerado necessário em termos práticos da perspectiva do interesse universal. Hoje, não podemos mais deixar isso à mercê de decisões contingentes de indivíduos ou de um pluralismo de poderes religiosos. Não se trata de incorporar o estágio de saber cheio de consequências práticas no poder de disposição dos homens que executam tarefas técnicas, mas de recuperá-lo na posse linguística da sociedade constituída pela comunicação. Hoje, *essa* é a tarefa de uma formação acadêmica, que tanto hoje quanto antes precisa ser assumida por uma ciência capaz de autorreflexão. Se nossas universidades recusam a formação nesse sentido, pretendendo institucionalizar, na qualidade de missão educativa para

---

28 *Platz zur neuegestaltung des deutschen Schulwesens* (o chamado "plano de Bremen"), p.25; cf. sobre isso, Fink, Menschenbildung und Schulplanung.

os colégios, uma formação de caráter dissociada do resto ou arrancá-la totalmente da atividade universitária; se, em virtude de seu rigor positivista, a ciência precisa abandonar as questões práticas à naturalidade ou à arbitrariedade de juízos de valor incontrolados – então também não podemos mais esperar esclarecimento por parte de uma esfera pública dita politicamente emancipada [*mündig*]. Pois esse é o fórum em que hoje a formação acadêmica teria de se manifestar, apesar da exclusividade estabelecida como o eco irônico do alto prestígio social.

Contudo, a constrição para essa forma de reflexão não é igualmente forte em todas as ciências; as ciências sociais a experimentam em sua maior parte.

Nesses últimos 150 anos de nossa história universitária, observamos uma polêmica particular entre as faculdades inferiores e superiores. Nela, o ressentimento dos retrógrados na hierarquia acadêmica pode ter desempenhado algum papel; o núcleo objetivo do conflito das faculdades já registrado por Kant consistiu sempre da pretensão dos subprivilegiados de que na verdade apenas em seu domínio seria cultivada a ciência em sentido estrito. De maneira prototípica, essa pretensão foi outrora formulada por Schleiermacher:

> Se a faculdade de filosofia se atém apenas ao fato de que abarca *tudo* o que é propriamente constituído como ciência de modo natural, então ela deve ser, em todo caso, a última [faculdade] [...] Ela é também, por essa razão, a primeira e, de fato, governa sobre todas as outras, porque todos os membros da universidade, não importando à qual faculdade pertençam, precisam estar enraizados nela.[29]

---

29 Schleiermacher, Gelegentliche Gedanken über Universitäten in deutschen Sinn, p.260.

Teoria e práxis

Essa pretensão de hegemonia, desenvolvida de Kant até Schleiermacher, dos filósofos diante de teólogos, juristas e médicos como "meros comerciantes da ciência", foi levada à cabo de maneira científica na *Enciclopédia* de Hegel. Na segunda metade do século, uma faculdade de filosofia já reconhecida em seu papel dirigente teve de dar continuidade à polêmica com suas frentes invertidas. Do seu âmago, no entanto, surgiram as ciências naturais; foram estas que elevaram com êxito a pretensão de determinar os critérios de cientificidade segundo os parâmetros rigorosos de sua metodologia. Por outro lado, as ciências históricas e humanas, desenvolvidas igualmente apenas no século XIX e configuradas metodologicamente segundo padrões hermenêuticos, limitaram-se a preparar os refúgios para uma faculdade de filosofia obrigada a ficar na defensiva. A pretensão de hegemonia das ciências naturais, no entanto, foi fundamentada com o rigor das teorias científicas apenas com o Círculo de Viena. Diante das ciências naturais, as disciplinas das ciências sociais se estabeleceram hoje como a última, a chamada quinta faculdade (de acordo com uma conta historicamente correta, elas teriam de ocupar a sexta posição; mas, de modo característico, nas universidades privadas das cidades em que as ciências sociais alcançaram pela primeira vez o estatuto de faculdade, não era preciso enumerar a primeira faculdade: a faculdade de teologia tinha sido anulada). O campo de batalha em que o conflito das faculdades, de modo mais silencioso que nunca, era levado a termo é intransparente. No entanto, parece haver uma trégua no papel polêmico de porta-voz que determina o que deve contar como ciência; é a isso que se refere minha suspeita final.

Precisamente enquanto está em pleno curso nas ciências sociais o esforço para satisfazer os critérios rigorosos de uma ciência experimental, conduzindo a resultados visíveis na economia e, por muitos motivos, mais modestamente na sociologia, parece configurar também aqui uma verdadeira nova forma de reflexão. Na medida em que as ciências sociais são necessárias precisamente para assumir na própria reflexão a transposição de seus resultados para a práxis, as soluções de suas questões técnico-teóricas precisam ser interpretadas na forma de respostas às questões práticas. Com isso, elas vinculam seus modos de procedimento empírico-analíticos com os hermenêuticos e assim têm de definir mais uma vez os critérios de cientificidade.[30] Isso liberta a hermenêutica do gueto das ciências históricas do espírito; e, contrariamente, não devemos desconsiderar o destino dessas mesmas ciências históricas canonizadas no século XIX caso sejam forçadas a se comunicar em longo prazo com as ciências sociais que procedem sistematicamente. Apenas se as ciências aprenderem a refletir sobre a ampliação permanente do poder de disposição técnica igualmente no horizonte das consequências práticas, em vistas das quais nós temos de agir, e isso significa, a partir de pressupostos históricos, elas poderão recuperar a força necessária para a formação acadêmica em um sentido socialmente transformado.

---

30 Cf. Habermas, *Zur Logik der Sozialwissenschaften*; e também id., *Hermeneutik und Ideologiekritik*.

11
Democratização da universidade – politização da ciência?

O movimento de protesto estudantil, após vinte anos de uma vã retórica reformista, colocou em marcha uma legislação capaz de intervir profundamente na estrutura das universidades. Alguns desses projetos levam em conta os pontos de vista de uma "democratização". A participação formal dos estudantes e assistentes na autogestão da universidade atraiu a atenção de vários professores e dos representantes mais importantes das organizações científicas.

Um argumento foi recorrente nos últimos meses: a reforma da constituição da universidade, e antes de tudo a cogestão estudantil, segue o argumento, não atingiram os verdadeiros problemas. Ora, ninguém pretende afirmar que apenas com um fundamento legal para a reorganização da autogestão da universidade as relações insuportáveis do ensino massificado serão transformadas. Em todo caso, uma reorganização pode dar condições para a universidade lidar com os problemas que ela precisa resolver com as próprias forças. Isso também inclui a representação politicamente fundamentada e eficaz dos interesses da universidade diante da comissão de orçamento e do Ministério da Fazenda.

Ao lado de tais argumentos, que servem apenas para nos distrair, colocam-se outras considerações que devem ser levadas a sério. Eu cito aqui quatro das objeções mais importantes:

1. Uma democratização pode onerar a universidade com tarefas políticas que contradizem sua função. Enquanto uma unidade constituída politicamente, ela própria se torna um partido na luta entre as partes. Em função disso, ela tem de perder sua independência. Porém, mediante atribuições que devem torná-la capaz de agir politicamente, a universidade ainda não se torna uma instituição política. A universidade também não visa à aquisição e à conservação do poder. Sua função continua determinada pelas tarefas primordialmente apolíticas da pesquisa e do ensino. Mas ela só pode cumprir essas tarefas quando tiver condições de ser capaz de agir politicamente.

2. Uma democratização da universidade leva a uma politização da ciência que é incompatível com as condições imanentes do progresso científico. Diante disso, contudo, é preciso considerar que uma crítica material da ciência, que deve explicitar as implicações práticas da pesquisa e do ensino, volta-se justamente contra uma tal instrumentalização da ciência que também é sempre mascarada para fins políticos.

O argumento possui ainda mais peso contra o abuso de uma crítica da ciência reduzida a mero pretexto. Por meio da cogestão estudantil, é institucionalizada uma coerção à legitimação e à autorreflexão da ciência que inclui o perigo da subordinação a pontos de vista parciais justamente no que diz respeito a questões que não podem e não devem estar sujeitas às decisões da maioria. Esse argumento não pode ser aceito facilmente. Toda regulação produz seus próprios riscos. Contudo, na questão sobre qual regulação traz consigo os menores riscos, devem se tornar pouco plausíveis as pretendidas vantagens do *status quo*. A universidade apolítica não pôde resistir contra as tomadas acadêmicas do poder no ano de 1933.

3. Uma democratização da universidade permite o surgimento de facções. Tais elementos contradizem uma formação acadêmica da vontade isenta de coerções. Esse é um argumento fraco. Na discussão das questões práticas, quando se avalia as consequências e os efeitos colaterais, entram opiniões apressadas e interpretações globais que certamente são capazes de oferecer explicações, mas que na maior parte das vezes são inacessíveis a uma comprovação *ad hoc*. O fato de existirem facções traz à consciência tais pontos de cristalização. A formação formalizada de facções, que sempre existiram informalmente, seria por isso um indício de que a formação da vontade na universidade não pode mais ser prejudicada na mesma medida por grupelhos e camarilhas.

Uma forma modificada do argumento diz que quotas fixas de votos para professores, colaboradores científicos e estudantes podem congelar os interesses de grupos e assim paralisar a formação da vontade política. Contudo, esse perigo ocorreria apenas se as facções não se formassem transversalmente através dos grupos, mas sim se constituíssem apenas no interior deles mesmos. Em relação a isso, não existe qualquer índice. Apenas em questões sindicais se formam blocos entre os grupos; e por causa dessas oportunidades, também é desejável, com efeito, uma solução regulada do conflito com chances iguais de imposição.

4. Uma democratização da universidade na esfera das unidades de cada faculdade submeterá questões que até o momento estavam sob a competência de cada professor individual a

novos procedimentos de decisão coletiva. Com isso, surge o *perigo* de a margem de iniciativa, que é indispensável para o trabalho científico produtivo, ser insuportavelmente limitada. Esse argumento tem peso. No entanto, ele pode mostrar que tem relativa razão apenas dentro dos limites impostos pelo fato de que o princípio de liberdade de ensino e pesquisa não deve ser assumido, tal como ocorreu até agora, como pretensão somente de professores, mas precisa ser aplicado igualmente no sentido de direitos de participação que devem valer do mesmo modo para estudantes e assistentes científicos.

Para responder a objeções contra uma "democratização" da universidade, em 28 de maio de 1969, ante a Conferência dos Reitores da Alemanha Ocidental e por convite de seu presidente, coloquei em discussão as seguintes teses:

O que significa "democratização" da universidade e o que é "politização" da ciência?

Muitos professores universitários e importantes representantes de organizações científicas estão alarmados: eles conjuram o espectro de uma politização da ciência. Com esse termo, eles aludem ao perigo de que autonomia do ensino e da pesquisa, garantida pelos direitos fundamentais, seja limitada ou mesmo destruída por interesses estranhos à questão. A história da universidade alemã entre 1933 e 1945, de fato fornece exemplos de uma instrumentalização da ciência para fins políticos. Contudo, da cogestão dos estudantes (e assistentes) os perigos apenas aumentariam caso a autonomia da universidade, sob as circunstâncias presentes, pudesse ser garantida apenas mediante o modelo liberal da segurança da liberdade. Esse

Teoria e práxis

modelo de delimitação dos âmbitos de disposição da autonomia privada apoia-se nos direitos individuais de defesa de cientistas privilegiados e na blindagem institucional de uma universidade despolitizada contra influências interessadas advindas de fora. Porém, hoje as condições sociais, sob as quais aquele modelo um dia pôde funcionar no sentido da segurança da liberdade, não existem mais. Hoje, a autonomia de ensino e pesquisa não pode mais ser garantida de maneira apolítica.

Para esclarecer essa tese, gostaria de discutir duas questões:

1. *O que significa autonomia da universidade?*
2. *O que significa autonomia da ciência?*

Delas resulta uma resposta à nossa questão inicial.

I

Eu gostaria de partir de uma constatação trivial. À cientificização da práxis profissional e cotidiana corresponde uma socialização do ensino e da pesquisa organizada nas universidades. Nos países industrialmente desenvolvidos, a conservação do sistema social se tornou cada vez mais dependente das qualificações profissionais e informações científicas produzidas nas universidades. Isso também fez com que a própria universidade, por seu turno, se tornasse dependente do Estado e da economia. Instâncias públicas e privadas, em um processo de financiamento e subvenção, passam a influir sobre as prioridades de pesquisa bem como sobre o alcance e a proporção das capacidades de instrução. Também o conteúdo do ensino acadêmico se modifica naturalmente na combinação do desenvolvimento científico imanente com os interesses da práxis profissional. Isso ocorreu, no melhor dos casos, no século XIX. Contudo, na medida em que a erudição individual retrocede ante a pesquisa organizada e a ciência se torna a primeira força produtiva, também as universidades, que hoje exigem investimentos de uma ordem de grandeza considerável, são integradas – ora de forma naturalizada, ora planejada – em um sistema social orientado pelo crescimento e regulado pelo intervencionismo estatal.

É com razão que o conselho científico chamou atenção para o fato de a relação entre universidade e Estado não poder mais ser interpretada de acordo com o padrão de autoadministração liberal da autonomia e da supervisão do Estado. As decisões sobre a estrutura e a organização da universidade, decisões sobre o volume dos investimentos únicos e os gastos correntes, decisões principalmente sobre a alocação dos recursos para a pesquisa possuem hoje um peso político imediato. As tarefas crescentes relevantes para o planejamento no interior das universidades exigem ao mesmo tempo a integração com tais planejamentos *extra muros*. Decorrem assim as seguintes alternativas: ou a administração ministerial assume cada vez mais as competências de uma universidade despolitizada e decide de maneira administrativa tomando uma distância relativamente maior de seus concernidos, ou a própria universidade se constitui como uma unidade capaz de agir politicamente nesse âmbito e representa com conhecimento de causa suas pretensões legítimas. A segunda solução me parece ser ainda mais proibitiva porque uma série de interesses, que são satisfeitos no sistema universitário, não podem ser organizados, ou seja, não encontram qualquer *lobby* eficaz e, portanto, na concorrência com grupos de interesses organizados, têm chances escassas de sucesso.

Teoria e práxis

Mas a posição da universidade não se modificou apenas diante das instâncias estatais; também se transformou diante da sociedade. Essa relação não pode mais ser interpretada segundo o modelo de uma esfera pública liberal de uma irradiação difusa do saber de eruditos privados. De uma forma mais apropriada, os grupos de interesses da sociedade deveriam antes poder confrontar os representantes da universidade com suas pretensões e necessidades e, inversamente, também os representantes da universidade deveriam ter a oportunidade de tornar plausíveis suas exigências e seus princípios. Ora, visto que o contato da universidade com o Estado e a sociedade é sempre regulado formalmente (por exemplo, por meio de uma comissão com as competências decisórias delegadas pelo Estado que, por seu turno, assume uma posição de esclarecimento fixada para a troca de informações e para as discussões efetivadas na esfera pública), em todo caso a universidade tem de estar em condições de, em questões cheias de consequências em termos práticos, formar uma vontade política.

Com isso, obtemos uma resposta para a primeira das nossas duas questões. Sob as relações presentes, a universidade pode manter sua autonomia somente se ela se constituir como uma unidade capaz de agir politicamente. Só assim ela poderá assumir com vontade e consciência as funções politicamente ricas em consequências que ela tem de cumprir *eo ipso*.

Contra isso, se coloca um certo imobilismo dos grêmios decisórios como também a fixação das estruturas autoritárias. Os órgãos colegiados, em que apenas ou quase exclusivamente os professores são representados, trabalham na base de uma proteção mútua. Eles raramente estão em condições de decidir prioridades ou tomar iniciativas sobre renovações. Além disso, os processos de decisão na universidade não são transparentes e nem suficientemente legítimos. A consequência é um particularismo paralisante internamente e a incapacidade de declarar e representar externamente de modo convincente os interesses gerais da universidade. Neste caso, uma *democratização* da universidade pode servir de ajuda. Porém, esse termo, como sempre tenho insistido, leva a mal-entendidos. Pois não se trata naturalmente de uma transferência abstrata de modelos de formação estatal da vontade para a universidade. Não se trata da formação de um Estado no Estado. "Democratização" diz respeito antes às medidas que asseguram a capacidade de ação política da universidade e devem colocá-la em condições de exercer de fato, não apenas na forma de mero rótulo, a autonomia da autogestão.

Para tanto, *em primeiro lugar*, serve a separação funcional, prevista no projeto de lei da Universidade de Hesse, entre a administração das faculdades e do senado, de um lado, e das unidades político-universitárias em sentido estrito, de outro. A assembleia dos professores, dos colaboradores científicos e dos estudantes elege um conselho de uma maneira que as facções, que sempre existiram, possam ser formadas formalmente e na esfera pública. O conselho, por seu turno, envia membros às comissões permanentes, as quais devem tomar as decisões centrais para o desenvolvimento da universidade. Com isso, existe a chance de que questões de política universitária sejam tratadas segundo as regras de uma formação política esclarecida da vontade e não prejudicadas ou cerceadas com referência a supostas coerções objetivas.

Em segundo lugar, a reconstrução da formação da vontade na universidade diz respeito à relação de todos os grupos que participam nos processos de ensino e pesquisa. A cogestão dos

Teoria e práxis

estudantes (e assistentes) é recomendável inclusive porque esses grupos não se identificam, ao menos não como ocorre no caso dos professores universitários, com os interesses pelas posições estabelecidas em longo prazo. Sua participação assegura a transparência da formação da vontade; ela reforça a pressão para a legitimação das decisões e o controle da execução das resoluções; sobretudo, pode contribuir para uma tematização sem prejuízos das questões que, de outro modo, ficariam de fora. Na universidade, existem diferentes interesses vinculados às posições, os quais exigem uma solução regulada dos conflitos com iguais chances de sucesso. As oposições de interesse vem à tona logo que o princípio da igualdade de ensino e pesquisa é pretendido não somente por professores, mas está de acordo com a lei fundamental também no sentido dos direitos de participação.

A cogestão dos estudantes (e assistentes) encontra seu limite na diferença de competência que existe entre os grupos. Contudo, isso não diz respeito à competência em questões gerais de política universitária, mas à competência das faculdades especializadas. A diferença de competência, por isso, deve ser levada em consideração nas nomeações, habilitações e nas contratações dos colaboradores científicos.

II

Mas de que maneira a democratização da universidade se relaciona com a autonomia da ciência? Uma autogestão democrática da universidade no sentido mencionado não teria de corromper a independência do trabalho científico? Certamente, todos nós estamos de acordo que têm de ser preenchidas as condições do progresso científico imanentes à pesquisa e, principalmente, os pressupostos para uma discussão desimpedida, ou seja, liberta das relações de dominação. O processo de conhecimento não deve ser determinado nem pelos interesses sociais irrefletidos e nem pela pressão plebiscitária. Entretanto, esse objetivo não pode mais ser realizado hoje de modo satisfatório mediante direitos de defesa da autonomia privada de cientistas privilegiados. Nessa ideia se funda um modelo de quarentena da ciência: apenas por um isolamento severo a ciência poderia ser imunizada contra os perigos da contaminação política.

Pode-se mostrar assim que os enunciados normativos não podem ser deduzidos de enunciados descritivos. Por essa razão, parece aconselhável não misturar a escolha de normas, isto é, a decisão de questões morais ou políticas, com questões das ciências empíricas ou formais. Mas esse purismo é enganoso. Pois a discussão crítica de questões práticas reside no interior das próprias ciências. Eu penso inicialmente naquelas discussões metateóricas que constituem o *médium* do progresso científico. Discussões sobre as implicações de um espaço conceitual ou de suposições teóricas básicas, sobre o alcance de diferentes abordagens metodológicas ou estratégias de pesquisa, sobre as interpretações de medições ou adoção implícita de determinadas operações – discussões desse tipo seguem as regras do jogo de uma crítica que reflete sobre pressupostos inconscientes, tornam explícitas pré-decisões e reforça ou enfraquece com argumentos a escolha de padrões. Somente nessa dimensão de uma autorreflexão das ciências, podemos nos certificar dos interesses substanciais na liberdade de ensino e pesquisa; pois nessa dimensão podem ser descobertas também as implicações sociais de um processo aparentemente imanente de pesquisa. Isso vale para interesses que inevitavelmente orientam o conhecimento assim como para as condições metodológicas de transposição das informações científicas para a vida. O autoesclarecimento das ciências sobre seu ancoramento específico nos contextos objetivos da vida cria o fundamento no qual o uso concreto de projetos individuais e de qualificações determinadas também pode ser demonstrado.

A participação dos estudantes nos processos de pesquisa precisa incorporar também, e sobretudo, o engajamento nessa autorreflexão das ciências, caso o programa de uma formação por intermédio da ciência tiver de ser resgatado sob as condições de ciências particulares altamente especializadas. Apenas por esse caminho é possível, em geral, uma integração do conhecimento e das habilidades na biografia dos indivíduos e em sua futura práxis profissional. Os processos científicos de formação possuem, sobretudo, a forma de mera aquisição de diplomas de ensino superior em uma relação crítica com a práxis profissional que toma o lugar das éticas profissionais tradicionalmente praticadas. Crítico significa aqui o vínculo entre competência e capacidade de aprendizagem, o qual permite duas coisas: a relação escrupulosa com um saber especializado experimental; e uma preparação sensível ao contexto e bem informada para a resistência política contra questionáveis contextos funcionais do saber prático. Dessas reflexões resulta uma resposta à segunda de nossas duas questões: sob as relações presentes, a autonomia da ciência só pode ser garantida se todos os participantes no processo de ensino e pesquisa também participarem na autorreflexão das ciências – com o objetivo de refletir sobre as dependências inevitáveis e explicitar as funções sociais da ciência ao tomar consciência da responsabilidade política pelas consequências e efeitos colaterais. A isso ainda se opõe de modo variado uma autocompreensão política das ciências. Se uma crítica material da ciência, que deve esclarecer os entrelaçamentos de fundamentos metodológicos, implicações criadas pelas visões de mundo e contextos de valorização, pudesse ser chamada de *politização* da ciência, então essa politização só poderia ser primeiramente reconhecida quando a ciência perdesse sua autonomia e pretendesse, a partir de instâncias sociais, impor objetivos e interesses não instruídos pela razão.

Discussões desse tipo, que se tornam, via de regra, parte do trabalho docente, também podem ser conduzidas de modo informal. Isso variou de faculdade para faculdade. Mas no âmbito da especialização, as medidas institucionais deveriam ser adotadas para que a organização do ensino (e a pesquisa ligada ao trabalho docente) possa ser colocada em questão sob os pontos de vista daquela crítica da ciência. A colaboração dos estudantes na organização dos exames, no currículo e nas decisões de princípio sobre os projetos de pesquisa integrados ao ensino resulta já do fato de que uma separação abstrata entre o processo praticado em comum de autorreflexão da ciência e as consequências para a forma e conteúdo do estudo pode tornar plenamente fictício o objetivo proposto: uma formação científica. Os estudantes são jovens adultos que não precisam de *playground* para menores (de acordo com o modelo da participação de estudantes na administração de escolas), mas de uma cogestão com base em uma maioridade, mesmo que esta precise ser antecipada. Não deveríamos abandonar tão rapidamente essa herança da *Humboldt-Universität*.

No mais, os estudantes são imediatamente atingidos pelas decisões concernentes ao seu estudo. Porém, seus interesses e suas experiências não correspondem àqueles de seus professores. Eles adquirem qualificações e se apropriam de informações (e das regras para produzir as informações) com o olhar voltado para a futura práxis profissional; para eles, o contexto objetivo em que a ciência está ancorada possui no geral uma outra atualidade do que para seus professores. Nas instituições de ensino, os estudantes acumulam uma experiência que os permite formar um juízo competente em questões de didática.

No entanto, uma instituição de ensino científico sempre pressupõe uma diferença funcional na competência especializada. Por isso, a colaboração dos estudantes na organização dos exames, no currículo e nas decisões de princípio se estende dos projetos de pesquisa integrados com o ensino até o espaço institucional do estudo, e não até a percepção das funções no interior desse espaço que pressupõem competências especializadas. O docente individual, o examinador individual e o coordenador individual do projeto eram responsáveis por tais instituições.

A "politização" no sentido da autorreflexão da ciência não é apenas legítima, ela é condição de uma autonomia da ciência que hoje não pode mais ser preservada de maneira apolítica. Todos os grupos, professores, colaboradores científicos e estudantes devem exercer influência sobre a organização de um ensino (e da pesquisa ligada ao ensino) que satisfaça as pretensões legítimas dos estudantes a uma escolha entre processos de estudo flexíveis ligados à preparação profissional e à autorreflexão da ciência. Essa formação da vontade, com sua finalidade propriamente legítima, cairia em contradição se não

Jürgen Habermas

garantisse simultaneamente, para professores e pesquisadores competentes em sua área de especialização, a existência de um espaço de produtividade inviolável de independência individual e autorresponsabilização que fosse satisfatório para a estrutura do trabalho científico.

Adendo
Recensão bibliográfica sobre a discussão filosófica em torno de Marx e do marxismo (1957)

Antes de reconduzirmos a discussão presente sobre Marx e o marxismo às suas bases,[1] façamos referência aos dois motivos que foram seu ponto de partida. O primeiro é, ainda, a publicação dos chamados *Manuscritos econômico-filosóficos*, trabalho sobre "economia política e filosofia" com o qual Marx, em 1844 durante seu exílio parisiense, esboçou seu sistema da alienação tal como ficou conhecido posteriormente. O segundo motivo é a realidade política que o comunismo instaurou no Estado de Lênin e em seus satélites, e a ameaça para o mundo ocidental que, desde a vitória de 1945, parece surgir dele.

Os *Manuscritos econômico-filosóficos* – três situações típicas de sua interpretação

A primeira interpretação dos recém-publicados *Manuscritos econômico-filosóficos* chegou à conclusão de que esse trabalho

---

1 O manuscrito desta recensão foi concluído em dezembro de 1957. Eu reuni outras indicações bibliográficas em Marx, *Ausgewählte Schriften*, p.1253 et seq., e na "Nota bibliográfica" incluída no capítulo 6 do presente volume.

"coloca em novas bases a discussão sobre a origem e o sentido original do materialismo histórico".[2] Essa discussão, no entanto, não acontecia mais na Alemanha. Após um tabu de doze anos, ela teve de ser renovada, sendo retomada em um cenário totalmente modificado. Antes de 1933, a ditadura do proletariado numa Alemanha de crise econômica e de um Parlamento paralisado parecia por algum tempo ser a única alternativa ao terror crescente do fascismo. Por causa disso, a discussão sobre Marx e, com a publicação de 1932, a discussão sobre o jovem Marx, era eminentemente política. Ela foi levada a cabo, de um lado, pelos socialistas, tanto por leninistas como Georg Lukács como também por Bloch, Horkheimer e Marcuse, os quais, seguindo Rosa Luxemburgo,[3] acreditavam estar representando, contra Lênin, o verdadeiro socialismo. Participaram dessa discussão socialistas religiosos como Paul Tillich e Theodor Steinbüchel; assim como a sociologia burguesa, principalmente Karl Mannheim, que da noite para o dia ficou famoso com sua liquidação do marxismo a partir de uma sociologia do saber. De outro lado, estavam os jovens intelectuais conservadores, que colocavam suas esperanças em uma revolução da direita: Hans Freyer, Carl Schmitt, Ernst Jünger. Os adversários, todos eles, tratavam a questão como um assunto de vida ou morte: a partir desse embate, o destino de toda a sociedade seria conduzido à salvação ou à desgraça.

Após o colapso de 1945, contudo, e com a crescente consolidação política e econômica da Alemanha Ocidental, o marxismo

---

2 Marcuse, Neue Quellen zur Grundlegung des Historischen Materialismus.

3 Sobre Rosa Luxemburgo, cf. a excelente biografia de Nettl, *Rosa Luxemburg*.

se tornou acadêmico. Não havia mais comunistas como antes no país; os socialistas se mantiveram mudos desde então. Karl Löwith, já no início da década de 1940, havia apresentado no exterior suas excelentes interpretações sobre a história do espírito do século XIX,[4] por conseguinte, tornou-se habitual juntar no mesmo bloco Marx com Kierkegaard e Nietzsche. Desde então, Marx aparece sob a rubrica de "grande filósofo"; tornou-se tema preferido de teses de doutorado. *Digests* [publicações] fizeram dele, ao lado de Platão e Spinoza, um dos clássicos dos livros de bolso. Ele se tornou um clássico em geral, tão venerado quanto inofensivo. E o marxismo prospera nas escolas superiores como propriedade da filosofia – um problema concernente à história das ideias entre outros.

O que ocorreu na França foi diferente. Lá, a discussão dos textos de juventude mais conhecidos não precisou ser interrompida tão rapidamente. Um forte Partido Comunista, que na época garantia um governo de frente popular, deu apoio a um marxismo ortodoxo. Em 1933, surgiu a tese de Auguste Cornu sobre o jovem Marx.[5] Nesse período, foram decisivas as aulas que Alexandre Kojève ministrou entre 1933 e 1938 na École *des Hautes Études*.[6]

Com base nas novas publicações, tanto da *Jenenser Realphilosohie* [Filosofia real de Jena] como também dos *Manuscritos econômico-*

---

4 Löwith, *Von Hegel zu Nietzsche*. Na mesma época surgiu a investigação, em parte paralela, em parte complementar, de Marcuse, *Reason and Revolution* (em alemão, *Vernunft und Revolution*).

5 Entrementes, Cornu elaborou uma biografia em três volumes. Cornu, *Karl Marx und Friedrich Engels*.

6 Kojève, *Introduction à la lecture de Hegel* (em alemão, *Hegel Versuch einer Vergegenwärtigung seines Denkens*).

-*filosóficos*, Kojève ofereceu uma interpretação da *Fenomenologia do espírito* de Hegel estilizada em termos existencialistas; Hegel e Marx se comentam reciprocamente de modo que, ao final, e ao aparecerem sem diferenças, ambos confluem em uma grandiosa filosofia da história.[7] Essa apropriação do marxismo foi realizada no nível filosófico sem neutralizar em seu todo, no entanto, os impulsos políticos concretos. Por essa razão, a esquerda independente surgida da Resistência pôde, depois da liberação, vincular-se a tal apropriação; a partir desta, pôde desenvolver — em constante controvérsia com a ortodoxia stalinista apoiada em um forte partido comunista — uma filosofia existencialista da revolução que, surpreendentemente, vive, se não da letra, certamente do espírito dos escritos do jovem Marx.

Nos países em que, finalmente, o domínio comunista se estabeleceu segundo o modelo soviético, o contato com esses escritos ocorreu de forma menos espetacular; talvez, com ainda mais eficácia. Na República Democrática Alemã (RDA), em 1953, apareceram alguns dos escritos filosóficos de juventude e, em 1955, os *Manuscritos econômico-filosóficos*.[8] A recepção não ocorreu sem dificuldades. Ao menos em Berlim, no círculo que se formou ao redor de um professor de filosofia que havia sido preso, Wolfgang Harich, e em Leipzig, entre os alunos de Ernst Bloch, as origens recém-desveladas do comunismo como um humanismo, em oposição brutal com a forma desumana da ditadura comunista, produziram grande excitação. Na imprensa

---

7 Sobre isso, cf. Fetscher, Der Marxismus im Spiegel der französischen Philosophie.

8 Marx, *Die Heilige Familie und andere philosophische Frühschriften*; id., *Kleine ökonomische Schriften*.

oficial do partido se falava de corrupções idealistas, de desvios utópicos.

A polêmica e seu objeto foram descritos da melhor maneira por uma afirmação de um professor de Leipzig, R. O. Gropp:

> No lugar de investigações concretas das tarefas postas pela história, surgiu uma vaga elucubração sobre o "homem", sua "alienação" e coisas semelhantes [...] O cerne da questão reside no geral em colocar um socialismo "humano" abstrato contra o socialismo científico apoiado na doutrina da luta de classes, o qual seria profundamente humano; as especulações "antropológicas" se apoiam em conteúdos semelhantes àqueles de teorias socialdemocratas [como se isso existisse!].[9]

O que tinha se desenvolvido sob o teto da ortodoxia stalinista poderia, na Polônia, após a Revolução de Outubro, ser abertamente expressado. Também aqui, os intelectuais, em nome de um "comunismo humanista", partilham da crítica do jovem Marx para, a partir dessa origem, regenerar o marxismo enquanto ciência.[10]

Chamamos de típicas essas três situações não apenas porque nelas se reflete sempre um acesso diferente aos escritos do jovem Marx, mas principalmente porque mostram em toda sua agudeza a situação peculiar em que se fez toda a discussão sobre o marxismo, assim como o próprio marxismo em sua posição ambivalente entre teoria e práxis: aquelas situações, em que se filosofou de modo marxista ou sobre o marxismo,

---

9 Gropp, *Neues Deutschland*, 19 dez. 1956.
10 Cf. em seguida a seção sobre Kolakowski.

já estão codeterminadas por esta ou aquela forma de práxis marxista. O marxismo sempre se apresenta a nós em uma dupla posição: na forma de realidade política e como uma teoria que pretende transformar a realidade em seu todo. Além disso, a teoria é caracterizada pela pretensão de também submeter a conceitos inclusive aquela situação objetiva que o próprio marxismo, em ambas as formas, ajudou a configurar. Daí se explica uma reflexividade notável da teoria marxista.

Assim, por exemplo, à sociedade soviética devem ser aplicadas categorias de uma teoria que contribuiu para a realização dessa própria sociedade.[11] Ou, pelas variações de um tipo de socialismo a outro (Iugoslávia, Polônia), essa mudança também pretende ser concebida de um ponto de vista marxista. Nem nos países comunistas a existência e a tática do partido comunista podem ser simplesmente admitidas, pois ambas precisam antes ser deduzidas e fundadas na teoria. Isso vale igualmente para uma "esquerda independente" que ainda quer se compreender como marxista: ela precisa ser legitimada em termos teóricos diante da autoridade prática do partido e, acima de tudo, esclarecer o desvio em relação ao partido e à sua ideologia.[12]

A discussão filosófica do marxismo, na medida em que se compreende como marxista, é sempre mais do que "apenas" filosófica. Dentro de certos limites, essa afirmação também vale ali onde o marxismo é rejeitado, inclusive em sua autocompreensão, ali onde ele é academicamente transformado.

---

11 Cf. Marcuse, *Soviet Marxism* (em alemão, *Die Gesellschaftslehre des sowjetischen Marxismus*); Hofmann, *Stalinismus und Antikommunismus*.

12 Um exemplo disso pode ser visto em Sartre. Cf. em seguida minha interpretação.

Também o "mero" historiador precisa ver no marxismo mais do que uma teoria, mais que as possibilidades vividas de uma filosofia apreendida de maneira existencial. O crítico filosófico coloca-se mais ainda diante da tarefa de criticar, junto à teoria, também a forma prática desta e sua função para a práxis. A crítica marxista, em razão daquela reflexividade notável, é sempre consciente do que uma crítica não marxista precisa trazer expressamente à consciência caso não queira ficar aquém de seu objeto: isto é, que o marxismo aponta para além de si mesmo como teoria, que de fato se encontra para além desta e, nessa medida, modifica o próprio *medium* da reflexão.

Polêmica com a realidade política e ideológica do regime soviético (Bochenski, Lange, Fetscher; Nürnberger, Monnerot; A. Wetter)

Da mesma maneira que uma parte das contribuições à discussão se refere à origem redescoberta da posição teórica do marxismo, a outra parte diz respeito à última forma de sua posição política até o momento: poder e ameaça do sistema estatal soviético. Sobretudo aqui, as igrejas se colocam como os opositores engajados na polêmica; com elas, as instâncias oficiais da administração procuram imunizar a consciência estatal burguesa contra infiltração, tal como é chamada, por intermédio de folhetos, material didático e investigações. Segundo a ocasião de cada momento, surgem de vez em quando publicações notáveis que aqui devem ficar de fora.[13] Quem, no

---

13 Dos escritos que nos instruem com a finalidade de educar os cidadãos do Estado sobre o Diamat e sua origem, além dos suplementos do

entanto, enfrentar seu oponente político exclusivamente no terreno da discussão ortodoxa das doutrinas, e quiser apreendê-lo, assim como seu comportamento, em razão das contradições de sua teoria, pode ser facilmente capturado pelos pressupostos do próprio procedimento concernente à história das ideias.

"A realidade", para a qual se dirige toda a discussão, certamente é tanto ideológica quanto política e econômica; porém, precisamente por isso a ideologia não é politicamente eficaz em razão da teoria cultivada por ela (em uma insípida metafísica naturalista, em um realismo do conhecimento ingênuo em termos filosóficos e do esquema concernente à filosofia da história de uma dialética deturpada das forças produtivas e relações de produção), mas antes em razão daquelas reflexões

---

Parlament, editados pela Bundeszentrale für Heimatdienst, indicamos os três seguintes: a exposição de Bochenski (*Der sowjetrussische dialektische Materialismus*), difundida em edição de bolso, incorpora uma cuidadosa bibliografia. Infelizmente, nas informações apresentadas sobre o objeto são elaboradas algumas observações críticas do autor que demonstram claramente certa ingenuidade filosófica. Contrariamente, a exposição de Langes (*Marxismus, Leninismus, Stalinismus*) possui a vantagem de uma maior precisão principalmente no que concerne ao desenvolvimento histórico do marxismo, embora esse livro se alimente também de materiais de segunda mão que podem ser encontrados, em uma visão de conjunto, na bibliografia secundária. Tanto o comentário ao texto fundamental do Diamat (Stálin, *Über dialektischen und historischen Materialismus*, com texto integral e comentário crítico de Iring Fetscher) como também o esquema evolutivo, de ampla concepção, desde Marx até Tito (*Von Marx zur Sowjetideologie*) apresentam uma interpretação séria e clara, quase popular, sem perder o nível genuíno de adequação ao tema. Cf., entretanto, Fetscher (org.), *Der Marxismus. Seine Geschichte in Dokumenten.*

voltadas à práxis e muitas vezes controversas que determinam finalmente a tática política interna e externamente bem como as decisões concretas na "construção do socialismo". O cânone do Diamat, mantido como ideologia estatal, há muito tempo excluído de uma discussão fundamental e no fundo sem vida, ou, em uma palavra: a filosofia soviética oficial do partido não é apenas tão insignificante do ponto de vista filosófico, mas também tão escassamente eficaz em sua força para orientar a práxis política que a importância de uma discussão com essa filosofia, tomada por si mesma, quase pode ser subestimada.

O comunismo dos sovietes é compreendido de forma absolutamente insuficiente quando se apela a ele mediante as palavras ressecadas de sua autocompreensão filosófica em vez de comparar, de um ponto de vista histórico e político, as ações com as ideias de organização por parte dos próprios atores. Em sua época, Arthur Rosenberg, procedente do círculo de Rosa Luxemburgo, realizou essa tarefa de modo exemplar em sua *Geschichte des Bolschewismus*[14] [História do bolchevismo]. Na mesma dimensão, embora não na mesma tendência, seguem as notáveis investigações de *Richard Nürnberger* sobre a teoria da revolução de Lênin e sobre o papel da Revolução Francesa na autocompreensão do marxismo.[15] Nesse contexto, teríamos de mencionar, entre outros, também o livro de Klaus Mehnert.[16] Uma abordagem em grande estilo de conceber o stalinismo

---

14 Rosenberg, *Geschichte des Bolschevismus*; cf. o recente, id., *Demokratie und Sozialismus. Zur politischen Geschichte der letzten 150 Jahre*.

15 *Marxismusstudien*, v.1, p.161 et seq.; v.2, p.61 et seq.

16 Mehnert, *Weltrevolution durch Weltgeschichte. Die Geschichtslehre des Stalinismus*; cf. também uma ampla bibliografia em Rauch, *Geschichte des bolschewistischen Rußlands*; certamente, nesses casos cresce rapidamente

em sua totalidade sob o título de um Islã do século XX foi feita por Jules Monnerot, em seu *Soziologie des Kommunismus* [Sociologia do comunismo].[17]

Apesar dos detalhes bem observados – como, por exemplo, que a linguagem de Trotski se tornou a linguagem oficial do Diamat – e de uma excelente análise do aparato do Estado e do partido bolcheviques, na verdade a tentativa de Monnerot não obteve sucesso. Mais precisamente porque, em primeiro lugar, ele procede a uma classificação segundo o modelo de Pareto: o pressuposto de que os homens não se transformam fundamentalmente permite conduzir os acontecimentos históricos a categorias antropológicas universais que não dão conta do sentido específico das distintas tendências históricas. De outro lado, a tese segundo a qual a tentativa de realizar a filosofia seria, *eo ipso*, religião, leva à interpretação de uma sociologia da religião, e inclusive à pseudoexplicação psicológico-religiosa de um processo que não pode ser expressado em termos de movimento religioso. A industrialização de um continente se compõe de um material mais denso do que a pretendida religião artificial de revolucionários profissionais.

Não é casual que teólogos se dediquem à filosofia soviética, tomada por si mesma, com o propósito de uma confrontação de "imagens de mundo", entre os quais teólogos católicos cuja *forma mentis* de fato possui certa afinidade com a dos filósofos soviéticos do partido. Tal afinidade resulta do método

---

uma rica produção literária defensiva, financiada politicamente, mas nem sempre insuspeita.

17 Monnerot, *Soziologie des Kommunismus*; cf. também a investigação de Kofler, *Stalinismus und Bürokratrie*, publicada pela primeira vez em 1952.

Teoria e práxis

teológico comum que é argumentado não *ex ratione*, mas sim *ex auctoritate*; em um caso, o kerigma apela a Cristo, em outro a Mels, como um marxista polonês ironiza a tetraunidade formada por Marx-Engels-Lênin-Stálin; e em ambos os casos a autoridade está institucionalizada de modo eficaz: no aparato eclesiástico e no partido estatal. Foi um jesuíta, *August Wetter*, que analisou seriamente essa afinidade em seu cuidadoso estudo sobre as controvérsias filosóficas na Rússia entre 1917 e 1931, assim como sobre o corpo doutrinal da filosofia soviética canonizada no Diamat.[18] Wetter conclui que a escolástica tomista e a stalinista não concordam apenas no procedimento exegético, mas também tanto na abordagem ontológica quanto em determinados aspectos doutrinais. Essa conclusão desencadeou, principalmente no campo católico, uma aguda polêmica que pode ser tanto compreensível do ponto de vista psicológico como infundada do ponto de vista objetivo. Pois o grande mérito dessa obra consistiu em colocar em manifesto que a dialética objetiva do materialismo dialético codificado por Stálin, privada da subjetividade como seu fundamento legitimador, não conservou nada do princípio crítico, convertendo-se em princípio imediato de restauração de uma ontologia pré-crítica.[19]

Um importante artigo de *W. P. Tugarinow* sobre as relações recíprocas das categorias do materialismo dialético demonstra como, sobre tal base, os desenvolvimentos mais recentes no interior da filosofia soviética levam consequentemente a uma

---

18 Cf. Wetter, *Der dialektische Materialismus*.
19 Ibid., p.568 et seq. Cf. sobre isso também Dehn, *Der Streit um die Materie des Diamat*.

análise categorial, no estilo de Nicolai Hartmann e de certos neoclássicos, que pode ser qualificada, em sentido hegeliano, de abstrata.[20] Por si mesma, essa doutrina das categorias constitui uma prova, se é que se precisou de alguma, de que o marxismo, no mais tardar no *Anti-Dühring* de Engels, foi transformado, a partir de uma teoria da revolução, em uma ontologia realista; e Wetter demonstra com toda clareza que também os *Cadernos filosóficos* de Lênin, que alguns quiseram considerar como a compressão mais "profunda" e "original" de Marx, também participaram dessa transformação, situando-se já por completo no marco da cosmologia naturalista introduzida por Engels.

Que, no entanto, entre esta última e as origens marxistas do materialismo histórico se abra um abismo, não apenas na doutrina e no método, mas também na crítica filosófica, é algo que passa despercebido tanto para Wetter como para Engels e toda a tradição chamada desde então de ortodoxa. Essa limitação pode ser remetida também, em último caso, ao fato de que Wetter aborda o desafio do stalinismo, tanto em sua forma teórica como prática, de modo inadequado, ou seja, no nível da "pura filosofia"; o pretexto se estende mais além e mais aquém daquilo a que dá lugar; mais aquém, à medida que a forma errada do stalinismo continua vivendo do sentido original do marxismo e da pretensão de realizá-lo. Levar a sério esse sentido e tratar de compreendê-lo por meio de suas transformações e deformações representa a tarefa de uma discussão filosófica autêntica em torno de Marx e do marxismo, que seja capaz de desprender-se do ocasional e se orientar até

---

20 Turgarinow, no periódico *Woprosy filosofiii*; tradução em *Ostprobleme*, v.9, n.8.

o fundamento propriamente dito. Foi nessa perspectiva que foram escritas todas as contribuições que comentaremos a seguir. A recensão submeterá à discussão o materialismo histórico mesmo em seus traços essenciais, desenvolvendo o debate *com* os autores, na medida em que suas reflexões o permitam, e *contra* eles, uma vez que o objetivo destas assim o exija; e, segundo os princípios da crítica imanente, terá de se converter em advogado de seu próprio objeto enquanto o caráter concludente de qualquer ideia que dela suja o permitir. Essa advocacia hipotética procederá segundo o princípio *in dubio pro reo*. E se existisse algo como uma hipótese existencial, a constituição do espírito em que aquela interveria seria correta para avaliar em seus justos termos uma teoria que pretende ser entendida como prólogo de uma práxis revolucionária.

Marx enquanto objeto de investigação filosófica

Limpeza do terreno a partir da história da filosofia.
Marxismo e ortodoxia marxista
(Hermann Bollnow, Iring Fetscher)

A história da filosofia pode refutar a autocompreensão do Diamat oficial do partido na qualidade de um "marxismo ortodoxo", pois o fundamento dessa ortodoxia constitui, em primeiro lugar, a reinterpretação e ampliação, empreendidas por Engels, e não apenas com o *Anti-Dühring*, da teoria da sociedade concebida por Marx. O materialismo histórico, em sua forma original, não é "materialista" no sentido do naturalismo dos enciclopedistas no século XVIII ou talvez dos monistas no final do século XIX, e não aspira tampouco proporcionar uma explicação do mundo por excelência. Ele precisa, antes, ser concebido simultaneamente como filosofia da história e teoria da revolução, como um humanismo revolucionário que parte da análise da alienação e cuja meta é a revolução das relações sociais existentes, para suprimir, juntamente com elas, a alienação em geral.

Iring Fetscher[21] desenvolve a contraposição teórica entre Marx e Engels. Filosofia e revolução, para Marx, continuam estreitamente relacionadas entre si: a compreensão do mundo possibilita a tomada de poder por parte do proletariado na mesma medida em que tal compreensão, por sua vez, é possibilitada pela revolução e também apenas com ela pode ter plenamente êxito. Essa unidade de teoria e práxis, a mediação do conhecimento do processo histórico ocorrido e o domínio da história futura, separa-se, com Engels, sob a forma de uma relação entre a ciência, por um lado, e a aplicação "técnica" dos resultados científicos, por outro. A filosofia não deve mais ser realizada pela ação solidária de libertação do proletariado, mas, na medida em que seja algo mais que a doutrina do pensar correto, deve ser reduzida à "mera visão de mundo" ou então desaparecer absorvida nas ciências particulares, as únicas em que tal visão de mundo encontra expressão adequada. Com isso, a consciência, principalmente a consciência revolucionária, perde

---

21 Fetscher, Von der Philosophie des Proletariats zur proletarischen Weltanschauung, p.26 et seq; uma visão semelhante desse mesmo desenvolvimento aparece no artigo Von Marx zur Sowjetideologie, agora em versão revisada: Fetscher, *Karl Marx und der Marxismus. Von der Philosophie des Proletariats zur proletarischen Weltanschauung.* Nesse contexto, cf. também a análise de Lichtheim, *Marxism. A Historical and Critical Study.*

sua função subversiva. A dialética da autorreflexão da sociedade na consciência de classe do proletariado dá lugar a uma mecânica de desenvolvimento de forças naturais cegamente atuantes.

Hermann Bollnow mostrou que Engels formulou seu conceito de revolução com base no modelo da "Revolução Industrial", já antes de 1848.[22] Esta se caracteriza pela "reformulação de toda a ordem social produzida necessariamente a partir do desenvolvimento da indústria". E o desenvolvimento da indústria foi essencialmente "conduzido pela invenção da máquina". A revolução não é concebida na qualidade de um ato histórico, mas de forma mecânica enquanto expansão quantitativa. A dialética de sujeito e objeto, totalmente privada do sujeito bem como dos sujeitos, tornou-se mecanismo de desenvolvimento de objetos naturais; em tal desenvolvimento, a consciência se tornou um elemento entre outros; a história foi subsumida às correspondentes leis da natureza.

Essa reinterpretação da dialética esteve vinculada ao mesmo tempo com uma expansão de seu domínio; a dialética mutilada objetivamente, que, nas palavras do próprio Engels, não é mais do que a ciência das leis universais de movimento e desenvolvimento da natureza, da sociedade humana e do pensamento, expressa uma lei ontológica que deve determinar igualmente todos os âmbitos do ser. Para o jovem Marx, a dialética era histórica, e uma dialética da natureza, independentemente de movimentos sociais, era impensável.

A natureza possuía história apenas levando em consideração o homem, e o homem possuía história apenas levando

---

22 Bollow interpreta isso muito bem em sua investigação sobre a concepção de Engels de revolução e desenvolvimento nos Grundsätzen des Kommunismus, *Marxismusstudien*, p.77 et seq.

em consideração a natureza. Em cada um desse modos de consideração, a crítica permanecera atrelada à revolução; ou seja, não havia qualquer objeto que não pudesse ser encarado criticamente no marco da teoria da revolução do materialismo histórico, incluindo a natureza. Contrariamente, Engels degrada a dialética da história a uma mera disciplina ao lado de outras disciplinas da dialética da natureza e da lógica. O mundo é concebido na qualidade de uma unidade fundada em sua materialidade e de um processo de desenvolvimento cuja essência pode ser interpretada com a ajuda do método dialético. Com isso, a pseudodialética da transformação da quantidade em qualidade deve permitir superar o materialismo vulgar e aplicar formas de ser quantitativamente distintas à matéria inanimada, animada e capaz de consciência, respectivamente, sem precisar abandonar com ela a tese da materialidade universal do mundo.[23]

---

23 Cf. Fetscher, Von Marx zur Sowjetideologie, p.64. Fetscher nota com razão que a dialética, no campo das ciências naturais, nunca pode ser, como Engels imagina, um "método para a descoberta de novos resultados", mas *unicamente instrumento de interpretação filosófica de resultados da investigação*. O processo "explicado" pelas ciências naturais se torna "compreensível" mediante uma interpretação dialética. A tentativa de Jakob Hommes, pelo contrário, de "levar a sério" o ponto de vista filosófico da dialética da natureza de Engels é tão engenhosa como falsa. Ele acredita poder conceber o mecanismo dialeticamente guarnecido de desenvolvimento da natureza partindo precisamente de uma unidade entre sujeito e objeto, a qual justamente destrói a natureza: "A passagem do quantitativo ao qualitativo é o resultado da apropriação dialética do mundo pelo homem, e nessa medida é um constante ato de criação com o qual a realidade existente ou natural é transformada pela 'decisão' dialética do homem [...] A meta do 'movimento das coisas', a saída do homem da necessidade

Parte da metafísica naturalista é uma teoria do conhecimento ingenuamente realista, que foi elaborada por Lênin em seu *Materialismo e empiriocriticismo* sob o título de uma teoria do reflexo. Sujeito e objeto relacionam-se dialeticamente no processo de conhecimento, no mero "reflexo", assim como os "saltos" na dialética da natureza: nem o desenvolvimento da natureza nem seu conhecimento são mediados pela atividade viva dos homens. A unidade de sujeito e objeto em relação à natureza e ao conhecimento da natureza é suprimida, assim como a unidade de teoria e práxis em relação à história e ao ato revolucionário de sua dominação pelo qual uma humanidade se torna consciente de si mesma. A partir de agora, a ideologia, na forma de uma doutrina da "superestrutura" assumida literalmente, torna-se título para os conteúdos da consciência *em geral*. A dependência da consciência em relação ao ser social se torna um caso especial da lei ontológica universal, assim como o superior depende do inferior e, por fim, tudo depende do "substrato material". O sentido estratégico da ideologia é esquecido,[24] isto é, sua relação com a crítica, de um lado,

---

de sua existência para a liberdade, comunica-se com a totalidade das coisas naturais, que para o método dialético se integra na história humana, como lei fundamental do 'movimento das coisas': o 'salto' do inferior ao superior, tal como ocorre como resultado da unidade de opostos e como transformação da quantidade em qualidade" (Hommes, *Der technische Eros*, p.200 et seq). Hommes tenta aqui conceber a "dialética da natureza" a partir dos *Manuscritos econômico-filosóficos*. Por fim, porém, considerando a forte carga naturalista da visão de mundo de Engels, não se trata senão de reconhecer ao menos "certa autoincompreensão" do materialismo dialético (ibid., p.189, nota 378).

24 Cf. Plessner, Abwandlugen des Ideologiegedankens, p.218 et seq.

e com a práxis revolucionária, de outro. Onde o "reflexo" se tornou índice para o conhecimento em geral, a ideologia já não pode mais ser concebida como parte da alienação prática. O princípio de toda crítica da ideologia é esquecido quando a consciência deixa de ser "idealista" à medida que a sociedade deixa de ser "materialista".

O retorno à forma original do materialismo histórico e seu protesto crítico contra todas as versões posteriores, vinculadas à reinterpretação e complementação de Engels, constitui hoje explícita ou implicitamente o pressuposto de toda discussão filosófica em torno do marxismo. Tal discussão se refere ao esclarecimento concernente à história da filosofia da relação de Marx com Engels. Nesse caso, ainda é preciso esclarecer a peculiar condescendência teórica do Marx "econômico", desde 1858, com o Engels "metafísico"; ainda é preciso esclarecer a influência da "visão de mundo" de Engels sobre Marx, a qual é claramente demonstrável em algumas passagens de *O capital* e certamente no conhecido Prefácio de 1867.[25] O discurso sobre o jovem e o velho Marx simplesmente encobre uma dificuldade.

---

25 Marx, *Das Kapital*, v.1. Cf. sobre isso também a correspondência entre Marx e Engels. Em junho de 1867, Engels desenvolve, em uma carta ao seu amigo, a pseudodialética mecânica do crescimento quantitativo, que enquanto tal tem muito mais relação com a diferença quantitativa da filosofia da natureza de Schelling do que com a dialética de Hegel. Marx responde seis dias depois e remete a um parágrafo do *Capital* (v.1, p.323) em que menciona a "descoberta de Hegel sobra a lei de transformação da troca meramente quantitativa em qualitativa" como confirmada igualmente pelas ciências da natureza e da história. Sem dúvida, há apenas um pequeno passo daqui até o esquema da evolução materialista de um monismo haeckeliano hegelianizado, em que, na expressão de Engels, Marx e

Teoria e práxis

Embora o conceito de alienação, diante das descrições ingênuas de uma metafísica naturalista, conduza à consciência dos elementos dialéticos e à afirmação, aludida ao menos verbalmente, de que o materialismo histórico é essencialmente teoria da revolução; por outro lado, a compreensão genuinamente filosófica, por seu turno, parece contrair o marxismo de um modo particular e suprimir exatamente o que é mais do que "pura" filosofia. A redução do marxismo à filosofia o modifica em sua essência. A problemática desse procedimento será exposta, de início, a partir da tentativa de Hommes; em seguida, ela será discutida com base no exemplo dos exegetas filosóficos mais importantes do marxismo (na tentativa de Landgrebe, Metzke e Popitz).

A interpretação ontológica (Jakob Hommes)

Hommes compreende Marx na qualidade de ontólogo. A ontologia, nesse caso, serve a título de explicação para a questão do ser. Ela não se ocupa mais da origem, da mesma maneira que a metafísica, debruçando-se sobre a questão do fundamento primeiro e supremo de todo o ser, mas sobre a questão do sentido do ser de todos os entes. O homem, que é caracterizado pela capacidade de se perguntar questões desse tipo, vale na qualidade de essência ontológica; essa "essência", contudo, não reside, como as essências da metafísica, além da história, mas lhe serve originalmente de fundamento enquanto essência da

---

Darwin se colocam no mesmo nível: "Assim como Darwin descobriu a lei de desenvolvimento da natureza orgânica, Marx descobriu a lei de desenvolvimento da sociedade humana".

historicidade. Se o materialismo histórico for ontologia nesse sentido, segue-se que a filosofia existencial, principalmente a ontologia fundamental de Heidegger, terá de ser concebida como sua "continuação". Hommes compreende a antropologia do jovem Marx como ontologia fundamental e a dialética do trabalho como "objetividade estática do homem histórico". De fato, é melhor analisar a "objetividade" do homem da maneira formal na qualidade de algo como uma estrutura existencial. Se isso ocorrer, então seguem as seguintes determinações:[26]

A afirmação de que o homem seria de modo objetivo significa de início:

a) Ele possui objetos fora de si e é ele mesmo objeto para outros seres. A objetividade cobre, portanto, o uso linguístico que atribuímos à finitude. Além disso, há, no entanto, a correlação fenomenológica – que os objetos devem poder ser apresentados de maneira sensível. Tanto quanto ser objeto dos sentidos, objeto significa também objeto sensível. Os sentidos abrem o espaço em que os objetos reais podem apenas "ser".

b) O homem põe objetivamente suas forças essenciais. De início, o homem "põe" apenas objetos na medida em que ele mesmo "é originariamente natureza"; enquanto finito ele excede sua finitude. E, então, o homem põe a si mesmo "objetivamente" com seus objetos, põe suas forças essenciais. Contudo, ele não cria nem produz os objetos, "mas seu produto objetivo apenas *confirma* sua atividade objetiva". O que significa aqui "confirmar" e de que maneira se relaciona com o "pôr" dos objetos?

---

26 Citações de Marx, *Pariser Manuskripte*.

Teoria e práxis

c) O homem é ao mesmo tempo um ser ativo e passivo. "Os objetos dos seus impulsos existem fora dele, como objetos independentes dele, mas esses objetos são objetos de sua necessidade para ocupação e afirmação de suas forças essenciais". Marx ilustra a "paixão da força essencial que tende energicamente a seu objeto" com o exemplo da fome, que, para a "exteriorização de sua essência", precisa de um objeto, na verdade, de um objeto determinado. Contudo, "não apenas os cinco sentidos, mas também os chamados sentidos espirituais (amor, vontade etc.), com uma palavra, o sentido humano, a humanidade dos sentidos só vem a ser mediante a existência de seu objeto". Às forças essenciais correspondem objetos específicos em que aquelas exteriorizam sua vida e podem se tornar objetivas. O homem "põe" então objetivamente nos objetos específicos de sua essência suas forças essenciais. É nesse sentido que o discurso das "forças essenciais trazidas à objetividade" precisa ser entendido. No entanto, o objeto não permanece invariável ao ser integrado nessa exteriorização vital. O homem se "apropria" dos objetos à medida que "exterioriza" neles suas forças essenciais. Apropriando-se, ele ao mesmo tempo traz de novo os objetos para si e, nesse ponto, os põe em sua essência.

d) O homem, um ser finito, ativo e passivo, está desde o início em "intercâmbio com a natureza", ainda mais, ele se constitui nesse intercâmbio; e não apenas a si próprio, mas igualmente a natureza. Ao exteriorizar suas forças essenciais e se apropriar dos objetos, o homem realiza sua essência como indivíduo objetivo, universalmente desenvolvido e "total", e humaniza em um só tempo os objetos da natureza desenvolvendo-os enquanto tais, pois "a natureza não é, nem objetiva [a natureza em si] e nem subjetivamente [o homem como ser natural] adequada ao ser humano de imediato [...] Nem os objetos humanos são objetos da natureza, tal como se oferecem imediatamente, nem o sentido humano, tal como é imediatamente – é objetividade humana". Ambos *se tornam* o que são no intercâmbio, ou, como podemos dizer agora, no trabalho, na produção. A produção é um processo histórico, ou melhor, o próprio processo da história. Por essa razão, Marx pode resumir – a história é a verdadeira história natural do homem.

e) Ambas as coisas, a objetivação das forças essenciais e a apropriação de objetos, constituem conjuntamente a essência do trabalho, da indústria. Como consequência disso, a história da indústria, a diversidade dos produtos, assim como o sistema de produção, representam "o livro aberto das forças humanas essenciais" – de todas as forças humanas, pois a indústria caracteriza, no marco da determinação da essência do homem, *toda* relação humana com o mundo, e de modo algum apenas a práxis econômica.

Essa análise, que desenvolvemos rapidamente a partir dos próprios textos e quase independentemente de Hommes, e na medida em que é considerada de antemão como análise existencial, pode justificar a seguinte conclusão:

Vemos agora em que sentido o método dialético pretende oferecer uma nova ontologia, isto é, uma conceituação fundamental para a apreensão e determinação de todo ente. Essa nova ontologia formal ou teoria do ser de todo ente guarda relação com essa nova ontologia material da essência humana que estudamos em Marx sob o título de sua teoria da objetividade do homem. Posto que o homem só pode reconhecer a si como o que ele mesmo produz para si em sua relação com o mundo objetivo, transfere-se praticamente também a si mesmo, sob o nome de "realidade", para o mundo objetivo e são esses atos que constituem seu verdadeiro ser. Podemos igualmente inverter isso, resumir a antropologia de Marx dizendo que o homem é objetivo ou ontológico, ou seja, que ele mesmo faz dos outros (de todas as coisas) seu próprio objeto, no sentido de que ele deve a este sua própria essência.[27]

E em outra passagem, a produtividade do homem, entendida por Marx em termos realmente concretos, é interpretada ontologicamente: o homem "tem de conceder à realidade dada do mundo objetivo o verdadeiro dado ou realidade 'objetivo' apenas mediante a retrospecção dirigida até si mesmo".[28] Ele supõe, ao menos para caracterizar a direção da crítica que ele próprio afirma, uma "uniformização" do mundo objetivo com a interioridade humana. O método dialético se sobrepõe à "independência" do mundo e o considera apenas atendendo às possibilidades da "autopossessão".[29]

---

27 Hommes, *Der technische Eros*, p.74 et seq.

28 Idem, p.77.

29 A crítica de Hommes a Marx se integra no contexto da apologética neotomista. O esquema de suas oposições: metafísica da natureza *versus* ontologia da história, direito natural *versus* poder autônomo da existência histórica, estado constante das coisas *versus* autoelevação do Eros técnico etc., repousa no conflito irresoluto entre pensamento analógico e dialético. No campo católico, a relação entre ambos

O que aqui nos interessa não é a atitude defensiva tomista adotada pelo autor, mas a notável distorção do sentido de todos os textos marxianos desde o momento em que o intérprete filosófico os decifra, partindo dos escritos de juventude, como uma espécie de prólogo a *Ser e tempo*.

O eixo dessa inversão vem à tona quando Hommes situa o lugar da alienação no "processo ontológico" da objetivação. De acordo com Marx, não ocorre a alienação [*Entfremdung*] pelo fato de que os homens se exteriorizam [entäußern] em seu trabalho, objetivando e separando, por sua vez, suas forças essenciais em coisas elaboradas; que eles assim o façam de uma forma falsa e, de certo modo, tenham mesmo de fazê-lo, apenas nisso se funda a alienação. As "forças essenciais trazidas à tona", sob as condições da propriedade privada e do trabalho assalariado, coagulam-se em uma realidade estranha, não suscetível de apropriação; o que são em si, são apenas para os outros e não para mim. A ontologização equivocada do trabalho perde esse sentido elementar da alienação. Esta é derivada de um "tipo de autodistração" (p.267) ou "autoesquecimento" (p.388), de uma "tragédia da essência" concebida historicamente (p.158). Para Marx, contrariamente, a alienação não é signo de um acidente metafísico, mas título de uma situação factualmente preexistente de pauperização da qual parte sua análise da sociedade vigente. O mais próximo e mais simples

---

constitui especialmente o objeto de reflexão de Bernhard Lakebrink. Como comentário decifrador ao livro de Hommes, podemos remeter ao livro de Lakebrink, *Hegels dialektische Ontologie und die thomistische Analitik*. Cf. sobre isso também a própria investigação preliminar de Hommes, *Zwiespaltiges Dasein. Die existentiale Ontologie von Hegel bis Heidegger*.

se torna, nas mãos do ontólogo, o mais assustadoramente longe. E isso não é casual. Pois enquanto o ontólogo precisa conceber a alienação preexistente (ou "inautenticidade", não importa como ela possa ser explicada individualmente) sempre a partir da essência do homem na qualidade de um *ti én einai*, um já existente, de um deslocamento de estruturas autênticas, Marx a concebe primeiramente enquanto móbil de um interesse prático, como obstáculo e justificação para a paixão da emancipação. A análise da alienação permanece assim, passo a passo, análise de sua superação. Mais precisamente, não como se da constatação de uma decorresse a consideração da outra. Pelo contrário, o olhar destinado à eliminação sempre dirige a percepção para o que deve ser eliminado.

Ao mesmo tempo, a filosofia como um todo é incluída na reflexão. Quando o primado do interesse prático é reconhecido, quando a perspectiva de realização desse interesse vale absolutamente a título de única condição confiável do conhecimento possível, a filosofia perde a autocompreensão de sua autonomia: enquanto for expressão dessa alienação, ela com certeza precisa ser suprimida tendo em vista a supressão da própria alienação. Ao ser questionada desse modo e se contrapor à realidade de sua autossuperação, a crítica marxista, sobretudo a análise da objetividade, perde todo sentido ontológico. O "mundo"[30] descoberto nessa estrutura não pode ser concebido enquanto constituição imutável "do" homem, enquanto condição de possibilidade de todo modo de ser humano e, muito menos, principalmente, como lugar da verdade e da falsidade. A

---

30 Marx: "O homem, esse é o mundo do homem", Marx, *Marx-Engels Werke*, v.1, p.378.

filosofia persiste nessa fixação ontológica de um estado de coisas histórico apenas enquanto permanece presa na aparência de sua autonomia e renuncia à ideia de que ela mesma, junto com sua compulsão ao procedimento transcendental, poderia ser expressão historicamente fundada de uma realidade falsa, e que a estrutura transcendental da objetividade poderia se transformar junto àquela. Quando a filosofia, contrariamente, aceita essa ideia com todas as suas consequências, a análise da objetividade do homem só pode ter um sentido legítimo: indicar, por assim dizer, as charneiras da constituição social presente em que a sociedade pode ser transformada de modo revolucionário. O "mundo" do homem não está submetido à discussão na forma de um aparato de categorias ou de aspectos existenciais, mas como a constituição do contexto de vida social concreto no interior do qual os homens não precisam mais se relacionar enquanto o que são, mas antes enquanto o que não são. A sociedade, portanto, sempre será compreendida como uma sociedade que precisa ser transformada.

Apesar de todos os ganhos que possamos obter inicialmente da apropriação filosófica do marxismo, sua redução à "pura" filosofia leva a distorções sensíveis. E isso acontece a partir do instante em que se aborda as especulações do jovem Marx subordinando-as totalmente à problemática da filosofia hegeliana e fazendo com que aquilo que é um fato da história da filosofia se torne o ponto de partida único da interpretação. Que Marx compreendera Hegel de modo insuficiente, e Hegel já tivesse pensado antecipadamente em tudo aquilo que Marx, em sua discussão com ele, pensou ter descoberto mais tarde, tal é a fórmula-tabu que evita a problemática específica de uma filosofia da história revolucionária concebida a partir

Teoria e práxis

de uma garantia empírica. As consequências do alvará da crítica filosófica de Marx nos termos de uma história das ideias devem ser expostas em três investigações que, aliás, foram conduzidas com rigor metodológico e alto nível no tato filosófico.

A problemática da apropriação "filosófica" do marxismo exposta a partir da relação entre Hegel e Marx (Ludwig Landgrebe, Erwin Metzke, Heinrich Popitz)

Em sua" "Introdução à crítica da filosofia do direito de Hegel", Marx se dirige contra seus antigos amigos do clube de doutores dois anos antes de, na *Ideologia alemã*, fundamentar mais detalhadamente seu juízo antecipado. Ele denomina os radicais jovens hegelianos aqui como um "partido teórico datado da filosofia" e os recusa globalmente:

> Crítico contra seus adversários, ele se relaciona acriticamente consigo mesmo na medida em que partia dos pressupostos da filosofia e ou se detinha em seus resultados vigentes ou então tomava exigências e resultados respectivos como se fossem exigências e resultados imediatos da filosofia, embora estes – pressuposta sua autorização – sejam mantidos *contrariamente apenas mediante a negação da filosofia existente até então, da filosofia enquanto filosofia* [...] Ele acredita poder realizar a filosofia sem suprimi-la.[31]

E, para sua fundamentação, isso significa: "Ele via nas lutas atuais somente a luta crítica da filosofia com o mundo

---

31 Ibid., p.384 (grifo de Habermas).

alemão, mas não considerava que a própria filosofia existente até então pertence a este mundo e, mesmo que idealmente, é seu complemento".

Quem quiser comprovar de modo imanente se o marxismo foi capaz de contribuir para a solução de problemas filosóficos clássicos precisa levar a sério essa tese da realização da filosofia por intermédio de sua supressão *enquanto* filosofia ou, tal como já tinha sido formulado na dissertação, a tese do vir-a-ser filosófico do mundo por meio do vir-a-ser mundano da filosofia, ou seja, é preciso partir dela como a tese central. Ela já inclui a ideia da "emancipação prática" e o argumento do "materialismo". Ambos negam a manutenção da "mera emancipação teórica" (da maneira como Marx a viu desenvolvida de modo exemplar na crítica de Feuerbach à religião).

Enquanto a crítica permanecer teoricamente autárquica, ela poderá dissolver apenas o que é propriamente de natureza teórica: falsas representações. O que não se limita a isso e também não concerne tanto às representações como à realidade destas representações diz respeito à força dissolvente da crítica e remete para uma dissolução prática da realidade falsa. Isso é tudo o que a "luta crítica da filosofia com o mundo alemão" é capaz, nada mais. Mas se a própria filosofia pertence a este mundo, se ela ainda permanece presa a este mundo como expressão e complemento da realidade crítica, então uma crítica radical tem de consistir ao mesmo tempo em criticar, junto às deficiências do mundo criticado, as raízes da própria crítica. Se a filosofia está esculpida com o mesmo material que critica, ela precisa refletir as deficiências do mundo na qualidade de deficiências de seu próprio ser e alcançar sua autoconsciência crítica, compreendendo que só desenvolverá

Teoria e práxis

com êxito sua missão na medida em que for fundada na práxis enquanto "atividade prático-crítica". Nesse processo, a filosofia é ao mesmo tempo suprimida e realizada: "seu ato de pôr em liberdade o mundo diante da não filosofia é, ao mesmo tempo, sua própria libertação da filosofia que a algemou como um sistema determinado".[32]

Marx não quer mais filosofar a partir dos pressupostos da filosofia, pelo contrário, quer filosofar sob o pressuposto de sua supressão – justamente criticar. Desse modo, são transformadas tanto as categorias quanto os problemas da filosofia, e com estes o meio em que a reflexão em geral é desenvolvida. Se o marxismo, por seu turno, continua sendo considerado "a partir dos pressupostos da filosofia", ele adota por isso imprevisivelmente uma forma de filosofia jovem-hegeliana em cuja crítica alcançou pela primeira vez a consciência de sua verdadeira determinação. Por conseguinte, os melhores intérpretes entre os filósofos continuaram interpretando erroneamente Marx de forma "jovem-hegeliana": Landgrebe, Metzke e Popitz.[33]

1. *Landgrebe* parte da tese-chave do marxismo: que a pretensão da filosofia não se realiza no interior de filosofia e não é para ser realizada no interior da filosofia. Ora, o modo como essa tese, ao refutar os "pressupostos da filosofia existente até então", é questionada precisamente sob os mesmos pressupostos fornece um exemplo da autocensura involuntária da interpretação filosófica.[34]

---

32 Marx, *Frühschriften*, p.17.

33 Entrementes, minha crítica foi levada em consideração por Friedrich, *Philosophie und Ökonomie beim jungen Marx.*

34 Sobre a controvérsia entre Landgrebe e eu, cf. Rohrmoser, *Emanzipation und Freiheit*, p.284 et seq.

A linha de pensamento é mais ou menos a seguinte: o conflito em torno do marxismo deve ser remetido àquele terreno em que possa ser regulado de modo legítimo; a saber, ao terreno da "história interna do Ocidente", isto é, da história, embora não da filosofia, mas sim do filosofar. A entrada em cena da filosofia na Grécia Antiga significa a primeira tentativa de uma libertação especificamente ocidental, o propósito do homem de não reconhecer vínculo algum a um princípio supremo que não fosse aquele que ele mesmo justificou por intermédio de seu conhecimento. A filosofia de Hegel, por enquanto, é a última na série de projetos que querem produzir esse sentido original da filosofia: a vinculação do homem à ordem do ser que se manifesta no conhecimento, uma vinculação em que ao mesmo tempo se realiza a liberdade. Marx vê essa filosofia, seguindo Feuerbach, essencialmente como teologia. A filosofia só cumpriria verdadeiramente sua promessa de libertação se criasse realmente a ordem que ela reconhece no conhecimento. Portanto, não apenas a filosofia hegeliana, mas a filosofia em geral é falsa; basicamente, ela apenas liberta os homens na abstração e não na realidade. *Qua* filosofia, ela não pode ser aquilo que pretende ser – libertação dos homens.

Essa é, de fato, a tese de Marx. Mas na medida em que Landgrebe a formula, ele já a interpreta justamente a partir dos pressupostos da filosofia que tal tese explicitamente combate. Pois ele a concebe, ao final, como expressão da "tendência mais profunda" da história ocidental das ideias que corresponde ao propósito do homem de fundar sua existência sobre o conhecimento filosófico.[35] Por isso, ele precisa concluir que,

---

35 Landgrebe, Hegel und Marx, *Marxismusstudien*, p.39 et seq. A citação é da p.51.

Teoria e práxis

com essa tese marxista, os limites da emancipação humana só vêm à tona de forma mais clara: "Ela apresenta a decisão sobre os limites da emancipação do homem e sobre a reconquista da função autêntica do conhecimento filosófico: não ser ferramenta do homem completamente autodominado, mas caminho de vinculação na conexão com o ser".[36] O esquema da argumentação é transparente: a tese de que a filosofia, medida segundo o critério de seu próprio conceito, nunca poderá cumprir suas promessas *qua* filosofia, é invertida em seu sentido na medida em que, do ponto de vista da história das ideias, a interpretação de enunciados filosóficos em geral possui um sentido possível apenas no campo de forças da "história interna do Ocidente". Mas quando ocorre que proposições, porque o método de sua interpretação não permite outra alternativa, possuam validade apenas a partir dos pressupostos cuja impugnação representa seu único conteúdo, surgem então paradoxos suficientes, em vista dos quais não há mais saída senão apelar irracionalmente a decisões, como, por exemplo, reencontrar um absoluto "cuja revelação possa ocorrer apenas na situação concreta do homem".[37]

Mesmo que de outro modo, *Popitz* leva igualmente a sério a autossupressão da filosofia. Ele acredita "que as ideias de Marx não solucionam a problemática da 'realização' desenvolvida por Hegel".[38] Se a discussão do jovem Marx pode, por assim dizer, ser desmascarada enquanto tentativa provisória de solucionar um problema que Hegel, antes e além daquele, já tinha pensado

---

36 Ibid., p.53.

37 Ibid.

38 Popitz, *Der entfremdete Mensch*, p.129.

até o fim, então se suprime a contestação das pretensões de autonomia da filosofia pura e sua promessa de, *qua* filosofia, levar a liberdade aos homens, pois isso agora se resolve por via regimental. Ao reduzir Marx a Hegel da perspectiva da história dos problemas, Popitz agrega também uma redução psicológica.

Seu ponto de partida é uma frase da Dissertação de Marx:

> Assim, resulta a consequência que o vir-a-ser filosófico do mundo é ao mesmo tempo um vir-a-ser mundano da filosofia, que sua realização é igualmente sua perda, que aquilo que ela combate externamente é sua própria deficiência interna, que justamente nessa luta ela mesma incorre nos males que combate enquanto tais no adversário e que suprime tais males incorrendo neles. O que ela afronta e combate é sempre o mesmo que ela é, apenas com fatores invertidos.[39]

O argumento se refere ao mesmo estado de coisas que é desenvolvido no texto da "Introdução à crítica da filosofia do direito de Hegel". Tão logo a filosofia, segundo suas pretensões mais profundas, se realiza, ela perde também sua forma a título de filosofia, pois enquanto aspira criticamente à práxis que põe fim às deficiências do mundo, ela põe fim a si mesma, na medida em que ela é expressão dessas mesmas deficiências (ou seu "complemento"). É exatamente a isso que alude a frase: "aquilo que ela combate externamente é sua própria deficiência interna". Com a inverdade da realidade deve proceder o que é a inverdade na filosofia *qua* filosofia:

---

39 Marx, *Frühschriften*, p.17.

sua alienação em relação à práxis. A alienação da realidade em relação à filosofia, a não filosofia do mundo, significa ao mesmo tempo a alienação da filosofia em relação à realidade, a não mundanidade da filosofia – na autoconsciência crítica ela aparece "reduzida à totalidade abstrata".

Popitz não faz justiça ao sentido rigoroso do texto de Marx ao compará-lo com passagens da *Fenomenologia do espírito* de Hegel.[40] Nesta se encontra uma proposição que apresenta certo paralelismo com o texto de Marx da Dissertação:

> O indivíduo *cumpre*, assim, a lei de seu coração; ela se torna *ordem universal* [...] Mas nessa realização, a lei de fato escapou do (próprio) coração; ela se tornou imediatamente apenas a relação que deveria ser suprimida. Justamente por causa de sua realização, a lei do coração deixa de ser lei do *coração*.[41]

Esse paralelismo é meramente externo, pois nem a "lei do coração", na qualidade de afirmação apaixonada da individualidade, tem qualquer coisa em comum com a filosofia enquanto afirmação veraz do universal, nem a realização de uma em relação à outra. Marx levanta a questão: de que maneira a universalidade abstrata das promessas filosóficas pode se tornar universalidade concreta de um mundo que também cumpra tais promessas? Contrariamente, Hegel levanta uma questão totalmente diferente: de que maneira o conteúdo particular enquanto tal pode valer como universal? O "coração" é, portanto, "a

---

40 Cf. Hegel, *Das Gesetz des Herzens und der Wahnsinn des Eigendünkels*, *Phänomenologie des Geistes*, p.266 et seq.

41 Ibid., p.268.

singularidade da consciência que pretende ser imediatamente universal" ou "a individualidade imediatamente universal"? Hegel antecipa aqui a questão básica de uma ética da situação desenvolvida de Kierkegaard a Sartre; mas não a da teoria da revolução de Marx. Por isso, junto à filosofia realizada e, ao mesmo tempo, superada, perece também a "ordem violenta do mundo"; mas com a lei realizada e, ao mesmo tempo, superada do coração não perece "a necessidade inconsciente, vazia e sem vida" das leis vigentes. Estas, pelo contrário, triunfam sobre a ruína do coração, "de modo que, se eles (os indivíduos) reclamam dessa ordem como se fosse contra a lei interior e ainda que mantenham contra ela as visadas do coração, eles de fato se debruçam nela como sua essência, e se essa ordem lhes é retirada ou se eles mesmos se retiram dela, eles perdem tudo".[42] Popitz tenta subsumir o problema de uma filosofia que tanto se remete à práxis como, por sua vez, é remetida a ela, a partir da fenomenologia do visar impotente.

Dessa redução se segue uma segunda, uma redução psicológica. Popitz explica a origem do problema partindo da posição epigônica de Marx diante de Hegel: Marx não pôde superar teoricamente a poderosa filosofia do segundo; ele a reduz, de modo completamente acrítico, a uma totalidade abstrata para poder superá-la na "totalmente distinta" esfera da práxis. Popitz denomina isso de "a solução prático-psicológica da filosofia que resulta diretamente de uma lealdade não superada em termos teóricos".[43] Mesmo que essa interpretação biográfica pudesse ter alguma razão em relação ao Marx da Dissertação,

---

42 Ibid., p.273.
43 Popitz, *Der entfremdete Mensch*, p.58.

a psicologia do conhecimento não contribui com nada para o conhecimento formulado inicialmente na Dissertação e que foi desenvolvido posteriormente; pois este não representa uma espécie de último recurso para o distanciamento prático diante de uma filosofia a ser superada de maneira crítica. A filosofia que Marx pretendia realizar e suprimir ao mesmo tempo não é simplesmente o sistema incólume de Hegel. Trata-se antes de uma filosofia que foi conduzida à crítica e, nessa medida, já dissolvida enquanto filosofia, uma filosofia que, da perspectiva do novo estágio reflexivo de uma unidade entre teoria e práxis, é revolucionada tanto em relação ao seu princípio sistemático quanto em seus elementos.

2. A "uniformização" de Marx com Hegel precisa ser demonstrada na dissolução da oposição por meio da qual o próprio Marx determina sua relação com Hegel: pela oposição entre materialismo e idealismo. Se o marxismo não é realmente nada mais do que uma das versões jovem-hegelianas, então essa oposição, que tem justamente uma função sistemática na autocompreensão do marxismo, precisa poder ser dissolvida como algo insignificante.

Metzke e Popitz tentam realizar tal comprovação. Primeiramente, pode-se de fato mostrar (como assinalado antes em relação ao trabalho de Iring Fetscher) que uma análise filosófica, que parte da "atividade objetiva" dos homens e de seu contexto de vida social assim fundamentado, encontra-se ao menos tão longe do materialismo "contemplativo" quanto do idealismo "que não conhece enquanto tal a atividade real, sensível" (I$^{\underline{a}}$ tese sobre Feuerbach).

Materialismo e idealismo, como explica Marx em um excurso sobre a "metafísica do século XVII", são igualmente abstratos.

Por isso, Metzke constata com razão: "O esquema todo de divisão entre materialismo e idealismo é insuficiente; ele é desinteressante. Não se trata nem de matéria e nem de ideias; para Marx, trata-se antes da 'vida genérica ativa', maia precisamente na qualidade de uma atividade corpórea, sensível, real".[44]

Mas se Marx se encontra para além do materialismo e do idealismo, então, conforme o segundo passo da argumentação, o que dizer de sua crítica materialista em geral? Ao final, ela não se revelou como um mero mal-entendido, no melhor dos casos um mal-entendido produtivo? Marx pode ter razão ao restringir seu reconhecimento de Hegel (que concebeu corretamente o trabalho na forma do ato de autoprodução do homem e o apresentou como consciência e vida em vir-a-ser na sociedade) com o adendo restritivo "no interior da abstração", ou Hegel concebeu o trabalho, no mesmo sentido que Marx, ainda que mal interpretado por este, enquanto o processo real de vida da sociedade?

Marx critica o fato de que, na história do espírito absoluto, finalmente foi "superada a objetividade". Contudo, Popitz mostra que a superação da objetividade como expressão do extrapolamento de toda oposição não considera "o sentido concreto e real do conceito hegeliano de trabalho". Marx critica o fato de a dialética hegeliana permanecer sempre uma dialética do espírito, ainda que seja do espírito absoluto, e não poder assim realizar a supressão da alienação na prática, mas apenas na teoria. Metzke observa, entretanto, que os estágios da consciência expostos na *Fenomenologia do espírito* se configuram "no elemento

---

44 Metzke, Mensch und Geschichte im ursprünglichen Ansatz des Marxschen Denkens, *Marxismusstudien*, p.6. Publicado também em *Der Mensch im kommunistischen System*, p.3 et seq.

da confrontação real com a aspereza da realidade", tal como se adverte na dialética real do desejo, e também como na dialética do senhor e do escravo, da vontade e do curso do mundo, culpa e destino.[45] Popitz fala certamente de modo cauteloso de uma alienação real de um eu que é para si mesmo, que corresponde à alienação da consciência na *Fenomenologia do espírito*, mas também, da mesma maneira que Metzke, considera as categorias de trabalho, dominação e necessidade como essencialmente as mesmas tanto em Marx quanto em Hegel.[46]

Na medida em que sujeito-objeto em Hegel permanece como sujeito, ainda que na qualidade de sujeito que se tornou substância, ele assume com tudo isso a aparência de uma *quantité négligeable* [quantidade negligenciável]; isso ocorre sem razão, pois a ruptura entre a metafísica, que culmina em Hegel, e o pensamento pós-metafísico, que parte de Marx, caracteriza-se precisamente pelo fato de que a lógica da história se afirma como lógica histórica, como uma lógica produzida por nós mesmos, com toda a contingência que isso supõe, e não como uma lógica da consciência absoluta que de modo algum se torna histórica ao explicitar na história o que antecipa toda a história. O "materialismo" marxista se refere, primeiramente, a essa relativização, ou se quisermos, à historicização da dialética. Ele não decide sobre o primado ontológico da ideia ou da matéria, mas sobre a relação da filosofia com a "lei da his-

---

45 Ibid., p.18.

46 Popitz, *Der entfremdete Mensch*, p.109-160. Além disso, os parágrafos 243 e os seguintes da *Rechtsphilosophie* de Hegel, que tratam das contradições da "sociedade civil", foram interpretados, antes de Popitz, por Robert Heiss (*Symposion*, v.1), no sentido de uma "antecipação" de ideias centrais do materialismo histórico.

tória": a filosofia, em termos "idealistas", basta-se a si mesma para realizar suas aspirações ao reconstruir a lógica da história na qualidade de marcha do espírito até si mesmo; em termos "materialistas", a filosofia não se basta porque reflete a si mesma na sua dependência da práxis social e enquanto preparação para uma práxis transformadora, porque aceita o curso da história na qualidade de reprodução social da vida e não a título de lógica de uma consciência absoluta. A "lei" da história é tão contingente quanto o comportamento dos homens que a fizeram sem consciência de si mesmos e deveriam fazê-la com vontade e consciência. O que significa, porém, dialética tendo em vista o curso da história se ela não puder ser transcendentalmente comprovada como a lógica de um sujeito absoluto; em uma palavra, o que significa dialética materialista? Antes de nos voltarmos a tal questão,[47] é preciso mostrar como ela foi tratada de forma equivocada por intérpretes filosóficos; estes reduziram tanto Marx a Hegel que, segundo eles, a conhecida inversão da dialética "da cabeça aos pés" não emerge mais seriamente como problema.

3. Landgrebe resume a diferença, que segundo sua própria concepção é aparente, entre a dialética de Hegel e a de Marx com base em uma fórmula descritiva: que no segundo, a dialética significava a lógica de autorreprodução não do espírito absoluto, mas dos homens, e, com isso, a lógica do trabalho, e não primariamente do espírito.[48] Landgrebe levanta explicitamente a seguinte questão:

---

47 Cf. em seguida a seção sobre a dialética do trabalho.

48 Landgrebe, Über die Dialektik bei Hegel, Marx und Engels. Conferência pronunciada na comissão de marxismo da comunidade

Teoria e práxis

Em que medida o princípio de Hegel se mantém nesse pensamento? Na medida em que Marx acredita que o desenvolvimento das relações de produção não é consequência de um agir cego, mas pressupõe a apropriação consciente, a situação, em cada caso, tem de se trazida à consciência. A consciência de classe é, assim, um princípio que possui significação filosófica. É o ser em e para si do proletariado e a fonte de sua eficácia histórica. Para a filosofia, isto é, para a consciência de classe, a lógica da reflexão se mantém como dialética. Ela indica previamente o caminho para a ação. Além disso, a lógica também é, ao mesmo tempo, lógica da história. Também se mantém, portanto, que a história seja um caminho de necessidade.[49]

No estilo do marxismo neo-hegeliano do jovem Lukács, Landgrebe reinterpreta a lógica do espírito absoluto na de consciência de classe absoluta, dissolvendo a dialética materialista de modo idealista. A substituição superficial, dificilmente mais do que meramente verbal, da relação sujeito-objeto por uma outra, do espírito do mundo na figura da filosofia pelo espírito do mundo na figura da consciência de classe proletária, deve ao final justificar a afirmação: "Marx permanece francamente idealista". Mas a primeira consequência que Landgrebe tira disso — a saber, "A dialética não está vinculada ao proletariado, mas este está à dialética, assim como à filosofia" — mostra o quão pouco essa interpretação do marxismo tem a ver com o próprio Marx. Assim, o problema de uma dialética materialista não está

---

de estudos das academias evangélicas, em março de 1956, protocolo, p.18. Versão para publicação: *Das Problem der Dialektik*, *Marxismusstudien*.

49 Landgrebe, Über die Dialektik bei Hegel, Marx und Engels, p.17 et seq.

resolvido, mas apenas foi deixado de lado, pagando o preço, contudo, por reconverter o marxismo de crítica em filosofia.

Nesse ponto, Popitz vai além de Landgrebe ao afirmar que a lógica do materialismo histórico é idêntica à lógica do sistema hegeliano, voltando-se criticamente contra o próprio Marx. Pois ele percebe que ambas não deveriam ser idênticas se, de outro modo com Marx, o "materialismo" precisar conservar um sentido específico. Popitz nomeia a orientação metodológica que Marx obtém a partir de sua crítica a Hegel:

> A verdadeira lógica do verdadeiro objeto precisa ser elucidada de maneira analítica para evidenciar sua "gênese interna". A verdadeira crítica não luta contra seu objeto, mas apreende sua significação específica, seu ato de surgimento como sua tendência imanente de desenvolvimento. Ela vincula a análise genética com a demonstração da "essência" dos fenômenos.[50]

Quando a dialética pretende ser histórica em sentido estrito (porque medida de acordo com seu objeto histórico), ela precisa se deixar levar pela contingência. Contudo, ela não deve ser deduzida em termos transcendentais como lógica de um sujeito que, na qualidade de sujeito da história, está ao mesmo tempo antes e além da própria história – seja na qualidade de um espírito do mundo ou de um espírito de uma classe que sempre está no poder. Apenas se Marx procedesse da mesma maneira que o Lukács de *História e consciência de classe*, Popitz poderia objetar: "Marx fez exatamente aquilo que repreendeu em Hegel: reconhecer em toda parte as determinações do conceito lógico. Ele

---

50 Popitz, *Der entfremdete Mensch*, p.83.

somente não as deduziu de forma especulativa, mas pressupôs a lógica hegeliana enquanto prólogo, por assim dizer".[51]

Ele critica determinadas relações sociais e as reconduz a um centro indeterminado que chama de "essência humana". Esta constitui o substrato conceitual das relações empiricamente estabelecidas e se desenvolve segundo uma legalidade dialética *que é tomada de Hegel na qualidade de universalmente válida*. Da mesma maneira que Hegel explicita sua lógica somente na filosofia do Estado e a interpreta a partir de dentro do objeto, *também Marx subsume os fenômenos sociais a um esquema dialético* e tenta fundamentá-lo por meio da gênese da "essência" humana. Tal esquema exerce o papel do espírito do mundo e do espírito do povo de Hegel, respectivamente.[52]

A tese básica é a seguinte: Marx aceitou a dialética "idealista" de Hegel, embora isso se oponha abertamente à pretensão de uma crítica "materialista". Por conseguinte, Popitz não levanta a questão sobre uma dialética materialista.

Ele antes apoia seu argumento em termos biográficos no processo de desenvolvimento dos escritos do jovem Marx, que vai da Dissertação até os *Manuscritos econômico-filosóficos*. De fato, nesse processo, é possível demonstrar uma sequência temporal de construção dialética da essência humana (*qua* atividade objetiva) e de uma confirmação mediante análises empíricas. Primeiramente, é deduzido o lugar sistemático do proletariado, e depois se situa com ele o proletariado real estabelecido posteriormente. Essa série sempre pode ser confirmada com

---

51 Ibid.
52 Ibid., p.88 (grifos de Habermas).

base nos textos. Marx traça, em primeiro lugar, uma rede de categorias dialéticas sobre os fenômenos criticados e, com isso, apresenta a "lógica do objeto". A análise empírica segue-se depois. Esse desenvolvimento, projetado no âmbito de uma interpretação sistemática dos *Manuscritos econômico-filosóficos*, leva necessariamente à impressão de que Marx realmente pretendia expor o processo econômico como história da realização de forças humanas essenciais dedutível *a priori* sobre a base de um sistema estático de alienação. Por isso, Popitz o repreende: "Assim ele faria, sobre uma base antropológica, a mesma coisa que objetou aos economistas políticos".[53]

Ora, o que pode ser deduzido a partir da psicologia do conhecimento para essa série que representa o processo de surgimento da teoria de Marx já não afeta mais a própria conexão lógica do conhecimento. O medo de que essa diferença não viesse à tona em observadores posteriores de modo tão claro tal como realmente é, foi também o que levou Marx nos anos 1850 a "acertar as contas com sua consciência filosófica de então".[54] Não obstante, ele sempre manteve o passado filosófico "em mente"; foi deste passado que ele obteve o horizonte em que, sem formulá-lo explicitamente, inseriu suas análises econômicas. Que o conhecimento da lógica hegeliana foi útil para o estudo do capital, trata-se de algo evidente. Mas que Marx tivesse pressuposto a lógica de Hegel na forma de prólogo de sua própria crítica, é algo tão correto do ponto

---

53 Ibid., p.116.

54 Cf. o Prefácio de *Contribuição à crítica da economia política*, de 1858; já em 1845, na *Ideologia alemã*, Marx e Engels procuram se distanciar da "fraseologia filosófica".

de vista da biografia e da psicologia do conhecimento quanto sistematicamente falso. Ao sentido de uma dialética materialista corresponde antes o fato de que a filosofia precisa começar com uma reflexão sobre a situação em que se encontra; que precisa partir, consequentemente, da alienação experimentada e da consciência da necessidade prática de sua supressão. Essa consciência se eleva à autoconsciência onde a filosofia se reconhece ainda a si própria como expressão da mesma situação que deve ser suprimida e, além disso, submete sua práxis crítica ao objetivo de realizar a crítica por meio da práxis. Ela sabe que trabalha para a supressão de si mesma *qua* filosofia à medida que opera a realização de seu sentido imanente. Uma tal crítica, como disse Marx, renuncia ao estado de contemplação. Ela entreviu a ilusão de sua autonomia que sempre a deslumbrou: que ela podia tanto fundar a si mesma como também se realizar. Marx chama de "materialista" a filosofia que abandonou a falsa consciência nessa dupla perspectiva. De um lado, a crítica se interessa "praticamente" na superação da situação vigente, e seu movimento só pode ser determinado a partir desse interesse: nessa medida, a teoria da revolução é a doutrina das categorias da crítica. De outro lado, aquele interesse abarca um ponto de vista e não um âmbito que pudesse ser reavaliado mediante análise transcendental; nesse sentido, a crítica precisa poder estabelecer em termos científicos *aquilo* que ela pretende saber.

O saber a respeito da "necessidade" da revolução não dispensa a investigação científica das condições de sua possibilidade. A dependência da crítica em relação à ciência, às análises empíricas, históricas, sociológicas e econômicas, é tão imperativa que ela pode ser cientificamente e – no interior de uma teoria – apenas cientificamente refutada. Isso não significa

Jürgen Habermas

que ela possa também ser suficientemente comprovada de maneira científica. Posto que sejam preenchidas as condições de possibilidade de uma revolução em termos comprovadamente científicos, a própria revolução requer ainda uma apreensão resoluta de tal possibilidade, justamente a práxis estimulada, não determinada, pelo discernimento da necessidade prática da revolução. Marx faz uma distinção entre necessidade prática e teórica. Esta última caracteriza as categorias das transformações sociais que se impõem "objetivamente" por cima da cabeça dos homens e podem, com isso, ser calculadas e previstas "com a fidelidade das ciências naturais"; contrariamente, caracteriza uma outra categoria totalmente diferente de transformações sociais, que com vontade e consciência dos homens não se impõe "objetivamente" e podem, com isso, ser apenas previstas em suas condições objetivas de possibilidade.[55] Quando não se pensa se essa abordagem pode ser desenvolvida com pleno sentido a partir de uma dialética "materialista", a confusão entre necessidade prática e teórica se torna uma aporia. Nesse sentido, Popitz se pergunta pela necessidade de progressividade do desenvolvimento histórico: "Por que a humanidade não deve afundar mais profundamente; por que o nível humano não permanece o mesmo?".[56] E mais: "O proletariado é um fato que precisa determinar o desenvolvimento histórico. Mas por que mediante um levante revolucionário?". Desconsideran-

---

55 A distinção entre essas duas "necessidades", desenvolvida ainda conscientemente na *Sagrada família* e na *Ideologia alemã*, foi posteriormente obscurecida, principalmente no Prefácio ao primeiro volume de *O capital* e em seus parágrafos finais; não se deve desconsiderar a influência do Engels "materialista" em sentido metafísico.

56 Popitz, *Der entfremdete Mensch*, p.99.

Teoria e práxis

do o proletariado – que pode ser configurado como possível e talvez único portador da revolução na análise científica das condições de possibilidade, ou negado do mesmo modo –, a "necessidade" do progresso e da revolução não é uma necessidade teórica, mas sim prática. Caso contrário, a dialética histórica não seria nem histórica e nem também contingente, e a afirmação de que Marx teria pressuposto indiscutivelmente a lógica de Hegel na forma de um prólogo estaria correta. Diante de um tal pressuposto, todas as análises empíricas permaneceriam mero epílogo, privadas de sua verdadeira força de falsificação.

Consequências da apropriação filosófica

Da falsa identificação da dialética pretendida por Marx com a de Hegel resultam duas coisas. Vale dizer, a separação entre a "filosofia" e os "elementos científicos" do marxismo, de um lado; e, de outro, uma interpretação teológica dos aspectos residuais não absorvidos pela redução da crítica de Marx à filosofia hegeliana.

Dissociação dos chamados elementos filosóficos e científicos no marxismo (Schumpeter)

Iring Fetscher chama a atenção para uma observação crítica de uma tendência em que se deveria considerar tipicamente a tomada de posição de intérpretes soviéticos ortodoxos de Marx diante da interpretação "filosófica" de seus colegas ocidentais:

O redescobrimento do humanismo do jovem Marx [...] não casualmente se tornou a preocupação principal de um número não pequeno de intérpretes ocidentais de Marx. Se [...] o "verdadeiro Marx" tivesse de ser o Marx dos escritos de juventude, segue-se então obrigatoriamente uma desvalorização dos escritos posteriores e sua revisão tendo em vista o período filosófico-antropológico de juventude.[57]

Mas se também é ruim para os porta-vozes filosóficos do stalinismo colocarem entre aspas o humanismo original de sua própria doutrina, não deveríamos hesitar também em confirmar essa afirmação, pois quando não se compreende adequadamente nem o conceito de uma filosofia que configura sua consciência em termos de sua própria supressão nem a contingência de uma dialética histórica inspirada por ela, produz-se também uma avaliação incorreta da crítica marxista, que, ainda que preceda com sua problemática a toda investigação científica concreta, precisa remeter às análises empíricas para conhecer as condições de possibilidade daquilo a que aspira. Onde o nexo histórico-filosófico de Hegel e Marx levou à confusão entre ambos, ao menos no que concerne a seus procedimentos dialéticos, a relação clássica entre filosofia e ciência foi concebida como aquela entre fundamentação e fundamentado. O marxismo, interpretado como uma filosofia, poderia, portanto, ser decidido de maneira suficiente no nível filosófico e a discussão de seus elementos científicos ser separada dele.

É assim que, por exemplo, Popitz fala explicitamente de uma redução das categorias da economia política à antropologia. Metzke, por sua vez, remete ao âmbito originário e fundamental da ação humana a partir do qual seria concebido

---

57 Morf, no periódico *Deutsche Zeitschrift für Philosophie*, p.527 et seq.

inicialmente o fato econômico. Ele discute rapidamente como essa afirmação poderia ser entendida:

> A origem do poder do material consiste em última instância no fato de o próprio homem ser dominado pelo 'ter' e pelo 'querer ter' [...] Isso significava que a esse desmascaramento crítico da alienação não corresponde no próprio marxismo qualquer concepção antropológica positiva. Isso é um equívoco [...].[58]

Mas assim como Marx não derivou a propriedade privada da categoria do "querer ter", tampouco a anatomia da sociedade civil, que Marx desenvolveu na forma de uma crítica da economia política, representa qualquer coisa de semelhante a uma confirmação posterior de uma "concepção antropológica positiva". Pelo contrário, porque a filosofia sabe a si mesma *também* como expressão de uma sociedade que precisa ser criticada, a análise científica da sociedade não precisa ser fundamentada filosoficamente enquanto tal, *apenas seus resultados precisam ser criticamente interpretados*. Mas quando Landgrebe acredita poder entender de maneira suficiente as questões colocadas por Marx no nível filosófico, e não na qualidade de questões de economia política,[59] então ele está recortando metodologicamente de antemão o que também diz respeito ao "materialismo" da crítica marxista: a saber, uma relação peculiar, desconhecida para a teoria da ciência tradicional, entre filosofia e economia, entre crítica e ciências sociais. Ao modo de proceder dos

---

58 Metzke, Mensch und Geschichte im ursprünglichen Ansatz des Marxschen Denkens, *Marxismusstudien*, p.10.

59 Landgrebe, Über die Dialektik bei Hegel, Marx und Engels, p.39.

exegetas filosóficos do marxismo corresponde, aliás, o de seus exegetas científicos. Muito antes de a filosofia, desde o descobrimento dos *Manuscritos econômico-filosóficos*, ter submetido o marxismo completamente à historia da filosofia, descuidando de seus elementos "científicos", a economia e a sociologia, em sua polêmica com a crítica marxista da economia política, empreenderam a tarefa de traçar as fronteiras sob os pontos de vista das competências.

Oppenheimer contrapôs, assim, a economia política à economia pura, àquilo que hoje os economistas políticos geralmente entendem sob o título de "teoria pura" – isso "tem a ver com os problemas axiologicamente neutros de conexões ontológicas".[60] De modo semelhante, os sociólogos tentam embaraçosamente excluir os "elementos filosóficos" do marxismo de suas considerações. É assim que faz Schumpeter ao tratar Marx sucessivamente como "profeta", economista político e sociólogo.[61] Nas discussões mais atuais do marxismo,[62] essa separação entre elementos científicos e não científicos conduz, para além da consideração sempre histórica de Schumpeter, a uma construção formal de modelos exatamente na mesma dimensão de abstração objetivadora que deu ensejo para Marx afirmar que as relações sociais "são apresentadas como apreendidas por leis naturais eternas, independentes da história, o que dá a oportunidade para que as relações burguesas sejam consideradas como leis naturais indiscutíveis da sociedade *in abstrato*".[63]

---

60 Peter, Die politische Ökonomie bei Marx, p.24 et seq.

61 Schumpeter, *Kapitalismus, Sozialismus und Demokratie*, p.15 et seq.

62 Cf. Dahrendorf, *Klassen und Klassenkonflikt in der industriellen Gesellschaft*.

63 Cf. Marx em sua Introdução, de 1857, à *Contribuição à crítica da economia política*, de 1859.

Teoria e práxis

Uma segunda consequência da interpretação do marxismo como pura filosofia é a concepção teológica dos resíduos resultantes da redução filosófica e que apontam para além da filosofia enquanto tal.

Como já anuncia o subtítulo de seu estudo ("Zeitkritik und Geschichtsphilosophie des jungen Marx" – Crítica de época e filosofia da história no jovem Marx), Popitz se esforça em referir, tal como ele mesmo expressa, as fórmulas dialéticas ao núcleo irracional da crítica de época: "Os argumentos abstratos servem à fundamentação de uma fé obtida imediatamente e mediante a situação concreta".[64] E Popitz não deixa dúvidas sobre de que maneira pretende que essa "fé" seja compreendida especificamente a partir de categorias religiosas: "Para Marx, a única resposta era sua fé escatológica em que uma nova sociedade podia superar os perigos que, segundo via, ameaçavam o homem. A resposta era sua certeza da salvação do trabalho [...]".[65] O procedimento que mede a irracionalidade das relações vigentes a partir de sua ideia, o qual parte da necessidade prática da alienação para fixar de antemão o fim desatado de uma filosofia que não pode fundar a si mesma – um tal procedimento, no entanto, precisa parecer irracional e apreensível somente sob categorias religiosas onde a autossuperação da filosofia (no sentido indicado por Marx) de modo algum seja admitida primeiramente na reflexão. Para quem a dialética de Marx coincide com a de Hegel, precisa suspeitar da mistificação caso conclua ao final que a dialética histórica não dispõe justamente da lógica de um sujeito absoluto. Também

---

64 Popitz, *Der entfremdete Mensch*, p.104.

65 Ibid., p.165.

Landgrebe e Metzke polemizam contra a "exaltação da subjetividade moderna" na pretensão marxista de emancipação total, segundo a qual o homem teria de se inserir no processo de sua autorreprodução e se tornar ele mesmo matéria-prima do exercício ilimitado do poder: estaria excluído de uma vez por todas que algo indisponível se mostrasse. E ambos os autores se reúnem junto a Hommes na crítica do "Eros técnico" e sua consequência de que o que resta de superficial e filosoficamente não conceitual na filosofia *qua* pura filosofia – que, no entanto, desde o início o marxismo está atrelado – pode ser concebido somente como secularização de uma herança escatológica. Em seu conhecido estudo, Löwith faz da secularização a chave de interpretação do materialismo histórico em geral. Ele desenvolve este de maneira sistemática na qualidade de pseudomorfose do messianismo judaico-cristão.[66] Contudo, a interpretação teológica do marxismo, amplamente difundida hoje em dia, já foi proposta quando o discurso da metafísica no sentido da "subjetividade moderna" ainda não estava em moda. Essa interpretação foi em certo momento domínio de socialistas religiosos como Paul Tillich e Eduard Heimann, do lado protestante, e de Theodor Steinbüchel, do lado católico.

Considerada de maneira imparcial, é surpreendente a naturalidade com que se pretende evidente a redução da filosofia da história ao modelo da escatologia judaico-cristã,[67] pois a interpretação, por exemplo, do materialismo histórico como uma forma secularizada da religião redentora não diz ainda

---

66 Löwith, *Weltgeschichte und Heilgeschehen*, p.38 et seq.

67 Cf. a investigação de Tucker surgida nesse ínterim, *Philosophy and Myth in Karl Marx*.

nada enquanto não se compreender o próprio processo de secularização.[68] Em vez de se perguntar por esse resíduo não absorvido pela interpretação filosófica do marxismo e que induz, portanto, à interpretação teológica, o esforço do conceito é substituído pela ilusão de tê-lo compreendido. Trata-se da ilusão própria da história das ideias em sua forma mais eficaz, a saber, a que consiste em dar por compreendido tudo aquilo que em algum sentido possa ser recusado por uma razão ou por alguma outra forma de espírito de sentido análogo e que seja tão obscura quanto a primeira. Em nosso caso, trata-se daquilo que na dialética de Marx, por detrás da identificação de sua essência com a da dialética hegeliana, aponta mais além desta, conectando-se, como um elemento irracional e filosoficamente não resolvido, com os elementos igualmente irracionais dos modelos míticos ou religiosos. Com isso, supõe-se que da relação entre dois elementos não compreendidos por si mesmos surgirá, em todo caso, algo como um conceito. Empregada assim, a categoria de secularização adquire um sentido regressivo. Ela desfigura as questões em vez de desenvolvê-las; é o que ocorre, por exemplo, com a seguinte questão: se o que é deduzido na secularização não é talvez o que precisaria ser compreendido por si mesmo e o que já é deduzido não será aquilo que ainda requer uma dedução. O que aconteceria se a forma secularizada expressasse somente um mistério até agora oculto, sendo uma solução racional de um enigma que se tornou tabu? Assim, em todo caso, tal forma deveria apresentar por si mesma sua própria demonstração e não obteria nenhuma

---

68 Blumemberg, Sakularistion, Kritik einer Kategorie historischer Illegitimität, p.240 et seq.; do mesmo autor, *Die Legitimität der Neuzeit*.

vantagem de uma redução *per analogiam*, por mais plausível que fosse, ao encanto que ela justamente promete dissolver.

Interpretação teológica e cosmológica do "excedente" da teoria prática sobre a pura filosofia (os católicos de esquerda franceses; Ernst Bloch)

A interpretação "filosófica" do marxismo tem como consequência não apenas a separação entre elementos filosóficos e econômicos, não apenas a interpretação teológica do remanescente não esgotado, por assim dizer, em termos filosóficos, ela também determina ainda o fundamento no qual o marxismo, diferentemente do que ocorre no tratamento concernente à filosofia da história, pode ser apropriado parcialmente enquanto filosofia marxista. A primeira versão de tal apropriação apela de maneira apologética à interpretação teológica do marxismo sob o aspecto da secularização. Para ela, o marxismo vale como o legítimo administrador dos sacramentos; todas as suas categorias mantêm sua força, tornando-se visíveis apenas para o significado da história da salvação no marco da revelação cristã. O marxismo se torna ambíguo. Uma transcendência religiosa do sentido imanente dessa doutrina, ao que parece, permite uma montagem feita pela junção de cristianismo e marxismo, a qual encontramos representada na França de Maudouze e Duserre e difundida nos círculos dos padres-trabalhadores.

Esses chamados *chrétiens communisants* [cristãos comunistas] se organizaram principalmente na Itália, em 1948. Iring Fetscher resume bem seu programa em quatro pontos: a) o capitalismo é o único mal fundamental da sociedade presente; b) segundo sua essência, o marxismo não é ateu; c) a Igreja,

Teoria e práxis

em sua constituição social presente, é parte do mundo capitalista; d) o comunismo corresponde ao sentido da história; um cristão não pode, por isso, ser anticomunista sem reforçar ainda mais o entrelaçamento desesperançoso entre Igreja e mundo capitalista.[69] A maneira com que esses católicos aceitam elementos doutrinais ortodoxos do materialismo histórico e, ao mesmo tempo, despem seu sentido "do lado de cá", foi esclarecido pelas considerações finais de uma conferência de Jean Lacroix:

> Se a contradição é a verdadeira força motriz do progresso, como se pode admitir uma humanidade na Terra da qual aquela tivesse desaparecido? Uma filosofia da intuição pura, do Sim integral, seria uma filosofia da eternidade; uma filosofia dialética é uma filosofia que reconhece o Não como imanente ao Sim, uma filosofia da temporalidade. Considerados dialeticamente, tempo e história são conceitos idênticos [...] É indiscutível a tarefa positiva da humanidade aqui na Terra de lutar contra sua autoalienação. Mas o que seria da humanidade no dia em que essa luta tivesse cessado [...] como se pode apresentar um ideal que é abertamente transistórico como se fosse um ideal imanente à história? [...] Sem desconsiderar a fecunda e impressionante grandeza do homem novo que o marxismo modela e a cuja aceitação temos nos inclinado para compreendê-lo, amá-lo e, talvez, realizá-lo em sua verdadeira intenção, temos o direito de, no âmbito das decisões supremas, opor-lhe uma experiência – a experiência do sacramento.[70]

---

69 Fetscher, no periódico *Marxismusstudien*, v.1, p.199.
70 Lacroix, Der Marxistische Mensch, p.40 et seq.

A segunda versão da apropriação parcial do marxismo procura alcançar não teologicamente, mas sim de maneira gnóstico-especulativa os elementos que não foram dissolvidos pela redução filosófica. Sua função é a mesma que no caso da apologia teológica: também aqui as categorias marxistas mantêm sua força, mas elas apenas se tornam transparentes com base em seu significado metafísico no marco de uma cosmologia especulativa. Da mesma maneira que lá estão à disposição os elementos para a montagem entre cristianismo e marxismo, aqui a montagem é composta da junção do marxismo com a filosofia da natureza: "Não há consequentemente nenhuma nova antropologia marxista sem uma nova cosmologia marxista".[71] Não é casual que *Bloch* desenvolva essa tese recorrendo às formulações apresentadas pelo jovem Schelling[72] quando este uniu pela primeira vez sua filosofia da natureza com a filosofia transcendental, tal como lhe foi legado pela *Wissenschaftslehre* [Doutrina da ciência] de Fichte. A questão que preocupa Bloch é a seguinte: se o sentido "situado no começo" da história, o estabelecimento do reino da liberdade em geral, é possível sem o sentido fundamentador de uma história da natureza que abranja a história humana. "Abrangente", pois Bloch se volta (de modo não explícito, é verdade) contra a solução idealista de Schelling, segundo o qual a "Ilíada da natureza" chegou ao seu fim e retornou à sua pátria na humana "Odisseia do espírito".

A solução "materialista", contrariamente, toma como seu ponto de partida a questão de uma, como se diz, estrutura elástica

---

71 Bloch, *Differenzierungen im Begriff Fortschrift*, p.42.

72 Cf. minha investigação sobre Ernst Bloch em: Ein marxistischer Schelling, p.147 et seq.

do tempo na história, que pode ser pensada em analogia com o espaço tetradimensional de Riemann. Bloch se empenha em obter um conceito não rígido de tempo para, de início, vencer as aporias de um progresso concebido de modo não dialético.

Assim como a diferente distribuição e movimento da matéria no universo torna indispensável a métrica variável da teoria da relatividade, que diverge da teoria euclidiana, também se deve, por seu turno, introduzir na meta-história do materialismo histórico uma métrica variável dos tempos, regida pela correspondente distribuição e metas da matéria histórica. A coordenação do progresso das distintas culturas exige já uma espécie de "complemento espacial na linha temporal da história". Exatamente como os matizes específicos das diferentes épocas não devem ser concebidos unicamente segundo distinções cronométricas, mas antes na qualidade de diferenças de densidade no sentido do tempo. E isso vale ainda mais para a relação entre os milhões de anos pré-históricos com os poucos milênios da história da cultura desde a Idade da Pedra:

> Se existe tempo apenas ali onde algo acontece, o que dizer onde pouca coisa acontece e de forma terrivelmente lenta? Ou então assistimos à continuação de uma "história" rica em acontecimentos constituída por uma série absolutamente idêntica a ela mesma, que não conta com nada além dela mesma e no interior da qual quase nada se transforma?.[73]

A distinção de Nicolai Hartmann entre dimensão e extensão se declarava inválida no que concerne à categoria de tempo.

---

73 Bloch, *Differenzierungen im Begriff Fortschrift*, p.34.

De outro lado, parece inadmissível preordenar o tempo inflacionário da história da natureza como se o tempo vazio das coisas inanimadas equivalesse ao tempo do dinheiro da história da cultura, como se o primeiro certamente fosse circular em seu movimento, mas substancialmente acabado, e apenas o segundo avançasse linearmente e fosse substancialmente inconcluso. "Não há, evidentemente, a relação incessante do homem com o homem *e com* a natureza: tanto a relação com as matérias-primas, com as forças naturais e suas leis, como também a relação estética, com todos os problemas do belo natural e dos mitos que desde o início surgem dela?".[74] Essa dupla relação com a natureza já foi metodologicamente desenvolvida a seu modo nas atitudes de Newton e Goethe. Consequentemente, e com isso é formulada a conclusão decisiva,

> a gigantesca construção da natureza existe como um cenário em que ainda não foi representada a peça que lhe é adequada da história humana, ainda que o ser e a consciência humanamente históricos já apareçam como os olhos despertos de todo o ser natural. Um ser natural que não apenas precede nossa história e lhe serve de suporte, mas que, na maior parte das vezes e de modo duradouro, a circunda como uma história que, formal e substancialmente, dificilmente é mediada com o tempo histórico.

Se interpretamos o breve tratado sobre o conceito de progresso como um comentário à obra principal que apareceu um pouco antes,[75] sobretudo ao capítulo 19 do primeiro volume,

---

74 Ibid., p.38.
75 Id., *Das Prinzip Hoffnung*.

considerado central, a exigência de uma "cosmologia marxista" por parte de Bloch resulta ser uma simples consequência da interpretação "filosófica" do marxismo. A fórmula da naturalização dos homens e da humanização da natureza se torna central para Bloch: não há qualquer revolução da sociedade sem ressurreição da natureza. Assim como no misticismo cabalístico de Isaac Luria, em que os temas, pela intermediação de Oetinger, reencontram-se em Schelling e se integram à filosofia "oficial", aqui a natureza se torna, na mesma medida que a humanidade, o elemento catastrófico e a promessa redentora de uma história da salvação, cujas idades cósmicas designam a queda e o progresso do "mundo" em seu sentido total, no sentido do universo, do cosmos, da *natura*. A história da humanidade se torna um pedaço da história da natureza.[76]

Também onde o marxismo é interpretado não sob o ponto de vista da autossupressão da filosofia e de sua realização pela práxis, mas "sob os pressupostos da filosofia existente até então", ele pode ser apropriado enquanto marxismo; mas pelo preço de uma interpretação escatológica do momento que não ultrapassa aquela interpretação filosófica: esse excedente irracional pode ser interpretado de maneira teológica no marco de uma história da salvação da humanidade, e pode ser interpretado de maneira cosmológica no marco de uma história da salvação do universo. Ao lado das duas soluções desse tipo resta ainda a possibilidade de reservar para um âmbito de "decisões" não mais racionalmente fundantes o que no marxismo

---

76 A "natureza" desse naturalismo cosmológico está separada por um abismo da "matéria" do Diamat. Cf., sobre isso, Schmidt, *Der Begriff der Natur in der Lehre Von Karl Marx*.

ultrapassa a pura filosofia e, ao mesmo tempo, interpretá-lo "eticamente". Com isso, o marxismo, no entanto, perde sua dimensão própria, concernente à filosofia da história, e se torna uma antropologia da revolução.

A incursão existencialista no marxismo

Redução do marxismo a uma antropologia da revolução (Sartre)

Sartre sabe, juntamente com Marx, que a filosofia não pretende se somar ao esforço revolucionário, antes ser parte desse próprio esforço.[77] Mas, diferentemente de Marx, Sartre concebe tal aspecto decisivo em termos imanentes à própria filosofia, chegando mesmo a identificar filosofia e revolução: a filosofia, na qualidade de realização da liberdade, já é propriamente revolução e explicação teórica desta de uma só vez. E, inversamente, também o primeiro ato revolucionário ("no projeto originário do trabalhador que ingressa no partido revolucionário") já vale a título de ato filosófico, pois todo projeto (*projet*) de transformar o mundo é inseparável de uma concepção em que esse próprio mundo se manifesta da perspectiva de sua transformação.[78] Essa divergência insignificante, que consiste em conceber a filosofia não como prólogo da

---

77 Sartre, *Materialismus und Revolution*. Também publicado em Sartre, *Situationen*, p.247 et seq. No entanto, Sartre revisou seu ponto de partida "antropológico" ao aceitar motivos hegelianos; cf. *Critique de la raison dialectique*; cf. também a tradução das interessantes *Questions de méthode* sob o título *Marxismus und Existentialismus*.

78 Sartre, *Materialismus und Revolution*, p.59 et seq.

praxis revolucionária, mas idêntica a ela, está na base da discrepância, plena de consequências, entre o marxismo e a interpretação sartreana deste. O esforço teórico de Marx se dirige tanto a analisar em termos histórico-sociológicos as condições de possibilidade da práxis revolucionária quanto a deduzir em termos histórico-filosóficos o conceito de sociedade vigente a partir de suas contradições, conceito que encerra, ao mesmo tempo, o padrão de sua crítica e a ideia da atividade crítico-prática. Em contrapartida, Sartre faz da revolução o fetiche de um ato filosófico em si. Na medida em que a filosofia não se reabsorve completamente no "ato" de realização, ela desaparece na formulação propriamente prática desse mesmo ato: "O esforço do filósofo revolucionário consistirá, pois, em liberar e explicitar os grandes temas diretores da atitude revolucionária".[79]

A identificação entre filosofia e revolução conduz a uma autofundamentação da filosofia na qualidade de uma antropologia da revolução. A filosofia se funda e se desdobra na determinação do ato em que ela é realizada como liberdade, vale dizer, na forma da revolução. A filosofia revolucionária ultrapassa a cada momento uma situação existente e, ao mesmo tempo, esclarece a possibilidade desse ultrapassar enquanto possibilidade da existência em geral:

> Se a revolução deve ser possível, então o homem deve ter a contingência do fato e, mediante seu poder prático, preparar antecipadamente o futuro para que este seja diferente dos fatos e, por conseguinte, mediante a capacidade de superar o presente,

---

79 Ibid., p.60.

Jürgen Habermas

descolar-se de sua situação [...] E já que ele [o revolucionário] é um homem e realiza uma obra dos homens, é preciso atribuir a *toda atividade humana* esse poder de descolamento.[80]

Nessa filosofia da revolução, não se trata da revolução concreta de uma sociedade determinada da perspectiva de uma libertação determinada — trata-se antes daquilo que *em todas* as revoluções determinadas *sempre se repete*: da transcendência enquanto traço fundamental da existência humana. Por isso, ela pode abstrair da história mundial e ditar abstratamente a fórmula de cada uma das revoluções possíveis: que a existência humana é contingente e não pode ser justificada apelando-se a alguma providência; que, consequentemente, toda ordem alcançada pelo homem pode ser ultrapassada por outras ordens; que um sistema de normas válido em uma sociedade reflete a lei de construção dessa sociedade e aspira a conservá--la; e que, finalmente, esse sistema de normas pode ser transgredido em direção a outro sistema de normas *encontrado*, o qual, por sua vez, será novamente expressão da nova sociedade, a sociedade revolucionada. A própria revolução denota, juntamente com suas condições, a estrutura formal da verdadeira existência. Nela, o homem se confirma como um ser livre, mas não como se o estado revolucionado já pudesse permitir se viver em liberdade. A revolução não obtém nada. Ela é a liberdade sem consequências que sempre volta a se afundar em si mesma. A fórmula geral da filosofia revolucionária — "há uma espécie humana, um fenômeno injustificável e contingente; pelas circunstâncias de seu desenvolvimento, ela foi lançada

---

80 Ibid., p.103.

Teoria e práxis

de algum modo para fora de seu equilíbrio interior; é, assim, tarefa do revolucionário deixar que ela encontre um equilíbrio mais racional para além de seu estado atual"[81] — não manifesta apenas que a revolução, quando suas condições "existenciais" ocorrem, pode se realizar independentemente de tendências históricas concretas e do conceito dessas tendências. Ela precisa não apenas concluir que o critério do "equilíbrio racional" é fixado de modo convencional e que não pode ser deduzido nem da análise de uma situação histórica determinada nem da situação em geral, da *condition humaine* [condição humana]. Ela também exige, pelo contrário, que toda revolução desejada estabeleça e consuma de novo o equilíbrio destruído e que precisa ser restaurado a título de esquema de autointerpretação sem de fato contribuir de maneira duradoura para a produção de uma ordem considerada racional. Pois, enquanto liberdade existente, a revolução esgota em si mesma seu sentido (uma resistência na permanência), e com efeito o mantém apenas sob o pressuposto de que "o pluralismo das liberdades erigidas umas contra as outras", e que buscam se reificar mutuamente, é "absoluto e insuperável".[82] A ideia de uma sociedade libertada é rebaixada à má utopia por se pretender a própria libertação; ela chegou mesmo a ser rebaixada a mito, no sentido estrito de um Sorel, quando Sartre quis desmascarar o stalinismo.

Não demorou para que a oposição entre a dialética anistórica de *O ser e o nada* de Sartre e a dialética histórica marxiana das forças produtivas e relações de produção chamasse a

---

81 Ibid., p.69.
82 Ibid., p.101.

atenção de seus críticos.[83] Partindo dessa constatação crítica, Merleau-Ponty empreende a tentativa de ultrapassar a dialética sartreana do "indivíduo solitário" em direção a uma dialética entre sociedade e história. Ele se aproxima, assim, diferentemente de todos os outros intérpretes "filosóficos", do limiar em que é possível abordar seriamente o problema específico apresentado pelo marxismo. *Trata-se do problema de uma filosofia da história assegurada empiricamente e, ao mesmo tempo, de uma teoria da sociedade na forma de uma filosofia "última" em geral.*

A objeção de Merleau-Ponty a Sartre afirma o seguinte: *"Il y a des hommes et des choses, et rien entre eux que des scories de la conscience"*.[84] Sartre não pôde apreender a objetividade das relações sociais, aquele *milieu miste, ni choses ni personnes* [meio misto, nem coisas e nem pessoas]; Merleau-Ponty descobre esse âmbito ao abrir-se novamente do *solitaire cartésien* [cartesiano solitário] à *co-existence* [coexistência]. Com isso, ele obtém uma posição a partir da qual pode criticar a transcendência solitária da filosofia da revolução, que se satisfaz apenas com uma filosofia revolucionária, a título de uma insondável *création continuée* [criação continuada], um *fiat magique* [passe de mágica] histórico, e revelar também a *liberté engagée* [liberdade engajada] de Sartre como se fosse algo "engajado" apenas na aparência.

---

83 Cf. Aron, Existentialisme et marxisme. Id., *L'opium des intellectuels*. Do ponto de vista da ortodoxia soviética, Lukács (em *Existentialismus oder Marxismus*) dirige contra Sartre a objeção de "idealismo subjetivo".

84 Merleau-Ponty, *Les aventures de la dialectique*, p.186, nota; em alemão, *Die Abenteuer der Dialektik*. [Trad.: "Existem homens e coisas, e nada entre eles senão as escórias da consciência". – N. T.]. Cf., sobre toda esta seção, o estudo notável de Meyer, Maurice Merleau-Ponty und das Schicksal des französichen Existentialismus, p.1 et seq.

O engajamento, fetichizado como um fim autoposto, esgota-se em uma série indeterminada de atos tão logo a subjetividade e os próprios sujeitos concretos, que se constituem nessa série, não forem ao mesmo tempo compreendidos e deduzidos em sua origem social e histórica. No entanto, o que nos interessa nessa passagem é unicamente o modo como a filosofia existencialista da revolução se transforma em uma teoria marxista que repete peculiarmente o jovem Marx à medida que, mediante Merleau-Ponty e em oposição a Sartre, reconquista a dimensão da filosofia da história.

Reconstrução do marxismo como uma filosofia da história com propósito prático (Merleau-Ponty)

Para *Merleau-Ponty*, a essência do marxismo apresenta-se na ideia de que a história possui um sentido; contudo, só o "possui" quando os próprios homens o produzem. Consequentemente, o sentido da história é tão contingente quanto ela mesma. *"L'histoire ne travaille pas sur un modèle, elle est justement l'avènement du sens"*.[85] O sentido da história não é determinado de antemão pela lógica de um sujeito absoluto na história, o qual, no entanto, não se desenvolve historicamente, mas sim unicamente pelos homens, que ou o apreendem e o realizam ou malogram e assim fracassam.

Se a *intersubjectivité authentique* [intersubjetividade autêntica], aquela autoconsciência universal de Hegel que foi traduzida

---

85 Merleau-Ponty, Merleau-Ponty, *Les aventures de la dialectique*, p.27. [Trad.: "A história não trabalha sobre um modelo, ela é justamente o advento do sentido". – N. T.]

por Kojève em termos "materialistas", "o saber afirmativo de si mesmo em um outro si", só pode ser alcançado com a vontade e a consciência dos homens, sem passar cegamente por cima de suas cabeças, então de fato a contingência da história não é uma falha de sua lógica, mas sua condição. A lógica da história permanece sem "garantia metafísica", ela é antes confirmada com base no comportamento dos homens, com base em sua razão. Nesses termos, "razão" já não é a verdade enquanto tal, mas o método pretendido pela *vérité à faire* [verdade a ser comprovada]. A verdade que precisa ser produzida, com efeito, não é imanente à razão filosofante; razão e verdade precisam antes da mediação da práxis. A razão se reflete historicamente em um *medium* que lhe é estranho.

Merleau-Ponty faz do princípio de Marx, *la seule manière de réaliser la philosophie est de la détruire*,* o fundamento de sua própria filosofia. Se a lógica da história, condição de toda possível filosofia da história, permanece sem qualquer garantia metafísica, a própria filosofia da história não pode mais ser filosófica; ela se torna, pelo contrário, prólogo crítico de uma práxis para a qual entrega totalmente o seu próprio logos juntamente com a lógica da história. Tal é o sentido experimental do *marxisme sans illusions tout experimental* [marxismo sem ilusão totalmente experimental] representado por Merleau-Ponty. Com esse sentido, ele liquida a concepção teológica da história. A filosofia experimental da história não persegue mais um sentido oculto; ela o resgata à medida que o produz. De maneira rigorosa, não "há" um sentido, mas uma eliminação progressiva de sem sentido. Que o experimento, a revolução, tenha êxito, e inclusive que

---

* Trad.: "A única maneira de realisar a filosofia é destruí-la". (N. T.)

venha seriamente a se realizar, é algo contingente: *"L'événement révolutionnaire reste contingent, la date da la révolution n'est inscrite nulle part, dans auncun ciel métaphysique* [...]".[86]

Após Merleau-Ponty ter resgatado a revolução das alturas do *fiat magique* sartreano para a terra, para uma situação historicamente determinada de uma sociedade concreta, surpreende que a *rationalité engagée* permaneça presa à afirmação formal da *vérité à faire*. Certamente, a razão é pensada em relação com sua verdade, que, embora não seja a "sua" no sentido da filosofia transcendental, também não o é em relação com as ciências, as únicas que podem fazer afirmações seguras sobre as condições reais da revolução.

Junto à determinação da relação entre filosofia e práxis continua faltando – assim como em Marx – a determinação da relação entre filosofia e ciência. No momento em que Merleau-Ponty deve apresentar algo sobre as condições de possibilidade da revolução, acaba caindo na ortodoxia.

Ele supõe tão somente a dedução do jovem Marx: já que o proletariado representa a *condition humaine* [condição humana] por excelência, segue-se que ele realmente antecipa a verdade que precisa ser ressaltada, e segue-se também que ele a reclama e está em condição de realizá-la na revolução proletária de maneira prática. O proletariado tem uma *"mission non providentielle mais historique, et cela veut dire que le prolétariat, à considerer son role dans la constellation historique donné, va vers uma reconnaissence de l'homme*

---

86 Merleau-Ponty, *Sens et non-Sens*, p.163 apud Meyer, Maurice Merleau-Ponty und das Schicksal des französichen Existentialismus, p.155. [Trad.: "O acontecimento revolucionário não está inscrito em parte alguma, em nenhum céu metafísico". – N. T.]

par l'homme".[87] Sublinha-se aqui, certamente, a contingência da *mission*, a diferença entre uma missão providencial e uma histórica, entre uma tarefa com e uma sem garantia metafísica, mas em nenhum momento a dedução dessa missão proletária e da, como se diz, constelação histórica é realmente feita; em nenhum momento a qualificação do proletariado na qualidade de portador da revolução é – e como poderia ser de outro modo? – empiricamente demonstrada.

Parece-nos que Merleau-Ponty não pode determinar de maneira satisfatória o valor posicional independentemente das análises científicas no marco de uma crítica filosófica relacionada à práxis porque sua doutrina, ao final, não pode ser separada dos "pressupostos da filosofia existente até então", sobretudo de seu pressuposto cardinal, segundo o qual a filosofia deveria poder fundamentar a si mesma, pois sua tentativa de compreender o sentido da história como uma *vérité à faire* termina no esforço de fundamentar, nos termos de uma ontologia transcendental, a *gênese de la raison* [gênese da razão] na forma da gênese de sentido típica de Husserl. Entretanto, assim como a álgebra da história deve ser simultaneamente descoberta e fundamentada no curso de uma álgebra da historicidade (é irrelevante nesse contexto saber se isso ocorre tal como procede o jovem Heidegger ou o velho Husserl), mais uma vez um sentido é prescrito à história se não a partir da lógica do sujeito absoluto ao menos a partir da subjetividade do sujeito finito que, ainda que esteja *na* história, constitui-se também *por cima* dela.

---

87 Merleau-Ponty, *Humanisme et terreur*, p.120. [Trad.: "missão não providencial, mas histórica, o que significa que o proletariado, ao considerar seu papel na constelação histórica dada, dirige-se ao reconhecimento do homem pelo homem". – N. T.]

Teoria e práxis

O sentido constituído com a historicidade da existência humana, cuja gênese pode ser apreendida fenomenológica ou existencialmente, tem algo a ver com o próprio sentido da história real sob o pressuposto de que a história, de acordo com sua essência, é a história de um espírito ou de um sentido que se assenta primariamente na filosofia e se comunica por meio dela na época. A exegese do sentido histórico é reduzida à exegese do sentido dos textos e das condições transcendentais de possibilidade de sua compreensão. A filosofia da história logo se torna uma filosofia ontológico-fundamental — e cai assim nas aporias de toda ontologia da história. Se a filosofia não estiver subordinada *a priori* aos fins da autofundamentação da filosofia essencialmente como uma história "interna", uma história da filosofia e do espírito, ao menos do espírito da linguagem,[88] uma análise transcendental nunca alcançaria o sentido de um processo histórico real, indiferentemente de se a gênese do sentido foi obtida a título de constituição da consciência ou da existência.

Uma análise da questão pelo sentido só poderá adentrar a dimensão do sentido da história se essa questão for apreendida a partir da situação social determinada, constituída historicamente, na qual aquela emerge ou desaparece.[89] O quanto podemos ver, Merleau-Ponty malogra na contradição interna de sua doutrina, que desenvolve a consciência a partir da

---

88 A história do ser não significa outra coisa, na medida em que o ser aparece em cada caso vinculado a uma recordação dele, e inclusive na morada "iluminada linguisticamente na poesia e no pensamento".

89 Em relação à tese de que o sentido da história, inclusive no que concerne ao acontecer ôntico, só pode ser concebido ontologicamente, cf. a seguir minha alusão a Heidegger.

contingência do sentido histórico na qualidade de uma *vérité à faire*, mas simultaneamente também pretende fundamentá-la do ponto de vista transcendental. Enquanto ele volta a se perguntar em termos transcendentais pelas condições de possibilidade do sentido, esquece que tal sentido precisa ser antes produzido de modo prático, precisa ser "resgatado"; que, portanto, precisa perguntar pelas condições de possibilidade dessa práxis – mais precisamente, em termos histórico-sociológicos – caso, de algum modo, o sentido da história em geral possa ser "fundamentado".

Que o próprio Merleau-Ponty, que como nenhum outro dos exegetas filosóficos se aproxima das intenções "práticas" do marxismo, ao final também malogre, traz à tona novamente a dificuldade central da interpretação. Para dar conta das regras da crítica filosófica, tal interpretação, por um lado, tem de se ater a um procedimento imanente, a saber: compreender uma doutrina com base em seus próprios pressupostos para ir mais além dela caso as contradições assim o exigirem. Por outro lado, torna-se muito difícil para uma crítica preocupada com a imanência esse tipo de entrada porque o marxismo combate justamente pressupostos essenciais da interpretação filosófica enquanto tais, pressupostos que esta geralmente compartilha com seu objeto: a saber, que a verdade só possa valer se tiver sido fundamentada na autocerteza da filosofia.

Contudo, há uma saída para esse dilema. É possível traduzir a pretensão do marxismo de ser ao mesmo tempo teoria da sociedade e da transformação desta sociedade em uma problemática equivalente própria da filosofia acadêmica para finalmente comprovar: se o marxismo se mostra mais apto do que outras teorias para responder a essa problemática. Se há algum sentido em falar em tal tradução, então a pretensão do marxismo seria a seguinte: ele poderia indicar as condições de possibilidade de uma filosofia da história comprovável empiricamente – e ele mesmo apresentar uma filosofia da história desse tipo. Isso, no mais tardar desde Vico, é um problema sistemático da filosofia. Mesmo que o marxismo demonstrasse sucesso ao enfrentar esse problema, a exigência legítima de uma crítica filosófica se encontra no dilema de não querer proceder de maneira transcendental e, no entanto, não poder proceder até o fim de maneira imanente.

As respostas típicas à questão pelo sentido da história e a resposta do materialismo histórico

De início, precisamos relembrar rapidamente as cinco tentativas de solução típicas para o problema de uma filosofia da história.[90] O "sentido da história", que permite uma interpretação de seu curso desde as origens até o presente tendo em vista um fim, é garantido na doutrina cristã e nas filosofias da história vinculadas a ela, desde os pais da Igreja até Joachim von Floris e Bossuet, passando por um plano de salvação revelado. O deus cristão, ao mesmo tempo na e por sobre a história, é capaz de revelação porque ele mesmo faz o que prediz: *intellectus arquetypus*. Esse tipo de interpretação teológica da história, em geral, não precisa de uma interpretação empírica tendo em vista a garantia querigmática; onde a história universal é exposta em

---

90 Somos obrigados aqui a uma redução quase inadmissível da reconstrução.

dados individuais, ela se serve antes de uma ilustração do que de uma demonstração.

Isso se modifica quando uma interpretação especulativa da história, que começa com Vico, é assumida por Herder e Schiller, Fichte e Schelling, e culmina com Hegel, altera os motivos teológicos. Ela traduz a providência divina em termos de um "propósito natural" da humanidade, os insondáveis conselhos do *Deus absconditus* na lógica do sujeito absoluto acessível de maneira transcendental. O "plano" da história é deduzido da lógica do sujeito que se realiza nela e forma sua autoconsciência na filosofia (hegeliana) desenvolvida a partir de então. A dedução especulativa exige naturalmente ausência de contradição não apenas em si mesma, mas também na confrontação com o curso factual da história: mas ela também não necessita de uma garantia empírica em sentido estrito, mas apenas uma concordância posterior com o que é o caso. Em vez da história universal narrada com fins de ilustração, surge a história universal construída com fins de confirmação.

Kant procedeu de outro modo. A separação (e nunca uma vinculação esclarecida corretamente) entre razão teórica e prática o levou a separar meticulosamente a *ratio* da consideração científica e a práxis do agir ético também em relação à história. Ele obteve das experiências morais a fé no sentido da história; e das máximas da razão prática, a convicção de que à história subjaz a ideia da realização da razão; expresso de outro modo: que a sociedade cosmopolita (o Reino de Deus na Terra) é a destinação da humanidade. De outra parte, os limites da razão teórica nos impede de poder saber realmente (isto é, integralmente) aquilo que consideramos possível enquanto propósito natural. Consequentemente, as construções do curso da história permanecem hipotéticas e os projetos das possibilidades institucionais e das máximas válidas são mantidos de um ponto de vista prático sob as ideias de sociedade cosmopolita e de paz perpétua. A origem da história só pode ser conjecturada a título de hipótese, e seu fim somente projetado enquanto ideia. O curso factual da história mundial não pode de modo algum nos fornecer experiências a partir das quais obrigatoriamente seria possível deduzir o modo como temos de agir. A razão (prática) conhece por si mesma aquilo que deve ocorrer; uma confirmação empírica, mesmo uma prova, não é somente desnecessária, mas absolutamente impossível.[91]

Da mesma maneira que Kant, também a moderna filosofia pragmática da história recusa a possibilidade de alcançar a lógica da razão absoluta e, com isso, o plano da história mundial mediante uma reflexão transcendental da razão finita. Mas enquanto aquele remete a ciência à hipótese e a filosofia da história às ideias práticas, a outra promete provas indutivas. No modelo de Spengler e Toynbee, o material expandido da história universal deve revelar por si mesmo suas leis ao juízo "sem pressupostos" do historiador. Aqui, atribui-se finalmente à experiência, pressupondo sua força demonstrativa, todo o peso da demonstração. Os processos factuais — de acordo com a intenção — não servem para a ilustração, tampouco para a construção, mas têm antes de mostrar o que se conclui a cada vez a partir deles. Pois, de acordo com seu próprio sentido, nenhum projeto apriorístico antecede essas conclusões. Exatamente nesse aspecto, a filosofia pragmática da história encontra seus limites: suas categorias aparentemente sem pressupostos, com

---

91 Jaspers, *Die großen Philosophen*, p.534 et seq.

a ajuda das quais ela separa uma época de outra, uma cultura de outra, uma sociedade de outra, ascensão e queda, implicam pressupostos acríticos do tipo que ela justamente recusa e dos quais uma teoria especulativa sempre se dá conta quando não pode fundamentá-los.

A interpretação concernente à história do ser, por fim, parece satisfazer as exigências tanto da crítica filosófica quanto do controle empírico em ter de abdicar completamente das promessas da filosofia teológica ou especulativa da história. A história do ser, que precede a história ôntica e a determina em segredo, funda-se, de um lado, na explicação transcendental das condições existenciais de possibilidade da história em geral, da historicidade do homem; e, de outro, desenvolve-se com base na interpretação daqueles textos em que o ser, como se diz, se põe em obra. É conhecido que os textos dos pré-socráticos, os da filosofia oficial de Platão a Hegel, assim como, finalmente, os textos de Hölderlin, Nietzsche, Rilke e Trakl serviram a Heidegger como fundamento de um pensar reverencial, que, voltando-se ao sentido hegeliano de experiência, de certo modo persegue "empiricamente" o destino do ser e de seu esquecimento. E uma filosofia da história se segue dessa história da filosofia porque o estágio do ser, que suas testemunhas caracterizam, determina o destino de toda uma época: da mesma maneira que o ser se põem em obra, assim vivem os homens, assim fazem política, assim conduzem guerras, assim também, sobretudo, operam a ciência e a técnica. O "sentido da história" é fundamentado de modo transcendental e, ao mesmo tempo, obtido na qualidade de experiência.

Entretanto, nem essa experiência é empiria em sentido científico, ou mesmo se refere a algum tipo análogo de empiria;

nem a fundamentação transcendental do sentido assim "experienciado" permite a determinação desse sentido como algo contingente. A contingência histórica exclui um apelo à historicidade "do" homem que preceda toda a história e a fundamente antes de tudo. A estrutura ontológica, a constituição existencial do "mundo", foi pensada daqui em diante a partir do próprio ser e historicizada no âmbito da história do ser. Com isso, o pensar concernente à filosofia da história perde seu controle, pois o que deveria significar ainda a história, fundamentada anteriormente na historicidade do homem, quando ela se resolve no destino, em uma história de ordem superior? E onde a concepção dessa meta-história encontra seu critério vinculante depois que a experiência científica em primeiro lugar e em seguida também a análise filosófico-transcendental foram anuladas em favor de uma "recordação" que não pode mais certificar-se de si mesma, mas apenas apelar à qualificação dos grandes indivíduos? Se devemos levar a sério ambas as coisas, tanto a contingência histórica do "sentido" como também o controle empírico de sua determinação, a aporia em que é conduzida a filosofia da história graças a uma ontologia da historicidade do homem só pode ser evitada mediante uma outra "virada"; a saber, o conhecimento do "materialismo" à medida que as próprias estruturas existenciais analisadas de maneira transcendental são determinadas por processos históricos reais, em vez de simplesmente precedê-lo. Também a historicidade é produto da própria história, mais precisamente da história real que em Kant foi relegada ao âmbito do fenômeno, em Hegel ao do particular e em Heidegger ao do ser, com a intenção de que ela necessitasse de fundamentação por meio da filosofia. O que há de mais externo permanece uma história das categorias ou de aspectos existenciais, uma história de segunda ordem. Em Hegel, ela não constitui história em sentido autêntico porque apenas no tempo ela desdobra o que já há muito está reunido em uma conexão sistemática das categorias; em Heidegger, ela significa mesmo história, ou ao menos um acontecer contingente, mas permanece inacessível à ciência e à filosofia crítica e, em última instância, não se distingue obrigatoriamente de quimera.[92] Ora, o que a interpretação da história do ser promete pode ser realmente efetuado pela interpretação histórico-materialista; ela pode resgatar, não em uma perspectiva eclesiástica, elementos de cada uma das tentativas típicas da filosofia da história e oferecer uma resposta convincente à questão das condições de possibilidade de uma filosofia da história empiricamente controlável?

O sentido da história é determinado do ponto de vista de seu futuro possível. Assim como Vico, e Hegel depois dele, a cognocibilidade do curso da história universal precisa ser fundamentada com o argumento de que nós mesmos fizemos e produzimos a história, ainda que com este mesmo argumento Kant rejeitasse exatamente a previsibilidade da história. Pois ela só seria possível "se o adivinho fizesse e ordenasse os próprios acontecimentos que ele anunciou antecipadamente". Segue-se que Kant e Marx concordam no seguinte: se a humanidade na qualidade de espécie não faz sua história com vontade e

---

92 Eu teria de tratar com mais detalhe o tipo de conhecimento próprio da "recordação", em que o ser e a história do ser devem se manifestar. É suficiente marcar aqui que ele é retirado dos critérios da crítica transcendental e empírica.

consciência, o sentido da história não pode ser determinado a partir da pura teoria; ele precisa, pelo contrário, ser fundamentado pela razão prática. Enquanto, para Kant, a razão prática produz apenas ideias reguladoras para a ação ética de cada indivíduo, e, por conseguinte, o sentido da história pode ser projetado apenas na qualidade de ideia, sem que, em sentido estrito, seja vinculante para a teoria da história, Marx estabelece essa vinculação com a tese de que o sentido da história precisa ser conhecido de maneira teórica na medida em que os homens se disponham a produzi-lo e realizá-lo de maneira prática. Tanto Marx como Kant negam, diante de Hegel, a possibilidade de conhecer o propósito natural ou a providência mediante o recurso transcendental à lógica, seja qual for o sujeito desta. Enquanto Kant deixa-se contentar pelo projeto experimental da ideia de uma sociedade cosmopolita como uma ideia reguladora, sem estabelecê-la enquanto pressuposto do conhecimento da sociedade real em seu todo, Marx, no que concerne à história, esclarece o querer-fazer como pressuposto do poder-conhecer. O sentido do processo efetivo da história se revela na medida em que é considerado como um sentido, derivado da "razão prática", daquilo que, confrontado com as contradições da situação social e de sua história, deveria ser diferente, precisando ser teoricamente comprovado a partir dos pressupostos de sua realização prática.[93]

Isso não tem nada a ver com decisionismo cego, pois o exame nos termos de uma teoria empírica terá de interpretar

---

93 Entretanto, pude ver que esse motivo peculiar foi registrado por Freyer, *Soziologie als Wirklichkeitswissenschaft*, principalmente p.304 et seq.

o curso efetivo da história e as forças sociais da situação presente sob o aspecto da realização daquele sentido, e nisso se mostrar como bem-sucedido ou fracassar. É suficiente, pois é isso que se trata de alcançar, aquilo que a filosofia da história pretende ser: assegurar-se empiricamente de sua correção, a saber, da correção de todas as condições verificáveis de uma revolução possível, embora sua verdade só possa ser mostrada na produção prática do sentido expressado por ela.

Esse modo de proceder implica duas coisas. *Em primeiro lugar*, caso não deva permanecer irreparavelmente exterior ao processo histórico real, o "sentido" não pode mais ser derivado a título de ideia de uma razão prática, em último caso, da "consciência em geral". A estrutura a partir da qual o sentido é obtido de forma transcendental precisa ser, pelo contrário, a estrutura da própria situação histórico-social e, como esta, objetiva: o trabalho alienado, do qual a supressão da alienação é deduzida na qualidade de "sentido", não precede toda a história como estrutura universal da consciência ou da historicidade do homem, mas é parte de uma situação histórica determinada, como diz Marx, é sua "expressão". Segue-se que a filosofia tem de renunciar à autofundamentação e reconhecer como e até que ponto pode se fundar em alguma outra coisa que, no entanto, também a constitui – na práxis social. *Em segundo lugar*, o sentido da história, que a filosofia compreende como o seu próprio, não pode mais ser realizado unicamente pela reflexão, isto é, no *medium* da própria filosofia, por mais que esta ainda permaneça como pressuposto da realidade. Pois embora se parta de um sentido prático que não pode ser inteiramente revelado pela pura contemplação, ou da ideia segundo a qual a própria filosofia sempre tem de ser concebida como parte da história sem

Teoria e práxis

que, enquanto tal, possa ser seu sujeito, a filosofia ainda assim tem de se manifestar para além de si mesma na práxis. Segue-se que ela tem de renunciar à autoconsumação. E essas duas coisas configuram o que significa o "materialismo" da dialética materialista: reconhecendo a incapacidade de se apoderar tanto da origem como da realização de sua própria ideia, ela deixa de ser *prima philosophia*; nessa dupla renúncia — de autofundamentação e autoconsumação — ela adquire sua autoconsciência; e é por isso que Marx a denomina *crítica*. Ao mesmo tempo, ela transforma pela raiz o sentido de seu questionamento. A teoria não pode mais ser exercida com um propósito ontológico, mas somente prático. A questão fundamental não é mais: por que existe o ser (ou o ente) e não antes o nada?, mas: por que o ente é desse modo e não de outro? Apenas essa questão torna necessária a crítica e a mobiliza.

Sob o pressuposto de um "materialismo" concebido nesse sentido, podem ser explicadas as condições de possibilidade de uma filosofia da história assegurada empiricamente. O sentido da história que a filosofia se compromete alcançar — comparando com procedimentos teológicos e especulativos — é contingente e, diante da tentativa que parte da história do ser, é histórico na medida em que a própria dedução transcendental é relativizada de forma histórica: as estruturas do trabalho alienado são relativas a uma situação histórica real e não a um destino meta-histórico do ser como sempre "percebido". Mais precisamente, é inútil pretender comprovar o estabelecimento filosófico do "sentido" sem contar com análises histórico-sociológicas que fornecem, até mesmo, os elementos que compõem o processo factual da história. Assim, a abordagem histórico-materialista tem, diante de abordagens pragmáticas, a vantagem de poder desenvolver e demonstrar as categorias com as quais o material empiricamente mediado é interpretado.[94]

Esse resumo, contudo, ainda é abstrato uma vez que não foram ao menos indicadas as consequências filosóficas do "materialismo". Vamos nos limitar a quatro indicações. Primeiramente, a crítica "materialista" deve ser introduzida de modo negativo enquanto crítica à filosofia *qua* pura filosofia ou filosofia da origem (1). Segue-se positivamente daí uma teoria das ideologias que eleva a critério obrigatório a unidade entre teoria e práxis (2). Depois, é preciso demonstrar de que forma o materialismo pode ser dialético (3). E, finalmente, é preciso esclarecer a relação entre teoria e empiria, entre a crítica filosófica, de um lado, e as ciências da sociedade, de outro (4).

Sobre o problema de uma dialética materialista

Crítica materialista à filosofia qua filosofia da origem (Th. W. Adorno).

Adorno encerra a Introdução a *Zur Metakritik der Erkenntnistheorie* [Para uma metacrítica da teoria do conhecimento] com as

---

94 Sob pontos de vista metodológicos, H. Pilot critica a ideia aqui indicada de uma filosofia materialista da história com propósito prático: Pilot, J. Habermas' empirisch falsifizierbare Geschichtsphilosophie, p. 307-334. Acredito poder evitar as antinomias que Pilot constrói e as consequências céticas que retira dela por meio de uma pragmática universal apoiada em uma teoria consensual da verdade. Cf. minhas contribuições em: Habermas; Luhman, *Gesellschaftstheorie oder Sozialtechnologie.*

afirmações: "Se a época da interpretação do mundo terminou e o que importa agora é transformá-lo, então a filosofia faz sua despedida [...] Não é o momento da filosofia primeira, mas de uma última".[95] Ao discernir que o processo real da vida social não é algo que foi sociologicamente contrabandeado para dentro da filosofia, mas o núcleo do próprio teor lógico, Adorno desenvolve nesse capítulo uma crítica à filosofia da origem tal como até hoje esta tinha sido compreendida.

Dela se afirma o seguinte:

> Para os filósofos, o Primeiro ergue uma pretensão totalizante: não mediado, imediato. Para que assim possa se conformar a seu próprio conceito, as mediações teriam primeiro de se afastar na qualidade de adendos do pensamento, colocando a descoberto o Primeiro como algo irredutível. Mas todo princípio, sobre o qual filosofia pode refletir como se fosse seu princípio primeiro, precisa ser universal se não quiser ser levado por sua própria contingência. E todo princípio universal de um Primeiro [...] contém em si abstração.[96]

Isso também vale para a teoria do conhecimento, para a filosofia da origem em forma científica. Assim, Kant, seu fundador, "quis refutar a conclusão de um Primeiro como imediatidade e conservar o Primeiro na forma de um princípio constitutivo, liquidando assim a questão pelo ser ensinando, no entanto, *prima philosophia*".[97] E mesmo as novas ontologias,

---

95 Adorno, *Zur Metakritik der Erkenntnistheorie*, p.49.

96 Ibid., p.15.

97 Ibid., p.30.

que, após o rompimento dos grandes sistemas, se estabeleceu na forma de ontologias fundamentais, isto é, com características ontológicas e transcendentais ao mesmo tempo, mantêm a pretensão de autofundamentação:

> As ontologias pretendem ser filosofia primeira, livrando-se da coerção e da impossibilidade de deduzir tanto a si mesma como aquilo que é a partir de um princípio primeiro. Elas querem ter as vantagens do sistema sem pagar a multa; restaurar o caráter vinculativo da ordem com o espírito sem fundá-lo no pensamento, na unidade do sujeito.

No entanto, não reside no materialismo, que veta para a filosofia a condição de possibilidade de ser filosofia da origem, algo como uma hipóstase, já que a filosofia seria "determinada" por uma práxis social, tal como Marx intuiu em sua infeliz imagem configurada pela relação entre base e superestrutura e Engels de fato a afirmou:

> O espírito, porém, não consegue se separar do dado assim como este pode se separar daquele. Ambos não constituem um Primeiro. Porque ambos têm de se intermediar reciprocamente, isso os torna inaptos como princípios originários; mas se alguém quiser descobrir nessa própria mediação o princípio originário, acabaria confundindo um conceito de relação com um de substância e reivindicando como origem o *flatus vocis*. A mediatidade não é um enunciado positivo sobre o ser, mas uma orientação ao conhecimento para que não se detenha em tal positividade, na verdade, uma exigência de dirimir concretamente a dialética. Formulada como princípio universal, ela remeterá, exatamente

como em Hegel, sempre novamente para além do espírito; com sua passagem à positividade, ela se torna inverdade.[98]

Teoria das ideologias e teoria da revolução

Subjaz a essa crítica à filosofia da origem o discernimento de que a filosofia precisa renunciar *qua* filosofia à autofundamentação e à autoconsumação para que, *qua* unidade entre teoria e práxis, possa realmente alcançar ambas as coisas. Esse discernimento foi desenvolvido na teoria das ideologias. É preciso notar novamente que os filósofos omitem precisamente esse aspecto doutrinal em sua apropriação do jovem Marx ou, nos termos de uma sociologia do saber, o neutralizam tornando-o uma mera tese sobre a correspondência entre certos enunciados ou estruturas da consciência e certas situações sociais. Uma discussão filosófica da teoria das ideologias em Marx a partir de seu propósito original deveria levar antes à discussão dos próprios pressupostos da filosofia.[99]

Marx denomina "ideologia" aquela abstração real, eminentemente eficaz de um ponto de vista histórico, e que Hegel sempre desenvolveu a título de uma abstração da consciência, quando aparência e essência se dissociam e o particular não se junta com o universal para constituir o universal concreto. Ideologia é a inverdade existente, fundada de maneira prática, com consequências práticas e, ao final, unicamente pela práxis capaz de ser completamente suprimida. Marx a compreende sob

---

98 Ibid., p.33.

99 Barth, *Wahrheit und Ideologie*; cf. também Lieber, *Wissen und Gesellschaft*; Lenk, *Ideologie*.

a categoria de autonomização [*Verselbständigung*]. A ideologia se autonomizou diante da práxis social para, no entanto, passar a depender ainda mais desta. Com isso, Marx denuncia como ideológica uma consciência que se purificou de todos os elementos subjetivos, do interesse, talento e inclinação, e se estabeleceu com a aparência de autonomia; ele denuncia justamente aquela "pura" consciência que na tradição filosófica valeu exclusivamente como única confiável e vinculante. Na base da autonomização da consciência reside, por seu turno, uma autonomização da práxis. Como Marx acredita poder demonstrar com sua análise do trabalho objetivado, trata-se de um processo que se desenvolve com toda agudeza sob as condições da produção capitalista. Os homens sempre produzem seu contexto de vida, embora não mais como eles mesmos, mas sim enquanto órgãos executivos de seus próprios produtos, por assim dizer. A acumulação do capital, fundada na possibilidade que os capitalistas possuem de se apropriar de mais-valia, ajuda a tornar realidade histórica aquilo que a filosofia medieval chamou de "realismo" – ela aliena os indivíduos para que se tornem personificação de categorias econômicas. Com essa forma falsa de práxis, também a consciência, não apenas em algumas de suas manifestações, mas em sua totalidade, torna-se falsa, isto é, ideológica: ela se torna tanto alheia à práxis quanto também heterônoma [*unselbständig*]. Desatada de seus nexos imediatos com o processo vital da sociedade, a consciência contemplativa cai precisamente na dependência dele. A práxis, em sua forma falsa, é, por assim dizer, a matriz a partir da qual a consciência elabora meras deduções. A própria consciência se torna falsa mediante o reflexo – mesmo correto – de uma realidade falsa. Ela reflete as formas de uma práxis objetivada que aparecem como naturais

Teoria e práxis

e dotadas de objetividade, esquecendo que tais formas naturais foram constituídas historicamente e se devem à atividade dos homens que as produziram. Adotando a forma de um fetiche da mercadoria, do dinheiro e do capital, o processo capitalista de produção converte em todos os níveis as categorias econômicas em um em si platônico e cria aquela ilusão objetiva da ideologia que garante inicialmente o seu funcionamento: sem fetichismo da mercadoria não há circulação de mercadorias. Mais uma vez as ciências da sociedade, principalmente a economia burguesa, refletem esse processo que aparece já como ideológico em si mesmo. Da mesma maneira que a realidade falsa se reproduz imediatamente na ciência, também ocorre de forma mediada nas representações religiosas e filosóficas, que hipostasiam novamente aquilo que já estava hipostasiado na realidade social. Eles apartam completamente os fenômenos da reificação de seu fundamento econômico, transfigurando-os em fundamentos superiores.

Com base nessa dependência contemplativa, a ideologia encontra seu limite mais extremo na reprodução correta do falso existente. Na medida da inconsciência de suas raízes práticas, ela se opõe ao pensamento que ultrapassa de modo crítico o existente e quer se reconciliar na atividade revolucionária com a práxis social. A práxis revolucionária procede de modo oposto à práxis alienada: uma liberta a outra de sua forma falsa e elimina aquela abstração real da qual deriva a abstração ideológica. Apenas a unidade produzida de teoria e práxis poderia dilacerar o véu ideológico. Essa unidade de teoria e práxis pertence aos conceitos obtidos a partir da negação determinada das relações existentes. Ela não é mais afirmada como se os homens, ao fazerem algo, pudessem saber o que estão fazendo;

pois, sob o pressuposto da práxis alienada e da consciência ideológica, eles não têm propriamente conhecimento do que fazem, e inclusive, quando podem tê-lo, dificilmente se guiam por ele em sua ação.[100] A unidade de teoria e práxis caracteriza a verdade que precisa ser produzida e, ao mesmo tempo, o critério supremo da razão, na medida em que no interior da alienação já se podem chamar de racionais todos aqueles esforços que se dirigem até a produção da verdade – a razão é o acesso à verdade futura. E a crítica se mede de acordo com uma racionalidade que é, nesse sentido, "método". Tal como na crítica de Kant à ilusão transcendental, ela pode refletir a ilusão ideológica, mas, da mesma maneira que aquela, tampouco pode desconsiderar os pressupostos com base nos quais a ilusão sempre se renova. Apenas a atividade crítica e prática, em que a filosofia se suprime para se realizar, poderá romper a magia da ideologia enquanto tal.

Nesse ponto, as teorias das ideologias e a da revolução se juntam em uma peça, ou melhor, em um círculo no qual uma concede reciprocamente à outra seu próprio pressuposto. A ideologia é uma categoria estratégica, e apenas enquanto tal possui valor teórico, porque crítico. A teoria da revolução é a

---

100 A ideia do *intellectus archetypus*, ao qual até agora o conhecimento filosófico tinha se vinculado, ocupa no centro do pensamento ontológico o mesmo lugar que no pensamento prático ocupa a unidade entre teoria e práxis. O *intellectus archetypus* cria à medida que pensa, e pensa à medida que cria. As condições da finitude ficam suspensas, mas a teoria que torna a concordar com a práxis do contexto de vida real não tem um poder semelhante; ela não obtém nem infinitude nem um poder criador em geral. Segundo sua ideia, ela permitirá unicamente que os homens, no que diz respeito à reprodução de sua espécie, sejam o que fazem e não tenham de realizar no plano político nada importante cujas principais consequências e efeitos colaterais não possam conhecer antecipadamente.

teoria das categorias da crítica. Só se pode estabelecer o que é tendo em vista aquilo que é possível. Uma teoria do existente considerada historicamente adequada ao seu objeto é uma teoria de sua transformação. A teoria das ideologias e a teoria da revolução fundamentam no marxismo a autoconsciência da tão necessária quanto inválida filosofia, seja porque se insere no acontecimento natural da história existente até então ou porque se relaciona com a possibilidade de transcendência.[101] Uma desenvolve por que a filosofia não pode se fundar a partir de si mesma, a outra, por que ela não pode cumprir sua própria pretensão no interior de seu próprio *medium*, e ambas juntas se perguntam por que hoje a filosofia pode refletir em si mesma o momento ideológico e converter-se em crítica.[102]

Dialética do trabalho

De tudo isso se pode certamente explicar o "materialismo" da filosofia de Marx, mas não o fato de que é dialético e com quais razões.

---

101 Em conexão com as lutas de libertação nacional, novos conceitos sobre a revolução foram desenvolvidos. Além dos escritos táticos de Mao Tse-tung e Che Guevara, cf. Fanon, *Die Verdammten dieser Erde*; Debrey, *Revolution in der Revolution*; sobre as consequências para a luta revolucionária nas "metrópoles", cf. Marcuse, *Versuch* über *die Befreiung*.

102 Aqui também é o lugar em que Marx introduz sua doutrina do proletariado. A existência do proletariado possibilita uma filosofia do ponto de vista do proletariado. E esse ponto de vista, segundo Marx acredita poder mostrar em relação à sociedade existente, é tanto central como excêntrico: ele está dentro e fora dela e oferece assim uma vantagem única para o conhecimento diante de outros pontos de vista perspectivamente distorcidos.

Jürgen Habermas

A filosofia, que pretende ser uma última, é prática. Ela encontra menos satisfação na fundamentação de si mesma do que na recusa de toda fundamentação falsa. O *primum* da *prima philosophia* é para ela como o feitiço para o qual é preciso encontrar a palavra mágica; e o conhecimento não oferece satisfação em si mesmo, sendo antes trabalho sob pena de perecer. Uma tal filosofia não toma como ponto de partida o imediato; mas ela também não se encontra em uma situação em que preexistisse historicamente. Todos os seus pontos de partida parecem sempre ser mediados. E a filosofia precisa apreender as formas dessa mediação que geralmente nem ela nem um sujeito são capazes de produzir; formas de mediação em que se desenvolvem tanto a natureza como a consciência. E enquanto não são concebidas nem dominadas, inserem-se nelas, com efeito, elementos da consciência, mas também elementos de uma natureza cega. O movimento dessa mediação, a dialética, é por isso materialista. A filosofia que Marx denomina de burguesa, porque não questiona de um ponto de vista materialista seus próprios pressupostos, dificilmente conceberá uma dialética que não seja *eo ipso* dialética da consciência. Para essa filosofia, o Engels de *Anti-Dühring* e o Lukács de *História e consciência de classe* tem de aparecer como os dois únicos representantes possíveis de uma (falsa) dialética materialista: a dialética do primeiro permite uma solução mecanicista, e a do segundo pode ser entendida na qualidade de dialética da consciência de classe e, com isso, enquanto dialética em geral da consciência. E quando isso constitui uma disjunção completa, o problema de uma dialética materialista se dissolve por si mesmo. Marx, de forma correspondente, fica dividido e parcelado: Lukács dá voz ao jovem Marx, e Engels ao Marx da maturidade.

Teoria e práxis

Sabe-se que, nos *Manuscritos econômico-filosóficos*, Marx celebrou como o aspecto mais "grandioso" de Hegel o fato de que "ele capta a essência do trabalho e concebe o homem objetivo, verdadeiro porque real, como resultado de seu próprio trabalho". O acréscimo obrigatório "no interior de uma abstração" exige que se tome rapidamente distância dessa louvação: segundo Marx, Hegel nunca conseguiu conceber a lógica do processo em que o homem se produz na qualidade de resultado de seu trabalho a partir do próprio trabalho concreto. O trabalho é intercâmbio do homem com a natureza. Nele se insere a coerção do objeto natural; e também o intercâmbio dos trabalhadores entre si é dominado pela coerção natural. O não idêntico é subsumido pelo idêntico; homens são tratados como coisas. O trabalho se torna dominação não apenas tendo em vista a relação dos homens com a natureza, mas também o intercâmbio dos homens entre si compreendidos no processo de trabalho. É próprio dessa dominação, como de todo poder, o momento de recordação em que se lembra que ela é uma inverdade, mesmo que existente. Os homens não se reificam sem deixar vestígios. E é exatamente nesse momento da dominação, o qual impede que ela seja uma dominação segura de si mesma, que a dialética se desperta. Ela é a má consciência da dominação, a saber, a contradição objetiva que reside no fato de que, no trabalho alienado, em que os trabalhadores não podem ser objetivados na qualidade de indivíduos, os homens precisam ser tratados da mesma maneira que coisas sem que, no entanto, possam ser tratados enquanto tais de maneira integral sem deixar vestígio.

Se as coisas podem ser apreendidas adequadamente em termos categoriais, e os homens, em suas relações com as coisas como também entre si, apenas de um ponto de vista dialógico, então a dialética deve ser concebida a partir do diálogo; não propriamente na qualidade de diálogo, mas enquanto consequência de sua repressão.[103] Esta é, ao mesmo tempo, subjetiva e objetiva. Objetiva na medida em que, como em toda lógica, a coerção natural se impõe sobre ela; subjetiva, na medida em que lembra a desproporcionalidade entre coerção natural, de um lado, e necessidade individual, de outro. Ainda em sua forma mais reflexiva, na lógica de Hegel, a dialética repete ambos os momentos.

Porém, o idealismo se torna falso tão logo converte a totalidade do trabalho em seu ser em si, sublimando o princípio do trabalho em um princípio metafísico, um *actus purus* do espírito, e tentando transformar isso que é produzido pelo homem, tudo o que é mortal e condicionado tal como o próprio trabalho, que é sofrimento, em algo eterno e justo. Se fosse permitido especular sobre a especulação hegeliana, poderíamos supor que a extensão do espírito na totalidade é um conhecimento que ocorre apenas em ideia e que o espírito não é um princípio isolado, uma substância que sofre por si mesma, mas é antes um momento do trabalho social, o momento do trabalho que é descolado do trabalho físico. O próprio trabalho físico se aplica necessariamente àquilo que não é ele mesmo, à natureza. Sem seu conceito, o trabalho, assim como sua forma reflexiva, o espírito, pode tão pouco ser representado como a natureza sem o trabalho; ambos são diferentes e mutuamente mediados em um único processo.[104]

---

103 Cf. minha aula inaugural Erkenntnis und Interesse.
104 Adorno, *Aspekte der Hegelschen Philosophie*, p.28.

Teoria e práxis

Nesse sentido, materialismo dialético significa: compreender a lógica dialética a partir do contexto de trabalho, do intercâmbio dos homens com a natureza, sem assumir o trabalho de maneira metafísica (seja teologicamente como uma necessidade de redenção, seja antropologicamente enquanto uma necessidade de sobrevivência).

Marx apela à contradição entre forças produtivas e relações de produção porque acredita poder apreender naquelas a coerção natural do trabalho em sua contingência histórica e nestas o momento que aponta para além da forma de trabalho alienado e suas formas de dominação correspondentes. Em todo caso, o materialismo dialético pode ser considerado histórico em sentido estrito, pois é tão plenamente contingente quanto as relações dominantes de trabalho expressas em sua contradição interna e em seu movimento externo. Tanto em relação ao sistema, que foi estabelecido segundo a forma alienada do trabalho,[105] como também em relação à promessa de que esse sistema seja contingente, a dialética está presente no começo da história e na possibilidade de seu fim. A dialética não ocupa sua totalidade: ela não é lógica da história, mas um vestígio lógico presente nela, que, seguido racional e ativamente pelos homens, os indica o caminho para a *vérité à faire* e conduz ao desenvolvimento e à superação da dialética. A dialética realizada de maneira prática é ao mesmo tempo uma dialética suprimida – representa a supressão da lógica como um sistema de coerção e limitação de seu lugar racional:

---

105 "[...] porque não se sabe de nada que não tenha passado pelo trabalho, este se torna, com ou sem razão, um absoluto, do mal ao bem". Ibid., p.31.

O reino da liberdade de fato começa lá onde o trabalho, determinado por necessidade e finalidade externa, é suprimido; de acordo com a natureza da coisa, ele se constitui para além da esfera de produção propriamente material. Tal como o selvagem tem de lutar com a natureza para satisfazer suas necessidades e para conservar e reproduzir sua vida, assim também o homem civilizado tem de fazer, e isso em todas as formas sociais e sob todos os modos de produção possíveis. Com seu desenvolvimento, amplia-se esse reino da necessidade natural porque também aumentam as carências [*Bedürfnisse*]; ao mesmo tempo, ampliam-se as forças produtivas capazes de satisfazê-las. Nesse domínio, só pode haver liberdade se o homem socializado, os produtores associados, regularem racionalmente esse seu metabolismo com a natureza e o colocarem sob seu controle coletivo em vez de serem dominados por ele como se fosse por um poder cego; trata-se de realizá-lo despendendo o mínimo de força e nas mais dignas e adequadas condições para a natureza humana. Mas esse domínio continua sendo um reino da necessidade. É para além deste que começa o desenvolvimento das forças humanas, que se justifica como um fim em si mesmo, o verdadeiro reino da liberdade, mas que só pode florescer tendo aquele reino da necessidade como sua base. A redução da jornada de trabalho é a condição fundamental.[106]

A dialética levada a termo é a dialética suprimida; pois se tudo que foi criado pela mão dos homens também foi colocado à sua disposição, então salta à vista essa indisponibilidade e uma falsa administração que emerge nessa situação — apenas uma racionalização incompleta ultrapassa falsamente o

---

106 Marx, *Das Kapital*, v.3, p.873 et seq.

todo. Isso permaneceu muito tempo incompreendido, pois a dialética não foi pensada de um ponto de vista materialista em sua contingência histórica, mas de uma perspectiva idealista na forma de uma dialética da consciência absoluta e fundamento de toda a história. Apenas em uma tal incompreensão a tentativa marxista tem de aparecer sob a categoria do "autopoder":

> Sua imposição, para Marx, é a meta da história. Para ele, o homem da sociedade comunista se subordinou à natureza e à história e simplesmente transformou o mundo em matéria de trabalho, como uma realidade última que se libertou de todos os seus limites [...] Não há mais lugar para que algo esteja indisponível [...] Aqui se completa o processo pelo qual o mundo, incluindo a realidade dos homens, se torna matéria prima para o exercício total do poder!.[107]

Diferentemente dessa interpretação, a ideia de dialética materialista exige que se construa uma relação de trabalho com a história para dissolver a forma de trabalho alienado juntamente com todos os traços de um mundo administrado, de uma racionalização irracional; mas ela também exige que se faça a história para nos libertar totalmente do fazer em todos os seus domínios e que hoje se encontra submetido injustamente à pretensão de totalidade de uma racionalização incompleta. Apenas a racionalidade das necessidades da vida levada a cabo permite que subsista a irracionalidade do que

---

107 Metzke, Mensch und Geschichte im ursprünglichen Ansatz des Marxschen Denkens, *Marxismusstudien*, p.23 et seq. Landgrebe e Hommes chegam à mesma conclusão de maneira quase idêntica.

na vida é supérfluo e o surgimento de elementos que nos são verdadeiramente indisponíveis.

Aqui a ideia de solidariedade encontra o seu lugar. Justamente porque a dialética histórica não é essencialmente dialética da consciência de classe, a disposição dos homens sobre si mesmos e a reprodução de seu contexto de vida exige a solidariedade de uns indivíduos com os outros. Ela não está decidida de antemão pelo movimento de um sujeito absoluto. No materialismo histórico, a classe, enquanto aquela que se torna o sujeito-objeto da história, não tem lugar. Apenas com a versão neo-hegeliana de Lukács ela encontrará pela primeira vez seu lugar.

Dialética materialista em relação com as ciências sociais

Comparando-a com essa versão, é possível esclarecer também a relação da filosofia com as ciências da mesma maneira que Marx a apresentou. As ciências da sociedade são inadequadas à historicidade de seu objeto porque são incapazes de apreender uma situação a partir de suas tendências do ponto de vista daquilo que ela objetivamente pode ser. Falta às ciências o "conceito" de uma situação que foi obtido em negação determinada com suas próprias contradições internas. E, com tal conceito, falta-lhes o critério de análise crítica que, retrospectiva e prospectivamente ao mesmo tempo, pode unicamente revelar a dimensão histórica no sentido de uma teoria prática. Esta, de outro lado, é orientada às ciências da sociedade na medida em que não pode mais acreditar em uma dialética que, precedendo e fundando toda a história, se realiza mediante os ponteiros de uma necessidade histórica. Na medida em que a

Teoria e práxis

dialética continua lhes sendo tão contingente quanto a própria história, tudo aquilo que ela pretende conhecer precisa ser empiricamente dado, isto é, fornecido com a ajuda dos procedimentos da ciência objetivante; tais resultados são tratados pela filosofia como material de sua interpretação. Os dados de uma realidade objetivada em termos científicos precisam ser interpretados levando em consideração a meta conceitual da sociedade; mas de tal modo que o conceito a ser construído de maneira prática, a *vérité à faire*, possa ser falsificado de forma evidente. A teoria conserva um caráter empiricamente refutável. Com isso, o hiato entre filosofia e ciência garante justamente o *continuum* da racionalidade, pois a racionalidade tem uma outra forma, dependendo de se expressa a racionalização de coisas naturais ou dos homens e seus intercâmbios recíprocos. Em contraposição às ciências sociais, a filosofia assume a tarefa de suprimir a objetivação, inevitável sob as condições da alienação, de um todo não objetivável, no duplo sentido empregado por Hegel.

A tese marxista, segundo a qual a inverdade existente da sociedade antagônica, em uma palavra, a alienação, deve e pode ser suprimida de maneira prática, está sujeita a um controle duplo. A tese é correta se as condições objetivas de possibilidade de tal supressão puderem ser comprovadas de um ponto de vista histórico-sociológico; e a tese também é verdadeira se essas condições objetivas forem complementadas por condições subjetivas e a supressão for realizada de maneira prática após ser preparada pela crítica. A ciência é a única que pode decidir sobre a possibilidade ou impossibilidade objetiva da revolução, mas não sobre sua não verificação factual ou mesmo falsa realização. Isso ressalta a diferença do materialismo histórico daquela versão que o jovem Lukács ofereceu, pois onde a dialética da consciência de classe assegura antecipadamente o curso da história, a tese marxista é refutada pela não verificação da práxis revolucionária ou por sua condução em uma forma falsa. No sentido de Lukács, um enunciado sobre a possibilidade objetiva da revolução não exigiria qualquer tipo de estabelecimento científico de determinação social de sua possibilidade; para que ela alcance a realidade, é preciso um recurso à liberdade, a decisão de efetuar uma ação solidária. Assim, ela diria respeito antes às duas coisas, também à consciência dos próprios homens, neste caso, e à consciência de classe proletária. Aquele enunciado será o estabelecimento dialético de uma necessidade frente à qual a decisão mais elevada se torna ela mesma uma coisa natural submetida às leis da natureza. Nesse caso, a relação entre filosofia e ciências não é problemática. Elas não se distinguem quando a dialética tem de antemão informações sobre o curso das coisas e, diferentemente destas, de modo algum é contingente. O que serve para delimitá-las é apenas o epíteto "burguês", que discrimina todas as vezes aquilo que não está sujeito ao veredito dialético. Porque emerge da dialética de uma consciência absoluta, a categoria lukacsiana de possibilidade objetiva implica a de necessidade histórica. A história universal se torna tribunal universal. Isso significa que um fracasso histórico é ao mesmo tempo uma decisão irrevogável contra a coisa afirmada. Não deve haver assim uma práxis que não possa ser verificada ou que seja falsa, a não ser pelo preço de uma teoria que passasse por não verdadeira. O próprio Lukács reconheceu a práxis soviética de maneira consequente enquanto a única legítima porque a considerou como uma práxis dos comunistas rica em consequências. Lukács se subordinou a ela e, para ser consequente consigo mesmo, renegou sua própria teoria.[108] A intenção mais íntima de sua doutrina só poderia ser satisfeita mediante sua autorrecusa. Simone de Beauvoir deixou que o protagonista de seu romance-chave (*Les mandarins* – Os mandarins –, 1954) afirmasse: "A única superioridade da URSS sobre todos os outros possíveis socialismos é que ela existe".

Crítica imanente ao marxismo

Agora podemos considerar quais consequências teóricas mais importantes podem ser retiradas da ruptura política entre Iugoslávia e Rússia, o programa de Tito de uma via única ao socialismo, vinculada a uma crítica fundamental ao comunismo russo na qualidade de uma falsa práxis. Essas consequências foram trazidas à tona pela inteligência polonesa após a Revolução de Outubro de 1956. Entre ambos acontecimentos, aconteceu o vigésimo congresso do Partido Comunista da União Soviética (PCUS), que rompeu com o stalinismo, no entanto sem que até então tivesse conduzido a algo mais do que apenas uma revisão teórica da história do bolchevismo. Junto ao levante húngaro, todos esses processos apontam para uma relativização do historicismo comunista "objetivo", que

---

108 Sobre isso, cf. a própria exposição de Lukács no artigo Es geht um den Realismus. Além disso, há sua tomada de posição em relação a *História e consciência de classe*, publicada na edição organizada por Garaudy, *Les aventures de l'antimarxisme. Les malheurs de M. Merleau-Ponty*; sua última avaliação do livro e seu distanciamento teórico em relação a ele se encontra no Prefácio de *Geschichte und Klassenbewußtsein*, p.11-42.

pôde legitimar a realidade socialista, por mais miserável que fosse em sua forma russo-soviética, mediante sua própria existência. Essa problemática, que relembra para a metafísica bolchevique da história o núcleo do materialismo histórico, foi objeto de uma discussão aberta sobretudo na Polônia – a primeira discussão entre os bolcheviques que superou o tabu da justificação do bolchevismo apenas em virtude de seu êxito concernente à história universal e questionou, de dentro do próprio marxismo, os erros da teoria *e* da práxis marxista.[109]

A crítica polonesa ao socialismo (Kolakowski)

Na discussão polonesa (assim como na iugoslava), o "stalinismo" intitula uma forma falsa de teoria (um dogmatismo) e de práxis (uma ditadura burocrática do partido). Apreender objetivamente essa forma falsa com categorias da doutrina marxista e não se contentar com desculpas "não marxistas", como a do culto a pessoas, constitui o impulso dos intelectuais poloneses que insistem na revisão sem formar entre si um grupo unido. Eles encamparam uma "reação moral da verdade justa", tal como formulado em um artigo surgido logo após a Revolução de Outubro,[110] com uma análise científica que esclarecesse, de um lado, as condições políticas e político-econômicas daquelas "deformações do socialismo" e, de outro, os princípios organizativos que tornaram o movimento comunista incapaz de conduzir a tempo contramedidas eficazes.

---

109 Sobre a discussão filosófica em torno de Marx na Iugoslávia e na Tchecoslováquia, cf. minha Nota bibliográfica neste mesmo volume.
110 Cf. *Ostprobleme*, v.9, p.769.

Teoria e práxis

A substituição da antiga sociedade de classes, que se apoiava na propriedade privada dos meios de produção, por uma nova sociedade fundada no poder político de disposição sobre o potencial social total, surge na qualidade de base econômica do stalinismo. A detentora desse poder de disposição é a inteligência indissolúvel do partido, que na linguagem soviética corrente é chamada de "quadro". A causa da deformação stalinista é, de início, uma economia centralizada que precisou ser implementada com um nível muito baixo das forças produtivas, unida a um poder burocrático de disposição que permitiu a Djilas formular sua tese da "nova classe". O papel decisivo foi desempenhado pela função e forma de organização do partido, situado acima do Estado e que escapava ao controle social. No interior do partido são permitidos quase exclusivamente os contatos verticais, excluindo assim toda a influência da massa dos militantes sobre a direção do partido. De tudo isso se segue uma "atomização da classe trabalhadora", que, com a ditadura do proletariado, de modo algum se tornou a classe dominante:

> Se a abolição da propriedade privada é certamente uma condição necessária, mas não suficiente, para criar uma sociedade socialista, quem pretende resumir em um único princípio a ideia fundamental do socialismo terá de dizer, juntamente com Gomulka, que tal princípio reside na abolição da exploração do homem pelo homem. Tudo está subordinado a esse princípio fundamental, inclusive a questão do que se deve fazer com a propriedade social uma vez abolida a propriedade privada, como deve ser organizada e administrada para que se torne, não apenas *de iure*, mas também *de facto*, naquilo que literalmente se converteu sob a exploração dos

proprietários privados. A ideia da administração autônoma das empresas, a descentralização da indústria e a limitação dos órgãos de planejamento representam uma tentativa de solucionar esse complicado problema.[111]

A essa crítica marxista da práxis russo-soviética corresponde um criticado "dogmatismo". No *Polityka*, jornal oficial do partido de Varsóvia, o sociólogo polonês Jerzy J. Wiatr, diante das represálias ortodoxas de seu colega moscovita J. W. Kasjanowa,[112] repete a tese que tinha feito escola antes da revolução polaca de outubro:

> Os fatos, que denotam uma falsificação grosseira da sociologia marxista, exigem explicações sociológicas rigorosas, vale dizer, explicações que nos permitam entender as condições sociais sobre as quais se propagou aqueles fenômenos. Isso só poderá ser feito se os historiadores e sociólogos marxistas encontrarem uma explicação de índole científica que esclareça como se chegou às deformações da "época de culto à personalidade". Mas eu não conheço quaisquer trabalhos que tenham sido publicados por nós sobre esse tema.[113]

A crítica ao dogmatismo é dirigida uma vez metodologicamente contra as regras teológicas da ortodoxia, e, depois, de acordo com o conteúdo, contra a petrificação "historiosófica" do materialismo histórico que trata as leis da história como leis

---

111 Ibid., p.367.

112 Kasjanowa, Ist des Marxismus?, *Woprosy filosofii*. Cf. *Ostprobleme*, v.9, p.1078 et seq.

113 *Ostprobleme*, v.9, p.1082.

Teoria e práxis

da natureza. A "esquerda" polaca desenvolve sobre isso ideias completamente semelhantes às da francesa. A influência de Sartre e Merleau-Ponty sobre alguns de seus representantes, especialmente sobre L. Kolakowski, é inequívoca. Contudo, os poloneses se inspiram a partir de uma experiência imediata.

Sua questão acerca da dialética histórica começa de modo característico com a questão acerca dos "custos do progresso histórico" (J. Kott). Quando a história, como no Diamat, é falseada enquanto história natural, parece valer a pena pagar qualquer preço pela aceleração do progresso, o qual permanece, de qualquer maneira, como algo seguro e imutável. "O postulado da aceleração da história a qualquer preço e o fato de que temos de suportá-lo pressupõem a crença metafísica segundo a qual a história é desde o começo algo estabelecido e que deveríamos considerá-la correta".[114] Contrariamente, é importante resgatar o núcleo racional do materialismo. Para Marx, a história era "absolutamente terrena, ele nunca a considerou metafisicamente e não tomou as leis de desenvolvimento histórico por categorias absolutamente lógicas". A suposição de um "curso da história abstrato e unitário com suas formações e modelos, em todo caso, abstratos" tem de ser substituído por um esforço de investigar *in concreto* os caminhos pelos quais a meta fixada do socialismo pode ser realizada sem que os meios pervertam o fim.

Assim, a consciência comunista não tem como tarefa apenas a racionalização da história humana, mas, além disso, deve participar de sua transformação e se responsabilizar por seu desenvolvimento.

---

114 Ibid., p.368.

É a afirmação da vida tal como ela é, mas não (apenas) como objeto de observação racional, mas (também) como material que, graças à sua racionalidade, possui uma certa flexibilidade e pode ser objeto de influência. A realidade em seu todo se submete a uma humanização, convertendo-se em um mundo humano, isto é, existindo apenas como matéria modificável e não como um espetáculo suscetível apenas de ser observado.[115]

Essa concepção prático-crítica da história não exclui, porém, o cálculo dos custos reais do progresso histórico:

Sobre o que repousa a afirmação de nossa vitória? Do fato de que, em um marco estatal socialista, estamos dispostos a satisfazer melhor as necessidades dos homens; que, no balanço final, os custos históricos adicionais da industrialização socialista serão menores que os da industrialização capitalista. Estamos nos referindo com isso apenas aos custos adicionais reais e aos preços efetivos da história, ao preço econômico, social e moral sem qualquer metafísica.[116]

Contra o dogmatismo de uma metafísica da história engessada, o comunismo humanista deve ser renovado com a meta da "liberação real, completa e unilateral do homem". Esse foi, antes de tudo, o programa dos críticos decididos que surgiram das filas do grupo "Po Prostu".[117]

---

115 Ibid.

116 Ibid.

117 O grupo "Po prostu" surgiu de uma revista estudantil de Varsóvia e se tornou plataforma da oposição de esquerda com Gomulka contra Gomulka. O periódico foi proibido em setembro de 1957, o que desen-

Quanto mais seus opositores podem apelar para a origem do materialismo histórico, mais se aproximam, em sua crítica metodológica ao "dogmatismo", de um historicismo positivista inconciliável com o "partidarismo" de uma filosofia materialista, não importa em qual de suas versões. Norteadora para toda a discussão foi a distinção de Kolakowski entre marxismo intelectual e institucional.[118]

Sob Stálin, o marxismo não correspondeu a uma doutrina esboçada de maneira rigorosa, mas foi a expressão formal de tal doutrina, pois o esboço rigoroso foi decretado hoje de uma maneira e amanhã de outra por uma instituição infalível: "Alguém se torna marxista quando se está preparado a aceitar caso a caso um certo conteúdo tal como foi apresentado por uma autoridade".[119] Contrariamente, ao marxismo intelectual pertence toda afirmação científica que se apoie em um determinado procedimento sociológico. O marxismo é, para Kolakowski, o protótipo de um "racionalismo metodológico": o veredito de uma interpretação histórica no que concerne a esta ser ou não marxista pode ser remetido a pressupostos metodológicos absolutamente gerais.[120] Esses mesmos pressupostos possuem somente um valor heurístico. Eles possibilitam uma interpretação do material factual entre muitas outras possíveis; e assim precisam ser corroborados.

---

cadeou tumultos entre os estudantes. As razões do Comitê Central foram investigadas em um periódico do partido de Varsóvia, *Trybuna Ludu*, de 12 de outubro de 1957; cf. *Ostprobleme*, v.9, p.1072.

118 Os artigos de Kolakowski aqui comentados foram reunidos agora em *Der Mensch ohne Alternative*.

119 *Ostprobleme*, v.9, p.783.

120 Ibid., p.786.

Kolakowski conclui que nas ciências sociais, que praticam diferentes modos de pensar e tipos metodológicos, os limites entre marxismo e não marxismo são muito fluidos. Certamente, podemos encontrar na mesma revista colaborações menos extremas que pretenderiam revisar o caráter parcial da teoria apenas em relação à sua vinculação ao partido, mas não à classe em geral,[121] porém parece que os críticos rigorosos do tipo de Kolakowski puderam se impor de início. Eles elevaram o revisionismo a princípio da teoria: "Isso significa que as abordagens marxianas de valor permanente são assimiladas no processo vivo de desenvolvimento das ciências, de modo que certas teses conservam um determinado âmbito de aplicação, outras são complementadas e algumas, por fim, são completamente eliminadas".[122]

Com a ingenuidade metodológica própria dos marxistas positivistas que em outros tempos foi também característica da Segunda Internacional, a metodologia das ciências exatas se eleva a padrão das afirmações admissíveis, sem que se produza uma reflexão sobre o problema da direção e avaliação filosóficas das proposições empíricas. Quando compreende o socialismo de modo semelhante a Merleau-Ponty, Kolakowski não concilia, contudo, a racionalização prático-crítica da história com sua teoria positivista da ciência. A dupla crítica ao dogmatismo, a saber, a crítica em termos de conteúdo, de um lado, e de metodologia, de outro, permanecem separadas. Na tentativa de fazer com que a necessidade se torne uma virtude, "o marxista" se converte em uma atitude que não pode ser reduzida a alguma outra coisa, tornando-se quase uma espécie de estilo de vida:

---

121 Por exemplo, *Ostptobleme*, v.8, p.1589.
122 *Ostprobleme*, v.9, p.788.

A linha divisória fundamental não é, contudo, o que separa os marxistas ortodoxos, que pretendem salvaguardar a todo custo a pureza doutrinal ante a qualquer contaminação de sangue pagão, de todos os outros. A divisão fundamental é antes aquela que separa a esquerda e a direita em um âmbito das ciências humanas [...] caracterizada, de uma perspectiva bem geral, não por um método concreto de investigação, mas por uma atitude intelectual.[123]

A esquerda representa a atitude do revisionismo permanente; a direita, a do oportunismo diante do existente. Kolakowski considera aquela tão eterna quanto esta, renunciando a compreender e a deduzir historicamente ambas as situações, que teriam de ser buscadas antes em termos fisionômicos. Também o racionalismo radical, pelo qual a esquerda toma partido, desemboca em uma decisão irracional; o reverso do positivismo metodológico é um decisionismo existencialista. "Ninguém", afirma da mesma maneira que Sartre, "nasce com uma receita já pronta para o sentido da vida, pois este permanece reservado à própria escolha".[124]

A dialética questionável da consciência de classe (Sartre, H. Marcuse)

A crítica polonesa ao marxismo se diferencia da ocidental, de início, por sua tentativa de proceder de forma imanente. Os intelectuais poloneses analisam o stalinismo como uma forma falsa tanto da teoria quanto da práxis comunista;

---

123 Ibid.
124 Ibid., p.368.

simultaneamente, sua crítica pretende ser uma justificação do marxismo. Exatamente a experiência política sofrida sob o regime de terror parece lhes dar a certeza de que a falsa práxis não se segue necessariamente de uma teoria correta. Essa teoria é comprovada se tiver êxito em compreender com categorias marxistas o desvio da práxis comunista em relação à intenção original do marxismo. Contrariamente, os críticos da Europa Ocidental, ao considerarem o "sistema" desde fora e serem seduzidos pelos pressupostos de sua perspectiva no campo da história cultural, tendem a conceber o stalinismo como uma consequência da teoria marxiana inicial. Em caso extremo, eles deduzem os campos de trabalho forçado da Sibéria a partir dos *Manuscritos econômico-filosóficos*; e quando necessário recorrem à correspondência entre Marx e Engels, que, de um ponto de vista humano, nem sempre é gratificante.[125]

A outra diferença em relação à crítica imanente elaborada pelos marxistas poloneses se mostra na incompreensão do "materialismo", na medida em que este esclarece a práxis social com o pressuposto da filosofia e a práxis político-revolucionária a partir de sua própria meta. Essa incompreensão não é tão incomum. De um lado, os prognósticos econômicos mais importantes do marxismo não se confirmaram. Com isso, ele parece ter sido rejeitado como teoria econômica e foi digno de discussão apenas a título de uma filosofia depurada de seus elementos econômicos.[126] De outro lado, no próprio marxismo

---

125 Um exemplo extremo deste modo de proceder é oferecido por L. Schwarzschild com sua biografia *Der rote Preuße*; cf. sobre isso meu glossário em *Merkur*, n.94.

126 Para a discussão econômica, cf. Dobb, *Political Economy and Capitalism*; Sweezy, *The Theory of Capitalist Development*; outras indicações

Teoria e práxis

a relação entre a filosofia e as ciências sociais nunca foi seriamente esclarecida. Quando Georg Lukács e Karl Korsch[127] tentaram reintegrar aquilo que havia sido negligenciado, o resgate dos elementos filosóficos no marxismo custou o preço de uma hegelianização questionável. Vê-se estabelecer assim uma nova ligação do marxismo com Hegel, tal como aquela que, desde Engels, o marxismo já fizera com os filósofos contemporâneos e seus filosofemas: inicialmente com Darwin e Häckel, depois com Mach e Avenarius, com Kant e diversos kantismos,[128] e, finalmente, com Husserl e Heidegger.[129] Depois de tudo isso, de que maneira o marxismo deveria ser concebido na qualidade de uma teoria da sociedade cujo material precisa ser proporcionado de maneira científica tanto por intermédio de análises empíricas quanto também interpretado segundo critérios de uma crítica filosófica para, ao final, poder ao mesmo tempo suprimir e realizar a filosofia? Contudo, onde malogram os prognósticos econômicos, malogram também as conjecturas a partir das quais os prognósticos são deduzidos. Com isso,

---

bibliográficas em Marx, *Ausgewählte Schriften*, p.1257 et seq., assim como em minha "Nota bibliográfica" neste volume.

127 Korsch, *Marxismus und Philosophie*. Com esta edição, E. Gerlach tornou novamente acessíveis os principais trabalhos de Korsch dos anos 1920 e 1930.

128 Cf. Sandkühler; De la Veja (orgs.). *Marxismus und Ethik*.

129 O primeiro "marxista heideggeriano" foi Herbert Marcuse; cf. seus respectivos artigos: Zum problem der Dialektik; Ideologie und Utopie; Transzendentaler Marxismus; Zur Kritik der Soziologie; Zum Problem der Dialektik. Cf. também o ensaio Über die philosophischen Grundlegen der wirtschaftwissenschaftlichen Arbeitsbegriffs, *Archiv für Sozialwissenschaft und Sozialpolitik*, reimpresso em *Kultur und Gesellschaft*, v.2, p.7 et seq.

uma crítica imanente já não tem o direito de analisar a teoria apenas "filosoficamente", isto é, segundo aspectos que historicamente são mais ou menos interessantes, mas indiferentes de um ponto de vista sistemático.

Uma crítica imanente do marxismo procederá de outro modo. Ela poderia, por exemplo, para deixar de lado as tentativas da nova teoria do imperialismo, vincular-se a ponderações semelhantes àquelas concernentes a Marx, que com seus prognósticos científicos (pois aqui não se trata dos prognósticos filosóficos, que são ao mesmo tempo prático-políticos) não refletiu o suficiente sobre as consequências daquilo que se tornaram suas formulações, já que não previu as autoimplicações de sua doutrina. Do lado da "classe dominante", uma economia orientada a fins administrativos desenvolveu métodos altamente diferenciados de tratamento e prevenção de crises; técnicas que são empregadas de modo eficaz na economia política. A teoria das crises formulada por Marx, contrariamente, não considera nem mesmo objetivamente a menor possibilidade de que seus prognósticos possam mover não apenas os proletários em sua resolução revolucionária, mas também os capitalistas em sua resolução antirrevolucionária, levando-os a conduzir o processo econômico cada vez mais com vontade e consciência e a introduzir no próprio capitalismo, com a finalidade de conservá-lo, elementos de uma racionalização que Marx acreditava estarem reservados à organização socialista da sociedade.[130] Do lado da "classe dominada", a formulação da teoria das classes,

---

130 Marx não refletiu sobre suas próprias teorias do ponto de vista de uma *selffullfilling* ou *selfdestroying prophecy* [profecia de autorrealização ou de autodestruição].

Teoria e práxis

contudo, teve uma consequência inesperada: a organização sindical se mostrou muito mais eficaz para a defesa dos interesses imediatos dos trabalhadores enquanto indivíduos (na luta salarial) do que organização política para a realização do interesse objetivo dos trabalhadores como classe (na luta de classes). É sabido que Lênin deu a esse "sindicalismo", já combatido por Marx, a única interpretação politicamente efetiva e fundou um partido composto de revolucionários profissionais sobre o qual a ditadura stalinista pôde então se apoiar. Diante disso, Rosa Luxemburgo defendeu uma tese ortodoxa: o movimento revolucionário só poderia prosperar com a vontade e a consciência de todo o proletariado, mas não o faria caso se adotasse o caminho de uma ditadura do partido sobre as massas imaturas [*unmündig*]. Ambos tinham razão: Lênin com relação ao resultado imediato da Revolução (russa), e Luxemburgo com relação a seu resultado de longo prazo.

Nessa controvérsia se reflete um dilema teórico. A consciência de classe proletária pode ainda hoje ser demonstrada como consciência revolucionária? Não estamos falando do processo efetivo em que uma sociedade de classes, na qual uma domina impiedosamente a outra, desenvolveu-se na forma de uma sociedade altamente burocratizada constituída por aparelhos que faz que os homens estejam a serviço de uma dominação tornada anônima – embora com isso a diferença entre as classes não tenha sido suprimida. Mas nos perguntamos se não é possível demonstrar uma falha imanente à teoria que explicaria por que Marx permaneceu preso àquelas implicações inerentes à sua teoria.

Em seu ensaio sobre "Materialismus und Revolution" [Materialismo e revolução], Sartre oferece uma análise excelente da qual se infere por que o materialismo histórico na situação dos proletários, para ser compreendido e se tornar efetivo, deveria abandonar sua forma original e assumir a do "mito materialista", isto é, do Diamat oficial. A análise remete à dialética hegeliana do senhor e do escravo para mostrar que unicamente uma visão de mundo materialista no estilo do *Anti-Dühring* fornece ao proletário os meios adequados para interpretar em termos revolucionários sua própria situação, na medida em que esta lhe é perceptível. Assim, do proletário afirma-se de início o seguinte:

> Certamente, seu trabalho lhe foi inicialmente imposto e, por fim, seu produto lhe foi arrancado. Mas no interior desses dois limites lhe é concedida a dominação sobre as coisas; o trabalhador a apreende como possibilidade de variar infinitamente a forma de um objeto material ao elaborá-lo segundo certas regras universais. Em outros termos, é o determinismo da matéria que lhe oferece a primeira imagem de sua liberdade. Um trabalhador não é determinista como um cientista: ele não faz do determinismo um postulado formulado explicitamente. Ele vive nos movimentos de seu trabalho, no movimento de seus braços que batem sobre um rebite ou empurram uma alavanca; ele está tão compenetrado que vai buscar, quando o efeito desejado não se produz, qual é a causa que o impediu de produzir, sem jamais supor algum tipo de capricho nas coisas, nem uma ruptura brusca e contingente da ordem natural. E se no ponto mais profundo de sua escravidão, se o arbítrio do senhor o transforma em uma coisa, a ação o liberta na medida em que lhe confere a dominação sobre as coisas e lhe empresta uma autonomia de especialista sobre a qual o senhor nada pode, então para ele a ideia de libertação está ligada a de determinismo [...].

Teoria e práxis

Assim, o determinismo lhe aparece na qualidade de um pensamento purificante [...]. Se todos os homens são coisas, então não existem mais escravos, existem apenas aqueles que são de fato oprimidos.[131]

No fim, Sartre enuncia imediatamente a função da visão de mundo materialista para a consciência de classe:

> O materialismo, ao decompor o homem segundo comportamentos concebidos rigorosamente a partir do modelo das operações do taylorismo, faz o jogo do senhor; é o senhor que concebe o escravo como uma máquina; ao se considerar como um simples produto da natureza, como um "natural", o escravo se vê com os olhos do senhor. Ele se pensa como um outro e com os pensamentos do outro. Há uma unidade entre a concepção do revolucionário materialista e aquela de seus opressores, e sem dúvida pode-se dizer que o resultado do materialismo consiste em atraí-lo para uma armadilha e de transformá-lo em coisa como o escravo.[132]

Mas se uma atitude naturalista surge com necessidade nas cabeças da classe que deve portar a revolução, então a problemática da consciência de classe proletária se torna evidente. De acordo com Marx, o proletariado tem a única chance de, pela primeira vez na história, e isso significa, livre das amarras ideológicas, refletir e revolucionar completamente as relações sociais. E essa função deve ser realizada com base em uma dialética que Marx descreve como se segue:

---

131 Sartre, *Materialismus und Revolution*, p.80 et seq.
132 Ibid., p.88 et seq.

Porque a abstração de toda a humanidade, mesmo da aparência da humanidade, é praticamente consumada no proletariado desenvolvido, porque nas condições de vida do proletariado estão resumidas todas as condições de vida da sociedade atual no ápice de sua forma mais desumana, porque o homem se perdeu nele mesmo, mas ao mesmo tempo ele adquiriu não apenas a consciência teórica dessa perda, mas também a miséria que não pode mais ser evitada, não pode mais ser atenuada, que se impõe absolutamente a expressão prática da necessidade o obriga a se revoltar contra essa inumanidade e, desse modo, o proletariado pode e tem de se libertar a si mesmo. Mas ele não pode se libertar sem superar suas próprias condições de vida. Ele não pode superar suas próprias condições de vida sem superar todas as condições de vida da sociedade atual que se resumem em sua situação.[133]

Uma dialética materialista precisa comprovar sua força a cada momento na análise concreta de relações historicamente existentes sem que lhe seja permitido encobri-las com o esquema dialético. E é assim que Marx procede precisamente nesse ponto central da teoria. A culminação da autoconsciência da humanidade na cabeça dos indivíduos mais degradados, famintos e apáticos é problemática: pode a razão ser convertida em propagandas e se realizar por meio de propagandas? A autoconsciência da espécie não deveria ser produzida antes como uma reação contra a inverdade da riqueza no interior de uma sociedade que influencia até a mais alta forma de consciência do que como reação contra a inverdade da miséria no interior de uma classe cuja exploração corporal transforma desde o início

---

133 Marx, *Frühschriften*, p.318.

Teoria e práxis

todos os esforços de consciência em algo socialmente contingente? A "pauperização" em uma situação de bem-estar e não a pauperização em uma situação de miséria não deveria oferecer as condições de possibilidade para levar a massa da população a medir o que é, com base naquilo que é possível? Uma dialética da falsa abundância não conduziria antes à reflexão sobre a dominação irracional do que a uma dialética da verdadeira pobreza?[134] O grau de generalização em que essas questões são colocadas na intenção de elaborar uma crítica imanente não deve nos fazer esquecer que uma decisão crível só seria possível com base em comprovação empírica.

Se ao final da presente análise damos voz a Herbert Marcuse não é apenas para caracterizar a problemática de uma autoconsciência da humanidade sob as condições atuais, mas também e principalmente para apresentar um exemplo: de que maneira a abordagem filosófica do materialismo histórico em conjunção com pesquisas empíricas, e tão somente em conjunção

---

134 Cf. minha interpretação dos motivos do movimento estudantil na introdução de *Protestbewegung und Hochschulreform*. Cf. também minha contribuição ao volume coletivo *Marx und die Revolution*, p.24-44, em que desenvolvo a hipótese de que "não é a miséria material, e sim a abundância material que constitui o fundamento sobre o qual se pode romper a estrutura pequeno-burguesa das necessidades, que durante séculos se formou sob a coerção da luta competitiva individual, transmitindo-se também aos trabalhadores integrados. Apenas a psicologia do tédio no bem-estar alcançável desperta a sensibilidade para a coerção, ideologicamente mascarada, daquelas formas burocratizadas de vida e trabalho no interior das quais se elaborou o bem-estar das gerações passadas. Se é assim, a revolução não produziria a eliminação da pobreza, mas antes a pressuporia". Ibid., p.41 et seq.

com estas, comprova sua fecundidade precisamente ali onde os aspectos doutrinais individuais do marxismo se submetem sem reservas a uma revisão adequada. É assim que Marcuse discute, estritamente da perspectiva de uma filosofia materialista, mas já partindo de pressupostos bem diferentes do que, por exemplo, aquele da teoria das classes de Marx:

> A cultura até agora foi constituída conforme a dominação, na medida em que a necessidade social foi determinada pelo interesse dos grupos dominantes a cada momento, e esse interesse definiu as necessidades dos outros grupos assim como os meios e limites de sua satisfação. Essa cultura desenvolveu a riqueza social até um ponto em que as renúncias e os fardos impostos aos indivíduos aparecem sempre como menos necessários e mais irracionais. Essa irracionalidade se expressa da maneira mais brutal na submissão intensiva dos indivíduos aos monstruosos aparelhos de produção e distribuição, na desprivatização do tempo livre e na fusão cada vez mais indistinguível de trabalho social construtivo e destrutivo. E justamente essa fusão é a condição da produtividade e da dominação da natureza sempre crescentes, que também conserva os indivíduos – ou, pelo menos, sua maioria nos países desenvolvidos – em uma vida mais confortável. Assim, a irracionalidade se torna a forma da razão social, o universal racional [...] O universal se impôs desde sempre no sacrifício da liberdade e da felicidade de uma grande parte dos homens: ele sempre encerrou a contradição consigo mesmo, encarnada em forças espirituais e políticas que aspiravam a uma forma de vida diferente. O que é próprio do estágio presente consiste na estilização dessa contradição: a dominação da tensão entre a positividade – da forma de vida existente – e sua negação – contradizendo essa forma de vida em nome da máxima liberdade

Teoria e práxis

historicamente possível [...] O Estado totalitário é apenas uma das formas – talvez, já considerada uma forma antiquada – em que se incorpora a luta contra a possibilidade histórica. A outra forma rejeita o terror porque é suficientemente forte e rica para se salvar sem ele [...] Mas não é isso que determina sua tendência histórica, e sim a forma em que organiza e utiliza as forças produtivas que estão à sua disposição: apesar de todo progresso técnico, também ela mantém a sociedade no estágio alcançado, também ela trabalha contra novas formas de liberdade historicamente possíveis. Nesse sentido, sua racionalidade também é regressiva, embora trabalhe com meios e métodos menos dolorosos e mais confortáveis.[135]

Essas teses não se encontram aqui na qualidade de uma confissão, mas de exemplo. Uma crítica deveria se engajar na discussão sociológica da questão em si.

---

135 Marcuse, Trieblehre und Freiheit; cf. também *Eros und Zivilisation*, op. cit.

Referências bibliográficas

ABENDROTH, W. *Antagonistische Gesellschaft und Politische Demokratie.* Neuwied, 1967.

ADORNO, T. W. Zum Verhältnis von Soziologie und Psychologie. *Sociologico*, Frankfurt, 1955.

_____. *Negative Dialektik.* Frankfurt am Main, 1966.

_____. *Der Positivismusstreit in der Deutschen Soziologie.* Neuwied, 1969.

_____. *Spätkapitalismus Oder Industriegesellschaft*: Verhandlungen des 16. Deutschen Soziologentages. Stüttgart, 1969.

_____. *Ästhetische Theorie.* Frankfurt am Main, 1970.

_____. *Aufsätze zur Gesellschaftstheorie und Methodologie.* Frankfurt, 1970.

_____. Zur Metakritik der Erkenntnistheorie. In: *Gesammelte Schriften.* Frankfurt am Main, 1971. v.5.

_____. Aspekte der Hegelschen Philosophie. In: *Gesammelte Schriften.* Frankfurt am Main, 1971. v.5.

ADORNO, T. W.; HORKHEIMER, M. *Dialektik der Aufklärung.* Amsterdan, 1947.

ALBERT, H. Ethik und Metaethik. *Archiv für Philosophie*, v.11, 1961.

_____. Probleme der Wissenschaftslogik in der Sozialforschung. In: *Handbuch der Empirischen Sozialforschung.* Stuttgart, 1962. Bd.I.

_____. *Traktat über Kritische Vernunft.* Tübingen, 1968.

ALBERT, H.; TOPITSCH, E. (Orgs.). *Werturteilsstreit.* Darmstad, 1971.

_____. *Plädoyer für Kritischen Rationalismus.* München, 1971.

Jürgen Habermas

ALTHUSIUS, J. *Politica Methodice Digesta*. Cambridge, 1932.

ALTHUSSER, L. *Das Kapital Lesen*. Reinbeck, 1972.

_____. *Für Marx*. Frankfurt, 1968.

ALTVATER, E. *Gesellschaftliche Produktion und Ökonomische Rationalität*. Frankfurt, 1968.

ALTVATER, E.; HUISKEN, F. (Orgs.). *Materialien zur Politischen Okonomie des Ausbildungswesens*. Erlangen, 1971.

ANREGUNGEN des Wissenschaftsrats zur Gestalt Neuer Hochschulen. Tübingen, 1962.

APEL, K- O. Sprache und Wahrheit. *Philosophische Rundschau*, 7, 1959.

_____. Reflexion und Materielle Praxis. *Hegel-Studien*, Beiheft I, 1964.

_____. Die Entfaltung der Sprachanalytischen Philosophie und das Problem der Geisteswissenschaften. *Philosophisches Jahrbuch,* München, 12, 1965.

_____. Einleitung. In: PEIRCE, C. *Schriften I*. Frankfurt am Main: Suhrkamp, 1967.

_____. Einleitung. In: PEIRCE, C. *Schriften II*. Frankfurt am Main: Suhrkamp, 1970.

_____. Wissenschaft Als Emanzipation?. *Zeitschrift für allgemeine Wissenschaftstheorie*, Bd.I, 1970.

_____. (Org). *Hermeneutik und Ideologiekritik*. Frankfurt am Main: Suhrkamp, 1970.

_____. Szientistik, Hermeneutik und Ideologiekritik. In: _____. *Hermeneutik und Ideologiekritik*. Frankfurt am Main: Suhrkamp, 1970.

_____. Szientismus Oder Transzendentale Hermeneutik?. In: BUBNER, R. *Hermeneutik und Dialektik*. Tübingen, 1970. v.I.

ARENDT, H. *Vita Activa*. Stuttgart, 1961.

_____. *Über die Revolution*. München, 1965.

_____. *Konzentration in der Westdeutschen Wirtschaft*. Pfullingen, 1966.

ARNASON, J. P. *Anthropologische Aspekte der Kritischen Theorie*. Neuwied, 1971.

ARON, R. Existentialisme et marxisme. In: *L'homme, le monde, l'histoire*. Paris, 1954.

_____. *L'opium des intellectuels*. Paris, 1954.

Teoria e práxis

BACON, F. *Novum Organon*.

BACZKO, B. *Weltanschauung, Metaphysik, Entfremdung*. Frankfurt, 1969.

BAHR, H. D. *Kritik der Politischen Technologie*. Frankfurt, 1970.

BAHRDT, P. Helmut Schelskys Technischner Staat. *Atomzeitalter*, 9, 1961.

BAIER, K. *The Moral Point of View*. New York, 1965.

BARAN, P. A. *Die Politische Ökonomie der Wirtschaftlichen Entwicklung*. Neuwied, 1966.

_____. *Unterdrückung und Fortschritt*. Frankfurt, 1966.

BARAN, P. A.; SWEEZY, P. M. *Monopolkapital*. Frankfurt am Main, 1967.

BARHRDT, H. P. et al. *Das Gesellschaftsbild des Arbeiters*. Tübingen, 1957.

BARTH, H. *Wahrheit und Ideologie*. Zürich, 1961.

BECKER, C. *The Declaration of Independence*. New York, 1956.

BENDIX, R.; LIPSET, S. M. (Orgs.). *Class, Status, Power*. New York, 1966.

BENNER, D. *Theorie und Praxis*: Systemtheoretische Betrachtungen zu Hegel und Marx. Wien, 1966.

BENZ, E. Schellings Theologische Geistesahnen. *Abhandlung der Akademie der Wissenschaft un der Literatur in Mainz, Geistes- und Socialwissenschaften Klasse*, 3, 1955.

_____. *Die Christliche Kabbala*. Zürich, 1958.

BERGMANN, J. E. *Die Theorie des Sozialen Systems von T. Parsons*. Frankfurt, 1967.

BERNDT, H.; REICHE, R. Die Geschichtliche Dimension des Realitätsprinzips. In: HABERMAS, J. (Org.). *Antworten auf Herbert Marcuse*. Frankfurt, 1968.

BERTAUX, P. *Hölderlin und Französische Revolution*. Frankfurt, 1969.

BEYER, W. R. *Zwischen Phänomenologie und Logik*: Hegel Als Redakteur der Bamberger Zeitung. Frankfurt am Main, 1955.

_____. Hegels Mitarbeit am Württembergischen Volksfreund. *Zeitschrift für Philosophie*, 14, 1966.

BLOCH, E. *Subjekt-Objekt*. Berlin, 1951.

_____. *Differenzierungen im Begriff Fortschriftt*. Berlin, 1956.

_____. *Das Prinzip Hoffnung*. Frankfurt am Main, 1959.

Jürgen Habermas

BLOCH, E. *Naturrecht und Menschliche Würde*. Frankfurt, 1961.

———. *Atheismus im Christentum*. Frankfurt, 1969.

———. *Tübinger Einleitung in die Philosophie*. Frankfurt am Main, 1970.

BLUMENBERG, H. Säkularisation: Kritik einer Kategorie Historischer Illegitimität. In: KUHN, H.; WIEDMANN, F. (Orgs.). *Die Philosophie und die Frage Nach dem Fortschritt*. München, 1964.

———. *Die Legitimität der Neuzeit*. Frankfurt, 1966.

BOCHENSKI, I. M. *Der Sowjetrussische Dialektische Materialismus*. München, 1956.

BÖHLER, D. Das Problem des Emanzipatorischen Interesses und Seiner Gesellschaftlichen Wahrnehmung. In: *Man and World*, maio 1970. v.3.

———. *Metakritik der Marxschen Ideologiekritik*: Prolegomenon zu einer Reflektierten Theorie-Praxis-Vermittlung. Frankfurt, 1971.

BÖHME, J. *Schriften*. Leipzig, 1938.

BONALD, L. G. A. *Oeuvres completes*. Paris, 1864.

BOULDING, K. E. *Disarmament and the Economy*. New York, 1963.

BOLLHAGEN, P. *Soziologie und Geschichte*. Berlin, 1966.

———. *Interesse und Gesellschaft*. Berlin, 1967.

BORKENAU, F. *Der Übergang vom Feudalen zum Bürgerlichen Weltbild*. Paris, 1934.

BREINES, P. *Critical Interruptions:* New Left Perspectives on Herbert Marcuse. New York, 1970.

BUBNER, R. Was ist Kritische Theorie?. In: APEL, K- O. *Hermeneutik und Ideologiekritik*. Frankfurt am Main: Suhrkamp, 1970.

BUCKLEY, W. *Sociology and Modern Systemtheory*. Englewood Cliffs, 1967.

BURKE, E. *Reflections on the Revolution in France*. [Ed. alemão: *Betrachtungen über die Französicshe Revolution*. Frankfurt, 1967.]

CHAMLEY, P. *Economie politique et philosophie chez Stewart et Hegel*. Paris, 1963.

CONDORCET. *Œvres*. CONDORCET, A.; O'CONNOR; ARAGO, M. F. (orgs.). Paris: Firmin Didot, 1847-1849.

———. *Entwurf einer historischen Darstellung des Fortschritts des menschlichen Geistes*. Wilhelm Alff (org.). Frankfurt, 1963.

CORNU, A. *Karl Marx und Friedrich Engels*: Leben und Werke. Berlin, 1954, 1962, 1968. 3v.

DAHMER, H. Psychoanalyse und Historischer Materialismus. In: _____. *Psychoanalyse Als Sozialwissenschaft*. Frankfurt, 1971.

DAHRENDORF, R. *Klassen und Klassenkonflikt in der Industriellen Gesellschaft*. Stuttgart, 1957.

_____. Homo Sociologicus. In: *Kölner Zeitschrift für Soziologie und Sozialpsychologie*, X, 3/4, 1958.

_____. Sozialwissenschaft und Werturteil. In: _____. *Gesellschaft und Freiheit*. München, 1961.

DEBRAY, R. *Revolution in der Revolution*. München, 1967.

DEHN, H. Der Streit um die Materie des Diamat. *Ostprobleme*, VIII, 1956.

DEWEY, J. *The Quest for Certainty*. New York, 1960.

DOBB, M. *Political Economy and Capitalism*. London, 1953.

_____. *Studies in the Development of Capitalism*. London, 1963.

_____. *Organisierter Kapitalismus*. Frankfurt, 1966.

_____. *Ökonomisches Wachstum und Planung*. Frankfurt, 1968.

DREITZEL, H. P. *Die Gesellschaftlischen Leiden und das Leiden an der Gesellschaft*. Stuttgart, 1968.

DUMONT, É. *Souvenirs sur Mirabeau et sur les deux premières Assemblées Législatives*. Paris, 1932.

EICHHORN, W. (Org.). *Das Menschenbild der Marxistisch-Leninistischen Philosophie*. Berlin, 1969.

ELLUL, J. *The Technological Society*. New York, 1964.

ENGELS, F.; MARX, K. *Kleine Ökonomische Schriften*. Berlin, 1955.

_____. Die Heilige Familie und Andere Philosophischen Frühschriften. In: _____. *Kleine Ökonomische Schriften*. Berlin, 1955.

_____. Deutsche Ideologie. In: *Marx-Engels Werke*. Berlin, 1959. Bd.3.

ENZENSBERGER, M. Bewußtseinsindustrie. In: _____. *Einzelheiten*. Frankfurt, 1962.

EUCHNER, W. *Naturrecht und Politik bei John Locke*. Frankfurt, 1969.

EUCHNER, W.; SCHMIDT, A. (Orgs.). *Kritik der Politischen Ökonomie*: 100 Jahre Kapital. Frankfurt, 1968.

Jürgen Habermas

FALKENHEIM, H. Eine Unbekannte Politische Druckshrift Hegels. *Preußische Jahrbücher*, Bd.CXXXVIII, 1909.

FANON, F. *Die Verdammten Dieser Erde.* Frankfurt, 1966.

FAUL, E. *Der Moderne Machiavellismus.* Köln, 1961.

FEINSTEIN, C. H. (Org.). *Socialism, Capitalism, and Economic Growth.* Cambridge, 1967.

FETSCHER, I. *Stalin:* über Dialektischen und Historischen Materialismus. Berlin, 1956.

———. *Von Marx zur Sowjetideologie.* Berlin, 1957.

———. (Org.) *Der Marxismus:* Seine Geschichte in Dokumenten. München, 1962, 1964, 1965. Bd.I até III.

———. Der Marxismus im Spiegel der Französischen Philosophie. In: ——— (Org.). *Marxismusstudien.* Tübingen, 1962. Bd.I.

———. Von der Philosophie des Proletariats zur Proletarischen Weltanschauung. In: ———. (Org.). *Marxismusstudien.* Tübingen, 1962. Bd.I.

———. (Org.). *Marxismusstudien.* Tübingen, 1962, 1968, 1969. Bd.IV até VI.

———. *Rousseaus Politische Philosophie.* Neuwied, 1965.

———. (Org.). *Marxistisches und Christliches Weltverständnis.* Freiburg, 1966.

———. *Karl Marx und der Marxismus:* von der Philosophie des Proletariats zur Politischen Weltanschauung. München, 1967.

FICHTE, J. G. Deduzierter Plann Einer zu Berlin zu Errichtenden Höhern Lehranstalt. In: ANRICH, A. (Org.). *Die Idee der Deutschen Universität.* Darmstadt, 1959.

———. *Werke.* Darmstadt, 1962.

FINK, E. Menschenbildung und Schulplanung. In: *Material uns:* Nachrichtdienst d. Arbeitsgemeischaft Deutscher Lehrerverbände. Número especial, junho 1960.

———. Technische Bildung Als Selbsterkenntnis. In: *Der Begriff Technik.* Düsseldorf, 1962.

FISCHER, G. (Org.). *The Revival of American Socialism.* New York, 1971.

FLEISCHER, H. *Marxismus und Geschichte.* Frankfurt, 1969.

Teoria e práxis

FLEISCHMANN, E. *La philosophie politique de Hegel*. Paris, 1964.

FORSTHOFF, E. (Org.). *Rechtsstaatlichkeit und Sozialstaatlichkeit*. Darmstadt, 1968.

FOUCAULT, M. *L'archéologie du savoir*. Paris, 1969.

_____. *Die Wörter und die Sachen*. Frankfurt, 1971.

FREYER, H. *Soziologie Als Wirklichkeitswissenschaft*. Leipzig; Berlin, 1930.

_____. *Machiavell*. Leipzig; Berlin, 1938.

_____. *Über das Dominantwerden Technischer Kategorien in der Lebenswelt der Industriellen Gesellschaft*. Mainz, 1960.

FREYER, H.; PAPALEKAS, J. C.; WEIPPERT, G. (Orgs.). *Technik im Technischen Zeitalter*. Düsseldorf, 1965.

FRIEDRICH, M. *Philosophie und Ökonomie Beim Jungen Marx*. Berlin, 1960.

FROMM, E. *Das Menschenbild bei Marx*. Frankfurt, 1969.

_____. *Analytische Sozialpsychologie und Gesellschaftstheorie*. Frankfurt, 1970.

FULDA, H. *Das Problem der Einleitung in Hegels Wissenschaft der Logik*. Frankfurt am Main, 1955.

_____. *Das Recht der Philosophie in Hegels Philosophie des Rechts*. Frankfurt am Main, 1968.

GADAMER, H.-G. Hegel und die Antike Dialektik. *Hegelstudien*, Bd.1, 1961.

_____. Rhetorik, Hermeneutik und Ideologiekritik: Metakritische Erörterung zu Wahrheit und Methode. In: APEL, K.-O. *Hermeneutik und Ideologiekritik*. Frankfurt am Main: Suhrkamp, 1970.

_____. Replik. In: APEL, K- O. *Hermeneutik und Ideologiekritik*. Frankfurt am Main: Suhrkamp, 1970.

GÄFGEN, G. *Theorie der Wirtschaftlichen Entscheidung*. Tübingen, 1963.

GALBRAITH, J. K. *Gesellschaft im Überfluß*. München, 1958.

_____. *Die Moderne Industriegesellschaft*. München, 1968.

GARAUDY, R. (Org.). *Les aventures de l'antimarxisme*: les malheurs de M. Merleau-Ponty. Paris, 1956.

_____. *Die Materialistische Erkenntnistheorie*. Berlin, 1960.

_____. *Gott ist tot*. Frankfurt, 1965.

_____. Strukturalismus und der Tod des Menschen. In: *Marxismus Unserer Zeit*. Marxistische Blätter, 1968.

GARAUDY, R. *Die Aktualität des Marxschen Denkens*. Frankfurt, 1969.

GEHLEN, A. *Die Seele im Technischen Zeitalter*. Hamburg, 1957.

_____. Die Technik in der Sichtweise der Anthropologie. In: _____. *Anthropologische Forschung*. Hamburg, 1961.

_____. Über Kulturelle Kristallisation. In: _____. *Studien zur Anthropologie*. Neuwied, 1963.

_____. Über Kulturelle Evolutionen. In: _____. *Die Philosophie und die Frage nach dem Fortschriftt*. München, 1964.

_____. Anthropologische Ansicht der Technik. In: FREYER, H.; PAPALEKAS, J. C.; WEIPPERT, G. (Orgs.). *Technik im Technischen Zeitalter*. Düsseldorf, 1965.

GEMBARDT, U. Akademische Ausbildung und Beruf. *Kölner Zeitschrift für Soziologie und Sozialpsychologie*, 11, 1959.

GERLACH, W. Naturwissenschaft im Technischen Zeitalter. In: FREYER, H.; PAPALEKAS, J. C.; WEIPPERT, G. (Orgs.). *Technik im Technischen Zeitalter*. Düsseldorf, 1965.

GEYER, H. G.; JANOWSKI, H. N.; SCHMIDT, A. *Theologie und Soziologie*. Stüttgart, 1970.

GIEGEL, H. J. Reflexion und Emazipation. In: APEL, K-O. *Hermeneutik und Ideologiekritik*. Frankfurt am Main: Suhrkamp, 1970.

GILLMANN, J. M. *Das Gesetz des Tendenziellen Falls der Profitrate*. Frankfurt am Main, 1969.

_____. *Prosperität in der Krise*. Frankfurt, 1969.

GOULDNER, A. *The Coming Crisis of Western Sociology*. New York, 1970.

GRIEWANK, K. *Der Neuzeitliche Revolutionsbegriff*. Frankfurt, 1969.

GÜNTZBERG, B. *Die Gesellschafts- und Staatslehre der Physiokraten*. Heidelberg, 1907.

HABERMAS, J. *Das Absolute und die Geschichte*: von der Zwiespältigkeit in Schellings Denken. Dissertação. Bonn, 1954.

_____. *Student und Politik*. Neuwied, 1961 (1969).

_____. Über den Begriff der Politischen Beteiligung. In: _____. *Student und Politik*. Neuwied, 1961 (1969).

_____. *Strukturwandel der Öffentlichkeit*. Neuwied, 1962.

_____. *Das Problem der Ordnung*. Meisenheim, 1962.

HABERMAS, J. Die Geschichte von den Zweien Revolutionen. *Merkur*, caderno 218, 1966.

_____. *Technik und Wissenschaft Als Ideologie*. Frankfurt am Main: Suhrkamp, 1968 (1970).

_____. Technik und Wissenschaft Als Ideologie. In: _____. *Technik und Wissenschaft Als Ideologie*. Frankfurt am Main: Suhrkamp, 1968.

_____. Technischen Fortschritt und Soziale Lebenswelt. In: _____. *Technik und Wissenschaft Als Ideologie*. Frankfurt am Main: Suhrkamp, 1968.

_____. Verwissenschaftlichte Politik und Öffentliche Meinung. In: _____. *Technik und Wissenschaft Als Ideologie*. Frankfurt am Main: Suhrkamp, 1968.

_____. *Erkenntnis und Interesse*. Frankfurt am Main: Suhrkamp, 1968.

_____. (Org.). *Antworten auf Herbert Marcuse*. Frankfurt, 1968.

_____. Universität in der Demokratie – Demokratisierung der Universität. In: _____. *Protestbewegung und Hochshulreform*. Frankfurt, 1969.

_____. Der Universalitätsanspruch der Hermeneutik. In: APEL, K.-O. (Org.). *Hermeneutik und Ideologiekritik*. Frankfurt am Main: Suhrkamp, 1970.

_____. *Zur Logik der Sozialwissenschaften: Materialien*. Frankfurt am Main, 1970.

_____. *Philosophisch-Politische Profile*. Frankfurt am Main: Suhrkamp, 1971.

_____. Wozu Noch Philosophie?. In: _____. *Philosophisch-Politische Profile*. Frankfurt am Main: Suhrkamp, 1971.

_____. Ernst Bloch: ein Marxisticher Schelling. In: _____. *Philosophisch--Politische Profile*. Frankfurt am Main: Suhrkamp, 1971.

_____. Vorgeschichte der Subjektivität und Verwilderte Selbsbehauptung. In: _____. *Philosophisch-Politische Profile*. Frankfurt am Main: Suhrkamp, 1971.

_____. Vorbereitenden Bemerkungen zu Einer Theorie der Kommunikativen Kompetenz. In: HABERMAS, J.; LUHMANN, N. *Theorie der Gesellschaft Oder Sozialtechnologie*: Was Leistet die Systemforshung? Frankfurt am Main: Suhrkamp, 1971.

Jürgen Habermas

HABERMAS, J. *Marx und die Revolution*, Frankfurt, 1970.

————. *Arbeit und Interaktion*. In: ————. Technik und Wissenschaft als "Ideologie". Frankfurt, 1968.

HABERMAS, J.; LUHMANN, N. *Theorie der Gesellshaft Oder Sozialtechnologie*: Was Leistet die Systemforchung?. Frankfurt am Main: Suhrkamp, 1971.

HARTMANN, K. *Die Marxsche Theorie*. Berlin, 1970.

————. *Eine philosophische Untersuchung zu den Hauptschriften*.

HAUG, W. F. Sexuelle Verschwörung des Spätkapitalismus. *Neue Kritik*, 51/52, 1969.

HAYM, R. *Hegel und seine Zeit (1857)*. Darmstadt, 1962.

HEGEL, G. W. F. *Sämtliche Werke*.

————. *Politische Schriften*. Frankfurt am Main, 1966.

————. *Berliner Schriften*. HOFFMEISTER, J. (org.). Frankfurt am Main, 1965.

————. *Enzyklopädie* (1830).

————. *Grundlinien der Philosophie des Rechts*.

————. *Heidelberger Enzyklopädie*.

————. *Jenenser Realphilosophie*.

————. *Phänomenologie des Geistes*.

————. *Rechtsphilosophie*.

————. *Theologische Jugendschriften*.

————. *Wissenschaft der Logik*.

————. *Wissenschaftliche Behandlungsarten des Naturrechts*.

HEILBRONNER, R. L. *The Limits of American Capitalism*. New York, 1966.

HEIMPEL, H. *Probleme und Problematik der Hochschulreform*. Göttingen, 1956.

HEISELER, J. H.; STEIGERWALD, R.; SCHLEIFSTEIN, J. (Orgs.). *Die Frankfurter Schule im Lichte des Marxismus*. Frankfurt, 1970.

HELLER, A. *Alltag und Geschichte*. Neuwied, 1970.

HELLER, A.; LUKÁCS, G.; VAJDA, M. *Individuum und Praxis*: Positionen der Budapester Schule des Marxismus. Frankfurt, 1972.

HELLESNES, J. Education and the Concept of Critique. *Continuum*, primavera-verão, 1970.

HEMBERGER, H. et al (Institut für Gesellschaftswissenschaften beim ZK der SED). *Imperialismus Heute*: der Staatsmonopolistische Kapitalismus in Westdeütschland. Berlin, 1966.

HENNIS, W. *Politik und Praktische Philosophie*. Neuwied, 1963.

HERMANIN, F. (Org.). *Monopolkapital*. Frankfurt, 1969.

HILLMANN, G. *Karl Marx und Hegel*: Interpretation der Ersten Schriften von Karl Marx im Hinblick auf Sein Verhältnis zu Hegel (1835-41). Frankfurt, 1966.

HIRSCH, D.; LEIBFRIED, St. *Materialien zur Wissenschafts- und Bildungspolitik*. Frankfurt, 1971.

HIRSCH, J. Zur Politischen Ökonomie des Politischen Systems. In: KRESS, G.; SENGHASS, D. (Orgs.). *Politikwissenschaft*. Frankfurt am Main, 1969.

_____. *Wissenschaftlich-Technischer Fortschritt und Politisches System*. Frankfurt am Main, 1970.

HOBBES, T. *Grundzüge der Philosophie*. Leipzig, 1915.

_____. *Elementa Philosophica de Cive*.

HOFMANN, W. *Gesellschaftslehre Als Ordnungsmacht*. Berlin, 1961.

_____. *Stalinismus und Antikommunismus*: zur Soziologie des Ost-West--Konflikts. Frankfurt, 1967.

HOFFMEISTER, K. *Dokumente zu Hegels Entwicklung*. Stuttgart, 1936.

HOLBACH. *System der Natur*. Berlin, 1960.

HOMMES, J. *Die Existential Ontologie von Hegel bis Heidegger*. Freiburg, 1953.

_____. *Der Technische Eros*. Freiburg, 1955.

HORKHEIMER, M. *Die Anfänge der Bürgerlichen Geschichtsphilosophie*. Stuttgart, 1930.

_____. (Org.). *Studien über Autorität und Familie*. Paris, 1935.

_____. *Eclipse of Reason*. New York, 1947.

_____. *Zeugnisse*: Theodor W. Adorno zum sechzigsten Geburtstag. Frankfurt am Main: Europäische, 1963.

_____. Traditionelle und Kritische Theorie. In: _____. *Kritische Theorie*. Frankfurt am Main, 1968. 2v.

_____. Zeitschrift für Sozialforschung. In: _____. *Zeitschrift für Sozialforschung*, bd.VI, 1937.

Jürgen Habermas

HORN, K. Kulturistische Tendenzen der Modernen Psychoanalytischen Ortodoxie. In: *Psychoanalyse Als Sozialwissenschaft*. Frankfurt, 1971.

HOROWITZ, D. (Org.). *Marx and Modern Economics*. New York, 1968.

HUBER, E. R. Bedeutungswandel der Grundrechte. *Archiv des Öffentlichen Rechts*, 23, 1933.

_____. *Rechtsstaat und Sozialstaat in der Modernen Industriegesellschaft*. Oldenburg, 1962.

HUFFSCHMID, J. *Die Politik des Kapitals*: Konzentration und Wirtschaftspolitik in der BRD. Frankfurt am Main, 1969.

HUMBOLDT. Über die Innere und Äußere Organisation der Höheren Wissenschaftlichen Anstalten in Berlin. In: ANRICH, A. (Org.). *Die Idee der Deutschen Universität*. Darmstadt, 1959.

HUME, D. *Works*. Boston, 1854.

HYPPOLITTE, J.; STERN, A. *La révolution de 1789 et la pensée moderne*. Paris, 1939.

JAEGGI, U. *Ordnung und Chaos*: Strukturalismus Als Methode und Mode. Frankfurt, 1968.

JASPERS, K. *Schelling*. München, 1955.

_____. *Die Großen Philosophen*. München, 1957.

JEFFERSON, T. *The Writings of Thomas Jefferson*. 1869.

JELLINEK, G. *Die Erklärung der Menschen- und Bürgerrechte*. Leipzig, 1904.

JONAS, F. *Geschichte der Soziologie*. Reinbeck, 1968 e 1969. v.1 e 2.

_____. Technik Als Ideologie. In: FREYER, H.; PAPALEKAS, J. C.; WEIPPERT, G. (Orgs.). *Technik im Technischen Zeitalter*. Düsseldorf, 1965.

KAMBARTEL, F. *Moralisches Argumentieren*. (M.S.), 1971.

KANT, I. *Werke*. Darmstadt, 1956. Bd.IV.

_____. Kritik der Reinen Vernunft. In: *Werke*, Bd. ..., Darmstadt, 1956.

_____. Die Religion Innerhalb der Grenzen der Bloßen Vernunft. In: *Werke*. Darmstadt, 1956. Bd.IV.

KAPP, E. *Greek Foundations of Traditional Logic*. New York, 1942.

KELLNER, E. (Org.). *Gespräche der Paulusgesellschaft, Christentum und Marxismus – heute*. Wien, 1966.

Teoria e práxis

KERN, F.; SCHUMAN, M. *Industriearbeit und Arbeiterbewußtsein*. Frankfurt am Main, 1970. 2v.

KESTING, H. *Geschichtsphilosophie und Weltbürgerkrieg*. Heidelberg, 1959.

KIDRON, M. *Rüstung und Wirtschaftliches Wachstum*. Frankfurt am Main, 1971.

_____. *Ein Essay über den westlichen Kapitalismus nach 1945*.

KLAUS, G. *Semiotik und Erkenntnistheorie*. Berlin, 1963.

_____. *Spezielle Erkenntnistheorie*. Berlin, 1966.

KOCH, C.; SENGHASS, D. *Texte zur Technokrartiediscussion*. Frankfurt, 1970.

KOFLER, L. *Stalinismus und Bürokratie*. Neuwied, 1970.

KOJÈVE, A. *Hegel Versuch Einer Vergegenwärtigung Seines Denkens*. Stuttgart, 1958.

KOLAKOWSKI, L. *Der Mensch Ohne Alternative*. München, 1960.

KOLKO, G. *Besitz und Macht*: Sozialstruktur und Einkommensverteilung in den USA. Frankfurt am Main, 1968.

KORSCH, K. *Marxismus und Philosophie*. Frankfurt, 1966.

KOSELLECK, R. *Kritik und Krise*. Freiburg, 1959.

KOSIK, K. *Die Dialektik des Konkreten*. Frankfurt, 1967.

KOSING, A. (Org.). *Marxistische Philosophie*. Berlin, 1967.

KRAHL, H. J. Bemerkungen zum Verhältnis von Kapital und Hegelscher Wesenslogik. In: NEGT, O. *Aktualität und Folgen der Philosophie Hegels*. Frankfurt, 1970.

KRAPPMANN, L. *Soziologische Dimensionen der Identität*. Stuttgart, 1971.

KRAUCH, H. Wider den Technischen Staat. *Atomzeitalter*, 9, 1961.

_____. Technische Information und Öffentliches Bewußtsein. *Atomzeitalter*, 9, 1961.

_____. Forschungspolitik und Öffentliches Interesse. *Atomzeitalter*, setembro 1962.

_____. *Die Organisierte Forschung*. Neuwied, 1970.

KURON, J.; MODZELEWSKI, K. *Monopolkapitalismus*. Hamburg, 1969.

LACROIX, J. Der Marxistische Mensch. In: *Der Mensch in Marxisttischer und in Christlicher Schau*. Offenburg/Baden (data?).

705

Jürgen Habermas

LANDGREBE, L. Das Problem der Dialektik. In: *Marxstudiem*. Tübingen, 1960. Bd.III.

———. Hegel und Marx. *Marxismusstudien*, Bd.I, 1962.

LANGE, E. *Politische Okonomie*. Frankfurt, 1968. v.I e 2.

LANGE, E. ; MENDE, G. (Org.). *Die Aktuelle Philosophische Bedeutung des Kapital*. Berlin, 1968.

LANGE, M. G. *Marxismus, Leninismus, Stalinismus*. Stuttgart, 1955.

LARENZ, K. *Deutsche Rechtserneuerung und Rechtsphilosophie*. Tübingen, 1934.

———. *Rechts- und Staatsphilosophie der Gegenwart*. Berlin, 1935.

LEFEBVRE, H. *Probleme des Marxismus Heute*. Frankfurt, 1965.

LENK, K. *Ideologie*. Neuwied, 1961.

LEPENIES, W. Lévi-Strauss und die Strukturalistische Marxlektüre. In: LEPENIES, W.; RITTER, H. H. *Orte des Wilden Denkens*. Frankfurt, 1970.

LICHTHEIM, G. *Marxism*: a Historical and Critical Study. London, 1961.

———. *A Short History of Socialism*. London, 1970.

———. *From Marx to Hegel*. London, 1971.

LIEBER, H. J. *Wissen und Gesellschaft*. Tübingen, 1952.

LIEBRUCKS, B. Zur Theorie des Weltgeistes. *Kantstudien*, 1954-1955.

———. *Sprache und Bewußtsein*. Frankfurt am Main, 1964-65. 5v.

LOCKE, J. *Zwei Abhandlungen über die Regierung*. Frankfurt, 1967.

LOCKWOOD, D. Soziale Integration und Systemintegration. In: ZAPF, W. (Org.). *Theorien des Sozialen Wandels*. Köln, 1969.

LORENZEN, P. *Normative Logics and Ethics*. Mannheim, 1969.

———. Szientismus versus Dialektik. In: BUBNER, R. (Org.). *Hermeneutik und Dialektik*. Tübingen, 1970.

LORENZER, A. *Sprachzerstörung und Rekonstruktion*. Frankfurt am Main: Suhrkamp, 1970.

———. Symbol, Interaktion und Praxis. In: *Psychoanalyse Als Sozialwissenschaft*. Frankfurt, 1971.

LÖWE, A. *Politische Okonomie*. Frankfurt, 1968.

LÖWITH, K. *Von Hegel zu Nietzsche*. Zürich, 1941.

Teoria e práxis

LÖWITH, K. *Weltgeschichte und Heilgeschehen*. Stuttgart, 1953.

————. *Die Hegelsche Linke*. Stuttgart, 1962.

LUHMANN, N. *Zweckbegriff und Systemrationalität*. Tübingen, 1968.

————. *Soziologische Aufklärung*. Opladen, 1970.

LUKÁCS, G. *Existentialismus Oder Marxismus*. Berlin, 1951.

————. *Der Junge Hegel*. Neuwied, 1967.

————. Geschichte und Klassenbewußtsein. In: *Werke*. Neuwied, 1968. Bd.2.

————. Metodisches zur Organisationsfrage. In: *Werke*. Neuwied, 1968. Bd.2.

LUPORINI, C. Problèmes philosophiques et épistémologiques. In: *Marx and Contemporary Scientific Thought*. Den Haag, 1969.

MACPHERSON, C. B. *Die Politische Theorie des Besitzindividualismus*. Frankfurt, 1967.

MAIER, H. *Die Ältere Deutsche Staats- und Verwaltungslehre*. Neuwied, 1966.

MANDEL, E. *Entstehung und Entwicklung der Ökonomischen Lehre von Karl Marx (1843-1863)*. Frankfurt, 1968.

————. *Marxistische Wirtschaftstheorie*. Frankfurt, 1968.

————. *Theorie des Spätkapitalismus*. Frankfurt, 1972.

MAQUIAVEL, N. *Gesammelte Schriften*. München, 1925.

MARCUSE, H. *Vernunft und Revolution*. Neuwied, 1963.

————. *Die Gesellschaftslehre des Sowjetischen Marxismus*. Neuwied, 1964.

————. *Triebstruktur und Gesellschaft*. Frankfurt am Main, 1965.

————. *Kultur und Gesellschaft*. Frankfurt, 1965. 2v.

————. Das Veralten der Psychoanalyse. In: ————. *Kultur und Gesellschaft*. Frankfurt, 1965. v.1.

————. Über die Philosophische Grundlagen des Wirtschaftswissenschaftlichen Arbeitsbegriffs. In: ————. *Kultur und Gesellschaft*. Frankfurt, 1965. v.2.

————. *Der Eindimensionale Mensch*. Neuwied, 1967.

————. *Ideen zu Einer Kritischen Theorie der Gesellschaft*. Frankfurt, 1969.

————. Neue Quellen zur Grundlegung des Historischen Materialismus. In: ————. *Ideen zu Einer Kritischen Theorie der Gesellschaft*. Frankfurt, 1969.

MARCUSE, H. *Versuch über die Befreiung*. Frankfurt, 1969.

MARKOVIC, M. Praxis Als Grundkategorie der Erkenntnistheorie. In: _____. *Dialektik der Praxis*. Frankfurt, 1968.

MÁRKUS, G. Über die Erkenntnistheoretischen Ansichten des Jungen Marx. In: SCHMIDT, A. (Org.). *Beiträge zur Marxistischen Erkenntnistheorie*. Frankfurt, 1965.

MARX, K. *Grundrisse der Kritik der Politischen Ökonomie*. Berlin, 1953.

_____. Zur Judenfrage. In: *Marx-Engels Werke*. Berlin, 1958. Bd.1.

_____. Aus der Kritik der Hegelschen Rechtsphilosophie. In: *Marx--Engels Werke*. Berlin, 1958. Bd.1.

_____. Das Elend der Philosophie. In: *Marx-Engels Werke*. Berlin, 1959. Bd.4.

_____. *Ausgewählte Schriften*. München, 1962.

_____. Das Kapital. In: *Marx-Engels Werke*. Berlin, 1969. 3v.

_____. Der Achtzehnte Brumaire des Louis Bonaparte. In: *Marx-Engels Werke*. Berlin, 1969. Bd.8.

_____. *Frühschriften*.

MARX, K.; ENGELS, F. *Kleine ökonomische Schriften*.

MARXSTUDIEN der Evangelischen Studiengemainschaft. Tübingen (v.I, 1954; v.II, 1957; v.III, 1960; v.IV, 1962).

MATICK, P. *Marx und Keynes*. Frankfurt, 1971.

MAYNTZ, R. Soziologie in der Eremitage. *Kölner Zeitschrift für Soziologie und Sozialpsychologie*, XIII, 1961.

MEHNERT, K. *Weltrevolution durch Weltgeschichte*: die Geschichtslehre des Stalinismus. Stuttgart, 1953.

MENSCHING, G. *Totalität und Autonomie*: Untersuchungen zur Philosophischen Gesellschaftstheorie des Französischen Materialismus. Frankfurt, 1971.

MERLEAU-PONTY, M. *Sens et non-sens*. Paris, 1948.

_____. *Humanismus und Terror*. Frankfurt, 1966.

_____. *Die Abenteuer der Dialektik*. Frankfurt, 1968.

METZKE, E. Mensch und Geschichte im Ursprünglichen Ansatz des Marxschen Denkens. In: *Der Mensch im Kommunistischen System*.

MEYER, R. W. Merleau-Ponty und das Schicksal des Französichen Existentialismus. *Philosophische Rundschau*, III.

MILLAR, J. The Origin of the Distinction of Ranks. Cambridge: Cambridge, 1960. _____. *Vom Ursprung des Unterschieds in den Randordnungen und Ständen der Gesellschaft.* Frankfurt, 1967.

MILLS, C. W. *Kritik der Soziologischen Denkweise.* Neuwied, 1964.

MOLTMANN, J. *Theologie der Hoffnung.* München, 1969.

MONNEROT, J. *Soziologie des Kommunismus.* Köln: Berlin, 1952.

MONTHLY Review. XI, cadernos 3 e 4, 1959.

MOSZKOWSKA, M. *Das Marxsche System.* Berlin, 1929.

MÜLLER, M. Habermas und die Anwendbarkeit der Arbeitswerttheorie. *Zeitschrift Sozialistische Politik.* April, 1969.

MÜLLER, W.; NEUSÜSS, Ch. Die Sozialstaatsillusion und der Widerspruch von Lohnarbeit und Kapital. *Zeitschrift Sozialistische Politik,* outubro 1970.

NEGT, O. Marxismus Als Legitimationswissenschaft zur Genese der Stalinistischen Philosophie. In: BUCHARIN, D. *Kontroversen über Dialektischen und Mechanistischen Materialismus.* Frankfurt, 1969.

_____. (Org.). *Aktualität und Folgen der Philosophie Hegels.* Frankfurt am Main, 1970.

_____. *Politik Als Protest.* Frankfurt am Main, 1971.

NETTL, H. *Rosa Luxemburg.* Köln, 1967.

OEVERMANN, U. *Sprache und Soziale Herkunft.* Frankfurt, 1972.

OFFE, C. Politische Herrschaft und Klassenstrukturen. In: KRESS, G.; SENGHAAS, D. (Orgs.). *Politikwissenschaft.* Frankfurt am Main, 1969.

_____. Das Politische Dilemma der Technokratie. In: KOCH, C.; SENGHASS, D. (Orgs.). *Texte zur Technokratiediskussion.* Frankfurt, 1970.

_____. *Antworten auf Herbert Marcuse.* Frankfurt, 1968.

OSBORN, R. *Marxismus und Psychoanalyse.* München, 1970.

PAINE, T. *Common Sense.* New York, 1953.

_____. *The Rights of Man.* London, 1958.

PANNENBERG, W. *Grundfragen Systematischer Theologie.* Göttingen, 1967.

PARSONS, T. The Problem of Controlled Institutional Change. In: _____. *Essays in Sociological Theory, Pure and Applied.* Glencoe, 1949.

Jürgen Habermas

PETER, H. Die Politische Ökonomie bei Marx. In: *Der Mensch im Kommunistischen System.*

PETROVIČ, G. (Org.). *Revolutionäre Praxis.* Freiburg, 1969.

———. *Wider den Autoritären Marxismus.* Frankfurt, 1969.

PEUCKERT, H. (Org.). *Diskussion zur Politischen Theologie.* Mainz, 1969.

PILOT, H. Jürgen Habermas' Empirisch Falsifizierbare Geschichtsphilosophie. In: ADORNO, T. W. (Org.). *Der Positivismusstreit in der Deutschen Philosophie.* Neuwied, 1969.

PLESSNER, H. Abwandlungen des Ideologiegedankens. In: ———. *Zwischen Philosophie und Gesellschaft.* Bern, 1953.

POLE, D. *Conditions of Rational Inquiry.* London, 1961.

POPITZ, H. *Der Entfremdete Mensch.* Basel, 1953.

———. *Der Begriff der Sozialen Rolle.* Tübingen, 1967.

POPITZ, H.; BAHRDT, H. P.; KESTING, E. A.; JÜRES, H. *Das Gesellschaftsbild des Arbeiters.*

POPPER, K. *Die Offene Gesellschaft und Ihre Feinde.* Bern, 1957. Bd.2.

———. Selbstbefreiung durch Wissen. In: REINISCH, L. (Org.). *Der Sinn der Geschichte.* München, 1961.

POST, W. *Kritik der Religion bei Karl Marx.* München, 1969.

PREUß, U. K. *Das Politische Mandat der Studentenschaft.* Frankfurt am Main, 1969.

———. *Zum Staatsrechtlichen Begriff des Öffentlichen.* Stuttgart, 1969.

RADNITZKY, G. *Contemporary Schools of Metascience.* Göteborg, 1970. v.II.

RAMM. *Der Frühsozialismus.*

RAUCH, G. *Geschichte des Bolschewistischen Rußlands.* Wiesbaden, 1955.

RAVE, D. *Phänomenologische Ontologie und Dialektische Anthropologie*: zur Philosophie von J. P. Sartre. Dissertação. Frankfurt, 1968.

REICHE, R. *Sexualität und Klassenkampf Zur Abwehr Repressiver Entsublimierung.* Frankfurt, 1968.

REICHELT, H. *Zur Logischen Struktur des Kapitalbegriffs bei Karl Marx.* Frankfurt am Main, 1970.

RENDTORFF, T.; TÖDT, H. E. *Theologie der Revolution.* Frankfurt, 1968.

Teoria e práxis

RICHNER, E. *Le mercier da la rivière*. Zürich, 1931.

RICOEUR, P. *Die Interpretation*: ein Versuch über Freud. Frankfurt, 1969.

RIEDEL, M. Aristotelestradition am Ausgang des 18. Jahrhunderts. In: *Festschrift für Otto Brunner*. Göttingen, 1962.

_____. Hegels Bürgerliche Gesellschaft und das Problem Ihres Geschichtlichen Ursprungs. *Archiv für Rechts- und Sozialphilosophie*, Bd.48, 1962.

_____. Der Staatsbegriff der Deutschen Geschichtsschreibung des 19. Jh. In: *Der Staat*, 1963. Bd.2.

_____. Der Begriff der Bürgerlichen Gesellschaft und das Problem Seines Geschichtlichen Ursprungs. In: _____. *Studien zu Hegels Rechtsphilosophie*. Frankfurt, 1969.

_____. Tradition und Revolution in Hegels Philosophie des Rechts. In: _____. *Studien zu Hegels Rechtsphilosophie*. Frankfurt, 1969.

_____. Hegels Kritik des Naturrechts. In: _____. *Studien zu Hegels Rechtsphilosophie*. Frankfurt, 1969.

_____. Die Rezeption der Nationalökonomie. In: _____. *Studien zu Hegels Rechtsphilosophie*. Frankfurt, 1969.

RITTEL, H. Überlegungen zur Wissenschatlichen und Politischen Bedeutung der Entscheidungstheorien. *Studiengruppe für Systemforschung*. Heidelberg, manuscrito.

_____. Instrumentelles Wissen in der Politik. In: KRAUCH, H. (Org.). *Wissenschaft ohne Politik*. Heidelberg, 1966.

RITTER, J. Zur Grundlegung der Praktischen Philosophie bei Aristoteles. *Archiv für Rechts- und Sozialphilosophie*, XLVI, 1960.

_____. Naturrecht bei Aristoteles. *Res publica*, Stuttgart, caderno 6, 1961.

_____. Hegel und die Französische Revolution. In: _____. *Metaphysik und Politik*. Frankfurt, 1969.

_____. Person und Eigentum. In: _____. *Metaphysik und Politik*. Frankfurt, 1969.

_____. *Metaphysik und Politik*. Frankfurt, 1969.

ROBESPIERRE. *Reden*. Reclam.

ROBINSON, J. *An Essay on Marxian Economics*. London, 1957.

ROBINSON, J. *Kleine Schriften zur Ökonomie*. Frankfurt, 1968.

———. *Die Fatale Politische Ökonomie*. Frankfurt am Main, 1969.

RÖDEL, U. *Forschungsprioritäten und Technologische Entwicklung*. Frankfurt, 1972.

RÖHR, H. *Pseudoreligiöse Motive in den Frühschriften von Karl Marx*. Tübingen, 1962.

ROHRMOSER, G. *Subjektivität und Verdinglichung*. Gütersloh, 1961.

———. *Emanzipation und Freiheit*. München, 1970.

———. *Das Elend der Kritischen Theorie*: T. W. Adorno, H. Marcuse, J. Habermas. Freiburg, 1970.

———. *Das Elend der Kritischen Theorie*. Freiburg, 1970.

ROSDOLSKY, R. Zur Neueren Kritik des Marxschen Gesetzes der Fallenden Profitrate. *Kylkos*, IX, 1956.

———. *Zur Entstehungsgeschichte des Marxschen Kapitals*. Frankfurt, 1969.

ROSENBERG, A. *Geschichte des Bolchewismus*. Berlin, 1932.

———. *Demokratie und Sozialismus*: zur Politischen Geschichte der Letzten 150 Jahre. Frankfurt, 1962.

ROSENKRANZ, K. *Apologie Hegels gegen Dr. R. Haym*. Berlin, 1858.

ROSENSTOCK, E. Revolution Als Politischer Begriff der Neuzeit. In: *Festschrift F. Heilborn*. Breslau, 1931.

ROSENZWEIG, F. *Hegel und der Staat*. München: Berlin, 1920. 2v.

RÖTHE, H. W. *Über die Gründung einer Universität zu Bremen*. Bremen, 1961.

ROTLEUTHNER, H. R. Die Substantialisierung des Formalrechts. In: NEGT, O. (Org.). *Aktualität und Folgen der Philosophie Hegels*. Frankfurt am Main, 1970.

ROUSSEAU, J.-J. *Du Contrat Social*.

SANDKÜHLER, H. J. (Org.). *Psychoanalyse und Marxismus*. Frankfurt, 1970.

———. *Praxis und Geschichtsbewußtsein*: Fragen einer Dialektischen und Historisch-Materialistischen Hermeneutik. Frankfurt, 1972.

SANDKÜHLER, H. J.; VEGA, R. (Orgs.). *Marxismus und Ethik*. Frankfurt, 1970.

SARTRE, J.-P. *Marxismus und Existentialismus*. Reinbeck, 1964.

———. Materialismus und Revolution. In: ———. *Situationen*. Reinbeck, 1965.

———. *Kritik der Dialektischen Vernunft*. Reinbek, 1967.

SCHÄFERS, B. (Org.). *Thesen zur Kritik der Soziologie*. Frankfurt, 1969.

SCHAFF, A. *Zu Einigen Fragen der Marxistischen Theorie der Wahrheit*. Berlin, 1954.

_____. *Sprache und Erkenntnis*. Wien, 1964.

_____. *Marxismus und das Menschliche Individuum*. Frankfurt, 1965.

_____. *Einführung in die Semantik*. Berlin, 1966.

_____. *Geschichte und Wahrheit*. Frankfurt, 1970.

SCHELLING, F. W. J. System des Tranzendentalen Idealismus (1800). In: *Werke*, Münchner. Bd.II.

_____. Stuttgarter Privatvorlesungen (1810). In: *Werke*. Bd.IV.

_____. Philosophie der Offenbarung. In: *Werke*. Bd.IV.

_____. *Philosophie und Religion*.

_____. *Darstellung der rein rationalem Philosophie*.

_____. Einleitung in die Philosophie der Offenbarung.

_____. Philosophische Einleitung in die Philosophie der Mythologie oder Darstellung der Rein Rationalen Philosophie. In: *Werke*. Bd.V.

_____. Vorlesungen über die Methode des Akademischen Studiums. In: *Werke*. Bd.V.

_____. *Weltalter* (Urfassungen). München, 1946.

SCHELSKY, H. *Ortbestimmung der Deutschen Soziologie*. Düsseldorf, 1959.

_____. *Der Mensch in der Wissenschaftlichen Zivilisation*. Köln, 1961.

_____. Zur Standortbestimmung der Gegenwart. In: _____. *Auf der Suche nach Wirklichkeit*. Düsseldorf, 1965.

_____. Zur Zeitdiagnose. In: _____. *Auf der Suche nach Wirklichkeit*. Düsseldorf, 1965.

_____. Dewr Mensch in der Wissenschaftlichen Zivilization. In: _____. *Auf der Suche nach Wirklichkeit*. Düsseldorf, 1965.

SCHICKHARDT, B. *Die Erklärung der Menschen- und Bürgerrechte in den Debatten der Nationalversammlung*. Berlin, 1931.

SCHLEIERMACHER, F. Gelegentliche Gedanken über Universitäten in Deutschen Sinn. In: ANRICH, A. (Org.). *Die Idee der Deutschen Universität*. Darmstadt, 1959.

SCHMIDT, A. *Der Begriff der Natur in der Lehre von Marx*. Frankfurt, 1962.

_____. Einleitung. In: FEUERBACH, L. *Anthropologischer Materialismus*. Frankfurt, 1967. Bd.I.

SCHMIDT, A. Über Geschichte und Geschichtsschreibung in der Materialistischen Dialektik. In: *Folgen einer Theorie*. Frankfurt, 1967.

_____. Existential-Ontologie und Historischer Materialismus bei Herbert Marcuse. In: HABERMAS, J. (Org.). *Antworten auf Herbert Marcuse*. Frankfurt, 1968.

_____. (Org.). *Beiträge zur Marxistische Erkenntnistheorie*. Frankfurt, 1969.

_____. Der Strukturalistische Angriff auf die Geschichte. In: SCHMIDT, A. (Org.). *Beiträge zur Marxistische Erkenntnistheorie*. Frankfurt, 1969.

SCHMIDT, F. W. Hegel in der Kritischen Theorie der Frankfurter Schule. In: NEGT, O. (Org.). *Aktualität und Folgen der Philosophie Hegels*. Frankfurt am Main, 1970.

SCHMITT, C. *Der Leviathan in der Staatslehre des Thomas Hobbes*. Hamburg, 1938.

SCHNÄDELBACH. *Erfahrung, Begründung und Reflexion*: Versuch über den Positivismus. Frankfurt, 1971.

SCHOLEM, G. *Die Jüdische Mystik in Ihren Hauptströmungen*. Frankfurt, 1967.

_____. Schöpfung aus Nichts und Selbstverschränkung Gottes. In: _____. *Über Einige Begriffe des Judentums*. Frankfurt am Main, 1970.

_____. Grundbegriffen. In: _____. *Über Einige Begriffe des Judentums*. Frankfurt am Main, 1970.

_____. *Judaica 1 e 2*. Frankfurt am Main, 1967 e 1970.

SCHONFIELD, A. *Geplanter Kapitalismus*. Köln, 1968.

SCHROYER, T. Marx and Habermas. *Continuum*, primavera-verão, 1970.

SCHULZ, W. Jakob Böhme und die Kabbala. *Zeitschrift für Philosophische Forschung*, IX, 1955.

_____. Schelling und die Kabbala. *Judaica*, XIII, 1957.

_____. *Die Vollendung des deutschen Idealismus in der Spätphilosophie Schellings*.

_____. *J. G. Fichte*: Vernunft und Freiheit. Pfullingen, 1962.

SCHUMPETER, J. *Kapitalismus, Sozialismus und Demokratie*. Bern, 1950.

SCHWARTZSCHILD, L. *Der Rote Preuße*. Stuttgart, 1954.

SCHWEMMER. *Philosophie der Praxis*. Frankfurt, 1971.

SEBAG, L. *Marxismus und Strukturalismus*. Frankfurt, 1976.

SIEYÈS, E. *Was ist der Dritte Stand?*. Berlin, 1924.

Teoria e práxis

SMEND, R. Integrationslehre. In: *Handwörterbuch der Sozialwissenschaften.* Stuttgart, 1956. Bd.5.

SOHN-RETHEL, A. *Geistige und Körperliche Arbeit*: zur Theorie der Gesellschaftlichen Synthesis. Frankfurt, 1970.

SÖLLE, D. *Atheistisch an Gott Glauben.* Freiburg, 1968.

SPAEMANN, R. *Studien über L. G. A. de Bonald.* München, 1959.

STOJANOVIČ, S. *Kritik und Zukunft des Sozialismus.* München, 1970.

STRACHEY, J. *Kapitalismus Heute und Morgen.* Düsseldorf, (sem data).

STRAUSS, L. *Naturrecht und Geschichte.* Stuttgart, 1953.

———. *Thoughts on Machiavell.* Glencoe, 1958.

STUDENTEN und die neue Universität: Gutachten Einer Kommission des VDS. Bonn, 1962.

SWEEZY, P. M. *Theorie der Kapitalistischen Entwicklung.* Frankfurt, 1970.

———. *Die Zukunft des Kapitalismus und Andere Aufsätze zur Politischen Ökonomie.* Frankfurt, 1970.

TENBRUCK, F. H. Bildung, Gesellschaft, Wissenschaft. In: ———. *Wissenschaftliche Politik.* Freiburg, 1962.

THEUNISSEN, M. *Gesellschaft und Geschichte*: zur Kritik der Kritischen Theorie. Berlin, 1969.

———. *Hegels Lehre vom Absoluten Geist Als Theologisch-Politischer Traktat.* Berlin, 1970.

———. Die Verwirklichung der Vernunft. *Philosophiscxhen Rundschau*, 6, 1970.

TOMÁS de AQUINO. *De regimine principium.* Schreyvogel.

———. *Summa.*

———. Pol.

TOMBERG, F. *Basis und Überbau.* Neuwied, 1969.

TÖNNIES, F. *Hobbes.* Stuttgart, 1925.

TOPITSCH, E. *Vom Ursprung und Ende der Metaphysik.* Wien, 1958.

———. *Sozialphilosophie Zwischen Ideologie und Wissenschaft.* Neuwied, 1962.

———. Marxismus und Gnosis. In: ———. *Sozialphilosophie zwischen Ideologie und Wissenschaft.* Neuwied, 1962.

———. *Die Sozialphilosophie Hegels Als Heilslehre und Herrschaftsideologie.* Neuwied, 1967.

TUCKER, R. C. *Karl Marx*: die Entwicklung Seines Denkens von der Philosophie zum Mythos. München, 1963.

UNESCO. *Marx and Contemporary Scientific Thought.*

VARGA, E. *Die Krise des Kapitalismus und Ihre Politischen Folgen.* Frankfurt, 1969.

VICO, G. B. *Die Neue Wissenschaft.* München, 1924.

———. *Vom Wesen und Weg der Geistigen Bildung.* Godesberg, 1947.

VILMAR, F. *Rüstung und Abrüstung im Spätkapitalismus.* Frankfurt, 1965.

VOEGELIN, E. Der Sinn der Erklärung der Menschen- und Bürgerrechte. *Zeitschrift für Öffentliches Recht*, Bd.VIII, 1928.

VOSSLER, O. *Die Amerikanische Revolutionsideale in Ihrem Verhältnis zu den Europäischen.* München; Berlin, 1929.

———. Studien zur Erklärung der Menschenrechte. *Historische Zeitschrift*, Bd.142, 1930.

VRANITZKI, P. Der Augenblickliche Stand der Ideologischen Diskussion in

Jugoslowien. In: *Marxismusstudien.* Tübingen, 1968. Bd.5.

———. *Mensch und Geschichte.* Frankfurt, 1969.

WACKENHEIM, Ch. *La faillite de la religion d'après Karl Marx.* Paris, 1963.

WEISCHEDEL, W. *Der Zwiespalt im Denken Fichtes.* Berlin, 1962.

WELLMER, A. *Kritische Gesellschaftstheorie und Positivismus.* Frankfurt am Main: Suhrkamp, 1969.

WETTER, G. A. *Der Dialektische Materialismus.* Freiburg, 1952.

WIEACKER, F. *Privatrechtsgeschichte der Neuzeit.* Göttingen, 1952.

WIELAND, W. *Schellings Lehre von der Zeit.* Heidelberg, 1956.

WILDT, A. Hegels Kritik des Jakobinismus. In: NEGT, O. (Org.). *Aktualität und Folgen der Philosophie Hegels.* Frankfurt am Main, 1970.

WILLMS, B. *Die Antwort des Leviathan*: Thomas Hobbes' Politische Theorie. Neuwied, 1970.

WILSON, J. *Works of James Wilson.* 1804.

ZELENY, J. *Die Wissenschaftslogik und das Kapital.* Frankfurt, 1968.

ZELTNER, H. *Schelling.* Stuttgart, 1954.

Índice onomástico

A

Adams, John 151
Adorno, Theodor W. 8, 47, 68, 415, 435-7, 441, 486, 656-7
Albert, Hans 503
Althusius, Johannes 112-3, 115
Althusser, Louis 435
Altvater, Elmar 439-40
Antraigues (conde) 166
Apel, K. O. 433, 438
Aquino, Tomás de 91
Arendt, Hannah 111
Aristóteles 11, 15, 82-3, 90, 93, 97-8, 100, 139, 140, 220, 321, 454
Arnasson, Paul 433
Avenarius, Richard 683

B

Baader, Franz von 348
Bacon, Francis 83, 89, 105, 125
Baczko, Bronislaw 432
Bahr, Hans Eckehard 437
Baran, Paul 363, 439
Beauvoir, Simone de 673
Becker, Carl H. 548
Benjamin, Walter 415, 526
Benner, Dietrich 432
Bergmann, Joachim Ernst 438
Berndt, H. 441
Bernfeld, Siegfried 441
Biauzat 166
Binder, Julius 264
Bloch, Ernst 21, 348, 412-5, 432, 526, 580, 582, 630, 632-3, 635
Bochenski, Joseph Maria 585
Böhme, Jakob 288-9, 342, 379
Bollhagen, Peter 432
Bollnow, Hermann 591, 593
Bonald, Louis de (visconde) 450-3, 461
Bonaparte, Napoleão 204, 211-2, 237-8, 253, 256

Jürgen Habermas

Bórgia, César 102
Bormann, Claus 438
Bortkiewicz, Ladislaus 391
Bossuet, Jacques-Bénigne 647
Breines, Paul 436
Brickmann, Carl 443
Bröcker, Walter 486
Bubner, Rüdiger 436, 438
Burke, Edmund 83, 145, 149, 181, 208

C
Carnap, Rudolph 481
Cart, Jean-Jacques 233-4
Cicé, Champion de 156
Cícero 83, 208
Conant, James 560
Condorcet, Marie Jean Antoine Nicolas de Caritat 377, 421
Cornu, Auguste 581
Crenier 166, 168, 170, 173

D
d'Holbach, Paul Thiry 471
Dahmer, Helmut 441
Darwin, Charles 683
Démenieurs 166
Descartes, René 87, 105, 358
Dewey, John 481, 493
Djilas, Milovan 675
Dobb, Maurice 363, 439
Duserre 630

E
Eichhorn, Wolfgang 432
Ellul, Jacques 508, 520

Engels, Friedrich 358, 363, 384, 411-2, 589-90, 592-3, 596, 657, 663, 681
Euchner, Walter 439

F
Feinstein, C. H. 439
Ferguson, Adam 445
Fetscher, Iring 431, 585, 591-2, 613, 623, 630
Feuerbach, Ludwig 486, 606, 613
Fichte, Johann Gottlieb 268, 270, 412, 471, 475-8, 541, 543, 632, 648
Fink, Eugen 552, 554, 556-7, 561
Fischer, George 440
Fleischer, Helmut 432
Floris, Joachim von 647
Foucault, Michel 435
Frederico Guilherme IV 275
Freud, Sigmund 438, 468
Freyer, Hans 513, 556, 580
Friedmann, G. 364
Friedrich (duque) 235
Fromm, Eric 432, 441

G
Gadamer, Hans G. 66, 77, 438
Galbraith, John Kenneth 440
Galileu (Galilei) 87, 105, 110, 125, 205, 480, 516
Garaudy, G. 434
Gehlen, Arnold 485, 508, 511, 518-9, 522-3

Teoria e práxis

Geyer, H. G. 432
Gibbon, Edward 216, 254
Giegel, H. J. 66-7, 77, 438
Gillman, Joseph M. 439
Goethe, Johann Wolfgang von 378, 634
Gomulka, Wladislaw 675
Gouldner, Alvin 438
Gropp, R. O. 583
Grüters, Otto 23

H
Häckel, Ernst 683
Hare, R. M. 485
Harich, Wolfgang 582
Hartmann, Klaus 190, 433
Hartmann, Nicolai 408, 590, 633
Haug, W. F. 441
Haym, Rudolf 234, 236,
Hegel, Georg W. F. 47, 65, 140-1, 143, 150, 186, 189, 201-4, 207-29, 231-65, 275-8, 280-4, 287, 305-7, 309, 324, 329, 342-5, 359, 380, 382-3, 413, 423, 477, 582, 604-5, 608-20, 623-4, 627, 641, 648, 650-3, 658, 664, 666, 671, 683
Heibronner, Robert L. 440
Heidegger, Martin 332, 359, 434, 513, 598, 644, 650-2, 683
Heimann, Eduard 628
Heimpel, Hermann 548
Heiseler, Johannes Henrich von 437
Heller, Agnes 434
Hellesnes, J. 438

Hemberger, Horst 440
Henrique VIII 94
Herder, Johann Gottfried von 648
Hermanin, Frederico 439
Hilferding, Rudolf 361, 439
Hillmann, Günther 432
Hirsch, Joachim 440
Hobbes, Thomas 16-8, 82-4, 87, 89-90, 104-9, 111-6, 121-2, 124-5, 128-36, 138, 146, 159, 160, 166-8, 192, 198, 205-6, 220, 250, 445, 474, 495
Hofmann, Werner 439
Hölderlin, Friedrich 650
Hommes, Jakob 597-8, 600, 602, 628
Horkheimer, Max 8, 27, 109, 373, 436, 441, 486, 580
Horn, K. 441
Horowitz, David 440
Huber, Ernst Rudolf 194
Huffschmid, Jörg 440
Huisken, F. 440
Humboldt, Wilhelm von 542, 549
Hume, David 445, 448
Husserl, Edmund 42, 50, 434, 644, 683
Hyppolite, Jean 434

J
Jaeggi, Urs 435
Janowski, Hans-Norbert 432
Jaspers, Karl 358, 484
Jefferson, Thomas 151-2, 155, 177-8, 181-2

719

Jünger, Ernst 580
Jünger, Friedrich-Georg 513
Jurinetz, W. 441

K

Kadmon, Adam 289, 294
Kant, Immanuel 42, 82, 122, 135,
206-7, 267-8, 273, 285, 311,
326-9, 369, 371, 376, 412,
422-3, 425, 473, 475, 562-3,
648-9, 651-3, 657, 662, 683
Kapp, Ernst 139
Kasjanowa, J. W. 676
Kautsky, Karl 358
Kellner, E. 431
Keynes, John Maynard 404
Kidron, Michael 440
Kierkegaard, Soren 332, 581, 612
Klaus, G. 437
Kojève, Alexandre 581-2, 642
Kolakowski, Leszek 434, 674,
677, 679-81
Korsch, Karl 683
Kosik, Karel 434
Kott, J. 677
Krahl, Hans-Jürgen 436
Krappmann, Lothar 441
Krauch, Helmut 559

L

Lacan, Jacques 435
Lacroix, Jean 631
Lafayette 156, 165
Landgrebe, Ludwig 358-9, 597,
605, 607, 616-8, 625, 627

Lange, E. 439
Lange, O. 440, 585
Larenz, Karl 220, 264
Le Mercier 154, 170-1
Lee, Richard H. 151
Lefèbvre, Henri 434
Leibfried, Stephan 440
Lênin, Vladimir Ilitch 72, 74,
354, 358, 382, 432, 456,
580, 594, 685
Lepenies, Wolf 435
Lessing, Gotthold Ephraim 378
Lévi-Strauss, Claude 435
Lichtheim, George 433
Locke, John 134-5, 146, 149,
151-2, 158-65, 168, 171,
175, 177, 192, 210
Lockwood, David 438
Lorenzen, Paul 437
Lorenzer, Alfred 441
Löwe, A. 440
Löwith, Karl 21, 213, 357, 581,
628
Luhmann, Niklas 31, 38, 42, 438
Lukács, Georg 72-5, 434, 580,
617-8, 663, 670, 672-3, 683
Luporini, C. 437
Luria, Isaak 289, 298, 311, 379,
635
Luxemburgo, Rosa 580, 685

M

Mach, Ernst 683
Maier, Lutz 440

Teoria e práxis

Maimon, Salomon 412
Malouet, Pierre Victor 156
Mandel, Ernest 439
Mannheim, Karl 364, 458, 580
Maquiavel, Nicolau 82, 94-8, 100-5, 107-9, 114-6, 124, 220, 244, 250
Marcuse, Herbert 8, 221, 264, 355, 433, 435-7, 441, 508, 522-7, 580, 681, 689-90
Markovic, Mihailo 437
Márkus, György 432
Marx, Karl 8, 12-3, 21, 25, 37, 42, 47, 63, 67-8, 70-1, 77, 579, 581, 583, 590-3, 596-627, 629, 636-7, 641-3, 652-5, 657-8, 660, 663-4, 667, 669-70, 677, 681, 684-5, 687, 690
Matick, Paul 439
Maudouze 630
Meek, Ronald L. 363
Mehnert, Klaus 587
Mende, Georg 439
Mendelssohn, Felix 311
Merleau-Ponty, Maurice 640-6, 676, 680
Metzke, E. 358, 597, 605, 607, 613-5, 624, 627
Millar, John 445-8
Mills, C. Wright 438
Mirabeau 154, 165, 167, 170, 173
Mohl, Th. 439
Mollat, Michel 238

Moltman, Jürgen 432
Monnerot, Jules 585, 588
More, Thomas 82, 94-109, 124
Morris, Charles W. 481
Moszkowska, Natalie 391
Mounier, Emmanuel 155

N

Negt, Oskar 46, 75, 436
Nemours, Dupont de 154
Neumann, Franz 357
Newton, Isaac 634
Niethammer, Friedrich 239
Nietzsche, Friedrich 581, 650
Novalis, Friedrich 270
Nürnberger, Richard 585, 587

O

Oetinger, Christoph Friedrich 635
Oevermann, Ulrich 442
Offe, Claus 440
Oppenheimer, Robert 626
Orange, Guilherme de 144
Osborn, Reuben 441

P

Paine, Thomas 149, 152, 158, 162-5, 175, 178, 180, 182-4
Pannenberg, Wolfhart 432
Pareto, Vilfredo 486, 588
Parsons, Talcott 458
Peirce, Charles 481
Petrak, Heinz 440
Petrovic, Gajo 434

Peuckert, Helmut 432
Platão 358, 581, 650
Pole, David 503
Popitz, Heinrich 597, 605, 607, 609-15, 618-20, 622, 624, 627
Popper, Karl 503
Post, Werner 432

Q
Quesnay, François 171

R
Radnitzky, Gerard 438
Rave, Dieter 433
Reich, Wilhelm 441
Reiche, Reimut 441
Reichelt, Helmut 439
Reinhold, Otto 440
Ricoeur, Paul 441
Riemann, Hugo 633
Rilke, Rainer Maria 650
Rittel, Horst 496
Ritter, Joachin 201, 221, 264
Robespierre, Maximilien de 149, 178-80, 182, 204, 223
Robinson, Joan 394, 439-40
Rödel, Ulrich 440
Rohmoser, Günter 436
Röhr, Heinz 432
Rohrmoser, Günter 431
Rosdolski, Roman 439
Rosenberg, Arthur 587
Rosenkranz, Karl 236, 332

Rosenzweig, Franz 236, 240-1, 258
Rousseau, Jean-Jacques 376

S
Saint-Simon (conde) 450-1, 453-4, 459
Sandkühler, Hans Jörg 438, 441, 464
Sapir, Edward 441
Sartre, Jean-Paul 433-4, 485, 612, 636-7, 639-41, 676, 681, 685, 687
Schaff, Adam 432, 437
Scheler, Max 190, 484
Schelling, Friedrich Wilhelm Joseph von 267-8, 270-6, 280-5, 287, 289, 291, 293, 294-6, 299, 301, 303-5, 307, 309-12, 314-5, 317, 319, 321, 323-8, 330-4, 337-40, 342-3, 346-8, 380, 408, 476-7, 506, 542-4, 546, 632, 635, 648
Schelsky, Helmut 459-61, 519, 522, 524, 527, 556-7, 559
Schiller, Friedrich 648
Schleiermacher, Friedrich 541-3, 562
Schmidt, Alfred 432-3, 435-7, 439
Schmidt, F. W. 436
Schmitt, Carl 264, 358, 485, 495, 520, 580
Schnädelbach, Herbert 437

Teoria e práxis

Schonfield, Andrew 440

Schroyer, T. 437

Schumpeter, Joseph 364-6, 623, 626

Schwank, Karl-Heinz 440

Sieyès, Abbé 152-4, 173, 177

Smith, Adam 163, 171, 175, 210, 445

Sohn-Rethel, Alfred 437

Sölle, D. 432

Sorel, Georges 180, 639

Spengler, Oswald 649

Spinoza, Baruch 581

Stálin, Josef 354, 356, 358, 589, 679

Steigerwald, Robert 437

Stein, Lorenz von 366

Steinbüchel, Theodor 580, 628

Steuart, James 253

Stojanovic, Svetozar 434

Stoljarov, A. 441

Strachey, John 403-4

Sweezy, Paul M. 363, 391

T

Teseu 237, 249

Theunissen, Michael 21, 432, 436

Tillich, Paul 580, 628

Tito, Josip Broz 673

Toynbee, Arnold Joseph 649

Trakl, Georg 650

Trótski, Leon 588

Tucídides 244

Tugarinow, W. P. 589

Turgot, Jaqcues 421

V

Varga, Eugen 440

Vico, Giambattista B. 84, 87, 89, 131, 133, 138-9, 140, 208, 417-25, 552, 647-8, 652

Vigier, Jean-Pierre 434

Voltaire 378, 427

Vranitziki, P. 434

W

Wackenheim, Charles 432

Wagenheim 239

Washington, Georg 180

Weber, Max 85, 367, 444, 456, 484, 520, 531

Wehle, Jonas 311

Wellmer, Albrecht 437

Wetter, August 585, 589

Wiatr, Jerzy J. 676

Wilhelms, Friedrich 241

Wilson, James 158

Wittgenstein, Ludwig 48, 57

Wolff, Christian 326

Z

Zeleny, Jindrich 439

Zevi, Sabbatai 310-1

SOBRE O LIVRO

Formato: 14 x 21 cm
Mancha: 23 x 44 paicas
Tipologia: Venetian 301 12,5/16
Papel: Off-white 80 g/m² (miolo)
Cartão Supremo 250 g/m² (capa)
1ª edição: 2013

EQUIPE DE REALIZAÇÃO

Edição de texto
Frederico Tell (Copidesque)
Geisa Oliveira (Revisão)

Capa
Megaarte Design

Editoração Eletrônica
Eduardo Seiji Seki (Diagramação)

Assistência Editorial
Alberto Bononi